●EBS 교제 및 새 고등 교과서 9종 완전 분석 반영●

과학적 · 체계적인 신개념의 영단어 학습법

개념원리 VOCA

|수|능|필|수|편|

김두하 지음

휴먼리그

저자_ **김두하**

고려대학교 영어영문학과 졸업
미8군 교육지원부대에서 카투사로 근무
㈜대우 근무, 5년간 영국 런던 주재원 역임
두루넷 근무, 홍보광고팀장
현재 영어 전문 출판사인 도서출판 휴먼리그 대표

저서
뉘앙스로 감잡고 테마로 정리하는 영단어 - 넥서스
6년 배운 영단어 3주 만에 끝내기 - 넥서스
English How To Use Dictionary - 빈센트
Word Web - 잉크(위즈덤하우스)

개념원리 VOCA 수능필수편

초판 1쇄 발행: 2017년 12월 1일
17쇄 발행: 2024년 11월 1일

지은이: 김두하
펴낸이: 김두하
펴낸곳: 도서출판 휴먼리그

등 록: 제396-2013-000134
주 소: 경기도 고양시 일산동구 백석2동 밀레니엄리젠시 1414호
전 화: 031-906-1882
팩 스: 070-7614-3367

ISBN: 979-11-951145-1-1 (53740)

이 책을 펴내며

한국의 영어 학습자들은 공통적으로 엄청난 시간과 노력을 영어 단어 암기에 쏟아 붓고 있지만 정작 들인 정성에 비해 학습 효율성이 매우 낮으며 간단한 단어조차도 문장 속에서는 정확히 해석을 못하는 경우가 허다한 것이 현실입니다. 그 이유는 무엇일까요?

이유는 의외로 간단합니다. 잘못된 어휘 학습 방법으로 인해 단어의 뜻과 쓰임을 정확히 익히지 않았기 때문입니다.

우리는 그 동안 영어 단어 학습이란 단지 스펠링과 그에 해당하는 우리말 뜻을 외우는 것으로만 여겨 왔습니다. 그러나 영어와 우리말은 뿌리부터 전혀 다른 언어로서, 영어 단어의 진정한 의미와 쓰임을 정확히 모른 채 우리말 직역으로만 어렴풋하게 파악하고 기계적으로 암기하는 방식으로는 단어가 잘 외워지지도, 오래 기억되지도 않으며 실전에서 문맥을 파악하는 데도 어려움을 겪게 될 수밖에 없는 것입니다.

<진정한 영어 어휘 학습은> 단어를 어떤 상황에서 어떤 뜻으로 어떻게 사용하는 지를 정확히 익히는 것이며 그럴 때만이 단어의 명확한 암기와 자유로운 활용이 가능해 집니다.

이 책은 단어의 암기 및 활용 능력 향상, 어휘력 확장에 필수적인 영단어의 명확한 개념과 생성 원리를 밝혀주는 새로운 어휘 학습법을 제공하고 있으며 이를 통해 많은 영어 학도들이 더 이상 암기식 단어 외우기에 소모적인 시간과 정력을 낭비하는 일이 없이 체계적이고도 효율적으로 영어 어휘를 습득할 수 있기를 바라면서 이 책을 펴냅니다.

저자 김두하

책의 특징

<개념원리 VOCA>란?

획기적이고 독창적인 <개념·원리 어휘 학습법>인 ① 단어의 명확한 의미 및 쓰임새 풀이 ② 다의어의 다양한 뜻 상세 풀이 ③ 동의어간 뉘앙스 차이 해설 ④ 체계적인 테마별 어휘 분류 ⑤ 단어의 어원 분석 ⑥ 다의어의 다양한 뜻 유래 해설 등을 통해 영어 단어의 명확한 개념과 생성 원리를 밝혀줌으로써 어휘력 확장은 물론 활용 능력과 의사소통 능력을 동시에 길러주는 새로운 개념의 영어 어휘 학습서입니다.

01 테마별/Day별 어휘 분류

- 수능 필수 3,300 단어를 의미의 연관성과 논리적 흐름에 따라 테마별로 체계적으로 분류하고 1 Day에 한 테마씩 총 40일 동안에 완성할 수 있도록 구성하였습니다.
- 테마별 분류로 해당 주제나 분야의 의미나 활용상 관련성이 있는 어휘 및 동의어, 반의어 등을 덩어리로 묶어 한꺼번에 학습할 수 있는 효과가 있습니다.

02 단어의 명확한 의미 및 쓰임새 풀이

- 단어 뜻의 단순한 우리말 직역을 쭉 나열해 놓은 기존의 영어 단어집과는 달리, 한 단어가 어떤 상황에서 어떤 의미로 어떻게 사용되는가를 간결하면서도 의미 및 쓰임의 핵심을 짚어 설명함으로써, 단어 뜻의 단순한 우리말 직역만으로는 드러나지 않는 단어의 숨은 참뜻과 쓰임새를 명확하게 익히고 활용할 수 있게 하였습니다.

03 다의어의 다양한 의미 상세 풀이

- 단어가 두 가지 이상의 뜻을 가진 다의어인 경우, 기존의 영어 단어집은 특별한 설명 없이 단어 뜻의 우리말 직역을 나열해 놓고 있습니다. 그러나 이 책에서는 각각의 뜻을 상세한 뜻풀이와 함께 설명함으로써 다의어가 갖는 다양한 뜻을 명확히 파악할 수 있게 구성했습니다.

04 다의어의 다양한 뜻 유래 해설

- 다의어인 한 단어가 다양한 뜻을 갖게 된 유래를 원리적으로 설명해 줌으로써 다의어의 다양한 뜻을 명확히 익히는 데 도움이 되도록 하였습니다.

05 어원 분석

- 단어의 어원을 분석하여 설명함으로써 단어의 뜻을 좀 더 명확히 이해하고 효율적으로 암기를 하는 데 도움이 되도록 하였습니다.

06 동의어간 뉘앙스 차이

- 우리말 뜻은 비슷하지만 어감상 명확한 차이가 있고 원어민들은 분명하게 구분해서 쓰는 동의어들 간의 미묘한 뉘앙스 차이를 서로 비교하여 짚어줌으로써 확실하게 구분해서 쓸 수 있도록 정리해 놓았습니다.

07 파생어

- 각 표제어 하에 파생어를 함께 수록함으로써 효율적으로 어휘 확상을 할 수 있도록 하였습니다.

08 예문

- 표제어의 뜻풀이에서 설명한 단어의 정확한 뜻과 쓰임을 다시 한 번 점검하고 숙지하는 데 도움이 될 수 있는 예문만을 엄선해 수록했습니다.

09 테마 기본 어휘

- 각 테마의 시작 부분에는 해당 테마의 기본 어휘를 수록하여 기본 어휘를 복습, 정리하고 미암기 단어가 있는지를 재점검할 수 있도록 하여 기초를 단단히 다질 수 있게 하였습니다.

본문의 구성

① 단어 발음 듣기

Day 01

사람·인간관계

human & relationship

① 테마 기본 어휘

사람

≫ 테마 기본 어휘	human · person · people · public(대중) · population(인구) · crowd(군중) · nation(민족, 국민)

② 표제어　③ 상세 뜻풀이　④ 단어의 뜻

01 individual
[ìndəvídʒuəl]

1. (국가·단체 등의 소속·집단과 대비하여) **명** 개인 **형** 개인의
2. (집단과 대비하여 사람·물건 하나하나의): **형** 각각[개개]의 → p454

⑤ 해당 뜻의 위치

Every individual has rights as an *individual*, not as a member of this or that nation.

파생 individuality [ìndəvìdʒuǽləti] **명** 개성, 특성
individualism [ìndəvídʒuəlìzm] **명** 개인주의; 개성

어원 in(not) + divid(divide:나누다) → (더 이상) 나누어지지 않는 → 1. 개인의 2. 각각의

⑥ 어원

02 folk
[fouk]

⑦ 발음기호

1. (특히) **명** (특정 부류·집단·지역의) 사람들
(사람들 전체를 친밀하게 부를 때 쓰는 말): **명** (-s) 여러분
2. (민간의 생활·풍속·문화 등과 관련된): **형** 민속[민간]의 **명** 민요 → p194

The cars are so expensive that ordinary *folk* cannot afford to buy them.

All right, *folks*, now let's try it again.

어원 사람들(people)의 뜻에서 유래 ┌ 1. 사람들; 여러분
└ (사람들) 사이의 → 2. 민간[민속]의

⑧ 다의어 유래

03 mob
[mab]

(흥분하거나 화난) **명** (폭력성을 띤) 군중, 폭도

An excited *mob* gathered in front of the presidential palace.

01 모든 사람은 이 나라 또는 저 나라의 구성원이 아니라 한 개인으로서의 권리를 가지고 있다. 02 그 자동차들은 너무 비싸서 일반 사람들은 그것들은 살 여유가 없다. / 자 여러분 지금 다시 한 번 해봅시다. 03 흥분한 군중들이 대통령궁 앞에 모였다.

[04] **mankind**
[mǽnkaɪnd]

(세상의 모든 사람을) 명 (하나의 집단으로 본) 인류

The future of *mankind* depends on scientific and technical development.

어원 man(인간) + kind(종류) → 인류

⑨ 다의어

[05] **humanity**
[hju:mǽnəti]

1. (특히 인간에 대한) 명 (인도적 관점에서의) 인류
2. (고통 받는 타인에 대한 사랑·연민): 명 **인간애, 인정** → p108
(인간으로서의 보편적 품성): 명 **인간성** → p108

War is a crime against *humanity* and a sin against God.

파생 humane [hju:méin] 형 자비로운, 인도적인
⊖ inhumanity [ìnhju:mǽnəti] 명 잔인, 무자비

⑩ 파생어

어원 human(인간) + ity(성질) ┬ (인간의 보편적) 성질 → 2. 인간성; 인간애
└ (인간애를 가진) 1. 인류

[06] **anthropology**
[ænθrəpάlədʒi]

(인류와 그 문화의 기원·특질 등을 연구하는) 명 인류학

Anthropology is the scientific study of mankind.

⑪ 예문

파생 anthropologist [ænθrəpάlədʒist] 명 인류학자
anthropological [ænθrəpəlάdʒikəl] 형 인류학(상)의

어원 anthropo(mankind:인류) + logy(study:학문) → 인류학

동의어 레슨

사람, 인간	
human	(인간 이외의 것과 대비하여) **인간, 사람**
person	(구체적으로 특정 개인을 지칭하여) **사람, 인간**
individual	(소속 집단 전체와 대비하여) **개인**
군중, 인파	
crowd	(많은 사람이 한곳에 무리를 지어 모인) **군중, 인파**
mob	(폭력적이 될 가능성이 있는 흥분한) **군중, 폭도**

⑫ 동의어 레슨

04 인류의 미래는 과학과 기술의 발전에 달려있다. **05** 전쟁은 인류에 대한 범죄이며 신에 대한 죄이다. **06** 인류학은 인류에 대한 과학적 연구이다. **07** 미국에는 많은 다양한 인종의 사람들이 함께 산다.

⑬ 예문 해석

Contents

PART 1 사람과 일상생활

PART 2 사회 생활

PART 3 자연과 환경

PART 1

사람과 일상 생활

과학적 · 체계적인 신개념의 영단어 학습법

개념원리 VOCA

|수|능|필|수|편|

Day 01 사람·인간관계

human & relationship

사람

≫ 테마 기본 어휘	human · person · people · public(대중) · population(인구) · crowd(군중) · nation(민족, 국민)

01 individual [ìndəvídʒuəl]

1. (국가·단체 등의 소속·집단과 대비하여) 명 **개인** 형 **개인의**
2. (집단과 대비하여 사람·물건 하나하나의): 형 **각각[개개]의** → p454

Every individual has rights as an *individual*, not as a member of this or that nation.

파생 individuality [ìndəvìdʒuǽləti] 명 개성, 특성
individualism [ìndəvídʒuəlìzm] 명 개인주의; 개성

어원 in(not) + divid(divide:나누다) → (더 이상) 나누이지지 않는 → 1. 개인의 2. 각각의

02 folk [fouk]

1. (특히) 명 **(특정 부류·집단·지역의) 사람들**
(사람들 전체를 친밀하게 부를 때 쓰는 말): 명 (-s) **여러분**
2. (민간의 생활·풍속·문화 등과 관련된): 형 **민속[민간]의** 명 **민요** → p194

The cars are so expensive that ordinary *folk* cannot afford to buy them.

All right, *folks*, now let's try it again.

어원 사람들(people)의 뜻에서 유래 ┌ 1. 사람들; 여러분
└ (사람들) 사이의 → 2. 민간[민속]의

03 mob [mab]

(흥분하거나 화난) 명 **(폭력성을 띤) 군중, 폭도**

An excited *mob* gathered in front of the presidential palace.

01 모든 사람은 이 나라 또는 저 나라의 구성원이 아니라 한 개인으로서의 권리를 가지고 있다. 02 그 자동차들은 너무 비싸서 일반 사람들은 그것들은 살 여유가 없다. / 자 여러분 지금 다시 한 번 해봅시다. 03 흥분한 군중들이 대통령궁 앞에 모였다.

04 mankind
[mǽnkaɪnd]

(세상의 모든 사람을) 명 (하나의 집단으로 본) 인류

The future of *mankind* depends on scientific and technical development.

어원 man(인간) + kind(종류) → 인류

05 humanity
[hjuːmǽnəti]

1. (특히 인간에 대한) 명 (인도적 관점에서의) 인류
2. (고통 받는 타인에 대한 사랑·연민): 명 인간애, 인정 → p108
(인간으로서의 보편적 품성): 명 인간성 → p108

War is a crime against *humanity* and a sin against God.

파생 humane [hjuːméin] 형 자비로운, 인도적인
⊖ inhumanity [ìnhjuːmǽnəti] 명 잔인, 무자비

어원 human(인간) + ity(성질) ┌ (인간의 보편적) 성질 → 2. 인간성; 인간애
└ (인간애를 가진) 1. 인류

06 anthropology
[æ̀nθrəpɑ́lədʒi]

(인류와 그 문화의 기원·특질 등을 연구하는) 명 인류학

Anthropology is the scientific study of mankind.

파생 anthropologist [æ̀nθrəpɑ́lədʒist] 명 인류학자
anthropological [æ̀nθrəpəlɑ́dʒikəl] 형 인류학(상)의

어원 anthropo(mankind:인류) + logy(study:학문) → 인류학

07 race
[reis]

1. (사람의 신체적 특징에 따른 구분): 명 인종
2. (사람·말·차량 등의 빠르기를 겨루는) 명 경주, 레이스 동 경주하다 → p253

People of many different *races* live together in the United States.

파생 racial [réiʃəl] 형 인종(상)의
racism [réisizm] 명 인종적 차별[우월감]
racist [réisist] 명 인종 차별주의자
racer [réisər] 명 경주자

04 인류의 미래는 과학과 기술의 발전에 달려있다. 05 전쟁은 인류에 대한 범죄이며 신에 대한 죄이다. 06 인류학은 인류에 대한 과학적 연구이다. 07 미국에는 많은 다양한 인종의 사람들이 함께 산다.

08 **tribe**

[traib]

(같은 조상·언어·관습 등을 가진 지역 생활 공동체): 명 부족

The Masai *tribe* is one of the oldest tribes in Africa.

파생 tribal [tráibl] 형 부족[종족]의

09 **ethnic**

[éθnik]

(어떤 것이 특정 민족·인종과 관련된): 형 민족[인종]의, 민족 특유의
명 소수 민족의 사람[출신자]

There are still wide economic differences between the different *ethnic* groups.

파생 ethnicity [eθnísiti] 명 민족성

동의어 레슨

사람, 인간	
human	(인간 이외의 것과 대비하여) **인간, 사람**
person	(구체적으로 특정 개인을 지칭하여) **사람, 인간**
individual	(소속 집단 전체와 대비하여) **개인**
군중, 인파	
crowd	(많은 사람이 한곳에 무리를 지어 모인) **군중, 인파**
mob	(폭력적이 될 가능성이 있는 흥분한) **군중, 폭도**

성별, 이름, 나이

≫ 테마 기본 어휘	sex(성) · name · signature(서명) · age · young · old · baby · child · kid · teenager · youth(젊음) adult(어른)

10 **gender**

[dʒéndər]

(남녀·암수의 구별): 명 성, 성별

Traditional male and female *gender* roles have changed very rapidly.

11 **male**

[meil]

(성 구분에 따른) 명 남성, 수컷 형 남성[수컷]의

The *male* lion is larger and stronger than the female.

08 마사이 부족은 아프리카에서 가장 오래된 부족 중의 하나이다. 09 다른 민족 집단 간에는 여전히 큰 경제적 차이가 있다. 10 전통적인 남성, 여성의 성 역할은 매우 빠르게 변화되어 왔다. 11 수컷 사자는 암컷보다 더 크고 힘이 세다.

12 female

[fí:meil]

(성 구분에 따른) 명 여성, 암컷 형 여성[암컷]의

54% of all college students were male, and the other 46% were *female*.

13 fellow

[félou]

1. (man의 구식 구어): 명 (친근감 또는 경멸감을 나타내며) 남자, 녀석, 놈
2. (직장 · 관심사 · 처지 등이 비슷한) 명 동료, 동배, 동지 → p200
형 동료의, 동업의, 같은 처지에 있는 → p200

George is an honest *fellow* who can be trusted.

파생 fellowship [féloușip] 명 유대감, 동료애

어원 fe(money:돈) + low(lay:놓다) ┬ (돈을 함께 놓은) 사업 파트너
└ (같은 처지의) 2. 동료, 동배 → 1 남자, 녀석

14 masculine

[mǽskjulin]

(전형적인 남성의 특성을 가진) 형 (외모 · 성격 등이) 남성다운, 남성의

His strong and *masculine* appearance appealed to her.

파생 masculinity [mæskjulínəti] 명 남성다움

어원 mascul(male:남자) + ine → 남성다운

15 feminine

[fémənin]

(전형적인 여성의 특성을 가진) 형 (외모 · 성격 등이) 여성다운, 여성의

Her beautiful long blonde hair made her look *feminine* and attractive.

파생 femininity [fèmənínəti] 명 여성다움

어원 femin(female:여성) + ine → 여성다운

16 surname

[sə́:rnèim]

(사람의 이름에서) 명 (혈통을 나타내는) 성

I remember his name was John but I don't know his *surname*.

어원 sur(above:위에) + name(이름) → (사람 이름 위에) 덧붙여진 이름 → 성

12 모든 대학생 중에 54%는 남성이고 나머지 46%는 여성이었다. 13 조지는 신뢰할 수 있는 정직한 남자이다. 14 그의 튼튼하고 남성다운 외모가 그녀의 관심을 끌었다. 15 그녀의 아름다운 긴 금발은 그녀를 매우 여성스럽고 매력적으로 보이게 만들었다. 16 나는 그의 이름이 존인 것으로 기억하는데 그의 성은 모르겠습니다.

17 **anonymous**

[ənάnəməs]

(이름을 숨기거나 이름이 알려지지 않은): 형 익명의, 신원 불명의

He received an *anonymous* letter threatening to kill him.

파생 anonymity [ænənímәti] 명 익명(성), 신원 불명

어원 an(without:없이) + onym(name:이름) → (이름이) 없는 → 익명의

18 **autograph**

[ɔ́:tougræf]

(기념으로 팬에게 적어주는) 명 (유명인·연예인의) 사인 동 사인하다

A group of teenage fans asked for his *autograph*.

어원 auto(self:자신) + graph(write:쓰다) → (자신이 직접 쓴) 글씨 → 사인

19 **generation**

[dʒènəréiʃən]

1. (비슷한 연령층의 사람 전체): 명 세대

2. (전기·열 등의) 명 (에너지나 전에는 없던 것의) 발생 → p312

That tradition has been handed down from *generation* to *generation*.

파생 generate [dʒénərèit] 동 발생시키다, 만들어 내다

어원 gener(birth:출생) + ation ┬ (동시대에 출생한) 1. 세대
└ 출생 → (전기·열 등의) 2. 발생

20 **infant**

[ínfənt]

(아기(baby) 또는 나이가 아주 적은 아이): 명 유아, 젖먹이, 아기

A newborn *infant* should be fed every three hours.

파생 infancy [ínfənsi] 명 유아기

21 **adolescent**

[ædəlésnt]

(어른으로 성장하는 시기에 있는) 명 청년, 젊은이 형 청년기의

Many *adolescent* problems are likely to be related to family conflicts.

파생 adolescence [ædəlésns] 명 청년기

어원 ad(to:방향) + olesc(grow up:성장하다) → (어른으로) 성장하는 사람 → 청년

17 그는 그를 죽이겠다고 협박하는 한 익명의 편지를 받았다. 18 한 무리의 십대 팬들이 그의 사인을 요청했다. 19 그 전통은 대대로 전하여 내려왔다. 20 신생아는 세 시간마다 젖을 먹어야 한다. 21 많은 청소년 문제는 가족 갈등과 관련이 있을 가능성이 많다.

가족, 친척, 결혼

≫ 테마 기본 어휘	family · home · relative(친척) · parent · father · mother · son · daughter · child · brother · sister · twin(쌍둥이) · grandparent · grandmother · grandfather · grandchild · uncle · aunt · cousin · marr y · wedding · wife · husband · date(데이트)

22 **household** [háushòuld]

(한 집에서 함께 사는 사람들의 집단): 명 **가구, 세대** 형 **가사[가정]의**

Almost all *households* in this country now have at least one car.

어원 house(집) + hold(수용하다) → (한 집이 수용하고 있는) 모든 사람 → **가구, 세대**

23 **domestic** [dəméstik]

1. (가족 관계나 가정 생활과 관련된): 형 **가정의, (용도가) 가정용의**
2. (나라 내부의 일과 관련된): 형 **국내의** → p196

Domestic violence is a serious social problem and a crime.

파생 domesticity [dòumestísəti] 명 가정 생활, 가정적임

어원 집(dome)에서 유래 ┌ (집의) 내부의 → 1. 가정의
└ (나라의) 내부의 → 2. 국내의

24 **offspring** [ɔ́:fspriŋ]

(누구의) 명 **(사람의) 자식; (동물의) 새끼**

Most parents have problems with their teenage *offspring*.

어원 off(떨어져) + spring(튀다) → (누군가로부터) 튀어 떨어져 나간 것 → **자식; 새끼**

25 **sibling** [síbliŋ]

(한 명의 형제 또는 자매): 명 **(한 명의) 형제자매**

I have five *siblings*: three brothers and two sisters.

어원 sib(혈연관계가 있는) + ling → (혈연관계가 있는) **형제자매**

26 **nephew** [néfju:]

(형제자매의 아들 또는 남편이나 아내의 형제자매의 아들): 명 **남자 조카**

This boy is my *nephew*, my sister's son.

22 이 나라의 거의 모든 가구는 현재 적어도 한 대의 자동차를 가지고 있다. 23 가정 폭력은 심각한 사회문제이며 범죄이다. 24 대부분의 부모들은 그들의 십대의 자식들에 대한 문제를 갖고 있다. 25 나는 다섯 명의 형제자매 즉 세 명의 형제와 두 명의 자매가 있다. 26 이 소년은 나의 남자조카, 내 누나의 아들입니다.

27 niece

[niːs]

(형제자매의 딸 또는 남편이나 아내의 형제자매의 딸): 명 **여자 조카**

This girl is my *niece*, my brother's daughter.

28 orphan

[ɔ́ːrfən]

(부모가 없는 아이): 명 **고아** 동 **고아로 만들다**

She was an *orphan* who knew nothing of her family.

파생 orphanage [ɔ́ːrfənidʒ] 명 고아원

29 ancestor

[ǽnsestər]

(조부모 이전의) 명 **조상, 선조**

His *ancestors* came to America from England in the seventeenth century.

파생 ancestry [ǽnsèstri] 명 (집합적으로) 조상, 혈통
ancestral [ænséstrəl] 형 조상의

어원 an(before:전에) + cest(go:가다) → (세상을 이전에) 살고 간 사람 → 조상

30 forefather

[fɔ́ːrfaːðər]

(보통 복수로 사용하며, 조상 중) 명 **(특히 남성) 조상, 선조**

Our *forefathers* moved here in the mid-sixteenth century.

어원 fore(before) + father → (이전에 살았던) 아버지 → 조상

31 descendant

[diséndənt]

(뒤에 오는 세대의 자녀): 명 **자손, 후손**

They have discovered that he is a direct *descendant* of King Arthur.

어원 descend(내려오다) + ant → (같은 혈통으로) 내려온 사람 → 자손

32 posterity

[pastérəti]

(앞으로 오는 시대의 모든 사람들): 명 **(집합적으로) 후대, 후세**

This site is of special cultural significance and should be preserved for *posterity*.

어원 poster(come after:뒤에 오다) + ity → (뒤에 올) 사람들 → 후대, 후세

27 이 소녀는 나의 여자 조카, 내 형의 딸입니다. 28 그녀는 자신의 가족에 대해서 아무것도 모르는 고아이었다. 29 그의 조상은 17세기에 영국에서 미국으로 왔다. 30 우리의 조상은 16세기 중반에 이곳으로 이주해 왔다. 31 그들은 그가 아서 왕의 직계 후손이라는 것을 알았다. 32 이곳은 특별한 문화적 중요성이 있어서 후대를 위해 보존되어야 한다.

33 **bride**
[braid]

(곧 결혼하거나 갓 결혼한) 명 **신부**

The *bride* was wearing a beautiful white wedding dress.

34 **groom**
[gru:m]

(곧 결혼하거나 갓 결혼한) 명 **신랑** (= bridegroom)

Everyone stood up, and the bride and *groom* walked down the aisle.

파생 bridegroom [bráidgrù:m] 명 신랑 (= groom)

35 **engagement**
[ingéidʒmənt]

1. (결혼하기로 서로 약속함): 명 **약혼**
2. (특정 시간에 만나거나 무엇을 하기 위한) 명 **모임[업무상] 약속** → p21

They haven't formally announced their *engagement* yet.

파생 engaged [ingéidʒd] 형 약혼한; (~을 하느라) 바쁜; 통화 중인

어원 en(make) + gage(pledge:약속) ┌ (결혼) 약속 → 1. 약혼
└ (만날) 2. 약속

36 **fiancé**
[fì:a:nséi]

(약혼한 상대편의 남자): 명 **약혼자**

My friend and her *fiancé* are getting married in August.

파생 fiancée [fì:a:nséi] 명 약혼녀

37 **spouse**
[spaus]

(부부 사이에서의 상대방): 명 **배우자**

All employees and their *spouses* will be invited to the event.

38 **widow**
[wídou]

(남편을 잃고 혼자 지내는) 명 **미망인, 과부**

The *widow* brought up the children herself after her husband passed away.

파생 ⊖ widower [wídouər] 명 홀아비

33 신부는 아름다운 흰색 웨딩드레스를 입고 있었다. 34 모든 사람들이 일어섰고 신랑 신부가 통로를 걸어갔다. 35 그들은 약혼을 아직 공식적으로 발표하지 않았다. 36 내 친구와 그녀의 약혼자는 8월에 결혼한다. 37 전 종업원과 그들의 배우자들이 그 행사에 초대된다. 38 그 과부는 남편이 죽은 후에 아이들을 자신이 키웠다.

39 **bachelor**

[bǽtʃələr]

1. (아직 결혼하지 않은) 명 **미혼[독신] 남자**

2. (대학 학부 졸업자에게 수여하는 학위 취득자): 명 **학사** → p190

I have no wish to get married and want to remain a *bachelor*.

파생 bachelor's degree 학사 학위

어원 젊은 견습 기사의 뜻에서 유래 ┌ (대부분 미혼이어서) 1. 미혼 남자
└ (견습을 마치고 받는) 초급 학위 → 2. 학사

40 **divorce**

[divɔ́ːrs]

(부부가 혼인 관계를 끊고) 동 **이혼하다** 명 **이혼**

(서로) 동 **(관계가 끊어지게) 분리하다** 명 **분리**

Nearly half of all first marriages end in *divorce*.

I think politics should be *divorced* from religion.

파생 divorcee [divɔ̀ːrséi] 명 이혼한 사람, 이혼녀

어원 di(two:둘) + vorce(turn:돌다) → (방향을 돌려 둘로) 이혼[분리]하다

동의어 레슨

집, 가구	
home	(자신이 가족과 함께 살면서 생활하는) **(자기) 집, 가정**
household	(한 집에서 함께 생활하는 모든 사람을 한 단위로) **가구, 세대**

친구, 교제, 인사

≫ 테마 기본 어휘	friend · mate(친구) · meet · appointment · invite · visit · host(주인) · guest · introduce · present(소개하다) · greet(인사하다) · welcome

41 **acquaintance**

[əkwéintəns]

(친밀한 사이가 아닌 단순히) 명 **아는 사람, 지인; 면식**

I don't know him really well. He's just an *acquaintance*.

파생 acquaint [əkwéint] 동 익히다, 숙지하다

어원 acquaint(알게 하다) + ance → (알고 있는) 사람 → 지인; 면식

39 나는 결혼할 마음이 없고 독신으로 남기를 원한다. 40 모든 초혼의 거의 반은 이혼으로 끝난다. / 나는 정치가 종교와 분리되어야 한다고 생각한다. 41 나는 그를 정말 잘 알지 못한다. 그는 단지 아는 사람이다.

42 company

[kʌmpəni]

1. (즐겁게) 명 (시간을 함께 보내는) 친구, 사람들; (함께 있는) 손님, 방문객
(혼자가 아니라) 명 (누군가와) 같이 있음, 동반, 동석

2. (영리 목적의 사업체): 명 회사 → p320

Oh, I'm sorry, I didn't realize you had *company*.

Although he's a quiet man, he enjoys other people's *company*.

어원 com(together) + pan(빵) ┌ (빵을 함께 나누는) 1. 친구; (친구와) 1. 같이 있음
└ (빵을 얻기 위해) 함께 모인 조직 → 2. 회사

43 companion

[kəmpǽnjən]

(많은 시간을 함께 보내는) 명 (여행의) 동행[동반]자; (늘 함께 하는) 친구, 벗

He never married, and his best friend and closest *companion* was his dog, Molly.

파생 companionship [kəmpǽnjənʃip] 명 동료[동지]애, 우정

어원 com(together:함께) + pan(빵) → (빵을 함께 나눌 수 있는) 친구

44 encounter

[inkáuntər]

1. (누군가를) 동 (우연히) 만나다, 마주치다 명 만남, 마주침

2. (어려움·반대·저항 등의) 동 (좋지 않은 일에) 직면하다[부딪히다] → p225

On the bus I *encountered* an elderly man who seemed to have lost his way.

어원 en(make) + counter(against:맞서) → 맞서게 하다 → 1. 마주치다; 2. 직면하다

45 engagement

[ingéidʒmənt]

1. (특정 시간에 만나거나 무엇을 하기 위한) 명 모임[업무상] 약속

2. (결혼하기로 서로 약속함): 명 약혼 → p19

I wish I could but I have a previous *engagement*.

파생 engaged [ingéidʒd] 형 약혼한; (~을 하느라) 바쁜; 통화 중인

어원 en(make) + gage(pledge:약속) ┌ (만남) 1. 약속
└ (결혼) 약속 → 2. 약혼

42 어, 미안합니다. 당신이 손님이 있는 줄 몰랐습니다. / 그는 조용한 남자이지만 다른 사람들과 같이 있는 것을 즐긴다.
43 그는 결혼을 한 적이 없었고, 그의 가장 친한 친구이며 가장 가까운 동반자는 그의 개, 몰리였다. 44 버스에서 나는 길을 잃은 듯한 한 노인을 우연히 만났다. 45 그럴 수 있으면 좋을 텐데 선약이 있습니다.

[46] intercourse

[íntərkɔ̀:rs]

(대화 · 소통 · 사교 등을 통한) 명 (사람 · 집단 간의) 교제[친교, 교류]

There was little social *intercourse* between the two classes.

어원 inter(between) + course(run:흐르다) → (서로 간에 통하여) 흐르는 것 → 교제

[47] hospitality

[hɑ̀spətǽləti]

(손님을 반갑게 맞아 후하게 대접하는 일): 명 환대

Thank you for your kind *hospitality* during my recent visit to Hong Kong.

파생 hospitable [hɑ́spitəbl] 형 환대하는
inhospitable [inhɑ́spitəbl] 형 냉대하는

어원 hospital(guest house:손님 숙소) → (손님을) 대접하는 일 → 환대

[48] bow

1. [bau]
2. [bou]

1. (공경 · 감사 · 복종의 뜻으로) 동 허리 굽혀[머리 숙여] 절하다 명 절, 인사
2. (화살을 쏘는 데 쓰는) 명 활 → p238

Everyone stood and *bowed* when the king entered the hall.

어원 구부리다(bend)의 뜻에서 유래 ─ 1. 허리를 굽히다, 절하다
└ (몸체가 반달 모양으로 구부러진) 2. 활

[49] salute

[səlú:t]

(군대에서, 오른손을 머리 옆으로 들어 올리는) 명 (거수) 경례 동 경례하다

As the officer entered, all the soldiers stood up and *saluted*.

동의어 레슨

만나다, 마주치다	
meet	(누군가와 또는 어떤 사물·상황과) 만나다, 마주치다
encounter	(누군가를) (우연히) 만나다, 마주치다
약속	
appointment	(누군가를 만나기로 한) 약속
engagement	(업무와 관련된 공적인 만남의) 약속

46 두 계층간의 사회적 교류는 거의 없었다. 47 저의 최근의 홍콩 방문 동안 친절하게 환대해 주셔서 고맙습니다. 48 왕이 홀 안으로 들어오자 모든 사람들이 일어서서 머리를 숙였다. 49 장교가 들어오자 모든 군인들이 일어나 경례를 했다.

Day 1 Review Test

[1-30] 영어를 우리말로 바꾸세요.

1. individual	16. offspring
2. mob	17. sibling
3. humanity	18. orphan
4. anthropology	19. forefather
5. tribe	20. posterity
6. ethnic	21. engagement
7. gender	22. spouse
8. masculine	23. widow
9. feminine	24. divorce
10. surname	25. acquaintance
11. anonymous	26. encounter
12. autograph	27. intercourse
13. infant	28. hospitality
14. adolescent	29. bow
15. domestic	30. salute

[31-35] 각 문장의 문맥에 맞는 적절한 단어를 찾아 넣으세요.

① salute ② divorce ③ posterity ④ race ⑤ mob

31. Our membership is open to people of all _____s and religions.
32. These forest must be preserved for _____.
33. An angry ______ burned down the police station.
34. After months of argument they decided to ______.
35. They all stood up and _____d their commander.

정답 31. ④ 32. ③ 33. ⑤ 34. ② 35. ①

Day 02 인생·일상생활

life & daily routine

삶, 출생, 성장

≫ 테마 기본 어휘	life · live · exist · born · birth · native(태어난 곳의) · hometown(고향) · raise(기르다) · grow(자라다)

01 **lifespan** [láifspæn]

(사람·동물·사물이 살아 있거나 사용될 수 있는 기간): 명 **수명**

Most sharks are believed to have a *lifespan* of 20-40 years.

어원 life(생명) + span(기간) → (생명이 유지되는) 기간 → **수명**

02 **longevity** [landʒévəti]

(사람·생물·사물이 오래 살거나 지속되는 것): 명 **장수; 오래 지속됨**

Her secret to *longevity* is happiness in life.

어원 long(오랜) + evi(age:나이) → (나이가 많을 때까지) 오래 사는 것 → **장수**

03 **destiny** [déstəni]

(앞날 그렇게 밖에 될 수 없는) 명 **(필연적인) 운명[숙명]**

He felt that it was his *destiny* to be born in this way.

파생 destined [déstind] 형 운명 지어진

어원 de(강조) + stin(stand:서다) → (이미 확실하게 정해져) 서 있는 것 → **운명**

04 **fate** [feit]

(막거나 피할 수 없는) 명 **(불가피한) 운명[숙명]**

Their *fate* is now in the hands of the king.

파생 fated [féitid] 형 운명 지어진
fateful [féitfəl] 형 운명을 결정하는, 중대한

01 대부분의 상어는 수명이 20년에서 40년 정도인 것으로 알려져 있다. 02 그녀의 장수의 비결은 생활 속에서의 행복이다. 03 그는 이렇게 태어난 것이 그의 운명이라고 느꼈다. 04 그들의 운명은 이제 왕의 손에 달려있다.

Day 02

05 **doom**

[du:m]

(죽음·실패·파멸과 같은) 명 **(불운하고 비참한) 운명, 비운**
동 **불행한 운명[결말]을 맞게 하다**

The project was *doomed* to failure from the start for several reasons.

06 **conceive**

[kənsíːv]

1. (여자가 아이를) 동 **임신하다**
2. (마음으로 지어내어) 동 **(생각·계획 등을) 마음 속에 품다, 상상하다** [of] → p162

She *conceived* her first child at the age of 37.

파생 conception [kənsépʃən] 명 임신, 수태; 개념, 생각
conceivable [kənsíːvəbl] 형 상상[생각]할 수 있는

어원 con(강조) + ceive(take:받다) ┌ (아이를 받아) 배 속에 품다 → 1. 임신하다
└ (생각을 받아) 2. 마음 속에 품다

07 **pregnant**

[prégnənt]

(아이나 새끼를) 형 **임신한**

At the age of twenty, she became *pregnant* with her first child.

파생 pregnancy [prégnənsi] 명 임신(기간)

어원 pre(before:전) + gn(born:태어난) → (배 속에서) 태어나기 이전의 → 임신한

08 **inborn**

[ínbɔ́ːrn]

(성품·능력 등을 태어날 때부터) 형 **타고난, 선천적인** (= innate)

He seemed to have an *inborn* talent for recognizing the needs of his clients.

어원 in(안) + born(태어난) → (안에 갖고) 태어난 → 타고난

09 **innate**

[inéit]

(성품·능력 등을 태어날 때부터) 형 **타고난, 선천적인** (= inborn)

Human beings are born with an *innate* ability to learn language.

어원 in(안) + nate(born:태어난) → (안에 갖고) 태어난 → 타고난

05 그 프로젝트는 몇 가지 이유로 처음부터 실패할 운명이었다. 06 그녀는 첫 번째 아이를 37살에 임신했다. 07 20살에 그녀는 첫 번째 아이를 임신했다. 08 그는 고객의 요구를 알아내는 데는 타고난 재능을 가진 것처럼 보였다. 09 인간은 선천적인 언어 학습 능력을 갖고 태어난다.

10 **nurture**

[nə́ːrtʃər]

1. (잘 자라도록 보살펴) 동 (아이·식물을) 기르다, 양육하다 명 양육

2. (어떤 것이 잘) 동 (성장·발달·성공하도록) 육성[양성]하다 명 육성, 양성 → p310

She chose to stay at home and *nurture* her children full time.

어원 nurt(feed:먹이다) + ure → (영양분을) 먹이다 → 1. 기르다 2. 육성하다

11 **mature**

[mətjúər]

(점점 커져서) 형 (사람·생물이) 성인이 된, 다 자란 동 다 자라다, 성년이 되다

(어리지만) 형 (아이나 젊은 사람이) 어른스러운, 성숙한 동 어른스러워지다

He physically *matured* from a teenager to a young adult.

He was bright and very *mature* for his age.

파생 maturity [mətjúərəti] 명 성숙

⊖ immature [ìmətʃúər] 형 미숙한

12 **adopt**

[ədάpt]

1. (자신의 법적인 친자식으로) 동 (남의 자식을) 입양하다

2. (사용하지 않던) 동 (새로운 것을) 채용[채택, 차용]하다 → p315

He and his wife had no children of their own, but *adopted* a daughter.

파생 adoption [ədάpʃən] 명 입양; 채용, 채택

어원 ad(to) + opt(choose:선택하다) ┌ (친자식으로 선택하여) 1. 입양하다
└ (무엇을 선택하여) 2. 채용[채택]하다

13 **foster**

[fɔ́ːstər]

1. (일정 기간 맡아) 동 (남의 자식을) 수양자식으로 기르다 명 수양-

2. (어떤 것의) 동 (성장·발달을) 촉진하다, 육성[조장]하다 → p310

Since becoming foster parents, they have *fostered* over 50 children.

어원 먹이다(feed)의 뜻에서 유래 ┌ (데려다 먹이면서) 1. 수양자식으로 기르다
└ (영양분을 먹여서) 2. 촉진[육성]하다

10 그녀는 집에 있으면서 전적으로 아이들을 양육하기로 정했다. 11 그는 십대에서 젊은 성인으로 육체적으로 성숙해졌다. / 그는 영리했고 나이에 비해 매우 성숙했다. 12 그와 그의 아내는 자신들의 아이가 없었으나 딸을 입양했다. 13 수양부모가 된 후 그들은 50명 이상의 아이들을 맡아 길렀다.

14 heredity

[hərédəti]

(부모의 형질이 자손에게 전해지는 현상): 명 유전

Heredity explains why children usually look like their parents.

파생 hereditary [hərédətèri] 형 유전성의

어원 hered(heir:상속인) + ity → 상속되는 것 → 유전

15 gene

[dʒiːn]

(유전 형질의 결정에 작용하는 인자): 명 유전자

Scientists have recently discovered a *gene* that determines skin color.

파생 genetic [dʒənétik] 형 유전자의, 유전(학)의

genetics [dʒənétiks] 명 유전학

동의어 레슨

운명, 숙명	
destiny	(그렇게 밖에 될 수 없는 필연적인) **운명, 숙명**
fate	(막거나 피할 수 없는 불가피한) **운명, 숙명**
doom	(몹시 불운하고 비참한) **운명, 비운**
기르다	
raise	(아이를 성장할 때까지) **기르다**
nurture	(어린 아이나 식물을 잘 자라도록 보살펴) **기르다**

죽음

≫ 테마 기본 어휘	die · dead · kill · bury(매장하다) · grave(무덤)

16 murder

[mə́ːrdər]

(미리 계략을 꾸며) 동 (의도적으로) 살인하다 명 살인

He was kidnapped and brutally *murdered* by terrorists.

파생 murderer [mə́ːrdərər] 명 살인자

murderous [mə́ːrdərəs] 형 죽일 듯한, 흉악한

14 유전은 왜 자식이 대개 부모를 닮았는지의 이유를 설명해 준다. 15 과학자들은 최근 피부색을 결정하는 유전자를 발견했다. 16 그는 테러리스트에게 납치되어 잔인하게 살해당했다.

17 slaughter
[slɔ́:tər]

(고기를 얻기 위하여) 동 (가축을) 도살[도축]하다 명 도살
(전쟁에서 잔인하게) 동 (많은 사람들을) 학살[살육]하다 명 (대량) 학살

More than 100 million pigs are *slaughtered* every year in the United States.
Hundreds of innocent people were *slaughtered* like animals.

어원 식용 고기(butcher meat)의 뜻에서 유래 → 도살[학살]하다

18 drown
[draun]

(사람·동물이) 동 (물에 빠져) 익사하다[시키다]

She fell in the water and almost *drowned*, but was saved by her father.

19 suicide
[sjú:əsàid]

(스스로 자기의 목숨을 끊는 행위): 명 자살

A young man committed *suicide* after breaking up with his girlfriend.

파생 suicidal [sù:əsáidl] 형 자살의

어원 sui(self:자신) + cide(kill:죽이다) → (자기 자신을) 죽이는 것 → 자살

20 sacrifice
[sǽkrəfàis]

(남이나 어떤 목적을 위해) 동 (자신의 것을) 희생하다 명 희생
(사람·동물 등을) 동 (신에게) 제물로 바치다 명 산 제물

The soldiers *sacrificed* themselves for their country.
A lamb was offered as a sacrifice to God.

어원 sacri(holy:신성한) + fice(make) ┬ (신성하게) 희생하다
└ (신성한) 산 제물을 바치다

21 extinct
[ikstíŋkt]

(생물의 한 종류가 아주 없어진): 형 멸종된

Dinosaurs became *extinct* about 65 million years ago.

파생 extinction [ikstíŋkʃən] 명 멸종

어원 ex(completely:완전히) + stinct(quench:불을 끄다) → (완전히) 불이 꺼진 → 멸종된

17 미국에서는 매년 1억 마리 이상의 돼지가 도살된다. / 수백 명의 무고한 사람들이 짐승과 같이 학살되었다 18 그녀는 물에 빠져 거의 익사할 뻔 했으나 아버지에 의해 구해졌다. 19 한 젊은 사람이 여자 친구와 헤어진 후 자살을 했다 20 그 군인들은 조국을 위해 자신들을 희생했다. / 어린 양이 신에게 산 제물로 바쳐졌다. 21 공룡은 약 6천5백만 년 전에 멸종했다.

22 **perish**
[périʃ]

(사람·동물·사물이) 동 (사고·재난 등으로) 갑자기 죽다, 비명에 가다, 소멸되다

More than 1000 people *perished* in the earthquake and tsunami.

어원 per(completely:완전히) + ish(go:가다) → (완전히) 가다 → 죽다, 소멸되다

23 **fatal**
[féitl]

(사고·질병·부상 등이) 형 (실제로) 죽음을 초래하는, 치명적인

The bite of this poisonous snake is *fatal*.

파생 fatality [feitǽləti] 명 사망(자)

어원 fate(운명) + al → (운명을) 결정하는 → 치명적인

24 **mortal**
[mɔ́:rtl]

(영원히 살지 못하고) 형 (언젠가는) 죽어야 할 운명의
(질병·부상·타격 등이) 형 (생명을 잃을 수 있을 만큼) 치명적인

While some of us live longer than others, we are all *mortal*.
He received a *mortal* wound in the chest, and died.

파생 mortality [mɔ:rtǽləti] 명 죽을 운명
⊖ immortal [imɔ́:rtl] 형 죽지 않는

어원 mort(death:죽음) + al → 죽어야 할 운명의; 치명적인

25 **funeral**
[fjú:nərəl]

(시신을 묻거나 태우는 의식): 명 장례식

More than a thousand mourners attended the *funeral*.

26 **tomb**
[tu:m]

(돌 구조물을 갖춘 규모가) 명 (큰) 무덤

Pyramids were built to protect the *tombs* of the pharaohs.

27 **memorial**
[məmɔ́:riəl]

(죽은 사람을 기억하기 위해 만든) 명 기념물[상, 비, 관] 형 기념의, 추도의

This is a *memorial* to victims of World War II.

어원 memory(기억) + ial → (기억하기 위한) 것 → 기념물

22 천 명 이상의 사람들이 지진과 쓰나미로 죽었다. 23 이 독사에 물리는 것은 치명적이다. 24 우리 중 일부는 다른 사람보다 오래 살지만 우리 모두는 언젠가는 반드시 죽는다. / 그는 가슴에 치명적인 부상을 입고 죽었다. 25 천 명 이상의 조문객이 장례식에 참석했다. 26 피라미드는 파라오의 무덤을 보호하기 위해 지어졌다 27 이것은 제2차 세계대전의 희생자들을 위한 기념비이다.

28 cemetery

[sémətèri]

(여러 사람이 함께 쓰는) 명 **공동묘지**

Thousands of war veterans are buried in the national *cemetery*.

어원 ceme(put to sleep:잠들게 하다) + tery(장소) → (잠들게 하는) 곳 → **공동묘지**

29 heir

[ɛər]

(물려받는) 명 **(유산·지위·과업 등의) 상속인, 계승자, 후계자**

The eldest son of the Queen is the *heir* to the throne.

파생 heiress [ɛ́əris] 명 여자 상속인[후계자]

30 inherit

[inhérit]

(죽은 사람의) 동 **(재산을) 상속받다[물려받다]**

He has *inherited* millions of dollars from a relative he's never met.

파생 inheritance [inhérətəns] 명 유산
inheritor [inhéritər] 명 (유산) 상속인

어원 in(make:만들다) + herit(heir:상속인) → (상속인으로) 만들다 → **상속받다**

동의어 레슨

무덤, 묘지	
grave	(시신이나 유골을 묻은 곳): **무덤**
tomb	(묘혈 또는 묘비가 돌로 지어진 규모가 큰) **무덤**
cemetery	(여러 사람이 함께 쓰는) **공동묘지**

청결, 위생

≫ 테마 기본 어휘	shower · bath · shave · soap · shampoo · towel · toothbrush · toothpaste · make-up(화장품) · haircut · barber(이발사) · comb(빗) · laundry(세탁) · wash · rinse · iron(다리미) · brush · order(정돈) · decorate(장식하다) · clean · clear · dirty · dust · mark(얼룩) · spot(반점, 얼룩) · trash · garbage

31 wipe

[waip]

(거죽에 묻은) 동 **(물기나 더러운 것을) 닦아 내다, 훔치다** 명 **닦아 내기**

He *wiped* sweat from his forehead with a handkerchief.

28 수천 명의 참전 용사들이 그 국립 묘지에 묻혀있다. 29 여왕의 장남이 왕위 계승자이다. 30 그는 한번도 만난 적이 없는 한 친척으로부터 수백만 달러를 상속받았다. 31 그는 손수건으로 이마의 땀을 닦았다.

Day 02

[32] **sweep**
[swi:p]

(비로 쓰레기 등을) 동 쓸다 명 쓸기

I *swept* the floor clean and wiped everything with a wet cloth.

파생 sweeper [swí:pər] 명 청소기[부]

[33] **polish**
[pάliʃ]

(물건의 거죽을 문질러서) 동 윤[광]을 내다, (윤이 나게) 닦다 명 윤, 광택

Every morning he polished his shoes and *ironed* his clothes carefully.

[34] **scrape**
[skreip]

(표면에 붙은 것을) 동 (떼어 내려고) 긁다, 긁어내다
(살갗·물체 등의 표면을) 동 (긁어서) 상처[흠]를 내다
명 긁기, 긁힌 자국; 찰과상

He *scraped* the wallpaper off the walls and painted them white.

The boy fell off his bike and *scraped* his knee.

[35] **detergent**
[ditə́:rdʒənt]

(더러운 물질을 씻어 내는 데 쓰는) 명 세제

This *detergent* will remove most grease marks.

어원 de(off:분리) + terge(wipe:닦다) → wiping off(닦아 내기) → 세제

[36] **tidy**
[táidi]

(가지런히) 형 (집·방·책상 등이) 잘 정돈된 동 정돈[정리]하다

She can cook all sorts of food and keeps her house very *tidy* at all times.

파생 ⊖ untidy [ʌntáidi] 형 단정치 못한, 흐트러진

[37] **neat**
[ni:t]

(매우 가지런하고 깨끗하게) 형 (장소·모양·옷차림 등이) 단정한, 깔끔한

He is sensitive to a messy environment and likes everything *neat* and in its place.

---

32 나는 바닥을 깨끗이 쓸고 모든 것을 젖은 천으로 닦았다. 33 매일 아침 그는 구두를 닦고 옷을 조심스럽게 다리미질했다. 34 그는 벽에서 벽지를 긁어내고 그것을 흰색으로 칠했다. / 그 소년은 자전거에서 떨어져서 무릎이 긁혔다. 35 이 세제는 대부분의 기름 자국을 지운다. 36 그녀는 모든 종류의 음식을 요리할 수 있고 항상 집을 잘 정돈해 놓는다. 37 그는 지저분한 환경에 민감해서 모든 것이 단정하고 제자리에 있는 것을 좋아한다

38 transparent
[trænspέərənt]

(조금의 티도 없이) 형 **(속이 환히 보일 만큼) 투명한, 명백한**

The water was so *transparent* that we could see the bottom of the lake.

파생 transparency [trænspέərənsi] 명 투명도[성]

어원 trans(through) + par(show oneself) → (통과하여) 자신을 보여주는 → **투명한**

39 ornament
[ɔ́:rnəmənt]

(모양을 보기 좋게 꾸미기 위해 부가하는) 명 **장식품, 장신구** 동 **장식하다**

The shelves were covered with books and *ornaments*.

파생 ornamental [ɔ̀:rnəméntl] 형 장식용의

어원 orna(adorn:장식하다) + ment → (장식한) 것 → **장식품, 장신구**

40 trim
[trim]

(머리털·잔디·산울타리 등을) 동 **(고르게 되도록) 깎아서 다듬다, 손질하다**
명 **손질(된 상태)** 형 **잘 손질된**

He went to a barber shop and had his hair *trimmed*.

41 cosmetic
[kazmétik]

(얼굴과 몸에 멋을 내는 데 쓰는) 명 (주로 -s) **화장품** 형 **화장(용)의; 성형의**

We sell a wide range of *cosmetics* from face creams to hair products.

어원 cosmet(well-ordered:잘 정돈된) + ic → (얼굴·몸을) 정돈하는 물품 → **화장품**

42 rubbish
[rʌbiʃ]

(특히 영국식 영어에서) 명 **쓰레기**

Would you please take the *rubbish* out when I've finished clearing the table?

43 litter
[lítər]

(휴지·병·깡통 등의) 명 **(공공장소 바닥에 버려진) 쓰레기** 동 **어질러 놓다**

Never drop *litter*, especially on beaches and in national parks.

38 물이 너무 투명해서 우리는 호수의 바닥까지도 볼 수 있었다. 39 선반들은 책과 장식품으로 덮여 있었다. 40 그는 이발소에 가서 머리를 다듬었다. 41 우리는 얼굴 크림에서부터 모발용 제품까지 다양한 화장품을 판매한다. 42 내가 식탁을 다 치우면 쓰레기를 좀 버려 주시겠어요? 43 특히 해변과 국립공원에서는 절대로 쓰레기를 버리지 마세요.

44 **sewage**
[sú:idʒ]

(쓰레기·배설물 등과 혼합된, 쓰고 버리는 더러운 물): 명 하수, 오물

The city plans to build a new *sewage* treatment plant.

파생 sewer [sú:ər] 명 하수관

어원 sew(drain:배수하다) + age → (쓰고 버려져서) 배수되는 물 → 하수, 오물

45 **stain**
[stein]

(액체가 묻어서 생긴) 명 (커피·피·잉크 등의) 얼룩 동 얼룩지다[지게 하다]

There were footprints, and several blood *stains* on the carpet.

46 **mess**
[mes]

(어지럽고 지저분하게) 명 (물건들이) 어질러진[엉망인] 상태
(실수나 부주의로) 명 (일이 엉망이 된) 혼란, 곤경
동 어질러 놓다, 더럽히다 [up] ; (~ up) 망쳐놓다, 엉망으로 만들다

I'm sorry about the *mess*. I'll clean it up as soon as I'm done.
The world economy is in a mess and is sliding into a deep depression.

파생 messy [mési] 형 어질러진, 엉망인

47 **chaos**
[kéias]

(아무런 질서가 없는) 명 (극단적인) 무질서, 혼돈

The civil war left the country in a state of total *chaos*.

파생 chaotic [keiátik] 형 혼돈된, 무질서한

48 **sanitary**
[sǽnətèri]

(청결 유지를 위한) 형 (오물·쓰레기 등과 관련된) (공중) 위생의; 위생적인

Poor *sanitary* conditions led to the spread of diseases like cholera.

파생 sanitation [sæ̀nitéiʃən] 명 공중 위생
⊖ unsanitary [ʌnsǽnətèri] 형 비위생적인 (= insanitary)

어원 sanit(health:건강) + ary → 건강한 → 위생의

44 그 도시는 새 하수 처리 공장을 지을 계획이다. 45 카펫 위에는 발자국과 여러 개의 핏자국이 있었다. 46 어질러 놓아서 미안합니다. 끝나는 대로 바로 치우겠습니다. / 세계 경제는 엉망이고 깊은 경제 침체로 빠져들고 있다. 47 내전은 그 나라를 완전한 혼돈 상태로 남겨놓았다. 48 열악한 위생 상태는 콜레라와 같은 질병의 전염으로 이어졌다.

49 **hygiene**

[háidʒi:n]

(청결 유지로) 명 (질병 예방을 위한) 위생

Maintaining good *hygiene* helps to prevent illness.

파생 hygienic [hàidʒiénik] 형 위생적인
unhygienic [ʌnhàidʒiénik] 형 비위생적인

어원 hygie(healthy:건강한) + ne(art:기술) → (건강) 기술 → 위생

50 **pollution**

[pəlú:ʃən]

(자연환경을 더럽히는) 명 (매연·폐수·쓰레기 등으로 인해) 오염, 공해

We need special attention and planning to reduce the environmental *pollution*.

파생 pollute [pəlú:t] 동 오염시키다, 더럽히다
pollutant [pəlú:tənt] 명 오염 물질

51 **contaminate**

[kəntǽmənèit]

(오물·독물·방사능 등과의) 동 (접촉으로 물질·장소를) 오염시키다

Contaminated drinking water can cause diseases such as cholera and typhoid.

파생 contamination [kəntæmənéiʃən] 명 오염
contaminant [kəntǽmənənt] 명 오염균[물질]

어원 con(together:함께) + tamin(touch:접촉하다) → (서로 접촉해서) 오염시키다

동의어 레슨

정돈된, 단정한	
tidy	(가지런히) 잘 정돈된
neat	(매우 깨끗하고 가지런한): 단정한, 깔끔한
위생의	
hygienic	(몸과 환경을 깨끗이 하는): 위생의
sanitary	(오물·쓰레기의 처리와 관련된): (공중) 위생의
오염시키다	
pollute	(매연·폐수·쓰레기 등이 자연환경을) 오염시키다
contaminate	(물질·장소를 오물·독물·방사능 등과의 접촉으로) 오염시키다

49 청결한 위생 상태를 유지하는 것은 질병 예방에 도움이 된다. 50 환경 오염을 줄이기 위해서 우리는 특별한 주의와 계획이 필요하다. 51 오염된 식수는 콜레라와 장티푸스 같은 질병을 유발할 수 있다.

Day 2 Review Test

[1-30] 영어를 우리말로 바꾸세요.

1. lifespan	16. inherit
2. longevity	17. sweep
3. doom	18. scrape
4. pregnant	19. detergent
5. innate	20. neat
6. nurture	21. transparent
7. foster	22. ornament
8. heredity	23. cosmetic
9. slaughter	24. litter
10. drown	25. sewage
11. extinct	26. stain
12. perish	27. chaos
13. funeral	28. sanitary
14. cemetery	29. hygiene
15. heir	30. contaminate

[31-35] 각 문장의 문맥에 맞는 적절한 단어를 찾아 넣으세요.

① contaminate ② litter ③ inherit ④ inborn ⑤ funeral

31. It is inappropriate to make jokes at _____s.
32. He _____ed two million dollars from a wealthy relative.
33. The area was found to be _____d with radioactive material.
34. I never drop _____ on the streets.
35. He seems to have an _____ talent for physics.

정답 31. ⑤ 32. ③ 33. ① 34. ② 35. ④

Day 03

의식주 I

food, clothing & shelter I

옷

≫ 테마 기본 어휘	clothes · fashion · suit · dress · uniform · pajamas · jacket · shirt · T-shirt · blouse · coat sweater · pants · trousers · jeans · skirt · collar · sleeve · pocket · button · zip · shoe · boot hat · cap · tie · belt · glove · handkerchief · sock · stocking · jewel · ring · necklace · bag handbag · wallet(지갑) · purse(지갑, 핸드백) · briefcase(서류가방) · backpack · suitcase trunk · wear · dress · thread(실) · needle

01 **costume**
[kástju:m]

(특정 민족·시대·지방의) 명 **(특유한) 의상[복장]; (연극 등의) 의상[변장]**

The dancers were wearing traditional Chinese *costume*.
The actress has several *costume* changes during the play.

파생 costumed [kástju:md] 형 의상을 입은

02 **garment**
[gá:rmənt]

(격식 차린 말, 한 점의 옷): 명 **옷[의복] (한 점)**

We prefer to see sample *garments* before ordering.

어원 gar(garnish:꾸미다) + ment → (몸을) 꾸미는 것 → 의복

03 **outfit**
[áutfit]

(특별한 경우나 목적을 위해 차려 입는) 명 **(한 세트의) 옷[복장]**

Mom has bought her a lovely new *outfit* for the party.

어원 outfit → fit out(의복을 갖추다) → (갖추어 입는) 옷, 복장

04 **vest**
[vest]

(셔츠 위에 덧입는, 소매 없는 옷): 명 **(양복의) 조끼; (특정 용도의) 조끼**

He was wearing a *vest* under his jacket.

01 무용수들은 전통 중국 의상을 입고 있었다. / 그 여배우는 연극 중에 의상을 여러 차례 갈아입는다. 02 우리는 주문을 하기 전에 샘플 옷을 보는 것을 선호한다. 03 엄마는 그녀에게 파티에 입을 멋진 새 옷을 사 줬다. 04 그는 재킷 아래에 조끼를 입고 있었다.

05 **apron**

[éiprən]

(부엌일 등을 할 때 몸 앞에 두르는) 명 앞치마

My mother always wears an *apron* while she is cooking.

06 **diaper**

[dáiəpər]

(오줌과 똥을 받아 내기 위한 천·종이): 명 기저귀

She changed her baby's *diaper* in the women's restroom.

07 **fasten**

[fǽsn]

1. (양쪽이 닫혀지도록) 동 (코트·가방·문 등을) 채우다[잠그다, 걸다]

2. (붙어있거나 매어있게) 동 (무엇을 다른 물건·장소에) 고정시키다[되다] → p490

Make it a habit to *fasten* your seatbelt whenever you get into your car.

파생 ↔ unfasten [ʌnfǽsn] 동 풀다, 끄르다

어원 fast(단단히 고정된) + en(make) → (단단히) 2. 고정시키다 1. 채우다, 잠그다

08 **shabby**

[ʃǽbi]

(오래 써서) 형 (옷·건물·물건 등이) 낡은[해진]; (옷차림이) 초라한

The man was wearing a *shabby*, old-fashioned fur coat.

09 **strip**

[strip]

(입고 있는) 동 옷을 벗다, 남의 옷을 벗기다; (막·껍질 등을) 벗기다

The children *stripped* their clothes off and ran into the sea.

10 **naked**

[néikid]

(아무것도 몸에 걸치지 않고 완전히) 형 벌거벗은, 나체의

Some young boys were swimming naked in the river.

11 **nude**

[nju:d]

(주로) 형 (그림·조각·사진 등에서) 나체의 명 나체화[상]

There were too many *nude* scenes in the movie.

파생 nudity [njú:dəti] 명 나체(상태)

05 내 엄마는 요리를 할 때 항상 앞치마를 두른다. 06 그녀는 여자 화장실에서 아기의 기저귀를 갈았다. 07 차에 탈 때는 언제나 안전벨트 착용을 습관화 하십시오. 08 그는 낡은 구식 모피 코트를 입고 있었다. 09 아이들은 옷을 벗고 바다 속으로 뛰어들었다. 10 몇몇 어린 소년들이 벌거벗은 채로 강에서 수영을 하고 있었다. 11 그 영화에는 옷을 벗고 나오는 장면이 너무 많다.

12 **bare**
[bɛər]

(옷으로 가리지 않아) 형 (몸의 특정 부분의) 살이 드러난, 맨-

It was so cold, but those kids were running around in *bare* feet.

13 **fabric**
[fǽbrik]

(섬유로 엮어 짠) 명 (옷 등의 재료로서의) 직물, 천

Cotton *fabrics* are cool in the summer and warm in the winter.

14 **textile**
[tékstail]

(섬유로 엮어 짠) 명 (의류 업계 용어로서의) 직물; (-s) 섬유산업 형 직물의

This factory produces a wide range of *textiles* including cotton, wool and silk.

어원 text(weave:짜다) + ile → (섬유로) 짠 것 → 직물

15 **fiber**
[fáibər]

1. (실·천·의류 등의 원료가 되는) 명 섬유
2. (미세한 실 모양으로 이루어진) 명 (식품) 섬유소[질]; (인체 등의) 섬유질 → p45

The best fabrics are made of natural *fibers*.

16 **leather**
[léðər]

(동물의 몸에서 벗겨 낸 껍질을 가공한) 명 가죽

This jacket is real *leather*, so it's really soft and high quality.

17 **rag**
[ræg]

(특히 걸레와 같은 용도로 쓰이는) 명 해진 천, 넝마 조각

He put down the wrench and wiped the grease off his hands with an old *rag*.

18 **stitch**
[stitʃ]

(실을 꿴 바늘이 한 번 들어갔다가 나온 자국): 명 한 바늘[땀] 동 꿰매다

Try to keep the *stitches* as even as possible so that it looks neat.

12 매우 추운 날씨였으나 그 아이들은 맨발로 뛰어다녔다. 13 면직물은 여름에는 시원하고 겨울에는 따뜻하다. 14 이 공장은 면직, 모직, 명주를 포함한 다양한 직물을 생산하다. 15 최고의 직물은 천연 섬유로 만들어진다. 16 이 재킷은 진짜 가죽이어서 정말 부드럽고 고품질이다. 17 그는 렌치를 내려놓고 해진 천으로 그의 손에서 기름 닦아냈다. 18 깔끔해 보이도록 바늘땀을 최대한 고르게 되도록 하십시오.

19 **sew**
[sou]

(옷을 짓거나 꿰매기 위해 바늘에 실을 꿰어) 통 **바느질하다, 꿰매다, 깁다**

She *sewed* a button on her husband's shirt.

20 **weave**
[wiːv]

(가늘고 긴 실 같은 재료를 엮어서) 통 **(옷감·바구니 등을) 짜다[엮다]**

These traditional baskets are *woven* from palm leaves.

21 **knit**
[nit]

(털실을 엮어서) 통 **(뜨개질바늘로 옷을) 뜨다[짜다]**

His girlfriend *knitted* him a sweater to show how much she loved him.

22 **mend**
[mend]

1. (찢어지거나 해진) 통 **(옷·신발 등을) 수선하다** 명 **수선한 부분**
2. (영국식 영어, 쓸 수 있게) 통 **(고장·파손 등을) 수리[수선]하다** → p318

My mom *mended* a hole in my sock with a needle and thread.

23 **patch**
[pæʧ]

(해지거나 구멍이 난 곳에) 명 **(덧대기 위한) 헝겊[가죽, 금속] 조각**
통 **덧대는 조각을 대고 깁다**

He was wearing a jacket with leather *patches* on the elbows.

24 **tailor**
[téilər]

(신사복을 주문을 받아 만드는) 명 **재봉사, 재단사** 통 **(용도·목적에) 맞추다**

The *tailor* measured him up for his new suit.

어원 tail(cut:자르다) + or(사람) → (자르는) 사람 → 재봉사

동의어 레슨

벌거벗은	
naked	(아무것도 걸치지 않고 완전히) **벌거벗은**
nude	(그림·조각·사진·쇼 따위에서) **벌거벗은**
bare	(몸의 특정 부분의) **살이 드러난**

19 그녀는 남편의 셔츠에 단추를 꿰매어 달았다. 20 이 전통 바구니들은 야자나무 잎으로 엮은 것이다. 21 그의 여자 친구는 그를 얼마나 사랑하는지 보여주기 위해 그에게 스웨터를 떠 주었다. 22 엄마는 바늘과 실로 내 양말의 구멍을 수선했다. 23 그는 팔꿈치에 헝겊 조각을 덧댄 재킷을 입고 있었다. 24 재단사는 그의 새 양복을 지으려고 그의 치수를 쟀다.

음식

≫ 테마 기본 어휘	food · dish(요리) · meat · steak · soup · beef · pork · vegetable · salad · fruit · noodle · nut(견과) bread · cake · jam · honey · candy · cookie · biscuit · chocolate · coffee · tea · juice · taste delicious · sweet · salt · pepper · sugar · oil · sauce · fresh · calorie(칼로리) · vitamin

25 **diet**

[dáiət]

1. (특정 사람·동물이 날마다 섭취하는) 명 **일상의 음식(물)**

2. (체중을 줄이기 위한) 명 **식이 요법, 다이어트** 동 **식이 요법을 하다** → p60

A balanced *diet* is essential for maintaining good health.

파생 dietary [dáiətèri] 형 식이 요법의; 음식물의

어원 1. 일상의 음식물 → (일상의 음식물의 양을) 조절하는 것 → 2. 식이 요법

26 **leftover**

[léftouvər]

(식사를 하고) 명 (-s) **남은 음식** 형 **남은, 나머지의**

He finished his meal in 5 minutes with no *leftovers* at all.

27 **grain**

[grein]

(쌀·보리·밀·콩 등의) 명 **곡물(의 낟알), 곡식**

This year's *grain* harvest is expected to be about 75 million tons.

28 **flour**

[fláuər]

(밀을 가늘게 빻아 만든) 명 **밀가루**

Mix the *flour* and water together until you get a sticky mixture.

29 **dough**

[dou]

(밀가루에 물을 섞어 개어 놓은) 명 **밀가루 반죽**

Add more water if the *dough* is too dry.

30 **loaf**

[louf]

(조각으로 썰기 이전의 일정한 모양을 갖춘) 명 **한 덩어리의 빵**

She sliced a *loaf* of bread, placed it on the kitchen table.

25 균형 잡힌 식사는 건강 유지에 필수적이다. 26 그는 음식을 전혀 남기지 않고 5분만에 식사를 마쳤다. 27 올해의 곡물 수확량은 7천5백만 톤 정도로 기대된다. 28 끈기가 있는 혼합물이 될 때까지 밀가루와 물을 함께 섞으십시오. 29 그 밀가루 반죽이 너무 말랐으면 물을 더 넣으세요. 30 그녀는 빵 한 덩이를 썰어서 식탁 위에 놓았다.

31 **crust**

[krʌst]

(빵의 겉을 싸고 있는) 명 **빵 껍질**

Mom made us chicken salad sandwiches with the *crusts* cut off.

32 **mutton**

[mΛtn]

(다 자란 양의) 명 **양고기**

Mutton is the meat from a fully-grown sheep.

33 **butcher**

[bútʃər]

(소·돼지 등을 잡아서 파는 것을 업으로 하는) 명 **정육점 주인**

The *butcher* cut the meat with a long knife and placed it on the scale.

파생 butcher's 명 정육점

34 **beverage**

[bévəridʒ]

(물 이외의 마실 수 있도록 만든) 명 **음료, 마실 것**

It is illegal to sell alcoholic *beverages* without a license.

어원 bever(drink:마시다) + age → 마실 것

35 **flavor**

[fléivər]

(그 음식 자체의) 명 **(특유의) 맛, 풍미** 동 **맛을 내다**

This ice cream comes in 3 different *flavors*: chocolate, vanilla and coffee.

파생 flavorful [fléivərfəl] 형 맛 좋은
flavorless [fléivərlis] 형 맛없는

어원 냄새(smell)의 뜻에서 유래 → (특유의 향을 가진) **맛, 풍미**

36 **bitter**

[bítər]

1. (단맛이 전혀 없고) 형 **(맛이) 쓴**
2. (비애·고통·분노를 일으키며) 형 **(불쾌한 일·경험이) 쓰라린, 비통한** → p108
(추위·비판·증오 등의) 형 **(정도가) 격렬한. 지독한, 신랄한** → p108

Many people don't like the *bitter* taste of black coffee.

31 엄마는 우리에게 빵 껍질 부분을 잘라 낸 치킨 샐러드 샌드위치를 만들어 주셨다. 32 Mutton은 다 자란 양의 고기이다. 33 정육점 주인은 긴 칼로 고기를 잘라 그것을 저울 위에 올려놓았다. 34 면허 없이 알코올 음료를 판매하는 것은 불법이다. 35 이 아이스크림은 초콜릿 바닐라, 커피 3가지의 다른 맛으로 나온다. 36 많은 사람들은 블랙커피의 쓴 맛을 좋아하지 않는다.

37 **sour**

[sauər]

(레몬이나 설익은 과일의 맛과 같이) 형 **(맛이) 신** (= acid); **(우유가) 상한**

Milk turns *sour* very quickly in this hot weather.

38 **acid**

[ǽsid]

(자극성이 강하게) 형 **(맛이) 신** (= sour); **(화학적 특성이) 산성인** 명 **산**

In some parts of the world, forests have been destroyed by *acid* rain.

파생 acidity [əsídəti] 명 신맛; 산(성)도

39 **spice**

[spais]

(맛을 돋우기 위한 식물성) 명 **양념, 향신료** 동 **양념[향료]을 넣다**

Herbs and *spices* are widely used in Thai cooking.

파생 spicy [spáisi] 형 향료[양념]를 넣은, 맛이 매운

40 **season**

[síːzn]

1. (맛을 내기 위해 음식에) 동 **양념하다, 양념을 치다**

2. (한 해를 기후에 따라 나눈) 명 **철, 계절** → p368

(특정 활동·유행·스포츠 등이 활발한 시기): 명 **시즌, 한창 때** → p368

Season the chicken with salt, pepper and garlic powder.

파생 seasoning [síːzəniŋ] 명 양념

seasoned [síːznd] 형 양념을 한; (사람이) 경험이 많은

seasonal [síːzənl] 형 계절적인

어원 씨를 뿌리다(sow)에서 유래
- 양념(씨)을 뿌리다 → **1. 양념을 치다**
- (씨 뿌리기에) 적합한 때 → **2. 한창 때; (한 해의) 계절**

41 **vinegar**

[vínəgər]

(신맛이 나는 액체 조미료): 명 **식초**

Mix together two cups of water and a cup of *vinegar*.

파생 vinegary [vínəgəri] 형 신맛이 나는

어원 vin(wine:포도주) + egar(sour: 맛이 신) → (신 맛이 나는) 포도주 → **식초**

---

37 우유는 이런 더운 날씨에서는 매우 빨리 상한다. **38** 세계의 일부 지역에서는 숲이 산성비에 의해 파괴되었다. **39** 허브와 향신료는 태국 요리에서 널리 사용된다. **40** 닭고기를 소금, 후추, 생강 가루로 양념을 하세요. **41** 두 잔의 물과 한 잔의 식초를 함께 섞으십시오.

42 **grease**
[gri:s]

(동물성 지방, 윤활유 등의) 명 (미끈미끈한) 기름 동 기름[윤활유]을 바르다

The empty plates were covered with *grease*.

파생 greasy [grí:si] 형 기름투성이의, 기름을 많이 쓴

43 **rotten**
[rάtn]

(균의 작용으로 음식물 등이) 형 썩은, 부패한

The whole kitchen smelled of *rotten* fish.

파생 rot [rat] 동 썩다, 썩히다 명 부패(물)

44 **stale**
[steil]

(음식물 특히 빵·케이크 등이) 형 (오래되어) 신선하지 않은, 상한

Unfortunately, the leftover cake has gone *stale*.

45 **decay**
[dikéi]

(나쁜 상태로) 동 (동식물·구조물 등이) 썩다, 부패[부식]하다 명 부패, 부식
(누리던) 동 (힘·세력·영향력 등이) 쇠하다 쇠퇴하다 명 쇠퇴, 쇠약

Sugar is a major cause of tooth *decay*.

어원 de(down) + cay(fall:떨어지다) → (질이나 힘이) 아래로 떨어지다 → 부패[쇠퇴]하다

46 **raw**
[rɔ:]

(요리하거나 가공하지 않은) 형 날것의, 원료 그대로의

Eating *raw* fish has now become popular in many Western countries.

47 **edible**
[édəbl]

(먹기에 적합하거나 안전한): 형 먹을 수 있는, 식용에 적합한

Certain wild mushrooms are *edible*, but many are poisonous.

파생 ⊖ inedible [inédəbl] 형 먹을 수 없는

어원 ed(eat:먹다) + ible(할 수 있는) → 먹을 수 있는

42 그 빈 접시들은 기름투성이였다. 43 부엌 전체에 썩은 생선 냄새가 났다. 44 유감스럽게도, 그 남은 케이크는 신선하지가 않다. 45 설탕은 충치의 주요한 원인이다. 46 지금은 많은 서구의 나라에서 회를 먹는 것이 인기가 많아졌다. 47 어떤 야생 버섯은 먹을 수 있으나 많은 것들이 독성이 있다.

48 **nutrition**

[nju:tríʃən]

(육체의 건강·성장에 필요한) 명 **영양 (섭취)**

Without proper *nutrition*, your body cannot function properly.

파생 nutritious [nju:tríʃəs] 형 영양분이 풍부한
nutrient [njú:triənt] 명 영양분

어원 nutri(feed:먹이다) + tion → (영양분을) 먹이는 것 → **영양 (섭취)**

49 **nourish**

[nə́:riʃ]

(사람·생물에게 생명 유지와 성장에 필요한) 동 **영양분을 주다**

The baby seemed fairly well *nourished* and healthy.

파생 nourishment [nə́:riʃmənt] 명 영양분[물]

어원 nour(feed:먹이다) + ish → **영양분을 주다**

50 **intake**

[íntèik]

(몸 속에 받아들인) 명 **(음식물의) 섭취(량)**

If you reduce your *intake* of salt, your blood pressure will decrease.

어원 in(안으로) + take(받다) → (몸 안으로 받아들인) **섭취량**

51 **metabolism**

[mətǽbəlìzm]

(섭취된 물질이 에너지로 바뀌는 화학 과정): 명 **물질[신진]대사, 대사**

Weight training can speed up your *metabolism*.

파생 metabolic [mètəbɑ́lik] 형 물질[신진]대사의

어원 metabol(change:바꾸다) + ism → (음식물을 에너지로) 바꾸는 과정 → **신진대사**

52 **malnutrition**

[mælnju:tríʃən]

(영양소의 부족으로 인한 신체의 이상 상태): 명 **영양실조(증)**

Many African children are suffering from severe *malnutrition*.

파생 nutrition [nju:tríʃən] 명 영양 (섭취)

어원 mal(bad:나쁜) + nutrition(영양) → (나쁜) 영양 상태 → **영양실조**

48 적절한 영양 섭취 없이는 몸이 제대로 기능을 할 수 없다. 49 그 아기는 상당히 영양 섭취 상태가 좋고 건강해 보였다. 50 소금 섭취량을 줄이시면 혈압이 내려갈 것입니다. 51 웨이트 트레이닝은 신진대사를 촉진시킬 수 있다. 52 많은 아프리카 아이들이 심각한 영양실조를 겪고 있다.

53 **carbohydrate**
[kɑ̀:rbouháidreit]

(영양소 중의 하나인) 명 탄수화물

Carbohydrates are one of your major sources of energy.

어원 carbo(탄소) + hydr(물) → 탄수화물

54 **fat**
[fæt]

1. (영양소 중의 하나인) 명 지방(질); (사람·동물의) 지방 조직, 비계
2. (몸에 살이 필요 이상으로 많은): 형 뚱뚱한, 살찐 → p60

The typical Western diet contains a large amount of *fat*.

파생 fatty [fǽti] 형 지방이 많은, 지방으로 된
fatten [fǽtn] 동 살찌다, 살찌우다

55 **protein**
[próuti:n]

(영양소 중의 하나인) 명 단백질

Dairy products are a good source of *protein*.

어원 prote(first:첫 번째) + in →(첫 번째로) 가장 중요한 요소 → 단백질

56 **fiber**
[fáibər]

1. (미세한 실 모양으로 이루어진) 명 (식품) 섬유소[질]; (인체 등의) 섬유질
2. (실·천·의류 등의 원료가 되는) 명 섬유 → p38

Fresh vegetables supply various vitamins, minerals and *fibers*.

식사(1)

≫ 테마 기본 어휘	eat · drink · hungry · thirsty · meal· breakfast · lunch · dinner · supper · dessert · snack · buffet(뷔페)

57 **sip**
[sip]

(조금씩) 동 (음료를) 찔끔찔끔 마시다, 홀짝이다 명 (적은 양의) 한 모금

He used to sit at the table *sipping* his coffee.

53 탄수화물은 주요 에너지 원천 중의 하나이다. 54 그 전형적인 서양 식사는 많은 양의 지방을 함유하고 있다. 55 유제품은 훌륭한 단백질원이다. 56 신선한 채소는 다양한 비타민과 미네랄, 섬유질을 공급한다. 57 그는 커피를 홀짝이면서 테이블에 앉아 있곤 했다.

58 **chew**

[ʧuː]

(입에 넣고 잘게) 동 (음식 등을) 씹다 명 씹기

The meat was too tough to *chew*, much like chewing rubber.

59 **swallow**

[swάlou]

1. (음식 · 물 등을) 동 (목구멍으로) 삼키다, 들이켜다 명 삼키기, 한 모금[입]
2. (새의 일종): 명 제비

He was unable to *swallow* anything but a little water.

60 **bite**

[bait]

(아래윗니로 마주 눌러) 동 물다, 깨물다, 물어뜯다 명 물기; 한 입

She always *bites* her nails when she's nervous.

61 **suck**

[sʌk]

(숨을 들이마셔 액체 · 기체를) 동 (입 속으로) 빨다[빨아들이다] 명 빨기

The little boy is in the habit of *sucking* his thumb all the time.

62 **lick**

[lik]

(물체의 겉면을) 동 (혀로) 핥다 명 핥기

When he walked in, his dog jumped up and *licked* his face.

63 **feed**

[fiːd]

(사람 · 동물 · 식물에게) 동 음식[먹이, 비료]를 주다, 먹이다 명 먹이, 사료
(아기나 동물이) 동 젖[먹이]를 먹다
(동물이) 동 (~ on) ~을 먹이로 하다

We *fed* the kids first so that the adults could have a quiet dinner.
The animals *feed* at night and hide during the day.
Animals such as cows and rabbits *feed* on grass.

64 **nibble**

[níbl]

(적은 양을) 동 조금씩 먹다 명 (조금 베어 문) 한 입

The monkey quietly *nibbled* his cookie.

58 그 고기는 마치 고무를 씹는 것처럼 씹기에 너무 질겼다. 59 그는 약간의 물 이외에는 어느 것도 삼킬 수가 없었다. 60 그녀는 초조할 때 항상 손톱을 문다. 61 그 어린 소년은 항상 엄지 손가락을 빠는 버릇이 있다. 62 그가 걸어 들어가자 그의 개는 뛰어올라 그의 얼굴을 핥았다. 63 우리는 어른들이 조용한 저녁을 먹을 수 있게 아이들을 먼저 먹였다. / 그 동물들은 밤에 먹이를 먹고 낮에는 숨어 있는다 / 젖소나 토끼 같은 동물들은 풀을 먹이로 한다. 64 그 원숭이는 조용히 쿠키를 조금씩 뜯어먹었다.

Day 3 Review Test

[1-30] 영어를 우리말로 바꾸세요.

1. garment	16. mutton
2. outfit	17. beverage
3. diaper	18. acid
4. shabby	19. rotten
5. bare	20. stale
6. fabric	21. decay
7. textile	22. nutrition
8. fiber	23. nourish
9. rag	24. metabolism
10. stitch	25. malnutrition
11. weave	26. protein
12. patch	27. sip
13. grain	28. swallow
14. flour	29. lick
15. dough	30. nibble

[31-35] 각 문장의 문맥에 맞는 적절한 단어를 찾아 넣으세요.

① nutrition ② shabby ③ fasten ④ chew ⑤ rotten

31. You must always _____ your seat belt.
32. He was standing outside dressed in a _____ suit.
33. Good _____ is vital to a child's growth.
34. No one likes the smell of _____ eggs.
35. You should always _____ your food thoroughly before swallowing.

정답 31. ③ 32. ② 33. ① 34. ⑤ 35. ④

Day 04

의식주 II

food, clothing & shelter II

식사(2)

≫ 테마 기본 어휘	dish · plate · bowl · tray · cup · glass · fork · knife · spoon · chopstick · restaurant · café · cafeteria · bar · waiter · menu · cook · fry · barbecue · bake · pot · pan · kettle

01 **devour**
[diváuər]

(몹시 배가 고파서 많은 양을 급세) 동 게걸스레 먹다

The kid *devoured* two large pizzas covered with cheese and pepperoni.

어원 de(down) + vour(swallow:삼키다) → (아래로) 삼키다 → 게걸스레 먹다

02 **munch**
[mʌntʃ]

(씹는 소리를 심하게 내면서) 동 아삭아삭[우적우적] 먹다

He was watching television in the living room, *munching* on an apple.

03 **appetite**
[ǽpətàit]

(음식을 먹고 싶어하는 욕구): 명 식욕

I completely lost my *appetite* and also began to feel tired for no reason.

파생 appetizer [ǽpitàizər] 명 (식욕을 돋우려고 먹는) 전채

어원 ap(to) + pet(seek:추구하다) → (음식을 추구하는) 욕구 → 식욕

04 **starve**
[sta:rv]

(먹을 것이 부족하여) 동 굶주리다, 굶기다; 굶어 죽다, 굶겨 죽이다

You must be *starving*, so I brought you some food.

파생 starvation [starvation] 명 굶주림, 기아

01 그 아이는 치즈와 페퍼로니로 덮인 두 판의 큰 피자를 게걸스레 먹어 치웠다. 02 그는 거실에서 사과를 와삭와삭 씹어 먹으면서 텔레비전을 보고 있었다. 03 나는 완전히 식욕을 잃었고 또한 아무 이유 없이 피곤함을 느끼기 시작했다. 04 배고플 것 같아서 음식 좀 가지고 왔어요.

05 **famine**

[fǽmin]

(양식이 모자라 수많은 사람이 굶주리고 죽는) 명 기근

In the 1940s, the region suffered *famines* that cost three million lives.

06 **fast**

[fæst]

1. (일정 기간 음식을 먹지 않고) 동 단식[절식]하다
2. (일정 시간 연속되는 움직임이) 형 빠른 부 빨리, 빠르게 → p352
3. (확실하게 고정되도록) 부 단단히, 굳게, 꽉 형 단단히 고정된 → p486

During Ramadan, Muslims *fast* from sunrise to sunset.

파생 fasting [fǽstiŋ] 명 단식, 절식

07 **digest**

[didʒést]

(섭취한) 동 (음식물이) 소화되다[하다]; (지식 등을) 소화하다[완전히 이해하다]

I have always had trouble *digesting* meat and some other foods.

파생 digestion [didʒéstʃən] 명 소화(작용)
digestive [didʒéstiv] 형 소화의
indigestion [ìndidʒéstʃən] 명 소화 불량

어원 di(apart:분리) + gest(carry:나르다) → (음식물을 날라서) 분리하다 → 소화하다

08 **appetizer**

[ǽpitàizər]

(식사 전에 식욕을 돋우려고 먹는) 명 전채

Soup was served as an *appetizer* before the main dish.

어원 ap(to) + pet(seek:추구하다) → (음식을) 추구하게 하는 것 → 전채

09 **feast**

[fiːst]

(무엇을 축하하기 위해 베푸는 잔치): 명 축하연

The wedding *feast* lasted late into the night.

10 **banquet**

[bǽŋkwit]

(연설·건배 등이 따르는 대규모의) 명 (공식) 연회[만찬]

The 2013 Awards *Banquet* was held at the Grand Hotel.

05 그 지역은 1940년대에 3백만 명이 희생된 기근을 겪었다. 06 라마단 기간 동안 이슬람교도들은 동틀 녘부터 해질 녘까지 단식을 한다. 07 나는 항상 고기나 일부 다른 음식을 소화시키는 데 어려움을 겪어왔다. 08 주 요리 전에 수프가 전채로 제공되었다. 09 결혼 피로연은 밤 늦게까지 계속되었다. 10 2013 시상식 연회가 그랜드 호텔에서 열렸다.

11 **pottery**
[pάtəri]

(흙으로 빚어 구워서 만든 그릇 또는 그것을 만드는 일): 명 **도자기; 도예**

This bowl is a typical example of Roman *pottery*.

파생 potter [pάtər] 명 도예가, 도공

어원 pot(그릇) + er(사람) → (그릇 만드는 사람이 만든) 물건 → 도자기

12 **fix**
[fiks]

1. (가벼운 음식·음료 등의) 동 **(간단한) 식사를 준비[마련]하다**
2. (꼭 붙어 있거나 박혀 있게) 동 **(한 곳에) 고정시키다** → p486
(확실하게) 동 **(날짜·장소·범위 등을) 정하다, 결정하다** → p486
3. (쓸 수 있게) 동 **(고장·파손 등을) 수리[수선]하다** → p315

You rest there on the sofa and I'll *fix* you some eggs and toast.

파생 fixed [fikst] 형 고정된; 확고한

13 **ingredient**
[ingríːdiənt]

(무엇을 특히 음식을 만드는 데 들어가는) 명 **(요리의) 재료; 구성 요소**

She mixed all the *ingredients* together in a large bowl.

어원 in(안) + gredi(go:가다) → (안에 들어가는) 재료

14 **recipe**
[résəpi]

(어떤 음식을 일정한 방법으로 만드는) 명 **조리[요리]법**

Will you please give me the *recipe* for the tomato soup?

어원 처방전(medical prescription)의 뜻에서 유래 → (요리의) 처방전 → 조리법

15 **cuisine**
[kwizíːn]

(특정 국가·지역·음식점의) 명 **(독특한) 요리(법)**

Chinese *cuisine* is popular throughout the world.

16 **chef**
[ʃef]

(전문 요리사로 특히 식당·호텔 등의) 명 **주방장, 요리사**

He now works as a *chef* in a Chinese restaurant.

---

11 이 그릇은 로마 도자기의 전형적인 예이다. 12 저기 소파에서 쉬세요. 계란과 토스트를 준비해 드릴게요. 13 그녀는 커다란 그릇에서 모든 재료를 함께 섞었다. 14 그 토마토 수프의 조리법을 좀 알려주시겠어요? 15 중국 요리는 전 세계에 걸쳐 인기가 있다. 16 그는 현재 한 중국 식당의 주방장으로 일하고 있다.

17 boil
[bɔil]

1. (끓는 물에) 동 (음식물을) 삶다 명 삶기
2. (거품이 솟아오르며) 동 (액체가) 끓다, 끓이다 명 비등(점) → p418

I often eat *boiled* eggs and bread for breakfast.

18 roast
[roust]

(직접 불에 또는 오븐에서) 동 (고기를) 굽다 명 구운 고기

Roast the beef in the oven for 8 to 10 minutes.

19 grill
[gril]

(고기를 굽는 기구인) 동 그릴[석쇠]에 굽다 명 그릴, 석쇠

Grill the fish for fifteen minutes on each side.

20 utensil
[ju:ténsəl]

(집안일) 명 (특히 부엌에서 쓰는) 기구[도구, 용구]

You should keep kitchen *utensils* and cutting boards clean.

어원 ut(use:사용하다) + ensil → (유용하게) 사용하는 도구 → (가사) 용구

주거

≫ 테마 기본 어휘	live · neighbor(이웃 사람) · neighborhood(인근; 이웃 사람들)

21 settle
[sétl]

1. (옮겨가서) 동 (새로운 곳에) 정착하다
2. (문제·분쟁·갈등 등을) 동 (확실히) 해결[처리]하다 → p220
3. (불확실하던 일을) 동 (확실하게) 결정[확정]하다 → p162

After living in several cities, they finally *settled* in London.

파생 settlement [sétlmənt] 명 정착(지); 해결, 합의
settler [sétlər] 명 정착자, 이주자

어원 자리를 잡다(seat)의 뜻에서 유래
- (이동하다가) 자리를 잡다 → 1. 정착하다
- (문제·갈등 등이) 자리를 잡다 → 2. 해결하다
- (불확실하던 것이) 자리를 잡다 → 3. 결정하다

17 나는 자주 삶은 계란과 빵을 아침식사로 먹는다. 18 소고기를 8분에서 10분간 오븐에서 구우십시오. 19 생선의 양쪽을 15분 동안 구우세요. 20 부엌 용품과 도마는 청결을 유지해야 합니다. 21 여러 도시에서 살고 난 후 그들은 마침내 런던에 정착했다.

22 **dwell**
[dwel]

(live의 문어체 또는 격식 차린 말): 동 (~에) 살다[거주하다]

They *dwelt* in caves away from other people.

파생 dweller [dwélər] 명 거주자

23 **inhabit**
[inhǽbit]

(특정 장소·지역에 사람·동물이) 동 (집단적으로) 거주[서식]하다

The forests are *inhabited* by many wild animals and various species of birds.

파생 inhabitant [inhǽbətənt] 명 거주자

어원 in(안) + habit(dwell:살다) → (안에) 살다 → 거주[서식]하다

24 **resident**
[rézədnt]

(살거나 머무르고 있는) 명 (특정 지역·장소의) 거주자[주민]; (호텔) 투숙객
형 거주[상주]하는

Most local *residents* are against the nuclear power plant construction.

파생 reside [rizáid] 동 거주하다, 살다
residence [rézədəns] 명 거주, 주택, (훌륭한) 저택
residential [rèzədénʃəl] 형 주거[주택](용)의

어원 re(back) + sid(sit:앉다) → (자리를 잡고) 주저앉은 사람 → 거주자

25 **occupy**
[ɑ́kjupài]

1. (자신의 몫으로) 동 (장소·공간·사물 등을) 차지하다, 거주[사용]하다
2. (무력을 써서) 동 (남의 영토·지역·건물 등을) 점령[점거]하다 → p239

The large double bed seemed to *occupy* most of the room.

파생 occupation [ɑ̀kjupéiʃən] 명 사용, 주거; 점령, 점거; 직업
occupancy [ɑ́kjupənsi] 명 (건물·방·토지 등의) 사용
occupant [ɑ́kjupənt] 명 거주자, 점유자
occupied [ɑ́kjupàid] 형 사용 중인; (~하느라) 바쁜; 점령된
unoccupied [ʌnɑ́kjupàid] 형 비어 있는; 점령되지 않은

어원 oc(toward) + cupy(take:취하다) → (어디로 가서) 그곳을 취하다 → 차지[점령]하다

22 그들은 다른 사람들과 떨어져서 동굴에서 거주했다. 23 그 숲에는 많은 야생 동물과 다양한 종의 새가 서식한다. 24 대부분의 지역 주민들은 원자력 발전소 건설에 반대한다. 25 그 커다란 더블침대가 방의 대부분을 차지하는 것처럼 보였다.

26 landlord

[lǽndlɔːrd]

(자기의 집·땅을 남에게) 명 (빌려 주는) 집주인, 임대주

He insisted that he had already paid the rent to the *landlord*.

파생 ⊖ landlady [lǽndleidi] 명 여자 집주인

어원 land(땅) + lord(주인) → 집주인

27 tenant

[ténənt]

(돈을 내고 남의 집·땅을) 명 (빌려 쓰는) 세입자, 임차인

The landlord asked the *tenant* how he would like to pay the rent.

파생 tenancy [ténənsi] 명 차용 기간, 차용권

28 dormitory

[dɔ́ːrmətɔ̀ːri]

(학교·회사 등에서 제공하는 숙식 시설): 명 기숙사

Brian is a university student and lives in a *dormitory*.

파생 dorm [dɔːrm] 명 기숙사 (dormitory의 구어)

어원 dormi(sleep:잠자다) + tory → (잠자는) 곳 → 기숙사

29 board

[bɔːrd]

1. (방세·식비를 내고) 동 (남의 집에서) 하숙[기숙]하다
   (학생들에게 숙식을 제공하는) 동 학교 기숙사에서 살다
2. (나무를 판판하고 넓게 켠 조각이나 물건): 명 널빤지, 판자, ~판[반, 대] → p418
3. (주요 업무에 관한 의사결정권을 가진) 명 (회사·단체의) 이사회 → p323
4. (출발하기 위해) 동 (배·비행기·열차 등에) 타다, 탑승[승선]하다 → p357

Many of the students *boarded* with families near the school.
She *boarded* at school and only saw her parents once or twice a week.

파생 boarding [bɔ́ːrdiŋ] 명 승차, 승선, 탑승
aboard [əbɔ́ːrd] 부 탈것 위에

어원 2. 널빤지(board)
- 식탁(널빤지)에 모여 함께 식사하다 → 1.하숙[기숙]하다
- 회의탁자(널빤지)에서 하는 회의 → 3. 이사회
- 배의 갑판(널빤지)에 오르다 → 4. 승선하다

---

26 그는 집주인에게 이미 집세를 지불했다고 주장했다. 27 집주인은 세입자에게 집세를 어떻게 지불할 것인지 물었다. 28 브라이언은 대학생이고 기숙사에서 생활한다. 29 그 학생의 많은 수가 학교 근처의 가정집에서 하숙을 했다. / 그녀는 학교 기숙사에서 살아서 일주일에 한두 번만 부모님을 봤다.

30 lodge

[ladʒ]

(값을 지불하고) 동 **(남의 집에) 셋방을 얻다**

When John was in London, he *lodged* with Mrs. Norman.

파생 lodging [ladʒiŋ] 명 (-s) 셋방; 임시 숙소

동의어 레슨

살다, 거주하다	
live	(어떤 곳에 자리를 잡고) **살다, 거주하다**
dwell	(어떤 곳에, 또는 어떤 식으로) **살다, 거주하다**
inhabit	(사람·동물이 어느 곳에 집단적으로) **거주[서식]하다**
settle	(새로운 곳으로 옮겨가서 자리를 잡고) **정착하다**

집, 건물

≫ 테마 기본 어휘	house · building · apartment · palace · castle · tower · booth(부스) · tent · address · build

31 shelter

[ʃéltər]

1. (인간 생활의 기본 요소인) 명 **(의식주 중 하나로의) 주거, 집**
2. (악천후·위험·공격·학대 등으로부터의) 명 **피신[대피](처), 보호소**
동 **피난하다, 피난처를 제공하다** → p243

Food, clothing, and *shelter* are the three basic necessities of life.

32 skyscraper

[skáiskrèipər]

(매우 높은 층수의) 명 **초고층 건물, 마천루**

Nowadays, Shanghai is a highly modern city filled with *skyscrapers*.

어원 sky(하늘) + scrape(구멍을 파다) → (하늘에 구멍을 낼 정도의) 초고층 건물

33 mansion

[mǽnʃən]

(규모가 아주 큰) 명 **대저택**

Only the rich and famous live in those big seaside *mansions*.

30 존이 런던에 있었을 때 그는 노먼 부인 집에 셋방을 얻었다. 31 의식주는 생활의 세 가지 기본 요소이다. 32 요즘에 상하이는 초고층 건물이 가득한 대단히 현대적인 도시이다 33 부유하고 유명한 사람들만이 저 큰 바닷가 대저택에서 산다.

34 cottage

[kάtidʒ]

(시골에 위치한 규모가 작은) 명 **시골집**

She lives in a beautiful *cottage* in the countryside, where she spends her time gardening.

35 hut

[hʌt]

(방이 한두 개 정도인) 명 **(간단하게 지은 작은) 오두막, 임시 가옥**

The family lived in a little *hut* which was made from the leaves of coconut trees.

36 cabin

[kǽbin]

(숲이나 산 속의) 명 **(나무로 지은) 오두막집**

For nearly 30 years the old man lived alone in a *cabin* deep in the forest.

37 complex

형 [kəmpléks, kάmpleks]
명 [kάmpleks]

1. (서로 관련된 여러 부분으로 이루어진) 명 **복합 건물, (건물) 단지**
2. (여러 가지가 겹치고 뒤얽혀) 형 **복잡한** → p446
3. (떨쳐 버리지 못하는 욕망·공포·열등감 등의) 명 **강박관념, 콤플렉스** → p113

We live in a large modern apartment *complex* developed in the 1990s.

파생 complexity [kəmpléksəti] 명 복잡함

어원 com(with) + plex(weave:엮다) ┌ (서로) 엮여있는 → 2. 복잡한 → 1. 복합 건물
└ (어떤 대상에) 엮여있는 생각 → 3. 강박관념

38 facility

[fəsíləti]

1. (생활의 편의나 특정 목적을 위해 갖추어 놓은) 명 **(편의) 시설, 설비**
(장비·기구·서비스 등에 딸린 특수한) 명 **(편의) 기능[제도]**
2. (타고난) 명 **(무엇을 쉽게 잘 하는) 재능, 솜씨** → p182

The hotel offers a variety of sports and leisure *facilities*.
Most word-processing programs include a *facility* for checking spelling.

어원 facile(easy:편리한, 쉬운) + ity ┌ (편리함을) 주는 것 → 1. (편의) 시설[기능]
└ (쉽게) 일을 해낼 수 있는 재주 → 2. 재능

34 그녀는 시골의 한 아름다운 시골집에서 살고, 그곳에서 정원 가꾸기를 하면서 시간을 보낸다. 35 그 가족은 코코넛 나무의 잎으로 만든 작은 오두막에서 살았다. 36 그 노인은 거의 30년 동안 깊은 숲 속에 있는 오두막집에서 혼자 살았다. 37 우리는 1990년대에 개발된 대규모 현대식 아파트 단지에 산다. 38 그 호텔은 다양한 스포츠와 여가 시설을 제공한다. / 대부분의 워드 프로세싱 프로그램은 철자 검색 기능을 포함하고 있다.

39 **construct**

[kənstrʌ́kt]

(건물·다리 등의 구조물을 조직적으로) 동 건설하다

It was decided to *construct* a new bridge across the river.

파생 construction [kənstrʌ́kʃən] 명 건설
constructor [kənstrʌ́ktər] 명 건설(업)자

어원 con(together:함께) + struct(build:세우다) → (함께) 세우다 → 건설하다

40 **architecture**

[ɑ́:rkətèktʃər]

(건물의 모양·형식, 또는 건물을 짓는 기술·학문): 명 건축 양식, 건축술[학]

This style of *architecture* is typical of the region.

파생 architect [ɑ́:rkətèkt] 명 건축가

어원 archi(chief:우두머리) + tect(builder:건축가) → (우두머리 건축가의) 건축 양식

41 **story**

[stɔ́:ri]

1. (= storey) 명 (건물의 층수): ~ 층; (건물의 특정) 층

2. (무엇에 대해 묘사·설명하는) 명 이야기 → p260

Our apartment is on the third floor of the ten-*story* building.

건물 내부

≫ 테마 기본 어휘	upstairs(위층) · basement · stair · rail(난간) · ladder(사닥다리) · floor · ceiling · door · gate window · wall · fence · roof · chimney(굴뚝) · terrace · balcony · garden · yard garage · hall lobby · room · bedroom · study(서재) · kitchen · bathroom · toilet · restroom · furniture · bed pillow · sheet(시트) · blanket · mirror · drawer · closet(벽장) · cabinet · sofa · armchair table carpet · mat · curtain · desk · chair · bench · bookcase · shelf · bookshelf · refrigerator · stove · oven · sink

42 **chamber**

[tʃéimbər]

(특정 목적의 닫힌 공간): 명 (특정 목적의) 방, -실, 회의장, (의회의) -원

The annual meeting was held at the Council *Chamber*.

43 **corridor**

[kɔ́:ridər]

(건물 내의 긴 통로): 명 (건물 내의) 복도

His office is at the end of the *corridor* on the left.

39 강을 가로지르는 새로운 다리를 건설하기로 결정되었다. 40 이런 스타일의 건축 양식은 그 지역에 전형적인 것이다. 41 우리 아파트는 10층 건물의 3층에 있다. 42 연례 회의가 지방 의회 회의실에서 개최되었다. 43 그의 사무실은 복도 끝 왼쪽에 있다.

44 **aisle**
[ail]

(좌석 사이를 다닐 수 있게 한) 명 **(극장·열차·비행기 등의) 통로[복도]**

Would you like a window seat or an *aisle* seat?

45 **pillar**
[pílər]

(위의 구조물을 떠받치는) 명 **(석조·목조·철제 등의) 기둥**

Four large wooden *pillars* supported the roof.

46 **column**
[kάləm]

1. (위의 구조물을 떠받치는) 명 **(원형의 석조) 기둥**
2. (신문·잡지 등의 시사·사회 등을 짧게 평하는) 명 **칼럼, 특약 기고(란)** → p248

The roof of the building was supported by four *columns*.

파생 columnist [kάləmnist] 명 칼럼니스트

어원 1. 기둥(column) → (기둥 모양의 세로로 구획된) 2. 칼럼

47 **platform**
[plætfɔːrm]

(주변보다 높게 만들어 놓은 평평한) 명 **단, 연단, 강단, (기차역의) 플랫폼**

The next train for Manchester leaves from *platform* six at seven o'clock.

어원 plat(flat:평평한) + form(형체) → (평평한 표면이 위로 올려진) 단, 플랫폼

48 **appliance**
[əpláiəns]

(세탁기·냉장고·전기난로 등의 각종) 명 **(가정용) 기기, 가정용 전기 기구**

These modern household *appliances* made women's lives easier.

어원 apply(적용하다) + ance → (원리·기술을 생활에) 적용한 것 → (가정용) 기기

49 **tap**
[tæp]

1. (영국식 영어, 수돗물을 나오게 하거나 막는) 명 **수도꼭지** (= faucet)
2. (무엇의 표면을) 동 **(손가락·연필 등으로) 가볍게 톡톡 두드리다**
명 **가볍게 두드림** → p75

Turn off the *tap* while you shave or brush your teeth.

44 좌석을 창가 쪽을 원하십니까 복도 쪽을 원하십니까? 45 네 개의 커다란 목조 기둥이 지붕을 떠받치고 있었다. 46 그 건물의 지붕은 4개의 기둥에 의해 지지되고 있었다. 47 맨체스터행 다음 열차는 7시에 플랫폼 6에서 떠납니다. 48 이러한 현대적인 가정용 전기 기구들은 여성의 삶을 더 편안하게 만들었다. 49 면도를 하거나 이를 닦는 동안에는 수도를 잠그십시오.

50 utility

[juːtíləti]

1. (공공의 편의를 위한) 명 (-ies) **(가스 · 수도 · 전기 등의) 공익 설비[사업]**

2. (실제로 쓸모가 있음): 명 **유용[유익](성), 효용** → p315

The rent was sixty-five dollars a month including *utilities*.

어원 util(useful:유용한) + ity ┌ 2. 유용성
└ (유용한) 공공 설비 → 1. 공익 설비[사업]

51 furnish

[fə́ːrniʃ]

1. (집 · 방에) 동 **(가구 등을) 비치하다, 갖추어 놓다** [with]

2. (물건 · 돈 · 정보 등의) 동 **(필요하거나 유용한 것을) 제공[공급]하다** [with] → p260

The room was *furnished* with a long table with chairs around it.

파생 furnished [fə́ːrniʃt] 형 가구가 비치된

어원 furniture와 같은 어원 ┌ (가구 등을) 1. 비치하다
└ (필요한 것을) 2. 제공[공급]하다

52 couch

[kautʃ]

(두 사람 이상이 앉는 푹신한) 명 **(등받이와 팔걸이가 있는) 긴 의자**

He was lying on the *couch* watching television.

53 shed

[ʃed]

1. (목조로 간소하게 지은) 명 **(물건 보관용의) 광, 헛간**

2. (무엇을 만들어 밖으로 내보내다): 동 **(눈물 · 피 등을) 흘리다, (빛을) 발산하다**

He had tools in the *shed* to make anything from a pair of shoes to a violin.

동의어 레슨

복도, 통로	
hall/corridor	(건물 내의 긴 통로): **복도**
aisle	(좌석 사이를 다닐 수 있게 한) **통로, 복도**

50 집세는 공공요금을 포함하여 한 달에 65달러이었다. 51 그 방에는 주위에 의자가 놓인 긴 테이블이 비치되어 있었다. 52 그는 텔레비전을 보면서 긴 의자 위에 누워 있었다. 53 그는 광에 신발에서 바이올린까지 어떤 것도 만들 수 있는 연장을 가지고 있었다.

Day 4 Review Test

[1-30] 영어를 우리말로 바꾸세요.

1. devour	16. lodge
2. munch	17. shelter
3. famine	18. facility
4. digest	19. construct
5. feast	20. architecture
6. banquet	21. storey
7. ingredient	22. chamber
8. cuisine	23. corridor
9. utensil	24. aisle
10. dwell	25. pillar
11. inhabit	26. platform
12. resident	27. appliance
13. occupy	28. tap
14. landlord	29. utility
15. tenant	30. shed

[31-35] 각 문장의 문맥에 맞는 적절한 단어를 찾아 넣으세요.

① feast ② corridor ③ appetizer ④ landlord ⑤ inhabit

31. In a restaurant, we normally eat an _____ first.
32. The wine ran out before the wedding _____ was over.
33. The forest is _____ed by many wild animals.
34. My _____ raised the rent from $120 to $200 a month.
35. Her office is at the end of the _____ on the right.

정답 31. ③ 32. ① 33. ⑤ 34. ④ 35. ②

Day 05 사람의 몸 I

human body I

신체

≫ 테마 기본 어휘	body · tall · giant · fat · diet(다이어트) · overweight(과체중) · pose · gesture · stand · rise(일어서다) · sit · seat · lie · neck · shoulder · chest · stomach · waist · back · hip · lung · heart liver(간) · bone · skin · muscle(근육) · sweat · sense · feel · blood · bleed(피를 흘리다) · face forehead · cheek(볼) · head · brain · hair · blond(금발)

01 **physical**
[fízikəl]

1. (마음 · 정신과 대비하여) 형 **몸의, 육체의**
2. (관념 · 추상적인 것과 대비하여) 형 **물질[자연](계)의** → p419
(자연의 법칙을 연구하는) 형 **물리학의, 물리적인** → p419

Her serious injuries affected both her mental and *physical* health.

파생 physics [fíziks] 명 물리학
physicist [fízisist] 명 물리학자

어원 physic(nature:자연) + al ┌ (마음 · 정신이 아니라 물질인) 1. 육체의
└ 2. 자연[물질]의; 물리적인

02 **slim**
[slim]

(보기 좋게) 형 **(몸이) 날씬한, 호리호리한** (= slender); **(물건이) 얇은**

She uses a combination of strict diets and exercise to stay *slim*.

03 **lean**
[li:n]

1. (건강해 보이게) 형 **(군살이 없이) 마른, 호리호리한**
2. (건물 · 나무 등이) 동 **(똑바르지 않고) 기울다, 기울이다** → p436
(똑바른 자세에서) 동 **(특정 방향으로) 몸을 굽히다[숙이다, 젖히다]** → p436
3. (몸 · 물건을 비스듬히) 동 **(다른 것에) 기대다, 의지하다, 기대어 놓다** → p335

He's tall and has a *lean*, muscular body.

01 그녀의 심각한 부상은 정신적, 육체적 건강 양쪽 다에 영향을 미쳤다. 02 그녀는 날씬함을 유지하기 위해 엄격한 다이어트와 운동의 조합을 사용한다. 03 그는 키가 크고 군살이 없는 근육질의 몸을 갖고 있다.

04 **slender**

[sléndər]

(보기 좋게) 형 (몸이) 날씬한, 호리호리한 (= slim)

Her long *slender* legs made me envious.

05 **plump**

[plʌmp]

(어린아이나 여성이) 형 (보기 좋게) 통통한, 토실토실한

His wife was a pleasantly *plump* woman of average height.

06 **stout**

[staut]

(몸이 상당히 두껍고 무거운): 형 꽤 몸집이 큰, 뚱뚱한

He was a short, *stout* man with short arms and legs.

07 **obese**

[oubíːs]

(건강에 해로울 정도로) 형 지나치게 살찐, 비만인

About 25 percent of American adults are *obese*.

파생 obesity [oubíːsəti] 명 비만

어원 ob(강조) + ese(eat:먹다) → (많이 먹어서) 비만인

08 **stature**

[stǽtʃər]

(사람의 선 몸의 높이): 명 키, 신장

He was short in *stature*, but he had broad strong shoulders.

09 **dwarf**

[dwɔːrf]

(보통 사람보다 키가 유난히 작은) 명 난쟁이 형 자그마한, 특별히 작은 동 ~을 작아 보이게 하다

The seven *dwarfs* received Snow White as their guest.

10 **anatomy**

[ənǽtəmi]

(해부를 통해 생물체 내부 구조를 연구하는) 명 해부학; 해부학적 구조

Human *anatomy* is the study of human body structures.

파생 anatomical [ænətámikəl] 형 해부(학)의; 해부 조직상의

어원 ana(up) + tom(cut) → cut up(조각조각 자르다) → 해부학

---

04 그녀의 길고 날씬한 다리는 나를 부러워하게 만들었다. 05 그의 부인은 평균 키에 복스럽게 통통한 여자이었다. 06 그는 짧은 팔다리를 가진 키가 작고 뚱뚱한 남자이었다. 07 미국 성인의 약 25% 정도가 비만이다. 08 그는 키는 작았지만 넓고 강한 어깨를 갖고 있었다. 09 일곱 난쟁이들은 백설공주를 손님으로 받아들였다. 10 인체 해부학은 인간의 몸의 구조에 대한 연구이다.

11 **organ**
[ɔ́ːrgən]

1. (일정한 형태와 기능을 지닌 몸의 각 부분): 명 기관, 장기
2. (건반 악기의 한 종류인) 명 오르간

The human brain is an incredibly complicated *organ*.

파생 organic [ɔːrgǽnik] 형 기관[장기]의; 유기체의; 유기 재배[농법]의

12 **kidney**
[kídni]

(혈액으로부터 오줌을 걸러내는 기관): 명 신장

Too much calcium can lead to *kidney* stones.

13 **intestine**
[intéstin]

(소화기의 일부, 위에서 항문까지 이어지는 긴 관): 명 장, 창자

The digested food is absorbed by the small *intestine*.

어원 intes(inside:안에) + tine → (몸 안에) 있는 것 → 장, 창자

14 **skeleton**
[skélətn]

(몸을 구성하는 뼈의 구조): 명 골격

The adult human *skeleton* consists of 206 bones.

15 **spine**
[spain]

(등에 있는 몸의 중심이 되는 골격): 명 척추, 등뼈 (= backbone)

Make sure to keep your *spine* straight when walking.

파생 spinal [spáinl] 형 척추의

16 **rib**
[rib]

(가슴 부분을 구성하는 뼈): 명 늑골, 갈빗대

He broke a *rib* when he fell off his motorcycle.

17 **flesh**
[fleʃ]

(피부와 뼈 사이의 연한 부분): 명 (사람·동물의) 살, 고기

The point of the knife went deep into the *flesh*.

파생 fleshy [fléʃi] 형 살찐

11 인간의 뇌는 믿을 수 없을 만큼 복잡한 기관이다. 12 과도한 칼슘 섭취는 신장결석을 초래할 수 있다. 13 소화된 음식물은 소장에 의해 흡수된다. 14 성인의 골격은 206개의 뼈로 구성되어 있다. 15 걸을 때 반드시 척추를 곧게 유지하십시오. 16 그는 오토바이에서 떨어져서 갈빗대가 부러졌다. 17 칼 끝이 살 속 깊이 박혔다.

18 pale [peil]

(병이 들거나 두려워서 얼굴빛·살갗이) 형 **창백한** 동 **창백해지다**

You look *pale*. What's the matter? Are you sick?

19 nerve [nəːrv]

1. (몸 안팎의 변화를 감지하고 반응하게 하는 기관): 명 **신경**
2. (걱정·두려움 등으로 불안정하고 과민한 상태): 명 (-s) **신경 과민, 신경질**

The human brain is made up of about 100 billion *nerve* cells.

파생 nervous [nə́ːrvəs] 형 신경의; 신경질적인, 초조한

20 sensation [senséiʃən]

1. (몸이 느끼는) 명 **(외부의 자극에 대한) 느낌[감각]**
2. (큰 흥분·감동·인기·소동 등으로) 명 **세상을 떠들썩하게 하는 것, 센세이션** → p108

I had a burning *sensation* in my throat all night.

파생 sensational [senséiʃənl] 형 세상을 떠들썩하게 하는, 선풍적인

어원 sense(느낌) + ation ─ (몸의) 1. 느낌, 감각
└ (사람들이 느끼는 강렬한) 느낌 → 2. 센세이션

21 numb [nʌm]

(몸의 일부가 잠시) 형 **(추위·충격 등으로) 감각을 잃은, 마비된** 동 **마비시키다**

Her feet were frozen and her fingers were *numb* with cold.

22 paralyze [pǽrəlàiz]

(감각이 없어지거나 움직일 수 없게) 동 **(몸을) 마비시키다; (기능을) 마비시키다**

The motorcycle accident left him *paralyzed* from the neck down.
The city was completely *paralyzed* by a sudden snowstorm.

파생 paralysis [pərǽləsis] 명 마비
paralytic [pærəlítik] 형 마비된, 마비성의

어원 para(beside:옆에) + ly(loosen:풀다) → (옆의 어느 한 부분이) 풀리다 → 마비시키다

18 창백해 보입니다. 무슨 일이에요? 어디가 아픈가요? 19 인간의 뇌는 약 1000억 개의 신경세포로 구성되어 있다.
20 나는 밤새 목구멍에 화끈거리는 느낌이 있었다. 21 그녀의 발은 얼었고 그녀의 손가락은 추위로 감각이 없었다.
22 그 오토바이 사고로 그는 목 아래 부분이 마비되었다. / 그 도시는 갑작스러운 눈보라로 완전히 마비가 되었다.

23 vein

[vein]

(몸의 각 부분의 피를 심장으로 돌려보내는 혈관): 명 **정맥**

The function of the *veins* is to return blood to the heart.

파생 venous [víːnəs] 형 정맥의

24 artery

[ɑ́ːrtəri]

(심장에서 몸의 각 부분으로 피를 보내는 혈관): 명 **동맥**

The heart pumps blood around the body through the *arteries*.

파생 arterial [aːrtíəriəl] 형 동맥의

25 pulse

[pʌls]

(심장 박동으로 인한 동맥벽의 주기적인 움직임): 명 **맥박** 동 **맥이 뛰다, 고동하다**

The doctor carefully took the patient's *pulse*.

26 feature

[fíːʧər]

1. (눈·코·귀·입·턱 등의) 명 **얼굴의 어느 한 부분**
2. (어떤 것의 한 부분으로) 명 **(눈에 띄는) 특징, 특색**
동 **(~의) 특징을 이루다, ~을 특색으로 삼다** → p437

Her eyes are her most attractive *feature*, large and lovely.

파생 featureless [fíːʧərlis] 형 특색이 없는

어원 feat(make:만들다) + ure
- (얼굴 위에) 만들어진 것 → 1. 얼굴의 어느 한 부분
- (눈에 띄게) 만들어진 것 → 2. 특징, 특색

27 jaw

[ʤɔː]

(입 위아래에 위·아래 뼈로 이루어져 씹는 일을 하는) 명 **턱**

He punched me on the *jaw*, and it really hurt.

28 chin

[ʧin]

(입 아래에 있는 뾰족하게 나온 부분): 명 **아래턱**

He put his elbow on the table and rested his *chin* on his fist.

23 정맥의 기능은 피를 심장으로 돌려보내는 것이다. 24 심장은 동맥을 통해 펌프처럼 몸 전체로 혈액을 내보낸다. 25 의사는 조심스럽게 환자의 맥박을 쟀다. 26 그녀의 눈이 그녀의 얼굴에서 크고 사랑스러운 가장 매력적인 부분이었다. 27 그는 내 턱을 주먹으로 쳤고 그건 정말 아팠다. 28 그는 팔꿈치를 테이블 위에 대고 그의 턱을 주먹 위에 올려 놓았다.

29 **wrinkle**

[ríŋkl]

명 (얼굴의) 주름; (옷·종이 등의) 주름[구김살] 동 주름살지다[지게 하다]

The man had a lot of *wrinkles* on his face.

30 **nod**

[nad]

(동의·승낙의 뜻으로 위아래로) 동 머리를 끄덕이다 명 끄덕임

He *nodded* his head to show that he agreed with me.

파생 ⊖ shake one's head (반대·거절의 뜻으로 좌우로) 머리를 젓다

31 **mustache**

[mΛstæʃ]

(코 아래에 난) 명 콧수염 (= moustache)

He grew a *mustache* to make himself look older.

32 **beard**

[biərd]

(아래턱과 뺨에 난) 명 턱수염

He was not that old, but the *beard* made him look very old indeed.

33 **whisker**

[wískər]

(얼굴의 양 옆에 난 수염): 명 (-s) (얼굴의) 구레나룻; (고양이·쥐 등의) 수염

He had whiskers, and also a mustache.

Cats use their *whiskers* to find their way in the dark.

34 **curly**

[kə́:rli]

(머리털이 고불고불하게 말려 있는) 형 곱슬머리의

She would spend hours trying to make her *curly* hair straight.

파생 curl [kə:rl] 명 (머리털의) 컬, 곱슬털 동 곱슬곱슬해지다[하게 하다]

35 **bald**

[bɔ:ld]

(머리털이 많이 빠져서) 형 머리가 벗어진, 대머리의

Unfortunately, he started going *bald* when he was only in his twenties.

29 그 남자는 얼굴에 많은 주름이 있었다. 30 그는 나에게 동의한다는 것을 보여주기 위해 고개를 끄덕였다. 31 그는 나이가 들어 보이려고 콧수염을 길렀다. 32 그는 그렇게 늙지 않았으나 턱수염은 그를 정말 매우 늙어 보이게 만들었다. 33 그는 구레나룻이 있었고 또한 콧수염도 있었다. / 고양이는 어둠 속에서 길을 찾는 데 수염을 사용한다. 34 그녀는 곱슬곱슬한 머리를 펴려고 몇 시간을 보내곤 했다. 35 운이 없게도, 그는 단지 20대이었을 때 머리가 벗겨지기 시작했다.

동의어 레슨

	뚱뚱한, 살찐
fat	(일반적인 말이나 보기에 흉하다는 뜻 내포): **뚱뚱한, 살찐**
plump	(아이나 여성이 살이 보기 좋을 정도로 붙어) **포동포동한, 풍만한**
stout	(살이 쪄서 몸집이 크고 단단해 보이는): **뚱뚱한, 통통한**
obese	(건강에 해로울 정도로) **지나치게 살찐, 비만인**

눈, 코, 귀, 입 (1)

≫ 테마 기본 어휘	eye · eyebrow(눈썹) · sight · vision · visual · glasses(안경) · wink · see · look · watch · view appear · disappear · ear · sound · noise · bell · ring · echo(울림) · volume · voice · tone · loud · quiet · silent · call · cry · shout · yell(소리치다) · whisper

36 **telescope**
[téləskòup]

(멀리 있는 물체를 확대하여 보는) 명 **망원경**

He spent hours looking at the stars through a *telescope*.

어원 tele(far:멀리) + scope(seeing:보기) → (멀리 보는) 기구 → **망원경**

37 **microscope**
[máikrəskòup]

(매우 작은 물체를 확대하여 보는) 명 **현미경**

Bacteria can be seen only with a powerful *microscope*.

어원 micro(small:작은) + scope(seeing:보기) → (작은 것을 보는) 기구 → **현미경**

38 **blink**
[bliŋk]

(무의식적으로 빠르게) 동 **눈을 깜박거리다** 명 **깜박거림**

The sweat running down into his eyes made him *blink*.

39 **gaze**
[geiz]

(놀람·감탄 등으로) 동 **(무의식적으로) 바라보다, 응시하다** 명 **응시**

He stood on the beach, *gazing* at the ocean.

40 **stare**
[stɛər]

(공포·놀라움·분노 등으로) 동 **(시선을 고정하고) 빤히 쳐다보다, 응시하다** 명 **응시**

She noticed that the man was *staring* at her.

36 그는 몇 시간을 망원경을 통해 별을 관찰하면서 보냈다. **37** 박테리아는 강력한 현미경으로만 볼 수 있다. **38** 그의 눈으로 흘러내리는 땀 때문에 그는 눈을 깜박거렸다. **39** 그는 해변에 서서 바다를 바라보았다. **40** 그녀는 그 남자가 자신을 빤히 쳐다보고 있다는 것을 알아차렸다.

41 **glare**

[glɛər]

1. (상대를 매섭게) 동 (미운 감정으로) 노려보다, 쏘아보다 명 노려봄

2. (빛이 눈이 부실 정도로) 동 (불쾌하게) 환히 비치다 명 (불쾌하게) 환한 빛 → p426

She *glared* at him and shook her head in disapproval.

42 **peer**

[piər]

1. (불분명하거나 흐릿하여) 동 (잘 보이지 않아서) 유심히 보다, 응시하다

2. (자신과) 명 (나이·신분·직업 등이) 동등한 사람, 동배, 동료 → p202

He *peered* into the darkness, trying to locate the source of the noise.

어원 appear(나타나다)의 철자 변형 → (나타나게 하려고) 1. 유심히 보다
동등한(equal)의 뜻에서 유래 → 2. 동배, 동등한 사람

43 **witness**

[wítnis]

1. (눈으로 직접) 동 (사고·사건·범죄 등을) 목격하다 명 목격자

2. (어떤 사실을 증명하거나 법정에서 증언을 하는) 명 증인 → p211

I *witnessed* an accident on the freeway in which several people were badly injured.

어원 wit(knowledge:알고 있음) + ness → (알고 있는) 사람 → 1. 목격자, 2. 증인

44 **spot**

[spat]

1. (잘 보이지 않아) 동 (찾기 힘든 것을) 찾아내다[발견하다]

2. (특징적이거나 어떤 일이 있었던) 명 (특정한) 장소[지점] → p332

3. (주변과 색깔이 다른) 명 (작고 둥근) 점, 반점; (피부의) 발진 → p30
(더러워진) 명 (흙탕물·잉크 등의) 얼룩[더럼] → p30

Fortunately he *spotted* an empty table in a corner of the crowded restaurant.

45 **glimpse**

[glimps]

(우연히) 동 (분명치 않게) 언뜻 보다 명 언뜻 봄

I caught a *glimpse* of her before she disappeared into the crowd.

41 그녀는 그를 노려보면서 마음에 안 든다는 듯 고개를 저었다. 42 소리의 근원을 찾아내려고 그는 어둠 속을 유심히 보았다. 43 나는 고속도로에서 여러 사람이 심하게 부상을 입은 사고를 목격했다. 44 운 좋게도 그는 붐비는 레스토랑 한 구석에서 빈 테이블 하나를 발견했다. 45 나는 그녀가 군중 속으로 사라지기 전에 그녀를 언뜻 보았다.

46 **glance**

[glæns]

(의도적으로 재빨리) 동 (시선을 돌려) 힐끗 보다 명 힐끗 봄

He *glanced* in her direction and their eyes met.

47 **overlook**

[òuvərlúk]

1. (높은 데 있는 건물 등이) 동 (아래의 장소를) 내려다보다
2. (중요한 사실·문제·오류 등을) 동 못 보고 지나치다, 간과하다 → p171
3. (알고도 모르는 체) 동 (남의 잘못을) 눈감아 주다, 너그럽게 봐주다 → p128

We had dinner at a restaurant *overlooking* the ocean.

어원 over(위에서, 넘어서) + look ┬ (위에서) 보다 → 1. 내려다보다
└ (건너뛰고) 보다 → 2. 간과하다 3. 눈감아 주다

48 **observe**

[əbzə́:rv]

1. (어떤 대상을 주의 깊게) 동 (학습·연구 목적으로) 관찰[관측]하다
동 (관찰을 통해) ~을 보다[목격하다], ~을 알다[알아채다]
2. (법·규칙·약속 등을) 동 지키다, 준수하다 → p206

The universe we can *observe* is only part of the whole universe.

In many parts of the world, scientists have *observed* changes in ecosystems.

파생 observation [ɑ̀bzərvéiʃən] 명 관찰
observer [əbzə́:rvər] 명 관찰[관측]자; 감시자, 입회인
observance [əbzə́:rvəns] 명 준수, 따르기

어원 ob(to) + serve(keep:지키다) ┬ (눈으로) 지키다 ┬ 1. 관찰하다
└ (관찰하여) 1. 알아채다
└ (법·규칙 등을) 2. 지키다

49 **scene**

[si:n]

1. (한 장소에서) 명 (벌어지는 일의) 광경
2. (발생한) 명 (범죄·사건·사고 등의) 현장 → p220
3. (동일한 공간에서 벌이는) 명 (연극·영화 등의) 장면 → p250
(단락을 나누는) 명 (연극·오페라 등의) 장 → p250

We could not help admiring the beautiful *scene* before us.

46 그는 그녀 쪽을 힐끗 보았고 그들의 시선은 마주쳤다. 47 우리는 바다가 내려다 보이는 레스토랑에서 저녁식사를 했다. 48 우리가 관찰할 수 있는 우주는 전체 우주의 일부분일 뿐이다. / 세계의 많은 부분에서 과학자들은 생태계의 변화를 목격했다. 49 우리는 우리 앞에 펼쳐진 아름다운 광경에 감탄하지 않을 수 없었다.

50 outlook

[áutlùk]

1. (특정 위치에서) 명 (내다보이는) 전망, 조망

2. (무엇의) 명 (앞날에 대한) 전망, 예상 → p160
(특정인이) 명 (세상·인생을 보는) 견해, ~관 → p160

The room has a wonderful *outlook* over the lake and surrounding mountains.

어원 out(밖) + look(보다) ┌ (내다보이는) 1. 전망 → (앞일의) 2. 전망
└ (세상·인생을 보는) 2. 견해

51 landscape

[lǽndskèip]

1. (어느 곳의) 명 (보이는 그대로의) 풍경, 전망

2. (자연의 경치를 그린) 명 풍경화 → p263

In the past, the *landscape* of the area was quite different than it is today.

어원 land(땅) + scape(condition:상태) → (땅의) 상태 → 풍경(화)

52 scenery

[síːnəri]

(어느 곳의) 명 (아름다운 자연의) 경치, 풍경, 경관

Many tourists visit the area in order to admire the beautiful *scenery*.

파생 scenic [síːnik] 형 경치가 아름다운

어원 scene(광경) + ery → 풍경, 경관

53 spectacle

[spéktəkl]

1. (매우 인상적이거나 굉장하여) 명 (볼 만한) 광경, 장관; 구경거리

2. (눈에 쓰는 기구): 명 (-s) 안경 (= glasses)

Niagara Falls is one of Canada's major natural *spectacles*, and draws tourists from all over the world.

파생 spectacular [spektǽkjulər] 형 구경거리의, 장관의

어원 specta(look:보다) + cle ┌ (볼 만한 것) → 1. 장관; 구경거리
└ (볼 때 쓰는) 기구 → 2. 안경

50 그 방은 호수와 주변의 산들이 내려다 보이는 멋진 전망을 가지고 있다. 51 과거에는 그 지역의 풍경이 오늘날과는 상당히 달랐다. 52 많은 관광객들이 아름다운 경치를 감상하기 위해 그 지역을 방문한다. 53 나이아가라 폭포는 캐나다의 주요 자연 장관 중의 하나로 전세계에서 관광객을 끌어 들인다.

54 **emerge**

[imə́:rdʒ]

(어떤 것의 속이나 뒤에서) 동 (밖으로) 나오다, 모습을 드러내다

Suddenly, the full moon *emerged* from behind the clouds.

파생 emergence [imə́:rdʒəns] 명 출현
emergent [imə́:rdʒənt] 형 신생의

어원 e(out) + merge(sink:잠기다) → (잠겨있던 것이) 밖으로 나오다 → 출현하다

55 **vanish**

[vǽniʃ]

(왜 그런지 이유를 모르게) 동 (갑자기) 사라지다

The magician *vanished* just as suddenly as he had appeared.

어원 van(empty:빈) + ish → (텅) 비다 → 사라지다

56 **fade**

[feid]

1. (본래의) 동 (모습·소리·기억 등이) 서서히 사라지다, 점점 희미해지다
2. (본래보다) 동 (빛깔·밝기 등이) 바래다[게 하다], 희미해지다[게 하다] → p436

As the years went by, the memories *faded* away.

57 **exclaim**

[ikskléim]

(예기치 않은 감탄·기쁨·충격·공포 등으로) 동 (갑자기) 외치다, 소리치다

"Oh, my God! my God!" she *exclaimed* in shock.

파생 exclamation [èkskləméiʃən] 명 외침, 절규

어원 ex(강조) + claim(shout:소리치다) → 크게 소리치다

58 **scream**

[skri:m]

(공포·분노·흥분·고통 등으로 소리가) 동 (높고 날카로운) 비명을 지르다
명 비명, 절규

She *screamed* loud enough to wake the dead, and her mother came running.

59 **chant**

[ʧænt]

(연이어) 동 (구호나 특정한 말을) 외치다, 연호하다 명 (연이어 외치는) 구호

The anti-war demonstrators *chanted* slogans and waved placards.

54 갑자기 보름달이 구름 뒤에서 나타났다. 55 마술사는 그가 나타났을 때처럼 갑자기 사라졌다. 56 해가 지나감에 따라 그 기억들은 사라졌다. 57 "오 맙소사! 맙소사!" 그녀는 충격에 휩싸여 소리쳤다. 58 그녀는 죽은 사람도 깨울 만큼 크게 비명을 질러서 그녀의 엄마가 달려왔다. 59 반전 시위대는 구호를 외치고 플래카드를 흔들었다.

Day 5 Review Test

[1-30] 영어를 우리말로 바꾸세요.

1. slim	16. bald
2. lean	17. blink
3. slender	18. gaze
4. obese	19. stare
5. anatomy	20. glare
6. kidney	21. peer
7. skeleton	22. spot
8. flesh	23. glimpse
9. sensation	24. glance
10. numb	25. scene
11. paralyze	26. scenery
12. pulse	27. spectacle
13. wrinkle	28. emerge
14. mustache	29. vanish
15. beard	30. scream

[31-35] 각 문장의 문맥에 맞는 적절한 단어를 찾아 넣으세요.

① overlook ② glance ③ spectacle ④ emerge ⑤ numb

31. My feet have gone _____ with cold.
32. He _____d in her direction and their eyes met.
33. She _____d from behind the curtain.
34. The sunrise was an amazing _____.
35. The hotel room _____s the ocean.

정답 31. ⑤ 32. ② 33. ④ 34. ③ 35. ①

Day 06

사람의 몸 II

human body II

눈, 코, 귀, 입 (2)

≫ 테마 기본 어휘	hear · listen · nose · smell · mouth · lip · tongue(혀) · throat(목구멍) · tooth · blow · whistle kiss · breathe(숨쉬다)

01 **overhear**
[òuvərhíər]

(뜻하지 않게) 동 (남의 대화를) 우연히 듣다

He accidentally *overheard* a private conversation between his parents.

02 **sniff**
[snif]

(감기 때문에, 또는 눈물을 흘리면서) 동 코를 훌쩍거리다 명 훌쩍거림
(냄새를 맡으려고) 동 코를 킁킁거리다 명 킁킁거리며 냄새 맡음

He had a bit of a cold and couldn't stop *sniffing*.
A police dog *sniffed* at a passenger's luggage in the airport terminal.

03 **sneeze**
[sni:z]

(코·입으로 갑자기 소리를 내며 숨을 내뿜는) 명 재채기 동 재채기를 하다

I can't stop *sneezing*. I think I must have caught a cold.

04 **scent**
[sent]

(냄새가 은은한) 명 (기분 좋은) 향기, 향내 (= fragrance) 동 향기로 채우다

The air was filled with the sweet *scent* of spring flowers.

05 **odor**
[óudər]

(강한 자극성의) 명 (불쾌한) 냄새, 악취

There was an unpleasant *odor* in the room.

01 그는 우연히 그의 부모님 사이의 개인적인 대화를 들었다. 02 그는 감기 기운이 조금 있어서 코를 훌쩍대는 것을 멈출 수가 없었다. / 경찰견이 공항 터미널에서 한 승객의 수화물에 대고 코를 킁킁거리며 냄새를 맡았다. 03 나는 재치기를 멈출 수가 없다. 감기에 걸린 게 틀림없다고 생각한다. 04 공기는 봄 꽃들의 달콤한 향기로 그득했다. 05 그 방에는 불쾌한 냄새가 났다.

06 perfume
[pə́ːrfjuːm]

(향기로운 냄새가 나는) 명 (액체 화장품) 향수; (기분 좋은 강한) 향기[향내]
동 향수를 뿌리다; 향기를 풍기다

The air was *perfumed* with the smell of grass and flowers.
She was wearing *perfume*, and it smelled good.

어원 per(through:관통) + fume(smoke) → (관통하여) 내뿜는 연기 → 향기; 향수

07 fragrance
[fréigrəns]

(신선한 꽃·풀 등에서 나는) 명 (기분 좋은) 향기, 향내 (= scent)

The air smelled sweet with the *fragrance* of fresh summer flowers.

파생 fragrant [fréigrənt] 형 향기로운

08 inhale
[inhéil]

(몸 안으로) 동 (숨·연기·가스 등을) 들이마시다[쉬다]

He *inhaled* deeply through his nose and exhaled slowly through his mouth.

파생 inhalation [ìnhəléiʃən] 명 흡인
⊖ exhale [ekshéil] 동 내쉬다

어원 in(안으로) + hale(breathe:숨쉬다) → 들이쉬다

09 yawn
[jɔːn]

(졸리거나 피곤하거나 지루하여) 동 하품하다 명 하품

He *yawned*, covering his mouth with his hand and put on his pajamas.

10 sigh
[sai]

(근심·실망·설움 등으로 말미암아) 동 한숨 쉬다 명 한숨

He *sighed* deeply at the thought that they might never meet again.

11 pant
[pænt]

(거친 운동, 무더위 등으로) 동 (숨을) 헐떡이다, 숨을 거칠게 내쉬다

The old man reached the top of the hill, *panting* heavily.

06 공기는 풀과 꽃 향내로 향기로웠다. / 그녀는 향수를 뿌리고 있었고 그것은 향기가 좋았다. 07 공기가 신선한 여름 꽃 향기로 향기로운 냄새가 났다. 08 그는 코를 통해 숨을 깊게 들이쉬고 입을 통해 천천히 내쉬었다. 09 그는 손으로 입을 가리면서 하품을 하고 나서 잠옷을 입었다. 10 그는 그들이 다시는 못 만날지도 모른다는 생각에 한숨을 지었다. 11 그 노인은 거칠게 숨을 헐떡이며 언덕 꼭대기에 도착했다.

12 **gasp**

[gæsp]

(입이 벌어지면서) 동 (놀람·공포·고통 등으로) 숨이 턱 막히다 명 숨이 턱 막힘

She *gasped* at the spectacular view from the top.

13 **choke**

[ʧouk]

(장애를 일으키는) 동 (산소 부족·기도 막힘 등으로) 숨이 막히다, 숨막히게 하다

As a child, I nearly *choked* to death on a fish bone.

동의어 레슨

응시하다	
stare	(공포·놀라움 등으로 눈을 크게 뜨고) **응시하다**
glare	(미운 감정으로 상대를) **노려보다**
gaze	(감탄·흥미·호기심 등으로 시선을 집중하여) **응시하다**
peer	(잘 안 보이는 것을 보려고) **유심히 보다**
냄새, 향기	
smell	(일반적인 말): **냄새, 향**
fragrance	(신선한 꽃·풀 등에서 나는 좋은) **향기, 방향**
scent	(냄새가 은은한 좋은) **향기, 향내**
perfume	(냄새가 강한 좋은) **향기, 방향; 향수**
odor	(강한 자극성의 불쾌한) **냄새, 악취**

손, 팔

≫ 테마 기본 어휘	hand · finger · thumb · nail · palm(손바닥) · wrist(손목) · fist(주먹) · arm · elbow · touch · feel · contact(접촉) · hold · take · handle(손잡이) · hug(안다) · throw · stretch(뻗다) · wave · handshake · point(가리키다)

14 **rub**

[rʌb]

(손·천 등을 무엇 위에 대고, 또는 두 물체를 맞대어) 동 문지르다, 비비다
명 문지르기, 비비기

He took off his glasses and *rubbed* his eyes with his fingers.

15 **pat**

[pæt]

(위로·애정의 뜻으로) 동 (상대의 몸을 손바닥으로) 가볍게 치다[두드리다]
명 가볍게 침

His father smiled and *patted* him on the back.

12 그녀는 꼭대기에서 본 그 멋진 광경에 숨이 턱 막혔다. 13 어릴 때 나는 목에 생선 뼈가 걸려서 거의 질식해 죽을뻔했다. 14 그는 안경을 벗고 손가락으로 눈을 비볐다. 15 그의 아버지는 미소를 지으면서 그의 등을 가볍게 두드렸다.

16 **tap**

[tæp]

1. (무엇의 표면을) 동 (손가락·연필 등으로) 가볍게 톡톡 두드리다
명 가볍게 두드림

2. (영국식 영어, 수돗물을 나오게 하거나 막는) 명 수도꼭지 → p57

Suddenly someone *tapped* me on the shoulder from behind.

17 **tickle**

[tíkl]

(남의 살갗을 살살 건드려) 동 간지럽히다, 간질간질하다 명 간지럽히기, 간지러움

She *tickled* his feet and he started to laugh.

18 **grasp**

[græsp]

1. (물건을) 동 (손 안에 넣고) 꽉 잡다[단단히 붙잡다] 명 쥐기, 붙잡기

2. (무엇의 본질·이치 등을) 동 (확실하게) 파악[이해]하다

He *grasped* her hand and gave it a gentle squeeze to show his appreciation.

어원 1. 쥐다(grasp) → (손에 쥐듯 확실하게) 2. 파악[이해]하다

19 **grab**

[græb]

(무엇을 가지거나 차지하려고) 동 (갑자기 거칠게) 움켜쥐다[잡아채다]
명 움켜쥐기, 잡아채기

She *grabbed* his arm to stop him from opening the door.

20 **grip**

[grip]

(물건을) 동 (손가락을 힘껏 오므려) 움켜잡다[쥐다] 명 움켜쥠

He *gripped* his club firmly in both hands and swung it above his head.

21 **seize**

[siːz]

(갑자기) 동 (힘·폭력으로) 와락 붙잡다; 점령[장악]하다; 체포하다

Suddenly she *seized* him by the neck and kissed him.
Within a few hours, U.S. forces *seized* control of the city.

파생 seizure [síːʒər] 명 점령, 장악; 압수, 몰수

16 갑자기 누군가가 뒤에서 내 어깨를 톡톡 쳤다. 17 그녀가 그의 발을 간지럽히자 그는 웃기 시작했다. 18 그는 그녀의 손을 붙잡고 감사함을 표시하려고 가볍게 손을 꼭 쥐었다. 19 그녀는 그가 문을 여는 것을 막으려고 그의 팔을 잡았다. 20 그는 골프채를 양손으로 단단히 잡고 머리 위로 스윙을 했다. 21 갑자기 그녀는 그의 목을 와락 붙잡고 그에게 키스를 했다. / 몇 시간 내에 미군은 그 도시를 장악했다.

22 snatch

[snætʃ]

(거칠고 잽싸게 남의) 동 (물건을 빼앗으려고) 잡아[낚아]채다 명 잡아챔, 강탈

A man *snatched* the handbag from her hand and ran away.

23 cling

[kliŋ]

(무엇과 따로) 동 (떨어지지 않으려고) 달라붙다[매달리다] [to]

They *clung* together in terror, and the little girls began to cry.

파생 clingy [klíŋi] 형 점착성의, 들러붙는

24 embrace

[imbréis]

(hug의 격식을 차린 말): 동 (껴)안다, 포옹하다 명 포옹
(새로운) 동 (생각·제의·사상 등을) 받아들이다[수용하다] 명 수용

He warmly *embraced* his son with tears in his eyes.
Since the fall of the Soviet Union, they've *embraced* democracy.

어원 em(in:안) + brace(two arms:두 팔) ┌ (두 팔 안에) (껴)안다
└ (껴안아서) 받아들이다

25 release

[rilíːs]

1. (손으로) 동 (잡고 있던 것을) 놓다[놓아주다] 명 놓아주기, 방출
2. (자유로운 상태로) 동 (구속한 사람을) 석방[방면]하다 명 석방, 방면 → p206
3. (대중에게) 동 (뉴스·정보·영화·레코드 등을) 공개[발표, 개봉, 발매]하다 명 공개, 발표, 개봉, 발매 → p171

When the parade finished, thousands of balloons were *released* into the air.

어원 re(back) + lax(loosen:느슨하게 하다) → (느슨하게 하여) 놓아주다, 석방[공개]하다

26 pitch

[pitʃ]

1. (힘껏 목표물을) 동 (겨냥하고) (내)던지다 명 던지기
2. (상대적인 높이·정도·강도): 명 음높이; (감정·활동의) 정도[강도]; 최고점 → p265

He crushed the can in his hand and *pitched* it into the trash can.

22 한 남자가 그녀의 손에서 핸드백을 낚아채서 도망갔다. 23 그들은 두려움에 서로 꼭 끌어안았고 어린 소녀들은 울기 시작했다. 24 그는 눈물을 글썽거리며 아들을 따뜻이 안아 주었다. / 소련의 몰락 이후 그들은 민주주의를 받아들였다. 25 퍼레이드가 끝난 후 수천 개의 풍선이 날려 보내졌다. 26 그는 깡통을 쭈그려 뜨려 쓰레기통에 던졌다.

27 **cast**
[kæst]

1. (어느 곳을 향해 힘껏) 동 (주사위·그물·낚싯줄 등을) 던지다
(명사를 수반하여, 그 뜻에 해당하는 행위를 상대방을 향하여 하다):
동 (시선·표·빛·그림자·의혹·비난을) (~에) 던지다
2. (영화·연극 등에서 일정한) 동 (역할을 맡을) 배우를 뽑다, 배역하다
명 출연자 전원 → p250

The fisherman *cast* his net into the river and waited.
The baseball cap he wore *cast* a shadow over most of his face.

파생 casting [kǽstiŋ] 명 배역

어원 1. 던지다(cast) → (그물을 던져 적합한) 2. 배우를 뽑다

28 **hurl**
[həːrl]

(화가 나서 또는 난폭하게) 동 (힘껏) 세게 던지다

Some demonstrators *hurled* stones at the police station.

29 **extend**
[ikstén d]

1. (바깥쪽으로) 동 (팔·다리를) 뻗다[내밀다]
2. (길이·기간·범위 등을 본래의) 동 (기준·계획보다) 더 늘리다, 연장[확대]하다 → p467
(포함된) 동 (지역·거리·기간·범위 등이) (~에) 이르다[달하다, 계속되다] → p467

He *extended* his hand to shake hands with me.

파생 extension[iksténʃən] 명 연장, 확대, 확장; 내선, 구내전화
extensive[iksténsiv] 형 아주 넓은, 광대한, 광범위한

어원 ex(out) + tend(stretch:뻗다) ┬ (밖으로) 1. 뻗다 → (뻗어서) 2. (~에) 이르다
└ (길이를 밖으로 뻗게 하여) 2. 연장하다

30 **beckon**
[békən]

(남에게 다가오거나 따라오라고) 동 손짓[고갯짓]으로 부르다

He *beckoned* to me to follow him into his room.

31 **clap**
[klæp]

(양 손바닥을 마주 쳐서) 동 박수를 치다[보내다] 명 박수 (소리)

The audience cheered and *clapped* as she took a bow.

27 어부는 그물을 강에 던져놓고 기다렸다. / 그가 쓰고 있는 야구 모자는 그의 얼굴 대부분에 그림자를 드리웠다. 28 일부의 시위대는 경찰서에 돌을 던졌다. 29 그는 나와 악수를 하려고 손을 내밀었다. 30 그는 내게 그의 방으로 따라오라고 손짓했다. 31 그녀가 인사를 하자 청중들은 환호하며 박수를 쳤다.

32 shrug

[ʃrʌg]

(무관심·불쾌감·의문 등의 표시로) 동 어깨를 으쓱하다 명 어깨를 으쓱하기

He just *shrugged* his shoulders as if he didn't know.

동의어 레슨

잡다, 쥐다	
hold	(떨어뜨리거나 놓치지 않게 손·팔로) **들다, 붙들다, 잡다, 쥐다**
grasp	(물건을 손 안에 넣고) **(꽉) 쥐다, (단단히) 붙잡다**
grab	(가지거나 차지하려고 갑작스럽고 거칠게) **움켜쥐다, 잡아채다**
grip	(물건을 손 안에 넣고 손가락을 힘껏 오므려) **움켜잡다[쥐다]**
catch	(달아나는 사람·동물이나 공중으로 움직이는 물체를) **(붙)잡다**
seize	(힘·폭력을 써서) **와락 붙잡다**

던지다	
throw	(던지다 뜻의 일반적인 말): **던지다**
toss	(공중으로 살짝 띄워서) **가볍게 던지다**
pitch	(목표 지점을 향해 힘껏) **내)던지다**
cast	(주사위·그물·낚싯줄 등을 어느 곳을 향해 힘껏) **던지다**
hurl	(분노를 나타내며 거칠게 힘껏) **세게 던지다**

발, 다리

≫ 테마 기본 어휘	foot · toe(발가락) · heel(발뒤꿈치) · ankle(발목) · leg · knee · walk · step · run · jog · dash(돌진) jump · fall(넘어지다)

33 sole

[soul]

1. (발의 아래쪽의 평평한 부분): 명 **발바닥**

2. (여럿이 아니라) 형 **단 하나의, 단 한 사람의, 유일한** → p454
(다른 사람과 공유·분담하지 않고) 형 **독점적인, 단독의** → p454

I've got a deep cut on the *soles* of my feet.

34 thigh

[θai]

(다리에서 무릎 관절 위쪽에 있는 부분): 명 **넓적다리**

Look at these fat *thighs*. I've just got to lose some weight.

32 그는 마치 모른다는 듯이 단지 어깨를 으쓱했다. **33** 발바닥에 깊이 베인 상처가 났다. **34** 이 살찐 넓적다리 좀 보세요. 나는 살을 좀 빼야 해요.

35 **lap**

[læp]

(앉았을 때) 명 (허리에서 무릎마디까지) 무릎

The little girl sat on her mother's *lap* holding her doll in one hand.

36 **wander**

[wάndər]

(분명한 목적 없이) 동 (이리저리) 배회하다, 돌아다니다 명 배회

He had nowhere else to go and he *wandered* aimlessly around the streets.

37 **roam**

[roum]

(분명한 목적 없이) 동 (이곳 저곳을 자유롭게) 방랑하다, (떠)돌아다니다

In India people let cattle *roam* freely throughout the cities and the countryside.

38 **stroll**

[stroul]

(여유롭게 즐기면서) 동 한가로이 거닐다, 산책하다 명 산책

Several couples were *strolling* along the beach collecting seashells.

39 **hike**

[haik]

(즐거움으로) 동 (산 · 들 · 시골길 등을) 도보여행하다

In his spare time, he likes to go *hiking* in the mountains with his friends.

파생 hiking [háikiŋ] 명 도보 여행

40 **stride**

[straid]

(다리를 크게 벌려 빠르게) 동 큰 걸음으로 걷다, 성큼성큼 걷다 명 큰 걸음

He picked up his bag and *strode* out of the room.

41 **tramp**

[træmp]

(힘없이 느릿느릿) 동 (무거운 걸음걸이로) 터벅터벅 걷다
명 터벅터벅 걷는 소리

He spent a few weeks *tramping* the streets looking for a job.

35 그 어린 소녀는 한 손에 인형을 잡고 엄마의 무릎에 앉아 있었다. 36 그는 다른 갈 곳이 없어서 거리를 정처 없이 배회했다. 37 인도에서는 사람들이 소들을 도시와 시골 어디에서나 자유롭게 돌아다니도록 놓아둔다. 38 몇몇의 남녀가 조개껍데기를 모으면서 해변을 따라 한가로이 거닐고 있었다. 39 여가 시간에 그는 친구들과 함께 산으로 도보여행을 하는 것을 좋아한다. 40 그는 가방을 집어 들고 방 밖으로 성큼성큼 걸어나갔다. 41 그는 몇 주를 일자리를 찾아 거리를 터벅터벅 걸어 다니며 보냈다.

42 **stamp**

[stæmp]

1. (발을 힘주어 들었다 내려놓다): 동 **(발을) 구르다**

2. (우편물에 붙이는) 명 **우표** → p144

(무늬·기호·날짜 등을 찍는 데 쓰는) 명 **도장, 스탬프** → p144

동 **(도장·스탬프 등을) 찍다**

He *stamped* his foot in anger and began shouting.

43 **trample**

[trǽmpl]

(무엇을 발로 세게 힘주어 디뎌) 동 **짓밟다, 밟아 뭉개다**

The dog has *trampled* all over the flowerbed.

44 **crawl**

[krɔːl]

(몸을 엎드리거나 배를 바닥에 대고) 동 **기다** 명 **기어가기**

Before babies learn to walk, they move by *crawling* along the floor.

45 **creep**

[kriːp]

(남에게 들키지 않으려고) 동 **(낮은 자세로) 살금살금 움직이다[기다]**

He *crept* into the house without making any noise.

46 **leap**

[liːp]

(공중으로) 동 **(높이 솟구쳐) 뛰다[뛰어오르다], (다른 위치로) 뛰어서 이동하다**

명 **도약, 뛰어오름**

He *leaped* over the stream and landed on the other side.

47 **skip**

[skip]

1. (가볍고 빠른 발걸음으로) 동 **(경쾌하게) 깡충깡충 뛰다** 명 **깡충깡충 뜀**

2. (반복되거나 차례대로인 일의 어느 부분을) 동 **거르다, 빼먹다, 건너뛰다** → p296

The child *skipped* happily down the street, singing to himself.

48 **hop**

[hap]

(한 발만을 바닥에 대고) 동 **(한 발로) 깡충깡충 뛰다** 명 **깡충깡충 뜀**

He injured his right leg and had to *hop* around on crutches.

42 그는 화를 내며 발을 굴렀고 소리를 지르기 시작했다. 43 개가 온 화단을 짓밟아 놓았다. 44 아기들은 걷기를 배우기 전에 바닥을 기어서 움직인다. 45 그는 전혀 소리를 내지 않고 살금살금 집으로 들어갔다. 46 그는 개울을 뛰어넘어 반대 쪽에 내렸다. 47 그 아이는 흥얼거리며 행복하게 거리를 깡충깡충 뛰면서 갔다. 48 그는 오른쪽 다리를 다쳐서 목발을 집고 한 발로 깡충깡충 뛰면서 다녀야 했다.

49 **bound**
[baund]

1. (힘차게) 동 (신이 나서) 껑충껑충 달리다[뛰어가다] 명 껑충 뛰기
2. (이전에 늘 그러했기 때문에) 형 ~임[할 것]이 틀림없는
3. (배·기차·여행자 등이) 형 ~로 가는 (도중인), ~행(行)인 [for] → p338
4. (무엇이 허용되는) 명 (-s) (사회적·법적인) 한계, 경계
동 ~의 경계를 짓다[나타내다]
5. (법적·도덕적으로, 또는 의무상) 형 ~ 해야 하는, 속박[구속]된

He whistled and the dog came *bounding* up the steps.

파생 bind [baind] 동 묶다, 동여매다; 의무를 지우다, 구속하다; 결속시키다
boundless [báundlis] 형 한[끝]이 없는

50 **bounce**
[bounce]

(공·빛·소리 등이 물체의 표면에) 동 (부딪힌 후) 튀다[튀기다]; 튀듯이 움직이다
명 튐, 튀어 오름; 탄력, 반동력

He *bounced* the ball a few times before serving.

51 **collapse**
[kəlǽps]

1. (병·탈진 등으로 맥없이) 동 (바닥에) 쓰러지다[주저앉다] 명 쓰러짐
2. (훼손되어) 동 (건물 등이) 무너지다[붕괴하다] 명 붕괴 → p221

She lost consciousness and *collapsed* on the floor.

어원 col(together:함께) + lap(fall:넘어지다) → (함께) 넘어지다 → 1. 주저앉다 2. 붕괴하다

52 **trip**
[trip]

1. (발이) 동 걸려 넘어지다[질 뻔하다], 걸어 넘어지게[질 뻔 하게] 하다
2. (잠시 갔다 되돌아오는) 명 (짧은) 여행 → p255

He *tripped* over a rock and broke his leg.

53 **stumble**
[stʌmbl]

(발이) 동 걸려[헛디뎌] 넘어질 듯 비틀거리다
(쓰러질 듯이) 동 비틀거리다 (= stagger)

The old man *stumbled* and fell flat on the ground.
He blew out the candle and *stumbled* upstairs in the dark.

49 그가 휘파람을 불자 그 개는 계단 위로 껑충껑충 뛰어 올라왔다. 50 그는 서브를 넣기 전에 몇 번 공을 튀겼다. 51 그녀는 의식을 잃고 바닥에 쓰러졌다. 52 그는 바위에 걸려 넘어져 다리가 부러졌다. 53 그 노인은 발을 헛디뎌 비틀거리다 땅바닥에 납작 넘어졌다. / 그는 촛불을 불어서 끄고 어둠 속에서 위층으로 비틀거리며 걸어 올라갔다.

54 **stagger**

[stǽgər]

(쓰러질 듯이) 동 비틀거리다, 갈지자로 걷다 (= stumble) 명 비틀거림

He lost his balance, *staggered* a few steps and fell to the floor.

55 **slip**

[slip]

(미끄러운 곳에서 한쪽으로 밀려) 동 (중심을 잃고) 미끄러지다 명 미끄러짐

He *slipped* on the ice and broke his arm.

56 **slide**

[slaid]

(미끄러운 표면 위를) 동 (부드럽게) 미끄러져 움직이다[움직이게 하다]
명 미끄러짐; 미끄럼틀

The children are having fun *sliding* down the hill with their sleds.

57 **glide**

[glaid]

(별 노력 없이) 동 (조용하고 부드럽게) 미끄러지듯 움직이다; (새·비행기가) 활공하다
명 미끄러지듯 움직임; 활공

The skater was *gliding* over the ice smoothly.
I saw an eagle *gliding* high overhead.

파생 glider [gláidər] 명 글라이더, 활공기

동의어 레슨

미끄러지다	
slip	(미끄러운 곳에서 중심을 잃고) 미끄러지다
slide	(미끄러운 표면 위를) 미끄러져 움직이다[움직이게 하다]
기다	
crawl	(몸을 엎드리거나 배를 바닥에 대고) 기다
creep	(남에게 들키지 않으려고) 살금살금 움직이다[기다]
넘어지다, 쓰러지다	
fall	(서 있던 것이 바닥으로) 넘어지다, 쓰러지다
collapse	(병·탈진 등으로 맥없이 바닥에) 쓰러지다, 주저앉다

54 그는 중심을 잃고 몇 걸음 비틀거리다가 바닥으로 넘어졌다. 55 그는 빙판에서 미끄러져서 팔이 부러졌다. 56 아이들이 썰매를 타고 언덕을 미끄러져 내려오면서 재미있게 놀고 있다. 57 그 스케이트 선수는 얼음 위를 미끄러지듯 부드럽게 움직였다. / 나는 독수리 한 마리가 머리 위에서 높이 활공하고 있는 것을 보았다.

Day 6 Review Test

[1-30] 영어를 우리말로 바꾸세요.

1. sniff	16. shrug
2. scent	17. sole
3. odor	18. wander
4. fragrance	19. roam
5. pant	20. stride
6. gasp	21. tramp
7. rub	22. trample
8. grasp	23. crawl
9. grip	24. creep
10. seize	25. leap
11. cling	26. collapse
12. embrace	27. trip
13. pitch	28. stumble
14. hurl	29. stagger
15. beckon	30. slip

[31-35] 각 문장의 문맥에 맞는 적절한 단어를 찾아 넣으세요.

① stumble ② odor ③ trip ④ grasp ⑤ embrace

31. There was a strong _____ of gas in the kitchen.
32. She _____d her daughter and kissed her head.
33. He suddenly _____ed my hand and drew me toward him.
34. The waitress _____d and spilled the coffee on his lap.
35. She _____ped and fell down the stairs.

정답 31. ② 32. ⑤ 33. ④ 34. ① 35. ③

Day 07 건강·질병

health & illness

건강, 휴식, 수면

≫ 테마 기본 어휘	healthy · fit(건강한) · energetic(정력적인) · lively(생기 있는) · tired · overwork · rest · break(잠깐의 휴식) · relax(긴장을 풀다) · refresh(원기를 회복시키다) · vacation · holiday · sleep · wake · dream · nightmare(악몽)

01 **vigorous** [vígərəs]

(많은 체력·정력을 사용하는): 형 **(일·활동 등이) 활발한[격렬한]; (사람이) 강건한**

Your body needs at least 30 minutes of *vigorous* exercise every day.
His father, well over eighty now, is still *vigorous* for his age.

파생 vigor [vígər] 명 활기, 힘

어원 vig(liveliness:활기) + or → 활기찬, 격렬한

02 **brisk** [brisk]

(느릿느릿하지 않고) 형 **(움직임·활동·진행 등이) 활기찬[활발한]**

There is probably no exercise which is better for the human body than a *brisk* walk.

03 **exhausted** [igzɔ́:stid]

1. (기력·정력이 다 빠져) 형 **(몸이) 지칠 대로 지친, 기진맥진한**
2. (비축된) 형 **(힘·자원을) 다 써버린, 고갈된** → p293

We were totally *exhausted* after a long day's work.

파생 exhaust [igzɔ́:st] 동 기진맥진하게 하다; 고갈시키다
exhaustion [igzɔ́:stʃən] 명 기진맥진; 고갈

어원 ex(off) + haust(draw) → draw off(물을 다 빼내다) → 1. 기진맥진한, 2. 고갈된

01 당신의 몸은 매일 적어도 30분 정도의 격렬한 운동이 필요하다. / 지금 80세가 훨씬 넘은 그의 아버지는 나이에 비해 여전히 건강하다. 02 아마도 활기찬 걷기보다 인간의 몸에 더 좋은 운동은 없다. 03 우리는 길었던 하루의 일을 마친 후 완전히 기진맥진이었다.

04 **weary**

[wíəri]

(장시간 힘들게 일을 해서) 형 **몹시 피곤한[지친]**

He looked very *weary* after his long journey.

05 **fatigue**

[fətí:g]

(과로 등으로 극도로 지친 상태): 명 **피로**

He was suffering from *fatigue* due to long hours of overtime.

06 **nap**

[næp]

(낮 시간 동안 잠시 자는) 명 **낮잠, 선잠** 동 **잠깐 졸다, 선잠 자다**

If I feel tired, I just take a *nap* for a while.

07 **drowsy**

[dráuzi]

(피곤 · 술기운 · 따뜻한 기운 때문에) 형 **졸리는, 꾸벅꾸벅 조는**

This medicine may make you *drowsy* or tired.

08 **insomnia**

[insάmniə]

(밤에 잠을 자지 못하는) 명 **불면(증)**

Doctor, I just can't sleep, I'm suffering from *insomnia*.

파생 insomniac [insάmniæk] 명 불면증 환자

어원 in(not) + somn(sleep:잠자다) → (잠을 자지 못하는) 증상 → 불면증

09 **snore**

[snɔ:r]

(잠잘 때) 동 **코를 골다** 명 **코 고는 소리**

My husband *snores* so loudly he keeps everybody in the house awake.

동의어 레슨

피곤한, 지친	
tired	(몸이 시달리어 기운이 빠져) **피곤한, 지친**
exhausted	(몸의 기력 · 정력이 다 빠져) **지칠 대로 지친, 기진맥진한**
weary	(어떤 일을 너무 힘들게 또는 너무 장시간 해서) **피곤한, 지친**

04 그는 장시간의 여행 후에 매우 피곤해 보였다. 05 그는 장시간의 초과 근무로 인해 피로를 겪고 있었다. 06 나는 피곤하면 잠시 낮잠을 잔다. 07 이 약은 졸리거나 피곤하게 만들 수도 있다. 08 의사 선생님, 나는 잠을 잘 수가 없어요, 불면증을 겪고 있습니다. 09 내 남편은 너무 심하게 코를 골아서 집안의 모든 사람들을 깨어있게 한다.

Day 07

질병, 부상

≫ 테마 기본 어휘	fever · cough · runny(콧물이 나는) · headache · backache · stomachache · toothache · pain hurt · sick (아픈, 메스꺼운) · ill(아픈) · suffer · recover(회복하다) · disease · cold · flu(독감) · cancer · virus · bacteria · wheelchair · blind · deaf

10 **symptom**
[símptəm]

(병을 앓을 때 나타나는 몸의 변화나 현상): 명 **증상, 증세**

The most common *symptoms* of the disease are vomiting and a slight fever.

파생 symptomatic [sìmptəmǽtik] 형 증상을 나타내는

어원 sym(together:함께) + ptom(fall:떨어지다) → (병을 앓을 때) 함께 떨어지는 것 → 증상

11 **vomit**
[vɑ́mit]

(입 밖으로 다시) 동 **(먹은 것을) 토하다, 게우다** 명 **토사물**

He got drunk and *vomited* all over the place.

12 **dizzy**
[dízi]

(몸을 제대로 가눌 수 없게) 형 **어지러운, 현기증 나는**

The motion of the rollercoaster made me *dizzy*.

13 **faint**
[feint]

1. (한동안 정신을 잃고) 동 **기절하다** 명 **기절** 형 **기절할 듯한**
2. (구분이 힘들 만큼) 형 **(빛·소리·냄새 등이) 희미한, 약한; (희망 등이) 아주 적은**

I *fainted*, and the next thing I remember was lying in a hospital bed.

어원 2. 희미한(faint) → (정신이 희미해지며) 1. 기절하다

14 **itch**
[itʃ]

(몸이 긁고 싶은 불편한 느낌이 있다): 동 **가렵다, 가렵게 하다**

I hate wool - it makes me *itch* all over.

파생 itchy [ítʃi] 형 가려운, 가렵게 하는

10 그 병의 가장 흔한 증상은 구토와 미열이다. 11 그는 술이 취해 온데다 토했다. 12 롤러코스터의 움직임은 나를 현기증 나게 만들었다. 13 나는 기절을 했고 기억나는 다음 것은 병원 침대 누워있는 것이었다. 14 나는 모직을 싫어한다. 그것은 나의 온 몸을 가렵게 만든다.

[15] **agony**

[ǽgəni]

(인내하기 힘들 정도의) 명 **(육체적 · 정신적인) 극심한 고통** (= anguish)

The man fell to the ground, screaming in *agony*.

파생 agonize [ǽgənàiz] 동 고뇌하다

[16] **torment**

명 [tɔ́:rment]
동 [tɔ:rmént]

(괴롭힘으로 인한) 명 **(정신적인) 극심한 고통; 고통을 주는 사람[것]**
동 **심한 고통을 주다, 괴롭히다**

He was *tormented* by feelings of guilt and shame over what he had done.

어원 tor(twist:비틀다) + ment → (몸 · 마음이 뒤틀리는 심한) 고통

[17] **ache**

[eik]

(심하진 않지만) 동 **(계속 무거운 느낌이 들며) 아프다** 명 **아픔**

My stomach started to *ache* after eating two hamburgers.

[18] **sore**

[sɔ:r]

(염증이나 까진 피부가 닿으면) 형 **(따끔따끔) 아픈, 쓰린; (근육이) 뻐근한**

The patient had a *sore* throat and a slight fever.
My arms are *sore* from carrying all my shopping bags around.

[19] **sting**

[stiŋ]

(곤충 · 동식물이 살갗을) 동 **(독침 · 가시로) 찌르다, 쏘다** 명 **찔린 상처**
(몸의 일부가) 동 **(바늘로 찌르듯이) 따끔거리다[거리게 하다], 쓰리다[게 하다]**
명 **따끔거림, 쓰라림; 쏘인[찔린] 상처**

I got *stung* by a bee and it hurt like hell.
The cigarette smoke made my eyes *sting*.

[20] **soothe**

[su:ð]

1. (몸의 아픈 곳이나 다친 곳의) 동 **(고통을) 덜어주다**
2. (남의 좋지 않은) 동 **(마음을) 달래다, 진정시키다** → p118

Taking a warm bath helps *soothe* sore muscles.

15 그 남자는 고통스러워 비명을 지르며 땅바닥에 쓰러졌다. 16 그는 자신이 한 짓에 대한 죄책감과 수치감으로 고통을 받았다. 17 햄버거 두 개를 먹고 나서 배가 아프기 시작했다. 18 그 환자는 목이 아프고 미열이 있었다. / 모든 쇼핑백을 가지고 다니느라 팔이 뻐근하다. 19 나는 벌에 쏘였는데 굉장히 아팠다. / 담배 연기가 내 눈을 따갑게 만들었다. 20 따뜻한 목욕은 뻐근한 근육을 풀어주는 데 도움이 된다.

21 **relieve**
[rilíːv]

(느슨하거나 편해지게) 동 **(고통·불쾌감·심각성 등을) 덜어주다, 안도하게 하다**

I was greatly *relieved* to find she was still alive.

파생 relief [rilíːf] 명 완화; 안도, 안심; 구호품
relieved [rilíːvd] 형 안심[안도]한

어원 re(강조) + lieve(raise:올리다) → (들어올려 줘서 무게를) 덜어주다, 완화하다

22 **contract**
동 [kəntrǽkt]
명 [kάntrækt]

1. (비교적 상태가) 동 **(심각한 병에) 걸리다**
2. (당사자간의 의무·권리에 대한 합의 내용을 담은) 명 **계약(서)** 동 **계약하다** → p153
3. (크기·범위·부피 등이) 동 **(전체적으로) 수축[축소]되다[시키다]** → p468

He *contracted* malaria while traveling in Africa.

파생 contractual [kəntrǽktʃuəl] 형 계약(상)의
contraction [kəntrǽkʃən] 명 수축, 축소

어원 con(together:함께) + tract(draw:끌다)
- (병을) 끌어당기다 → 1. (병에) 걸리다
- (합의를) 함께 이끌다 → 2. 계약하다
- (속으로) 함께 끌어당기다 → 3. 수축되다

23 **infectious**
[infékʃəs]

(병이 남에게 옮는) 형 **전염성의**

The disease is highly *infectious* and hard to prevent.

파생 infection [infékʃən] 명 전염
infect [infékt] 동 전염시키다
⊖ disinfect [dìsinfékt] 동 소독[살균]하다

어원 in(안) + fect(make:만들다) → (병균이) 몸 안에 들어가게 만드는 → 전염성의

24 **contagious**
[kəntéidʒəs]

(병이 신체의) 형 **(접촉에 의한) 전염성의**

SARS is a *contagious* disease that spreads through direct contact with infected people.

파생 contagion [kəntéidʒən] 명 접촉 전염

어원 con(together:함께) + tag(touch:접촉하다) → (서로 접촉해서 옮는) 접촉 전염성의

21 나는 그녀가 여전히 살아 있다는 것을 알고 대단히 안도했다. 22 그는 아프리카를 여행하다가 말라리아에 걸렸다. 23 그 병은 전염성이 높고 예방하기가 어렵다. 24 사스는 전염된 사람들과의 직접적인 접촉을 통해 퍼지는 접촉성 전염병이다.

25 **epidemic**
[èpədémik]

(한동안 한 지역에 널리 퍼지는) 명 유행병 형 (병이) 유행성의

The *epidemic* is spreading rapidly throughout Asia.

어원 epi(among:사이) + dem(people:사람들) → (사람들 사이에 퍼지는) 유행병

26 **plague**
[pleig]

1. (급속히 퍼져 많은 사람들을 죽게 만드는) 명 (치명적인) 전염병[돌림병]
2. (문제 등을 일으키거나 성가시게 해서) 동 (지속적·반복적으로) 괴롭히다 → p235

Plagues and famines reduced the population of Europe perhaps by half.

27 **terminal**
[tə́:rmənl]

1. (병이 나을 가망이 없는 단계인) 형 말기의, 불치의
2. (항공·열차·버스 노선 등의 맨 끝 지점): 명 공항 터미널, 종착역, 종점 → p356

The elderly man is suffering from *terminal* liver cancer.

어원 termin(end:끝) + al ┌ (끝이 나는) 단계인 → 1. 말기의
└ (끝나는) 지점 → 2. 종점

28 **diabetes**
[dàiəbí:tis]

(혈액 속에 당이 많아져서 생기는 질환): 명 당뇨병

People with *diabetes* must pay careful attention to diet and weight.

파생 diabetic [dàiəbétik] 형 당뇨병의

29 **revive**
[riváiv]

(잃었던) 동 (의식·기력·건강 등을) 소생[회복]하다[시키다]
(다시 성하게) 동 (폐지·쇠퇴한 것을) 부활[부흥]시키다

He was rushed to the hospital, but doctors couldn't *revive* him.
The housing market is beginning to *revive* little by little.

파생 revival [riváivəl] 명 소행; 부활

어원 re(again:다시) + vive(live:살다) → (다시) 살다 → 소생[부활]하다

25 그 유행병은 아시아 전역으로 빠르게 확산되고 있다. 26 전염병과 기근이 유럽의 인구를 아마도 반으로 줄였다. 27 그 노인은 말기 암을 앓고 있다. 28 당뇨병을 가진 사람들은 식사와 체중에 세심한 관심을 가져야 한다. 29 그는 병원으로 급히 실려 갔지만 의사들은 그를 소생시킬 수 없었다. / 주택 시장이 조금씩 회복되기 시작하고 있다.

30 **germ**

[dʒəːrm]

(병을 일으키는) 명 **병균**

Coughing and sneezing can spread *germs* that make people sick.

31 **sterilize**

[stérəlàiz]

(물건에 묻어 있는 세균을) 동 **살균[소독]하다**

All milk containers must be *sterilized* before use.

파생 sterile [stéril] 형 균이 없는, 살균한; (사람·동물이) 불임의, (땅이) 불모의
sterilization [stèrəlizéiʃən] 명 살균, 소독

어원 sterile(균이 없는) + ize → (균이) 없게 하다 → 살균하다

32 **injury**

[índʒəri]

(사고를 당해 입은) 명 **(사고로 인한) 부상**

He seriously *injured* his legs in an accident at work.

파생 injure [índʒər] 동 부상을 입히다, 다치게 하다
injured [índʒərd] 형 다친, 부상한

어원 in(not) + jure(right:올바른) → (몸이 올바르지 않은) 상태 → 부상, 상해

33 **wound**

[wuːnd]

(총·칼 등의) 명 **(흉기에 의한) 부상** 동 **부상을 입히다**

More than 100 soldiers were killed or *wounded* in the battle.

파생 wounded [wúːndid] 형 부상한

34 **scar**

[skaːr]

(살갗의) 명 **(상처가 아물고 남은) 자국, 흉터**

He had a long, deep *scar* on the right side of his face.

35 **bruise**

[bruːz]

(부딪치거나 맞아서 생긴 상처): 명 **타박상, 멍** 동 **타박상을 입다[입히다]**

His whole body was covered in *bruises* and his eyes were swollen.

30 기침과 재치기는 사람들을 병들게 하는 병균을 퍼뜨릴 수 있다. 31 모든 우유 용기는 사용 전에 살균되어야 한다. 32 그는 직장에서 사고로 다리에 심각한 부상을 입었다. 33 전투에서 100명 이상의 군인들이 죽거나 부상을 당했다. 34 그는 얼굴의 오른쪽에 길고 깊은 흉터가 있었다. 35 그는 온 몸이 멍이 들어 있었고 그의 눈은 부어올라 있었다.

36 **limp**
[limp]

(한쪽 다리가 아파서) 동 **다리를 절다, 절뚝거리다** 명 **절름거리기**

He had hurt his ankle and was *limping* badly.

37 **lame**
[leim]

(다리나 발을 다쳐) 형 **절뚝거리는**

He injured his ankles and was *lame* for several weeks.

38 **sprain**
[sprein]

(접질리거나 비틀려서) 동 **(발목·손목 등을) 삐다** 명 **삠**

I missed a step, fell down and *sprained* my ankle.

39 **disabled**
[diséibld]

(몸의 어느 부분이 온전하지 못한) 형 **신체 장애의, 불구의**

The car accident left him *disabled* and unable to do what he loved.

파생 disability [dìsəbíləti] 명 신체 장애
disable [diséibl] 동 불구로 만들다, 무능[무력]하게 하다

어원 dis(opposite:반대) + able(할 수 있는) → (몸이) 할 수 없는 → 신체 장애의

Day 07

40 **cripple**
[krípl]

(다리 장애로 정상적으로) 명 **(걷지 못하는) 불구자** 동 **불구로 만들다**

He was *crippled* in a car accident six years ago.

41 **dumb**
[dʌm]

(언어 장애로 말을 못하는) 형 **벙어리의**

The man has been deaf and *dumb* since birth.

동의어 레슨

부상	
injury	(사고를 당해 입은) **부상, 상해**
wound	(총·칼 등으로 공격을 받아 입은) **부상, 상처**

36 그는 발목을 다쳐서 심하게 다리를 절었다. 37 그는 발목에 부상을 입고 몇 주 동안 절뚝거렸다. 38 나는 발을 헛디뎌 넘어져서 발목을 삐었다. 39 자동차 사고는 그를 장애자로 남게 하여 그가 좋아하는 일을 할 수 없게 만들었다. 40 그는 육 년 전에 자동차 사고로 불구가 되었다. 41 그 남자는 날 때부터 농아였다.

의료, 병원

≫ 테마 기본 어휘	medicine(의학, 약) · medical · hospital · clinic(클리닉) · doctor · dentist · nurse · patient · ambulance · examine(진찰하다) · bandage(붕대) · drug

42 **diagnose**

[dáiəgnòus]

(의사가 환자를 살피어) 동 **(병의 원인·상태를) 진단하다**

She was *diagnosed* with stomach cancer and had part of her stomach removed.

파생 diagnosis [dàiəgnóusis] 명 진단

어원 dia(apart:분리) + gnose(know:알다) → (병의 원인을) 분리하여 알아내다 → **진단하다**

43 **cure**

[kjuər]

(치료의 결과) 동 **(건강한 상태로) 병을 고치다** 명 **치유법**

It is a serious disease, but it can be *cured* by an operation.

파생 curable [kjúərəbl] 형 병을 고칠 수 있는
⊖ incurable [inkjúərəbl] 형 고칠 수 없는, 불치의

44 **treat**

[tri:t]

1. (병을 낫게 하려고) 동 **(투약·수술·간호 등으로) 치료하다**
2. (사람·사물에 대해) 동 **(특정 태도·방식으로) 대하다[대우하다, 다루다]** → p96
3. (남에게 베푸는) 명 **(음식·향응 등의) 대접, 한턱** 동 **대접하다, 한턱 내다**

He spent over a month in the hospital being *treated* for cancer.

파생 treatment [trí:tmənt] 명 치료; 대우

어원 2. 다루다(handle) ┌ (환자를) 다루다 → 1. 치료하다
└ (음식·향응으로 사람을) 다루다 → 3. 대접하다

45 **heal**

[hi:l]

(아물거나 맞붙어) 동 **(외상·골절 부위가) 낫다, 낫게 하다**

It can take several months for the wounds to *heal*.

파생 healing [hí:liŋ] 명 치유

42 그녀는 위암 진단을 받고 위의 일부를 제거했다. 43 그것은 심각한 병이지만 수술로 치료될 수 있다. 44 그는 암 치료를 받으면서 병원에서 한달 이상을 보냈다. 45 그 상처들이 치유되는 데는 몇 달이 걸릴 수 있다.

46 **remedy**
[rémədi]

(효과적인) 명 (병 · 통증 등의) 치료법[약]
(효과적인) 명 (문제 · 어려움 · 잘못 등의) 처리법, 해결[개선]책
동 바로잡다, 개선하다

Pineapple is an effective home *remedy* for indigestion.
Unfortunately, there is no simple *remedy* for this problem.

어원 re(again:다시) + medy(heal:치료하다) → 치료법[약]; 처리법, 개선책

47 **inject**
[indʒékt]

(주사기를 써서 몸에) 동 (약물을) 주사[주입]하다

He must *inject* himself with insulin daily to control his high blood sugar.

파생 injection [indʒékʃən] 명 주사

어원 in(안) + ject(throw:던지다) → (안으로) 던지다 → 주사[주입]하다

Day 07

48 **tablet**
[tǽblit]

(삼킬 수 있도록 작고 둥글게 만든) 명 알약 (= pill)

The doctor told me to take two *tablets* three times a day.

49 **antibiotic**
[æntibaiátik]

(유해한 세균을 억제하거나 죽이는) 명 항생제, 항생 물질

Her doctor prescribed her some *antibiotics*.

어원 anti(against:~에 맞서) + biotic(생물의) → 생물(세균)의 증식에 맞서는 것 → 항생제

50 **pharmacy**
[fá:rməsi]

(약을 조제 · 판매하는) 명 약국 (= drugstore, chemist's shop)

I got some medicine from a *pharmacy* this morning.

파생 pharmacist [fá:rməsist] 명 약사

51 **physician**
[fizíʃən]

(doctor의 미국식 영어, 특히 수술을 하지 않는): 명 (내과) 의사

The *physician* examined him and took his temperature.

어원 physic(medical science:의술) + ian → (내과) 의사

46 파인애플은 소화불량에 효과적인 민간요법이다. / 유감스럽게도 이 문제에 대해서는 간단한 해결책이 없다. 47 그는 혈당치를 조절하기 위해 매일 인슐린을 주입해야 한다. 48 의사는 내게 하루에 세 번 알약 2개씩을 복용하라고 말했다. 49 의사는 그에게 항생제를 처방해 주었다. 50 나는 오늘 아침에 약국에서 약을 샀다. 51 의사를 그를 진찰하고 체온을 쟀다.

52 **surgeon**
[sə́:rdʒən]

(수술을 전문적으로 담당하는) 명 외과 의사

An experienced *surgeon* performed the operation.

파생 surgery [sə́:rdʒəri] 명 (외과) 수술
surgical [sə́:rdʒikəl] 형 외과(용)의

어원 sur(hand:손) + geon(일하다) → 손으로 수술(일)을 하는 사람 → 외과 의사

53 **operate**
[ɑ́pərèit]

1. (몸의 일부를 째거나 꿰매거나 하여) 동 수술을 하다 [on]
2. (기능을 하도록) 동 (기계·장비 등을) 작동[가동, 운전]하다[되다] → p311
3. (제 기능대로) 동 (회사·조직·제도 등이) 운영[경영]되다[하다] → p320

The doctor examined him and decided to *operate* on him.

파생 operation [ɑ̀pəréiʃən] 명 수술; 작동; 운영
operator [ɑ́pərèitər] 명 조작자
operational [ɑ̀pəréiʃənl] 형 조작[경영, 운영]상의, 운전[운행] 중인[가능한]

어원 oper(work:일하다) + ate ┌ (몸을 고치는) 일을 하다 → 1. 수술을 하다
└ 일을 하다 → 2. 작동하다, 3. 운영하다

54 **prescribe**
[priskráib]

1. (의사가 증상에 따라) 동 (약·치료법을) 처방하다
2. (수행해야 할 일을) 동 (법·규칙·명령 등으로) 규정[지시]하다 → p142

After examining the patient the doctor *prescribed* some medicine.

파생 prescription [priskrípʃən] 명 처방(전)
non-prescription [nɑ̀npriskrípʃən] 형 (약이) 의사의 처방전 없이 살 수 있는

어원 pre(before:미리) + scribe(write:적다) ┌ (약·치료법을) 미리 적다 → 1. 처방하다
└ (법·규칙을) 미리 적다 → 2. 규정하다

동의어 레슨

치료하다	
treat	(투약·수술·간호 등의 의료행위를 하다): 치료하다
cure	(치료를 해서 본래의 건강한 상태로) 병을 고치다, 치료하다
heal	(외상·골절 부위가 아물거나 맞붙어) 낫다, 낫게 하다

52 한 경험이 많은 외과 의사가 그 수술을 했다. 53 의사는 그를 진찰하고 그를 수술하기로 결정했다. 54 환자를 진찰한 후 의사는 약을 처방했다.

Day 7 Review Test

[1-30] 영어를 우리말로 바꾸세요.

1. vigorous	16. sterilize
2. brisk	17. wound
3. weary	18. bruise
4. fatigue	19. limp
5. drowsy	20. lame
6. insomnia	21. sprain
7. symptom	22. diagnose
8. faint	23. cure
9. torment	24. heal
10. sore	25. remedy
11. soothe	26. antibiotic
12. infectious	27. pharmacy
13. contagious	28. physician
14. epidemic	29. surgeon
15. plague	30. prescribe

[31-35] 각 문장의 문맥에 맞는 적절한 단어를 찾아 넣으세요.

① prescribe ② injure ③ vigorous ④ sore ⑤ diagnose

31. You need at least an hour of _____ exercise every day.
32. She was _____d in a car accident.
33. Take lots of vitamin C if you have a _____ throat.
34. She was _____d with breast cancer.
35. His doctor _____d him some antibiotics.

정답 31. ③ 32. ② 33. ④ 34. ⑤ 35. ①

Day 08

성격·품행·도덕성

personality & morality

성격, 품행

≫ 테마 기본 어휘	personality(성격) · habit · tend(~하기 쉬운) · behavior · treat(대하다) · manner · kind · gentle generous · tender(다정한) · polite · formal(격식 차린) · casual(격의 없는) · rude · friendly · sociable(사교적인) · funny · humor · wit(재치) · comedy · joke · serious · proud · brave · dare(감히 ~하다) · hero

01 **temperament** [témpərəmənt]

(사람의 감정적·정서적 측면의 성질): 명 **기질**

He has an artistic *temperament* and spends much of his time in painting.

어원 tempera(mix properly:적절히 섞다) + ment → (여러 성질이) 적절히 섞인 것 → 기질

02 **trait** [treit]

(누군가의) 명 **(성격·행동·습관상의) 특성[특징]**

Strong individualism is a typically American *trait.*

03 **conduct** 명 [kάndʌkt] 동 [kəndʌ́kt]

1. (누군가의) 명 **(도덕·윤리적 측면의) 행위[행실, 품행]** 동 **행동(처신)하다**
2. (특정한 일·활동을) 동 **(조직적으로) 수행[처리]하다** 명 **수행, 처리** → p297
3. (오케스트라·합창단 등을) 동 **지휘하다** → p265

The students were expected to follow a strict code of *conduct.*

파생 ⊖ misconduct [mìskάndʌkt] 명 비행
conductor [kəndʌ́ktər] 명 지휘자

어원 con(together) + duct(lead:이끌다)
- (이끄는 결과가 도덕적인지의 관점의) 1. 행실
- (함께 이끌어 일을) 2. 수행하다
- (오케스트라를) 이끌다 → 3. 지휘하다

01 그는 예술가적인 기질이 있고 많은 시간을 그림을 그리면서 보낸다. 02 강한 개인주의는 전형적인 미국인의 특징이다.
03 학생들은 엄격한 행동 수칙을 따를 것을 요구 받았다.

04 attitude
[ǽtitjù:d]

(행동으로 드러나는, 어떤) 명 **(일·상황을 대하는) 태도[자세]**

He has a very positive *attitude* toward life.

어원 att(apt:적절한) + itude → (자신의 생각·입장 등에 대해) 적절히 취한 것 → **태도, 견해**

05 courtesy
[kə́:rtəsi]

(남에 대한 정중하고 공손한 언행): 명 **예의**

He didn't even have the *courtesy* to apologize for being delayed.

파생 courteous [kə́:rtiəs] 형 예의 바른
⊖ discourtesy [diskə́:rtəsi] 명 무례

어원 court(궁중, 왕실) + esy → (궁중의) 언행 → **예의**

06 inclined
[inkláind]

(누구의) 형 **(선호상) ~하는 경향이 있는, (~을) 하고 싶은** [to]

I won't stop you, if you feel so *inclined*.

파생 incline [inkláin] 동 (마음이) ~쪽으로 기울다[기울어지게 하다]
inclination [ìnklənéiʃən] 명 의향; 성향

어원 in(toward:~쪽으로) + cline(lean:기울다) → (~쪽으로) 기우는 → **경향이 있는, 하고 싶은**

07 prone
[proun]

(때로 복합어로 쓰여) 형 **(좋지 않은 일을) 하기[당하기] 쉬운** [to]

At this age, children tend to be very active and are *prone* to injury.

08 liable
[láiəbl]

1. (그 자체의) 형 **(취약성 때문에) ~ 당하기[걸리기, 하기] 쉬운** [to]
2. (부채·손해 등에 대해) 형 **(법적으로) 책임을 져야 할** [for]

His car is very old and it's *liable* to break down at any time.

파생 liability [làiəbíləti] 명 책임; (-s) 부채

어원 li(bind:묶다) + able ┬ (어떤 것에) 묶여 있는 → **1. ~하기 쉬운**
└ (법에 의해) 묶여 있는 → **2. 책임을 져야 할**

04 그는 삶에 대해 매우 긍정적인 태도를 갖고 있다. 05 그는 늦어진 것에 대해 사과하는 예의 조차도 없었다. 06 당신이 하고 싶다면 전 말리지 않겠습니다. 07 이 나이 때에 아이들은 매우 활동적인 경향이 있어서 부상을 입기가 쉽다. 08 그의 차는 매우 낡아서 언제라도 고장날 수 있다.

09 **apt**

[æpt]

1. (사람·사물이) 형 (선천적·본질적으로) ~하기 쉬운, ~하는 경향이 있는
2. (발언·묘사·선택 등이) 형 (주어진 상황에서) 적절한 → p317

Aged people are *apt* to be forgetful and live in the past.

10 **addict**

[ǽdikt]

(약물·술·도박 등을 끊지 못하는) 명 중독자

He is a gambling *addict* and lost everything in life.

파생 addiction [ədíkʃən] 명 중독
addicted [ədíktid] 형 중독된
addictive [ədíktiv] 형 중독성의

11 **decent**

[dí:snt]

1. (사회적 도덕 기준에서) 형 (언행·태도·복장 등이) 예의 바른, 단정한
2. (품질·수준 등이) 형 (사회적 기준에서) 적당한, 알맞은, 제대로 된 → p317

He was a *decent* sort of guy who never bothered people.

파생 decency [dí:snsi] 명 예절; 체면, 품위

어원 dec(fit:적합한) + ent → (사회적·도덕적 기준으로) 적합한 → 적당한; 예의 바른

12 **tactful**

[tǽktfəl]

(남의 기분을 상하지 않게 언행을 조심하는): 형 눈치[요령] 있는

She tried to find a *tactful* way of telling him she didn't want him to come.

파생 tact [tækt] 명 눈치, 요령
⊖ tactless [tǽktlis] 형 눈치[요령] 없는

13 **dignity**

[dígnəti]

(힘든 상황에서도 자신의 품격을 지키는) 명 품위, 위엄, 존엄(성)

She always behaved with great *dignity* and calmness.

파생 ⊖ indignity [indígnəti] 명 수모, 모욕
dignify [dígnəfài] 동 ~에 위엄을 주다

어원 dign(worthy:훌륭한) + ity → 훌륭함 → 품위, 위엄

09 노인들은 잘 잊어먹고 과거 속에 사는 경향이 있다. 10 그는 도박 중독이고 인생의 모든 것을 잃었다. 11 그는 절대로 귀찮게 하지 않는 예의 바른 사람이다. 12 그녀는 그에게 그가 오는 것을 원치 않는다고 말할 재치 있는 방법을 찾으려고 했다. 13 그녀는 항상 대단히 품위있고 차분하게 행동했다.

[14] **naughty**

[nɔ́:ti]

(어른에게) 형 **(어린아이가) 버릇이 없는, 말을 듣지 않는**

You're a very *naughty* boy. Do you know why you're being punished?

어원 naught(nothing:아무것도 없음) + y → (생각이) 전혀 없는 → 못된, 행실이 나쁜

[15] **mischievous**

[místʃəvəs]

(장난스럽게 남을 괴롭히거나 귀찮게 하는): 형 **장난이 심한, 말썽꾸러기의**

He was a *mischievous* boy who enjoys playing tricks and jokes on others.

파생 mischief [místʃif] 명 짓궂은 짓, 장난(기)

어원 mis(badly:안 좋게) + chiev(end:끝나다) → (안 좋게) 끝이 난 → 짓궂은

[16] **spoil**

[spɔil]

1. (지나치게 귀여워해서) 동 **(어린애를) 버릇없이 만들다, 응석을 받아주다**
2. (어떤 것을 손상시켜) 동 **(외관·가치·유용성 등을) 망쳐놓다, 버려 놓다** → p221

His parents *spoiled* him because he was an only child.

Day 08

[17] **intimate**

[íntəmət]

(사람간의 또는 남녀간의 관계가 개인적으로 매우) 형 **친밀한**

They live near each other, and are *intimate* friends.

파생 intimacy [íntəməsi] 명 친밀

어원 intim(inmost:가장 깊은 속의- in의 최상급) → (가장 깊은 속까지) 아는 → 친밀한

[18] **hostile**

[hɑ́stl]

1. (상대에게 악의를 품고 공격적으로 대하는): 형 **적대적인**
2. (전쟁이나 서로간의 관계에서 다른 입장에 선): 형 **적[적군, 적국]의** → p238

At first, the two men were *hostile* to each other, but they gradually became friends.

파생 hostility [hastíləti] 명 적의, 적개심

어원 host(enemy:적) + ile → 2. 적의 → 1 적대적인

14 너는 매우 버릇없는 소년이야. 네가 왜 벌을 받고 있는지 알지? 15 그는 다른 사람들에게 장난과 농담을 하기를 즐기는 짓궂은 소년이었다. 16 그의 부모는 그가 외아들이었기 때문에 버릇없이 키웠다. 17 그들은 서로 근처에 살고 친한 친구 사이이다. 18 처음에 두 남자는 서로 적대적이었으나 그들은 차차 친구가 되었다.

19 **earnest**
[ə́:rnist]

(정성·열의를 다하는): 형 (무엇에 임하는 자세가) 진지[성실]한, 열심인

Despite his *earnest* efforts, nothing was done.

20 **solemn**
[sάləm]

(밝지 않고) 형 (사람·의식·분위기 등이) 엄숙한, 근엄한

The funeral took place in a *solemn* atmosphere.

파생 solemnity [səlémnəti] 명 엄숙

21 **arrogant**
[ǽrəgənt]

(남에 대한 지나친) 형 (우월감으로) 거만[오만]한, 건방진

He's so *arrogant*. He behaves as if he's so much better than the rest of us.

파생 arrogance [ǽrəgəns] 명 거만함

어원 ar(to:방향) + rog(ask:요구하다) → (남에게 부당하게) 요구하는 → 건방진

22 **vain**
[vein]

1. (자신의) 형 (외모·능력·지위 등을) 몹시 뽐내는, 자만[허영]심이 강한
2. (원하는 결과를 얻지 못하고) 형 (노력·수고에도 불구하고) 헛된, 소용없는 → p302

She's so *vain* she thinks every man is after her.

파생 vanity [vǽnəti] 명 허영심

어원 빈(empty)의 뜻에서 유래 → 1. 헛된 → (헛된 것을) 쫓는 → 2. 허영심이 강한

23 **humble**
[hʌmbl]

1. (남을 높이고) 형 (자기를 낮추어) 겸손[겸허]한 동 겸허하게 하다
2. (사람의) 형 (신분·지위가) 낮은, 비천한 → p202
(가치 있거나 특별하지 않고) 형 (사물이) 보잘것없는, 초라한 → p202

He was always very *humble* about his accomplishments.

파생 humility [hju:míləti] 명 겸손

어원 hum(earth:땅) + ble → (땅바닥과 같이) 낮은 ┌ (자신을) 바닥으로 낮추는 → 1. 겸손한
└ (신분이) 2. 비천한 (사물이) 2. 초라한

19 그의 성실한 노력에도 불구하고 아무것도 이루어지지 않았다. 20 장례식은 엄숙한 분위기 속에서 거행되었다. 21 그는 매우 거만하다. 그는 마치 자신이 나머지 우리들 보다 훨씬 잘난 것처럼 행동한다. 22 그녀는 너무 허영심이 많아서 모든 남자가 자신을 쫓아다닌다고 생각한다. 23 그는 항상 자신의 업적에 대해 매우 겸손했다.

24 modest
[mάdist]

1. (사람이 자신을) 형 (과시하지 않고) 겸손한
2. (크기·수량·가격 등이) 형 (그다지) 크지[많지, 비싸지] 않은, 보통의 → p456

She was very *modest* about winning and said that she had simply been lucky.

파생 modesty [mάdəsti] 명 겸손; 적당함, 수수함
immodest [imάdist] 형 무례한, 뻔뻔스러운

25 boast
[boust]

(자기의 능력, 가진 것, 잘한 일 등을) 동 자랑하다 [about/of] 명 자랑(거리)

John is always *boasting* about how much money he makes in business.

파생 boastful [bóustfəl] 형 자랑하는

26 courage
[kə́:ridʒ]

(직면한 난관·저항·도전 등에 굴하지 않는) 명 용기

He showed great *courage* and determination under difficult circumstances.

파생 courageous [kəréidʒəs] 형 용감한

어원 cour(heart:마음) + age → (마음속) 내면의 힘 → 용기

27 bold
[bould]

(무모하다 싶을 정도로) 형 대담한, 용감한

He was *bold* enough to steal a car right in front of the police station.

28 venture
[véntʃər]

(위험성·불확실성이 따르는 모험적인 일을) 동 과감히 ~하다 명 모험적 사업

They diversified their businesses and *ventured* into new business areas.
At the age of 63, he has started a new *venture*.

파생 venturesome [véntʃərsəm] 형 모험적인, 대담한

어원 adventure(모험)의 ad가 생략된 축약형 → 모험적 사업, 과감히 ~하다

24 그녀는 이긴 것에 대해 매우 겸손해서 단지 운이 좋았다고 말했다. 25 존은 사업에서 얼마나 많은 돈을 버는지 항상 자랑한다. 26 그는 어려운 상황에서도 대단한 용기와 결단력을 보여 주었다. 27 그는 경찰서 바로 앞에서 자동차를 훔칠 정도로 대담했다. 28 그들은 사업을 다각화하고 새로운 사업 영역에 과감히 진출했다. / 63세의 나이에 그는 새로운 모험적 사업을 시작했다.

29 **cowardly**

[káuərdli]

(두려움이 많아 어려움·위험 등을 회피하는): 형 겁 많은, 비겁한

The girl was so *cowardly* that she was afraid to be left alone in the dark.

파생 cowardice [káuərdis] 명 비겁
coward [káuərd] 명 겁쟁이

어원 cow(tail:꼬리) + ard → (꼬리를) 감추는 → 겁 많은, 비겁한

30 **stubborn**

[stʌbərn]

(자기의 의견을 쉽게 바꾸지 않고) 형 (기질·성격상) 고집 센, 완고한

I knew that it was time for me to quit work, but I was too *stubborn* to give up.

31 **strict**

[strikt]

(지켜야 할) 형 (규칙·기준 등이) 엄격한; (사람에 대해) 엄한[엄격한]

My parents were very *strict* with me and would not allow me to go out at night.

32 **rigid**

[rídʒid]

1. (규칙·방법·사고방식 등이) 형 (융통성이 없이) 엄격한[엄정한]
2. (굳어서 잘 휘거나 구부러지지 않는) 형 (사물이) 뻣뻣한, 단단한 → p434

For them, the current rules are too *rigid* and inflexible.

파생 rigidity [ridʒídəti] 명 엄격; 단단함

33 **stern**

[stəːrn]

(못마땅해서) 형 (가차없이) 엄격[엄중]한, 근엄한

He received a *stern* warning not to do it again.

동의어 레슨

거만한	
proud	(남에 대한 우월감으로) 거만한, 뽐내는
arrogant	(남에 대한 지나친 우월감으로) 거만한, 건방진
vain	(외모·능력·지위 등에 대해 몹시) 제 자랑하는, 허영심이 강한

29 소녀는 너무 겁이 많아서 어둠 속에 혼자 남겨지는 것을 두려워했다. 30 나는 일을 그만두어야 할 때라는 것을 알고 있었지만 포기하기에는 너무 고집이 셌다. 31 내 부모님은 내게 매우 엄격해서 내가 밤에 밖에 나가는 것을 허락하지 않았다. 32 그들에게는, 현재의 규칙이 너무 엄격하고 융통성이 없다. 33 그는 다시는 그것을 하지 말라는 엄중한 경고를 받았다.

도덕성

≫ 테마 기본 어휘	moral · evil(사악한) · honest · frank(솔직한) · sincere(진실된) · lie · trick(속임수) · fair(공정한) believe · trust(신뢰하다) · depend · rely(믿다) · credit · faith(신뢰) · credible(믿을 만한) · loyal(충성스러운)

34 **virtue** [və́:rʧu:]

(올바르고 착한 도덕적 품성): 명 덕, 덕행, 미덕

She had led a life of *virtue* and was highly respected.

파생 virtuous [və́:rʧuəs] 형 덕이 있는

어원 vir(man:남자) + tue → 남자다움 → 덕, 덕행

35 **vice** [vais]

(비도덕적인 나쁜 품성): 명 악덕, 부도덕

Vice will finally be punished, and virtue rewarded.

파생 vicious [víʃəs] 형 악덕의, 악의가 있는

36 **wicked** [wíkid]

(도덕에 어긋나는 짓을 하는): 형 사악한, 부도덕한, 부정한

The *wicked* witch turned the prince into a frog with her magic.

37 **ethical** [éθikəl]

(사회적 관계나 직업상 엄격하게 요구되는 도리인) 형 윤리의, 윤리적인

News media must have high *ethical* standards of truth, fairness, and accuracy.

파생 ethics [éθiks] 명 윤리(학)
⊖ unethical [ʌnéθikəl] 형 비윤리적인

38 **conscience** [kάnʃəns]

(옳고 그름을 깨달아 바르게 행하려는 도덕 의식): 명 양심

At the level of morality, right and wrong is a matter of individual *conscience*.

어원 con(together:함께) + sci(know:알다) → (옳고 그름을) 다 알고 있는 것 → 양심

34 그는 선한 삶을 살았으며 매우 존경을 받았다. 35 악은 결국 처벌을 받고 선은 보상을 받을 것이다. 36 사악한 마녀는 마법으로 왕자를 개구리로 변하게 했다. 37 뉴스 매체는 진실성, 공정성, 정확성에 대한 높은 윤리적 기준을 가지고 있어야 한다. 38 도덕성의 차원에서, 옳고 그름은 개인의 양심의 문제이다.

39 principle

[prínsəpl]

1. (개인의 행동 방식에 바탕이 되는) 명 **(도덕적인) 원칙[주의, 신념]**

2. (바탕이 되는) 명 **(사물·현상·이론 등의) 원리[원칙, 법칙]** → p156

Morals are the *principles* of what is right and wrong in behavior.

어원 prin(first:처음) +cip(take:잡다) → (맨 처음 잡아 놓은) 기준 → **원칙, 원리**

40 deceive

[disíːv]

(남을 꾀어) 동 **(거짓을 사실로 믿게) 속이다, 기만하다**

He *deceived* her into believing he was a single man and would marry her.

파생 deceit [disíːt] 명 속임수, 사기, 기만
deception [disépʃən] 명 속임(수), 기만, 사기
deceptive [diséptiv] 형 현혹시키는

어원 de(from:분리) + ceive(take:취하다) → (다른 사람으로부터 무엇을) 취하다 → **속이다**

41 cheat

[ʧiːt]

(특히 경쟁·경기·시험 등에서) 동 **(부정한 방법으로) 속이다**
명 **부정행위(자)**

He was caught *cheating* on an exam by his professor.

42 pretend

[priténd]

(사실이 아닌 것을 그럴듯하게 거짓으로 꾸며) 동 **~인 체하다**

I said hello to him but he *pretended* not to see me.

파생 pretense [priténs] 명 체하기

어원 pre(before:미리) + tend(stretch:펴다) → (거짓을) 미리 펼치다 → **~인 체하다**

43 exaggerate

[igzǽdʒərèit]

(어떤 것을 실제보다 부풀려서) 동 **과장하다**

His problem is not that serious; he is just *exaggerating.*

파생 exaggeration [igzædʒəréiʃən] 명 과장

어원 ex(강조) + agger(heap:쌓다) → (지나치게) 쌓다 → **과장하다**

39 도덕률은 행동에 있어서의 옳고 그름의 원칙이다. 40 그는 그녀를 속여 자신은 독신이며 그녀와 결혼할 것이라고 믿게 했다. 41 그는 교수에게 부정행위를 하다가 적발되었다. 42 나는 그에게 인사를 했으나 그는 보지 못한 체했다. 43 그의 문제는 그렇게 심각하지 않습니다. 그가 과장하고 있는 겁니다.

44 **disguise**
[disgáiz]

(옷차림·모습 등을 다르게 꾸며) 동 변장[위장]시키다 명 변장, 위장

He *disguised* himself as Santa Claus on Christmas Eve.

어원 dis(off:제거) + guise(appearance:겉모습) → (겉모습을) 없애다 → 위장하다

45 **corruption**
[kərʌpʃən]

(자신의 권력·직위 등을 악용한 부정한 행위): 명 부패, 타락

Corruption is widespread and deep-rooted in most poor countries.

파생 corrupt [kərʌpt] 형 부패[타락]한 동 타락시키다

어원 cor(강조) + rupt(break:깨지다) → (도덕이) 완전히 깨진 것 → 부패, 타락

46 **impartial**
[impɑ́:rʃəl]

(어느 한쪽으로) 형 (치우치지 않고) 공정한, 편견이 없는

They'll give you objective and *impartial* advice on any problem you may have.

파생 impartiality [impɑ̀:rʃiǽləti] 명 공평무사
⊖ partial [pɑ́:rʃəl] 형 편파적인, 편애하는; 부분적인

어원 im(not) + partial(불공정한) → (불공정하지) 않은 → 공정한

47 **disinterested**
[disíntərèstid]

(판단·행동 등이) 형 (사적인 욕심 없이) 공평한, 사심 없는

It requires a lawyer to give *disinterested* advice to his client.

어원 dis(not) + interest(이해관계) → (이해관계가) 없는 → 사심 없는

48 **neutral**
[njú:trəl]

(서로 대립하는) 형 (어느 편에도 들지 않고) 중립적인, 중립(국)의

Switzerland remained *neutral* throughout the Second World War.

파생 neutrality [nju:trǽləti] 명 중립
neutralize [njú:trəlàiz] 동 중립화하다

어원 ne(not) + utr(either) → not either → (양쪽 다) 아닌 → 중립의

44 그는 크리스마스 이브에 산타클로스로 변장했다. 45 대부분의 가난한 나라에는 부패가 만연해 있고 뿌리가 깊다. 46 그들은 당신이 가지고 있는 어떤 문제에 대해서도 객관적이고 공정한 조언을 해 줄 것이다. 47 변호사에게는 고객에게 사심 없는 조언을 해 주는 것이 요구된다. 48 스위스는 제2차 세계대전 내내 중립으로 남아 있었다.

[49] biased

[báiəst]

(공정하지 못하고 어느 한쪽으로 치우친): 형 **편파적인, 편향된**

They complain that the news media is *biased* against them.

파생 bias [báiəs] 명 선입관, 편견 동 편견을 갖게 하다
⊖ unbiased [ʌnbáiəst] 형 편파적이지 않은

[50] discriminate

[diskrímənèit]

(인종·성·나이 등을 이유로) 동 **(부당하게) 차별하다, 차별 대우하다**

It is illegal to *discriminate* because of race, color, sex or religion.

파생 discrimination [diskrìmənéiʃən] 명 차별

어원 dis(apart:분리) + crimin(separate:떼어놓다) → (분리하여) 떼어놓다 → **차별하다**

[51] betray

[bitréi]

(신의를 저버리거나 적대 행위를 하여) 동 **배신[배반]하다**

He *betrayed* his country and provided information to the enemy.

파생 betrayal [bitréiəl] 명 배반, 배신

어원 be(강조) + tray(hand over:넘겨주다) → (적에게 정보를) 넘겨주다 → **배신하다**

[52] traitor

[tréitər]

(친구·국가·조직·신념 등을 저버리거나 배반한) 명 **반역자, 배신자**

He has turned *traitor* to his own country and is on the enemy's side.

어원 trai(deliver:넘겨주다) + tor → (적에게) 넘겨 주는 사람 → **반역자, 배신자**

동의어 레슨

도덕적, 윤리적	
moral	(사람으로서 마땅히 지켜야 할 도리인) **도덕의**
ethical	(사회적 관계나 직업상 엄격하게 요구되는 도리인) **윤리의**
속이다	
deceive	(의도적으로 거짓을 믿게 하거나 사실을 감추어) **속이다**
cheat	(올바르지 않은 방법으로) **부정하게 속이다**

49 그들은 뉴스 매체가 자신들에 대해 편파적이라고 불평을 한다. **50** 인종, 피부색, 성별, 종교를 이유로 차별을 하는 것은 불법이다. **51** 그는 조국을 배신하고 적에게 정보를 제공했다. **52** 그는 조국의 반역자가 되어 적의 편에 있다.

Day 8 Review Test

[1-30] 영어를 우리말로 바꾸세요.

1. temperament	16. stubborn
2. trait	17. rigid
3. courtesy	18. stern
4. inclined	19. virtue
5. prone	20. wicked
6. liable	21. ethical
7. decent	22. deceive
8. tactful	23. cheat
9. mischievous	24. exaggerate
10. intimate	25. disguise
11. solemn	26. corruption
12. vain	27. disinterested
13. modest	28. biased
14. boast	29. discriminate
15. bold	30. traitor

[31-35] 각 문장의 문맥에 맞는 적절한 단어를 찾아 넣으세요.

① mischievous ② bold ③ betray ④ stern ⑤ cheat

31. They are _____ enough to commit any type of crime.
32. He gave me a _____ warning not to do it again.
33. He _____ed his country for money.
34. He still behaved like a _____ child.
35. I just found out that he was _____ing on the test.

정답 31. ② 32. ④ 33. ③ 34. ① 35. ⑤

Day 09

마음·감정

mind & emotion

기쁨, 슬픔

≫ 테마 기본 어휘	heart(마음) · feel · sense · emotion · mood · passion(열정) · laugh · tears · cry · smile · happy glad · delight · joy · please · merry · cheerful · excite · thrill(스릴) · sensation(센세이션) · satisfy disappoint · sad · depress(우울하게 하다) · miserable(불쌍한) · bitter(비통한) · lonely · miss(그리워하다) · sympathy · pity(불쌍히 여김) · sorry · humanity(인간애) · sorry · regret(후회) · confident · shy · shame(수치심) · guilty(가책을 느끼는) · embarrass(당황스럽게 하다) · hurt · insult(모욕하다) · upset · swear(욕하다)

01 **psychology**
[saikɑ́lədʒi]

(마음의 작용과 의식의 상태, 또는 그 학문) 명 **심리(학)**

Freud is known as the founder of modern *psychology*.

파생 psychological [sàikəlɑ́dʒikəl] 형 심리(학)의
psychologist [saikɑ́lədʒist] 명 심리학자

어원 psycho(soul:마음) + logy(study:학문) → (마음을 연구하는) 학문 → **심리학**

02 **sentiment**
[séntəmənt]

(상황에는 맞지 않는) 명 **(지나친) 감정, 감상**
(어떤 것에 대한) 명 **(감정에 근거한) 의견, 정서**

There is no such thing as *sentiment* in business.
Nationalist *sentiments* spread across the nation like wildfire.

파생 sentimental [sèntəméntl] 형 감상적인, 감정적인

어원 senti(feel:느끼다) + ment → (지나친) 감정 → **감상** → (감정적) 의견 → **정서**

03 **beam**
[bi:m]

1. (매우 행복한 표정으로) 동 **환하게 미소 짓다**
2. (밝은 물체에서 곧게 뻗어 나오는) 명 **광선, 빛살** 동 **(빛을) 발하다, 비추다** → p425

The new father *beamed* with delight when he saw the baby for the first time.

01 프로이트는 현대 심리학의 창시자로 알려져 있다. 02 사업에는 감상 같은 그런 것은 없다. / 민족주의 정서가 들불같이 온 나라로 퍼졌다. 03 새 아빠는 아기를 처음으로 보고 기뻐서 환하게 미소 지었다.

04 **grin**
[grin]

(미소를 크게 지으며) 동 (이를 드러내고) 방긋[생긋] 웃다 명 방긋[생긋] 웃음

She *grinned*, showing beautiful white teeth.

05 **weep**
[wi:p]

(몹시 슬퍼서) 동 (눈물을 흘리며) 울다

She put her face in her hands and started to *weep* like a child.

06 **sob**
[sab]

(몹시 서러워 훌쩍훌쩍) 동 (소리를 내며) 흐느껴 울다 명 흐느낌

She *sobbed* as she recalled the painful memory.

07 **frown**
[fraun]

(불쾌감·혐오감 등을 나타내며) 동 눈살을 찌푸리다 명 찌푸린 표정

He shook his head and *frowned* at his own stupidity.

08 **blush**
[blʌʃ]

(사람이) 동 (당황하거나 창피해서) 얼굴을 붉히다 명 얼굴 붉힘

He *blushed* with embarrassment when she smiled at him.

Day 09

09 **flush**
[flʌʃ]

1. (사람이) 동 (격한 감정·열기·술 등으로) 얼굴이 붉어지다 명 얼굴 붉힘
2. (변기·파이프 등에) 동 물을 쏟아 씻어 내다, (변기의) 물이 쏟아지다 명 (변기의) 물을 내림

He *flushed* with anger at his own stupidity.

10 **ecstasy**
[ékstəsi]

(제정신을 잃을 정도의 극도의 행복감): 명 환희, 황홀감

When he heard the music for the first time, he went into *ecstasies*.

파생 ecstatic [ekstǽtik] 형 황홀해 하는, 열광하는

어원 ec(out:밖) + sta(stand:서다) → (행복감에 자기 자신의) 밖에 서 있는 상태 → **황홀감**

04 그녀는 아름다운 흰 이를 드러내면서 방긋 웃었다. 05 그녀는 손을 얼굴에 갖다 대고 어린애같이 울기 시작했다. 06 그녀는 고통스러운 기억을 상기하면서 흐느껴 울었다. 07 그는 자신의 어리석음에 고개를 내저으며 얼굴을 찌푸렸다. 08 그는 그녀가 그에게 미소 짓자 당황하여 얼굴이 빨개졌다. 09 그는 자기 자신의 어리석음에 화가 나서 얼굴이 붉어졌다. 10 그가 처음 그 음악을 들었을 때 그는 황홀경에 빠졌다.

[11] optimistic
[àptəmístik]

(세상이나 미래를 밝고 희망적으로 보는): 형 낙관적인

Most Americans have an *optimistic* view of the future.

파생 optimism [ɑ́ptəmìzm] 명 낙관
optimist [ɑ́ptəmist] 명 낙천주의자
⊖ pessimistic [pèsəmístik] 형 비관적인

어원 optim(best:가장 좋은) + istic → (전망이) 가장 좋은 → 낙관적인

[12] content
형동 [kəntént]
명 [kɑ́ntent]

1. (큰 불만 없이) 형 (현재 상태인) (~에) 만족하는 [with]
동 만족시키다 명 만족
2. (속에 들어 있는) 명 (-s) (용기·상자 등의) 내용물 → p499
3. (담고 있는) 명 (책·문서 등의) 내용; (-s) (내용의) 목차 → p260

He could not regain his lead and had to be *content* with second place.

파생 contentment [kənténtmənt] 명 만족
⊖ discontented [dìskənténtid] 형 불만스러운
discontent [dìskəntént] 명 불만 (= discontentment)

어원 con(together:함께) + tain(hold:가지다) ┌ (다 가지고 있어서) 1. 만족하는
└ 가지고 있는 것 → 2. 내용물 3. 내용, 목차

[13] welfare
[wélfɛər]

1. (한 개인이나 집단이 누리는 행복·건강·평안): 명 안녕, 행복
2. (정부나 단체의 어려운 사람들을 돕기 위한) 명 복지[후생] (사업) → p308

He was very concerned about the *welfare* of his elderly mother.

어원 wel(well:잘) + fare(get along:지내다) → (잘) 지내다 → 1. 안녕, 행복 2. 복지, 후생

[14] distress
[distrés]

(극도의) 명 (정신적·육체적) 고통[고뇌]; (물질적) 곤경[고충]
동 괴롭히다, 고민하게 하다

Her parents' divorce caused her emotional *distress*.

어원 di(apart:분리) + stress(draw tight:팽팽이 당기다) → (팽팽히 당겨져서 분리되는) 고통

11 대부분의 미국인들은 미래에 대해 낙관적인 견해를 갖고 있다. 12 그는 선두를 되찾을 수 없었고 2등에 만족해야만 했다. 13 그는 연세가 드신 어머니의 안녕에 대해 매우 염려를 했다. 14 부모의 이혼은 그녀에게 감정적 고통을 안겨 주었다.

15 **sorrow**
[sάrou]

(불행한 일이나 가까운 사람의 죽음으로 인한 깊은) 명 **슬픔, 비애**

He expressed his *sorrow* at the news of her father's death.

파생 sorrowful [sάrəfəl] 형 슬퍼하는

16 **gloomy**
[glú:mi]

1. (개선될 여지가 없이) 형 **(현실·미래가 암담해서) 우울[울적]한**
2. (우울하게 할 만큼) 형 **(장소·날씨 등이) 어두운, 음침한**

Unfortunately, the present economic forecast is *gloomy*.

파생 gloom [glu:m] 명 우울; 음침함

17 **melancholy**
[mélənkὰli]

(뚜렷한 이유 없이 지속되는) 명 **(막연한) 깊은 우울** 형 **우울한**

A rainy day always makes me feel *melancholy*.

어원 melan(black:검은) + chol(담즙) → 어두운 마음(검은 담즙)이 많은 → 우울한

18 **solitary**
[sάlətèri]

(남과 함께 있거나 하기 보다는) 형 **(사람이) 혼자 있기를 좋아하는, 혼자 하는**
(주변에 아무것도 없이) 형 **(사람·사물·장소가) 홀로 있는, 외딴**

She was a *solitary* child always able to amuse herself.
They lived in a *solitary* house, far away from any village.

파생 solitude [sάlətjù:d] 명 고독

어원 sole(alone:혼자의) + itary → 혼자 하는, 외딴

19 **pessimistic**
[pèsəmístik]

(세상이나 미래를 어둡고 희망이 없다고 보는): 형 **비관적인**

She's very *pessimistic* about her chances of passing her exams.

파생 pessimism [pésəmìzm] 명 비관
pessimist [pésəmist] 명 비관주의자
⊖ optimistic [ὰptəmístik] 형 낙관적인

어원 passim(worst:가장 좋지 않은) + istic → (전망이) 가장 좋지 않은 → 비관적인

15 그는 그녀의 아버지의 사망 소식에 큰 슬픔을 표했다. 16 불행하게도 현재의 경제 전망은 비관적이다. 17 비 오는 날은 항상 나를 우울하게 만든다. 18 그녀는 언제라도 혼자 즐겁게 보낼 수 있는 혼자 있기를 좋아하는 아이였다. / 그들은 어떤 마을과도 멀리 떨어진 외딴 집에서 살았다. 19 그녀는 시험에 합격할 가능성에 대해 매우 비관적이다.

20 dismay

[disméi]

(갑자기 벌어진) 명 (충격적인 일로 인한) 경악, 실망
동 경악하게 만들다, 크게 실망시키다

To his *dismay*, there were hundreds of people ahead of him in line.

어원 d(강조) +is(out:밖) + may(power:힘) → (힘이 완전히 밖으로) 빠짐 → **실망, 당황**

21 despair

[dispɛ́ər]

(모든 희망이 완전히 끊어진 상태): 명 절망 동 절망하다

He was in the depths of *despair* over losing his wife.

어원 de(without:없는) + spair(hope:희망) → (희망이) 없음 → **절망**

22 mourn

[mɔːrn]

(누군가가) 동 (죽은 사람을) 애도하다, 조의를 표하다
(더 이상은 없는) 동 (잃거나 사라진 것을) 애석해 하다, 아쉬워하다

Thousands of people gathered to *mourn* his death.
He *mourned* the passing of a traditional way of life.

파생 mourning [mɔ́ːrniŋ] 명 애도, 한탄
mournful [mɔ́ːrnfəl] 형 슬픔에 잠긴
mourner [mɔ́ːrnər] 명 애도자, 조객

23 grieve

[griːv]

(보거나 당한) 동 (불쾌한 일이) 몹시 슬프게 하다
(특히) 동 (사랑하는 사람의 죽음으로) 비탄에 잠기다 [over/for]

It *grieved* me that I could in no way help her.
She's still *grieving* for her dead husband.

파생 grief [griːf] 명 큰 슬픔, 비탄

24 compassion

[kəmpǽʃən]

(불행한 처지에 있는 사람에 대한) 명 동정, 연민의 정

He was a greedy man with no *compassion*, caring only about becoming richer.

파생 compassionate [kəmpǽʃənət] 형 동정적인

어원 com(together:함께) + pass(suffer:고통을 겪다) → (함께) 고통을 겪음 → **동정**

20 실망스럽게도 그의 앞에는 줄을 서고 있는 수백 명의 사람들이 있었다. 21 그는 아내를 잃고 깊은 절망 속에 빠져 있었다. 22 수천 명의 사람들이 그의 죽음을 애도하기 위해 모였다./ 그는 전통적인 삶의 방식이 사라지는 것을 애석해 했다. 23 그녀를 전혀 도울 수 없다는 사실이 나를 너무나 슬프게 했다. / 그녀는 아직도 죽은 남편 때문에 비탄에 젖어 있다. 24 그는 더 부자가 되는 것에만 관심이 있고 연민이 없는 욕심 많은 사람이었다.

동의어 레슨

울다	
cry	(슬픔·고통 등으로 눈물을 흘리다): **울다**
weep	(슬퍼서 소리 없이 조용히 눈물을 흘리며) **울다**
sob	(몹시 서러워 훌쩍훌쩍 소리를 내며) **흐느껴 울다**
만족하는	
satisfied	(원하는 바가 충족되어) **만족하는**
content	(충분하지는 않지만 큰 불만 없이 그런대로) **만족하는**

분노, 걱정, 공포

≫ 테마 기본 어휘	angry · mad · bother(신경 쓰이게 하다) · temper(성미) · worry · concern(염려) · nervous · tense(긴장한) · stress · complex(콤플렉스) · surprise · amaze(놀라게 하다) · shock · fear(두려움) afraid · scare(겁먹게 하다) · terror(공포) · horror(공포) · peace · comfortable · calm(차분한)

25 **annoy**
[ənɔ́i]

(일시적으로) 동 **(불쾌한 일이) (약간) 짜증나게[신경질 나게] 하다** (= irritate)

My mom used to get *annoyed* with me when I got my clothes dirty.

파생 annoyance [ənɔ́iəns] 명 짜증, 화
annoyed [ənɔ́id] 형 짜증난, 화난

26 **irritate**
[írətèit]

(계속해서) 동 **(반복·지속되는 불쾌할 일이) 짜증나게[신경질 나게] 하다** (= annoy)

It's *irritating* when people ask stupid questions.

파생 irritation [ìrətéiʃən] 명 짜증, 화
irritable [írətəbl] 형 짜증을 (잘) 내는, 화가 난

27 **resent**
[rizént]

(부당한 일이나 억울한 일을 당하여) 동 **몹시 분하게 여기다, 분개하다**

He *resented* being treated like a child who couldn't be trusted.

파생 resentment [rizéntmənt] 명 분개
resentful [rizéntfəl] 형 분개한

어원 re(강조) + sent(feel:느끼다) → (분함을) 강렬하게 느끼다 → **분개하다**

25 엄마는 내가 옷을 더럽히면 내게 짜증을 내곤 했다. 26 사람들이 바보 같은 질문을 할 때면 짜증이 난다. 27 그는 신뢰할 수 없는 애 취급을 받은 것에 대해 분개했다.

Day 09

28 **furious**

[fjúəriəs]

(극도로 분노한): 형 (몹시) 화가 난

His father was *furious* about his bad manners and rude behavior.

파생 fury [fjúəri] 명 분노, 격노, 격분

29 **rage**

[reidʒ]

(억제하기 힘든) 명 (격렬한) 분노, 격노 동 격노하다

His hands were shaking with *rage* and jealousy.

30 **ashamed**

[əʃéimd]

(일을 잘 못하거나 양심에 거리끼어) 형 부끄러워[수치스러워]하는

You should be *ashamed* of yourself, look at what you've done.

파생 shame [ʃeim] 명 수치심; 유감스러운 일 동 부끄러워하게 하다
shameful [ʃéimfəl] 형 부끄러운, 수치스러운

어원 a(강조) + shame(수치심) → 수치스러워하는

31 **disgrace**

[disgréis]

(잘못된 행동으로 남의 신망을 잃는 일): 명 불명예, 수치[망신](스러운 것)
동 명예를 더럽히다

His behavior has brought *disgrace* on himself and his family.

파생 disgraceful [disgréisfəl] 형 불명예스러운, 수치스러운
grace [greis] 명 우아함, 품위; 은총, 은혜

어원 dis(opposite:반대) + grace(신의 은총) → (신의 은총의) 반대 → 불명예

32 **humiliate**

[hju:mílièit]

(사람들 앞에서 남에게) 동 창피를 주다, 굴욕감을 느끼게 하다

The teacher scolded and *humiliated* him in front of the whole class.

파생 humiliation [hju:mìliéiʃən] 명 굴욕(감)

어원 humili(humble:보잘것없는) + ate → (보잘것없게) 만들다 → 창피를 주다

28 그의 아버지는 그의 나쁜 태도와 무례한 행동에 몹시 화가 났다. 29 분노와 질투심으로 그의 손은 떨리고 있었다.
30 너는 네 자신에 대해 부끄러워해야 해, 네가 한 짓을 봐. 31 그의 행동은 자기 자신과 가족에게 수치를 안겨 주었다.
32 선생님은 반 전체 앞에서 그를 야단치고 창피를 주었다.

33 **awkward**
[ɔ́:kwərd]

1. (상황이 처신하기 어렵고 불편한): 형 **(입장이) 난처한, (분위기가) 어색한**
2. (자연스럽지 못하고, 무엇을 하는) 형 **(동작·솜씨 등이) 서투른, 어색한** → p229

They asked her *awkward* questions like why she broke up with her boyfriend.

어원 awk(backward:거꾸로) + ward(방향) → (방향이) 뒤바뀐 → 1. 난처한 2. 서투른

34 **offend**
[əfénd]

1. (의식적, 무의식적으로 한) 동 **(무례한 언행이) 감정을 상하게 하다**
2. (법을 어겨 벌을 받아야 할) 동 **범죄를 저지르다** → p208

If I've done something to *offend* you, I apologize.

파생 offense [əféns] 명 감정 해치기, 모욕; 위법 행위, 범죄
offensive [əfénsiv] 형 불쾌한, 거슬리는; 공격의 명 (군사적) 공격
offender [əféndər] 명 범법자, 위반자

어원 of(against:맞서) + fend(strike:때리다) ┌ (감정을) 때리다 → 1. 감정을 상하게 하다
└ (법을) 때리다 → 2. 범죄를 저지르다

35 **curse**
[kə:rs]

(자신을 화나게 한 상대에게) 동 **욕(설)을 하다, 악담을 하다** 명 **욕설**
(재앙·불행을 당하도록 미워하는 대상을) 동 **저주하다** 명 **저주**

He *cursed* himself for his childish and immature behavior.
In the story, a witch put a *curse* on the princess so that she would sleep forever.

36 **strain**
[strein]

(무리한) 명 **(부담·격무 등으로 인한) (심신의) 긴장[중압감]**
동 **긴장하다[시키다]**
(물체에 가해지는) 명 **(당기거나 밀 때의) (심한) 압력[압박]**
동 **잡아당기다, 팽팽하게 하다, 조이다**

You need some rest. You've been under a lot of *strain* recently.
Be careful not to put too much *strain* on the back when lifting heavy objects.

어원 팽팽히 잡아당기다(draw tight)의 뜻을 어원으로 하는 말 → 압력, 압박; 심신의 긴장

33 그들은 그녀에게 남자 친구와 헤어지게 된 이유와 같은 난처한 질문을 했다. 34 제가 기분을 상하게 한 일을 했다면 사과 드립니다. 35 그는 자신의 유치하고 미성숙한 행동에 대해 스스로에게 악담을 퍼부었다. / 그 이야기 속에서 한 마녀가 공주를 영원히 잠자도록 저주를 했다. 36 당신은 휴식이 필요합니다. 최근에 많은 중압감에 시달려 왔어요. / 무거운 물건을 들 때 허리에 너무 많은 압박이 주어지지 않게 조심하십시오.

37 **anxious**

[ǽŋkʃəs]

1. (몹시) 동 (마음을 조이며) 걱정하는, 불안해하는 [about/for]
2. (무엇을) 형 (마음을 조이며) 간절히 바라는, 열망하는 [for] → p120

As the day approached, I became more and more *anxious*.

파생 anxiety [æŋzáiəti] 명 걱정, 근심; 열망, 갈망

어원 anx(strangle:목을 조이다) ┌ (목이 조여 들어오는 듯이) 1. 불안해 하는
└ (불안해 하면서) 2. 갈망하는

38 **startle**

[stάːrtl]

(예상치 못한 갑작스러운 자극으로) 동 (순간적으로) 깜짝 놀라게 하다

A sudden noise from somewhere in the house *startled* me.

파생 startled [stάːrtld] 형 깜짝 놀란
startling [stάːrtliŋ] 형 깜짝 놀라게 하는

어원 start(갑자기 움직이다) + le → (갑작스러운 움직임이 순간) 깜짝 놀라게 하다

39 **astonish**

[əstάniʃ]

(믿기지 않을 정도의) 동 (충격적인 일로) 몹시 놀라게 하다

I'm *astonished* that you don't know the name of our President.

파생 astonishment [əstάniʃmənt] 명 놀라움, 경악

어원 as(out) + ton(thunder:천둥) → (벼락을 맞은 것 같이) 몹시 놀라게 하다

40 **alarm**

[əlάːrm]

1. (갑작스러운) 명 (불쾌한 예감으로 인한) 불안, 공포
동 불안하게[두렵게] 만들다
2. (소리·광선으로 알리는) 명 (위험·사고 등의) 경보(기)
동 위급을 알리다, 경계시키다 → p220

The doctor assured her that there was no cause for *alarm*.

파생 alarming [əlάːrmiŋ] 형 걱정스러운, 두려운

어원 고대 이태리어 all'arme에서 유래 ┌ to arms!(전투 준비!) → 2. 경계시키다, 경보(기)
└ (경계하게 만드는) 것 → 1. 불안, 공포

37 그 날이 다가올수록 나는 점점 더 불안해졌다. 38 집안 어딘가에서 난 갑작스러운 소리에 나는 깜짝 놀랐다. 39 나는 당신이 우리 대통령 이름을 모른다는 사실에 매우 놀랐다. 40 의사는 그녀에게 불안해 할 필요는 없다고 확언했다.

41 **dread**

[dred]

(미래에) 명 (예상되는 안 좋은 일에 대한) 두려움 동 두려워하다

Many people today still *dread* Friday the 13th and think the number 13 is unlucky.

파생 dreadful [drédfəl] 형 두려운

42 **frighten**

[fráitn]

(두려움이나 끔찍한 느낌을 주면서) 동 (갑자기) 깜짝 겁먹게[놀라게] 하다

There's no need to be *frightened* – the dog is friendly with people.

파생 fright [frait] 명 공포, 소스라쳐 놀람
frightened [fráitnd] 형 무서워[두려워] 하는
frightening [fráitniŋ] 형 깜짝 놀라게 하는

43 **terrify**

[térəfài]

(공포에 압도되어 몸이 마비될 만큼) 동 (극도로) 무섭게[겁나게]하다

Her husband's threats and violence *terrified* her at times.

파생 terrified [térəfàid] 형 공포에 질린
terrifying [térəfàiŋ] 형 무섭게 하는
terror [térər] 명 공포; 테러

어원 terri(frighten:무섭게 하다) + fy → 무서워하게 만들다

44 **panic**

[pǽnik]

(이성과 자제력을 잃고 미친 듯이 허둥대는) 명 (극심한) 공포, 공황
동 공포에 질리다, 공포를 일으키다

She *panicked* when she lost her four-year-old son in the crowd.

파생 panicky [pǽniki] 형 공황의

45 **timid**

[tímid]

(자신감이나 용기가 없어) 형 겁이 많은, 자신이 없는

She was a *timid* child, and afraid of the dark.

파생 timidity [tímidəti] 명 겁, 자신 없음

41 오늘날에도 여전히 많은 사람들이 13일의 금요일을 두려워하고 숫자 13이 재수 없다고 생각한다. 42 무서워할 필요 없어요. 그 개는 사람들과 친해요. 43 남편의 위협과 폭력은 때때로 그녀를 두려움에 떨게 했다. 44 그녀는 4살 된 아들을 군중 속에서 잃어버렸을 때 공포에 질려 어쩔 줄을 몰랐다. 45 그녀는 겁 많은 아이여서 어둠을 두려워했다.

46 comfort
[kʌmfərt]

1. (기분이 나아지도록) 동 **(따뜻한 말·행동으로) 위로하다** (= console) 명 **위로**

2. (정신적·육체적으로 불편함·거북함 등이 없는) 명 **편안함**

He put his arm around her to *comfort* her.

파생 comfortable [kʌmfərtəbl] 형 편안한, 편한
discomfort [diskʌmfərt] 명 불편, 불쾌

어원 com(강조) + fort(strong:강한) → (몸·마음을) 강하게 만들어 주기 → 1. 위로, 2. 편안함

47 console
[kənsóul]

(특히) 동 **(남의 큰 슬픔·불행을) 위로하다** (= comfort)

He tried to *console* her but she would not stop crying.

파생 consolation [kὰnsəléiʃən] 명 위안[위로](을 주는 것[사람])

어원 con(with) + sole(comfort:위안) → 위로하다

48 soothe
[su:ð]

1. (남의 좋지 않은) 동 **(마음을) 달래다, 진정시키다**

2. (몸의 아픈 곳이나 다친 곳의) 동 **(고통을) 덜어주다** → p87

'Don't worry so much', my mother *soothed* me.

49 temperate
[témpərət]

1. (도를 넘지 않고) 형 **(행동·감정·욕구 등이) 절제된, 차분한**

2. (몹시 춥거나 덥지 않고) 형 **(기후·지역이) 온화한, 온대성의** → p404

He lived a *temperate* life, and avoided every excess.

파생 temperance [témpərəns] 명 절제
⊖ intemperate [intémpərət] 형 무절제한

어원 temper(mix properly:적절히 섞다) + ate → 적절히 섞인 ┌ (행동이) 1. 절제된
└ (기후·지역이) 2. 온대성의

46 그는 그녀를 위로하기 위해 팔로 그녀를 감쌌다. 47 그는 그녀를 위로하려 했으나 그녀는 울음을 멈추려 하지 않았다. 48 '너무 많이 걱정하지 마라.' 어머니가 나를 달랬다. 49 그는 절제된 생활을 했고 모든 과도한 것을 피했다.

Day 9 Review Test

[1-30] 영어를 우리말로 바꾸세요.

1. sentiment	16. disgrace
2. beam	17. humiliate
3. grin	18. awkward
4. weep	19. curse
5. frown	20. strain
6. ecstasy	21. anxious
7. content	22. startle
8. distress	23. astonish
9. dismay	24. dread
10. despair	25. terrify
11. mourn	26. timid
12. grieve	27. comfort
13. resent	28. console
14. furious	29. soothe
15. rage	30. temperate

[31-35] 각 문장의 문맥에 맞는 적절한 단어를 찾아 넣으세요.

① soothe ② distress ③ disgrace ④ rage ⑤ sorrow

31. He expressed his _____ at the death of her husband.
32. The death of his wife caused him great _____.
33. No one had seen him in such a _____ before.
34. 'Don't worry so much,' my mother _____d me.
35. He has brought _____ on his country and his family.

정답 31. ⑤ 32. ② 33. ④ 34. ① 35. ③

Day 10 좋고 싫음

likes & dislikes

좋고 싫음	
≫ 테마 기본 어휘	like · care(좋아하다) · crazy(열렬히 좋아하는) · mad(열렬히 좋아하는) · prefer · favorite · love dislike hate · mind(싫어하다) · interest(관심) · curious · attention · care(마음을 쓰다) concern(관심사) · concentrate(집중하라) · focus (초점을 맞추다)· fun · interesting · amuse · enjoy · play(놀다) · boring · dull(지루한) · tired(지겨운) · want · desire · wish · hope · ambition(야망) · greedy(욕심 많은) · selfish · envy(부러워하다) · jealous(질투하는) · attract(끌다, 매혹하다) · appeal(~의 마음에 들다) · popular · fashion · well-known(잘 알려진) · famous

01 **affection**

[əfékʃən]

(어떤 대상을 좋아하여 아끼고 소중히 여기는 마음): 명 **애정**

He had a deep *affection* for animals, especially horses.

파생 affectionate [əfékʃənət] 형 애정이 넘치는

어원 af(to:방향) + fect(do:행하다) → (상대에게) 사랑을 행하는 것 → 애정

02 **fond**

[fɔnd]

(오랫동안 알거나 좋아했기 때문에 애정을 갖고 매우) 형 **좋아하는** [of]

He had become very *fond* of her and didn't want to see her leave.

03 **anxious**

[æŋkʃəs]

1. (무엇을) 형 **(마음을 조이며) 간절히 바라는, 열망하는** [for] (= eager, keen)

2. (몹시) 형 **(마음을 조이며) 걱정하는, 불안해하는** [about/for] → p116

I've been unemployed for so long, I'm *anxious* to get back to work.

파생 anxiety [æŋzáiəti] 명 걱정, 근심; 열망, 갈망

어원 anx(strangle:목을 조이다) ┬ (목이 조여 들어오는 듯이) 2. 불안해 하는, 걱정하는
└ (불안해 하면서) 1. 갈망하는

01 그는 동물들, 특히 큰 말에 대해 깊은 애정을 갖고 있었다. 02 그는 그녀를 매우 좋아하게 되어서 그녀가 떠나는 것을 보고 싶지 않았다. 03 나는 너무 오랫동안 실직 상태이어서, 일터로 돌아가기를 갈망한다.

04 **eager**

[íːgər]

(무엇을) 형 **(열정·열의에 넘쳐서) 간절히 바라는, 열망하는** [for] (= anxious, keen)

The government is *eager* to attract foreign investment.

05 **keen**

[kiːn]

(무엇을) 형 **(대단한 흥미·관심이 있어서) 간절히 바라는, 열망하는** [on] (= anxious, eager)

He was very *keen* to start his own business and improve the life of his family.

06 **enthusiastic**

[inθùːziǽstik]

(뜨거운 애정·흥분·의욕으로) 형 **(무엇에 대해) 열광적인[열렬한]** [about]

He received an *enthusiastic* welcome from a large crowd.

파생 enthusiasm [inθúːziæzm] 명 열광
enthusiast [inθúːziæst] 명 열광하는 사람

어원 en(in:안) + thus (god:신) → (신이 안으로 들어와) 영감을 받은 → **열광적인, 열렬한**

07 **zeal**

[ziːl]

(특히, 업무나 정치·종교 등에서) 명 **(일의 성취에 대한) 열의[열성]**

He was full of religious *zeal* and ready to sacrifice himself.

파생 zealous [zéləs] 형 열정적인, 열심인

08 **impulse**

[ímpʌls]

(순간적으로 무엇을 하고 싶은 강렬한 욕구): 명 **충동, 자극**

He had a sudden *impulse* to get up and kiss her.

파생 impulsive [impʌ́lsiv] 형 충동적인

어원 im(in:안) + pul(drive:몰다) → (안에서 몰려오는) 욕구 → **충동**

09 **aspire**

[əspáiər]

(현재보다 더 나은 무엇의) 동 **(성취·성공을) 열망하다** [to]

In his youth, he *aspired* to be a great violinist.

파생 aspiration [æspəréiʃən] 명 열망

어원 a(to) + spire(breathe:숨쉬다) → (숨이 찰 정도로 몹시) **열망하다**

Day 10

04 정부는 해외의 투자를 끌어들이기를 열망하고 있다. 05 그는 자기 사업을 시작해서 가족의 삶은 개선하기를 매우 열망했다. 06 그는 수많은 군중으로부터 열렬한 환영을 받았다. 07 그는 종교적 열정으로 가득해서 자신을 희생할 준비가 되어 있었다. 08 그는 일어나서 그녀에게 키스를 하고 싶은 충동이 갑자기 들었다. 09 젊은 시절에 그는 위대한 바이올린 연주자가 되기를 열망했다.

[10] **adore**

[ədɔ́ːr]

(진심 어린 애정과 존경심으로 깊이) 동 **흠모[경애]하다, 아주 좋아하다**

She *adored* her grandson and took him with her everywhere she went.

파생 adoration [ædəréiʃən] 명 흠모, 경애
adorable [ədɔ́ːrəbl] 형 흠모할 만한

어원 ad(to~에게) + ore(pray:기도하다) → (신에게 기도하며 숭배하듯) 흠모[경애]하다

[11] **disgust**

[disgʌ́st]

(남을 메스꺼울 정도로) 동 **혐오스럽게 하다, 역겹게 하다** 명 **혐오감**

He was *disgusted* by cruelty to animals of any kind.

파생 disgusting [disgʌ́stiŋ] 형 혐오스러운
disgusted [disgʌ́stid] 형 혐오감을 느끼는

어원 dis(opposite:반대) + gust(taste:맛) → (맛이) 전혀 없음 → 혐오감

[12] **reluctant**

[rilʌ́ktənt]

(의무감으로 하기는 하지만) 형 **마음 내키지 않는, 마지못해 하는**

He was *reluctant* to leave because he was having a good time.

파생 reluctance [rilʌ́ktəns] 명 마음 내키지 않음, 마지못해 함

[13] **prejudice**

[prédʒudis]

(다른 성·인종·문화에 대한 부당한) 명 **편견** 동 **편견을 갖게 하다**

Women still face *prejudice* and discrimination in their daily lives.

어원 pre(before:미리) + judice(judgment:판단) → (미리) 내린 판단 → 편견

[14] **monotony**

[mənɑ́təni]

(단순하고 변화가 없어 색다른 느낌이 없음): 명 **단조로움, 지루함**

Traveling is usually something that is done to escape the *monotony* of everyday life.

파생 monotonous [mənɑ́tənəs] 형 단조로운

어원 mono(single:하나의) + tone(sound:소리) → (한 가지의) 소리만으로 된 것 → 단조로움

10 그는 손자를 너무 좋아해서 그녀가 가는 어느 곳이든 그를 데리고 다녔다. 11 그는 어떤 종류의 동물에 대한 잔인함에 대해서도 혐오스러워했다. 12 그는 즐거운 시간을 보내고 있었기 때문에 떠나고 싶지 않았다. 13 여성들은 일상 생활에서 여전히 편견과 차별에 직면해 있다. 14 여행은 대개 일상 생활의 단조로움을 벗어나기 위해 하는 일이다.

15 **indifferent**

[indífərənt]

(관심이나 흥미가 없고) 형 **무관심한** [to]

He seemed to be completely *indifferent* to what was going on around him.

파생 indifference [indífərəns] 명 무관심

어원 in(not) + different(다른) → (기존의 것과 다르지 않아서) 무관심한

16 **ignore**

[ignɔ́:r]

(의도적으로) 동 **(알거나 보거나 듣고도) 무시하다, 못 본 척하다**

She continued to *ignore* everything I was saying.

어원 i(not) + gnore(know:알다) → (알지) 못하는 척 하다 → 무시하다

17 **neglect**

[niglékt]

(태만·무관심·부주의로) 동 **(책임·의무를) 소홀히[등한시]하다, 방치하다**
명 **소홀, 방치**

She began to drink and frequently *neglected* her children.

파생 neglectful [nigléktfəl] 형 소홀한, 등한시하는

어원 neg(not) + lect(gather:모으다) → (주의를) 모으지 않다 → 소홀히 하다

18 **capture**

[kǽptʃər]

1. (남의) 동 **(마음·관심·흥미 등을) 사로잡다**
2. (힘·계략으로) 동 **(적군·짐승을) 생포[포획]하다; (어떤 대상을) 차지하다** → p246
(어떤 상황·느낌·분위기 등을) 동 **(사진·글로) 포착하다[담아내다]**
명 **생포, 포획, 함락; 포착** → p246

The event shocked the entire country and *captured* the attention of the world.

어원 capt(take:붙잡다) + ure → (산 채로) 붙잡다 → 사로잡다, 포착하다

19 **charm**

[tʃa:rm]

(남을) 동 **(유혹적인 매력으로) 매혹[매료]시키다** (= fascinate) 명 **매력**

She seems able to *charm* any man she meets.

파생 charming [tʃά:rmiŋ] 형 매력적인

15 그는 자신의 주변에 무슨 일이 벌어지고 있는지에 대해 완전히 무관심한 것처럼 보였다. 16 그녀는 내가 말하는 모든 것을 계속해서 무시했다. 17 그녀는 술을 마시기 시작했고 자주 그녀의 아이들을 방치했다. 18 그 사건은 온 나라를 충격에 빠뜨렸고 전세계의 관심을 사로잡았다. 19 그녀는 그녀가 만나는 어떤 남자라도 매료시킬 수 있을 것처럼 보인다.

20 fascinate

[fǽsənèit]

(남을) 동 (강한 매력으로) **매혹[매료]시키다** (= charm)

He was *fascinated* by her beauty and fell in love with her at first sight.

파생 fascination [fæsənéiʃən] 명 매혹
fascinating [fǽsənèitiŋ] 형 매혹적인

어원 fascin(spell:마법) + ate → (마법을) 걸어 홀리다 → 반하게 하다, 매혹하다

21 tempt

[tempt]

(남의 마음을 현혹되게 하여) 동 (나쁜 길로) **유혹하다**

Advertisements *tempt* people into spending more money than they can afford.

파생 temptation [temptéiʃən] 명 유혹

22 lure

[luər]

(매력적인 제안·보답을) 동 (미끼로) **유혹하다, 불러들이다** [into]
명 유혹하는 것

People are often *lured* into buying more than they can really afford.

파생 allure [əlúər] 명 매력

동의어 레슨

싫어하다	
dislike	(어떤 대상이 마음에 들지 않아서) **싫어하다**
hate	(적의·분노 등의 나쁜 마음을 품고) **미워하다**
mind	(부정문·의문문에서, 무엇을) **싫어하다, 언짢게 여기다**
무시하다, 소홀히 하다	
ignore	(알거나 보거나 듣고도 의도적으로) **무시하다, 못 본 척하다**
neglect	(태만·무관심·부주의로 책임·의무를) **소홀히[등한시]하다**

존경, 경멸

≫ 테마 기본 어휘	respect · admire(감탄하다) · impress(깊은 인상을 주다) · wonder(경탄) · honor(영광, 명예) · glory(영광, 명예) · tease(놀리다)

20 그는 그녀의 아름다움에 매혹되어 첫눈에 그녀와 사랑에 빠졌다. 21 광고는 사람들을 감당할 수 있는 것보다 더 많은 돈을 쓰도록 유혹한다. 22 사람들은 자주 꾐에 빠져 실제의 구매 여력 이상으로 물건을 산다.

23 esteem

[istíːm]

(소중하게 여기거나 높게 평가하여) 동 **존중[존경]하다** 명 **존중, 존경**

He was greatly *esteemed* by all that knew him.

파생 self-esteem [sélfistíːm] 명 자부심

어원 가치(value)의 뜻에서 유래 → (가치를 높게 평가하여) **존중하다**

24 worship

[wə́ːrʃip]

1. (누군가를) 동 **(맹목적으로) 숭배[예찬]하다** 명 **숭배**

2. (종교 의식이나 기도 등으로) 동 **(신에게) 예배[참배]하다** 명 **예배(식)** → p268

The Egyptians *worshiped* the sun as their god.

어원 wor(worth:가치) + ship → (절대적 가치를 부여하고) **1. 숭배하다** → (신에게) **2. 예배하다**

25 marvel

[mάːrvəl]

(믿기 어려운 아름다움·특이함·신비함 등에 대한) 명 **놀라움, 경탄, 경이**
동 **경탄하다**

The computer is one of the *marvels* of modern technology.

파생 marvelous [mάːrvələs] 형 경탄할 만한

26 reputation

[rèpjutéiʃən]

(세상 사람들의 평가): 명 **평판, 세평, 명성**

The company has a worldwide *reputation* for high-quality products.

파생 reputable [répjutəbl] 형 평판이 좋은
repute [ripjúːt] 명 평판, 명성
reputed [ripjúːtid] 형 ~라고 평판이 나[알려져] 있는

어원 re(again) + pute(think:생각하다) → (사람들이) 반복해서 생각하고 내린 의견 → **평판**

27 notorious

[noutɔ́ːriəs]

(세상 사람들의 평판이 나빠서) 형 **악명 높은, 평판이 나쁜** [for]

English fans are *notorious* for their violent actions at soccer events.

파생 notoriety [nòutəráiəti] 명 악명

---

23 그는 그를 아는 모든 사람들로부터 대단히 존경을 받았다. 24 이집트 사람들은 태양을 그들의 신으로 숭배했다. 25 컴퓨터는 현대 기술의 경이로움 중의 하나이다. 26 그 회사는 고품질의 제품으로 세계적인 명성을 갖고 있다. 27 영국 팬들은 축구 행사에서 폭력적인 행동으로 악명 높다.

28 **renowned**
[rináund]

(세상의 찬사를 받는) 형 **(훌륭함 · 특별함으로) 유명한, 명성 있는** [for]

The island is *renowned* for its breathtaking natural beauty.

파생 renown [rináun] 명 명성

어원 re(강조) + nown(name:이름) → (이름이) 널리 알려진 → 유명한

29 **prestige**
[prestíːʒ]

(존경 받을 만한 사회적) 명 **(지위 · 업적에 따른) 위신, 명성** 형 **위신[명성] 있는**

Within a short period of time, the orchestra has gained international *prestige*.

파생 prestigious [prestídʒəs] 형 명성이 있는

어원 pre(before) + stige(bind:묶다) → (눈을 묶어) 앞을 못 보게 함 → (눈부실 정도의) 명성

30 **prominent**
[prάmənənt]

1. (중요성으로 인해 이름이 널리 알려진): 형 **(중요성으로) 저명한, 유명한**
2. (특히, 툭 튀어나와 있어서) 형 **눈에 잘 띄는, 두드러진** → p164

His father was a *prominent* politician of the time.

파생 prominence [prάmənəns] 명 저명; 두드러짐

어원 pro(forward:앞으로) + min(project:돌출되다) ┌ (명망이) 앞으로 돌출된 → 1. 저명한
└ (앞으로 돌출되어) 2. 눈에 띄는

31 **eminent**
[émənənt]

(그 사람이 종사하는) 형 **(특정 직종 · 분야에서) 저명한, 탁월한**

He is *eminent* in the field of educational psychology.

파생 eminence [émənəns] 명 저명

어원 e(out:밖) + min(project:돌출되다) → (밖으로) 돌출된 → 저명한, 탁월한

32 **celebrity**
[səlébrəti]

(세상에 명성이 널리 알려진) 명 **유명 인사, 명사** (= celeb)

A lot of Hollywood *celebrities* were invited to the special event.

어원 celebr(famous:유명한) + ity → 유명 인사

28 그 섬은 숨 막히게 아름다운 자연의 아름다움으로 유명하다. 29 짧은 기간 동안에 그 오케스트라는 국제적인 명성을 얻었다. 30 그의 아버지는 그 당시의 저명한 정치가이었다. 31 그는 교육 심리학 분야에서 저명하다. 32 많은 할리우드 유명인사들이 그 특별 행사에 초대되었다.

33 **ridicule**
[rídikjùːl]

(웃음거리로 만들어) 동 **(악의적으로) 조롱[조소]하다** 명 **조롱, 조소**

The boy has become an object of *ridicule* among his schoolmates.

파생 ridiculous [ridíkjuləs] 형 터무니없는, 웃기는

어원 ridi(laugh:웃다) + cule → (웃음거리로) 만들다 → 조롱하다

34 **mock**
[mak]

1. (남의) 동 **(말씨나 행동을) 흉내내며 놀리다**
2. (실제와 비슷하게 흉내를 낸): 형 **모의의, 가짜의**

They *mocked* his French accent and pretended to be unable to understand him.

파생 mockery[mάkəri] 명 조롱, 조소; 흉내만 낸 것

35 **sarcastic**
[saːrkǽstik]

(말을 바로 하지 않고 비웃는 태도로 에둘러서) 형 **비꼬는, 빈정대는**

Don't be *sarcastic* with me if you know what I mean.

파생 sarcasm[sάːrkæzm] 명 비꼼, 빈정댐

어원 sarc(flesh:살) + astic → (개처럼) 살을 물어뜯는 → 비꼬는, 빈정대는

36 **satire**
[sǽtaiər]

(현실의 부정적인 면을 빗대어 비웃으면서 비판하는) 명 **풍자 (작품)**

His first novel is a biting *satire* on American materialism.

파생 satirical [sətírikəl] 형 풍자적인
satirize [sǽtəràiz] 동 풍자(화)하다

37 **contempt**
[kəntémpt]

(무가치함·비천함·저열함 등에 대한) 명 **(비난 섞인) 경멸, 멸시** (= scorn)

She showed her *contempt* for him by ignoring him.

파생 contemptible [kəntémptəbl] 형 경멸할 만한
contemptuous [kəntémptʃuəs] 형 경멸하는

어원 con(강조) + tempt(despise:얕보다) → (매우) 얕보는 것 → 경멸

33 그 소년은 학우들 사이에서 조롱거리가 되었다. 34 그들은 그의 프랑스식 말씨를 놀렸고 그의 말을 이해하지 못하는 척 했다. 35 내가 무슨 말을 하려는지 안다면 내게 빈정대지 마세요. 36 그의 첫 번째 소설은 미국의 물질주의에 대한 신랄한 풍자이다. 37 그녀는 그를 무시함으로써 그에 대한 경멸감을 나타냈다.

38 **scorn**

[skɔːrn]

(특히) 명 (말투·표정으로 보이는) 경멸, 멸시 (= contempt)
동 경멸하다 (= despise)

They seemed to have nothing but *scorn* for politics and politicians.

파생 scornful [skɔ́ːrnfəl] 형 경멸하는

39 **despise**

[dispáiz]

(상대를) 동 (하찮게 여겨) 얕보다, 경멸하다 (= scorn)

He *despises* people who treat others unfairly and cheat others for personal gain.

어원 de(down:아래로) + spice(look:보다) → (아래로) 내려보다 → 얕보다

동의어 레슨

존경[존중, 감탄]하다	
respect	(인품·가치·중요성 등을 인정하여) 존경[존중]하다
esteem	(소중하게 여기거나 높게 평가하여) 존중[존경]하다
admire	(인상적인 훌륭함·특별함·아름다움 등에 대해) 감탄[존경]하다

놀리다, 조롱하다	
tease	(장난으로 짓궂게, 또는 악의로 불쾌하게) 놀리다, 곯리다
ridicule	(악의적으로 하찮은 웃음거리로 만들어) 조롱하다

칭찬, 비난

≫ 테마 기본 어휘	praise(칭찬하다) · congratulate · cheer · thank · appreciate(감사하게 생각하다) · blame(책임을 지우다) · criticize(비난하다) · fault · responsible · complain · demonstrate(시위하다) · apologize(사과하다) · forgive(용서하다) · excuse · pardon(용서하다) · overlook(눈감아 주다)

40 **compliment**

[kάmpləmənt]

(남의 좋은 점, 잘한 일을 들어) 동 칭찬의 말을 하다, 찬사를 보내다 [on]
명 칭찬의 말, 찬사

He *complimented* her on her new hairstyle and how beautiful she looked.

파생 complimentary [kὰmpləméntəri] 형 칭찬하는; 무료의

어원 com(강조) + pli(fill:채우다) → (상대의 마음을) 채워주다 → 칭찬의 말을 하다

38 그들은 정치와 정치인들에 대해 멸시감밖에 갖지 않은 것처럼 보였다. 39 그는 다른 사람들을 부당하게 대하고 사적인 이익을 위해 다른 사람들을 속이는 사람들을 경멸한다. 40 그는 그녀의 헤어스타일과 그녀가 얼마나 아름답게 보이는지에 대해 찬사를 보냈다.

41 **flatter**
[flǽtər]

(남의 환심을 사기 위해 과장된 칭찬으로) 통 아첨하다 명 아첨

Don't try to *flatter* me with things you don't mean.

파생 flattery [flǽtəri] 명 아첨
flatterer [flǽtərər] 명 아첨꾼

42 **applaud**
[əplɔ́:d]

(칭찬·찬성·환영의 뜻으로) 통 (큰 박수로) 갈채를 보내다, 박수갈채하다

The audience *applauded* when the show was over.

파생 applause [əplɔ́:z] 명 박수 갈채, 칭찬

어원 ap(to:방향) + plaud(clap:박수를 치다) → (~에게)박수를 치다 → 칭찬하다

43 **grateful**
[gréitfəl]

(남의 호의나 도움에 대해) 형 고맙게 생각하는

I'm so *grateful* to you for your kind advice.

파생 gratitude [grǽtətjù:d] 명 감사(하는 마음)
⊖ ungrateful [ʌngréitfəl] 형 고마워할 줄 모르는
ingratitude [ingrǽtətjù:d] 명 배은망덕

44 **accuse**
[əkjú:z]

(누구라고 지목하고) 통 (부정·불법·범죄의 행위자를) 비난[고소, 고발]하다 [of]

She *accused* him of stealing her money and jewelry.

파생 accusation [ækjuzéiʃən] 명 비난, 책망
accuser [əkjú:zər] 명 고발자, 원고

어원 ac(to:방향) + cuse(cause:원인) → (잘못의 원인을 누구라고 지목하고) 비난[고소]하다

45 **deplore**
[diplɔ́:r]

(너무나 부당하다고 여겨) 통 (공개적으로) 통렬하게 비난하다, 개탄하다

They *deplored* the fact that corruption was widespread in their country.

파생 deplorable [diplɔ́:rəbl] 형 통탄할

어원 de(강조) + plore(weep:울다) → (매우) 슬프게 울다 → 개탄하다

41 마음에도 없는 말로 아부하지 마세요. 42 관객들은 쇼가 끝났을 때 박수갈채를 보냈다. 43 친절하게 조언해 주셔서 너무나 감사합니다. 44 그녀는 그가 그녀의 돈과 보석을 훔쳤다고 그를 고발했다. 49 그들은 부패가 그들 나라에 만연해 있다는 사실을 개탄했다.

46 **condemn**
[kəndém]

1. (도덕상 옳지 않다고 강하게) 동 **(도덕적인 이유로) 비난[규탄]하다**
2. (범죄자에게 죄에 합당한) 동 **형을 선고하다**

Their military action was *condemned* as another example of Western imperialism.

파생 condemnation [kàndemnéiʃən] 명 비난
condemnatory [kəndémnətɔ̀:ri] 형 비난의

어원 con(강조) + demn(damn:비난하다, 천벌을 내리다) ─ (강하게) 1. 비난하다
└ (천벌을 내려) 2. 형을 선고하다

47 **scold**
[skould]

(부모나 교사가 잘못을 저지른) 동 **(아이를) 꾸짖다, 야단치다**

His mother *scolded* him bitterly for breaking his promise.

48 **protest**
동 [prətést]
명 [próutest]

(반대의 뜻을 강력하게 펴며) 동 **(부당한 일에 대해) 항의하다** 명 **항의**

Thousands of demonstrators were *protesting* against the government's decision.

파생 protester [proutéstər] 명 항의자

어원 pro(before:앞) + test(witness:증언하다) → (앞에서) 부당함을 증언하다 → 항의하다

49 **grumble**
[grʌmbl]

(짜증스럽게 계속해서 불만을) 동 **(중얼대며) 불평하다, 투덜거리다** 명 **투덜거림**

He kept *grumbling* that I'd made him late for his appointment.

50 **mercy**
[mə́:rsi]

(자신의 처분에 따를 수 밖에 없는 처지에 놓인 사람에게 베푸는) 명 **자비**

He showed no *mercy* to anyone who dared stand in his way.

파생 merciful [mə́:rsifəl] 형 자비로운
merciless [mə́:rsilis] 형 무자비한

46 그들의 군사행동은 서구 제국주의의 또 하나의 예로서 비난을 받았다. 47 그의 엄마는 그가 약속을 어긴 것에 대해 그를 심하게 꾸짖었다. 48 수천 명의 시위자들이 정부의 결정에 반대하여 항의를 했다. 49 그는 내가 그를 약속 시간에 늦게 만들었다고 계속해서 투덜거렸다. 50 그는 감히 그의 길을 방해하는 어떤 사람에게도 자비를 보이지 않았다.

Day 10 Review Test

[1-30] 영어를 우리말로 바꾸세요.

1. affection	16. renowned
2. fond	17. prominent
3. eager	18. eminent
4. keen	19. mock
5. enthusiastic	20. sarcastic
6. zeal	21. satire
7. impulse	22. contempt
8. aspire	23. despise
9. reluctant	24. scorn
10. prejudice	25. compliment
11. neglect	26. applaud
12. fascinate	27. accuse
13. lure	28. deplore
14. esteem	29. condemn
15. notorious	30. grumble

[31-35] 각 문장의 문맥에 맞는 적절한 단어를 찾아 넣으세요.

① esteem ② fascinate ③ compliment ④ notorious ⑤ optimistic

31. The doctors are _____ about his recovery.
32. I was _____d by the movie's plot and sound track.
33. He was _____ for his violent and threatening behavior.
34. He was highly _____ed by his colleagues.
35. He _____ed her on her new hairstyle.

정답 31. ⑤ 32. ② 33. ④ 34. ① 35. ③

Day 11 언어·의사표현

language & expression

언어 체계

≫ 테마 기본 어휘	language · alphabet · letter(글자) · character(문자) · capital(대문자) · spell · word · vocabulary · phrase(어구) · sentence · paragraph(단락) · text · accent · grammar · mean · speak · pronounce(발음하다) · fluent(유창한) · read·write · type(타자 치다) · enter(기입하다) · script(손으로 쓴 글씨, 대본) · paper · sheet(종이 한장) · pen · pencil · chalk · notebook · blackboard

01 **linguistic**
[liŋgwístik]

(언어와 관련된): 형 언어(학)의

There are many ways of promoting children's *linguistic* development.

파생 linguistics [liŋgwístiks] 명 언어학
linguist [líŋgwist] 명 언어학자; 언어에 능한 사람
bilingual [bailíŋgwəl] 형 이중 언어 사용자의, 이중 언어를 사용하는

어원 lingu(language:언어) + ist → 언어의

02 **literate**
[lítərət]

(교육을 받아) 형 글을 읽고 쓸 줄 아는

Only 30% of the children in the class were *literate* and the rest were illiterate.

파생 ⊖ illiterate [ilítərət] 형 문맹의, 글을 읽고 쓸 줄 모르는

어원 liter(letter:글자) + ate → 글자를 읽을 줄 아는

03 **oral**
[ɔ́:rəl]

(무엇이 글이 아니라) 형 말로 된[하는], 구두의 (= verbal) 명 구두시험
(입과 관련이 된): 형 입의, 입 부분의

He got 62 points on the written exam and 25 on the *oral*.
Poor *oral* hygiene may cause bad breath.

어원 or(mouth:입) + al → 입의; 구두의

01 아이들의 언어 발달을 촉진시키는 데는 많은 방법이 있다. 02 그 반 아이들의 30%만이 글을 읽고 쓸 줄 알고 나머지는 몰랐다. 03 그는 필기시험에서 62점 구두시험에서는 25점을 받았다. / 좋지 않은 구강 위생은 입 냄새를 일으킬 수 있다.

04 verbal
[vǝ́:rbǝl]

(무엇이 글이 아니라) 형 **말로 된[하는], 구두의** (= oral)
(무엇이 말이나 언어의 구사과 관련된): 형 **말[언어]의**

I made a *verbal* agreement with him to pay him $5000.
A career in broadcasting requires good *verbal* skills.

파생 verbalize [vǝ́:rbǝlàiz] 동 말로 표현하다[나타내다]

어원 verb(word:말) + al → 말의

05 utter
[ʌtǝr]

1. (말·소리·비명·한숨 등의) 동 **(어떤 소리를) 입 밖으로 내다, 말을 하다**
2. (강조를 하여) 형 **(특히 나쁜 정도가) 전적인, 완전한** → p469

He did not *utter* a word during the whole meeting.

파생 utterance [ʌtǝrǝns] 명 입밖에 내기, 발음, 발언

어원 outer((가장) 바깥쪽)의 뜻에서 유래 ┌ (소리를) 1. 입 밖에 내다
└ (나쁜 정도가) 가장 바깥쪽인 → 2. 전적인

06 represent
[rèprizént]

1. (말·물건·모양·기호 등이) 동 **(다른 무엇을) 나타내다, 의미[상징]하다**
2. (외부의 일·활동 등에 대해) 동 **(어떤 개인·조직을) 대리[대표]하다** → p305

Green areas *represent* relatively flat land on the map.

파생 representation [rèprizentéiʃǝn] 명 대표

representative [rèprizéntǝtiv] 명 대표자 형 대표하는

어원 re(강조) + present(place before:앞에 놓다) → (맨 앞에) 놓다 → 1. 나타내다 2. 대표하다

07 context
[kάntekst]

1. (특정 부분의 의미를 설명해 주는 앞뒤의) 명 **(말·글의) 문맥, 전후 관계**
2. (둘러싸고 있는 여러 가지 사정): 명 **(일·사건의) 정황, 배경, 맥락** → p230

Try to guess the meaning of the word from the *context*.

파생 contextual [kǝntékstʃuǝl] 형 문맥상의, 전후 관계의

어원 con(together:함께) + text(weave:짜다) → (함께 짜여져) 연결된 관계 → 문맥, 정황

04 나는 그에게 5000달러를 지불하기로 그와 구두 합의를 했다. / 방송업에서의 직업은 훌륭한 언어적 기술을 필요로 한다. 05 그는 회의 내내 한마디도 하지 않았다. 06 지도 상에서 녹색 지역은 비교적 평평한 땅을 나타낸다. 07 문맥을 통해 그 단어의 의미를 추측해 보십시오.

08 **define**

[difáin]

(개념·사물의 명확한 뜻을 밝혀) 동 정의를 내리다, 규정하다

It is essential at the beginning to *define* the exact nature of the problem.

파생 definition [dèfəníʃən] 명 정의

어원 de(completely:완전히) + fine(limit:한정하다) → (뜻을) 완전하게 한정하다 → 정의하다

09 **literal**

[lítərəl]

(번역·해석이 의역·비유 등을 하지 않고) 형 글자대로의, 원문에 충실한

This is grammatically correct, but the translation is too *literal*.

어원 liter(letter:글자) + al → 글자대로의

10 **dialect**

[dáiəlèkt]

(어느 한 지방에서만 쓰는) 명 사투리, 방언

Arabic is one language, but it has numerous *dialects*.

어원 dia(between:사이에) + logue(speak:말하다) → (그곳 사람들) 간에만 통하는 말 → 방언

11 **translate**

[trænsléit]

(말·글을) 동 (다른 나라의 말·글로) 번역하다

His novel has been *translated* into nearly every language.

파생 translation [trænsléiʃən] 명 번역

translator [trænsléitər] 명 번역가

어원 trans(across:횡단) + late(carry:옮기다) → (다른 언어로) 건너서 옮기다 → 번역하다

12 **interpret**

[intə́:rprit]

(말이 통하지 않는) 동 (다른 언어 사용자들 사이에서) 통역하다

(사물이나 행위 등의 내용을) 동 (특정한 의미로) 해석하다

He didn't speak English so she had to *interpret* for him.

Giving someone a rose is *interpreted* as a sign of love.

파생 interpreter [intə́:rpritər] 명 통역자

misinterpret [mìsintə́:rprit] 동 오해[오역]하다

어원 inter(between) + pret(price:가격) → (사이에서 가격을) 흥정해 주다 → 통역[해석]하다

08 처음에는 문제의 정확한 본질을 정의하는 것이 필수적이다. 09 이것은 문법적으로는 맞지만 번역이 너무 글자대로이다. 10 아랍어는 하나의 언어이지만 많은 방언이 있다. 11 그의 소설은 거의 모든 언어로 번역되었다. 12 그는 영어를 하지 못해서 그녀가 그를 위해 통역을 해야만 했다. / 누군가에게 장미를 주는 것은 사랑의 표시로 해석된다.

13 **term**

[təːrm]

1. (특정 분야에서 주로 쓰는 말): 명 용어
2. (어느 때까지라고) 명 (미리 정해 놓은) 기간, 기한, 임기, 학기, 형기 → p375
3. (정해 놓은) 명 (-s) (계약서·약정서 등의) 조건, 조항

URL is the technical *term* for what is often called a web address.

어원 limit(한계, 제한)의 뜻에서 유래
- (한계를 지어) 정의해 놓은 말 → 1. 용어
- (제한된) 기간 → 2. 기간, 기한, 임기
- (계약서상의) 제한적 사항 → 3. 조건, 조항

14 **dictate**

[díkteit]

1. (자신이 불러주는 말을 남이) 동 (받아쓰도록) 구술하다, 받아쓰게 하다
2. (지배적인 위치에서) 동 (위압적으로) 지시[명령]하다 명 지시, 명령 → p142

He *dictated* to his secretary the speech he intended to give.

파생 dictator [díkteitər] 명 독재자
dictatorship [diktéitərʃip] 명 독재체제

어원 dict(say:말하다) + ate
- (말로 불러주고) 받아쓰게 하다
- (말로) 지시하다

동의어 레슨

글자, 문자	
letter	(하나의 소릿값을 지닌 낱낱의) 글자, 문자
character	(말을 시각화한 일정한 기호 체계): 문자
번역[통역]하다	
translate	(말·글을 다른 나라의 말·글로) 번역하다
interpret	(사용 언어가 다른 사람들 사이에서) 통역하다 (사물이나 행위 등의 내용을 특정한 의미로) 해석하다

발언, 설명, 발표

≫ 테마 기본 어휘	say · comment(논평) · mention(언급하다) · suggest(넌지시 비치다) · hint · explain · demonstrate(실증하다) · summary · describe · seem · look · appear · tell · inform(알리다) · notice(통지, 공고) · post(게시하다) · report · announce · speech · address(연설)

13 URL은 흔히 웹주소라고 부르는 것의 전문 용어이다. 14 그는 자신이 하려고 하는 연설문을 비서에게 받아쓰게 했다.

15 **specify**

[spésəfài]

(무엇에 대해) 동 (분명하고 구체적으로) 명기[상술]하다, 일일이 열거하다

The contract clearly *specifies* the rights each party has.

파생 specification [spèsəfikéiʃən] 명 명세(서), 설명서

어원 speci(kind:종류) + fy(make) → (구체적으로) 종류화 하다 → 일일이 열거하다

16 **remark**

[rimɑ́:rk]

(무엇에 대해 자신의) 명 (생각·느낌·의견을 나타내는) 말, 발언, 언급, 논평
동 말[발언, 언급, 논평]하다 [on]

He made rude *remarks* about her physical appearance.

어원 re(강조) + mark(표시하다) → (무엇을 강하게) 표시하다 → 언급하다

17 **refer**

[rifə́:r]

1. (무엇에 대해 직접적으로 분명하게) 동 (~ to) 언급[거론]하다, 말하다
2. (정보를 얻으려고) 동 (~ to) (책 등을) 참조하다, (누구)에게 문의하다 → p175
(도움·정보 등을 얻도록) 동 ~을 참조하게 하다, ~을 ~에게 알아보게 하다 [to] → p175
3. (진술·정보 또는 기호·숫자 등이) 동 (~ to) ~와 관련 있다, ~을 나타내다 → p486

He never *referred* to the matter again after that day.

파생 reference [réfərəns] 명 언급; 참고, 참조, 문의; 추천서[인]

어원 re(back) + fer(carry:가져가다)
- (말을 특정 대상으로 가져가서 그것을) 1. 언급하다
- (어느 곳으로 가져가서) 2. 참조[문의]하다
- (특정 주제·대상으로) 가져가다 → 3. 관련 있다

18 **account**

[əkáunt]

1. (보고 형식의 구체적이고 상세한) 명 (사건·상황에 대한) 설명, 기술, 보고
동 (~ for) (~의 이유를) 설명하다, (~의 원인이) 설명이 되다
2. (은행이나 금융기관의) 명 예금계좌 → p284
3. (회계 관련 자료를 기록하고 계산하는) 명 (-s) (회계) 장부 → p287

Can you give a brief *account* of what happened that day?

파생 accountant [əkáuntənt] 명 회계사

어원 ac(to:방향) + count(계산하다)
- (돈을 계산하듯이 상세하게 하는) 1. 설명
- (돈을) 계산한 것 → 2. 예금계좌 3. 장부

15 계약서는 각 당사자가 갖고 있는 권리를 분명하게 명기하고 있다. 16 그는 그녀의 신체적 외모에 대하여 무례한 발언을 했다. 17 그는 그날 이후로 다시는 그 문제에 대해 언급하지 않았다. 18 그날 무슨 일이 일어났는지 간단하게 설명해 주시겠습니까?

19 **elaborate**

형 [ilǽbərət]
동 [ilǽbərèit]

1. (무엇에 대해서) 동 아주 자세히 설명[묘사]하다 [on]
2. (세세한 부분으로 복잡하게 구성된): 형 (모양·구조 등이) 정교한 → p447
(세세한 부분까지) 형 (일·계획·준비 등에) 정성[공]을 들인
동 정교하게 만들어 내다 → p447

He refused to *elaborate* on his reasons for leaving his job.

어원 e(out) + labor(work:일하다) ┌ (열심히) 일을 해서 나온 → 2. 정성을 들인; 정교한
└ (정성을 들여) 1. 자세히 설명하다

20 **emphasize**

[émfəsàiz]

(어떤 것에 특별히 강한 중요성을 부여하여) 동 강조하다

He *emphasized* the importance of honesty and responsibility as essentials to success.

파생 emphasis [émfəsis] 명 강조
emphatic [imfǽtik] 형 강조하는, 단호한

어원 em(강조) + phas(show:보이다) → (강조하여) 보여주다 → 강조하다

21 **imply**

[implái]

1. (무엇을 바로 밝히지 않고) 동 (간접적으로) 넌지시 말하다[비치다]
2. (무엇이 어떤 것을 알아차릴 수 있도록) 동 (간접적으로) 암시[시사]하다 → p177

Are you *implying* that he doesn't love me?

파생 implication [ìmplikéiʃən] 명 암시; 내포, 수반

어원 im(in:안) + ply(fold:접다) → (바로 밝히지 않고) 안으로 접어 넣다 → 암시[시사]하다

22 **condense**

[kəndéns]

1. (짧게 줄여) 동 (말·글을) 간략하게 하다, 요약하다
2. (물질이) 동 (기체가 액체로) 응축되다[시키다]; (액체가 진하게) 농축되다[시키다] → p421

He *condensed* over fifty pages of report into three.

파생 condensation [kɑ̀ndenséiʃən] 명 간략화; 응축(된 물질)

어원 con(강조) + dense(조밀한) → (더) 조밀하게 하다 → 요약[응축]하다

19 그는 직장을 그만두는 이유에 대해서 자세히 설명하기를 거부했다. 20 그는 성공의 필수적인 것으로 정직과 책임감의 중요성에 대하여 강조했다. 21 그가 나를 사랑하지 않는다고 말하려는 겁니까? 22 그는 50페이지가 넘는 리포트를 3페이지로 압축했다.

23 **portray**

[pɔːrtréi]

(무엇에 대해, 주관적으로) 동 (글·그림으로) 묘사하다[그리다] (= depict)

The hero in the novel is *portrayed* as an evil man.

파생 portrayal [pɔːrtréiəl] 명 묘사, 기술
portrait [pɔ́ːrtrit] 명 초상화

어원 por(forth:앞으로) + tray(draw:끌다) → (표현할 대상을) 앞으로 끌어내다 → 묘사하다

24 **depict**

[dipíkt]

(무엇에 대해, 객관적으로) 동 (글·그림으로) 묘사하다[그리다] (= portray)

The novel *depicts* the lives of women in the 19th century.

파생 depiction [dipíkʃən] 명 묘사, 서술

어원 de(강조) + pict(paint:그리다) → (구체적이고 생생하게) 그리다, 묘사하다

25 **relate**

[riléit]

1. (아주 상세하게 실제로) 동 (보거나 겪은 일을) 이야기하다, 말하다
2. (어떤 것과 다른 것이 서로) 동 관련[관계]이 있다, 관계[관련]짓다 [to]

He always *related* his childhood experiences to his children.

파생 relation [riléiʃən] 명 관계, 연관; 친척
relationship [riléiʃənʃip] 명 관계; 친척[인척, 혈연] 관계
relative [rélətiv] 명 친척 형 상대적인, 비교상의

어원 re(back) + late(carry:나르다) ┌ (뒤로 서로서로 날라서) 2. 관계 짓다
└ (서로 관련 지어 상세히) 1. 이야기하다

26 **narrate**

[nǽreit]

(사건·경험 등을) 동 (전개 순서에 따라) 이야기하다
(다큐멘터리나 영화 등에서) 동 내레이터를 맡다, 해설을 덧붙이다

He *narrated* his adventures in the various countries he had seen.
This one-hour documentary was *narrated* by Mel Gibson.

파생 narration [næréiʃən] 명 이야기, 내레이션
narrative [nǽrətiv] 명 (실제의) 이야기 형 이야기로 된
narrator [nǽreitər] 명 이야기하는 사람

23 소설에서 주인공은 사악한 남자로 그려지고 있다. 24 그 소설은 19세기의 여자들의 삶을 묘사하고 있다. 25 그는 항상 그의 아이들에게 그의 어린 시절의 경험에 대한 이야기를 들려주었다. 26 그는 그가 본 여러 나라에서의 모험에 대해 이야기했다. / 이 한 시간짜리 다큐멘터리는 멜 깁슨이 내레이터를 맡았다.

27 **notify**

[nóutəfài]

(중요한 사항을) 동 (공식적으로) 알리다 통지[통보]하다 [of]

Please *notify* us of any schedule changes within twenty-four hours.

파생 notification [nòutəfikéiʃən] 명 통지, 통보, 신고

어원 noti(know:알다) + fy(make:만들다) → 알게 하다 → 통지[통보]하다

28 **declare**

[diklέər]

1. (주장·의견·방침 등을) 동 (외부에 공식적으로) 선언[선포]하다
2. (소득, 과세 물품 등을) 동 (세무서·세관에) 신고하다

Great Britain *declared* war on Germany the following day.

파생 declaration [dèkləréiʃən] 명 선언; 신고(서)

어원 de(강조) + clare(clarify:분명히 말하다) ┌ (외부에) 분명히 말하다 → 1. 선언하다
└ (세무 기관에) 분명히 말하다 → 2. 신고하다

29 **issue**

[íʃuː]

1. (널리 알려지도록 정식으로) 동 (선언·명령·경고 등을) 발표[공표]하다
2. (많은 사람의) 명 (토론·논쟁의 대상이 되는) 문제, 쟁점 → p144
3. (공공 기관이) 동 (증명서·허가증 등을) 내주다, 발부[발급]하다 → p277
(새로운) 동 (출판물·우표 등을) 발행하다 → p277
명 발행(물), (출판물의) 제 ~쇄[판, 호]

They *issued* a statement criticizing the government's decision.

어원 밖으로 나가다(go out)의 뜻에서 유래 ┌ (선언·명령·경고 등을 밖으로) 1. 공표하다
├ (밖으로 나와 논쟁이 되고 있는) 2. 문제, 쟁점
└ (증명서·출판물 등을 밖으로) 3. 내주다, 발행하다

30 **proclaim**

[proukléim]

(특히 정부·공공기관이 공식적으로) 동 (중대한 사안을) 선언[선포, 공포]하다

In 1810, Mexico *proclaimed* its independence from Spain.

파생 proclamation [prὰkləméiʃən] 명 공포, 선포, 선언

어원 pro(before:앞) + claim(cry out:외치다) → (앞을 향해) 외치다 → 선언[선포]하다

27 일정 변경이 있는지 24시간 내에 통보해 주시기 바랍니다. 28 영국은 다음 날 독일에 선전포고를 했다. 29 그들은 정부의 결정을 비난하는 성명을 발표했다. 30 1810년 멕시코는 스페인으로부터의 독립을 선포했다.

31 recite

[risáit]

(청중 앞에서) 동 (시·산문 등을) 읊다, 암송[낭독] 하다

He *recited* the whole poem without making a single mistake.

파생 recitation [rèsətéiʃən] 명 암송, 낭송
recital [risáitl] 명 리사이틀, 독주[창]회

어원 re(again:다시) + cite(summon:부르다) → (기억에서 다시 불러내) 암송[낭송]하다

동의어 레슨

넌지시 비치다, 암시하다	
imply	(무엇을 바로 밝히지 않고 간접적으로) 넌지시 비치다, 암시하다
suggest	(직접 말하기 곤란한 좋지 않은 일을) 넌지시 비치다, 암시하다
hint	(말에 짐작할 수 있게 하는 단서를 포함시켜) 넌지시 알리다

제안, 요청, 명령

≫ 테마 기본 어휘	propose(제안하다) · suggest(제안하다) · recommend(권하다) · offer·ask · request(요청) · demand(요구) · tell · order · command(명령하다) · instruct(지시하다) · advise · consult(조언하다) · tip(조언)

32 claim

[kleim]

1. (자신의 당연한 권리로서) 동 (돈·소유권·배상 등을) 청구하다 명 청구
2. (아직 확인되지 않은 것을) 동 (사실인 것처럼) 주장하다 명 주장 → p148

After losing his job he *claimed* unemployment benefit.

파생 claimant [kléimənt] 명 요구자

어원 큰 소리치다(shout)의 뜻에서 유래 → (큰 소리치며) 1. 주장하다 2. 권리를 청구하다

33 plead

[pli:d]

1. (딱한 사정을 들어) 동 (애처롭게) 간청[애원]하다
2. (법정에서 피고가 자신이) 동 (유죄 또는 무죄임을) 주장[항변]하다 → p211

He fell on his knees and *pleaded* with her not to leave him.

파생 plea [pli:] 명 탄원, 간청; (피고측의) 답변

31 그는 한 개의 실수도 없이 그 시 전체를 암송했다. 32 실직 후 그는 실업 수당을 신청했다. 33 그는 무릎을 꿇고 그녀에게 그를 떠나지 말라고 간청했다.

34 **petition**
[pətíʃən]

(정부 · 공공기관에) 명 (처리 · 해결을 요구하는) 청원[탄원]서 동 청원[탄원]하다

They asked me to sign a *petition* against the war in Afghanistan.

파생 petitioner [pətíʃənər] 명 청원자

어원 petit(seek:구하다) + ion → (공공 기관에) 구하는 것 → 청원[탄원]서

35 **beg**
[beg]

(상대에게 때로는) 동 (비굴해 보일 정도로) 간청[애원]하다
(남에게) 동 (돈 · 물건 · 음식 등을) 구걸하다

I got on my knees in front of everyone and *begged* her to come with me.
The children had to survive by *begging* for food and a few coins.

파생 beggar [bégər] 명 거지, 걸인

36 **appeal**
[əpí:l]

1. (정당한 사유나 딱한 사정을 들어) 동 (도움 · 지지 등을) 호소하다 명 호소
2. (흥미롭거나 매력적인 대상이, 누구) 동 (~의) 마음에 들다 [to] → p120
명 흥미를 끄는 힘

The government *appealed* for international aid for the flood victims.

파생 appealing [əpí:liŋ] 형 호소하는 듯한; 마음을 끄는

어원 ap(to:방향) + peal(drive:몰다)
┌ (도움 등을) 어떤 방향으로 몰다 → 1. 호소하다
└ (마음을) 어떤 방향으로 몰다 → 2. (~의) 마음에 들다

37 **counsel**
[káunsəl]

(심사 숙고한 후에) 동 (전문가 · 연장자 입장에서) 조언하다 명 조언

Listen to the *counsel* of your elders and learn from their mistakes.

파생 counseling [káunsəliŋ] 명 카운슬링, 상담
counselor [káunsələr] 명 조언자

34 그들은 아프가니스탄에서의 전쟁을 반대하는 탄원서에 서명해 달라고 내게 요청했다. 35 나는 모든 사람들 앞에서 무릎을 꿇고 그녀에게 나와 함께 가자고 간청했다. / 그 아이들은 음식이나 동전 몇 개를 구걸하면서 생존해야 했다. 36 정부는 홍수 피해자들을 위한 국제적인 원조를 호소했다. 37 연장자들의 조언에 귀를 기울이고 그들의 실수에서 교훈을 얻어라.

38 **urge**
[əːrdʒ]

(무엇을 급히 할 것을) 동 (강력히) 촉구[재촉]하다 명 (강한) 욕구, 충동

The UN *urged* talks between the two countries to resolve a territorial dispute.

39 **dictate**
[díkteit]

1. (지배적인 위치에서) 동 (위압적으로) 지시[명령]하다 명 지시, 명령

2. (자신이 불러주는 말을 남이) 동 (받아쓰도록) 구술하다, 받아쓰게 하다 → p135

You are in no position to *dictate* to me what you want.

파생 dictator [díkteitər] 명 독재자
dictatorship [diktéitərʃip] 명 독재체제
dictation [diktéiʃən] 명 받아쓰게 하기

어원 dict(say:말하다) + ate ┌ (말로) 지시[명령]하다
└ (말로 불러주고) 받아쓰게 하다

40 **prescribe**
[priskráib]

1. (수행해야 할 일을) 동 (법·규칙·명령 등으로) 규정[지시]하다

2. (의사가 증상에 따라) 동 (약·치료법을) 처방하다 → p94

The law prescribes that all citizens should be treated equally.

파생 prescription [priskrípʃən] 명 처방(전)
non-prescription [nànpriskrípʃən] 형 (약이) 의사의 처방전 없이 살 수 있는

어원 pre(before:미리) + scribe(write:적다) ┌ (법·규칙을 미리 적어) 1. 규정하다
└ (약을 받기 전에 미리 적어) 2. 처방하다

동의어 레슨

제안하다	
propose	(논의를 위한 안건으로 의견·계획 등을) 제안[제의]하다
suggest	(자신의 의견·희망을 고려해 줄 것을) 제안[건의]하다
충고[조언]하다	
advise	(자신의 지식·경험을 바탕으로) 충고[조언]하다
counsel	(전문가나 연장자 입장에서) 조언하다
consult	(그 분야의 전문가나 권위자에게) 조언을 구하다, 상담하다

38 유엔은 영토 분쟁을 해결하기 위해 두 나라 사이의 대화를 촉구했다. 39 당신은 당신이 원하는 것을 내게 지시할 위치에 있지 않습니다. 40 법률은 모든 시민은 동등한 대우를 받아야 한다고 규정하고 있다.

Day 11 Review Test

[1-30] 영어를 우리말로 바꾸세요.

1. linguistic	16. imply
2. literate	17. condense
3. verbal	18. portray
4. utter	19. depict
5. represent	20. narrate
6. define	21. notify
7. literal	22. declare
8. dialect	23. proclaim
9. translate	24. recite
10. interpret	25. plead
11. dictate	26. petition
12. specify	27. counsel
13. remark	28. urge
14. refer	29. dictate
15. elaborate	30. prescribe

[31-35] 각 문장의 문맥에 맞는 적절한 단어를 찾아 넣으세요.

① emphasize ② remark ③ portray ④ refer ⑤ dictate

31. I was getting tired of all her negative _____s.
32. He _____d the letter to his secretary.
33. The article _____ed him as a complete idiot.
34. He _____d the importance of honesty.
35. They agreed never to _____ to the matter again.

정답 31. ② 32. ⑤ 33. ③ 34. ① 35. ④

Day 12

대화·의사소통

conversation & communications

대화, 토론, 교신

≫ 테마 기본 어휘	talk · speak · conversation(대화) · dialogue(대화) · chat(한담) · gossip(가십) · question · ask · interview · answer · reply(대답) · respond(응답) · react(반응하다) · discuss · meeting · conference(회의) · subject(주제) · topic · theme(테마) · issue · deal(다루다) · communicate interact · contact(연락) · telephone · phone · call · busy(통화 중인) · mail · post · letter · postcard · message · envelope(봉투) · stamp · package(소포) · parcel(소포) · write

01 **convention** [kənvénʃən]

1. (소속원들이 모여서 여는 공식적인 대규모의) 명 **(정당·단체 등의) 대회, 집회**
2. (한 사회에서 극히) 명 **(당연시 여기는) 관례, 관습** → p194

The sixteenth annual *convention* will be held in New York.

파생 conventional [kənvénʃənl] 형 관습[관례]적인

어원 con(together) + vent(come:오다) ┌ (함께 와서) 모이는 것 → 1. 집회, 대회
└ (한 사회가) 함께 받아들여 온 것 → 2. 관습

02 **rally** [rǽli]

(어떤 정당·주의 등을 지지·지원하기 위한) 명 **(정치적 대중) 집회, 대회**
동 **(지지·지원하기 위해) 결집[단결]하다[시키다]**

Thousands of people attended an anti-war *rally* in London.

어원 r(again:다시) + ally(unite:연합하다) → (다시) 연합하다 → **집회, 결집하다**

03 **session** [séʃən]

(집단으로 행하는 어떤 활동을 위한) 명 **(특정) 활동 시간[기간]**
(특정 공적 단체의 공식 모임 또는 그 기간): 명 **(의회) 회의[회기]; (법정) 개정(기)**

At the end of the presentation there'll be a question and answer session.
The next parliamentary session is due to start on September 19.

어원 sess(sit:앉다) + ion → 함께 모여서(앉아서) 하는 것 → **활동[모임] 시간**

01 제 16회 연례 회의가 뉴욕에서 개최될 예정이다. 02 수천 명의 사람들이 런던에서 있었던 반전 집회에 참석했다.
03 프레젠테이션 끝에 질의응답 시간이 있을 것이다.. / 다음 국회 회기는 9월 19일 시작될 예정이다.

04 monologue [mάnəlɔ̀:g]

(혼자서 말하는) 명 독백(극), (자기만 하는) 긴 이야기 (= monolog)

She went into a long *monologue* about her life story.

어원 mono(alone:혼자) + logue(speak:말하다) → (혼자) 말하기 → 독백

05 debate [dibéit]

(의견이 서로 다른 사람·집단간의) 명 (공개적인) 토론, 논쟁 동 토론[논쟁]하다

There has been much *debate* over the introduction of a new tax system.

파생 debater [dibéitər] 명 토론자

어원 de(강조) + bate(beat:이기다) → (상대를 이기기 위한) 토론, 논쟁

06 dispute [dispjú:t]

(개인·집단·국가간의 의견이) 명 (격렬히 대립하는) 논쟁, 분쟁
동 논쟁하다 다투다

The war began as a border *dispute* between the two countries.

파생 disputable [dispjú:təbl] 형 논쟁의 여지가 있는

어원 dis(apart:분리) + pute(think:생각하다) → (서로 생각이 나뉘어) 논쟁하다

07 controversy [kάntrəvə̀:rsi]

(장기간 지속되어온) 명 (찬반양론이 팽팽한) 논쟁, 논란

The policy has caused considerable *controversy* since it was introduced.

파생 controversial [kɑ̀ntrəvə́:rʃəl] 형 논쟁의 여지가 있는
controvert [kάntrəvə̀:rt] 동 반박[반증]하다

어원 contro(against) + verse(turn:돌다) → turn against(~에게 등을 돌리다) → 논쟁, 논란

08 inquire [inkwáiər]

(어떤 것에 관해) 동 (정보를 얻기 위해) 묻다, 문의하다 (= enquire)

I'm writing to *inquire* about language courses.

파생 inquiry [inkwáiəri] 명 질문, 문의

어원 in(안) + quire(ask:묻다) → (어디의) 내부에 정보를 묻다 → 문의하다

04 그녀는 자신의 인생 이야기에 대해 장황한 독백을 시작했다. 05 새로운 세금 제도의 도입에 대해 많은 논쟁이 있어왔다. 06 그 두 나라 사이의 전쟁은 국경 분쟁에서 시작되었다. 07 그 정책은 도입된 이후 상당한 논란을 불러일으켰다. 08 어학 코스에 대해 문의하고자 편지를 드립니다.

09 **retort**
[ritɔ́:rt]

(화를 내며 또는 익살스럽게) 동 **(상대의 말을 받아) 반박[대꾸, 응수]하다**
명 **반박, 대꾸**

"Why don't you shut up?" he *retorted* angrily.

어원 re(back:뒤로) + tort(twist:비틀다) → (상대의 말을) 비틀어 되받아 치다 → .반박하다

10 **argue**
[ά:rgju:]

(의견·주장 등의 대립으로) 동 **(이유·근거를 대면서) 언쟁[말다툼]하다**
(정당한) 동 **(이유·근거를 들어) 주장하다**

My husband and I are always *arguing* about money.
He *argued* that humans and animals shared the same biological origin.

파생 argument [ά:rgjumənt] 명 언쟁; 논거, 이유
argumentative [ὰ:rgjuméntətiv] 형 논쟁적인, 논쟁을 좋아하는
arguable [ά:rgjuəbl] 형 논쟁의 여지가 있는

11 **quarrel**
[kwɔ́:rəl]

(서로간의 개인적인 문제로 인한) 명 **(감정적인) (말)다툼, 언쟁** 동 **다투다**

In spite of their *quarrel*, they are very good friends.

파생 quarrelsome [kwɔ́:rəlsəm] 형 말다툼을 좋아하는

12 **quote**
[kwout]

1. (남의 말·글을) 동 **(있는 그대로) 인용하다, 예로 들다** (= cite)
명 **인용, 인용문[구, 어]; (-s) 인용 부호, 따옴표**

2. (서비스나 제품에 부과할 가격을 계산하여) 동 **견적을 내다** 명 **견적(서)** → p275

He *quoted* a passage from the President's speech.

파생 quotation [kwoutéiʃən] 명 인용, 인용문[구, 어]; 견적(서) (= quote)

13 **cite**
[sait]

(남의 말·글을 무엇을) 동 **(뒷받침·증명하기 위해) 인용하다, 예로 들다** (= quote)

They *cited* two reasons why they had turned down my request.

파생 citation [saitéiʃən] 명 인용(문)

09 "입 닥치는 게 어때?"라고 그는 화를 내면서 대꾸했다. 10 내 남편과 나는 항상 돈 문제로 말다툼을 한다. / 그는 인간과 동물은 같은 생물학적 기원을 공유한다고 주장했다. 11 말다툼에도 불구하고 그들은 매우 사이가 좋은 친구이다. 12 그는 대통령의 연설에서 한 구절을 인용했다. 13 그들은 그들이 왜 나의 요청을 거절했는지에 대해 두 가지 이유를 들었다.

Day 12

14 correspond
[kɔ̀:rəspάnd]

1. (어떤 사람과) 동 서신을 주고받다, 교신하다 [with]

2. (어긋나지 않고) 동 (서로) 일치[부합]하다 [with/to] → p473
(서로 범위·조건이 일치하여) 동 (어떤 것이 다른 것에) 해당[상응]하다 [to] → p473

He still *corresponds* with an American friend he met in Chicago ten years ago.

파생 correspondence [kɔ̀:rəspάndəns] 명 일치, 상응; 서신 왕래
correspondent [kɔ̀:rəspάndənt] 명 특파원, 통신원

어원 cor(together:함께) + respond(응하다)
- (서로의 편지에 응답하여) 1. 교신하다
- (서로 응하여 어긋나지 않고) 2. 일치[상응]하다

15 enclose
[inklóuz]

1. (다른 물건을 같이) 동 (편지 봉투나 소포 속에) 동봉하다

2. (일정한 공간을 막기 위하여) 동 (울타리·담·벽 등으로) 둘러[에워]싸다 → p350

Please *enclose* a copy of your driver's license or other identification.

파생 enclosure [inklóuʒər] 명 동봉된 것; 둘러쌈, 둘러싼 땅

어원 en(in:안) + close(닫다)
- (다른 것을) 안에 함께 넣고 닫다 → 1. 동봉하다
- (안에) 넣고 닫다 → 2. 둘러싸다

동의어 레슨

대답[응답]하다	
answer	(질문·요구·명령·호출 등에 대해) **대답[회답, 응답]하다**
reply	(답을 주어야 하는 서신·초대·문의 등에 대해) **대답[응답]하다**
respond	(상대의 말·행동, 외부 자극에 대한 반응으로) **응답[응수]하다**
토론하다	
discuss	(무엇을 해결·결정하기 위해) **토론[논의]하다**
debate	(의견이 서로 다른 사람·집단간에 공개적으로) **토론[논쟁]하다**

주장, 찬반, 합의

≫ 테마 기본 어휘	favor(찬성) · agree · positive(긍정적인) · support · object(반대하다) · negative(부정적인) · admit(인정하다) · deny(부인하다) · accept(받아들이다) · refuse(거절하다)

14 그는 10년 전에 시카고에서 만난 한 미국 친구와 여전히 서신을 주고받는다. 15 운전 면허증이나 다른 신분증의 사본을 동봉하십시오.

[16] insist
[insíst]

(반대·저항에도) 동 (고집스럽게) 주장하다, 우기다; (사실이라고) 주장하다 [on]

She *insisted* that she should pay for the meal herself.

파생 insistence [insístəns] 명 주장
insistent [insístənt] 형 주장하는, 고집하는

어원 in(upon:위) + sist(stand:서다) → (자신의 주장) 위에 서다 → 주장하다, 우기다

[17] claim
[kleim]

1. (아직 확인되지 않은 것을) 동 (사실인 것처럼) 주장하다 명 주장
2. (자신의 당연한 권리로서) 동 (돈·소유권·배상 등을) 청구하다 명 청구 → p140

He *claimed* that he had not said anything, but no one believed him.

파생 claimant [kléimənt] 명 요구자

어원 큰 소리치다(shout)의 뜻에서 유래 → (큰 소리치며) 1. 주장하다 2. 권리를 청구하다

[18] maintain
[meintéin]

1. (남들이 믿지 않음에도) 동 (일관되게 강력히) 주장하다
2. (원래의 바람직한 상태를) 동 (그대로) 유지하다 → p244
(원래 상태가 유지되도록) 동 (기계·건물·시설물 등을) 보수[정비]하다 → p244

Many scientists *maintain* that the universe is made up of pure energy.

파생 maintenance [méintənəns] 명 유지, 보수, 정비

어원 main(hand:손) + tain(hold:잡다) ┬ (유지 되도록) 손으로 잡고 있다 → 2. 유지[보수]하다
└ (의견이 유지 되도록 일관되게) 1. 주장하다

[19] assert
[əsə́:rt]

(무엇이 틀림없는 사실이라고) 동 (분명하고 단호하게) 주장[단언]하다

The defendant persistently *asserted* that he was not guilty.

파생 assertion [əsə́:rʃən] 명 단언, 주장
assertive [əsə́:rtiv] 형 단정적인, 고집하는

어원 as(to) + sert(join:합치다) → (특정 견해에) 자기 자신을 합치다 → 주장[단언]하다

---

16 그녀는 자신이 식사비를 지불하겠다고 고집했다. 17 그는 자신은 아무 말도 하지 않았다고 주장했으나 아무도 그를 믿지 않았다. 18 많은 과학자들은 우주는 수순 에너지로 이루어져 있다고 주장한다. 19 피고는 완강하게 자신은 죄가 없다고 주장했다.

[20] **contend**

[kənténd]

1. (무엇이 사실이라고) 동 **(논쟁·언쟁 중에) 주장하다**
2. (권력·상·선수권 등을) 동 **(획득하려고) 다투다, 겨루다** [for] → p254
   (맞서서) 동 (~ with) **(어려운 문제·상황과) 씨름하다, 싸우다** → p254

The lawyer *contended* that his client was an innocent young man.

파생 contention [kənténʃən] 명 논쟁, 말다툼, (논쟁의) 주장
contender [kənténdər] 명 경쟁자

어원 con(together) + tend(stretch:뻗다) ┌ (잡으려고) 서로 손을 뻗다 → 2. 겨루다, 씨름하다
└ (겨루듯이) 1. 주장하다

[21] **persuade**

[pərswéid]

(정당한 이유를 들어 상대를) 동 **설득하다** [into]

I've tried really hard but I can't *persuade* her to come.

파생 persuasion [pərswéiʒən] 명 설득
⊖ dissuade [diswéid] 동 (설득하여) 그만두게 하다

어원 per(thoroughly:철저히) + suade(advise:조언하다) → (철저하게) 조언하다 → 설득하다

[22] **convince**

[kənvíns]

(무엇이 사실임을) 동 **(믿지 않는 상대에게) 확신[납득]시키다** [of]

He tried to *convince* them of the seriousness of the situation.

파생 conviction [kənvíkʃən] 명 확신, 신념; 유죄 판결
convinced [kənvínst] 형 확신하는

어원 con(강조) + vince(conquer:정복하다) → (상대를 말로) 완전히 정복하다 → 확신시키다

[23] **induce**

[indjú:s]

(남을 어리석거나 경솔한 판단을 하도록) 동 **유도[설득]하여 ~하게 하다**

As I've said before, nothing would *induce* me to do so.

파생 inducement [indjú:smənt] 명 유인책
induction [indʌ́kʃən] 명 유도, 인도

어원 in(안) + duce(lead:이끌다) → (안으로) 이끌다 → 유도하여 ~하게 하다

20 변호사는 자신의 의뢰인은 결백한 젊은이라고 주장했다. 21 나는 정말 열심히 노력했으나 그녀를 오도록 설득할 수 없었다. 22 그는 그들에게 사태의 심각성을 납득시키려고 했다. 23 내가 전 말했던 것처럼 아무것도 나를 그렇게 하도록 하지 못할 것이다.

24 **advocate**

동 [ǽdvəkèit]
명 [ǽdvəkət]

(무엇을 지지함을 밝혀) 동 (공공연하게) 옹호[지지]하다 명 옹호[지지]자

We do not *advocate* violence in any form and never will.

파생 advocacy [ǽdvəkəsi] 명 옹호, 지지

어원 ad(to) + voc(call:부르다) → (자신 측의 증인·조언자로) 부른 사람 → 옹호[지지]자

25 **oppose**

[əpóuz]

(무엇에 반대하여 그것을 강력히 저지하려 하다): 동 반대하다

Many people are *opposed* to the use of nuclear power for safety reasons.

파생 opposition [àpəzíʃən] 명 반대
opponent [əpóunənt] 명 반대[대항]자; 상대, 적수

어원 op(against:반대하여) + pose(place:놓다) → (반대하는 견해를) 내놓다 → 반대하다

26 **contradict**

[kàntrədíkt]

1. (남의 말을 부정하고 그 반대가 옳다고) 동 반박하다, 반대 주장을 하다
2. (이치상 서로 상반되어 어떤 것이) 동 ~과 모순되다 → p474

At the meeting he *contradicted* everything I said.

파생 contradiction [kàntrədíkʃən] 명 반박, 모순
contradictory [kàntrədíktəri] 형 모순되는

어원 contra(against:대항하여) + dict(say) → (서로 상반되게) 말하다 → 모순되다, 반박하다

27 **consent**

[kənsént]

(중대한 일에 대해) 동 (권한이 있는 사람이) 승낙[동의]하다 [to] 명 승낙

Her parents refused to *consent* to the marriage.

어원 con(with:함께) + sent(feel:느끼다) → (무엇을) 함께 느끼다 → 승낙하다

28 **assent**

[əsént]

(신중하게) 동 (검토·숙고 후에) 동의[찬성, 승낙]하다 [to]
명 동의, 찬성, 승낙

The director gave his *assent* to the proposal.

어원 as(to) + sent(feel:느끼다) → (무엇에 대해 동감을) 느끼다 → 동의하다

24 우리는 어떠한 형태의 폭력도 옹호하지 않으며 절대로 그러지 않을 것이다. 25 많은 사람들이 안전을 이유로 원자력의 사용을 반대한다. 26 회의에서 그는 내가 하는 모든 말을 반박했다. 27 그녀의 부모는 결혼 승낙을 거부했다. 28 이사가 그 제안을 승인했다.

29 **approve**

[əprúːv]

(계획·제안·요청 등을 위원회·의회 등이) 동 (정식으로) 승인하다
(어떤 대상을) 동 (긍정적으로 평가하여) 찬성하다, 좋다고 생각하다 [of]

This proposal was *approved* by a majority of the committee.
I don't *approve* of smoking in public places.

파생 approval [əprúːvəl] 명 승인; 찬성
⊖ disapprove [dìsəprúːv] 동 승인하지 않다; 반대하다, 싫어하다
disapproval [dìsəprúːvəl] 명 불승인; 불찬성

어원 ap(to) + prove(try:시험해 보다) → (평가를 위해 시험해보고) 승인[찬성]하다

30 **reject**

[ridʒékt]

(상대의 제의나 요구 등을) 동 (단호하게) 거절[거부]하다

He applied for several jobs, but he was *rejected* because of his age.

파생 rejection [ridʒékʃən] 명 거절

어원 re(back:뒤로) + ject(throw:던지다) → (다시 뒤로) 던져 버리다 → 거절하다

31 **decline**

[dikláin]

1. (상대의 제의나 요구 등을) 동 (정중하게) 거절하다
2. (수량·가치·품질 등이) 동 (지속적으로) 줄어들다, 감소[축소]되다
명 감소, 축소 → p460

They invited her to dinner, but she politely *declined*.

어원 de(down:아래로) + cline(bend:굽다) ┌ (머리를 아래로 굽혀 정중하게) 1. 거절하다
└ (아래로) 굽다 → 2. 감소하다

32 **dismiss**

[dismís]

1. (고려나 거론할 가치가 없다고) 동 묵살[일축]하다; (생각 등을) 버리다
2. (일이 끝났거나 있게 할 필요가 없어서) 동 물러가게 하다, 해산시키다 → p340
3. (고용주가 고용된 사람을) 동 해고[해임]하다 → p326

Many critics *dismissed* his work as meaningless trash.

파생 dismissal [dismísəl] 명 묵살, 일축; 물러가게 함, 해산; 해고, 해임

어원 dis(apart:떨어져) + miss(send:보내다) → (떨어뜨려) 내보내다 → 묵살[해산, 해고]하다

29 이 제안은 위원회의 다수에 의해 승인되었다. / 나는 공공장소에서의 흡연에 찬성하지 않는다. 30 그는 여러 일자리에 지원을 했으나 그의 나이 때문에 거절을 당했다. 31 그들은 그녀를 저녁 식사에 초대했지만 그녀는 공손하게 거절했다. 32 많은 비평가들은 그의 작품을 무의미한 쓰레기라고 묵살했다.

33 **withhold**

[wiðhóuld]

(남에게 무엇을 내주거나 허락해 주기를 거부하고) 동 **보류하다, 주지 않다**

He *withheld* payment until the work was completed to his satisfaction.

어원 with(back:뒤) + hold(잡다) → (주지 않고) 뒤로 붙잡아 끌다 → **보류하다**

34 **concede**

[kənsíːd]

1. (무엇을 인정하긴 싫지만) 동 **(명백해서 마지못해) 인정하다**
2. (마지못해 남에게) 동 **(권리·특권 등을) 내주다, 허용하다** → p277

He formally *conceded* defeat and congratulated the winner.

파생 concession [kənséʃən] 명 인정; 양보, 양해

어원 con(강조) + cede(yield:양보하다) → (다) 양보하다 → 2. 내주다, 1. 인정하다

35 **acknowledge**

[æknɑ́lidʒ]

(어떤 사실이나 남의 권위 등, 이전에) 동 **(부정·거부하던 것을) 인정하다**

They refused to *acknowledge* the need for radical change.

파생 acknowledgment [æknɑ́lidʒmənt] 명 인정(= acknowledgement)

어원 ac + knowledge(알고 있음) → (알고 있음을) **인정하다**

36 **confess**

[kənfés]

(자신의 잘못·죄·허물 등을 사실대로) 동 **자백[고백]하다** [to]

The man finally *confessed* that he had stolen the money.

파생 confession [kənféʃən] 명 자백, 고백

어원 con(together:모두) + fess(speak:말하다) → (모든 것을) 말하다 → **자백하다**

동의어 레슨

반대[반박]하다	
oppose	(무엇에 반대하여 강력히 저지하려 하다): **반대[대항]하다**
object	(옳지 않은 것에 대해 반감을 나타내며) **반대하다**
contradict	(남의 말을 부정하고 그 반대가 옳다고) **반박하다**

33 그는 일이 만족스럽게 끝날 때까지 지불을 보류했다. 34 그는 패배를 공식적으로 인정하고 승자를 축하해 주었다. 35 그들은 급진적인 변화의 필요성을 인정하기를 거부했다. 36 그 남자는 결국 돈을 훔쳤음을 자백했다.

합의, 약속, 계약

≫ 테마 기본 어휘	promise(약속하다) · guarantee(보증하다) · contract(계약)

37 **negotiate**

[nigóuʃièit]

(어떤 합의를 이루기 위해 이해 당사자들이) 동 **협상하다**

The United States has a firm policy not to *negotiate* with terrorists.

파생 negotiation [nigòuʃiéiʃən] 명 협상

negotiator [nigóuʃièitər] 명 협상자

38 **compromise**

[kámprəmàiz]

(합의를 이루기 위해 서로 양보·절충하여) 동 **타협하다** 명 **타협**

The government has said consistently it will not *compromise* with terrorists.

어원 com(together:함께) + promise(약속하다) → (함께) 약속하다 → 타협하다

39 **unanimous**

[ju:nǽnəməs]

(모든 사람의 의견이 같은): 형 **만장일치의**

Finally, the committee reached a *unanimous* decision on that matter.

파생 unanimity [jù:nəníməti] 명 만장일치

어원 un(one:하나) + anim(mind:마음) → (하나의) 마음의 → 만장일치의

40 **commit**

[kəmít]

1. (어떤 일을 틀림없이 하겠다고) 동 **(진심으로) 약속하다** [to]

2. (오직) 동 **(한 가지 일·대상에만) 전념[헌신]하다** [to] → p304

3. (옳지 못한) 동 **(나쁜 일·범죄 등을) 저지르다[범하다]** → p206

The President is *committed* to continuing the reforms.

파생 commitment [kəmítmənt] 명 약속; 전념; 헌신

어원 com(together) + mit(send:보내다) ┌ 모두 맡기다(보내다) → (자신을 맡겨) 1. 2. 약속[전념]하다
└ (나쁜 일에 자신을 맡겨) → 3. 저지르다, 범하다

37 미국은 테러리스트와는 협상을 하지 않는다는 확고한 정책을 가지고 있다. 38 정부는 일관되게 테러리스트와는 타협을 하지 않겠다고 말해 왔다. 39 마침내 위원회는 그 문제에 대해 만장일치의 결정에 이르렀다. 40 대통령은 개혁을 계속할 것을 약속하고 있다.

41 **pledge**
[pledʒ]

(무엇을 반드시 하겠다는) 명 **(공식적·공개적인) 굳은 약속, 맹세, 서약**
동 **약속[맹세]하다**

The government *pledged* to improve school meals.

42 **swear**
[swɛər]

1. (자신이 한 말이나 약속에 대해) 동 **(~이 진실임을 / ~을 할 것을) 명세하다**
2. (남을 인격을 무시하거나 비난하는) 동 **욕을 하다** [at] → p108

He *swore* he would never tell a lie again while he lived.

43 **vow**
[vau]

(무엇을 반드시 하겠다고) 동 **(엄숙하고 결연하게) 맹세[서약]하다** 명 **맹세, 서약**

I *vowed* I wouldn't make the same mistake again.

44 **oath**
[ouθ]

1. (공식적인 자리에서 엄숙·진지하게) 명 **(격식을 갖추고 하는) 서약, 맹세**
2. (증인이 진실만을 말할 것을 맹세하는) 명 **(법정의) 증인 선서** → p210

They all took the *oath* of loyalty to the king.

45 **treaty**
[trí:ti]

(문서로 기록한 국가간의 합의된 약속): 명 **(국가간의) 조약**

Through his efforts, they finally agreed to sign the peace *treaty*.

어원 treat(다루다) + y → (국가간의) 합의를 다룬 것 → **조약**

동의어 레슨

약속하다	
promise	(일반적인 말): **약속하다**
commit	(진심으로) **약속하다**
pledge	(공식적·공개적으로) **굳게 약속[맹세]하다**
맹세하다	
swear	(무엇을 꼭 지킬 것을, 또는 자신의 말이 진실임을) **맹세하다**
vow	(진지하고 결의에 찬 태도로) **맹세[서약]하다**
oath	(엄숙하고 진지하게 격식을 갖추어 하는) **서약, 맹세**

41 정부는 학교 급식을 개선하겠다고 약속했다. 42 그는 살아있는 한 다시는 거짓말을 하지 않겠다고 맹세했다. 43 그는 다시는 같은 실수를 하지 않겠다고 맹세했다. 44 그들은 모두 왕에게 충성을 맹세했다. 45 그의 노력을 통해 그들은 마침내 평화 조약에 조인하기로 합의했다.

Day 12 Review Test

[1-30] 영어를 우리말로 바꾸세요.

1. convention	16. advocate
2. rally	17. oppose
3. session	18. contradict
4. dispute	19. assent
5. inquire	20. consent
6. retort	21. decline
7. quarrel	22. dismiss
8. quote	23. withhold
9. cite	24. concede
10. correspond	25. acknowledge
11. enclose	26. confess
12. assert	27. unanimous
13. contend	28. pledge
14. convince	29. vow
15. induce	30. oath

[31-35] 각 문장의 문맥에 맞는 적절한 단어를 찾아 넣으세요.

① controversy ② quarrel ③ decline ④ unanimous ⑤ consent

31. The two women _____ed angrily for more than an hour.
32. They reached a _____ decision on this issue.
33. She politely _____d his proposal of marriage.
34. Her parents finally _____ed to their marriage.
35. This issue has caused heated _____.

정답 31. ② 32. ④ 33. ③ 34. ⑤ 35. ①

Day 13 사고·이해·판단

thinking & understanding & judgment

생각, 사고

≫ 테마 기본 어휘	mind · mental · reason(이성) · logical · idea · thought · concept · image · think · consider regard · opinion · view · position(입장) · viewpoint(관점) · philosophy· subjective · objective principle(원리) · theory(이론) · remember · recall · remind · memory · forget · imagine vision(환상) · fantasy(공상) · if · unless · otherwise · suppose(추정[가정]하다) · guess · assume(추정하다) · whether · possible · likely · probable(거의 확실한) · maybe · perhaps · chance(가능성, 기회) · opportunity(기회) · expect

01 **conscious**
[kάnʃəs]

1. (정신이 깨어 있는 상태인): 형 **의식이 있는, 제정신인**
2. (느끼거나 깨달아) 형 **(어떤 사실·상황을) 알고[의식하고] 있는** [of] → p172

She was not *conscious* at the time of the accident.

파생 ⊖ unconscious [ʌnkάnʃəs] 형 의식이 없는; 알지 못하는

어원 con(together:함께) + sci(know:알다) → (다) 2. 알고 있는 → 1. 의식이 있는

02 **rational**
[rǽʃənl]

(감정에 치우치지 않고) 형 **이성[합리]적인**

We often make decisions based on emotion rather than *rational* thought.

파생 ⊖ irrational [irǽʃənl] 형 비이성적인

어원 rat(reason:이성) + ion + al → 이성적인

03 **stereotype**
[stériətàip]

(어떤 것에 대해 이미 굳어져 있는 생각): 명 **고정 관념** 동 **정형화하다**

Negative *stereotypes* about women's qualities as leaders still exist.

어원 stereo(굳은) + type(활자) → (인쇄에서, 같은 것을 찍어내는) 금속 조판 → **고정 관념**

01 그녀는 사고 당시에 의식이 없는 상태이었다. 02 우리는 자주 합리적인 생각이 아니라 감정을 기초로 결정을 한다.
03 지도자로서의 여성의 자질에 대한 부정적 고정 관념이 여전히 존재한다.

04 **notion**
[nóuʃən]

(무엇이 어떠할 것이라고 갖고 있는) 명 (막연한) 생각, 관념, 견해

Women have fought against the traditional *notion* that men are superior to women.

파생 notional [nóuʃənl] 형 관념의

어원 not(know) + ion → (알고 있는) 것 → 생각, 관념

Day 13

05 **meditate**
[médətèit]

(고요히) 동 (정신을 집중하고) 깊이 생각하다, 명상[묵상]하다 [on]

He closed his eyes and *meditated*, focusing on his breathing and letting thoughts go.

파생 meditation [mèdətéiʃən] 명 숙고, (종교적인) 명상[묵상]
meditative [méditèitiv] 형 명상적인, 명상에 잠기는

06 **contemplate**
[kάntəmplèit]

(어떤 일에 대해 오랫동안) 동 (차분히 진지하게) 생각[고려, 숙고]하다

During his six-week journey, he had plenty of time to *contemplate* his future.

파생 contemplation [kὰntəmpléiʃən] 명 숙고
contemplative [kəntémplətiv] 형 (심사) 숙고하는

어원 con(강조) + temple(사원) + ate → (사원에서 묵상하듯) 생각[숙고]하다

07 **reflect**
[riflékt]

1. (일이나 상황을) 동 (이해하려고) 곰곰이 생각하다, 숙고하다
2. (물체에 부딪쳐서) 동 (빛·소리·열 등이) 반사되다[하다] → p427
(반사하여) 동 (거울·유리 등이) 상을 비추다 → p427
3. (어떤 것이) 동 (다른 것의 모습·상태·상황을) 나타내다, 반영하다 → p178

We need to take time to *reflect* on where we are and what our goals are.

파생 reflection [riflékʃən] 명 숙고; 반사; 반영
reflective [rifléktiv] 형 숙고하는; 반사하는; 반영하는

어원 re(back:뒤) + flect(bend:굽다) ┌ (뒤로 구부려 과거 일을) 1. 숙고하다
└ (방향이 뒤로 굽어져) 2. 3. 반사[반영]하다

04 여성들은 남자가 여자보다 더 우월하다는 전통적인 관념에 맞서 싸워 왔다. 05 그는 눈을 감고 호흡에 집중하고 생각을 내려 놓으면서 명상을 했다. 06 그의 6주간의 여행 동안, 그는 자신의 장래에 대해 숙고할 충분한 시간을 가졌다. 07 우리는 우리가 어디에 있고 우리의 목표가 무엇인지 깊이 생각할 시간을 가질 필요가 있다.

08 deliberate

형 [dilíbərət]
동 [dilíbərèit]

1. (신중히) 동 **(결정을 내리기 전에) 숙고[심의]하다** [on/about]
2. (우연이 아니라 목적·계획을 갖고 하는): 형 **의도적인, 고의적인** → p300
3. (생각·말·행동이) 형 **(서두르지 않고) 신중한, 사려 깊은, 느긋한** → p228

They *deliberated* for three days before reaching a decision.

파생 deliberation [dilìbəréiʃən] 명 숙고; 신중함

어원 de + liber(저울질하다) → (저울질하듯) 3. 신중한 2. 의도적인 → (신중히) 1. 숙고하다

09 inspire

[inspáiər]

1. (무엇이) 동 **(창작·발명의) 영감을 주다**
(누구에게 영향을 끼쳐) 동 **(특별한 감정·생각을) 품게 하다, 불어넣다**
2. (무엇을 꼭 이루고자 하는) 동 **(의지력·성취욕을 북돋워) 고무[격려]하다** → p309

The novel was *inspired* by a story that he had heard from his mother.
As a commander, he *inspired* his followers with confidence.

파생 inspiration [ìnspəréiʃən] 명 영감, 영감을 주는 사람[것]; 고무, 고취
inspirational [ìnspəréiʃənl] 형 영감을 주는; 고무[격려]하는

어원 in(안) + spire(breathe:숨) → (숨을) 들이마시다 → 1. 영감을 주다, 불어넣다 2. 고무하다

10 perspective

[pərspéktiv]

(삶의 경험이나 소신 등에 의해 형성된) 명 **관점, 시각, 견해**
(사물을 전체적으로 올바르게 파악하는) 명 **균형감, 균형 잡힌 관점**

Your coaching helped me to see things from a different *perspective*.
He fell in love and lost all sense of *perspective*.

어원 per(through:관통) + spect(look:보다) → (사물을) 꿰뚫어 봄 → (균형 잡힌) 관점

11 hypothesis

[haipάθəsis]

(어떤 사실을 설명, 이론화하기 위해 임시로 세운) 명 **가설**

There are several *hypotheses* for the origin of life on earth.

파생 hypothetical [hàipəθétikəl] 형 가설의
hypothesize [haipάθisàiz] 동 가설을 세우다

어원 hypo(under) + the(put:놓다) → (결론 아래에) 가정해 놓은 것 → 가설

08 그들은 결정에 이르기 전까지 3일간 숙고를 했다. 09 그 소설은 그가 어머니로부터 들은 이야기에서 영감을 받았다. / 지휘관으로서 그는 그를 따르는 사람들에게 자신감을 불어넣었다. 10 당신의 코치는 내가 다른 시각에서 사물을 보는 데 도움을 주었다. / 그는 사랑에 빠져서 모든 균형 감각을 상실했다. 11 지구상의 생명의 기원에 대해서는 여러 가지 가설이 있다.

12 **speculate**
[spékjulèit]

1. (확실한 정보 없이) 동 (깊이 생각해서) 추측[추론]하다 [on]
2. (상품 · 유가증권 등에) 동 (큰 이익 노리고) 투기하다 [in/on] → p286

We can *speculate* that something is going on, but we cannot know.

파생 speculation [spèkjuléiʃən] 명 추측, 사색; 투기
speculative [spékjulèitiv] 형 추론적인; 투기적인
speculator [spékjulèitər] 명 투기꾼

어원 spec(look) + ulate → (유심히 살펴보고) 1. 추측하다 → (추측하여) 2. 투기하다

13 **presume**
[prizú:m]

(확실한 근거는 없지만, 경험상) 동 (당연히 사실일 것으로) 추정[가정]하다

From the way she talked, I *presumed* her to be a doctor.

파생 presumption [prizʌmpʃən] 명 추정, 가정
presumably [prizú:məbli] 부 아마, 추측하건대

어원 pre (before) + sume(take:취하다) → (미리) 확신을 취하다 → ~라고 추정하다

14 **forecast**
[fɔ́:rkæst]

(날씨 · 경제 등의 전망을 가용한) 동 (정보를 근거로) 예측[예보]하다
명 예측, 예보

We have good weather today, but rain is *forecast* for tomorrow.

파생 forecaster [fɔ́:rkæstər] 명 예측하는 사람; 기상 통보관

어원 fore(before) + cast(throw:던지다) → (미리 주사위를 던져서) 점괘를 보다 → 예측하다

15 **predict**
[pridíkt]

(앞으로의 일을) 동 (지식 · 경험을 바탕으로) 예측[예견]하다

It is impossible to accurately *predict* the future.

파생 prediction [pridíkʃən] 명 예측
predictive [pridíktiv] 형 예언[예보]하는
predictable [pridíktəbl] 형 예측 가능한

어원 pre(before) + dict(say) → (미리) 말하다 → 예측하다

12 우리는 무슨 일이 벌어지고 있다고 추측할 수는 있지만 알 수는 없다. 13 그녀가 말하는 것으로 봐서 나는 그녀가 의사라고 추정했다. 14 오늘은 날씨가 좋으나 내일은 비가 올 것으로 예측됩니다. 15 미래를 정확히 예측하는 것은 불가능하다.

16 **foresee**
[fɔ́:rsi:]

(앞으로의 일을) 동 (미리 내다보고) 예견하다

It is impossible to *foresee* the progress that will be made by science.

파생 foresight [fɔ́:rsait] 명 예견
foreseeable [fɔ:rsí:əbl] 형 예견할 수 있는

어원 fore(before) + see → (앞일을) 미리 보다 → 예견하다

17 **prophesy**
[prάfəsài]

(미래에 일어날 일을) 동 (종교적 힘 / 신비한 능력으로) 예언하다

Jesus *prophesied* that Peter would deny him three times before dawn.

파생 prophecy [prάfəsi] 명 예언
prophetic [prəfétik] 형 예언의
prophet [prάfit] 명 예언자

어원 pro(before:앞) + phes(speak:말하다) → (앞에서) 하늘의 뜻을 전하다 → 예언하다

18 **anticipate**
[æntísəpèit]

(어떤 일을) 동 (기대감을 갖고) 기대[예상]하다; (예상하고) 준비하다

He really didn't *anticipate* that the journey would take so long and be so boring.

파생 anticipation [æntìsəpéiʃən] 명 예상, 기대

어원 anti(before:미리) + cip(take:집다) → (앞일을) 미리 집어내다 → 예상하다

19 **outlook**
[áutlùk]

1. (특정인이) 명 (세상·인생을 보는) 견해, ~관
2. (무엇의) 명 (앞날에 대한) 전망, 예상
3. (특정 위치에서) 명 (내다보이는) 전망, 조망 → p69

Sales forecasts indicate a poor *outlook* for the manufacturing industry.
Those with an optimistic *outlook* on life actually live longer.

어원 out(밖) + look(보다) ┌ (내다보이는) 1. 전망 → (앞일의) 2. 전망
└ (세상·인생을 보는) 1. 견해

16 과학이 이루어낼 진전을 예견하는 것은 불가능하다. 17 예수님은 베드로가 날이 새기 전에 그를 세 번 부인할 것이라고 예언했다. 18 나는 그 여행이 그렇게 오래 걸리고 그렇게 지루하리라고는 정말 예상하지 못했다. 19 판매 예상은 제조업의 좋지 않은 전망을 보여주고 있다. / 삶에 대해 낙관적인 견해를 가진 사람들이 실제로 더 오래 산다.

[20] **prospect**

[prάspekt]

(미래에) 명 (어떤 일이 있을) 가능성[가망]
(사람·사업·경제 등이 장차) 명 (-s) 성공할 가능성[가망]

She was really excited at the *prospect* of traveling to a foreign country.
He left the country because he felt that his *prospects* were better abroad.

어원 pro(forward:앞에) + spect(look:보여지다) → (앞에) 보여지는 것 → 가능성, 성공할 가망

[21] **potential**

[pəténʃəl]

(현재는 아니지만 미래에 발달·성장·성공할) 형 잠재력이 있는 명 잠재력

Advertising is an effective way to attract *potential* customers.

어원 potent(힘이 강한) + ial → (숨어 있는) 힘이 강한 → 잠재력이 있는

[22] **concrete**

[kάnkri:t]

(추상적인 개념이 아닌 명확한 사실이나 실체에 근거한): 형 구체적인

No *concrete* evidence to support this theory is yet available.

어원 con(together:함께) + crete(grow:자라다) → (함께 성장하여) 하나로 굳어진 → 구체화된

[23] **abstract**

형동 [æbstrǽkt]
형명 [ǽbstrækt]

(구체적인 대상이 아닌 일반화한 개념에 근거한): 형 추상적인 명 추상화
동 추출하다, 끌어내다

It's not easy to put these *abstract* ideas into words that others can understand.

파생 abstraction [æbstrǽkʃən] 명 추상 관념[개념]

어원 abs(away:떨어져) + tract(draw:끌다) → (실제로부터) 끌어 당겨져 떨어진 → 추상적인

[24] **recollect**

[rèkəlékt]

(희미한 과거의 일을 힘들게) 동 (노력해서)) 생각해 내다, 회상하다

I cannot *recollect* the details of what happened that day.

파생 recollection [rèkəlékʃən] 명 회상

어원 re(again) + collect(모으다) → (기억을) 다시 모으다 → 회상하다

20 그녀는 외국으로 여행을 간다는 기대감에 정말 흥분했다. / 그는 외국에서 성공 가능성이 더 높다고 느꼈기 때문에 그 나라를 떠났다. 21 광고는 잠재 고객을 끌어들이기 위한 효과적인 방법이다. 22 이 이론을 뒷받침하는 구체적인 증거가 아직 없다. 23 이 추상적인 생각을 다른 사람들이 이해할 수 있는 말로 표현하기는 쉽지 않다. 24 나는 그날 무슨 일이 있었는지 상세한 일을 기억해낼 수가 없다.

25 conceive

[kənsíːv]

1. (마음으로 지어내어) 동 (생각·계획 등을) 마음 속에 품다, 상상하다 [of]

2. (여자가) 동 (아이를) 임신하다 → p25

I'm really in love with you and can't *conceive* of life without you.

파생 conception [kənsépʃən] 명 개념, 생각; 임신

conceivable [kənsíːvəbl] 형 상상[생각]할 수 있는

어원 con(강조) + ceive(take:받다) ┌ (아이를 받아) 배 속에 품다 → 1. 임신하다
└ (생각을 받아) 2. 마음 속에 품다

26 illusion

[ilúːʒən]

(현실에는 없으나 마치 있는 것처럼 느끼는) 명 환각, 환영, 환상
(사물·사실을 실제와 다르게 보거나 느끼는) 명 착각, 오해

The world of dream is an *illusion* of the mind.
It is an *illusion* that youth is happy, an illusion of those who have lost it.

파생 illusory [ilúːsəri] 형 환상에 불과한

어원 il(in:안) + lus(play:장난하다) + ion → (자기 마음 속의) 장난 → 환각, 착각

동의어 레슨

~을 ~으로 여기다	
consider	(신중히 객관적으로 판단해 본 후) ~을 ~으로 여기다
regard	(자신의 주관적인 평가에 의한 판단으로) ~을 ~으로 여기다
가능성이 있는	
possible	(가능성이) 그다지 크지 않지만 가능성이 있는
likely	(가능성이) 비교적 큰
probable	(가능성이) 거의 확실한

이해, 판단

≫ 테마 기본 어휘	understand · clear · definite(확실한) · noticeable(눈에 띄는) · confuse · puzzle(퍼즐) · choose · select · pick · option(선택권) · judge · conclude · decide · determine(결정[결심]하다) settle(결정하다) · set(설정하다)

25 나는 정말 당신을 사랑해서 당신 없는 세상을 상상할 수가 없다. 26 꿈의 세계는 마음의 환영이다. / 젊음이 행복하다는 것은 착각이다. 그것을 잃은 사람들의 착각이다.

27 comprehend
[kὰmprihénd]

(매우 어렵고 복잡한 것을) 동 (완전히) 이해하다

He doesn't seem to fully *comprehend* the functions of the machine.

파생 comprehension [kὰmprihénʃən] 명 이해(력)
comprehensible [kὰmprihénsəbl] 형 이해할 수 있는

어원 com(completely:완전히) + prehend(grasp: 이해하다) → (완전히) 이해하다

Day 13

28 appreciate
[əpríːʃièit]

1. (무엇의 가치·본질·모습 등의) 동 진가를 이해하다, 올바르게 인식하다
2. (감사의 뜻을 정중하게 나타내는 말): 동 감사하게 생각한다 → p128
3. (점차적으로 어떤 것의) 동 가치가 오르다 → p449

It seems that his abilities are not fully *appreciated* by his boss.

파생 appreciation [əprìːʃiéiʃən] 명 진가를 알기, 올바른 인식; 감사; 가치 상승
⊖ depreciate [diprí:ʃièit] 동 가치가 떨어지다, 가치를 떨어뜨리다

어원 ap(to) + preci(price:가격) ┬ (가격을) 높게 매기다 → 3. 가치가 오르다
├ (높게 평가하여) 1. 진가를 이해하다
└ (진가를 이해하여) 2. 감사하게 생각하다

29 insight
[ínsàit]

(사물을 예리하게 꿰뚫어보고 이해하는) 명 통찰(력)

This book gives us new *insights* into today's society.

파생 insightful [ínsàitfəl] 형 통찰력이 있는

어원 in(속) + sight(보기) → (속을) 꿰뚫어보기 → 통찰력

30 clarify
[klǽrəfài]

(더 쉽고 자세히) 동 (설명을 더해서) 명확하게 하다, 분명히 말하다

Could you *clarify* what you are asking me?

파생 clarification [klærəfikéiʃən] 명 명확화
clarity [klǽrəti] 명 명백, 명료

어원 clar(clear:명확한) + ify(make:만들다) → 명확하게 하다

27 그는 그 기계의 기능들을 완전히 이해하고 있는 것처럼 보이지 않는다. 28 그의 능력은 그의 상사에 의해 충분히 인정받지 못하고 있는 것처럼 보인다. 29 이 책은 우리에게 오늘날의 사회에 대한 새로운 통찰력을 준다. 30 제게 무엇을 물어보고 있는 것인지 명확하게 말씀해 주시겠습니까?

31 **illuminate**
[ilú:mənèit]

1. (이해하기 힘든 것을) 동 (쉽고 분명하게) 밝혀 주다
2. (밝게 보이게 하려고) 동 (물건·장소에) 불을 비추다, 조명하다 → p427

The article *illuminates* what I want to say so perfectly.

파생 illumination [ilù:mənéiʃən] 명 해명; 조명

어원 il(in:안) + lumin(light:빛) → (안으로) 빛을 비추다 → 2. 불을 비추다 → 1. 밝혀 주다

32 **obvious**
[ɑ́bviəs]

(보거나 이해하기에) 형 분명한, 명백한 (= apparent)

It was *obvious* to everyone that something was terribly wrong.

어원 ob(against:맞서) + vi(way:길) + ous → (길 위에서 서로 맞서 있는 듯이) 분명한

33 **apparent**
[əpǽrənt]

(보거나 이해하기에) 형 분명한, 명백한 (= obvious)
(사실 여부는 차치하고) 형 (외견상) ~인 것처럼 보이는[여겨지는]

The man attacked him for no *apparent* reason.

어원 ap(to) + par(visible:보이는) + ent → (눈에 확실하게 보여서) 분명한

34 **prominent**
[prɑ́mənənt]

1. (밖이나 위로 쑥 튀어나와 있어서) 형 눈에 띄는, 두드러진
2. (중요성으로 인해 이름이 널리 알려진): 형 (중요성으로) 저명한, 유명한 → p126

His shop was in a *prominent* position in the market place.

파생 prominence [prɑ́mənəns] 명 두드러짐; 저명

어원 pro(forward:앞으로) + min(project:돌출되다) ┌ (앞으로 돌출되어 있어서) 1. 눈에 띄는
└ (지위·명망이 눈에 띄어서) 2. 저명한

35 **vivid**
[vívid]

(눈앞에 보는 것처럼) 형 (묘사·인상·기억 등이) 생생한; (색·빛 등이) 선명한

He has *vivid* memories of his trip to New York 25 years ago.

어원 viv(live:살다) + id → (살아있는 것처럼) 생생한, 선명한

31 그 기사는 내가 말하고 싶은 것을 너무나 완벽하게 밝혀 주고 있다. 32 누가 봐도 무언가 크게 잘못 되었다는 것이 분명했다. 33 그 남자는 분명한 이유 없이 그를 폭행했다. 34 그의 상점은 시장의 눈에 띄는 위치에 있었다. 35 그는 25년 전 뉴욕으로 여행 갔던 일을 생생하게 기억하고 있다.

36 **obscure**
[əbskjúər]

(의미·내용 등이 분명치 않아서) 형 (이해하기 힘들게) 불명료한, 모호한
동 모호하게 하다, 보기[이해하기] 어렵게 하다

For some *obscure* reason, he refused to go there.

파생 obscurity [əbskjúərəti] 명 불명료

어원 ob(over:위에) + scure(covered:덮여진) → (위가 덮여서) 어두운 → 불명료한

37 **ambiguous**
[æmbígjuəs]

(보기에 따라) 형 (여러 해석이 가능해서) 애매한, 모호한

This part of the agreement is somewhat *ambiguous*.

파생 ambiguity [æmbigjú:əti] 명 애매함
⊖ unambiguous [ʌnæmbígjuəs] 형 애매하지 않은

어원 ambi(both:양쪽) + gu(lead:이끌다) + ous → (해석이 양쪽으로 이끌려져서) 애매한

38 **vague**
[veig]

(이해·판단을 위한) 형 (정보가 불충분·부정확해서) 막연한, 모호한, 애매한
(뚜렷하지 않고) 형 (생각·기억·느낌·형체 등이) 희미한, 흐릿한, 어렴풋한

The witness gave only a *vague* description of the suspect to the police.
She had only a *vague* idea when it had happened.

어원 vag(wander:떠돌아다니다) + ue ┌ 부정확해서 헤메는(떠돌아다니는) → 막연한
└ (있어야 할 곳에 있지 않고 떠돌아다녀서) 어렴풋한

39 **subtle**
[sʌtl]

(뚜렷하지 않아 감지·포착·이해하기가 어려운): 형 미묘한, 교묘한

There is a *subtle* difference between the two concepts.

파생 subtlety [sʌtlti] 명 미묘, 교묘

40 **perplex**
[pərpléks]

(일이 복잡하게 얽혀서) 동 (이해가 되지 않아) 당혹스럽게 하다

His worsening condition *perplexed* the doctors.

파생 perplexed [pərplékst] 형 갈피를 못 잡는

어원 per(thoroughly:완전히) + plex(twine:꼬다) → (일이 완전히 꼬여서) 당혹스럽게 하다

36 무슨 알 수 없는 이유 때문인지, 그는 그곳에 가기를 거부했다. 37 계약서의 이 부분이 약간 애매하다. 38 그 목격자는 경찰에 용의자에 대해 모호한 묘사를 했을 뿐이었다. / 그녀는 그 일이 언제 일어났는지 어렴풋이 알고 있을 뿐이었다. 39 그 두 개의 개념 사이에는 미묘한 차이가 있다. 40 그의 악화되는 건강 상태는 의사들을 당혹스럽게 했다.

41 **bewilder**
[biwíldər]

(돌아가는 상황을 잘 알지 못해) 동 (혼란스러워) 당황하게[어리둥절하게] 하다

He was completely *bewildered* by her sudden change of expression.

파생 bewilderment [biwíldərmənt] 명 당황

어원 be(thoroughly:완전히) + wilder(길을 잃다) → (완전히) 길을 잃다 → 당황하게 만들다

42 **alternative**
[ɔ:ltə́:rnətiv]

(어떤 안을 대신하여 선택 가능한 다른) 명 대안 형 대안[대신]의

Many scientists are working to develop *alternative* energy sources.

어원 alter(other:다른) + native → (대신하는) 다른 것 → 대안

43 **infer**
[infə́:r]

(주어진) 동 (정보를 근거로) 추론[추리]하다 [from]

From the evidence, we can *infer* that the mistake was accidental.

파생 inference [ínfərəns] 명 추리, 추론

어원 in(안) + fer(carry:나르다) → (정보·사실 등을 안으로 날라 모아서) 추리하다

44 **resolve**
[rizάlv]

1. (어떤 일을 하기로) 동 (확고하게) 결심[결정]하다
(회의·위원회 등에서 투표를 하여) 동 (공식적으로) 결정[의결, 결의]하다
명 (단호한) 결심[결의]

2. (더 이상 문제가 없도록) 동 (확실하게) 해결하다 → p224

After it happened, he *resolved* that he would never trust a man like that again.
After discussion, the committee *resolved* to accept the proposal.

파생 resolution [rèzəlú:ʃən] 명 결심, 결정; 해결
resolute [rézəlù:t] 형 결심이 굳은

어원 re(강조) + solve(loosen:풀다) ┌ (문제를 풀고) 1. 결정[결심]하다
└ (문제를) 확실히 풀다 → 2. 해결하다

41 그녀의 갑작스런 표정 변화에 그는 완전히 어리둥절했다. 42 많은 과학자들이 대체 에너지 자원을 개발하기 위해 일하고 있다. 43 증거로부터 우리는 그 실수가 우연이었다는 것을 추론할 수 있다. 44 그 일이 있은 후, 그는 다시는 그런 사람을 신뢰하지 않겠다고 굳게 결심했다. / 토론 후에 위원회는 그 제안을 받아들이기로 의결했다.

Day 13 Review Test

[1-30] 영어를 우리말로 바꾸세요.

1. rational	16. recollect
2. stereotype	17. comprehend
3. notion	18. illuminate
4. contemplate	19. obvious
5. reflect	20. apparent
6. deliberate	21. prominent
7. inspire	22. obscure
8. hypothesis	23. ambiguous
9. speculate	24. vague
10. predict	25. subtle
11. prophesy	26. perplex
12. anticipate	27. bewilder
13. prospect	28. alternative
14. concrete	29. infer
15. abstract	30. resolve

[31-35] 각 문장의 문맥에 맞는 적절한 단어를 찾아 넣으세요.

① subtle ② recollect ③ deliberate ④ insight ⑤ abstract

31. The concept was too _____ for him to understand.
32. It will take at least a week to _____ on the matter.
33. Can you _____ the time when you first met her?
34. The book provides excellent _____s into human nature.
35. There are _____ differences between the two words.

정답 31. ⑤ 32. ③ 33. ② 34. ④ 35. ①

Day 14 참·거짓·앎·지각

truth & falsehood & perception

참, 거짓

≫ 테마 기본 어휘	true · real · genuine(진짜의) · actual(사실상의) · reality · false(거짓의) · fake(위조의) · right · correct(옳은) · wrong · mistake · error · exact · rough(대략의)

01 **authentic**
[ɔːθéntik]

(모조·복제품이 아니라) 형 **(출처·근거가 분명한) 진본[진품]의, 진짜인**

If the painting is *authentic*, it's easily worth at least three million dollars.

파생 authenticity [ɔ̀ːθentísəti] 명 진품[진짜]임
authenticate [ɔːθéntəkèit] 동 진짜임을 증명하다
authentically [ɔːθéntikəli] 부 진짜처럼; 확실하게
⊖ inauthentic [ìnɔːθéntik] 형 진품[진짜]이 아닌

어원 aut(self:자신의) + hent(doer:하는 사람) → (자신이 직접 한 사람이어서) **진본[진품]인**

02 **virtual**
[və́ːrtʃuəl]

(표면상으로는 그렇지 않으나 실지로는 그러한): 형 **사실[실질]상의**

The tension between the two countries was developing into a state of *virtual* war.

03 **accurate**
[ǽkjurət]

(계산·기록·묘사 등이) 형 **(오류나 실수 없이) 정확한**

Managers need *accurate* information to make effective decisions.

파생 accuracy [ǽkjurəsi] 명 정확
⊖ inaccurate [inǽkjərit] 형 부정확한

어원 ac(to) + cur(care:주의) → (주의를 기울여서) **정확한**

01 그 그림이 진품이라면 아마 틀림없이 적어도 3백만 달러의 가치가 있다. 02 두 나라 사이의 긴장은 사실상의 전쟁 상태로 발전하고 있었다. 03 관리자들이 효과적인 결정을 하기 위해서는 정확한 정보가 필요하다.

04 precise
[prisáis]

(빈틈없이) 형 **(세세한 부분까지) 정확한, 정밀한**

Can you give a more *precise* description of the information you need?

파생 precision [prisíʒən] 명 정밀
⊖ imprecise [ìmprisáis] 형 부정확한

어원 pre(before:미리) + cise(cut:자르다) → (불정확한 것을 미리 잘라내서) 정밀한

05 approximate
형 [əprɑ́ksəmət]
동 [əprɑ́ksəmèit]

(정확하지는 않지만 기준에 가깝거나 아주 비슷한): 형 **대략의, 거의 정확한**
동 **(~에) 가깝다**

This answer is only *approximate*, not exact.

파생 approximation [əprɑ̀ksəméiʃən] 명 접근, 근사(치)

어원 ap(to) + proxim(come near:가까이 오다) → (~에) 가깝다, 거의 정확한

06 artificial
[ɑ̀:rtəfíʃəl]

(실물을 본떠 사람이 만든): 형 **(천연물이 아니라) 인공[인조, 모조]의**

The *artificial* flowers look just like real ones.

파생 artificiality [ɑ̀:rtəfiʃiǽləti] 명 인공(물) 인위, 모조(품)

어원 art(기술) +fic(make:만들다) → (사람의 기술로) 만든 → 인공의

07 bet
[bet]

1. (내기를 걸어도 될 정도로, 무엇이) 동 **(틀림없음을) 확신[장담]하다**
2. (결과를 예측하여 승부를 겨루는 일에) 동 **내기[돈]를 걸다** [on] 명 **내기** → p250

I *bet* you can't guess how old she is. Just guess.

파생 betting [bétiŋ] 명 내기(에 거는 돈)

08 ensure
[inʃúər]

(어떤 일이 틀림없이 이루어지도록) 동 **반드시 ~하게[이게] 하다, 보장하다**

It's his responsibility to *ensure* that the project finishes on time.

어원 en(make) + sure → make sure → 반드시 ~하게[이게] 하다

04 필요한 정보에 대해 좀 더 정확한 설명을 해 주시겠어요? **05** 이 답은 정확한 것이 아니라 근사치일 뿐이다. **06** 그 조화는 꼭 진짜같이 보인다. **07** 당신이 그녀가 몇 살인지 추측할 수 없으리라 장담해요. 한번 추측해 봐요. **08** 프로젝트가 확실히 제때 끝나도록 하는 것은 그의 책임이다.

09 **assure**

[əʃúər]

(안심시키기 위해, 틀림없음을) 동 (의심하는) ~에게 장담[확언]하다

After the test, my doctor *assured* me that my baby was healthy and fine.

파생 assurance [əʃúərəns] 명 보증, 보장
assured [əʃúərd] 형 보증된, 확실한; 자신에 찬
assuredly [əʃúəridli] 부 분명히, 틀림없이

어원 as(to) + sure(확신하는) → (상대에게) 확신을 주다 → 장담[확언]하다

10 **verify**

[vérəfài]

(조사·검토해서) 동 (사실인지 / 정확한지) 확인하다, 확인해 주다

We have no way of *verifying* whether the story is true or not.

파생 verification [vèrəfikéiʃən] 명 검증, 확증

어원 veri(true:사실인) + fy → (사실인지를) 확인하다

11 **confirm**

[kənfə́ːrm]

(불확실하던 것이 분명한 사실임을) 동 (증거를 들어) 확인[확증]해 주다
(임시로 정한 일이 확정되었음을) 동 (전화나 문서로) 확인해 주다

New evidence has *confirmed* that the expansion of the universe is accelerating.

I'm calling to *confirm* my reservation on Flight KE 907 to London.

파생 confirmation [kὰnfərméiʃən] 명 확인, 확증

어원 con(강조) + firm(확실한) → (더) 확실하게 해 주다 → 확인해 주다

12 **certify**

[sə́ːrtəfài]

(무엇이 틀림없는 사실임을) 동 (공식 문서로) 증명[보증]하다

I hereby certify that the above statements are true and *correct*.

파생 certification [sə̀ːrtəfikéiʃən] 명 증명, 보증, 인증
certificate [sərtífikeɪt] 명 증명서, 면허장
certified [sə́ːrtəfàid] 형 보증[증명]된; 공인의

어원 cert(sure:확실한) + ify(make) → 확실하게 하다 → 증명하다

09 검사를 마친 후 의사는 내게 아기는 건강하고 괜찮다고 확언했다. 10 우리는 그 이야기가 사실인지 아닌지 확인할 방법이 없다. 11 새로운 증거는 우주의 팽창이 가속화 되고 있다는 것을 확인해 주었다. / 런던행 KE 907 비행편의 예약을 확인하려고 전화했습니다. 12 상기의 진술은 사실이며 정확함을 증명합니다.

13 **evidence**

[évədəns]

(범죄·의혹·주장 등을 입증하는) 명 증거 동 (증거로써) 증명하다

This is important new *evidence* that may prove him innocent.

파생 evident [évədənt] 형 분명한, 명백한

어원 e(out:밖) + vid(see:보다) → (밖으로) 드러나 보이는 것 → 증거

14 **skeptical**

[sképtikəl]

(무엇을 잘 믿으려 하지 않고 의심을 품는): 형 회의적인, 의심 많은

They were deeply *skeptical* about the project's chances of success.

파생 skepticism [sképtəsìzm] 명 회의
skeptic [sképtik] 명 회의론자

15 **cynical**

[sínikəl]

(남의 진심이나 정직함 등을 믿지 않고) 형 냉소적인, 비웃는

The public is becoming increasingly *cynical* about politics and politicians.

파생 cynicism [sínisìzm] 명 냉소
cynic [sínik] 명 냉소적인 사람

동의어 레슨

실수, 오류	
mistake	(부주의·태만·착오 등에서 비롯된 의도하지 않은) **실수, 잘못**
error	(잘못되어 원칙·기준·이치 등에 맞지 않는) **오류, 잘못**
의심하다	
doubt	(무엇이 사실이 아니거나 그렇지 않을 수도 있다고) **의심하다**
suspect	(자신이 미심쩍어 하는 바가 사실이 아닐까 하고) **의심하다**

앎, 지각

≫ 테마 기본 어휘	certain · sure · confident · prove · doubt · suspect(의심하다) · know · familiar · realize(깨닫다) notice(알아차리다) · overlook(간과하다) · sense(분별, 지각) · wise · realistic · intelligent · clever smart · bright · genius · stupid · foolish · silly · dull(둔한) · idiot(바보) · ridiculous(터무니없는) nonsense · childish · crazy · mad · find · discover · lose · missing(없어진) · search(수색) · seek(찾다) · show · display(드러내다) · present(제시[발표]하다) · express · public · release(공개, 발표, 개방) · suggest(시사하다) · hide · secret · private

13 이것은 그가 무죄라는 것을 입증할 수도 있는 중요한 새로운 증거이다. 14 그들은 프로젝트의 성공 가능성에 대해 매우 회의적이었다. 15 대중들은 점점 더 정치와 정치인에 대해 냉소적이 되어가고 있다.

16 **aware**

[əwέər]

(느끼거나 깨달아) 형 **(어떤 사실 · 상황을) 알고[의식하고] 있는** [of] (= conscious)

Smokers continue to smoke, although *aware* of the dangers of smoking.

파생 awareness [əwέərnis] 명 알고 있음, 의식
⊖ unaware [ʌnəwέər] 형 알지 못하는

어원 a(강조) + ware(wary:경계하는) → (몹시 경계하기 때문에) 알고 있는

17 **conscious**

[kάnʃəs]

1. (느끼거나 깨달아) 형 **(어떤 사실 · 상황을) 알고[의식하고] 있는** [of] (= aware)
2. (정신이 깨어 있는 상태인): 형 **의식이 있는, 제정신인** → p156

We were *conscious* of a change in their attitude toward us.

파생 consciousness [kάnʃəsnis] 명 의식
⊖ unconscious [ʌnkάnʃəs] 형 알지 못하는; 의식이 없는

어원 con(together:함께) + sci(know:알다) → (다) 1. 알고 있는 → 2. 의식이 있는

18 **accustomed**

[əkʌstəmd]

(습관처럼 오랫동안 되풀이 되어서) 형 **익숙한** [to]

Slowly his eyes became *accustomed* to the darkness.

파생 accustom [əkʌstəm] 동 습관들이다, 길들이다

어원 ac(to:방향) + custom(습관) → (습관) 들여진 → 익숙한

19 **recognize**

[rékəgnàiz]

1. (누구인지, 무엇인지를) 동 **(이전에 보거나 들어서) 알아보다, 인식하다**
2. (깨닫지 못했던 무엇의) 동 **(가치 · 진실성 · 존재성 등을) 인정[공인]하다**

I hadn't seen him for thirty years and almost didn't *recognize* him.

파생 recognition [rèkəgníʃən] 명 인식; 인정
recognizable [rékəgnàizəbl] 형 인식할 수 있는

어원 re(again:다시) + cogn(know:알다) ┌ (전에 알던 것을) 다시 알아보다 → 1. 인식하다
└ (진가를) 다시 알아보다 → 2. 인정하다

16 흡연자들은 흡연의 위험성에 대해 인식하고 있지만 담배를 계속 피운다. 17 우리는 그들의 우리에 대한 태도 변화를 알고 있었다. 18 서서히 그의 눈은 어둠에 익숙해졌다. 19 나는 그를 30년 동안 보지 못해서 그를 거의 알아보지 못했다.

[20] **identify**
[aidéntəfài]

1. (어떤 대상을 보고, 그것의) 동 (신원 · 정체 등을) 알아보다, 확인[식별]하다
2. (어떤 대상을 다른 대상과 똑같은 것으로) 동 (~을 ~와) 동일시하다 [with] → p472

The dead man has been *identified* as her husband.

파생 identification [aidèntifəkéiʃən] 명 신분증(= ID), (신원) 확인; 동일시
identity [aidéntəti] 명 신원, 정체, 본인임
identical [aidéntikəl] 형 동일한

어원 identi(same:동일한) + fy → 2. 동일시하다 → (동일한지를) 1. 확인하다

Day 14

[21] **perceive**
[pərsíːv]

(알기 힘든 것을) 동 (감각 · 통찰력으로) 알아차리다, 인지[지각]하다

I *perceived* a slight change in his attitude.

파생 perception [pərsépʃən] 명 지각(력)
perceptive [pərséptiv] 형 지각력이 있는

어원 per(thoroughly:완전히) + ceive(grasp:파악하다) → (완전히) 파악하다 → 인지하다

[22] **discern**
[disə́ːrn]

(분명치 않거나 어렴풋한 것을) 동 (구별하여) 알아차리다, 식별[분간]하다

It is difficult to *discern* any trends in these data.

파생 discernment [disə́ːrnmənt] 명 인식[식별]력, 안목
discernible [disə́ːrnəbl] 형 식별[분간]할 수 있는

어원 dis(apart:분리) + cern(separate:떼어놓다) → (분리하여) 떼어놓다 → 분간하다

[23] **sophisticated**
[səfístəkèitid]

1. (세상 경험이 많고 물정에 밝아서) 형 (사람 · 스타일 등이) 세련된, 교양이 있는
2. (고도로 정밀한 기술로 만들어져) 형 (기계 · 시스템 · 방법 등이) 정교한, 복잡한 → p447

He is a tall, handsome, and *sophisticated* young man.

파생 sophistication [səfìstəkéiʃən] 명 정교함; 세련됨
unsophisticated [ʌnsəfístəkèitid] 형 세련되지 못한; 정교하지 않은

어원 sophist(고대 그리스의 철학 · 수사학 교사)에서 유래 ─ (세상일에 밝아) 1. 세련된
└ (고도의 지식을 이용해서) 2. 정교한

20 사망한 남자는 그녀의 남편인 것으로 확인되었다. 21 나는 그의 태도에 약간의 변화가 있음을 감지했다. 22 이 데이터에서 어떤 추세를 식별하기는 어렵다. 23 그는 키가 크고 잘생기고 세련된 젊은이이다.

24 practical

[prǽktikəl]

1. (실재하는 대상과 관련된): 형 (관념적 · 이론적이 아닌) 실제[현실]적인

2. (특정 목적 · 상황에 유용하거나 적합한): 형 (실생활에서) 실용적인 → p317

Theoretically it's possible, but not *practical*.

파생 practicality [præ̀ktikǽləti] 명 실지적[실제적]임; 실용성
⊖ impractical [imprǽktikəl] 형 비현실적인; 비실용적인

어원 practice(do:행하다) + al → (실제로) 행할 수 있는 → 실제적인, 실용적인

25 ignorant

[ígnərənt]

(알고 있어야 할 것에 대한 지식이나 정보가 없는): 형 무지[무식]한 [of/about]

He was so *ignorant* that he didn't even know where China was.

파생 ignorance [ígnərəns] 명 알지 못함, 무식

어원 i(not) + gnor(know:알다) → (알지) 못하는 → 무지한, 무식한

26 innocent

[ínəsənt]

1. (세상에 물들지 않고) 형 (거짓 · 꾸밈 없이) 순수한, 천진난만한

2. (법적으로 죄가 없는): 형 무죄의 → p206

He didn't know anything; he was just an innocent little kid.

파생 innocence [ínəsəns] 명 순진, 천진난만; 무죄

어원 in(not) + noc(harm:해) → (해를) 끼치지 않는 → 순수한, 무죄의

27 naive

[naːíːv]

(세상 물정이 어두워) 형 (어리숙하게) 순진해 빠진, 순진한

He's so *naive* that everyone takes advantage of him.

28 absurd

[æbsə́ːrd]

(전혀 이치나 도리에 맞지 않고) 형 불합리한, 터무니없는 명 불합리, 부조리

"What an *absurd* idea!" he exclaimed, laughing.

파생 absurdity [æbsə́ːrdəti] 명 불합리, 부조리

어원 ab(강조) + surd(stupid:어리석은) → (완전히) 어리석은 → 터무니없는

---

24 이론적으로는 그것이 가능하지만 현실적이지 않다. 25 그는 너무 무식해서 중국이 어디 있는지 조차 몰랐다. 26 그는 아무것도 몰랐다. 그는 단지 순진한 어린 아이일 뿐이었다. 27 그는 너무 순진해 빠져서 모든 사람이 그를 이용한다. 28 "무슨 터무니없는 생각이야" 라고 그는 웃으면서 소리쳤다.

[29] **insane**

[inséin]

(병적인 정신 장애가 있거나 행동이 몹시 괴이한): 형 **정신 이상의, 미친**

He was completely *insane* and didn't recognize me.

파생 insanity [insǽnəti] 명 정신 이상, 미친 짓
⊖ sane [sein] 형 제정신인

어원 in(not) + sane(제정신인) → (제정신이) 아닌 → **미친**

[30] **detect**

[ditékt]

(잘 살펴서) 동 **(쉽게 보거나 알 수 없는 것을) 찾아내다, 간파[탐지]하다**

This type of cancer is completely curable if *detected* early.

파생 detection [ditékʃən] 명 간파, 탐지
detector [ditéktər] 명 탐지기

어원 de(opposite:반대) + tect(cover:가리다) → '가리다'의 반대 → **찾아내다**

[31] **refer**

[rifə́:r]

1. (정보를 얻으려고) 동 (~ to) **(책 등을) 참조하다, (누구)에게 문의하다**
(도움·정보 등을 얻도록) 동 **~을 참조하게 하다, ~을 ~에게 알아보게 하다** [to]
2. (무엇에 대해 직접적으로 분명하게) 동 (~ to) **언급[거론]하다, 말하다** → p136
3. (진술·정보 또는 기호·숫자 등이) 동 (~ to) **~와 관련 있다, ~을 나타내다** → p486

He delivered the speech without once *referring* to his notes.

파생 reference [réfərəns] 명 참고, 참조, 문의; 추천서[인]; 언급

어원 re(back) + fer(carry:가져가다)
- (어느 곳으로 가져가서) 1. **참조[문의]하다**
- (말을 특정 대상으로 가져가서 그것을) 2. **언급하다**
- (특정 주제·대상으로) 가져가다 → 3. **관련 있다**

[32] **reveal**

[riví:l]

(이전까지) 동 **(보이지 않던 것을) 드러내다** (= expose, disclose)
(무엇의) 동 **(비밀·진실 등을) 밝히다, 폭로하다** (= expose, disclose)

The stage curtains opened to *reveal* a pretty ballerina.

파생 revelation [rèvəléiʃən] 명 폭로(된 것); (신의)계시

어원 re(opposite:반대) + veal(veil:베일을 쓰다) → (베일을) 벗다 → **드러내다, 밝히다**

29 그는 완전히 미쳐서 나를 알아보지 못했다. 30 이러한 종류의 암은 조기에 발견되면 완전히 치유가 가능하다. 31 그는 자신의 노트를 한번도 참조하지 않고 연설을 했다. 32 무대막이 열리자 예쁜 발레리나가 드러났다.

[33] **expose**
[ikspóuz]

(평소에는) 동 (보이지 않던 것을) 드러내다 (= reveal, disclose)
(무엇의) 동 (비밀·진실 등을) 밝히다, 폭로하다 (= reveal, disclose)
(사람·사물을) 동 (해롭거나 위험한 환경에) 노출시키다

She smiled, *exposing* straight white teeth.
He threatened to *expose* everything he knew.
Don't *expose* yourself to the direct rays of the sun too much.

파생 exposure [ikspóuʒər] 명 노출, 폭로

어원 ex(out:밖) + pose(place:놓다) → (밖으로) 드러내 놓다 → 드러내다, 노출시키다, 폭로하다

[34] **disclose**
[disklóuz]

(특히 덮여 있어서) 동 (보이지 않던 것을) 드러내다 (= reveal, expose)
(무엇의) 동 (비밀·진실 등을) 밝히다, 폭로하다 (= reveal, expose)

The lifting of the curtain *disclosed* a beautiful painting.
He refused to *disclose* any details of his personal wealth.

파생 disclosure [disklóuʒər] 명 폭로 (된 것), (털어놓는) 비밀 이야기

어원 dis(opposite:반대) + close(닫다) → '닫다'의 반대 → 밝히다, 드러내다

[35] **leak**
[li:k]

1. (외부로) 동 (비밀 정보가) 누설되다[하다] 명 (비밀의) 누설
2. (밖으로) 동 (기체·액체 등이) 새다 새게 하다 명 새는 곳, 누출 → p423

Details of the plan were *leaked* to the press.

파생 leaky [lí:ki] 형 새는
leakage [lí:kidʒ] 명 누출, 새어나옴

[36] **render**
[réndər]

1. (무엇을 특정한 방식으로 또는 자신의 해석에 따라)
동 표현[묘사]하다, 연기[연주]하다; (다른 언어로) 번역하다
2. (주로 부정적인 뜻의 보어를 수반하여) 동 ~을 ~상태가 되게 만들다 → p482
3. (남에게) 동 (도움·서비스 등을) 주다, 제공하다 → p280

The French phrase is not easy to *render* into English.

어원 뜻의 어원적 연결 불분명 → 주다, 되게 만들다, 표현하다 3가지의 주요 뜻으로 암기

33 그는 가지런한 하얀 치아를 드러내며 미소를 지었다. / 그는 그가 알고 있는 모든 것을 폭로하겠다고 협박했다. / 태양의 직사광선에 너무 많이 노출하지 마십시오. 34 커튼을 들어올리자 아름다운 그림이 드러났다. / 그는 개인 재산에 대해 어떤 자세한 내용도 밝히기를 거부했다. 35 계획의 구체적인 사항이 언론에 누설되었다. 36 그 프랑스어 어구는 영어로 번역하기가 쉽지 않다.

37 **convey**

[kənvéi]

1. (말·몸짓·태도·사물 등으로) 동 (생각·감정·의미 등을) 전달하다, 알리다

2. (한 곳에서 다른 곳으로) 동 (물품·승객·소식 등을) 나르다, 운반[전달]하다 → p363

There are no words that will ever *convey* how much I love you.

파생 conveyance [kənvéiəns] 명 전달; 운반
conveyor [kənvéiər] 명 운반 장치, 운반인

어원 con(together:함께) + vey(way:길) → (~와 함께) 길을 가다 → 2. 나르다 → 1. 전달하다

38 **confide**

[kənfáid]

(신뢰하는 사람에게) 동 (비밀·개인적인 일 등을) 털어놓다

He *confided* all his secrets to his girlfriend.

어원 con(강조) + fide(trust:믿다) → (완전히 믿고) 털어놓다

39 **indicate**

[índikèit]

(무엇이 다른 것의) 동 (어떤 사실·정보·조짐 등을) 나타내다, 보여주다
(어떤 대상이나 방향을) 동 (손가락 등으로) 가리키다, 지적하다

Her tone of voice *indicated* that she was very angry.
"Please sit down," he said, *indicating* the chair in front of his desk.

파생 indication [ìndikéiʃən] 명 지적, 징후, 조짐
indicative [indíkətiv] 형 나타내는, 암시하는
indicator [índikèitər] 명 지표, 척도

어원 in(into:방향) + dic(say:말하다) ┌ (말로 뭔가를) 보여 주다, 나타내다
└ (말로 특정 방향을) 가리키다

40 **imply**

[implái]

1. (무엇이 어떤 것을 알아차릴 수 있도록) 동 (간접적으로) 암시[시사]하다

2. (무엇을 바로 밝히지 않고) 동 (간접적으로) 넌지시 말하다[비치다] → p137

Freedom *implies* that we are responsible for our actions.

파생 implication [ìmplikéiʃən] 명 내포, 수반; 암시

어원 im(in:안) + ply(fold:접다) → (바로 밝히지 않고) 안으로 접어 넣다 → 암시[시사]하다

37 내가 당신을 얼마나 사랑하는지 전달할 수 있는 말이 없다. 38 그는 자신의 모든 비밀을 여자 친구에게 털어놓았다. 39 그녀의 어조는 그녀가 매우 화가 났다는 것을 보여 주었다. / 그의 책상 앞에 있는 의자를 가리키며 "앉으세요" 라고 그는 말했다. 40 자유는 우리가 우리의 행동에 대해 책임이 있음을 시사한다.

41 reflect

[riflékt]

1. (어떤 것이) 동 (다른 것의 모습·상태·상황을) 나타내다, 반영하다

2. (물체에 부딪쳐서) 동 (빛·소리·열 등이) 반사되다[하다] → p427
   (반사하여) 동 (거울·유리 등이) 상을 비추다 → p427

3. (일이나 상황을) 동 (이해하려고) 곰곰이 생각하다, 숙고하다 → p157

It is said that literature *reflects* the realities of life.

파생 reflection [riflékʃən] 명 반사; 반영; 숙고
reflective [rifléktiv] 형 반사하는; 반영하는; 숙고하는

어원 re(back:뒤) + flect(bend:굽다) ─ (방향이 뒤로 굽어져) 1. 2. 반영[반사]하다
└ (뒤로 구부려 과거 일을) 3. 숙고하다

42 conceal

[kənsí:l]

(hide의 격식어): 동 (신중하게) 숨기다[감추다, 가리다]

The man walked into the bank, *concealing* a gun in his pocket.

파생 concealment [kənsí:lmənt] 명 은폐

어원 con(강조) + ceal(hide:숨기다) → (단단히) 숨기다

43 confidential

[kὰnfədénʃəl]

(군대·기업 등에서, 외부에 드러내서는 안 될) 형 기밀[비밀]의

All the information you give us will be treated as completely *confidential*.

파생 confidentiality [kὰnfədenʃiǽləti] 명 기밀성

어원 con(강조) + fid(trust:믿다) → (비밀임을) 완전히 믿을 수 있는 → 기밀[비밀]의

동의어 레슨

인식하다, 알아차리다	
recognize	(이전에 보거나 듣거나 경험해서) 알아보다, 인식하다
identify	(보고 나서 누구·무엇인지, 본인·동일물인지를) 확인[식별]하다
realize	(새로운 사실이나 몰랐던 중요성을) 깨닫다, 알아차리다
notice	(보거나 듣거나 느낌으로써 어떤 대상·사실·상황을) 알아차리다
perceive	(알기 힘든 것을 감각·통찰력으로) 알아차리다, 인지[지각]하다
discern	(분명치 않거나 어렴풋한 것을) 알아차리다, 식별[분간]하다

41 문학은 삶의 현실을 반영한다고 한다. 42 그 남자는 총을 호주머니에 숨긴 채 은행으로 걸어 들어갔다. 43 당신이 우리에게 주는 모든 정보는 완전히 기밀로 다루어질 겁니다.

Day 14 Review Test

[1-30] 영어를 우리말로 바꾸세요.

1. authentic	16. discern
2. accurate	17. sophisticated
3. precise	18. ignorant
4. approximate	19. naive
5. artificial	20. absurd
6. assure	21. detect
7. verify	22. reveal
8. confirm	23. expose
9. certify	24. disclose
10. skeptical	25. render
11. cynical	26. confide
12. accustomed	27. indicate
13. recognize	28. imply
14. identify	29. conceal
15. perceive	30. confidential

[31-35] 각 문장의 문맥에 맞는 적절한 단어를 찾아 넣으세요.

① indicate ② skeptical ③ ignorant ④ accurate ⑤ confidential

31. I'm completely _____ about computers.
32. A news reporter obtained _____ documents.
33. The gas gauge _____s that we almost out of gas.
34. Without _____ information, we can't make any decisions.
35. People were _____ about the possibility.

정답 31. ③ 32. ⑤ 33. ① 34. ④ 35. ②

Day 15

지식·교육

knowledge & education

지식, 정보

≫ 테마 기본 어휘	knowledge · experience · able · capable · gift(재능) · talent(재능) · information · fact · detail· data · according(~에 따르면) · record · document · file · form · note · diary(일기) · label(라벨) · list · register(등록하다) · lesson· study(연구하다) · test · try(실제로 해 보다) · check · review(재검토)

01 **intellectual**
[ìntəléktʃuəl]

(지식·지성에 관련된, 또는 그것을 갖춘): 형 **지적인** 명 **지식인**

This job requires considerable *intellectual* effort.

파생 intellect [íntəlèkt] 명 지성

어원 intel(between:사이) + lect(read:읽다) → (행간을) 읽을 줄 아는 → **지적인**

02 **expert**
[ékspə:rt]

(어떤 분야에 전문 지식이나 경험을 가진) 명 **전문가** 형 **숙련된, 전문가의**

It's absolutely essential to get an *expert* opinion on that subject.

파생 expertise [èkspərtí:z] 명 전문 지식[기술]

어원 ex(out) + per(try) → try out(시험해 보다) → (많이 시험해 본) **전문가**

03 **veteran**
[vétərən]

(어떤 분야에) 명 **(오랜 경험을 가진) 전문가, 베테랑**
(군인으로 전쟁에 참가했던) 명 **참전 용사, 퇴역 군인**

He is a 25-year *veteran* of the New York City Fire Department.
He is a Vietnam *veteran* who served in the military as a helicopter pilot.

어원 veter(old:늙은, 오래된) + an ┌ (늙은) **퇴역 군인**
└ (오랜 경험을 가진) **전문가**

01 이 일은 상당한 지적인 노력을 필요로 한다. 02 그 주제에 관해서는 전문가의 의견을 받는 것이 극히 필수적이다.
03 그는 뉴욕시 소방국의 25년 경력의 전문가이다. / 그는 헬리콥터 조종사로 군복무를 한 베트남 참전 용사이다.

04 specialize
[spéʃəlàiz]

(제한적으로 특정 분야만을) 동 **전문적으로 다루다, 전공하다** [in]

We had a pleasant dinner at a restaurant that *specializes* in Indian food.

파생 specialization [spèʃələzéiʃən] 명 전문[특수]화
specialist [spéʃəlist] 명 전문가

어원 special(특별한) + ize(make:~화하다) → 특화하다 → 전문적으로 다루다

05 aptitude
[ǽptətjù:d]

(특정한 일에) 명 **(타고난 학습 · 적응력의) 소질, 적성**

Aptitude tests are widely used for selecting people for various jobs.

파생 apt [æpt] 형 적절한, 적합한; ~하기 쉬운

어원 apt(적합한) + itude → (어떤 일에) 적합함 → 소질, 적성

06 competence
[kάmpətəns]

(특정한 일을 잘 해내는 데 필요한) 명 **(능숙한) 능력, 역량**

They need continuing education to maintain their technical *competence*.

파생 competent [kάmpətənt] 형 유능한
⊖ incompetence [inkάmpətəns] 명 무능

어원 compete(경쟁하다) + ence → (경쟁을 이겨낼 수 있는) 능력

07 faculty
[fǽkəlti]

1. (보고 듣고 생각하는 기능 등) 명 **(인간의 선천적) 능력, 기능**
(특정한 일을 잘 하는) 명 **(특별한) 능력**

2. (한 학부나 한 대학의) 명 **교수진[단]** → p188
(전공 영역에 따라 나눈) 명 **(대학의) 학부** → p188

She was 90 years old, but still had all her *faculties*.
He had a great *faculty* for succeeding where others had failed.

어원 facul(easy:쉬운) + ty ┬ (쉽게) 일을 해낼 수 있는 힘 → 1. 능력
└ (대학의) 능력 있는 집단 → 2. 교수진, 학부

04 우리는 인도 음식을 전문으로 하는 레스토랑에서 즐거운 저녁식사를 했다. 05 적성 검사는 다양한 직업에서 사람을 뽑는 데 폭넓게 사용된다. 06 그들은 기술적인 역량을 유지하기 위해 지속적인 교육이 필요하다. 07 그녀는 90세였으나 여전히 모든 능력을 온전히 지니고 있었다. / 그는 남들이 실패한 곳에서 성공하는 대단한 능력이 있었다.

08 facility
[fəsíləti]

1. (타고난, 무엇을) 명 (쉽게 잘 하는) 재능, 솜씨

2. (생활의 편의나 특정 목적을 위해 갖추어 놓은) 명 (편의) 시설, 설비 → p55
(장비·기구·서비스 등에 딸린 특수한) 명 (편의) 기능[제도] → p55

She seemed uneducated, but she had a special *facility* for languages.

어원 facile(easy:쉬운, 편리한) + ity ┌ (쉽게) 일을 해낼 수 있는 재주 → 1. 재능
└ (편리함을) 주는 것 → 2. (편의) 시설[기능]

09 instinct
[ínstiŋkt]

(선천적으로 타고난 감정·충동·능력 등의) 명 본능

The strongest natural *instinct* all animals have is the survival instinct.

파생 instinctive [instíŋktiv] 형 본능적인

어원 in(안) + stinct(prick:찌르다) → 마음 속에서 일어나는(찌르는) 자극 → 본능

10 enable
[inéibl]

(능력·권한·기회 등을 부여하여) 동 (사물이 사람·사물에게) ~을 할 수 있게 하다

The Internet *enabled* us to get all the information we want.

어원 en(make:만들다) + able(할 수 있는) → ~할 수 있게 하다

11 proficient
[prəfíʃənt]

(솜씨·능력 등이) 형 (훈련·연습으로) 숙달[숙련]된, 능숙한

He is *proficient* in several languages including English and French.

파생 proficiency [prəfíʃənsi] 명 숙달, 숙련

어원 pro(forward:앞) + fic(make:만들다) → (실력이) 만들어져 앞쪽에 있는 → 숙달한

12 laboratory
[lǽbərətɔ̀:ri]

(실험에 필요한 장치·설비를 갖춘) 명 실험실 (= lab)

The samples were sent to a *laboratory* for chemical analysis.

어원 labor(work:일하다) + atory → (일을 하는) 장소 → 실험실

08 그녀는 교육을 못 받은 것같이 보였으나 그녀는 언어에 특별한 재능이 있었다. 09 모든 동물이 가지고 있는 가장 강한 자연적인 본능은 생존의 본능이다. 10 인터넷은 우리가 원하는 모든 정보를 얻을 수 있게 해 주었다. 11 그는 영어와 프랑스어를 포함하여 여러 나라 언어에 능숙하다. 12 샘플들은 화학 분석을 위해 실험실로 보내졌다

13 **experiment**

[ikspérəmənt]

(자연과학 분야의 무엇을 파악·측정·증명하기 위한) 명 실험 동 실험하다

The scientist actually conducted *experiments* to test his ideas.

파생 experimental [ikspèrəméntl] 형 실험의

어원 ex(out) + per(try) → try out(시험해 보다) → 실험하다

14 **research**

[risə́ːrʧ]

(새로운 사실·정보의 발견·검증을 목적으로 한) 명 학술[과학적] 연구[조사]
동 연구[조사]하다

Market *research* has shown us that people want quality, not just quantity.

파생 researcher [risə́ːrʧər] 명 연구[조사]원

어원 re(강조) + search(찾다) → (유심히) 찾다 → 조사[연구]하다

15 **analyze**

[ǽnəlàiz]

(복잡한 것을 이해하기 쉽게 풀어 개별 요소로 나누어) 동 분석하다

In that study, researchers *analyzed* 2005-2010 survey data.

파생 analysis [ənǽləsis] 명 분석
analyst [ǽnəlist] 명 분석가
analytical [æ̀nəlítikəl] 형 분석적인

어원 ana(throughout:구석구석까지) + lyze(loosen:풀다) → 분석하다

16 **examine**

[igzǽmin]

1. (무엇에 대해 더 자세히) 동 (알기 위해) 검사[조사, 심사]하다
2. (평가하기 위해 문제를 내어) 동 (실력·재능 등을) 시험하다
3. (의사가 환자의) 동 (증상을) 진찰하다 → p92

You shouldn't sign any contract before *examining* its conditions carefully.

파생 examination [igzæ̀mənéiʃən] 명 검사, 조사; 시험; 진찰
exam [igzǽm] 명 시험 (= examination)

어원 무게를 측정하다(weigh)의 뜻에서 유래 → 1. 2. 3. 검사[시험, 진찰]하다

13 그 과학자는 자신의 생각을 테스트하기 위해 실제로 실험을 했다. 14 시장 조사는 우리에게 사람들이 단순히 양이 아니라 품질을 원한다는 것을 보여 주었다. 15 그 연구에서 연구원들은 2005-2010 조사 데이터를 분석했다. 16 계약 조건을 면밀히 검토하기 전에는 어떤 계약서에도 서명해서는 안됩니다.

17 **investigate**

[invéstəgèit]

(진실을 밝히기 위해) 동 (사건·범죄 등을) 수사[조사]하다

Police are *investigating* the exact cause of the accident.

파생 investigation [invèstəgéiʃən] 명 조사, 수사
investigator [invéstəgèitər] 명 조사원[관], 수사관

어원 in(안) + vestig(track:추적하다) → (사건·범죄의) 속을 추적하다 → 조사하다

18 **probe**

[proub]

(알려주지 않으려는) 동 (정보·비밀 등을) 캐묻다, 조사하다
(길고 가느다란 모양의) 동 (탐침 등으로) 살피다, 탐색하다
명 (철저한) 조사; 탐침

The police *probed* deep into my relationship with them.
He *probed* the water with a stick to check the bottom.

19 **survey**

명 [sə́ːrvei]
동 [sərvéi]

(특정 집단의 의견·성향을 질문을 통해 알아내는) 명 설문 조사 동 조사하다

The *survey* found that 60% of the respondents were in favor of the plan.

어원 sur(over:위에) + vey(see:보다) → (위에서) 살피며 보다 → 조사하다

20 **inspect**

[inspékt]

(기준·규격 등에 맞게) 동 (제대로인지) 점검[검사, 검열]하다

The buyer must *inspect* the goods immediately on delivery.

파생 inspection [inspékʃən] 명 검사
inspector [inspéktər] 명 검사자[관]

어원 in(into:안으로) + spect(look:보다) → (속까지) 샅샅이 들여다보다 → 검사하다

21 **statistics**

[stətístiks]

(사물·현상 등을 분석하여 숫자로 나타낸) 명 통계(학)

Statistics show that 68 percent of all users of the Internet are male.

파생 statistical [stətístikəl] 형 통계의

어원 state(국가)의 상태를 조사하는 학문에서 유래 → 통계학

17 경찰은 정확한 사고 원인을 수사 중이다. 18 경찰은 나의 그들과의 관계를 깊이 캐물었다. / 그는 바닥을 확인하려고 막대기로 물을 살펴보았다. 19 그 조사에 의하면 응답자의 60%가 그 계획에 찬성하는 것으로 나타났다. 20 구매자는 배달 즉시 상품을 검사해야 한다. 21 통계는 모든 인터넷 사용자 중 68퍼센트가 남성이라는 것을 보여준다.

22 **proverb**

[prάvəːrb]

(사람들이 흔히 인용하는, 진리·충고를 담은 짧은) 명 **속담, 격언, 교훈**

The old *proverb* says that it is no use crying over spilt milk.

파생 proverbial [prəvə́ːrbiəl] 형 속담의, 잘 알려진

어원 pro(forth:앞으로) + verb(word:말) → (흔히 사람들이) 앞으로 내놓는 말 → 속담

동의어 레슨

재능, 소질	
gift	(태어날 때부터 갖춘 선천적인) **재능**
talent	(특히 예술 분야의 타고난) **재능**
aptitude	(빠른 학습·적응력을 보여 그 일에 적합한 타고난) **소질, 적성**
competence	(특정한 일을 잘 해내는 데 필요한) **능력, 역량**
검사[조사]하다	
examine	(무엇에 대해 더 자세히 알아보려고) **검사[조사, 심사]하다**
investigate	(진실을 밝히기 위해 사건·범죄 등을) **조사[수사]하다**
survey	(특정 집단의 의견·성향을) **(설문) 조사하다**

교육, 학교

≫ 테마 기본 어휘	education · teach · train(훈련하다) · coach(코치하다) · learn·study(연구하다) · master(터득하다) · memorize · exercise · class(수업 시간) · lesson · lecture · seminar(세미나) · classroom subject(과목) · major(전공 과목) · course · homework · school · college · university · kindergarten(유치원) · student · class(반, 학급) · grade(학년) · junior(3학년생) · senior(4학년생) teacher · professor · graduate · exam · test · pass(합격하다) · fail(낙제하다) · grade(성적) · doctor(박사)

23 **instruct**

[instrΛkt]

1. (기술·업무 등을 일정한) 동 **(순서·체계에 따라) 가르치다, 교육하다**
2. (남에게 무엇을 하라고) 동 **(공식적으로) 지시하다** → p140

All our staff have been *instructed* in the correct use of the equipment.

파생 instruction [instrΛkʃən] 명 가르침, 지도; (-s) 설명; 지시
instructive [instrΛktiv] 형 교육적인, 유익한
instructor [instrΛktər] 명 가르치는 사람, 강사

어원 in(on:위) + struct(pile:쌓다) → (~위에) 지식을 쌓아 올리다 ┌ 1. 가르치다
└ (가르치듯) 2. 지시하다

22 한 번 쏟은 물은 다시 담을 수 없다는 옛 속담이 있다. 23 우리 직원들은 모두 그 장비의 올바른 사용법에 대해 교육을 받았다.

24 **practice**

[prǽktis]

1. (기능이나 기술 등을 향상시키기 위해) 동 연습하다 명 연습

2. (이론·생각이 아니라) 명 (실지로 하는) 실행, 실천 동 실행[실천]하다 → p298

3. (평상시 늘 함으로써) 명 (일상화된) 관례, 관행 동 늘[습관적으로] 행하다 → p194

He *practices* golf six times a week, three to four hours a day.

파생 practical [prǽktikəl] 형 실용적인, 실제[현실]적인
practicable [prǽktikəbl] 형 실행[실현] 가능한

어원 행하다(do)의 뜻에서 유래
- (되풀이하여) 행하다 → 1. 연습하다
- (실지로) 행하다 → 2. 실행[실천[하다
- (늘) 행해온 것 → 3. 관례, 관행

25 **drill**

[dril]

1. (습관화하기 위해서 같은 것을 되풀이하는) 명 (반복) 연습[훈련, 교육]
동 (반복) 연습[훈련]시키다

2. (단단한 물체에 구멍을 뚫는 공구): 명 드릴, 송곳 동 (드릴로) 구멍을 뚫다 → p234

When there is a fire *drill*, obey the rules quickly but quietly.

26 **academic**

[ækədémik]

(학교·대학 등의 교육기관에서의 교육과 관련된): 형 학업[학교]의
(실용 학문, 기술 교육 등과 대비하여) 형 (순수) 학문의; 학구적인

This college is known for its high *academic* standards.
I wasn't very *academic* at school and didn't do very well in my exams.

파생 academy [əkǽdəmi] 명 학원, 학회

어원 academy(철학자 플라톤이 가르친 학원) + ic → 학업[학교]의; 학문의; 학구적인

27 **curriculum**

[kəríkjuləm]

(학교에서 제공하는 학과목의 체계 및 계획): 명 교과[교육] 과정

The subject became part of the school's *curriculum*.

파생 curricular [kəríkjulər] 형 교육과정의

어원 race course(경주로)에서 유래 → (일정 기간) 달려서 마쳐야 하는 과정 → 교육 과정

24 그는 1주일에 6번 하루에 서너 시간씩 골프 연습을 한다. 25 화재 대비 훈련이 있을 때에는 규칙을 신속히 하지만 조용히 따라야 한다. 26 이 대학은 높은 학업 수준으로 유명하다. / 나는 학교에서 별로 학구적이지도 않았고 시험을 잘 치르지도 못했다. 27 그 과목은 학교 교과과정의 일부가 되었다.

28 **extracurricular**

[ékstrəkəríkjulər]

(학교에서 정해진 학과 과정이 아닌) 형 **과외의, 정식 학과 이외의**

During my school days, I was involved in a lot of *extracurricular* activities.

어원 extra(밖) + curricular(교육과정) → (교육과정) 밖의 → **과외의**

29 **semester**

[siméstər]

(한 학년을 둘로 나눈 학제에서의) 명 **학기**

I'm thinking of taking a course in computer programming next *semester.*

어원 se(six:6) + mes(month:개월) → 6 개월 → (한 학년을 둘로 나눈) **학기**

30 **enroll**

[inróul]

(명부에 이름을 올려) 동 **(학교·강좌 등에) 입학[등록]하다[시키다]**

He is planning to *enroll* in a computer programming course the next semester.

파생 enrollment [inróulmənt] 명 등록, 입학, 입회

어원 en(put in:적어 넣다) + roll(명부) → (이름을) 명부에 올리다 → **입학[등록]하다**

31 **tuition**

[tju:íʃən]

(학생이 가르침을 받은 대가로 지불하는) 명 **수업료** (= tuition fees)

In recent years, college *tuition* has increased faster than inflation.

32 **pupil**

[pjú:pl]

(영국식 영어로, 특히 초·중등 학교의) 명 **학생**

The high school opened in 1967 and now has more than 300 *pupils.*

33 **undergraduate**

[ʌndərgrǽdʒuət]

(대학의 학부에 재학 중인) 명 **학부생, 대학생**

He is a second-year *undergraduate* at the University of Chicago.

어원 under(아래에) + graduate(졸업하다) → (졸업 이전의) **학부생**

28 학창시절에 나는 많은 과외 활동에 참여했다. 29 나는 다음 학기에 컴퓨터 프로그래밍 과목을 들을까 생각 중이다. 30 그는 다음 학기에 컴퓨터 프로그래밍 강좌에 등록할 계획이다. 31 최근 몇 년간 대학 등록금은 물가 상승률보다 더 빨리 증가해왔다. 32 그 고등학교는 1967년에 개교하였으며 지금은 300명 이상의 학생이 있다. 33 그는 시카고 대학의 학부 2학년생이다.

34 tutor
[tjúːtər]

(한 명 또는 소수의 학생을 별도로 지도하는) 명 개인[가정] 교사
동 개인 교사로서 가르치다

He studied under private *tutors* for three years in preparation for college.

파생 tutorial [tjuːtɔ́ːriəl] 형 개인 지도의 명 개별 지도 시간; 지도서

35 principal
[prínsəpəl]

1. (학교의 최고 책임자): 명 (학교의) 교장
2. (중요도의 순서에 있어서) 형 제일의, 주된, 주요한 → p450
3. (이자를 제외한) 명 (빌린 돈의) 원금 → p288

The *principal* has responsibility for the management of the school.

어원 prin(first:첫째의) +cip(take:차지하다)
- (학교의) 첫 번째 직위 → 1. 교장
- (중요도의) 첫 번째를 차지하는 → 2. 제일의
- (이자가 붙기 전) 처음의 금액 → 3. 원금

36 faculty
[fǽkəlti]

1. (한 학부나 한 대학의) 명 교수진[단]
(전공 영역에 따라 나눈) 명 (대학의) 학부
2. (보고 듣고 생각하는 기능 등) 명 (인간의 선천적) 능력, 기능 → p181
(특정한 일을 잘 하는) 명 (특별한) 능력 → p181

He is a Professor in the *Faculty* of Law at the University of Sydney.
A special *faculty* meeting was called to deal with the problem.

어원 facul(easy:쉬운) + ty
- (쉽게) 일을 해낼 수 있는 힘 → 2. 능력
- (대학의) 능력 있는 집단 → 1. 교수진, 학부

37 freshman
[fréʃmən]

(대학·고등학교의) 명 신입생, 1학년생

Freshman year is undoubtedly a very difficult and stressful time for college students.

어원 fresh(새로운) + man → (새로 들어온) 학생 →신입생

34 그는 대학교를 준비를 하면서 3년 동안 가정교사 지도 하에 공부를 했다. 35 교장은 학교의 관리 책임을 맡는다. 36 그는 시드니대학 법학부 교수이다. / 그 문제를 다루기 위해 특별 교수회의가 소집되었다. 37 신입생 때는 대학생들에게 의심할 여지없이 매우 어렵고 스트레스가 많은 시기이다.

38 **sophomore**
[sάfəmɔ̀:r]

(4년제 대학·고교의) 명 2학년생

My son is now in his *sophomore* year at the University of California.

파생 sophomoric [sὰfəmɔ́:rik] 형 2학년생의; 자만하지만 미숙한

어원 sopho(wise) + more(foolish) → (현명함과 어리석음이) 함께 있는 시기 → 2학년생

39 **qualify**
[kwάləfài]

1. (교육·시험 등을 거쳐 어떤 일에 필요한) 동 자격(증)을 얻다[주다]
2. (어떤 일을 할 수 있는) 동 자격[권리, 권한]이 있다[을 주다] → p204

In 2011 he finally *qualified* as a doctor at Harvard Medical School.

파생 qualification [kwὰləfikéiʃən] 명 자격(증)
qualified [kwάləfàid] 형 자격이 있는
unqualified [ʌnkwάləfàid] 형 자격이 없는
⊖ disqualify [diskwάləfài] 동 자격을 박탈하다

어원 quali(quality:질) + fy(make:만들다) ┬ 일정한 자격(질)을 갖추도록 만들어 주다
└ 자격이 있다, 자격을 주다

40 **diploma**
[diplóumə]

(학업 과정을 마친 사람에게 주는) 명 졸업장

A high school *diploma* is essential to a student's future success.

어원 di(two) + plo(fold) → double-folded document(두 번 접은 문서) → 졸업장

41 **degree**
[digrí:]

1. (학사·석사·박사 따위의) 명 학위
2. (사물의 양적·질적인 분량이나 수준): 명 정도 → p466
3. (온도나 각도의 단위): 명 (온도·각도의) 도 → p403

Her goal is to get a *degree* in broadcast journalism and be a TV reporter.

어원 계단의 한 단(a step of a stair) ┬ (학문의) 단계 → 1. 학위
├ (분량·수준의) 단계 → 2. 정도
└ (온도·각도의) 단계 → 3. 도

38 내 아들은 지금 캘리포니아 대학교의 2학년이다. 39 2011년 그는 마침내 하버드 의과대학에서 의사 자격을 취득했다. 40 고등학교 졸업장은 한 학생의 미래의 성공에 필수적인 것이다. 41 그녀의 목표는 방송 저널리즘 학위를 받고 TV 리포터가 되는 것이다.

42 bachelor
[bǽtʃələr]

1. (대학 학부 졸업자에게 수여하는 학위 취득자): 명 학사

2. (아직 결혼하지 않은) 명 미혼[독신] 남자 → p20

The *bachelor's* degree is generally completed in four years.

파생 bachelor's (degree) 학사 학위

어원 젊은 견습 기사의 뜻에서 유래 ┬ (견습을 마치고 받는) 초급 학위 → 1. 학사
└ (대부분 미혼이어서) 2. 미혼 남자

43 master
[mǽstər]

1. (대학원 과정을 마친 석사학위 소지자): 명 석사

2. (기술·기예·언어 등을 완벽하게) 동 터득[통달]하다 명 정통[능통]한 사람 → p185

3. (예스러운 말): 명 (하인·노예·동물 등의) 주인, 소유주 → p200

He has just completed a *Master's* degree in economics.

파생 mistress [místris] 명 (master의 여성형): 여주인
master's (degree) 석사 (학위)

어원 more(더 많은)의 뜻에서 유래 ┬ (더 많은 지식이 있는) 1. 석사 → 2. 능통하다
└ (더 많은 권한이 있는) 3. 주인

44 scholar
[skɑ́lər]

1. (특정 분야를 깊이 연구하여 높은 학식을 갖춘) 명 학자

2. (학교나 단체에서 학비 보조금으로 받는) 명 장학생

He was a great *scholar* of Indian philosophy and religion.

파생 scholarship [skɑ́lərʃip] 명 학문, 학식, 박학; 장학금
scholarly [skɑ́lərli] 형 학자[학구]적인, 학문(연구)상의

어원 schol(school:학교) + ar → (학교에) 있는 사람 → 1. 학자 → (유능한) 학자 → 2. 장학생

동의어 레슨

연습, 훈련	
practice	(기능이나 기술을 익숙해지도록 되풀이하는) 연습
exercise	(습득한 것을 숙달·강화하기 위한) 연습 (문제), 훈련
drill	(같은 것을 되풀이하여 습관화하기 위한) (반복) 연습[훈련, 교육]

42 그 학사 학위는 대체로 4년에 끝마쳐 진다. 43 그는 경제학 석사 학위를 끝마쳤다. 44 그는 인도 철학과 종교 분야의 위대한 학자이었다.

Day 15 Review Test

[1-30] 영어를 우리말로 바꾸세요.

1. expert	16. proverb
2. veteran	17. instruct
3. aptitude	18. drill
4. competence	19. curriculum
5. faculty	20. extracurricular
6. facility	21. semester
7. instinct	22. enroll
8. proficient	23. tuition
9. experiment	24. pupil
10. analyze	25. principal
11. investigate	26. sophomore
12. probe	27. diploma
13. survey	28. degree
14. inspect	29. bachelor
15. statistics	30. scholar

[31-35] 각 문장의 문맥에 맞는 적절한 단어를 찾아 넣으세요.

① diploma ② investigation ③ academic ④ statistics ⑤ enroll

31. _____ show that older drivers are involved in fewer accidents.
32. The government has promised a full _____ into the disaster.
33. He _____ed in night school to take high school courses.
34. Most people agree that a college _____ is essential to success.
35. Our _____ standards are higher than those of other school.

정답 3 31. ④ 32. ② 33. ⑤ 34. ① 35. ③

PART 2

사회 생활

과학적 · 체계적인 신개념의 영단어 학습법

개념원리 VOCA

|수|능|필|수|편|

Day 16

사회·정치·조직

society & politics & organization

사회, 국가

≫ 테마 기본 어휘	society · community · civilization(문명) · culture · tradition · custom · folk(민속의) · country nation(국가) · state(국가, 주) · people(국민) · citizen · nationality · independence(독립) democracy · republic(공화정치) · communism(공산주의) · foreign · overseas(해외로) · abroad(국외로) · international

01 **convention**

[kənvénʃən]

1. (한 사회에서 극히) 명 **(당연시 여기는) 관례, 관습**
2. (소속원들이 모여서 여는 공식적인 대규모의) 명 **(정당·단체 등의) 대회, 집회** → p144

She defied the *conventions* of the time by marrying a black man.

파생 conventional [kənvénʃənl] 형 관습[관례]적인

어원 con(together) + vent(come:오다) ┌ (한 사회가) 함께 받아들여 온 것 → 2. 관습
└ (함께 와서) 모이는 것 → 1. 집회, 대회

02 **practice**

[prǽktis]

1. (평상시 늘 함으로써) 명 **(일상화된) 관례, 관행** 동 **늘[습관적으로] 행하다**
2. (기능이나 기술 등을 향상시키기 위해) 동 **연습하다** 명 **연습** → p186
3. (이론·생각이 아니라) 명 **(실지로 하는) 실행, 실천** 동 **실행[실천]하다** → p298

It is difficult to change traditional *practices* within a short period of time.

파생 practical [prǽktikəl] 형 실용적인, 실제[현실]적인
impractical [imprǽktikəl] 형 터무니없는, 비현실적인
practicable [prǽktikəbl] 형 실행[실현] 가능한

어원 행하다(do)의 뜻에서 유래 ┌ (늘) 행해온 것 → 1. 관례, 관행
├ (되풀이하여) 행하다 → 2. 연습하다
└ (실지로) 행하다 → 3. 실행[실천]하다

01 그녀는 흑인 남자와 결혼함으로써 그 당시의 관습에 도전했다. 02 짧은 기간 내에 전통적인 관행을 바꾸기는 어렵다.

03 legacy
[légəsi]

(사물 · 문화 · 전통 등, 앞 세대가 남긴) 명 **(조상이 남긴) 유산**
(사후에) 명 **(죽은 사람이 남긴) 유산** (= inheritance)

This country has a rich *legacy* of art and literature.
She received a *legacy* of $10,000 from her grandfather.

04 heritage
[héritidʒ]

(중요한 의미 · 가치가 있는 한 사회나 국가의) 명 **(역사적 · 문화적) 유산**

The British are strongly proud of their cultural *heritage*.

어원 herit(heir:상속인) + age → (상속) 받은 것 → 유산

05 sovereignty
[sɑ́vərənti]

(한 국가의 의사를 결정하는 최고의 권력): 명 **주권, 통치권, 자주권**

Both states claimed *sovereignty* over the island.

파생 sovereign [sɑ́vərin] 형 주권이 있는, 자주적인 명 주권자, 군주, 국왕

어원 sover(super:위에) + reign(통치) → (가장 위에 있는) 통치 권력 → 통치권, 주권

06 civil
[sívəl]

1. (한 나라에 사는 사람들과 관련된): 형 **(한 국가의) 시민[공민]의**
2. (특수 신분인) 형 **(군인 · 공무원 · 성직자 대비) 일반 시민의, 민간의**
3. (개인 사이의 사건을 다루는) 형 **(법률상) 민사의**

At least half a million people were killed during the *civil* war.

파생 civilian [sivíljən] 명 민간인 형 민간(인)의

어원 civ(citizen:시민) + il ┌ 1. 2. (일반) 시민의
└ (시민들 간의) 사건인 → 3. 민사의

07 patriotic
[pèitriɑ́tic]

(자신의 나라를 사랑하는) 형 **애국심이 강한**

He was a *patriotic* man who fought for his country.

파생 patriot [péitriət] 명 애국자
patriotism [péitriətìzm] 명 애국심

어원 parti(fatherland:조국) + otic → (조국을) 사랑하는 → 애국심이 강한

Day 16

03 이 나라는 풍부한 예술과 문학의 유산을 가지고 있다. / 그녀는 할아버지로부터 만 달러의 유산을 받았다. 04 영국 사람들은 자신의 문화 유산에 대해 강한 자부심을 갖고 있다. 05 두 나라가 다 그 섬에 대한 주권을 주장했다. 06 내전 동안 적어도 50만 명의 사람들이 죽었다. 07 그는 조국을 위해 싸운 애국심이 강한 남자이었다.

08 **domestic**

[dəméstik]

1. (나라 내부의 일과 관련된): 형 **국내의**

2. (가족 관계나 가정 생활과 관련된): 형 **가정의; (용도가) 가정용의** → p17

There is a clear distinction between *domestic* and international politics.

파생 domesticity [dòumestísəti] 명 가정 생활, 가정적임

어원 집(dome)에서 유래 ┌ 나라(집)의 내부의 → 1. 국내의
└ (집의) 내부의 → 2. 가정의

09 **alien**

[éiljən]

1. (환경·문화 등이) 형 **(익숙한 것과 달라서) 이질적인, 이국의** 명 **외국인 체류자**

2. (지구 이외의 천체에 존재 한다고 여겨지는) 명 **외계인** 형 **외계의**

The western culture was totally *alien* to them.

파생 alienate [éiljənèit] 동 멀어지게 만들다, 소외감을 느끼게 하다

어원 al(other:다른) + ien → (나라나 지구 밖) 다른 곳에서 온 → 1. 이국의 2. 외계의

10 **exotic**

[igzátik]

(특성·풍물·분위기 등이) 형 **(자기 나라와 달라서) 이국적인, 외래의**

The island's landscape was *exotic* and different in many ways.

파생 exotica [igzátikə] 명 이국풍의 물건[풍물]

어원 exo(outside:외부) + tic → 외부의 → 이국적인, 외래의

11 **empire**

[émpaiər]

(여러 작은 나라들로 이루어진 황제가 다스리는) 명 **제국**

The emperor of the Roman *Empire* was an absolute ruler.

파생 emperor [émpərər] 명 황제
imperial [impíəriəl] 형 제국[황제]의
imperialism [impíəriəlìzm] 명 제국주의

어원 em(in:안) + pire(order:명령) → (황제의) 명령이 미치는 내부 → 제국

08 국내 정치와 국제 정치 사이에는 분명한 차이가 있다. 09 서구의 문화는 그들에게는 완전히 이질적인 것이었다. 10 그 섬의 풍경은 이국적이고 많은 면에서 달랐다. 11 로마 제국의 황제는 무소불위의 통치자이었다.

12 federal

[fédərəl]

(자치권을 가진 여러 국가가 연합한) 형 **연방(정부)의**

Germany is a *federal* republic made up of eleven states.

파생 federation [fèdəréiʃən] 명 연방, 연방 제도[정부]

어원 feder(league:연합) + al → (연합한) 연방(정부)의

13 colony

[kɑ́ləni]

(정치적으로 다른 나라의 지배를 받는) 명 **식민지**

Vietnam and Cambodia were formerly French *colonies*.

파생 colonial [kəlóuniəl] 형 식민지의
colonize [kɑ́lənàiz] 동 식민지화하다

어원 colon(colonus:농노) + y → (봉건 영주에게 예속된) 농노의 지역 → 식민지

Day 16

동의어 레슨

관습, 관례	
custom	(한 사회에서 오랜 시간에 걸쳐 굳어져서 지켜지는) **관습**
convention	(한 사회에서 극히 자연스럽게 받아들이는 일반적인) **관례, 관습**
practice	(평상시 늘 함으로써 일상화된) **관례, 관행**

정치, 정부, 선거

≫ 테마 기본 어휘	government · official(관리) · president · party(당) · politics · policy(정책) · election(선거) · vote(투표)

14 govern

[gʌvərn]

(국가나 국민을) 동 **(정당하고 적법하게) 통치하다, 다스리다**

A republic is *governed* by elected representatives or an elected president.

파생 governor [gʌvərnər]명 통치자; 주지사

15 reign

[rein]

(나라의 주권을 가진) 동 **(국왕·황제로서) 다스리다, 통치하다** 명 **통치 기간**

Queen Elizabeth the First *reigned* from 1558 to 1603.

12 독일은 11개의 주로 이루어진 연방 공화국이다. 13 베트남과 캄보디아는 이전에 프랑스의 식민지이었다. 14 공화국은 선출된 대표자들이나 선출된 대통령에 의해 통치된다. 15 엘리자베스 1세 여왕은 1558년부터 1603년까지 통치했다.

16 **regime**

[rəʒíːm]

(특히 집권 과정이나 권력 행사가 정당하지 못한) 명 **정권**

The current military *regime* came to power after murdering thousands of people.

어원 reg(rule:통치하다) + ime → (통치하는) 권력 → 정권

17 **statesman**

[stéitsmən]

(풍부한 경험과 높은 식견으로 존경 받는) 명 **정치가**

His political wisdom gave him a reputation as a highly respected statesman.

어원 state(국가) + man(사람) → (국가의) 정치를 맡아서 하는 사람 → 정치가

18 **dictator**

[díkteitər]

(절대 권력을 가지고 독단적인 정치를 행하는) 명 **독재자**

He was a *dictator* who followed no law but his own.

파생 dictatorship [diktéitərʃip] 명 독재체제
dictate [díkteit] 동 지시[명령]하다; 구술하다 명 지시, 명령

어원 dictate(명령하다) + or(행위자) → (명령하는) 사람 → 독재자

19 **autonomy**

[ɔːtɑ́nəmi]

(지역·단체가 자체의 일을 스스로 결정·처리할 수 있는) 명 **자치권**

They demanded greater *autonomy* from the central government.

파생 autonomous [ɔːtɑ́nəməs] 형 자치의, 자주적인

어원 auto(self:자신) + nom(law:법) → (자신의 법에 따라) 사는 것 → 자치권

20 **diplomat**

[díplәmæt]

(나라를 대표하여 외교 사무에 종사하는) 명 **외교관**

He's a high-ranking *diplomat* in the US embassy in Moscow.

파생 diplomacy [diplóuməsi] 명 외교(술)
diplomatic [dìpləmǽtik] 형 외교적인

어원 di(two) + plo(fold) → double-folded document(두 번 접은 문서) → 외교 문서 → 외교관

16 현재의 군사 정권은 수천 명의 사람들을 살해한 후 정권을 장악했다. 17 그의 정치적 지혜는 그에게 크게 존경 받는 정치가로서의 명성을 주었다. 18 그는 자신의 법 이외에 어떠한 법도 따르지 않는 독재자이었다. 19 그들은 중앙 정부로부터 더 많은 자치권을 요구했다. 20 그는 모스크바 주재 미국 대사관의 고위 외교관이다.

21 **ambassador**
[æmbǽsədər]

(나라를 대표하여 파견된 최고 직급의 외교관): 명 **대사**

An *ambassador* represents his or her government in a foreign country.

22 **embassy**
[émbəsi]

(외교사절이 주재국에서 직무를 수행하는) 명 **대사관**

An anti-American demonstration took place in front of the U.S. *embassy*.

23 **minister**
[mínəstər]

1. (한국·영국 등의 정부 부처의) 명 **장관, 대신, 각료**
2. (개신교 교회에서 지도적인 직분을 맡은) 명 **성직자, 목사** → p269

The new *minister* said that there would be no change in the foreign policy of the country.

파생 ministry [mínəstri] 명 (행정부 산하의) 부, 성; 목사의 직무

어원 minis(less:덜한) + ter → 신분이 낮은(덜한) 사람 → 하인 ┌ (왕의) 하인 → 1. 장관
└ (신의) 하인 → 2. 목사

24 **congress**
[káŋgris]

(입법 기관): 명 (C-) **(미국 등의) 의회, 국회**

Congress will vote on the new trade agreement next week.

파생 congressional [kəngréʃənl] 형 국회[의회]의
congressman [káŋgrismən] 명 (미국 의회, 특히 하원) 국회의원

어원 con(together:함께) + gress(go:가다) → (가서 함께 하는) 모임 → 의회

25 **parliament**
[pá:rləmənt]

(입법 기관): 명 (P-) **(영국 등의) 의회, 국회**

The Labor Party won the largest number of seats in *Parliament*.

파생 parliamentary [pà:rləméntəri] 형 국회[의회]의

어원 parlia(speak:말하다) + ment → (말을 하는) 곳 → 의회

21 대사는 외국에서 자신의 정부를 대표한다. 22 반미 시위가 미국 대사관 앞에서 일어났다. 23 새 장관은 국가의 외교정책에는 변화가 없을 것이라고 말했다. 24 국회는 다음 주 새로운 무역 협정에 대해 표결을 할 것이다. 25 노동당이 의회에서 가장 많은 수의 의석을 차지했다

26 **senate**

[sénət]

(미국 등의 양원제 의회에서) 명 (the S-) **(의회의) 상원**

The *Senate* passed the bill overwhelmingly by a vote of 98-1.

파생 senator [sénətər] 명 상원의원

어원 sen(elder:원로) + ate → (원로) 회의 → **상원**

27 **ballot**

[bǽlət]

(투표자의 이름을 밝히지 않는) 명 **비밀[무기명] 투표; 투표용지**

The committee chairperson is elected by secret *ballot*.

28 **candidate**

[kǽndidèit]

(뽑히기 위해 경쟁하는) 명 **(선거) 후보자; (일자리) 지원자**

We have individual interviews with each *candidate*.

파생 candidacy [kǽndidəsi] 명 입후보, 후보 자격

어원 candid(white:흰) + ate → (로마시대 공직 후보자는) 흰 옷을 입은 것에서 유래 → **후보자**

29 **nominate**

[nάmənèit]

(누구를 선거 · 직위 · 수상자의) 동 **(후보자로) 지명[추천]하다**

The film was *nominated* for Best Picture and he was nominated as Best Actor.

파생 nomination [nὰmənéiʃən] 명 지명, 추천
nominee [nὰməníː] 명 지명[추천]된 사람

어원 nomin(name:이름) + ate → (후보자로) 이름을 지정하다 → **지명하다**

동의어 레슨

정치가	
politician	(직업적으로 정치 활동을 하는 사람): **정치가**
statesman	(풍부한 경험과 높은 식견으로 존경 받는) **정치가**

조직, 지위, 권력

≫ 테마 기본 어휘	organization(조직) · club · member · belong(속하다) · position(지위) · rank(계급) · class(계층) · background(배경) · senior(손위[상급]의) · junior(연하[하급]의) · fellow(동료) · king · queen royal crown · prince · princess · noble(귀족) · master(주인) · servant(하인) · maid(하녀) · slave · power(권력) · responsible · official(공식적인) · free · right(권리)

26 상원은 그 법안을 98표 대 1표로 압도적으로 통과시켰다. 27 위원회 회장은 비밀 투표에 의해 선출된다. 28 우리는 각각의 후보자와 개별 면접을 했다. 29 영화는 최우수 영화에 지명되고 그는 최우수 남자 배우에 지명되었다.

30 institution
[ìnstətjú:ʃən]

(공공 사업 목적의 규모가 큰) 명 **(대학·은행·병원 등의) 기관[단체]**
(특정 사회에서 오랫동안 존재함으로써) 명 **(확립된) 제도[관습]**

The University of Texas is the state's largest educational *institution*.
The *institution* of arranged marriage is still common in India.

파생 institutional [ìnstətjú:ʃənl] 형 기관[단체]의
institute [ínstətjù:t] 동 (제도·법·정책 등을) 도입하다 명 기관, 협회

어원 in(안) + stitute(set up:세우다) → (안에) 세운 것 → 제도, 관습; 기관, 단체

31 association
[əsòusiéiʃən]

1. (회원 상호간의 협력을 목적으로 하는) 명 **협회, 조합**
2. (서로 관련하여 관계를 맺는 일): 명 **(사람·조직 간의) 연계[유대, 제휴]** → p486
(특정 사람·사물과) 명 **(관련해서 떠오르는) 생각[기억], 연상, 연관(성)** → p486

The American Medical *Association* is against the proposal.

파생 associate [əsóuʃièit] 동 연상하다, 결부[연관]짓다 형 제휴한; 준[부]- 명 제휴자

어원 as(to) + soci(companion:동반자) ┬ 동반자가 됨 → 2. 연계, 유대 → 1. 협회, 조합
└ (동반하여) 일어나는 생각·느낌 → 2. 연상, 연관(성)

32 committee
[kəmíti]

(조직을 대표하여 특정한 일의 결정·처리를 위임 받은) 명 **위원회**

The matter will be discussed at a meeting of the management *committee*.

어원 com(together) +mitt(send) +ee(사람) → (임무를 맡겨) 함께 보낸 사람들 → 위원회

33 council
[káunsəl]

(무엇을 협의·심의·운영·자문하기 위해 구성된) 명 **협의[심의, 평의]회**
(지방 자치 단체의) 명 **지방 의회**

China is one of the five permanent members of the UN Security *Council*.
The city *council* decided to build 5,000 new apartments.

파생 councilor [káunsələr] 명 평의원, 참사관, 고문관; (지방 의회의) 의원

어원 coun(together:함께) + cil(call:부르다) → (불러서 함께) 모인 회의 → 협의회; 지방 의회

30 텍사스 대학은 그 주의 가장 큰 교육 기관이다. / 인도에서는 중매 결혼의 관습이 여전히 흔하다. 31 미국 의사 협회는 그 제안을 반대하고 있다. 32 그 문제는 운영위원회 회의에서 논의될 것이다. 33 중국은 유엔 안전보장이사회의 상임이사국 중 하나이다. / 시의회는 5,000채의 새 아파트를 짓기로 결정했다.

34 **status**

[stéitəs]

(법률상의 공식적인) 명 **(법적) 신분[지위]**
(남들과 비교 관점에서의) 명 **(사회적) 지위**

The legal status of women was reformed in the late 19th century.
Typically, those who have a high social status also have great economic power.

어원 sta(stand:서다) + tus → (서 있는) 상태 → 신분, 지위

35 **peer**

[piər]

1. (자신과) 명 **(나이 · 신분 · 직업 등이) 동등한 사람, 동배, 동료**
2. (불분명하거나 흐릿하여) 동 **(잘 보이지 않아서) 유심히 보다, 응시하다** → p67

Korean children scored higher in math than their *peers* in 23 countries.

어원 ┌ appear(나타나다)의 철자 변형 → (나타나게 하려고) 1. 유심히 보다
└ 동등한(equal)의 뜻에서 유래 → 2. 동배, 동등한 사람

36 **humble**

[hʌmbl]

1. (사람의) 형 **(신분 · 지위가) 낮은, 비천한**
(가치 있거나 특별하지 않고) 형 **(사물이) 보잘것없는, 초라한**
2. (남을 높이고) 형 **(자기를 낮추어) 겸손[겸허]한** 동 **겸허하게 하다** → p100

He was a man of *humble* birth but high ambition.
In my *humble* opinion, you made the wrong decision.

파생 humility [hjuːmíləti] 명 겸손

어원 hum(earth:땅) + ble → (땅바닥과 같이) 낮은 ┌ (신분이) 1. 비천한; (사물이) 1. 초라한
└ (자신을) 바닥으로 낮추는 → 2. 겸손한

37 **monarch**

[mánərk]

(왕 · 여왕 같이 세습적으로 나라를 다스리는) 명 **군주**

The present *monarch* of the United Kingdom is Queen Elizabeth II.

파생 monarchy [mánərki] 명 군주제[국]

어원 mon(alone:혼자) + arch(rule:다스리다) → (혼자) 다스리는 자 → 군주

34 여성의 법적 지위는 19세기말에 개혁되었다. / 일반적으로 사회적 지위가 높은 사람들은 큰 경제력도 가지고 있다.
35 한국 아이들은 23개국의 또래들보다 수학에서 더 높은 점수를 받았다. 36 그는 출신 신분이 비천했으나 야망이 큰 남자이었다. / 제 보잘것없는 생각으로는 잘못된 결정을 하셨습니다. 37 영국의 현재 군주는 엘리자베스2세 여왕이다.

38 **majesty**
[mǽdʒəsti]

1. (One's Majesty) 명 (왕 · 여왕 · 황제 · 황후 등에 대한 존칭): **폐하**
2. (위엄에 압도될 만큼의) 형 **(규모 · 화려함의) 장엄함, 웅대함** → p438

Your *Majesty*, I beg your forgiveness. I am very sorry.

파생 majestic [mədʒéstik] 형 장엄한, 웅장한

어원 majest(greater) + y ┌ (더 위대한) 사람 → 1. 폐하
└ (규모 · 화려함이) 더 큰 → 2. 장엄함, 웅대함

39 **throne**
[θroun]

(왕의 자리, 또는 지위): 명 **왕좌, 왕위**

Henry VIII came to the *throne* in 1509 when his father died.

Day 16

40 **dynasty**
[dáinəsti]

(같은 가문에 속하는 왕들의 계열 또는 그 시기): 명 **왕조, 왕가**

The Ming *dynasty* ruled over China from 1368 to 1644.

어원 dynast(세습 군주) + y → 왕조

41 **privilege**
[prívəlidʒ]

(특정 신분 · 자격이 있는 사람만 특별히 누리는) 명 **특권, 특전, 특혜, 영광**
동 **특권[특전]을 주다**

I believe that education is a basic right and not a *privilege*.

파생 privileged [prívəlidʒd] 형 특권[특전]을 가진

어원 privi(private:개인의) + lege(law:법) → (한 개인을 위한) 법 → 특권

42 **authority**
[əθɔ́:rəti]

(직위 · 직책에 따른 일정한 범위 내의 공적인) 명 **권한**

Only the finance director has the *authority* to make this decision.

파생 authorize [ɔ́:θəràiz] 동 권한을 부여하다
authorization [ɔ̀:θərizéiʃən] 명 권한 부여
unauthorized [ʌnɔ́:θəràizd] 형 권한이 없는

어원 author(originator:창조자) + ity → 권리 · 권력의 근원(창조자) → 권한

38 폐하, 부디 용서해 주십시오. 매우 죄송합니다. 39 헨리8세는 그의 아버지가 사망한 1509년에 왕위에 올랐다.
40 명왕조가 중국을 1368년부터 1644년까지 통치했다. 41 나는 교육은 기본적인 권리이지 특권이 아니라고 믿는다.
42 재무 담당 이사만이 이 결정을 할 권한을 갖고 있다.

[43] liberty
[líbərti]

(이전에 얽매이던) 명 (억압·지배로부터의) 자유

They fought for religious *liberty* and obtained it.

파생 liberate [líbərèit] 동 자유롭게 하다, 해방하다
liberation [lìbəréiʃən] 명 해방, 석방
liberal [líbərəl] 형 자유주의의 명 자유주의자

어원 liber(free:자유롭게 하다) + ty → 자유

[44] qualify
[kwɑ́ləfài]

1. (어떤 일을 할 수 있는) 동 자격[권리, 권한]이 있다[을 주다]
2. (교육·시험 등을 거쳐 어떤 일에 필요한) 동 자격(증)을 얻다[주다] → p189

To *qualify*, you must be 18 or older and a resident of California.

파생 qualification [kwɑ̀ləfikéiʃən] 명 자격(증)
qualified [kwɑ́ləfàid] 형 자격이 있는
unqualified [ʌnkwɑ́ləfàid] 형 자격이 없는
⊖ disqualify [diskwɑ́ləfài] 동 자격을 박탈하다

어원 quali(quality:질) + fy(make:만들다) ┬ 일정한 질(자격)을 갖추도록 만들어 주다
└ 자격이 있다, 자격을 주다

[45] entitle
[intáitl]

1. (무엇을 할 수 있는) 동 (공식적인) 권리[자격]를 주다 [to]
2. (책·영화·그림 등에) 동 (~이라는) 제목을 붙이다, 표제를 달다

All workers and their families are *entitled* to free health care.

파생 entitlement [intáitlmənt] 명 권리, 자격

어원 en(make:만들어 주다) + title(권리, 제목) ┬ 1. 권리를 주다
└ 2. 제목을 붙이다

동의어 레슨

권력, 권한	
power	(정치적·사회적으로 남을 지배·강제할 수 있는) 힘, 권력, 권한
authority	(직위·직책에 따른 일정한 범위 내의 공적인) 권한

44 그들은 종교의 자유를 위해서 싸웠고 그것을 얻었다. 45 자격이 있으려면 18세 이상이고 캘리포니아의 주민이어야 합니다. 46 모든 근로자와 그의 가족은 무료 의료서비스를 받을 자격이 있다.

Day 16 Review Test

[1-30] 영어를 우리말로 바꾸세요.

1. convention	16. embassy
2. legacy	17. ballot
3. heritage	18. nominate
4. sovereignty	19. institution
5. civil	20. association
6. domestic	21. council
7. alien	22. status
8. exotic	23. peer
9. federal	24. humble
10. colony	25. majesty
11. reign	26. throne
12. regime	27. dynasty
13. autonomy	28. privilege
14. diplomat	29. liberty
15. ambassador	30. entitle

[31-35] 각 문장의 문맥에 맞는 적절한 단어를 찾아 넣으세요.

① reign ② domestic ③ status ④ legacy ⑤ dynasty

31. Foreign policy cannot be separated from _____ policy.
32. Many events occurred during the _____ of Queen Victoria.
33. Women have finally gained equal _____ with men politically.
34. The Tutor _____ ruled England for more than 100 years.
35. The _____ of hatred should not be passed on to the next generation.

정답 31. ② 32. ① 33. ③ 34. ⑤ 35. ④

Day 17 법·범죄·통제

law & crime & control

법, 범죄, 재판

≫ 테마 기본 어휘	law · rule · order(질서) · legal · keep(지키다) · observe(지키다) · break(어기다) · bill pass(승인하다) · court(법정) · lawyer · judge(판사) · guilty(유죄의) · innocent(무죄의) · punish(처벌하다) · penalty · fine(벌금) · crime · sin · commit(범하다) · suspect(용의자) · steal · rob(강탈하다) thief(도둑) · police · prison · jail · release(석방하다)

01 **constitution** [kɑ̀nstətjú:ʃən]

(한 나라의 통치 체제의 기본 원칙을 정한) 명 **헌법**

A *constitution* is the fundamental law of a nation.

파생 constitutional [kɑ̀nstətjú:ʃənl] 형 헌법의
constitute [kɑ́nstətjù:t] 동 설립[설치]하다; 구성하다, 이루다

어원 con(together:함께) + statute(set up:세우다) → (다 함께 모여) 세운 것 → **헌법**

02 **regulation** [règjuléiʃən]

(무엇을 통제·규제하기 위해 정부·관공서 등이 정해 놓은) 명 **규정, 법규**

Under the new *regulations*, all staff must have 12 hours of safety training.

파생 regulate [régjulèit] 동 규제[단속]하다; 조절[조정]하다

어원 regula(rule:규칙) + ate → (규칙으로) 정해 놓은 것 → **규정, 법규**

03 **discipline** [dísəplin]

(훈련·징벌을 통해) 명 **(규칙·자제력을 가르치는) 훈육[규율]**
(엄격한) 명 **(훈육·수련 등을 통한) 절제된 행동[자제력]** 동 **훈육하다; 징계하다**

The high school has a reputation for strict *discipline*.
This type of work also requires a lot of *discipline*.

파생 disciplinary [dísəplənèri] 형 징계의

어원 disciple(제자) + ine → (제자를) 가르치는 것 → **훈육** → (훈육의) 결과 → **절제된 행동**

01 헌법은 한 국가의 근본이 되는 법이다. 02 새로운 규정에 따라 모든 직원은 12시간의 안전교육을 받아야 한다. 03 그 고등학교는 엄격한 규율로 평판이 있다. / 이런 종류의 일은 또한 많은 절제된 행동을 요구하다.

04 legitimate

형 [lidʒítəmət]
동 [lidʒítəmeit]

(법률·통념·논리적인 기준·원칙으로 볼 때) 형 합법적인, 적법의, 정당[타당]한
동 합법[정당]화하다

I believe it is *legitimate* to do so in this case.

파생 legitimacy [lidʒítəməsi] 명 합법성
⊖ illegitimate [ìlidʒítəmət] 형 위법의

어원 legitim(lawful:합법의) + ate→ 합법적인

05 valid

[vǽlid]

1. (법적·공적으로) 형 (표·증서·계약서 등이) 효력이 있는, 유효한
2. (확실한 근거·논리가 있어서) 형 (주장·이유 등이) 정당[타당]한

The round-trip ticket is *valid* for 30 days and costs $50.

파생 validate [vǽlədèit] 동 (유효성을) 인가[승인]하다; (정당[타당]성을) 입증하다
validity [vəlídəti] 명 유효(성); 정당[타당]성
⊖ invalid [invǽlid] 형 효력이 없는; 정당하지 않은 명 [ínvəlid] 병약자

어원 val(strong:강력한) + id ┌ (법적·공적 효과가) 강력한 → 1. 효력이 있는, 유효한
└ (근거나 논리가) 강력한 → 2 정당[타당]한

Day 17

06 enforce

[infɔ́:rs]

(실제로 지켜지도록 공포된) 동 (법·명령 등을) 집행[시행]하다

The primary role of the police is to *enforce* the law.

파생 enforcement [infɔ́:rsmənt] 명 집행, 시행

어원 en(만들다) + force(힘) → (법률이 실제로) 힘을 갖게 만들다 → 집행하다

07 violate

[váiəlèit]

(격식 차린 말): 동 (법·합의·원칙 등을) 위반[위배]하다
(부당하게) 동 (남의 사생활·권리 등을) 침해[침입]하다

Four employers were arrested for *violating* the labor law.
She feels that her mother *violated* her privacy by reading her diaries.

파생 violation [vàiəléiʃən] 명 위반, 침해

어원 viol(violent:폭력적인) + ate → (폭력을) 쓰다 → 위반하다; 침해하다

---

04 나는 이 경우에 그렇게 하는 것은 정당하다고 믿는다. 05 그 왕복 티켓은 30일간 유효하고 비용은 50달러이다. 06 경찰의 주된 역할은 법을 집행하는 것이다. 07 네 명의 고용주가 노동법을 위반한 혐의로 체포되었다. / 그녀는 엄마가 자신 일기를 읽음으로써 사생활을 침해했다고 느끼고 있다.

08 infringe

[infríndʒ]

(행위·계획 등이) 동 **(법·규정·규칙을) 위반하다**
(남의) 동 **(법적 권리를) 침해하다, (자유를) 제한하다** [on]

They *infringed* his copyright by publishing his work without his permission.

파생 infringement [infríndʒmənt] 명 위반; 침해

어원 in(into) + fringe(break:어기다) → (법을 어기고) 안으로 들어가다 → **침해[위반]하다**

09 legislation

[lèdʒisléiʃən]

(입법 기관에 의해 제정된) 명 **법률, 제정법; 법률 제정, 입법 (행위)**

New *legislation* on animal welfare will be introduced in the near future.

파생 legislative [lédʒislèitiv] 형 입법(부)의
legislate [lédʒislèit] 동 법률을 제정하다
legislator [lédʒislèitər] 명 입법자, 국회[의회]의원

어원 legis(law:법) + lation(proposing:제안하기) → (법을) 제안하는 것 → **법률 제정; 제정법**

10 enact

[inǽkt]

(어떤 것을 법률로 만들다): 동 **(법을) 제정하다**

They urged Congress to *enact* the bill immediately.

파생 enactment [inǽktmənt] 명 (법의) 제정; (제정된) 법률

어원 en(make:만들다) + act(법률) → (법률로) 만들다 → **법을 제정하다**

11 offend

[əfénd]

1. (법을 어겨 벌을 받아야 할) 동 **범죄를 저지르다**
2. (의식적, 무의식적으로 한) 동 **(무례한 언행이) 감정을 상하게 하다** → p115

If you *offend* once, you are likely to *offend* again.

파생 offense [əféns] 명 위법 행위, 범죄; 감정 해치기, 모욕
offensive [əfénsiv] 형 불쾌한, 거슬리는; 공격의 명 (군사적) 공격
offender [əféndər] 명 범법자, 위반자

어원 of(against:맞서) + fend(strike:때리다) ┬ (법을) 때리다 → **1. 범죄를 저지르다**
└ (감정을) 때리다 → **2. 감정을 상하게 하다**

---

08 그들은 허락 없이 그의 작품을 출판함으로써 그의 저작권을 침해했다. 09 동물 보호에 대한 새로운 제정법이 조만간 도입될 것이다. 10 그들은 그 법안을 즉시 법제화하라고 국회에 촉구했다. 11 당신이 범죄를 한번 저지르면 또다시 범죄를 저지를 가능성이 많다.

12 **criminal**

[kríminl]

1. (범죄를 저지른) 명 **범죄자, 범인** 형 **범죄의**
2. (살인·절도 등의 범죄사건을 다루는) 형 **(법률상) 형사의**

He's a dangerous *criminal* who must be carefully watched.

파생 crime [kraim] 명 범죄

어원 crimin(crime:범죄) + al ┌ 1. 범죄의
└ (범죄사건을 다루는) 2. 형사의

13 **victim**

[víktim]

(범죄·사고·질병·불행 등으로 피해를 당한) 명 **피해자, 희생자**

The ambulance took the accident *victims* to the hospital immediately.

파생 victimize [víktəmàiz] 동 손해[고통]를 주다, 괴롭히다

14 **burglar**

[bə́:rglər]

(주택·건물 등에 불법 침입하여 금품을 훔치는) 명 **절도범, 빈집털이범**

Burglars broke into his house and stole money and jewelry.

파생 burglary [bə́:rgləri] 명 절도(죄), 빈집털이
burglarize [bə́:rgləràiz] 동 (건물에) 들어가 도둑질하다

15 **arrest**

[ərést]

(죄인이나 용의자를 쫓아가서) 동 **체포하다** 명 **체포**

He was *arrested* for drunk driving and had his license suspended for six months.

어원 ar(to) + rest(stop:멈추다) → (범인을) 멈추어 서게 하다 → **체포하다**

16 **detective**

[ditéktiv]

(형사사건의 수사를 전문으로 하는 사복 경찰관): 명 **형사**

The *detectives* carefully searched the house but found nothing.

파생 detect [ditékt] 동 찾아내다, 간파[탐지]하다

어원 de(opposite) + tect(cover:가리다) → ('가리다'의) 반대 → (가려진 것을 밝혀내는) **형사**

12 그는 주의 깊게 감시해야 할 위험한 범죄자이다. 13 앰뷸런스는 사고 피해자들을 병원으로 즉시 이송했다. 14 절도범들이 그의 집에 몰래 들어와서 돈과 보석을 훔쳐갔다. 15 그는 음주 운전으로 체포되어 운전면허증이 6개월간 정지되었다. 16 형사들은 집을 주의 깊게 수색했으나 아무 것도 찾지 못했다.

17 patrol

[pətróul]

(위험·문제가 있는지 살피기 위해 일정 구역을) 동 **순찰하다** 명 **순찰(대)**

Two police officers were *patrolling* the streets at night.

18 lawsuit

[lɔ́:s ù:t]

(법원에 재판을 청구하는) 명 **소송**

He filed a *lawsuit* against the company he worked for.

파생 sue [su:] 동 소송을 제기하다
suit [su:t] 명 소송(= lawsuit); 정장 한 벌 동 알맞다, 어울리다

어원 law(법률) + suit(소송) → 소송

19 prosecute

[prɑ́sikjù:t]

(특정 형사 사건을) 동 **(법원에 심판해 달라고) 기소하다**

He was *prosecuted* for stealing a car from a parking lot.

파생 prosecution [prɑ̀sikjú:ʃən] 명 기소; (the ~) 검찰측
prosecutor [prɑ́sikjù:tər] 명 검사, 검찰관

어원 pro(forward:앞으로) + secute(follow:따라가다) → (사건을) 추적하다 → 기소하다

20 try

[trai]

1. (법원에서 소송 사건을 해결하기 위하여) 동 **재판하다**
2. (무엇을 하거나 얻거나 이루려고) 동 **노력[시도]하다, 하려고 하다** 명 **시도** → p296
3. (유용한지 적합한지를 평가하려고) 동 **실제로 해 보다, 시험삼아 써 보다** → p180

Eventually he was *tried* for murder and found guilty.

파생 trial [tráiəl] 명 재판; 시험, 실험; 시련

어원 시험하다(test)의 뜻에서 유래 ┌ (죄의 여부를 시험하려고) 1. 재판하다
└ 3. 시험삼아 써보다 → (시험해 보려고) 2. 시도[노력]하다

21 oath

[ouθ]

1. (증인이 진실만을 말할 것을 맹세하는) 명 **(법정의) 증인 선서**
2. (공식적인 자리에서 엄숙·진지하게) 명 **(격식을 갖추고 하는) 서약, 맹세** → p154

He took the stand, raised his hand and took the *oath*.

17 밤에 두 명의 경찰관이 거리를 순찰하고 있었다. 18 그는 자신이 근무했던 회사를 상대로 소송을 제기했다. 19 그는 주차장에서 자동차를 훔친 혐의로 기소되었다. 20 결국 그는 살인죄로 재판을 받고 유죄로 판결되었다. 21 그는 증인대에 서서 손을 들고 증인 선서를 했다.

[22] **plead**

[pliːd]

1. (법정에서 피고가 자신이) 동 **(유죄 또는 무죄임을) 주장[항변]하다**

2. (딱한 사정을 들어) 동 **(애처롭게) 간청[애원]하다** → p140

The defendant *pleaded* not guilty to the charges when brought before the court.

파생 plea [pliː] 명 탄원, 간청; (피고측의) 답변

[23] **attorney**

[ətə́ːrni]

(미국 영어로, 특히 법정에서 남을 변호하는) 명 **변호사**

I'm not talking about this without the presence of my *attorney*.

어원 attorne(appointed:선임된) + y → (남을 변호하도록) 선임된 사람 → **변호사**

[24] **witness**

[wítnis]

1. (어떤 사실을 증명하거나 법정에서 증언을 하는) 명 **증인**

2. (눈으로 직접) 동 **(사고·사건·범죄 등을) 목격하다** 명 **목격자** → p67

He was asked to appear as a *witness* at the trial.

어원 wit(knowledge:알고 있음) + ness → (알고 있는) 사람 → 1. 증인 2. 목격자

[25] **testify**

[téstəfài]

(법정에서 증인으로서 사실을) 동 **증언하다**

The witness *testified* that he had seen the accident from a nearby window.

파생 testimony [téstəmòuni] 명 증언; 증거

어원 testi(witness:증인) + fy → (증인으로서) 진술하다 → **증언하다**

[26] **convict**

[kənvíkt]

(범죄에 대해 피고인에게) 동 **유죄를 선고하다** [of] 명 **기결수**

If you are *convicted* of a crime, you will be punished.

파생 conviction [kənvíkʃən] 명 유죄 판결; 확신, 신념

어원 con(강조) + vict(conquer:정복하다) → (죄를 완전히 정복하여) **유죄를 선고하다**

---

22 피고는 법정에 불려왔을 때 그 혐의들에 대해 무죄를 주장했다. 23 제 변호사의 동석 없이는 이것에 대해 말하지 않겠습니다. 24 그는 재판의 증인으로 출두할 것을 요청받았다. 25 증인은 그가 근처의 창문에서 사고를 보았다고 증언했다. 26 만약에 당신이 범죄에 대해 유죄 선고를 받는다면, 처벌을 받게 된다.

27 **acquit**

[əkwít]

(범죄에 대해 피고인에게) 동 **무죄를 선고하다, 석방하다** [of]

In his trial he was *acquitted* of robbing the bank.

파생 acquittal [əkwítl] 명 무죄 판결, 석방

어원 ac(to) + quit(free:자유롭게 하다) → (누구를 혐의로부터) 자유롭게 하다 → 석방하다

28 **sentence**

[séntəns]

1. (재판관이 기결수에게 죄에 합당한) 동 **형을 선고하다** [to] 명 **형 선고**

2. (단어를 연결하여 생각·감정의 표현을 완결한) 명 **문장** → p132

The man was *sentenced* to twenty years in prison for murder.

어원 sent(feel:느끼다) + ence ┌ (재판에서) 느끼고 내린 결정 → 형, 선고
└ (느낌을) 적은 것 → 문장

동의어 레슨

법률의, 합법적인	
legal	(법과 관련된): **법률(상)의** (법에 의해 허용하거나 요구되는): **합법적인, 법률이 요구하는**
legitimate	(법률·통념·논리적인 기준·원칙으로 볼 때) **합법적인, 정당한**

통제, 강제, 방해

≫ 테마 기본 어휘	control · obey(복종하다) · limit(제한하다) · duty · force(억지로 ~시키다) · let · allow · license(면허증) stop(막다) · keep(막다) · block(막다, 봉쇄하다)

29 **manipulate**

[mənípjulèit]

1. (자신에게 유리하게) 동 **(부정하고 교묘한 방법으로) 조종[조작]하다**

2. (솜씨 있게) 동 **(기계·도구·정보 등을) 잘 다루다, 능숙하게 처리하다** → p312

He survived his first political crisis by manipulating public opinion.

파생 manipulation [mənìpjuléiʃən] 명 교묘한 조종[조작]; 솜씨 있는 취급[조종]

어원 mani(hand:손) + pul(fill:채우다) → (손 안에 채워 넣고) 1. 조종하다 2. 능숙하게 다루다

27 재판에서 그는 은행 강도 혐의에 대해 무죄가 선고되었다. 28 그 남자는 살인죄로 20년 징역형을 선고 받았다. 29 그는 여론을 조작함으로써 그의 첫 번째 정치적 위기에서 살아남았다.

30 **dominate**

[dɑ́mənèit]

(우월한 힘·세력·실력 등으로) 동 (상대를) 지배[좌우]하다, 우위를 차지하다

They *dominated* the game, but didn't score as many goals as expected.

파생 domination [dɑ̀mənéiʃən] 명 지배
dominant [dɑ́mənənt] 형 지배적인
predominant [pridɑ́mənənt] 형 두드러진; 우세한, 지배적인

어원 domin(master:주인) + ate → (주인이) 되다 → 지배[좌우]하다

31 **conform**

[kənfɔ́:rm]

(통상적인) 동 (사회·집단 내의 기준·관례에) 따르다, 순응하다 [to/with]

The women refused to *conform* to expected gender roles.

파생 conformity [kənfɔ́:rməti] 명 순응
conformist [kənfɔ́:rmist] 명 순응주의자

어원 con(together:함께) + form(형식) → (함께 하여 같은 형식을) 따르다, 순응하다

32 **comply**

[kəmplái]

(그대로 맞추어) 동 (요구·명령·규칙 등에) 따르다, 응하다 [with]

Failure to *comply* with the regulations may result in penalties.

파생 compliance [kəmpláiəns] 명 응낙, 준수
compliant [kəmpláiənt] 형 시키는 대로 하는

어원 com(강조) + ply(fill:채우다) → (요구·명령을) 완전히 채우다 → 따르다, 응하다

33 **confine**

[kənfáin]

(무엇을 엄격히) 동 (일정한 범위 이내로) 국한[한정]하다
(일정한 곳에서 나오지 못하게) 동 (사람·동물을) 가두다, 감금하다

For now, let's *confine* our discussion to this issue.
He was *confined* in a narrow and dark cell for three days.

파생 confines [kənfáinz] 명 경계, 한계
confinement [kənfáinmənt] 명 감금

어원 con(together) +fine(end:끝나다) ┌ (모든 범위가 끝나는 경계선 이내로) 한정하다
└ (경계 안에) 가두다

30 그들은 게임을 지배했지만 기대한 만큼의 골을 넣지는 못했다. 31 그 여성들은 당연하게 여겨지는 성 역할에 순응하기를 거부했다. 32 규정을 따르지 않으면 처벌을 받을 수도 있다. 33 지금은 우리의 토론을 이 문제에만 국한합시다. / 그는 좁고 어두운 감방에 3일 동안 감금되었다.

34 **restrict**
[ristríkt]

(한도 이상으로 늘어나는 것을) 동 **(억제하기 위해) 제한[한정]하다** [to]
(무엇이) 동 **(자유로운 움직임·활동을) 제한[구속]하다**

The government passed a law to restrict smoking in public.

파생 restriction [ristríkʃən] 명 제한 (규정), 구속
restrictive [ristríktiv] 형 제한[구속]하는

어원 re(back:뒤) + strict(draw tight:팽팽히 당기다) → (뒤로) 팽팽히 잡아 당기다 → 제한하다

35 **obligation**
[àbləgéiʃən]

(구속력이 있는) 명 **(법·계약·규범에 따른) 의무**

You have a legal *obligation* to pay for that damage.

파생 obligate [ábləgèit] 동 의무를 지우다
obligatory [əblígətɔ̀:ri] 형 의무적인

어원 ob(to) + lige(bind:묶다) → (강제로 묶는) 의무

36 **compel**
[kəmpél]

(강제성이 있는 법·명령·사정 등이) 동 **억지로 ~시키다**

He was *compelled* to resign because of ill health.

파생 compulsory [kəmpʌ́lsəri] 형 강제적인
compulsion [kəmpʌ́lʃən] 명 강요; 충동

어원 com(together:함께) + pel(drive:몰다) → (무엇을 하도록) 함께 몰다 → 억지로 ~시키다

37 **oblige**
[əbláidʒ]

(의무감이나 필요성이) 동 **부득이 ~시키다**

He was *obliged* to sell his car in order to pay his debts.

어원 ob(to) + lige(bind:묶다) → (어떤 것에 묶여) 부득이 ~시키다

38 **impose**
[impóuz]

(권한으로) 동 **(의무·벌·세금·부담 등을) 부과하다, 지우다** [on]

A new tax has recently been *imposed* on cigarettes.

파생 imposition [ìmpəzíʃən] 명 부과(물)

어원 im(in:안) + pose(put:놓다) → (짐을) 안에 놓다 → 지우다, 부과하다

34 정부는 공공장소에서의 흡연을 제한하는 법을 통과시켰다. 35 당신은 그 피해에 대해 배상할 법적 의무가 있다. 36 그는 좋지 않은 건강 때문에 불가피하게 사직해야 했다. 37 그는 빚을 갚기 위해 부득이 그의 차를 팔아야 했다. 38 최근 새로운 세금이 담배에 부과되었다.

39 **permit**

[pərmít]

(공식적인 결정이나 법·규정에 따라) 동 **(정식으로) 허락[허가]하다** 명 **허가증**

Conversation and smoking are not *permitted* in the Library.

파생 permission [pərmíʃən] 명 허락, 허가
permissive permissive 형 허용[허가]하는

어원 per(through:통과) + mit(send:보내다) → (통과시켜) 보내다 → 허락하다

40 **forbid**

[fərbíd]

(남에게 명령하여, 또는 법·규칙 등으로) 동 **(사적 또는 공적으로) 금(지)하다**

Their religion *forbids* them to drink alcohol.

어원 for(against:반대하여) + bid(command:명령하다) → (~에 반대하여) 명령하다 → 금지하다

41 **prohibit**

[prouhíbit]

(권한을 행사하여, 또는 법·규칙에 의해) 동 **(공적으로) 금(지)하다** [from]

The use of cellular phones while driving is strictly *prohibited*.

파생 prohibition [pròuibíʃən] 명 금지

어원 pro(forward:앞) + hibit(hold:잡다) → (앞에서 미리) 붙잡다 → 금지하다

42 **ban**

[bæn]

(법률·명령 등을 통해) 동 **(법적으로) 금지하다** [from] 명 **금지**

Many countries have passed laws *banning* smoking in public places.

43 **restrain**

[ristréin]

(하지 못하게) 동 **(물리력으로) 제지[저지]하다**
(자신의) 동 **(감정·욕구 등을) 억누르다, 억제하다**

He became physically violent and had to be *restrained* by the police.
Although John could hardly *restrain* his anger, he tried to remain calm.

파생 restraint [ristréint] 명 제지; 억제

어원 re(back) + strain(draw tight:팽팽히 당기다) → (뒤로) 팽팽히 당기다 → 제지[억제]하다

39 도서관 안에서는 대화와 흡연이 허용되지 않는다. 40 그들의 종교는 그들이 술을 마시는 것을 금지한다. 41 운전 중 핸드폰 사용은 엄격하게 금지되어 있다. 42 많은 나라들이 공공장소에서 흡연을 금지하는 법을 통과시켰다. 43 그는 육체적으로 폭력적이 되어 경찰이 저지를 해야 했다. / 존은 그의 분노를 거의 억누를 수 없었으나 침착 하려고 했다.

44 **prevent**
[privént]

(일이 일어나기 전에) 동 **(미리) 막다, 예방[방지]하다** [from]

They took immediate steps to *prevent* the spread of the disease.

파생 prevention [privénʃən] 명 예방, 방지
preventive [privéntiv] 형 예방[방지]적인
preventable [privénʃən] 형 예방할 수 있는, 막을 수 있는

어원 pre(before:미리) + vent(come:오다) → (일어나기 전에) 미리 오다 → **막다, 예방하다**

45 **suppress**
[səprés]

(물리적인 힘으로) 동 **(내란·폭동 등을) 진압하다**
(자연스러운) 동 **(감정 표현·성장·발전을) 억제하다, 억누르다**

The movement was brutally *suppressed* and its leaders were executed.
Jefferson couldn't *suppress* his laughter any longer.

파생 suppression [səpréʃən] 명 진압; 억제

어원 sup(under:아래) + press(누르다) → (아래로) 누르다 → **억압[억제]하다**

46 **oppress**
[əprés]

(강제로, 정당한) 동 **(자유·권리를 빼앗아) 탄압하다, 심하게 차별하다**
(사람·마음을) 동 **(걱정·슬픔 등이) 무겁게 억누르다, 중압감을 주다**

This country has long been *oppressed* by a brutal dictator.

파생 oppression [əpréʃən] 명 탄압, 압제; 중압감
oppressive [əprésiv] 형 압제적인; 중압감을 주는
oppressor [əprésər] 명 압제자

어원 op(against:~에 맞서) + press(누르다) → (~에 맞서) 무겁게 억누르다 → **탄압하다**

47 **disturb**
[distə́:rb]

(혼란·소란 등을 일으켜) 동 **(일·휴식·수면 등을) 방해하다, 어지럽히다**

Don't *disturb* John, he is studying for his exams.

파생 disturbance [distə́:rbəns] 명 방해, 소란
disturbing [distə́:rbiŋ] 형 충격적인, 불안감을 주는

어원 dis(completely) + turb(disorder:무질서) → (완전히) 무질서하게 만들다 → **방해하다**

44 그들은 병의 확산을 막기 위해 즉각적인 조치를 취했다. 45 그 운동은 잔혹하게 진압당했고 그 지도자들은 처형되었다. / 제퍼슨은 더 이상 웃음을 억제할 수가 없었다. 46 이 나라는 오랫동안 잔혹한 독재자에 의해 탄압을 받아왔다. 47 존을 방해하지 마라, 시험 공부하고 있으니까.

48 **interrupt**

[ìntərʌ́pt]

(일·이야기·진행 등을) 동 (사이에 끼어들거나 가로막아) 방해[중단, 차단]하다

I'm sorry to *interrupt*, but there's an urgent phone call for you.

파생 interruption [ìntərʌ́pʃən] 명 방해, 중단, 차단

어원 inter(between:사이에) + rupt(break:깨다) → (사이에 끼어들어) 깨다 → 방해하다

49 **distract**

[distrǽkt]

(주변에 보이거나 들리는 것이) 동 주의를 흐트러뜨리다, 산만하게 하다 [from]

The noise they made *distracted* him from his work.

파생 distraction [distrǽkʃən] 명 산만하게 하는 것

어원 dis(away:다른 데) + tract(draw:끌다) → (주의를) 다른 데로 끌다 → 산만하게 하다

50 **hinder**

[híndər]

(일의 진행·발전을) 동 (지연시켜서) 방해하다, 훼방 놓다

Inexperienced helpers may, in fact, *hinder* rather than help.

파생 hindrance [híndrəns] 명 방해(물)

어원 hind(behind:뒤에) + er → (막아서) 뒤에 있게 하다 → 방해하다, 훼방 놓다

51 **disrupt**

[disrʌ́pt]

(정상적인 진행·작동을) 동 (문제·장애를 일으켜서) 방해하다, 지장을 주다

Traffic was *disrupted* by the accident which occurred this morning.

파생 disruption [disrʌ́pʃən] 명 방해, 지장
disruptive [disrʌ́ptiv] 형 지장을 주는

어원 dis(apart:분리) + rupt(break:깨다) → (정상적인 것을) 깨서 분리시키다 → 방해하다

52 **obstacle**

[ɑ́bstəkl]

(무슨 일을 하는 데) 명 (방해가 되는) 장애(물)

He had to overcome many *obstacles* to make his dreams come true.

어원 ob(against:~에 맞서) + sta(stand:서다) → (맞서서) 서 있는 것 → 장애(물)

48 방해해서 죄송합니다만, 당신에게 긴급한 전화가 와있습니다. 49 그들이 내는 소음이 그를 일에 집중하지 못하게 했다. 50 사실 경험이 부족한 도와주는 사람은 도움이 되기 보다는 방해가 될 수 있다. 51 오늘 아침에 일어난 사고가 교통에 지장을 초래했다. 52 그는 그의 꿈을 실현하기 위해 많은 장애를 극복해야 했다.

53 barrier
[bǽriər]

(서로간의 통행·소통·교류를) 명 **(가로막는) 장벽, 장애물**

They've put up *barriers* to stop people from getting through.

어원 bar(막다) + ier → (막는) 것 → 장애물

54 interfere
[ìntərfíər]

(공연히 끼어들어) 동 **(남의 일에) 간섭[참견]하다** [in]
(일이 제대로 되지 못하게) 동 (~ with) **(막아서) 방해하다, 지장을 주다**

Stop interfering and let me do it by myself.
Don't let anything interfere with what you want to do.

파생 interference [ìntərfíərəns] 명 간섭, 참견; 방해

어원 inter(each other:서로) + fere(strike:치다) → (사이에서) 서로 치고 받다 → 간섭[방해]하다

55 intervene
[ìntərví:n]

1. (다른 사람이) 동 **(말을 하는 도중에) 끼어들다**
2. (상황을 개선하기 위해) 동 **(싸움·분쟁·곤란한 상황 등에) 개입하다** → p245

I *intervened* and told him to stop and leave her alone.

파생 intervention [ìntərvénʃən] 명 사이에 끼어들기; 개입, 중재

어원 inter(between:사이) + vene(come:오다) → (사이에) 들어오다 → 끼어들다, 개입하다

56 intrude
[intrú:d]

(함부로) 동 **(남의 일·장소·사생활을) 침범[침해]하다**

The government should not *intrude* into the private lives of people.

파생 intrusion [intrú:ʒən] 명 침입, 침해, 방해
intrusive [intrú:siv] 형 거슬리는
intruder [intrú:dər] 명 침입[방해]자

어원 in(안) + trude(push:밀다) → (안으로 밀고) 들어가다 → 침범[침입]하다

동의어 레슨

의무	
duty	(도덕·법률·직업상 마땅히 지켜 행하여야 할) **의무**
obligation	(법률, 계약, 도덕적 규범 등에 따라 강제적으로 부과되는) **의무**

53 그들은 사람들이 통과하는 것을 막으려고 장애물을 세웠다. 54 그만 간섭하고 나 혼자서 하게 놔 두세요. / 어떤 것도 당신이 하기를 원하는 것을 방해하지 못하게 하라. 55 나는 끼어들어 그에게 그만하고 그녀를 그냥 놔두라고 말했다. 56 정부는 국민의 사생활을 침해해서는 안 된다.

Day 17 Review Test

[1-30] 영어를 우리말로 바꾸세요.

1. constitution	16. manipulate
2. discipline	17. dominate
3. legitimate	18. conform
4. enforce	19. comply
5. violate	20. confine
6. infringe	21. obligation
7. legislation	22. oblige
8. enact	23. restrain
9. offend	24. suppress
10. patrol	25. oppress
11. prosecute	26. distract
12. oath	27. hinder
13. plead	28. disrupt
14. convict	29. intervene
15. acquit	30. intrude

[31-35] 각 문장의 문맥에 맞는 적절한 단어를 찾아 넣으세요.

① oath ② discipline ③ manipulate ④ restrain ⑤ legitimate

31. The Russian army is known for its strict military _____.
32. What we're doing is perfectly _____.
33. After he took the _____, the lawyers began questioning him.
34. The government is trying to _____ public opinion on the issue.
35. He could hardly _____ his excitement.

정답 31. ② 32. ⑤ 33. ① 34. ③ 35. ④

Day 18

문제·사건·사고

problems & incidents & accidents

문제, 사고

≫ 테마 기본 어휘	problem · trouble · event · incident(사건) · episode(에피소드) · accident · disaster(재난) · tragedy(비극) · emergency(긴급 사태) · crisis(위기) · scene(현장) · harm · damage · destroy · poisonous · break · hit · strike · deal(처리하다) · handle(처리하다) · process(처리하다) · solve settle(해결하다) · face(직면하다) · patient(인내심이 있는) · danger · risk · adventure(모험) · safe secure · careful · warn(경고하다) · alarm(경보) · save(구하다)

01 **hardship** [hɑ́:rdʃip]

(돈 · 생활이 넉넉지 못한) 명 **(물질적 · 경제적) 어려움, 궁핍, 곤궁**

People suffered many economic *hardships* during this time.

어원 hard(어려운) + ship(상태) → (어려운) 상태 → 고난, 곤란

02 **adversity** [ædvə́:rsəti]

(매우 힘들고 불행한 처지의) 명 **(불운으로 인한) 역경**

She showed great courage in the face of *adversity*.

파생 adverse [ædvə́:rs] 형 불운한, 불리한, 반대인

어원 ad(to:향하여) + verse(turn:바꾸다) → (방향을 바꾸어) 배를 향해 부는 바람 → 역경

03 **phenomenon** [finɑ́mənɑ̀n]

(사물이 자연 · 사회에 특이하게 나타난 모양): 명 **현상**

The nuclear family is a relatively new social *phenomenon*.

어원 pheno(show:보이다) + menon → 보이는 것 → (나타난) 현상

04 **calamity** [kəlǽməti]

(엄청난 피해와 고난을 가져오는) 명 **큰 재난[재앙]**

The earthquake which destroyed a great part of the city was a terrible *calamity*.

파생 calamitous [kəlǽmətəs] 형 큰 재난을 가져오는

01 이 당시에 사람들은 많은 경제적인 어려움을 겪었다. 02 그녀는 역경에 직면하여 대단한 용기를 보여주었다. 03 핵가족은 비교적 새로운 사회 현상이다. 04 도시의 대부분을 파괴한 지진은 끔찍한 재앙이었다.

05 **catastrophe**

[kətǽstrəfi]

(회복 불가능 정도의) 명 (극단적인) 대재앙[참사]

The world is facing environmental *catastrophe* as a result of global warming.

파생 catastrophic [kæ̀təstrɑ́fik] 형 큰 재앙의

어원 cata(down:아래로) + strophe(turn:돌아가다) → 뒤집히는 것 → 대재앙

06 **spoil**

[spɔil]

1. (어떤 것을 손상시켜) 동 (외관·가치·유용성 등을) 망쳐놓다, 버려 놓다
2. (지나치게 귀여워해서) 동 (어린애를) 버릇없이 만들다, 응석을 받아주다 → p99

This year's fruit crop was *spoiled* by late frosts.

07 **ruin**

[rú:in]

(복구할 수 없을 정도로) 동 (완전히) 못쓰게 만들다, 파산[파멸]시키다
명 붕괴, 파산, 파멸; (-s) (파괴된 건물의) 잔해, 폐허, 유적

He was a new rising star in Hollywood until alcohol ruined his life.

파생 ruined [rú:ind] 형 폐허가 된, 멸망한

08 **devastate**

[dévəstèit]

(엄청난 피해로) 동 (장소·지역을) 완전히 파괴하다; (사람을) 비탄에 빠뜨리다

The entire city was *devastated* by the earthquake and had to be rebuilt.

파생 devastation [dèvəstéiʃən] 명 (완전한) 파괴, 유린

어원 de(강조) + vast(empty:빈) → (완전히 빈 곳이 될 정도로) 파괴[유린]하다

09 **collapse**

[kəlǽps]

1. (훼손되어) 동 (건물 등이) 무너지다[붕괴하다] 명 붕괴
2. (병·탈진 등으로 맥없이) 동 (바닥에) 쓰러지다[주저앉다] 명 쓰러짐 → p81

Nearly every building in the business district *collapsed* in the earthquake.

어원 col(together:함께) + lap(fall:넘어지다) → (함께) 넘어지다 → 1. 붕괴하다 2. 주저앉다

05 세계는 지구 온난화의 결과로 환경 재앙에 직면해 있다. 06 올해의 과일 수확은 늦서리로 인해 망쳐졌다. 07 술이 그의 인생을 망치기 전에 그는 할리우드의 새롭게 떠오르는 스타이었다. 08 도시 전체가 그 지진으로 완전히 파괴되어 다시 건설되어야 했다. 09 상업 지구의 거의 모든 건물이 지진으로 붕괴되었다.

10 **wreck**

[rek]

(복구할 수 없게) 동 **(차량·배·건물 등을) 엉망으로 파괴하다, 대파[난파]시키다**
(부서진 자동차·비행기 등의) 명 **잔해; 난파선**

The ship was *wrecked* in a storm a few miles off the coast of Florida.

파생 wreckage [rékidʒ] 명 잔해

11 **toxic**

[tάksik]

(어떤 것이 독 성분을 함유한): 형 **유독한, 독성의**

This substance is extremely *toxic* even in small amounts.

파생 toxicity [taksísəti] 명 유독성

12 **crack**

[kræk]

(물체의) 동 **(표면에) 금이 가다[가게 하다], (달걀 등이) 깨지다, 깨뜨리다**
명 **(갈라져 생긴) 금, (좁은) 틈**

A number of thin *cracks* began to appear in the wall.

13 **smash**

[smæʃ]

(몹시 크고 시끄러운 소리를 내며) 동 **(요란하게) 박살나다[내다]** 명 **박살(나는 소리)**

Someone *smashed* store windows and stole watches, jewelry and clothing.

14 **shatter**

[ʃǽtər]

(부서지거나 깨어져서) 동 **(아주 잘게) 산산조각 나다[내다]**

She dropped a plate on the floor and it *shattered* into pieces.

15 **grind**

[graind]

(단단한 물건 사이에 넣고 잘게) 동 **(곡식·음식 재료 등을) 갈다, 빻다**
(날을 세우거나 겉을 매끄럽게 하려고) 동 **(칼의 날이나 표면 등을) 갈다**

She put the *ground* coffee into the pot and poured boiling water over it.
These stones are used for *grinding* knives and scissors.

파생 grinder [gráindər] 명 가는[빻는] 기구

10 그 배는 플로리다 해안에서 몇 마일 떨어진 곳에서 폭풍우로 난파되었다. 11 이 물질은 작은 양으로도 극도로 유독하다. 12 벽에 가느다란 금이 여러 개 나타나기 시작했다. 13 누군가가 상점 진열창을 박살내고 시계, 보석, 의류를 훔쳐갔다. 14 그녀는 접시를 바닥에 떨어뜨려 그것이 산산조각 났다. 15 그녀는 간 커피를 커피포트에 넣고 끓는 물을 그 위에 부었다. / 이 돌들은 칼이나 가위를 가는 데 사용된다.

16 **crush**

[krʌʃ]

(강한 압력으로 누르거나 우그려서) 동 **으스러[찌부러]뜨리다, 눌러 부수다**

A number of people were *crushed* to death by the crowd.

17 **bump**

[bʌmp]

(무엇에) 동 **(모르고 또는 잘못하여) 쾅 부딪치다**
명 **쿵[쾅](하는 소리); (충돌로 생긴) 혹, 타박상**

He stood up and *bumped* his leg on the coffee table.

18 **collide**

[kəláid]

(움직이는) 동 **(물체·사람이) 충돌하다, 부딪치다**

His car *collided* with a truck coming from the opposite direction.

파생 collision [kəlíʒən] 명 충돌 (사고)

어원 col(together:함께) + lide(strike:부딪치다) → (서로) 부딪치다 → **충돌하다**

19 **crash**

[kræʃ]

(굉음과 함께 크게 파손되면서) 동 **(자동차·항공기 등이) 충돌[추락]하다**
명 **(자동차·항공기) 충돌[추락] (사고)**

He lost control of his car and *crashed* into a tree, killing himself instantly.

20 **burst**

[bəːrst]

(둘러싸여 막혔던 것이 갈라져서) 동 **터지다, 터뜨리다, 파열하다[시키다]**
명 **파열(된 곳)**

She *burst* the balloon in my face.

21 **recover**

[rikʌvər]

1. (원래의 상태로) 동 **(나빠지거나 잃거나 빼앗긴 것을) 회복하다, 되찾다**
2. (원래의 상태로) 동 **(질병·부상·충격으로부터) 회복하다, 소생시키다** → p86

At present, the country is *recovering* from an economic crisis.

파생 recovery [rikʌvəri] 명 회복, 되찾기

어원 re(back) + cover(덮다) → (상처가 아물어) 다시 덮이다 → **회복하다**

16 많은 사람이 군중에 깔려 압사당했다. 17 그는 일어서다가 커피 테이블에 다리를 부딪쳤다. 18 그의 차는 반대 방향에서 오는 트럭과 충돌했다. 19 그는 차의 통제력을 잃고 나무와 충돌하여 즉사했다. 20 그녀는 내 얼굴에 풍선을 터뜨렸다. 21 현재 그 나라는 경제 위기로부터 회복 중이다.

[22] **restore** [ristɔ́:r]

(이전의 좋은 상태로) 동 (파괴·손상·손실된 것을) 복구[복원]하다, 회복시키다

He was blind for 3 years, until a series of operations *restored* his sight.

파생 restoration [rèstəréiʃən] 명 복구, 복원, 회복

어원 re(again:다시) + store(stand:세우다) → (다시) 세우다 → 회복하다

[23] **regain** [rigéin]

(원래의 상태로) 동 (잃었던 능력·특성 등을) 되찾다, 회복하다

Government forces *regained* control of the town after 24 hours of fighting.

어원 re(again:다시) + gain(얻다) → 되찾다

[24] **cope** [koup]

(힘든 일을 훌륭하게) 동 잘 처리[대처]하다 [with]

This book contains useful advice on how to *cope* with the stresses of daily life.

[25] **resolve** [rizɑ́lv]

1. (더 이상 문제가 없도록) 동 (확실하게) 해결하다
2. (어떤 일을 하기로) 동 (확고하게) 결심[결정]하다 → p224
(회의·위원회 등에서 투표를 하여) 동 (공식적으로) 결정[의결, 결의]하다
명 (단호한) 결심[결의] → p224

The only way to *resolve* our differences is to talk about them openly.

파생 resolution [rèzəlú:ʃən] 명 해결; 결심, 결정
resolute [rézəlù:t] 형 결심이 굳은

어원 re(강조) + solve(loosen:풀다) ┌ (문제를) 확실히 풀다 → 1. 해결하다
└ (문제를 풀고) 2. 결정[결심]하다

[26] **clue** [klu:]

(문제 해결, 범죄 수사 등에 방향을 이끌어 주는) 명 단서, 실마리

The police could not find any *clue* to the identity of the killer.

22 그는 일련의 수술로 시력을 되찾을 때까지 3년 동안 장님이었다. 23 정부군은 24시간의 전투 끝에 그 도시의 지배권을 되찾았다. 24 이 책은 일상의 스트레스를 잘 대처하는 방법에 대한 유용한 조언을 담고 있다. 25 우리의 차이를 해결할 수 있는 유일한 방법은 그것에 관해서 공개적으로 이야기해 보는 것이다. 26 경찰은 살인자의 정체에 대한 어떠한 단서도 찾을 수가 없었다.

27 **overcome**
[òuvərkʌm]

(장애 · 악조건 · 고생 등의 어려운 상태를) 동 **극복하다, 이겨내다**

There are serious problems to *overcome* before this ideal can become a reality.

어원 over(넘어서) + come(오다) → (어려움을) 넘어서 오다 → 극복하다

28 **confront**
[kənfrʌnt]

(문제 · 어려움 등) 동 **(처리해야 할 일에) 직면하다[하게 하다]** [with]

One of the most serious problems *confronting* the new government is inflation.

파생 confrontation [kɑ̀nfrəntéiʃən] 명 직면

어원 con(together:함께) + front(앞) → (서로 앞을) 마주하다 → 직면하다

29 **encounter**
[inkáuntər]

1. (어려움 · 반대 · 저항 등의) 동 **(좋지 않은 일에) 직면하다[부딪히다]**

2. (누군가를) 동 **(우연히) 만나다[마주치다]** 명 **만남, 마주침** → p21

He *encountered* strong opposition to his proposal from within the party.

어원 en(make) + counter(against:맞서) → 맞서게 하다 → 1. 직면하다 2. 마주치다

Day 18

30 **suffer**
[sʌfər]

1. (손해 · 상해 · 고난 등의) 동 **(좋지 않은 일을) 겪다, 당하다** (= undergo, sustain)

2. (병 · 슬픔 · 결핍 등의) 동 **(육체적 · 정신적) 고통을 받다, (병을) 앓다** [from] → p86

Many farmers *suffered* severe damage from the storm.

파생 suffering [sʌfəriŋ] 명 고통

어원 suf(under) + fer(bear:견디다) → (손해 · 병 등을) 밑에서 견디다 → 1. 겪다 2. 앓다

31 **undergo**
[ʌndərgóu]

(불가피하거나 필요해서) 동 **(변화나 좋지 않은 일을) 겪다, 받다** (= suffer, sustain)

After independence, the country has *undergone* a lot of changes.

어원 under(아래) + go(가다) → (고통 · 시련 등의) 아래로 겪으며 가다 → 겪다

27 이 이상이 현실이 될 수 있기 전에 극복해야 할 심각한 문제들이 있다. 28 새로운 정부가 직면한 가장 심각한 문제 중의 하나는 인플레이션이다. 29 그는 그의 제안에 대해 당 내에서 강력한 반대에 부딪혔다. 30 많은 농부들이 폭풍우로 심각한 피해를 입었다. 31 독립 이후에 그 나라는 많은 변화를 겪어왔다.

[32] **sustain**

[səstéin]

1. (격식 차린 말로) 동 **(피해·손해가 되는 일을) 입다, 당하다** (= suffer, undergo)

2. (무너지거나 내려앉지 않고) 동 **(무게를) 견디다, 지탱하다** → p243
(필요로 하는) 동 **(지지·지원을 해서) 유지[지속]시키다** → p243

The truck driver *sustained* serious injuries in the accident.

파생 sustenance [sʌstənəns] 명 유지, 지속
sustainable [səstéinəbl] 형 유지[지속]할 수 있는

어원 sus(under) + tain(hold:붙잡다) ─ (안 좋은 일을 밑에서 붙잡고 떠받치며) 1. 당하다
└ (밑에서 붙잡고) 떠받치다 → 2. 지탱하다, 유지시키다

[33] **tolerate**

[tάlərèit]

1. (불쾌하거나 힘든 일을) 동 **(싫지만 불평 없이) 참다**

2. (비난하지 않고 자신의 것과) 동 **(다른 생각·행동·신앙 등을) 용인[허용]하다**

It is hard to *tolerate* that noise, especially at night.

파생 tolerance [tάlərəns] 명 용인, 관용; 내성, 저항력; 허용 오차
tolerant [tάlərənt] 형 관대한; 잘 견디는
tolerable [tάlərəbl] 형 참을 수 있는

어원 toler(bear:참다) + ate → 1. 참다 2. 용인[허용]하다

[34] **endure**

[indjúər]

(오래 지속되는) 동 **(고통·불행·고난 등을) 끈질기게 견디다, 인내하다**

They had to *endure* a severe energy crisis amid record cold temperatures.

파생 endurance [indjúərəns] 명 인내
endurable [indjúərəbl] 형 견딜 수 있는
enduring [indjúəriŋ] 형 오래가는, 지속되는

어원 en(make:만들다) + dure(last:지속하다) → (지속되게) 만들다 → 견디다

[35] **withstand**

[wiðstǽnd]

(외부에서 가해지는) 동 **(열·압력·공격·비난 등을) 잘 견뎌[이겨] 내다**

This plastic is made to *withstand* high temperatures.

어원 with(against:대항하여) + stand(서다) → (대항하여) 맞서다 → 저항하다

32 트럭 운전사는 사고로 심각한 부상을 입었다. 33 그 소음을 특히 밤에는 참기가 어렵다. 34 그들은 기록적으로 추운 기온 속에서 혹독한 에너지 위기를 견뎌야 했다. 35 이 플라스틱은 고온에서도 잘 견디도록 만들어졌다.

36 durable

[djúərəbl]

(오래 사용해도 쉽게 변질·변형되지 않고) 형 **오래 견디는, 내구성이 있는**

Tile is a *durable* material and extremely easy to maintain.

파생 durability [djùərəbíləti] 명 내구성

어원 dur(last:지속하다) + able(할 수 있는) → 지속할 수 있는 → 내구성이 있는

37 peril

[pérəl]

(목숨이 위태롭거나 큰 해를 입을 수 있는) 명 **(심각한) 위험**

The firefighter put his own life in *peril* in order to rescue a young boy.

파생 perilous [pérələs] 형 위험한

어원 per(try:시험삼아 해 보다) + il → (위험이 따르는) 시험 삼아 해 보는 일 → 위험

38 hazard

[hǽzərd]

(어떤 것에 수반 되는) 명 **(있을지 모를) 위험 (요소)** 동 **위험을 무릅쓰고 하다**

The Medical Association officially defined smoking as a serious health *hazard*.

파생 hazardous [hǽzərdəs] 형 위험한

39 rescue

[réskju:]

(위험·재난 상황에서 적극적인 구조활동을 펴서) 동 **구조[구출]하다** 명 **구조, 구출**

The firemen tried their best to *rescue* people from the burning building.

파생 rescuer [réskju:ər] 명 구조[구출]자

어원 re(강조) + scue(drive out:몰아내다) → (위험 밖으로) 몰아내다 → 구조하다

40 refuge

[réfju:dʒ]

(위험·재난·고통·근심 등을 피하여 거처하는) 명 **피난[도피]처, 보호 시설**

He expected his home to be a *refuge* from the outside world.

파생 refugee [rèfjudʒí:] 명 피난민, 난민

어원 re(back:뒤로) + fuge(flee:도망가다) → (뒤로) 도망가는 곳 → 피난[도피]처, 보호 시설

36 타일은 내구성이 있는 소재이고 유지가 대단히 쉽다. 37 그 소방관은 한 소년을 구조하기 위해 자신의 목숨을 위험에 빠뜨렸다. 38 의학 협회는 공식적으로 흡연을 심각한 건강의 위험요소로 규정했다. 39 소방관들은 불타고 있는 건물에서 사람들을 구조하려고 최선을 다했다. 40 그는 그의 집이 바깥세상으로부터 보호막이 되어 주기를 기대했다.

[41] cautious

[kɔ́:ʃəs]

(있을지 모를) 형 **(위험을 피하기 위해) 조심스러운, 신중한**

Even the most *cautious* driver can be involved in an accident.

파생 caution [kɔ́:ʃən] 명 조심; 경고[주의](문)
cautionary [kɔ́:ʃənèri] 형 충고[경고]성의
precaution [prikɔ́:ʃən] 명 예방 조치

[42] deliberate

형 [dilíbərət]
동 [dilíbərèit]

1. (생각·말·행동이) 형 **(서두르지 않고) 신중한, 사려 깊은, 느긋한**
2. (우연이 아니라 목적·계획을 갖고 하는): 형 **의도적인, 고의적인** → p300
3. (신중히) 동 **(결정을 내리기 전에) 숙고[심의]하다** [on/about] → p158

He speaks in a *deliberate* way, as if he is choosing his words carefully.

파생 deliberation [dilìbəréiʃən] 명 신중함; 숙고

어원 de + liber(저울질하다) → (저울질하듯) 1. 신중한 2. 의도적인 → (신중히) 3. 숙고하다

[43] discreet

[diskrí:t]

(남을 당황·불쾌하게 하는 일이 없도록) 형 **(말·행동이) 신중한, 사려 깊은**

She was always very discreet about keeping the relationship a secret.

파생 discretion [diskréʃən] 명 신중함; (자유) 재량(권)
⊖ indiscreet [ìndiskrí:t] 형 지각 없는, 경솔한

어원 dis(apart:분리) + cern(separate:떼어놓다) → (분별력이) 있는 → 신중한

[44] prudent

[prú:dnt]

(불필요한 위험을 피하기 위해) 형 **(판단·결정이) 신중한, 사려 깊은**

Based on the facts and circumstances at the time, it was a *prudent* decision.

파생 prudence [prú:dns] 명 신중함
⊖ imprudent [imprú:dnt] 형 경솔한, 분별없는

어원 provident(장래를 준비하는)의 축약형 → 신중한

---

41 아무리 조심성 있는 운전자라도 사고에 연루될 수 있다. 42 그는 할 말을 주의 깊게 고르는 것처럼 신중한 태도로 말을 한다. 43 그녀는 그 관계를 비밀로 유지하는 데 항상 매우 신중했다. 44 그 때의 사실과 상황을 근거로 했기 때문에 그것은 신중한 결정이었다.

[45] **awkward**
[ɔ́ːkwərd]

1. (자연스럽지 못하고, 무엇을 하는) 형 **(동작·솜씨 등이) 서투른, 어색한**
2. (상황이 처신하기 어렵고 불편한): 형 **(입장이) 난처한, (분위기가) 어색한** → p115

His movements were *awkward* and he was very shy.

어원 awk(backward:거꾸로) + ward(방향) → (방향이) 뒤바뀐 → 서투른; 난처한

[46] **clumsy**
[klʌmzi]

(엉성하거나 세련되지 못한): 형 **(동작·손놀림이) 어설픈; (말·행동이) 서투른**

His hands were so *clumsy* that he could touch nothing without breaking it.

파생 clumsiness [klʌmzinis] 명 서투름, 어색함

어원 clums(numb:감각이 없는) + y → (감각이 없어서) 어설픈, 서투른

[47] **alert**
[ələ́ːrt]

(빠르게 대처할 수 있도록) 형 **(위험·사고 등을) 경계하는, 방심하지 않는** [to]
(주의를 기울이고 있어서) 형 **(행동·판단·대처 등이) 기민한, 정신이 초롱초롱한**
명 **경계 (태세)** 동 **경계시키다, 경보를 발하다, 주의를 환기시키다**

We must be *alert* to the dangers we can face and try to avoid them.
He did not sleep well last night and is not feeling very *alert* today.

어원 망을 보는(on the lookout)의 뜻에서 유래 ┌ (망을 보며) 경계하는
└ (경계하여) 기민한, 정신이 초롱초롱한

[48] **beware**
[biwɛ́ər]

(위험성을 경고하거나 주의·대비를 당부하는 말) 동 **조심[주의]하다** [of]

Beware of pickpockets in crowded places.

어원 be + ware(방심하지 않는) → 조심[주의]하다

동의어 레슨

파괴[유린]하다	
destroy	(부수거나 무너뜨려 온전하지 못한 상태가 되게) **파괴[말살]하다**
devastate	(장소·지역을) **(완전히) 파괴[유린]하다; (사람을) 충격에 빠뜨리다**
wreck	(차량·건물·배 등을 복구할 수 없게) **망가뜨리다, 난파시키다**

45 그의 동작은 서툴렀고 그는 매우 수줍어했다. 46 그의 손은 너무 서툴러서 깨지 않고는 어떤 것도 만질 수가 없었다. 47 우리는 직면할 수 있는 위험들을 경계하고 그것들을 피해야 한다. / 그는 어젯밤 잠을 잘 자지 못해서 오늘 정신이 맑지 못하다. 48 혼잡한 장소에서는 소매치기를 조심하십시오.

발생·원인·이유

≫ 테마 기본 어휘	happen · occur(일어나다) · situation · case(경우) · condition(상황) · position(처지, 입장) · background(배경) · cause · effect(효과, 결과) · result · outcome(결과) · lead(~에 이르다) influence(영향) · impact(영향, 충격) · condition(조건) · depend(~에 달려 있다) · reason · motive(동기) basis(근거) · excuse(변명) · because · since · so · therefore

49 **arise**
[əráiz]

(곤란한 상황 · 문제가) 동 **(~의 결과로) 생기다[발생하다]** [from, out of]

The food crisis has *arisen* from reduced productivity.

어원 a(강조) + rise(오르다) → (문제가 수면 위로 올라와) **발생하다**

50 **circumstance**
[sə́:rkəmstæns]

(어떤 일 · 상황 · 사건을 둘러싼) 명 **(주변의) 사정, (부대) 상황, 환경**

It was impossible under the *circumstances* to go there.

어원 circum(around:주위에) + sta(stand:서다) → (주위를) 둘러싸고 서 있는 것 → **사정, 상황**

51 **context**
[kάntekst]

1. (둘러싸고 있는 여러 가지 사정): 명 **(일 · 사건의) 정황, 배경, 맥락**
2. (특정 부분의 의미를 설명해 주는 앞뒤의) 명 **(말 · 글의) 문맥, 전후 관계** → p133

Each part must be understood in the *context* of the whole.

파생 contextual [kəntékstʃuəl] 형 문맥상의, 전후 관계의

어원 con(together:함께) + text(weave:짜다) → (함께 짜여져) 연결된 관계 → **문맥, 정황**

52 **factor**
[fǽktər]

(어떤 결과에 영향을 미친 여러 원인 중의 하나): 명 **요인**

It seems likely that several *factors* influenced his decision.

어원 fac(do:하다) + tor(행위자) → (어떤 일을) 행하는 자 → **요인**

53 **arouse**
[əráuz]

(무엇이 누구에게 어떤) 동 **(마음 · 느낌 · 태도를) 불러일으키다**

His strange behavior *aroused* my curiosity at once.

어원 a(강조) + rouse(깨우다) → (어떤 마음 · 느낌을) 깨우다 → **불러일으키다**

49 그 식량 위기는 줄어든 생산성으로 인해 발생했다. 50 그 상황에서 그곳으로 가는 것은 불가능했다. 51 각각의 부분은 전체적인 맥락 속에서 이해되어야만 한다. 52 여러 가지 요인이 그의 결정에 영향을 미쳤을 것으로 보인다. 53 그의 이상한 행동은 바로 나의 호기심을 불러일으켰다.

54 **prompt**

[prampt]

1. (어떤 것이 무엇을 하도록/무엇이 일어나도록) 동 **자극[촉발]하다, 부추기다**

2. (행동 · 반응 등이) 형 **(지체 없이) 즉각적인** → p353
(사람이 늦는 일이 없이) 형 **시간을 엄수하는, 신속한** 부 **정각에, 정확히 (~시에)** → p353

Can you tell us what *prompted* you to apply our school?

어원 pro(forward) + mpt(take:가져가다)
- (앞으로 가져가도록) 1. 자극하다, 부추기다
- (지체 없이) 앞으로 가져온 → 2. 즉각적인; 신속한

55 **contribute**

[kəntríbju:t]

1. (무엇이 어떤 일이 발생하게 된 여러 원인 중) 동 **(~의) 한 원인이 되다** [to]

2. (어떤 일에 이바지하기 위해) 동 **(돈 · 물품 · 지식 등을) 기부[기여]하다** [to] → p279

3. (신문 · 잡지 · 출판사 등에) 동 **(글 · 기사 등을) 기고하다** [to] → p263

Obesity is a *contributing* factor in many other diseases.

파생 contribution [kàntrəbjú:ʃən] 명 기고(문); 기부(금), 기여
contributor [kəntríbjutər] 명 기고가; 기부자

어원 con(together) + tribute(grant:주다)
- (함께 하는 원인 중) 1. 한 원인을 제공하다
- (함께 하는 일에) 돈 · 물품을 주다 → 2. 기부하다
- (함께 만드는 신문 등에) 글을 주다 → 3. 기고하다

Day 18

56 **attribute**

동 [ətríbju:t]
명 [ǽtrəbjù:t]

1. (어떤 일을 누구 또는 무엇) 동 **~의 탓[덕분]으로 돌리다** [to]

2. (어떤 사람 · 사물이 가진) 명 **(특히 좋거나 유용한) 자질, 속성** → p437

He has often publicly attributed his success to his wife.

어원 at(to) + tribute(assign:할당하다)
- (원인을) ~에 할당하다 → 1. ~의 탓[덕분]으로 돌리다
- (그 사람 · 사물에 할당된) 특징 → 2. 자질, 속성

57 **consequence**

[kánsəkwèns]

(어떤 행위나 일에 필연적으로 따르게 되는) 명 **(부정적인) 결과**

People have become more aware of the tragic *consequences* of drunk driving.

파생 consequent [kánsəkwènt] 형 결과로 생기는

어원 con(with:함께) + sequ(follow:따르다) → (어떤 것과) 함께 뒤따라 오는 것 → 결과

54 어떻게 해서 우리 학교에 지원하게 되었는지 우리에게 말해 주시겠습니까? 55 비만은 많은 다른 질병의 하나의 원인을 제공한 요소이다. 56 그는 자주 공개적으로 그의 성공을 자신의 아내 덕분으로 돌렸다. 57 사람들은 음주 운전의 비극적 결과에 대해 더 잘 알게 되었다.

58 **affect**

[əfékt]

(무엇이 직접적인 변화를 일으키며) 동 **(다른 대상에) 영향을 미치다, 작용하다**

Recent inflation has *affected* the poor more than the rich.

어원 af(to:방향) + fect(do:행하다) → (누구에게) 뭔가를 행하다 → 영향을 미치다

59 **regardless**

[rigά:rdlis]

(어떤 것에 아무런 영향·구애를 받지 않고): 부 (~ of) **~에 상관[관계]없이**

Everyone has the right to be happy, *regardless* of race, religion, or sex.

어원 regard(관심) + less(without:~없이) → ~에 상관없이

60 **justify**

[dʒʌstəfài]

(충분히 납득할만한 이유나 근거를 들어) 동 **타당함을 보여 주다, 정당화하다**

It is a well-known moral rule that the end doesn't *justify* the means.

파생 justification [dʒʌstəfikéiʃən] 명 정당한 이유, 정당화
justifiable [dʒʌstəfàiəbl] 형 정당하다고 인정할 수 있는

어원 just(올바른) + ify(make:만들다) → (올바르다는 것을) 만들어 보여주다 → 정당화하다

61 **thus**

[ðʌs]

(therefore와 유사한 의미의 격식 차린 말): 부 **그러므로, 따라서**
(앞서 말한 바나 다음에 말하는 바와 같이): 부 **이와 같이, 이렇게**

They are planning to modernize production methods and *thus* cut costs.

Many scientists have argued *thus* since the beginning of the 20th century.

62 **hence**

[hens]

(주로 법률·상업·계약 관련 문서에서 쓰는 격식 차린 말): 부 **이런 이유로**

Her father is French, *hence* her name – Nathalie.

동의어 레슨

상황, 사정	
situation	(어떤 일의 그때의 모습이나 형편): 상황, 처지, 환경
circumstance	(어떤 일·상황·사건을 둘러싼) (주변의) 사정, (부대) 상황, 환경

58 최근의 인플레이션은 부자들보다 가난한 사람들에게 더 영향을 미쳤다. 59 인종이나 종교, 성별에 관계없이 모든 사람은 행복할 권리가 있다. 60 목적이 수단을 정당화하지는 않는다는 것은 잘 알려진 도덕적 원칙이다. 61 그들은 생산 방식을 현대화해서 비용을 줄일 계획이다. / 많은 과학자들이 20세기 초 이후로 이와 같이 주장해 왔다. 62 그녀의 아버지는 프랑스 사람이다. 그런 이유로 그녀의 이름은 나탈리이다.

Day 18 Review Test

[1-30] 영어를 우리말로 바꾸세요.

1. hardship	16. sustain
2. adversity	17. withstand
3. phenomenon	18. peril
4. calamity	19. hazard
5. catastrophe	20. discreet
6. devastate	21. prudent
7. collapse	22. clumsy
8. toxic	23. alert
9. collide	24. beware
10. crash	25. arouse
11. regain	26. prompt
12. cope	27. attribute
13. resolve	28. consequence
14. confront	29. regardless
15. undergo	30. hence

[31-35] 각 문장의 문맥에 맞는 적절한 단어를 찾아 넣으세요.

① confront ② attribute ③ collide ④ hazard ⑤ calamity

31. He _____d his success to his teammates.
32. Thousands of people have lost their lives in this natural _____.
33. Many people are not aware of the _____s of smoking.
34. Two trucks _____d on the freeway in the rain.
35. They are now _____ed with severe financial difficulties.

정답 31. ② 32. ⑤ 33. ④ 34. ③ 35. ①

Day 19

폭력·전쟁·군대

violence & war & military

폭력, 괴롭힘

≫ 테마 기본 어휘	terror(테러) · fight · threat(위협) · hit · strike · beat · knock(두드리다, 세게 치다) · punch · kick · cut slice(썰다) · tear(찢다) · scissors · saw(톱) · ax(도끼) · drill(드릴) · rough(거친) · tough(거친) wild

01 **violence**

[váiələns]

(남을 해치려는 행위): 명 **(사람에 대한) 폭력**

There is too much *violence* on television, which has a bad influence on young viewers.

파생 violent [váiələnt] 형 폭력적인
nonviolence [nanváiələns] 명 비폭력

어원 vi(force:힘) + olence → (강제적이고 물리적인) 힘 → 폭력

02 **attack**

[ətǽk]

1. (남을 해치거나 파괴하는 행위): 명 **(사람·장소에 대한) 폭력, 공격** 동 **폭력을 쓰다**
2. (전쟁·논쟁·시합 등에서) 동 **(적이나 상대편을) 공격하다** 명 **공격** → p238

He was *attacked* and robbed by two teens while walking home.

파생 attacker [ətǽkər] 명 폭력을 쓴 사람

어원 at(to) + tack(stake:말뚝) → (폭행을 하려고) 말뚝에 묶음 → 1. 폭력 2. 공격

03 **assault**

[əsɔ́:lt]

(남에게 폭력을 가하는) 명 **(범죄로서의) 폭행(죄)** 동 **폭행하다**

He was arrested and charged with *assaulting* his neighbor.

어원 as(to) + sault(leap:뛰어오르다) → (~에게 뛰어들어) 때리다 → 폭행하다

01 텔레비전에 폭력이 너무 많으며 그것은 어린 시청자들에게 나쁜 영향을 미친다. 02 그는 집으로 걸어가는 도중에 두 명의 십대로부터 폭행과 강도를 당했다. 03 그는 그의 이웃 사람을 폭행하여 체포되고 기소되었다.

04 **struggle**

[strʌgl]

1. (달아나거나 벗어나려고 서로) 동 (치고받고) 싸우다, 격투하다 명 격투
2. (무엇을 이루기 위해) 동 (어려운 상황에서) 분투[고투]하다 명 분투, 고투 → p 299

John jumped on him and they *struggled* together on the ground.

05 **conflict**

[kənflíkt]

1. (물리적 충돌): 명 (집단·국가간의) 투쟁, 분쟁, 전쟁 동 싸우다, 다투다
2. (서로 맞서는) 명 (생각·의견·이해관계 등의) 충돌, 대립, 갈등
동 충돌[대립, 상반]하다

They made all efforts to find a peaceful solution to the *conflict*.

어원 con(together:함께) + flict(strike:때리다) → (서로) 때리기 → 충돌, 갈등; 투쟁

06 **afflict**

[əflíkt]

(불쾌하거나 고통스럽게) 동 (문제·질병 등이) 괴롭히다, 시달리게 하다

In recent decades, the country has been *afflicted* with civil war and drought.

파생 affliction [əflíkʃən] 명 (심신의) 고통

어원 af(to:~을) + flict(strike:때리다) → (~을) 때리다 → 괴롭히다

07 **inflict**

[inflíkt]

(남에게) 동 (고통·피해·타격 등을) 가하다, 입히다 [on]

The earthquake inflicted serious damage on the island.

파생 infliction [inflíkʃən] 명 (고통 · 벌 · 타격을) 가함

어원 in(on:~을) + flict(strike:때리다) → (~을) 때리다 → 가하다, 입히다

08 **plague**

[pleig]

1. (문제 등을 일으키거나 성가시게 해서) 동 (지속적·반복적으로) 괴롭히다
2. (급속히 퍼져 많은 사람들을 죽게 만드는) 명 (치명적인) 전염병[돌림병] → p89

Financial problems have been *plaguing* the company for several years.

04 존은 그에게 달려들었고 그들은 땅바닥에서 함께 뒤엉켜 싸웠다. 05 그들은 분쟁의 평화적인 해결책을 찾기 위해 모든 노력을 했다. 06 최근 수십 년간 그 나라는 내전과 가뭄으로 시달려 왔다. 07 그 지진은 섬에 심각한 피해를 입혔다. 08 재정적인 문제는 여러 해 동안 그 회사를 괴롭혀 왔다.

09 **nuisance**

[njúːsns]

(남에게 폐를 끼치거나 문제를 일으키는 사람·사물·상황) 명 **성가신[귀찮은] 존재**

It's a *nuisance* having to explain everything over and over to a new doctor.

어원 nuis(harm:해) + ance → (해를 끼치는) 존재 → 성가신[귀찮은] 존재

10 **abuse**

[əbjúːz]

1. (몹시 괴롭히거나 가혹하게 대우하며) 동 **학대하다** 명 **학대**

2. (한도·권한·목적 등을 벗어나 함부로) 동 **남용하다** 명 **남용** → p316

Hundreds of children die from child *abuse* in America each year.

파생 abusive [əbjúːsiv] 형 학대[욕지거리]하는

어원 ab(away:벗어나) + use(사용하다) → (벗어나게) 사용하다 → 1. 2. 학대[남용]하다

11 **slap**

[slæp]

(손바닥이나 납작한 것으로) 동 **찰싹 때리다[치다]** 명 **찰싹 때림**

She *slapped* his face and scratched his cheeks and bit his wrists.

12 **pinch**

[pintʃ]

(엄지와 다른 손가락으로 살을 집어) 동 **꼬집다** 명 **꼬집기**

He *pinched* himself to make sure he was not dreaming.

13 **chop**

[tʃap]

(식칼·도끼 등으로) 동 **(토막이 나게) 잘게 자르다[썰다], (장작을) 패다** 명 **자르기, 찍기**

She cut her finger *chopping* potatoes last night.

14 **carve**

[kaːrv]

1. (먹을 수 있게) 동 **(요리된 고기를) 썰다[자르다]**

2. (나무·돌 등을 쪼거나 파서) 동 **(상을) 조각하다, (글씨·문양을) 새기다** → p264

The statue was carved out of a large piece of wood.

파생 carving [káːrviŋ] 명 조각물[술]

09 새 의사에게 모든 것을 되풀이하여 설명해야 한다는 것은 귀찮은 일이다. 10 매년 미국에서 수백 명의 아이들이 아동 학대로 죽는다. 11 그녀는 그의 뺨을 때리고 볼을 할퀴고 손목을 물었다. 12 그녀는 자기가 꿈을 꾸고 있는 건 아닌지 확인하기 위해 몸을 꼬집어 보았다. 13 그녀는 어젯밤 감자를 썰다가 손가락을 베었다. 14 그 조각상은 커다란 나무 조각을 깎아서 만든 것이었다.

15 pierce

[piərs]

(뾰족한 기구로 물건에) 동 (구멍을) 뚫다

She had her ears *pierced* for earrings, but can't wear them because she is sensitive to metals.

16 fierce

[fiərs]

(무서울 정도로) 형 (사람·동물이) 사나운, 흉포한; (행동·감정·날씨 등) 격렬[맹렬]한

A person attacked by a *fierce* dog later develops a fear of all dogs.

The proposal has received *fierce* criticism from human rights groups.

어원 fier(untamed:길들여지지 않은) + ce → (길들여지지 않아서) 사나운

17 aggressive

[əgrésiv]

(싸울 듯이 위협적으로 거칠게 행동하는): 형 공격적인

The child gets *aggressive* when he doesn't get what he wants.

파생 aggression [əgréʃən] 명 공격성

어원 ag(to:방향) + gress(go:가다) → (폭력성이) 상대를 향해 가는 → 공격적인

18 cruel

[krúːəl]

(고의로 남을 고통스럽거나 불행하게 만드는): 형 잔인한, 무자비한

Those who are cruel to animals are often also *cruel* to human beings.

파생 cruelty [krúːəlti] 명 잔인함

19 brutal

[brúːtl]

(야생의 사나운 짐승처럼) 형 (인정 없이) 잔혹한, 야수적인

He committed a series of *brutal* murders and was not caught for a long time.

파생 brute [bruːt] 명 잔혹한 사람
brutality [bruːtǽləti] 명 잔혹함

어원 brut(insensible:무감각한) + al → (짐승처럼) 무감각한 → 잔혹한, 야수적인

15 그녀는 귀걸이를 하려고 귀를 뚫었으나 금속에 민감해서 낄 수가 없다. 16 사나운 개에 공격을 받은 사람은 나중에 모든 개에 대한 두려움으로 발전한다. / 그 제안은 인권 단체들로부터 맹렬한 비난을 받았다. 17 그 아이는 자기가 원하는 것을 얻지 못하면 공격적이 된다. 18 동물에게 잔인한 사람들은 자주 인간에게도 잔인하다. 19 그는 잔인한 연쇄 살인을 저지르고 오랫동안 붙잡히지 않았다.

[20] tyranny

[tírəni]

(남을 난폭하고 잔인하게 억압하는 일): 명 **포학, 압제; 폭정, 전제 (정치)**

We have the right to protest against *tyranny* by the ruler.

파생 tyrannical [tirǽnikəl] 형 폭군의, 압제적인
tyrant [táiərənt] 명 폭군
tyrannize [tírənàiz] 동 폭정을 펴다, 학대하다

[21] torture

[tɔ́:rtʃər]

(신체에 고통을 주어 강제로 자백을 받거나 벌을 주는) 명 **고문** 동 **고문하다**

He refused to admit his guilt even under *torture*.

어원 tort(twist:비틀다) + ure → (몸을 비틀어서) 고통을 주는 것 → **고문**

동의어 레슨

폭력, 폭행	
violence	(남을 해치거나 강제·제압하기 위한 사납고 거친 행동·말): **폭력**
attack	(난폭하게 남을 해치거나 무엇을 파괴하는 행위): **폭력**
assault	(남에게 폭력을 가한 범죄 행위로서의) **폭행(죄)**
terror	(정치적 목적을 위해 공포를 조장하는 폭력·위협 행위): **테러**

전쟁, 군대

≫ 테마 기본 어휘	war · battle · combat(전투) · peace · attack(공격하다) · defend(방어하다) · challenge(도전하다) revolution(혁명) · avoid(피하다) · escape(탈출하다) · protect(보호하다) · guard(보호하다) · care support · victory · win · defeat(패배) · beat(패배시키다) · lose · tie · military(군대) · force(군대) · army · navy(해군) · air force(공군) · soldier · officer(장교) · captain · general(장군) · civilian(민간인) friendly(자기편의) · hostile(적의) · enemy · weapon · arms(무기) · aim(겨냥하다) · shoot · fire(발사하다) · gun · bomb · missile · sword(검) · shield(방패) · spear(창) · bow(활) · arrow(화살)

[22] invade

[invéid]

(무력으로) 동 **(남의 나라를) 침략[침입]하다, 쳐들어가다**

Korea has never *invaded* other countries historically.

파생 invasion [invéiʒən] 명 침략, 침입
invasive [invéisiv] 형 침입하는, 침략적인
invader [invéidər] 명 침략자

어원 in(안) + vade(go:가다) → (무력을 써서) 안으로 들어가다 → **침략[침입]하다**

20 우리는 통치자의 폭정에 항의할 권리를 가지고 있다. 21 그는 고문을 받으면서도 유죄임을 인정하기를 거부했다. 22 한국은 역사적으로 한번도 다른 나라를 침략한 적이 없다.

23 **conquer**

[kɑ́ŋkər]

(무력으로) 통 **(남의 나라를) 정복하다**

In just twelve years, Alexander the Great *conquered* half of the world.

파생 conquest [kɑ́nkwest] 명 정복
conqueror [kɑ́ŋkərər] 명 정복자

어원 con(강조) + quer(seek:구하다) → (강력히 구해서) 획득하다 → **정복하다**

24 **occupy**

[ɑ́kjupài]

1. (무력을 써서) 통 **(남의 영토·지역·건물 등을) 점령[점거]하다**
2. (자신의 몫으로) 통 **(장소·공간·사물 등을) 차지하다, 거주[사용]하다** → p52

During the war the town was *occupied* by the enemy.

파생 occupation [ɑ̀kjupéiʃən] 명 점령, 점거; 사용, 주거; 직업
occupancy [ɑ́kjupənsi] 명 사용, 주거
occupant [ɑ́kjupənt] 명 거주자, 점유자

어원 oc(toward) + cupy(take:취하다) → (어디로 가서) 그곳을 취하다 → **차지[점령]하다**

25 **triumph**

[tráiəmf]

(많은 노력이나 투쟁 끝에 얻은) 명 **(큰) 승리, 대성공; 승리감, 성공의 기쁨**

He raised his arms in *triumph* after he set a new world record.

파생 triumphant [traiʌ́mfənt] 형 승리한, 의기양양한
triumphal [traiʌ́mfəl] 형 승리를 축하하는, 개선(식)의

26 **prevail**

[privéil]

(투쟁·논쟁 끝에 결국) 통 **(특정 견해·사상·주의 등이) 승리[우세]하다**
(어떤 시대·지역·집단에) 통 **(특정 풍조·관습 등이) 널리 퍼지다, 만연하다**

I believe justice will *prevail* in the end.
This custom still *prevails* among certain tribes.

파생 prevailing [privéiliŋ] 형 우세한, 지배적인
prevalent [prévələnt] 형 널리 퍼진, 보급된
prevalence [prévələns] 명 널리 퍼짐, 보급

어원 pre(before:~ 앞에) + vail(strong:힘센) → (힘이) ~보다 앞서다 → **우세하다, 만연하다**

23 20년 만에 알렉산더 대왕은 세계의 반을 정복했다. 24 전쟁 동안 그 도시는 적에게 점령되었다. 25 그는 세계 신기록을 수립한 후 승리의 기쁨에 그의 팔을 들었다. 26 나는 결국은 정의가 승리할 것이라는 것을 믿는다. / 이 관습은 특정 부족 사이에서는 아직도 만연해 있다.

27 **overwhelm**
[òuvərhwélm]

(월등한 힘으로 완전히) 동 **(상대를) 제압하다**
(저항할 수 없게, 누구를) 동 **(격렬한 감정이) 압도하다, 휩싸다**

Government forces eventually *overwhelmed* the rebels.
He was *overwhelmed* by a feeling of loneliness and a sense of loss.

파생 overwhelming [òuvərhwélmiŋ] 형 압도적인

어원 over(위에서) + whelm(내리 덮치다) → (위에서) 내리 덮치다 → 압도하다

28 **surrender**
[səréndər]

(상대편에게 싸움 · 저항 끝에) 동 **(패배를 인정하고) 항복[굴복, 투항]하다** [to]
(권리 · 소유물 등을) 동 **(강요에 의해) 포기하다 (남에게) 내주다**
명 **항복, 굴복; 양도, 포기**

Finally, the terrorists *surrendered* to the police.
He was forced to *surrender* all his property to his creditors.

어원 sur(over:너머) + render(give back:돌려주다) → (넘겨서) 내주다 → 포기하다, 항복하다

29 **submit**
[səbmít]

1. (우월한) 동 **(상대의 힘 · 권위에) 굴복[복종]하다** [to]
2. (검토 · 결정할 수 있도록) 동 **(서류 · 제안서 등을) 제출하다** → p278

In the end he had to *submit* because he could not resist.

파생 submission [səbmíʃən] 명 굴복, 복종; 제출
submissive [səbmísiv] 형 복종[순종]하는

어원 sub(under:아래) + mit(send:보내다) → (남의 통제) 아래로 보내다 → 굴복[제출]하다

30 **yield**
[ji:ld]

1. (자신의 뜻 · 주장을 굽히고) 동 **(상대의 요구 · 압력 · 설득에) 양보[굴복]하다** [to]
2. (투입된 자원 · 노력이) 동 **(이익 · 결과 · 농작물 등을) 생산[산출]하다**
명 **산출[수확]량, 이익, 이윤** → p312

The company *yielded* to their demands and agreed to give them an increase in pay.

어원 지불하다(pay)의 뜻에서 유래
- (상대방에게) 내주다(지불하다) → 1. 양복[굴복]하다
- (투입된 것이 이익·결과를) 지불하다 → 2. 생산하다

27 정부군은 결국 반군을 제압했다. / 그는 외로움과 상실감에 휩싸였다. 28 결국 테러리스트들은 경찰에 투항했다. / 그는 그의 모든 재산을 채권자들에게 내주어야 했다. 29 저항할 수 없었기 때문에 그는 결국 굴복해야만 했다. 30 회사는 그들의 요구에 굴복하고 그들에게 임금을 인상해 주기로 동의했다.

31 resist

[rizíst]

(굽히지 않고) 동 (공격·압력·권위 등에) 저항[대항]하다

They *resisted* the enemy's repeated attacks for more than a month.

파생 resistance [rizístəns] 명 저항
resistant [rizístənt] 형 저항하는
irresistible [ìrizístəbl] 형 저항할 수 없는

어원 re(against:대항하여) + sist(stand:서다) → (대항하여) 맞서다 → 저항[대항]하다

32 fort

[fɔ:rt]

(적의 침입을 막기 위한 군사 방어 시설): 명 요새, 보루

For three days and nights, the *fort* was under continuous attack.

파생 fortify [fɔ́:rtəfài] 동 요새화하다; 강화하다
fortress [fɔ́:rtris] 명 (fort 보다 큰) 요새

어원 튼튼한(strong)의 뜻에서 유래 → (튼튼한) 방어 시설 → 요새

33 defy

[difái]

(따르기를 거부하고) 동 (권위·지시·규칙 등에) 반항[도전]하다

He would sometimes *defy* teachers by ignoring what they asked him to do.

파생 defiance [difáiəns] 명 반항, 도전
defiant [difáiənt] 형 반항[도전]하는

어원 de(away:멀리) + fy(trust:믿다) → (믿음을 저버리고) 반항[도전]하다

34 rebel

동 [ribél]
명 [rébəl]

(권력·권위·통념에 대항하여) 동 반란을 일으키다; (부모 등에) 반항하다
명 반란[모반]자; 반항아

At this stage in life it seems that most teenagers *rebel* against their parents.

파생 rebellion [ribéljən] 명 반란, 모반
rebellious [ribéljəs] 형 반란[모반]하는

어원 re(against:맞서서) + bel(war:전쟁) → (맞서서) 전쟁을 하다 → 저항[반항]하다

Day 19

31 그들은 한 달 이상 동안을 적의 반복되는 공격에 대항했다. 32 그 요새는 사흘 밤낮 동안 끊임없이 공격을 받았다. 33 그는 때때로 시킨 일을 무시함으로써 선생님들에게 반항을 하곤 했다. 34 인생의 이 단계에서 대부분의 십대들이 부모에게 반항을 하는 것처럼 보인다.

[35] **riot**

[ráiət]

(사회 질서를 어지럽히는 집단적 폭력 행위): 명 **폭동** 동 **폭동을 일으키다**

The March Revolution began when food shortages led to *riots* and strikes.

파생 rioter [ráiətər] 명 폭도

[36] **revenge**

[rivéndʒ]

(자신에게 해를 끼친 상대에게) 동 **복수[앙갚음]하다**

He swore to take *revenge* on the people who had killed his father.

파생 revengeful [rivéndʒfəl] 형 복수심에 불타는

어원 re(강조) + venge(take vengeance:복수하다) → 복수하다

[37] **flee**

[fli:]

(위험·재난·공포 등을 피해 급히) 동 **(안전한 곳으로) 도망치다, 도피[피난]하다**

By the time the police arrived at the scene, the robbers had already *fled*.

파생 flight [flait] 명 탈출, 도피; 날기, 비행; 항공편

[38] **evade**

[ivéid]

(의도적으로) 동 **(의무·책임·원치 않은 일 등을) 교묘히 피하다, 회피하다**

He is trying to *evade* his responsibilities by blaming others.

파생 evasion [ivéiʒən] 명 회피
evasive [ivéisiv] 형 회피적인

어원 e(out:밖) + vade(go:가다) → (책임의) 밖으로 나가다 → 피하다

[39] **inevitable**

[inévətəbl]

(반드시 그렇게 될 수밖에 없기 때문에) 형 **피할 수 없는, 필연적인**

She was late so often that it was *inevitable* that she would lose her job eventually.

파생 inevitability [inèvətəbíləti] 명 피할 수 없음, 필연성

어원 in(not) + evitable(avoidable:피할 수 있는) → 피할 수 없는

35 3월혁명은 식량 부족이 폭동과 파업으로 이어졌을 때 시작되었다. 36 그는 자신의 아버지를 죽인 사람들에게 복수를 하겠다고 맹세했다. 37 경찰이 현장에 도착했을 때는 강도들이 이미 도주한 뒤였다. 38 그는 다른 사람들을 비난함으로써 자신의 책임을 회피하려고 한다. 39 그녀는 너무 자주 지각을 해서 결국 직업을 잃게 될 것이라는 것은 피할 수 없는 일이었다.

40 shelter
[ʃéltər]

1. (악천후 · 위험 · 공격 · 학대 등으로부터의) 명 **피신[대피](처), 보호소**
동 **피난하다, 피난처를 제공하다**

2. (인간 생활의 기본 요소인) 명 **(의식주 중 하나로의) 주거, 집** → p54

We found *shelter* from the rain under a small bridge.

41 cherish
[ʧériʃ]

1. (누구 또는 무엇을) 동 **(몹시 좋아해서) 소중히 여기다, 아끼다**

2. (오래도록, 소중한) 동 **(감정 · 추억 · 희망 등을) 마음속에 간직하다** → p291

His most *cherished* possession is his beautiful house.

어원 cher(dear:소중한) + ish ┌ 1. 소중히 여기다
└ (소중한 것을) 2. 마음속에 간직하다

42 sustain
[səstéin]

1. (무너지거나 내려앉지 않고) 동 **(무게를) 견디다, 지탱하다**
(필요로 하는) 동 **(지지 · 지원을 해서) 유지[지속]시키다**

2. (격식 차린 말로) 동 **(피해 · 손해가 되는 일을) 입다, 당하다** → p226

To *sustain* its weight, an elephant's legs are as strong as tree trunks.
His faith in God *sustained* him through the darkest period of his life.

파생 sustenance [sʌ́stənəns] 명 유지, 지속
sustainable [səstéinəbl] 형 유지[지속]할 수 있는

어원 sus(under) + tain(hold:붙잡다) ┌ (밑에서 붙잡고) 떠받치다 → 1. 지탱하다, 유지시키다
└ (안 좋은 일을 밑에서 붙잡고 떠받치며) 2. 당하다

43 preserve
[prizə́ːrv]

(손상 · 파괴되지 않게) 동 **(잘 보살펴서) 보존[보호]하다** (= conserve)

We must *preserve* our natural environment for future generations.

파생 preservation [prèzərvéiʃən] 명 보존

어원 pre(before:미리) + serve(keep:지키다) → (미리) 지키다 → 보존하다

Day 19

40 우리는 작은 다리 아래에서 비를 피할 곳을 찾았다. 41 그가 가장 아끼는 물건은 그의 아름다운 집이다. 42 자신의 무게를 지탱하기 위해서 코끼리의 다리는 나무 줄기만큼 튼튼하다. / 하나님에 대한 믿음이 그의 인생의 가장 어두웠던 시절을 거치는 동안 그를 지탱해 주었다. 43 우리는 미래의 세대를 위해 우리의 자연환경을 보존해야 한다.

44 conserve

[kənsə́ːrv]

(손상·파괴되지 않게) 동 **(잘 보살펴서) 보존[보호]하다** (= preserve)
(낭비·고갈을 막고 오래 쓰기 위해) 동 **(자원·에너지 등을) 아끼다, 절약하다**

Recently systematic efforts have been made to *conserve* the forests.
We must learn to *conserve* energy and use it more wisely.

파생 conservation [kɑ̀nsərvéiʃən] 명 보존, 보호
conservationist [kɑ̀nsərvéiʃənist] 명 자연 보호론자
conservative [kənsə́ːrvətiv] 형 보수적인, 보수주의의 명 보수주의자

어원 con(강조) + serve(keep:지키다) → (원래대로) 잘 지키다 → 보존[절약]하다

45 maintain

[meintéin]

1. (원래의 바람직한 상태를) 동 **(그대로) 유지하다**
(원래 상태가 유지되도록) 동 **(기계·건물·시설물 등을) 보수[정비]하다**

2. (남들이 믿지 않음에도) 동 **(일관되게 강력히) 주장하다** → p148

Regular exercise is necessary for *maintaining* a healthy body.
The machines should be checked and *maintained* on a regular basis.

파생 maintenance [méintənəns] 명 유지, 보수, 정비

어원 main(hand:손) + tain(hold:잡다) ┬ (유지 되도록) 손으로 잡고 있다 → 2. 유지[보수]하다
└ (의견이 유지 되도록 일관되게) 1. 주장하다

46 abandon

[əbǽndən]

1. (자신이) 동 **(책임져야 할 사람을) 버리다, 유기하다**
(위험하거나 있기가 불가능해서) 동 **(물건·장소를) 버리고 떠나다**

2. (문제가 너무 많아 진행이 불가능해서) 동 **(도중에) 포기[단념]하다** → p390
(갖고 있던) 동 **(생각·믿음·주의 등을) 버리다, 포기하다** → p390

She married a rich man for his money and *abandoned* her own children.
The captain ordered his men to *abandon* the sinking ship.

파생 abandonment [əbǽndənmənt] 명 유기, 버림; 포기, 단념

어원 a(to:방향) + bandon(power:권한) → (권한을) 남에게 넘기다 → 1. 버리다 2. 포기하다

44 최근에 그 숲을 보존하려는 조직적인 노력이 있어왔다. / 우리는 에너지 절약을 배워 그것을 보다 현명하게 사용해야 한다. 45 규칙적인 운동은 건강한 몸의 유지에 필요하다. / 그 기계들은 정기적으로 점검과 정비를 받아야 한다. 46 그녀는 한 부자 남자와 그의 돈을 보고 결혼했고 자신의 자식들을 버렸다. / 선장은 그의 사람들에게 가라앉고 있는 배를 버리라고 명령했다.

47 **desert**

동 [dizə́:rt]
명 [dézərt]

1. (보살피거나 관리하지 않고) 동 **(사람·장소·임무 등을) 버리다, 유기[방치]하다**
2. (건조하고 모래·자갈로 뒤덮인) 명 **사막** → p399

The husband *deserted* his wife and children, and went abroad.

파생 desertion [dizə́:rʃən] 명 버리기, 유기

어원 de(away:떨어져) + sert(join:합치다) ┌ (합쳐진 것을) 떨어뜨리다 → 1. 버리다
└ (버려진) 땅 → 2. 사막

48 **reconcile**

[rékənsàil]

(안 좋은 감정을 풀게 하여) 동 **(다툰 사람들을) 화해시키다** [with]
(해결점을 찾아 서로) 동 **(상반되는 생각·요구·상황 등을) 조화시키다**

He wanted to be *reconciled* with his wife, but she refused.
It is never an easy task to *reconcile* conflicting interests among groups.

파생 reconciliation [rèkənsìliéiʃən] 명 화해

어원 re(again:다시) + concile(make friendly:친근하게 만들다) → 화해시키다, 조화시키다

49 **intervene**

[ìntərví:n]

1. (상황을 개선하기 위해) 동 **(싸움·분쟁·곤란한 상황 등에) 개입하다**
2. (다른 사람이) 동 **(말을 하는 도중에) 끼어들다** → p218

The police had to *intervene* to prevent further disorder.

파생 intervention [ìntərvénʃən] 명 개입, 중재; 사이에 끼어들기

어원 inter(between:사이) + vene(come:오다) → (사이에) 들어오다 → 1. 개입하다 2. 끼어들다

50 **mediate**

[mí:dièit]

(제삼자가 중간에서) 동 **(다툼·분쟁 등을) 중재[조정]하다**

The United Nations is currently trying to *mediate* between the two sides.

파생 mediation [mì:diéiʃən] 명 중재, 조정
mediator [mí:dièitər] 명 중재인

어원 medi(middle:중간) + ate → (중간에서) 중재하다

47 그 남편은 아내와 아이들을 버리고 외국으로 갔다. 48 그는 아내와 화해하기를 원했으나 그녀는 거절했다. / 집단간의 상충하는 이해관계를 조화시키는 것은 절대 쉬운 일이 아니다. 49 경찰이 더 이상의 무질서를 막기 위해 개입해야 했다. 50 유엔은 현재 양측간에 중재를 하려고 하고 있다.

51 **troop**

[tru:p]

(대규모의) 명 (-s) **(잘 조직된) 병력, 군대**

UN *troops* were sent to the region to keep the peace.

52 **admiral**

[ǽdmərəl]

(해군의 매우 높은 지위의) 명 **해군 대장, 제독**

Admiral Nelson won one of the greatest sea battles of all time at Trafalgar.

53 **capture**

[kǽptʃər]

1. (힘·계략으로) 동 **(적군·짐승을) 생포[포획]하다; (어떤 대상을) 차지하다**
(어떤 상황·느낌·분위기 등을) 동 **(사진·글로) 포착하다[담아내다]**
명 **생포, 포획, 함락; 포착**

2. (남의) 동 **(마음·관심·흥미 등을) 사로잡다** → p123

Seven enemy soldiers were *captured* after the battle.
The incident was *captured* on a mobile phone camera.

파생 captive [kǽptiv] 명 포로 형 포로의, 사로잡힌

어원 capt(take:붙잡다) + ure → (산 채로) 붙잡다 → 1. 생포하다 포착하다 2. 사로잡다

54 **ally**

[əlái]

(전쟁 시에, 또는 정치적으로 협력하기로 서로 약속한) 명 **동맹국[자]** 동 **동맹하다**

Saudi Arabia is one of US *allies* in the Middle East.

파생 alliance [əláiəns] 명 동맹
allied [ǽlaid] 형 동맹한

어원 al(to) + ly(bind:묶다) → (서로에게 묶인) 동맹국[자]

55 **explode**

[iksplóud]

(엄청난 힘을 내며) 동 **(화약·폭탄 등이) 터지다, 터뜨리다, 폭발하다[시키다]**

A time bomb *exploded* at the embassy, injuring five people.

파생 explosion [iksplóuʒən] 명 폭발
explosive [iksplóusiv] 명 폭발물 형 폭발(성)의

어원 ex(out) + plode(clap) → '박수를 쳐서 배우를 무대 밖으로 몰아내다'의 원뜻 → **폭발하다**

51 유엔군이 치안을 유지하기 위해 그 지역으로 파병되었다. 52 넬슨 제독은 트라팔가에서 역대 가장 위대한 해전 중의 하나에서 승리했다. 53 전투 후에 7명의 적군이 포로로 잡혔다. / 그 사건은 한 핸드폰 카메라에 포착되었다. 54 사우디 아라비아는 중동의 미국 동맹국 중의 하나이다. 55 대사관에서 시한폭탄이 터져 다섯 명이 부상을 입었다.

Day 19 Review Test

[1-30] 영어를 우리말로 바꾸세요.

1. assault	16. defy
2. struggle	17. rebel
3. conflict	18. riot
4. afflict	19. revenge
5. inflict	20. flee
6. plague	21. evade
7. nuisance	22. inevitable
8. fierce	23. cherish
9. tyranny	24. sustain
10. invade	25. conserve
11. prevail	26. abandon
12. overwhelm	27. reconcile
13. surrender	28. intervene
14. submit	29. mediate
15. yield	30. ally

[31-35] 각 문장의 문맥에 맞는 적절한 단어를 찾아 넣으세요.

① slap ② inevitable ③ resist ④ abandon ⑤ overwhelm

31. The feeling of loneliness suddenly _____ed him.
32. I couldn't _____ the temptation to buy the dress.
33. The car accident was the _____ result of drunk driving.
34. She's an alcoholic who _____ed her own children.
35. She just walked up to him and _____ped his face.

정답 31. ⑤ 32. ③ 33. ② 34. ④ 35. ①

Day 20 문화생활

cultural life

방송, 언론, 뉴스

≫ 테마 기본 어휘	media · station(방송국) · show(방영하다) · television · radio · live(생방송의) · press(언론) newspaper · paper(신문) · magazine · news · rumor · headline(주요 뉴스) · report · column(칼럼)

[01] **broadcast**
[brɔ́:dkæst]

(방송국이 프로그램을) 동 **방송하다** 명 **방송**

The new show will be *broadcast* live every Sunday evening.

파생 broadcaster [brɔ́:dkæstər] 명 방송인; 방송사

어원 broad(널리) + cast(throw:던지다) → (영상을) 널리 던지다 → 방송하다

[02] **article**
[ɑ́:rtikl]

1. (어떤 사실을 보도·논평한) 명 **(신문·잡지의) 기사**
2. (같은 종류이거나 한 곳에 있는 여러 물건들 중) 명 **(하나의) 물품[물건]** → p418
3. (낱낱의) 명 **(법률·계약서 등의) 조항**

This newspaper *article* explains why it has happened.

어원 arti(joint:이음매) + cle → (전체로) 이어진 작은 하나
- (여러 기사들 중 하나의) 1. 기사
- (하나의) 2. 물품
- (낱낱의) 3. 조항

[03] **bulletin**
[búlitən]

(TV·라디오의 짤막하게 전하는 뉴스): 명 **뉴스 단신[속보]**
(사람들에게 공식적으로) 명 **(중요한 소식을 알리는) 고시, 공고**

The announcement was repeated on the hourly news *bulletin*.
Test scores will be posted on the *bulletin* board.

01 새로운 쇼는 매주 일요일 저녁 생방송으로 방송될 예정이다. 02 다음의 신문 기사는 왜 그 일이 일어났는지를 설명하고 있다. 03 그 발표는 매시간 뉴스 속보에서 반복되었다. / 시험 점수는 게시판에 게시될 것이다.

04 editorial
[èdətɔ́:riəl]

1. (신문사가 자사의 주장을 써 놓은) 명 **(신문의) 사설** 형 **사설의**
2. (여러 가지 재료를 모아 만드는) 형 **(책·신문 등의) 편집(상)의**

Did you happen to read the *editorial* in today's New York Times?

파생 edit [édit] 동 편집하다 명 편집
editor [édətər] 명 편집 책임자, 편집장; 편집자

어원 editor(편집자) + ial ┬ (편집자의 주장을 써 놓은) 1.사설
└ 2.편집(상)의

05 journalist
[dʒə́:rnəlist]

(직업적으로 기사 작성, 뉴스 보도를 하는) 명 **저널리스트, 기자, 기고가**

He refused to say anything in reply to the *journalists'* questions.

파생 journalism [dʒə́:rnəlìzm] 명 저널리즘, 기자[언론] 활동
journal [dʒə́:rnl] 명 정기 간행물; 일지, 일기

어원 journal(daily:매일) + ist(사람) → (매일 일어난 일을 적는) 사람 → 기자

06 correspondent
[kɔ̀:rəspɑ́ndənt]

(지방·외국에 파견되거나 특정 주제만을 보도하는 기자): 명 **특파원, 통신원**

He spoke about his experiences as a war *correspondent*.

파생 correspond [kɔ̀:rəspɑ́nd] 동 교신하다; 일치[상응]하다
correspondence [kɔ̀:rəspɑ́ndəns] 명 서신 왕래; 일치, 상응

어원 cor(together:함께) + respond(응하다) → (함께 응하여) 교신하는 사람 → 특파원

07 subscribe
[səbskráib]

(정기적으로 나오는) 동 **(신문·잡지 등을) 예약 구독하다** [to]

He reads three newspapers every day and *subscribes* to several news magazines.

파생 subscription [səbskrípʃən] 명 (예약) 구독(료)
subscriber [səbskráibər] 명 정기 구독자

어원 sub(under:아래) + scribe(write:적다) → (서류 아래에 성명을 적어) 예약 구독하다

04 혹시 오늘자 뉴욕타임즈의 사설을 읽어보셨습니까? 05 그는 기자들의 질문에 대한 답변으로 어떤 말도 하기를 거부했다. 06 그는 종군 기자로서의 자신의 경험에 대해 이야기했다. 07 그는 매일 3개의 신문을 읽고 여러 개의 뉴스 잡지를 구독하고 있다.

영화, 연극, 오락

≫ 테마 기본 어휘	movie · film · theater · cinema · screen · play(연극) · stage · act(연기하다) · cast(배우를 뽑다) debut · audition(오디션) · party · event(행사) · show(쇼) · festival · parade · hold(개최하다) · host(주최하다) · entertain · hobby · gamble(도박) · bet(내기를 걸다) · dice(주사위) · toy · ball · doll balloon(풍선) · kite(연)

08 perform

[pərfɔ́ːrm]

1. (많은 사람 앞에서) 동 **(연극 · 음악 등을) 공연[연기, 연주]하다**

2. (숙련 · 노력 · 주의를 요하는) 동 **(일 · 임무 등을) 수행[실행]하다** → p297

He didn't *perform* well at the concert because of his nervousness.

파생 performance [pərfɔ́ːrməns] 명 공연, 연기, 연주; 수행, 이행; 성과, 실적, 성능
performer [pərfɔ́ːrmər] 명 연기[연주]자; 수행[이행]자

어원 per(completely)+ form(provide:제공하다)
┌ (공연 · 연주를) 제공하다 → 1. 공연[연주]하다
└ (임무 등을) 완전히 제공하다 → 2. 수행하다

09 rehearse

[rihə́ːrs]

(연극 · 음악회 등을 공연하기 전에) 동 **예행연습[리허설]하다**

Can we *rehearse* once before the show starts?

파생 rehearsal [rihə́ːrsəl] 명 예행연습, 리허설

어원 re(again:다시) + hearse(rake:갈퀴) → (갈퀴로 다시) 땅의 흙을 고르다 → 예행연습하다

10 scene

[siːn]

1. (동일한 공간에서 벌이는) 명 **(연극 · 영화 등의) 장면**
(단락을 나누는) 명 **(연극 · 오페라 등의) 장**

2. (한 장소에서) 명 **(벌어지는 일의) 광경** → p68

3. (발생한) 명 **(범죄 · 사건 · 사고 등의) 현장** → p220

The play opens with a *scene* of a courtroom.
In Act III, *scene* 2 of Romeo and Juliet, Juliet is waiting for Romeo.

11 script

[skript]

(대사 · 동작 · 등을 적은) 명 **(연극 · 영화 등의) 대본, 각본; 손으로 쓴 글씨(체)**

The actor has memorized every line in the *script*.

---

08 그는 콘서트에서 긴장을 해서 공연을 잘 하지 못했다. 09 쇼가 시작되기 전에 예행연습을 한 번 할 수 있을까요? 10 그 연극은 한 법정에서의 장면으로 시작된다. / 로미오와 줄리엣 3막 2장에서 줄리엣은 로미오를 기다린다. 11 그 배우는 대본의 모든 대사를 외웠다.

12 **audience**

[ɔ́:diəns]

(공연·강연 등을 구경하러 모인) 명 **청중, 관객; (라디오·TV의) 청취[시청]자**

The *audience* cheered loudly when he was introduced.

어원 audi(hear:듣다) + ence → (듣는) 사람 → 청중

13 **auditorium**

[ɔ̀:ditɔ́:riəm]

(공연 등을 구경하는 사람들이 앉는) 명 **청중[관객]석**
(공연·강연·집회 등을 할 때에 쓰는) 명 **강당, 회관**

The audience filled the *auditorium* to capacity.
The graduation ceremony was held in the school's *auditorium*.

어원 audi(hear:듣다) + torium → (듣는) 장소 → 청중석, 강당

14 **preview**

[prí:vjù:]

(일부를 공개 전에 미리 보여주는) 명 **(영화 등의) 시사회, 시사평**
동 **시사[시연]를 보다[보이다]**

A press *preview* of the exhibition is scheduled for next Monday.

어원 pre(before:미리) + view(보다) → (미리) 보는 것 → 시사회

15 **occasion**

[əkéiʒən]

1. (특별하거나 중요한) 명 **(행사·축제·축하연 등의) 특별한 일, 중요한 행사**
2. (어떤 일이나 현상이 일어나는) 명 **(특정한) 때, 경우** → p371

I only wear a suit on special *occasions* such as weddings or funerals.

파생 occasional [əkéiʒənəl] 형 가끔의, 때때로의

어원 oc(down) + cas(fall) → (천체가) 땅에 떨어지는 때 → 1. 특별한 일 2. (특정한) 때

16 **ceremony**

[sérəmòuni]

(의례를 갖추어, 정해진) 명 **(절차에 따라 치르는) 의식, 식**

The two-hour formal opening *ceremony* was attended by some 200 guests.

파생 ceremonial [sèrəmóuniəl] 형 의식(용)의

Day 20

12 그가 소개되었을 때 청중들은 크게 환호했다. 13 관객이 객석을 꽉 채웠다. / 졸업식이 학교 강당에서 거행되었다. 14 전시회에 대한 언론 시사회가 다음주 월요일에 예정되어 있다. 15 나는 결혼식이나 장례식과 같은 특별한 행사 때에만 양복을 입는다. 16 2시간의 공식 개회식에는 200명 정도의 손님들이 참석했다.

17 **procession**

[prəséʃən]

(행사나 의식의 일부로, 여럿이 줄지어 가는) 명 **행렬, 행진**

The long funeral *procession* passed slowly along the street.

파생 processional [prəséʃənl] 형 행렬(용)의

어원 pro(forward:앞으로) + cess(go:가다) → (줄지어 앞으로 나아가는) **행렬, 행진**

18 **exhibition**

[èksəbíʃən]

(물품·작품 등을 벌여 놓고 보이는 일, 또는 그런 행사): 명 **전시(회)**

The *exhibition* gave local artists an opportunity to display their work.

파생 exhibit [igzíbit] 동 전시하다; (감정 등을) 보이다, 드러내다 명 전시품

어원 ex(out:밖) + hibit(have:갖다) → (보이려고) 밖에 갖고 있는 것 → **전시(회)**

19 **anniversary**

[ænəvə́:rsəri]

(특별한 일이 있었던 그 날을 매년 기념하는) 명 **기념일**

Jason and Debby celebrated their tenth wedding *anniversary* with a trip to Hawaii.

어원 anni(year:해) + vers(turn:돌다) → (해마다) 돌아오는 날 → **기념일**

20 **celebrate**

[séləbrèit]

(특별한 날·사건을 행사·의식·파티 등을 하여) 동 **축하[기념]하다**

His family went out to *celebrate* his twenty-first birthday.

파생 celebration [sèləbréiʃən] 명 축하(식)
celebratory [séləbrətɔ̀:ri] 형 축하하는

어원 celebr(famous:유명한) + ate → (행사·파티 등으로) 유명하게 만들다 → **축하하다**

21 **recreation**

[rèkriéiʃən]

(활력을 얻기 위한 놀이·운동 등의 여가 활동): 명 **(활동적인) 오락, 레크리에이션**

His favorite *recreations* are horseback riding, tennis and swimming.

파생 recreational [rèkriéiʃənəl] 형 레크리에이션[오락]의

어원 re(again:다시) + create(만들다) → (다시 활력을) 만들어 주는 것 → **레크리에이션**

17 긴 장례 행렬이 거리를 따라 천천히 지나갔다. 18 그 전시회는 지역 미술가들에게 그들의 작품을 전시할 기회를 주었다. 19 잭과 데비는 10주년 결혼 기념일을 하와이 여행으로 축하했다. 20 그의 가족은 그의 21번째 생일을 축하하기 위해 외출을 했다. 21 그가 가장 좋아하는 오락은 승마와 테니스, 수영이다.

22 pastime

[pǽstàim]

(여가 시간을 느긋하고 즐겁게 보내기 위한) 명 **(심심풀이) 오락, 기분전환**

Watching sports is a national *pastime* in the United States.

어원 pass(보내다) + time(시간) → (시간을 보내기 위한) 활동 → 오락

23 stake

[steik]

(경마·카드게임 등의) 명 **내기에 건 돈[물건]** 동 **(돈·생명 등을) 걸다**
(결과에 따라 개인의 손익이 걸린) 명 **(사업·계획상의) 이해관계; (회사의) 지분**

He began to bet on the horses and to play cards for high *stakes*.

People do not feel that they have a *stake* in the outcome of the election.

어원 말뚝(pole)의 원뜻에서 ┌ (내기에 건 물건을) 말뚝 위에 놓아둔 데서 유래
└ 내기에 건 물건 → (내기에 건 물건에 대한) 이해관계; 지분

동의어 레슨

행사	
event	(일정에 따라 치러지는 공연·연회·대회 등의) **행사, 이벤트**
occasion	(행사·축제·축하연 등과 같은) **특별한 일, 중요한 행사**
행렬	
procession	(행사나 의식의 일부로, 여럿이 줄지어 가는) **행렬, 행진**
parade	(악단, 장식 차량, 군대 등의 화려한) **퍼레이드, 행렬**

Day 20

스포츠, 운동

≫ 테마 기본 어휘	sport · exercise · play · game · match · race(경주) · stadium · gym(체육관) · playground(운동장) · score · point(점수) · record · lead(선두) · prize · award · medal · trophy · champion · rival fan

24 athlete

[ǽθli:t]

(운동경기 특히 육상경기에 참가하는) 명 **운동선수, 육상선수**

Every *athlete* dreams of winning a gold medal at the Olympics.

파생 athletic [æθlétik] 형 육상의; 원기 왕성한, 강건한
athletics [æθlétiks] 명 육상

22 미국에서는 스포츠를 보는 것이 국가적인 오락이다. 23 그는 승마에 돈을 걸고 큰 판돈을 걸고 카드를 하기 시작했다. / 사람들은 선거의 결과에 자신들이 이해관계가 있다는 것을 느끼지 못한다. 24 모든 운동선수는 올림픽에서 금메달을 따기를 꿈꾼다.

25 **compete**

[kəmpíːt]

(어떤 목적을 두고 서로) 동 **(앞서거나 이기려고) 경쟁하다, 겨루다**

The two brothers constantly *competed* for their mother's attention.

파생 competition [kàmpətíʃən] 명 경쟁; (집합적) 경쟁자들; (경연) 대회, 시합
competitor [kəmpétətər] 명 경쟁자
competitive [kəmpétətiv] 형 경쟁의, 경쟁심이 강한, 경쟁력이 있는

어원 com(together:함께) + pete(seek:추구하다) → (모두가 함께) 추구하다 → 경쟁하다

26 **contend**

[kənténd]

1. (권력·상·선수권 등을) 동 **(획득하려고) 다투다, 겨루다** [for]
(맞서서) 동 (~ with) **(어려운 문제·상황과) 씨름하다, 싸우다**

2. (무엇이 사실이라고) 동 **(논쟁·언쟁 중에) 주장하다** → p149

Three political parties are *contending* for power.
Our society has enormous problems to *contend* with.

파생 contention [kənténʃən] 명 논쟁, 말다툼, (논쟁의) 주장
contender [kənténdər] 명 경쟁자

어원 con(together) + tend(stretch:뻗다) ┬ (잡으려고) 서로 손을 뻗다 → 2. 겨루다, 씨름하다
└ (겨루듯이) 1. 주장하다

27 **contest**

명 [kántest]
동 [kəntést]

(우열을 가리기 위한) 명 **(재주·실력·용모 등의) 경연 (대회), 콘테스트**
동 **경쟁을 벌이다, 겨루다**

She won first prize in a beauty *contest* at the age of 18.

파생 contestant [kəntéstənt] 명 경연 참가자

어원 con(together:함께) + test(witness:증언하다) ┬ (양측 증인을) 함께 불러 증언하게 하다
└ 경쟁을 벌이다 → 경연 (대회)

28 **versus**

[vəːrsəs]

(두 대상 사이의 대립적 관계를 나타내는 말): 전 **~대(對), ~에 대한**

Tonight's game is Manchester United *versus* Real Madrid.

어원 vers(turn:돌다) + us → (서로 뒤돌아서) 맞선 → ~대(對)

25 두 형제는 엄마의 관심을 서로 받으려고 끊임없이 경쟁을 벌였다. 26 세 개의 정당이 권력을 서로 차지하려고 다투고 있다. / 우리 사회는 맞서 싸워야 할 엄청난 문제를 가지고 있다. 27 그녀는 18살 때 한 미인 선발 대회에서 일등 상을 받았다. 25 오늘 밤의 경기는 맨체스터 유나이티드 대 레알 마드리드이다.

29 **opponent**

[əpóunənt]

1. (서로 겨루는) 명 **(시합·경쟁·논쟁 등에서) 상대, 적수**

2. (어떤 것에 반대하여 맞서 싸우는) 명 **반대[대항]자** → p150

He knocked down his *opponent* with a single blow.

어원 op(against:맞서서) + pon(place:놓다) → (맞서서) 놓여 있는 사람 → 1. 상대 2. 반대자

30 **spectator**

[spékteitər]

(행사 특히 운동 경기의) 명 **관객, 구경꾼**

The *spectators* cheered when their team scored the winning goal.

파생 spectate [spékteit] 동 (운동 경기 등을) 구경[관전]하다

어원 specta(look:보다) + tor → (보는) 사람 → 관객, 구경꾼

동의어 레슨

겨루다, 경쟁하다	
compete	(어떤 목적을 두고 앞서거나 이기려고 서로) **경쟁하다, 겨루다**
contend	(권력·상·선수권 등을 획득하려고) **겨루다, 경쟁하다**

여행, 호텔

≫ 테마 기본 어휘	travel · tour · nonstop · picnic · camping · hotel · motel(모텔) · resort(리조트) · stay(묵다) · book(예약하다) · check-in

31 **journey**

[dʒə́ːrni]

(여행의 과정·거리 등에 중점, 한 곳에서 다른 곳까지의) 명 **(장거리) 여행**
동 **여행하다**

I was tired after the long *journey*, and I fell asleep at once.

32 **trip**

[trip]

1. (잠시 갔다 되돌아오는) 명 **(짧은) 여행**

2. (발이) 동 **걸려 넘어지다[질 뻔하다], 걸어 넘어지게[질 뻔 하게] 하다** → p81

He is on a business *trip* to Paris and won't be back until next week.

29 그는 단 한 방에 상대를 때려눕혔다. 30 관객들은 자신들의 팀이 결승골을 득점하자 환호했다. 31 나는 긴 여행 후에 피곤해서 곧 잠이 들었다. 32 그는 파리에 출장 중이라서 다음 주까지는 돌아오지 않는다.

33 **voyage**

[vɔ́iidʒ]

(배·비행기·우주선에 의한 멀고 긴) 명 **항해, 우주 여행** 동 **항해[항행]하다**

They completed the final preparations for their long *voyage* across the Atlantic.

파생 voyager [vɔ́iidʒər] 명 (모험적) 항해자

어원 voy(way:길) + age → (먼) 길을 떠나기 → 항해, 우주 여행

34 **commute**

[kəmjú:t]

(집에서 직장으로 매일) 동 **통근하다**

He *commutes* daily by train from his home in New Jersey to New York City.

파생 commuter [kəmjú:tər] 명 통근자

어원 com(강조) + mute(change:바꾸다) → (집과 직장을) 바꾸어 오가다 → 통근하다

35 **round-trip**

[ráundtríp]

(어떤 곳을 갔다가 그 길로 돌아오는) 명 **왕복 여행** 형 **왕복 여행의**

A *round-trip* ticket from New York to Los Angeles costs about $1,800.

어원 round(돌아서) + trip(여행) → (돌아오는) 여행 → 왕복 여행

36 **destination**

[dèstənéiʃən]

(여행의 목표로 삼은) 명 **목적지, 행선지**

After two weeks of travel, they finally reached their *destination*.

어원 de(강조) + stin(stand:서다) → (가기로) 정해져 있는(서 있는) 곳 → 목적지

37 **explore**

[iksplɔ́:r]

(아직 알지 못하는) 동 **(미지의 지역·문제·분야 등을) 탐험[탐사, 탐구]하다**

The spacecraft will *explore* the atmosphere and surface of Mars.

파생 exploration [èkspləréiʃən] 명 탐험, 탐사, 답사
explorer [iksplɔ́:rər] 명 답사[탐사]자, 탐험가

어원 ex(out) + plore(cry:외치다) → (사냥감을 본 사냥꾼의) 외침 소리에서 유래 → 탐험하다

33 그들은 대서양을 건너는 긴 항해를 위한 마지막 준비를 끝냈다. 34 그는 뉴저지에 있는 그의 집에서 뉴욕시로 매일 기차로 통근한다. 35 뉴욕에서 로스앤젤레스까지의 왕복 티켓은 가격이 약 1,800달러이다. 36 2주간의 여행 끝에 그들은 마침내 목적지에 도착했다. 37 그 우주선은 화성의 대기와 표면을 탐사할 것이다.

38 **expedition**

[èkspədíʃən]

(미지의 지역, 위험한 지역으로의) 명 **원정, 탐험; 원정[탐험]대**

They went on an *expedition* to the South Pole.

파생 expeditionary [èkspədíʃənèri] 형 원정의, 탐험의

어원 ex(out:밖) + pedi(foot) → (바깥 세계로) 발을 내디딤 → **원정, 탐험**

39 **sightseeing**

[sáitsì:iŋ]

(명소·명물 등을 구경하러 다니는) 명 **관광**

I'd like to have some information about where to go *sightseeing*.

파생 sightsee [sáitsì:] 동 관광하다
sightseer [sáitsì:ər] 명 관광객
sight [sait] 명 (-s) 관광지, 명소; 시각, 시력; 보기, 광경; 시계

40 **excursion**

[ikskə́:rʒən]

(야외 등으로 놀러 가는 짧은 단체 여행): 명 **소풍**

Last week our class went on an *excursion* to the woods.

어원 ex(out:밖) + cur(run:달리다) → (놀러 밖으로) 달려 나감 → **소풍**

41 **souvenir**

[sù:vəníər]

(방문지나 특별한 일을 기념하여 구입·간직하는) 명 **기념품**

He bought a model of the Eiffel Tower as a *souvenir* of his trip to Paris.

어원 sou(up:위로) + ven(come:오다) → (기억을 위로 올려) 마음에 오게 하는 것 → **기념품**

42 **itinerary**

[aitínərèri]

(방문 예정 장소·경로·일정 등이 포함된 상세한) 명 **여행 일정표**

The first place on our *itinerary* was Rome.

어원 itiner(journey:여행) + ary → 여행 일정표

43 **inn**

[in]

(주로 시골에 있는 규모가 작은 숙박 시설): 명 **여인숙, 여관**

That night we stayed at an *inn* outside a small town.

38 그들은 남극으로 탐험을 떠났다. 39 어느 곳을 관광해야 할지에 대한 정보를 얻고 싶습니다. 40 지난 주 우리 학급은 숲으로 소풍을 갔다. 41 그는 파리 여행 기념으로 에펠 탑 모형을 샀다. 42 우리 여행 일정표의 첫 번째 장소는 로마이었다. 43 그날밤 우리는 작은 도시 바깥에 있는 한 여관에서 머물렀다.

44 accommodate
[əkάmədèit]

(남에게) 동 **(머물거나 살) 공간[장소]을 제공하다, 수용하다**
(건물·시설·탈것 등이) 동 **(특정 수량)을 수용할 수 있다, ~의 수용력이 있다**
(그대로) 동 **(남의 의견·요구 등을) 수용하다, 받아들이다**

The flood victims were *accommodated* in tents erected at schools.
The hotel can *accommodate* more than three hundred guests.
We will make every effort to *accommodate* your request.

파생 accommodation [əkὰmədéiʃən] 명 숙박[수용] (설비)

어원 ac(to) + commod(make fit:맞추다) → ~에 맞추다 → 수용하다, (맞추어) 공간을 제공하다

45 reserve
[rizə́:rv]

1. (좌석·방·표 등을 미리) 동 **예약하다** (= book)
2. (특정한 목적·용도로) 동 **(나중에 쓰기 위해) 남겨[떼어]두다**
명 **비축[예비]품[금]** → p291

You can *reserve* the tickets either by phone or online.

파생 reservation [rèzərvéiʃən] 명 예약

어원 re(back:뒤) + serve(keep:보관하다) → (뒤에) 보관하다 → 2. 남겨두다 → 1. 예약하다

46 vacancy
[véikənsi]

(아무도 차지하고 있지 않은) 명 **(호텔 등의) 빈 방**
(비어 있어서 충원 중인) 명 **(일자리나 직위의) 결원, 공석**

Sorry, we have no *vacancies* right now.
The following list provides information about job *vacancies*.

파생 vacant [véikənt] 형 비어 있는; (일자리가) 결원인
vacate [véikeit] 동 비우다, 떠나다

어원 vac(empty:빈) + anc → 빈 방; (일자리) 결원

동의어 레슨

소풍, 피크닉, 야영	
excursion	(야외 등으로 놀러 가는 짧은 단체 여행): **소풍**
picnic	(야외로 음식을 가져가 먹으면서 노는) **피크닉**
camping	(야외에 텐트를 쳐 놓고 생활하는) **캠핑, 야영**

44 수재민들은 학교에 세워진 텐트에 수용되었다. / 그 호텔은 300명 이상의 투숙객을 수용할 수 있다. / 우리는 당신의 요구를 수용할 수 있도록 모든 노력을 다 하겠습니다. 45 티켓은 전화나 온라인 어느 것으로도 예매할 수 있습니다. 46 죄송합니다만, 지금은 빈 방이 없습니다. / 다음 목록은 빈 일자리에 대한 정보를 제공한다.

Day 20 Review Test

[1-30] 영어를 우리말로 바꾸세요.

1. article	16. contend
2. bulletin	17. versus
3. editorial	18. opponent
4. correspondent	19. spectator
5. subscribe	20. journey
6. scene	21. voyage
7. script	22. commute
8. auditorium	23. destination
9. occasion	24. explore
10. ceremony	25. expedition
11. procession	26. excursion
12. anniversary	27. itinerary
13. celebrate	28. accommodate
14. stake	29. reserve
15. compete	30. vacancy

[31-35] 각 문장의 문맥에 맞는 적절한 단어를 찾아 넣으세요.

① ceremony	② destination	③ opponent	④ itinerary	⑤ spectator

31. There were over a thousand _____s at the local baseball game.
32. He has been attacked by his political _____s.
33. We arrived at our _____ about fifteen minutes late.
34. The first place on our _____ was Rome.
35. The graduation _____ will take place on Thursday.

정답 31. ⑤ 32. ③ 33. ② 34. ④ 35. ①

Day 21 예술·종교

art & religion

문학, 미술, 음악

≫ 테마 기본 어휘	literature(문학) · work(작품) · piece(작품) · masterpiece (명작) · classic(고전) · novel · poetry(시) essay · drama · genre(장르) · write · story · tale(이야기) · book · pamphlet(소책자) · textbook manual(설명서) · dictionary · title(제목) · content(내용, 목차) · chapter(장) · index(색인) · hero · climax(절정) · library · publish(출판하다) · edit(편집하다) · print · bookstore art · picture · draw(그리다) · sketch · paint · graphic · chart · gallery(미술관) · museum · photograph · camera · film album · shoot(촬영하다) · cartoon(만화) · music · sing · song · symphony(교향곡) · opera · ballet band · orchestra · concert · melody · rhythm · play(연주하다)

01 **fiction**

[fíkʃən]

(실제의 이야기가 아닌) 명 **꾸며낸 이야기, 픽션, 소설**

It's sometimes hard to separate fact from *fiction* in what he says.

파생 fictional [fíkʃənl] 형 픽션[허구]의
fictionalize [fíkʃənəlàiz] 동 소설화하다
⊖ non-fiction [nànfíkʃən] 명 논픽션

어원 fic(make:만들다) + tion → (만들어진) 것 → 꾸며낸 이야기

02 **prose**

[prouz]

(운문에 대비하여, 자유로운 문장으로 쓴) 명 **산문**

He wrote a variety of pieces, both in *prose* and verse.

03 **verse**

[vəːrs]

(산문에 대비하여, 일정한 규율·운율이 있는) 명 **운문**

Most of his plays were comedies written in *verse*.

04 **author**

[ɔ́ːθər]

(책이나 글을 지은) 명 **저자, 필자, 작가**

He is the *author* of more than 100 books for children.

01 가끔씩 그가 하는 말에서 사실과 꾸며낸 이야기를 구분하는 것이 어렵다. 02 그는 산문과 운문 둘 다에서 다양한 작품을 썼다. 03 그의 희곡의 대부분은 운문으로 쓰여진 희극이었다. 04 그는 100권 이상의 어린이를 위한 책을 쓴 저자이다.

05 anecdote
[ǽnikdòut]

(실제의 사람이나 사건과 관련된 재미있는 짧은 이야기): 명 **일화, 기담**

He told us some very amusing *anecdotes* about his life in China.

파생 anecdotal [ænikdóutl] 형 일화의

어원 an(not) + ecdote(published:공개된) → (미공개된) 이야기 → 일화, 기담

06 fable
[féibl]

(교훈적 내용을 인격화한 동물에 빗대어 엮은) 명 **우화**

Aesop's *Fables* give simple but important moral lessons.

07 legend
[lédʒənd]

(옛날부터 민간에서 전해 내려오는 이야기): 명 **전설**

According to *legend*, Rome was founded by twin brothers.

파생 legendary [lédʒəndèri] 형 전설의

어원 leg(read:읽다) + end → (오래 전부터 전해져) 읽혀지는 것 → 전설

08 myth
[miθ]

(신·영웅·민족사 등에 관한 신비롭고 환상적인 이야기): 명 **신화**
(많은 사람이 절대적인 것으로 믿는) 명 **근거 없는 사회통념**

In the ancient Greek *myths*, Aphrodite was the goddess of love and beauty.

파생 mythical [míθikəl] 형 신화의
mythology [miθάlədʒi] 명 (집합적으로) 신화
mythological [mìθəlάdʒikəl] 형 (집합적으로) 신화의

09 biography
[baiάgrəfi]

(한 개인의 일생을 기록한) 명 **전기**

The *biography* of Steve Jobs has become Amazon's best selling book of 2011.

파생 biographer [baiάgrəfər] 명 전기 작가
autobiography [ɔ̀:toubaiάgrəfi] 명 자서전

어원 bio(life:일생) + graph(record:기록하다) → (일생을) 기록한 것 → 전기

05 그는 우리에게 그의 중국 생활에 관련된 몇 가지 매우 재미있는 일화들을 이야기해 주었다. **06** 이솝 우화는 단순하지만 중요한 교훈을 준다. **07** 전설에 따르면 로마는 쌍둥이 형제에 의해 창건되었다. **08** 고대 그리스 신화에서 아프로디테는 사랑과 미의 여신이었다. **09** 스티브 잡스의 전기는 2011년 아마존의 베스트셀러가 되었다.

10 **plot**

[plat]

1. (중심 내용을 이루는) 명 (책·영화 등의) 줄거리 동 줄거리를 세우다

2. (여러 사람이 모여 몰래 꾸민) 명 (집단적인) 음모[계략] 동 음모하다 → p328

The movie has a very simple *plot* that describes an average day in Russia.

어원 1. 줄거리(plot) → (나쁜 일을 하기 위해 꾸민) 줄거리 → 2. 계략, 음모

11 **manuscript**

[mǽnjuskrìpt]

(인쇄되기 이전의 글): 명 (출판물의) 원고
(인쇄술이 발명되기 이전 시대에) 명 손으로 쓴 것, 필사본

She sent the completed *manuscript* to most of the major publishers.

This *manuscript* is thought to have been written about the middle of the fifth century.

어원 manu(hand:손) + script(write:쓰다) → 손으로 쓴 것 → 원고

12 **draft**

[dræft]

(대강 안으로 잡은) 명 (글·그림·계획 등의) 초고, 밑그림, 초안
동 기초[기안]하다, 밑그림을 그리다

This is only a rough *draft* of my full report on this subject.

13 **compile**

[kəmpáil]

(개개의 자료를 수집·발췌하여 하나의) 동 (책·목록·표 등으로) 엮다, 편집하다

After 10 years of collecting recipes, he has *compiled* them into a cookbook.

파생 compilation [kàmpəléiʃən] 명 편집

어원 com(together) + pile(compress:압축하다) → (함께 모아 놓고) 압축하다 → 편집하다

14 **copyright**

[kάpiràit]

(저작가가 자신의 저작물에 대한 가지는 독점적 권리): 명 저작권, 판권
형 저작권 보호를 받는 동 저작권을 얻다

The entire contents of this magazine are protected by *copyright*.

어원 copy(복제하다) + right(권리) → (복제할 수 있는) 독점적 권리 → 저작권

10 그 영화는 러시아의 평균적인 하루를 묘사하는 아주 단순한 줄거리를 갖고 있다. 11 그녀는 대부분의 주요 출판사에 완성된 원고를 보냈다. / 이 필사본은 5세기 중엽 정도에 쓰여진 것으로 생각된다. 12 이것은 이 주제에 대한 상세한 보고서의 대략적인 초안일 뿐이다. 13 그는 10년 동안 요리법을 모아 요리책으로 엮었다. 14 이 잡지의 전체 내용은 저작권의 보호를 받는다.

15 **contribute**

[kəntríbju:t]

1. (신문 · 잡지 · 출판사 등에) 동 **(글 · 기사 등을) 기고하다** [to]
2. (어떤 일에 이바지하기 위해) 동 **(돈 · 물품 · 지식 등을) 기부[기여]하다** [to] → p279
3. (무엇이 어떤 일이 발생하게 된 여러 원인 중) 동 **(~의) 한 원인이 되다** [to] → p231

He *contributes* to several newspapers and magazines.

파생 contribution [kὰntrəbjú:ʃən] 명 기고(문); 기부(금), 기여
contributor [kəntríbjutər] 명 기고가; 기부자

어원 con(together) + tribute(grant:주다)
- (함께 만드는 신문 등에) 글을 주다 → 1. 기고하다
- (함께 하는 일에) 돈 · 물품을 주다 → 2. 기부하다
- (함께 하는 원인 중) 3. 한 원인을 제공하다

16 **portrait**

[pɔ́:rtrit]

(사람의 얼굴 모습을 그린) 명 **초상화**

On the wall was a *portrait* of his grandfather.

파생 portray [pɔ:rtréi] 동 묘사하다, 그리다
self-portrait [sèlfpɔ́:rtrit] 명 자화상

어원 por(forth:앞으로) + tray(draw:끌다) → (얼굴을) 앞으로 끌어낸 것 → 초상화

17 **landscape**

[lǽndskèip]

1. (자연의 경치를 그린) 명 **풍경화**
2. (어떤 곳의) 명 **(보이는 그대로의) 풍경** → p69

He likes painting *landscapes* more than portraits.

어원 land(땅) + scape(condition:상태) → (땅의) 상태 → 풍경(화)

18 **sculpture**

[skʌlptʃər]

(재료를 깎거나 새겨서 입체 형상을 만드는) 명 **조각(술), 조각품**

The museum has a collection of paintings and *sculptures* by Matisse.

파생 sculpt [skʌlpt] 동 조각하다
sculptor [skʌlptər] 명 조각가
sculptural [skʌlptʃərəl] 형 조각의, 조각적인

어원 sculpt(carve:조각하다) + ure → 조각

15 그는 여러 신문과 잡지에 기고를 한다. 16 벽에는 그의 할아버지 초상화가 걸려 있었다. 17 그는 초상화보다 풍경화를 그리기를 더 좋아한다. 18 그 박물관은 마티스의 그림과 조각품을 소장하고 있다.

19 statue
[stǽtʃuː]

(돌이나 쇠로 만든) 명 **(사람·동물의) 상[조각상]**

The *Statue* of Liberty is one of the tallest statues in the world.

파생 statuary [stǽtʃuèri] 명 (집합적으로) 조상

어원 sta(stand:서다) + tue → (세워진) 것 → **상, 조각상**

20 monument
[mάnjumənt]

(특별한 인물·사건을 기념하기 위하여 세운) 명 **기념비[상, 관]**

This *monument* is in memory of those who were killed in World War II.

파생 monumental [mὰnjuméntl] 형 기념비[상, 관]의; 불후[불멸]의

어원 monu(remind:상기시키다) + ment → (상기시키기 위해) 세운 것 → **기념비**

21 carve
[kaːrv]

1. (나무·돌 등을 쪼거나 파서) 동 **(상을) 조각하다, (글씨·문양을) 새기다**

2. (먹을 수 있게) 동 **(요리된 고기를) 얇게 썰다[자르다]** → p236

The huge statue was carved out of a single rock and weighs 175 tons.

파생 carving [kάːrviŋ] 명 조각물[술]

22 compose
[kəmpóuz]

1. (창작을 하여) 동 **(음악·글·시 등을) 짓다, 작곡[작문]하다**

2. (서술·열거된 부분·요소들이) 동 **(전체인) ~을 구성하다** → p504
(전체가) 동 (be -d of) **(서술·열거된 부분·요소로) 구성되다** → p504

Ludwig Beethoven *composed* his greatest symphonies after becoming totally deaf.

파생 composition [kὰmpəzíʃən] 명 작곡, 작문; 구성
composer [kəmpóuzər] 명 작곡가
component [kəmpóunənt] 명 구성 요소, 부품 형 구성하는

어원 com(with:함께) + pose(put:놓다) ┌ (음이나 글을) 함께 놓다 → **1. 작곡[작문]하다**
└ (여러 부분이 모여) 함께 놓이다 → **2. 구성하다**

19 자유의 여신상은 세계에서 가장 높은 조각상 중의 하나이다. 20 이 기념비는 제2차 세계대전에서 죽은 사람들을 추모하기 위한 것이다. 21 그 거대한 조상은 단 하나의 바위를 조각해서 만들어졌고 무게가 175톤이 나간다. 22 루드비히 베토벤은 완전히 귀가 먹은 이후에 그의 위대한 교향곡들을 작곡했다.

23 **choir**

[kwaiər]

(합창을 위해 조직한) 명 **합창단, 성가대**

She sings in the church *choir* and plays the flute in the school orchestra.

24 **conduct**

동 [kəndʌkt]

명 [kάndʌkt]

1. (오케스트라·합창단 등을) 동 **지휘하다**
2. (특정한 일·활동을) 동 **(조직적으로) 수행[처리]하다** 명 **수행, 처리** → p297
3. (누군가의) 명 **(도덕·윤리적 측면의) 행위[행실, 품행]** 동 **행동(처신)하다** → p96

The London Symphony Orchestra was *conducted* by William Smith.

파생 conductor [kəndʌktər] 명 지휘자
⊖ misconduct [mìskάndʌkt] 명 비행

어원 con(together) + duct(lead:이끌다)
- (오케스트라를) 이끌다 → 1. 지휘하다
- (함께 이끌어 일을) 2. 수행하다
- (이끄는 결과가 도덕적인지의 관점의) 3. 행실

25 **tune**

[tju:n]

1. (높낮이와 리듬을 가진 음의 흐름): 명 **멜로디, 가락, 선율**
   동 **(악기의 음을) 조율하다**
2. (텔레비전·라디오 등을) 동 **특정 방송국에 맞추다, 동조시키다** [to]

She had great difficulty singing in *tune*.

26 **pitch**

[pitʃ]

1. (상대적인 높이·정도·강도): 명 **음높이; (감정·활동의) 정도[강도]; 최고점**
2. (힘껏 목표물을) 동 **(겨냥하고) (내)던지다** 명 **던지기** → p76

A sense of *pitch* is very important in both music and speech.

27 **lyric**

[lírik]

(노래의 내용이 되는) 명 (-s) **가사, 노랫말**

He composes all of his songs and writes the *lyrics* for most of them.

---

23 그녀는 교회 성가대에서 노래를 하고 학교 관현악단에서는 플루트를 연주한다. 24 윌리암 스미스가 런던 심포니 오케스트라를 지휘했다. 25 그는 멜로디에 맞추어 노래를 부르는데 큰 어려움을 갖고 있다. 26 음 높이에 대한 감각은 음악과 연설 둘 다에서 매우 중요하다. 27 그는 그의 모든 노래들을 작곡하고 그것들의 대부분의 가사를 쓴다.

28 instrument
[ínstrəmənt]

1. (음악을 연주하는 데 쓰는) 명 **악기**
2. (정밀함을 요하는 작업에 쓰이는) 명 **(과학·의학용의) (작은) 기구[도구]** → p314

Do you play any musical *instrument*?

파생 instrumental [ìnstrəméntl] 형 악기의

어원 in(on:위) + struc(pile:쌓다) ─ 작업(위에 쌓는 일)을 할 때 쓰는 것 → 2. 기구, 도구
└ (음악 연주) 기구 → 1. 악기

동의어 레슨

이야기	
story	(무엇에 대해 묘사·설명하는 일정한 줄거리를 가진) **이야기**
anecdote	(실제의 사람이나 사건과 관련된 재미있는 짧은) **일화, 기담**
tale	(사실을 과장·상상으로 지어낸 흥미진진한 공상적인) **이야기**
fable	(교훈적 내용을 인격화한 동물에 빗대어 엮은) **우화**

종교

≫ 테마 기본 어휘	god · lord(하느님) · idol(우상) · pray(기도하다) · bible · church · temple(사원) · saint(성인) · spirit(영혼, 정신) · soul(영혼, 정신) · ghost(유령) · angel · devil(악마) · heaven · paradise(낙원) hell · magic wizard(마법사) · miracle(기적)

29 religion
[rilídʒən]

(신을 숭배·신앙하는 신념 체계): 명 **종교**

Religion gives answers to the fundamental questions of life.

파생 religious [rilídʒəs] 형 종교의, 신앙심이 깊은

어원 re(back) + lig(bind:묶다) → (신과 인간을) 다시 하나로 묶는 것 → 종교

30 holy
[hóuli]

(신·종교와 관련이 있어서) 형 **(사물·장소가) 신성한[성스러운]** (= sacred)
(종교적으로) 형 **(사람이) 경건한, 독실한**

Jerusalem is the *holy* city for both Christians and Muslims.
He lived a *holy* life before God and was a good person.

파생 holiness [hóulinis] 명 신성함; 고결, 청정

28 어떤 악기를 연주할 줄 아십니까? 29 종교는 삶의 근본적인 문제에 대해 답을 준다. 30 예루살렘은 기독교인과 이슬람교도 둘 다에게 성스러운 도시이다. / 그는 하나님 앞에 경건한 삶을 살았고 좋은 사람이었다.

Day 21

31 **sacred**

[séikrid]

(신·종교와 관련이 있어서) 형 **(사물·장소가) 신성한[성스러운]** (= holy); **신성시 되는**

In India people do not eat beef because they believe cows are *sacred*.

어원 sacr(holy:신성한) + ed → 신성한

32 **divine**

[diváin]

(무엇이 신이 직접 행하거나 내려준 것인): 형 **신의, 하느님의**

He firmly believes that *divine* providence rules the universe.

파생 divinity [divínəti] 명 신, 신성

어원 div(god:신) + ine → 신의

33 **grace**

[greis]

1. (인간에게 내리는) 명 **(하느님의) 은총[은혜]**

2. (동작·태도 등이 자연스럽고 매력적이며 기품이 있음): 명 **우아[고상]함** → p114

It was only by the *grace* of God that no one was seriously injured.

파생 gracious [gréiʃəs] 형 자애[자비]로운
graceful [gréisfəl] 형 우아[고상]한
disgrace [disgréis] 명 불명예 동 명예를 더럽히다
disgraceful [disgréisfəl] 형 불명예스러운

어원 기쁘게 하는 것(pleasing)의 뜻에서 유래 ┌ (신이 인간을) 기쁘게 해 주는 것 → 1. 은총
└ (기쁘게 하는) 동작·태도 → 2. 우아함

34 **faith**

[feiθ]

1. (자신의 신·종교를 믿고 따르는 마음): 명 **신앙(심)**

2. (어떤 대상의) 명 **(능력·우수성·진실성에 대한) 신뢰** → p103

His *faith* in God was the source and secret of his strength.

파생 faithful [féiθfəl] 형 충실한
faithless [féiθlis] 형 충실하지 않은
unfaithful [ʌnféiθfəl] 형 (남편·아내에게) 부정한

어원 믿음(trust)의 뜻에서 유래 → 2. 신뢰 → (종교에 대한) 믿음 → 1. 신앙(심)

31 인도에서는 소가 신성하다고 믿기 때문에 사람들은 소고기를 먹지 않는다. 32 그는 신의 섭리가 우주를 다스린다고 굳게 믿는다. 33 아무도 심하게 부상을 입지 않은 것은 오로지 하느님의 은총 덕분이었다. 34 그의 하나님에 대한 신앙심은 그의 힘의 원천이고 비밀이었다.

35 bless
[bles]

(사람을 보호하고 도와줌으로써) 동 **(신이) 은총을 베풀다, 축복하다**
(남을 위해) 동 **(성직자가) 신의 은혜[가호]를 빌어 주다**

May God *bless* you and your family everyday.

36 pilgrim
[pílgrim]

(성지를 찾아 다니며 참배하는) 명 **성지 순례자**

Every year, millions of *pilgrims* from around the world visit Mecca.

파생 pilgrimage [pílgrəmidʒ] 명 성지 순례

37 worship
[wə́:rʃip]

1. (종교 의식이나 기도 등으로) 동 **(신에게) 예배[참배]하다** 명 **예배(식)**
2. (누군가를) 동 **(맹목적으로) 숭배[예찬]하다** 명 **숭배** → p125

Hindus *worship* one supreme God through many different names and forms.

어원 wor(worth:가치) + ship → (절대적 가치를 부여하고) 2. 숭배하다 → (신에게) 1. 예배하다

38 preach
[pri:tʃ]

(종교의 가르침을) 동 **(성직자가) 설교하다**

During the sermon, the minister *preached* about the power of the Holy Spirit.

파생 preacher [prí:tʃər] 명 설교자

어원 pre(before:앞) + ach(say:말하다) → (앞에서) 말하다 → 설교하다

39 sermon
[sə́:rmən]

(종교의 가르침을 전하는) 명 **(성직자의) 설교**

The minister gave a *sermon* on the importance of love.

40 cathedral
[kəθí:drəl]

(천주교에서 주교를 둔 교구를 대표하는) 명 **대성당**

It was announced that the royal wedding would be in St Paul's *Cathedral*.

35 당신과 당신 가족에게 매일 신의 축복이 있기를 기원합니다. 36 매년 전세계의 수백만 명의 성지 순례자들이 메카를 방문한다. 37 힌두교 신자들은 많은 다양한 이름과 형태로 하나의 최고의 신에게 예배한다. 38 설교 동안에 목사는 성령의 힘에 대해 설교를 했다. 39 목사는 사랑의 중요성에 대한 설교를 했다. 40 그 왕실 결혼식은 세인트 폴 대성당에서 거행된다고 발표되었다.

41 **monastery**

[mάnəstèri]

(수도사들이 공동 생활을 하며 수행하는 곳): 명 **수도원**

At the age of twenty, he joined a Buddhist *monastery* and became a monk.

파생 monastic [mənǽstik] 형 수도원의; 수(도)사의

어원 monas(live alone:혼자 살다) + tery(place:장소) → (혼자) 사는 곳 → 수도원

42 **clergy**

[klə́:rdʒi]

(목사 · 신부 · 승려 등의 종교적 직업을 가진) 명 **(집합적으로) 성직자들**

Catholic *clergy* have played an important role as spiritual leaders.

파생 clergyman [klə́:rdʒimən] 명 (한 사람의) 성직자

43 **priest**

[pri:st]

(가톨릭 · 성공회 등의) 명 **성직자, 사제, 목사** (= minister)

The Catholic *priest* gave his blessing to everyone that was present.

44 **minister**

[mínəstər]

1. (일부 개신교 교회의) 명 **성직자, 목사** (= priest)

2. (한국 · 영국 및 유럽 여러 나라의) 명 **장관, 대신, 각료** → p199

Her father was a *minister*, and she grew up singing in the church.

파생 ministry [mínəstri] 명 목사의 직무; (행정부 산하의) 부, 성
ministerial [mìnəstíəriəl] 형 장관[각료]의

어원 minis(less:덜한) + ter → 신분이 낮은(덜한) 사람 → 하인 ┌ (신의) 하인 → 1. 목사
└ (왕의) 하인 → 2. 장관

45 **missionary**

[míʃənèri]

(기독교의 선교를 위하여 외국에 파견된) 명 **선교사**

In 1804 the church's first *missionaries* were sent to the west coast of Africa.

어원 miss(send:보내다) + ion → (외국으로 보낸) 성직자 → 선교사

---

41 20세의 나이에 그는 출가하여 승려가 되었다. 42 가톨릭 성직자들은 영적 지도자로서 중요한 역할을 수행해 왔다. 43 그 가톨릭 신부는 참석한 모든 사람들에게 축복을 내려주셨다. 44 그녀의 아버지는 목사였고 그녀는 교회에서 노래를 부르며 자랐다. 45 1804년 그 교회의 첫 선교사들이 아프리카 서부 해안으로 파견되었다.

46 **monk**

[mʌŋk]

(수도원에서 수도 생활을 하는 남자): 명 **수사, 수도사[승]**

He decided to become a *monk* and gave up everything.

47 **nun**

[nʌn]

(수도원에서 수도 생활을 하는 여자): 명 **수녀, 여승**

She became a *nun* and devoted the rest of her life to caring for the poor and sick.

48 **phantom**

[fǽntəm]

(혼령이 생전의 모습으로 나타난) 명 **(죽은 사람의) 유령, 망령**
(실제로는 없는) 명 **(상상 속의) 환영, 허깨비**

When she looks into the mirror, she sees the *phantom* of her dead mother.

She was expecting a baby, but it turned out to be a *phantom* pregnancy.

어원 phan(show:보이다) + tom → (없는 것이) 보이는 것 → 유령, 환영

49 **haunt**

[hɔ:nt]

(어떤 곳에) 동 **유령이 자주 나타나다[출몰하다]**
(좋지 않은) 동 **(생각·기억 등이) 늘 따라다니다[머리에서 떠나지 않다]**

Since that time, the place is said to be *haunted* by the ghost of the child.

It's been almost ten years and the memory of it still *haunts* me.

50 **superstition**

[sù:pərstíʃən]

(비과학적·비합리적인 그릇된 것을 맹신하는) 명 **미신**

In Europe there is a *superstition* that Friday is unlucky.

파생 superstitious [sù:pərstíʃəs] 형 미신의

어원 super(above:위에) + sti(stand:서다) → (상식) 위에 서있는 것 → 미신

51 **fairy**

[fέəri]

(깜찍한 사람의 모습을 한 마력을 지닌) 명 **요정**

The little girl believed there were *fairies* in the woods.

---

46 그는 수도사가 되기로 결심하고 모든 것을 포기했다. 47 그녀는 수녀가 되어 남은 인생을 가난하고 병든 사람들을 돌보는 데 바쳤다. 48 그녀는 거울을 볼 때 돌아가신 어머니의 혼령을 본다. / 그녀는 출산 예정이었으나 그것은 상상 임신으로 판명되었다. 49 그때 이후로 그 곳은 그 아이의 유령이 자주 나타난다고 한다. / 거의 십년이 지났으나 그 기억은 아직도 늘 나를 따라다닌다. 50 유럽에는 금요일이 재수가 없다는 미신이 있다. 51 어린 소녀는 숲 속에 요정이 있다고 믿었다.

Day 21 Review Test

[1-30] 영어를 우리말로 바꾸세요.

1. prose	16. divine
2. verse	17. sacred
3. anecdote	18. grace
4. fable	19. bless
5. myth	20. pilgrim
6. biography	21. preach
7. plot	22. sermon
8. draft	23. monastery
9. compile	24. clergy
10. portrait	25. priest
11. sculpture	26. missionary
12. statue	27. monk
13. carve	28. haunt
14. choir	29. superstition
15. tune	30. fairy

[31-35] 각 문장의 문맥에 맞는 적절한 단어를 찾아 넣으세요.

① draft ② carve ③ worship ④ holy ⑤ superstition

31. He _____d his name on a pine tree.
32. She's already finished the first _____ of her second book.
33. Hindus _____ various forms of the god.
34. There is a _____ that the number 13 brings bad luck.
35. I'm not _____ enough to become a priest.

정답 31. ② 32. ① 33. ③ 34. ⑤ 35. ④

Day 22

경제·상거래

economy & business

상거래

≫ 테마 기본 어휘	economy · business · trade(교역) · deal(거래) · sale · market · shop · store · grocery(식료 잡화류, 식료 잡화점) · supermarket · salesman · storekeeper · clerk(점원) · cashier(출납원) · serve customer · product · brand · display · service · sell · auction(경매) · buy · order(주문하다) price · cost · charge(요금) · discount · sale(염가판매) · free(무료의) · offer(가격을 제시하다) · cheap · expensive · campaign · sponsor · catalog(카탈로그) · leaflet(전단) · poster

01 **commerce**

[kámə:rs]

(운송·금융 등을 포함한 물품 거래와 관련된 전반적인 활동): 명 **상업**

The council took measures to promote local *commerce* and industry.

파생 commercial [kəmə́:rʃəl] 형 상업의 명 (텔레비전·라디오의) 광고 (방송)
commercialize [kəmə́:rʃəlàiz] 동 상업화하다

어원 com(together:함께) + merce(trade:거래) → (모두 함께) 거래하는 것 → **상업**

02 **transaction**

[trænsǽkʃən]

(실제로 무엇을 사고 파는 한 번의 행위): 명 **거래, 매매**

They charge a fixed monthly fee plus a fee for each *transaction*.

파생 transact [trænsǽkt] 동 거래하다

어원 trans(through:통과하여) + act(do:하다) → (물품이) 통과 되도록 하는 일 → **거래**

03 **bargain**

[bá:rgən]

1. (무엇을) 명 **(서로 주고 받기로 약속한) 거래 합의, 흥정**
동 **흥정하다, 매매 교섭을 하다**

2. (정상 가격이나 실제의 가치보다) 명 **싸게 산 물건**

I have kept my side of the *bargain*, but he hasn't.

01 시의회는 지역 상업과 산업을 촉진하기 위한 조치를 취했다. 02 그들은 고정 월 수수료에 더해서 각각의 거래에 대해 수수료를 부과합니다. 03 합의 내용 중 나는 내가 하기로 한 것을 지켰는데 그는 지키지 않았다.

04 goods

[gudz]

(팔기 위해 만든) 명 **(유형의 판매용) 상품, 물품** (= commodity, merchandise)

Goods will be sent within 48 hours of receiving your order.

05 commodity

[kəmάdəti]

(모든 종류의) 명 **(매매의 대상이 될 수 있는) 물품, 상품** (= goods, merchandise)

Here basic *commodities* like bread and meat are in short supply.

어원 com(with) + mod(measure:척도) → 판매를 위한 기준(척도)에 맞는 물건 → **상품**

06 merchandise

[mə́:rʧəndàiz]

(특히, 상점 등에서) 명 **(판매 중인) 상품** (= goods, commodity)

동 **(광고·선전 등으로) 판매를 촉진하다**

All *merchandise* is now on sale at 30% off.

어원 merch(trade:교역) + andise → (교역) 물품 → **상품**

07 merchant

[mə́:rʧənt]

(무역·도매로 상품을 대규모로 사고파는) 명 **상인, 무역[도매]상**

He was a wealthy merchant who dealt in coal and oil.

어원 merch(trade:교역하다) + ant → (교역하는) 사람 → **상인**

08 outlet

[áutlet]

1. (특정 회사나 브랜드의 제품을 취급하는) 명 **직판점, 전문 매장, 아울렛**
2. (속에서 밖으로 내보내는) 명 **(기체·액체의) 배출구; (감정 등의) 발산 수단**
3. (전기 배선과 코드 접속에 쓰이는) 명 **콘센트, (전기) 코드 구멍**

They are looking for more retail *outlets* for their products.

어원 out(밖) + let(허용하다) → (밖으로 나가게) 허용함
- 2. 배출(구), 발산
- (상품의) 배출구 → 1. 직판점
- (전기의) 배출구 → 3. 콘센트

09 client

[kláiənt]

(변호사·금융기관 등의) 명 **(전문가의) 고객, 의뢰인**

I have an important meeting with a new *client* tomorrow.

04 물품은 주문을 받고 48시간 내에 발송될 것이다. 05 이곳은 빵과 고기 같은 기본적인 물품이 공급이 딸린다. 06 모든 상품이 30% 할인된 가격으로 지금 세일 중이다. 07 그는 석탄과 석유를 취급하는 부유한 상인이었다. 08 그들은 자신들의 제품을 판매할 더 많은 소매 판매처를 찾고 있다. 09 나는 내일 새 고객과 중요한 회의가 있다.

10 **patron**

[péitrən]

1. (금전적으로 지원을 하는) 명 **(예술가·자선사업 등의) 후원자**

2. (늘 이용하는) 명 **(특정 상점·식당·호텔 등의) 단골손님, 고객**

The restaurant has a special parking area and toilet facilities for disabled *patrons*.

파생 patronize [péitrənàiz] 동 단골로 다니다
patronage [péitrənidʒ] 명 후원; 애용
patroness [péitrənis] 명 여성 후원자

어원 part(father:아버지) + on ┌ (아버지 같이) 돌봐주는 사람 → 2. 후원자
└ (상점·식당 등의) 후원자 → 1. 단골손님

11 **purchase**

[pə́:rtʃəs]

(buy의 격식 차린 말, 특히 금액·규모가 큰 물건을) 동 **구입[구매]하다**

They *purchased* the land for the purpose of constructing a commercial office building.

파생 purchaser [pə́:rtʃəsər] 명 구매자

12 **demand**

[dimǽnd]

1. (소비·구매 욕구): 명 **(상품·서비스 등의) 수요** 동 **필요로 하다, 요하다**

2. (상대가 원치 않는 것을) 동 **(강력히) 요구하다** 명 **요구** → p140

The *demand* for oil is closely related to the growth in economic activity.

파생 demanding [dimǽndiŋ] 형 지나치게 요구하는; 큰 노력을 요하는

어원 de(강조) + mand(order명령하다) → (강하게) 명령하다 → 2. 요구하다 → 1. 수요

13 **import**

동 [impɔ́:rt]
명 [ímpɔ:rt]

(외국에서 국내로 상품을) 동 **수입하다** 명 **수입(품)**

The country must *import* most of the raw materials needed for its industries.

파생 importer [impɔ́:rtər] 명 수입업자
⊖ export [ikspɔ́:rt] 동 수출하다 명 수출(품) [ékspɔ:rt]

어원 im(in:안) + port(carry:나르다) → (나라) 안으로 나르다 → 수입하다

10 그 레스토랑은 장애인 고객을 위한 특별 주차지역과 화장실 시설을 가지고 있다. 11 그들은 상업용 사무실 건물을 짓기 위한 목적으로 그 땅을 구입했다. 12 석유에 대한 수요는 경제 활동의 성장과 밀접한 관련이 있다. 13 그 나라는 산업에 필요한 원자재의 대부분을 수입해야 한다..

14 wholesale

[hóulsèil]

(물건을 소매상을 상대로 저가에 대량 판매하는) 명 **도매** 형부 **도매의[로]**

The company is one of the largest *wholesale* suppliers of food products in the US.

파생 wholesaler [hóulsèilər] 명 도매업자

어원 whole(통째의) + sale(판매) → (나누지 않고) 통째로 판매하는 것 → 도매

15 retail

[rí:teil]

(물건을 직접 소비자에게 파는) 명 **소매** 부 **소매로** 동 **소매하다**

Every book is discounted 10 to 15 percent off the *retail* price.

파생 retailer [rí:teilər] 명 소매 상인

어원 re(back:뒤) + tail(cut:자르다) → (물건을) 잘라서 나누어 되파는 것 → 소매

16 fee

[fi:]

(의사·변호사 등의) 명 **(전문 서비스에 대한) 수수료**
(어떤 자격을 얻기 위해 내는) 명 **(입장·가입·면허 등의) 요금, 회비, 가입비**

The company spent more than $2 million in legal *fees* last year.
The club charges an annual membership *fee* of $1000.

17 fare

[fɛər]

(버스·택시·기차·배 등의) 명 **교통 요금, 운임**

At that time the air *fare* from Tokyo to Paris was almost 700 dollars.

18 quote

[kwout]

1. (서비스나 제품에 부과할 가격을 계산하여) 동 **견적을 내다** 명 **견적(서)**
2. (남의 말·글을) 동 **(있는 그대로) 인용하다, 예로 들다** → p146
명 **인용, 인용문[구, 어];** (-s) **인용 부호, 따옴표**

They *quoted* us $200 for the parts and $500 for the installation.

파생 quotation [kwoutéiʃən] 명 견적(서) (= quote); 인용, 인용문[구, 어] (= quote)

14 그 회사는 미국에서 가장 큰 식료품 도매 공급업체 중의 하나이다. 15 모든 책은 소매가격에서 10에서 15퍼센트 할인된다. 16 그 회사는 작년에 법무 관련 수수료로 2백만 달러 이상을 썼다. / 그 클럽은 1000달러의 연회비를 부과한다. 17 그 당시 도쿄에서 파리까지의 항공 요금은 거의 700달러이었다. 18 그들은 우리에게 부품에 대해 $200와 설치에 대해 $500의 견적을 냈다.

[19] **bid**
[bid]

(물건에) 동 **(경매·입찰 등에서) 값을 부르다[제시하다], 응찰하다**

He *bid* three thousand dollars for the painting at the auction.

파생 bidder [bídər] 명 입찰자

[20] **luxury**
[lʌ́kʃəri]

(화려하고 값비싼 것에서 얻는 즐거움·안락함): 명 **호화로움, 사치(품)**

He dreamed of getting rich and living a life of *luxury*.

파생 luxurious [lʌgʒúəriəs] 형 호화로운, 사치스러운

[21] **advertise**
[ǽdvərtàiz]

(상품·서비스를 여러 매체를 통해) 동 **광고하다**

Advertising in the local newspaper is a good way to attract new customers.

파생 advertising [ǽdvərtàiziŋ] 명 광고
advertisement [ædvərtáizmənt] 명 광고물
advertiser [ǽdvərtàizər] 명 광고자[주]

어원 ad(to:방향) + vert(turn:돌다) → (사람들의 관심을) ~쪽으로 돌리다 → **광고하다**

[22] **publicity**
[pʌblísəti]

(어떤 정보나 내용을 널리 알리는 활동): 명 **홍보, 선전**
(널리 알려져 방송·신문 등이 보이는) 명 **매스컴의 관심[주목]**

The incident has received a lot of *publicity* in the media.

파생 publicize [pʌ́bləsàiz] 동 홍보[선전]하다

어원 public(대중) + ity → (대중에게) 알리는 활동 → **홍보**

동의어 레슨

거래	
trade	(서로 물건을 팔고 사거나 교환하는 상행위): **거래, 교역, 무역**
transaction	(사고 파는 행위가 이루어진 실제의) **거래, 매매**
deal	(당사자간 무엇을 하기로 합의한 사업상의) **거래, 계약, 협약**
bargain	(서로에게 무엇을 해줄 것을 전제로 한 조건부의) **(거래) 합의, 흥정**

19 그는 경매에서 그 그림 값으로 3,000달러를 불렀다. 20 그는 부자가 되어서 호화로운 생활을 하기를 꿈꾸었다. 21 지역 신문에 광고를 하는 것은 새로운 고객을 끌어들이기 위한 좋은 방법이다. 22 그 사건은 미디어의 많은 관심을 받았다.

주고받기

≫ 테마 기본 어휘	give · hand(건네주다) · pass(건네주다) · present(수여하다) · return(돌려주다) · serve(제공하다) share gift · present(선물) · get · receive · gain(얻다) · lose · borrow · lend · rent

23 **grant**
[grænt]

1. (금전 · 권리 등의) 동 **(요청 받은 것을) 정식으로 주다, 승인하다**
2. (특정 목적에 쓰도록 지급하는) 명 **(정부나 단체의) 보조금** → p284

She was *granted* U.S. citizenship in 2010 when she married her American husband.

24 **issue**
[íʃuː]

1. (공공 기관이) 동 **(증명서 · 허가증 등을) 내주다, 발부[발급]하다**
(새로운) 동 **(출판물 · 우표 등을) 발행하다**
명 **발행(물), (출판물의) 제 ~쇄[판, 호]**
2. (많은 사람의) 명 **(토론 · 논쟁의 대상이 되는) 문제, 쟁점** → p144
3. (널리 알려지도록 정식으로) 동 **(선언 · 명령 · 경고 등을) 발표[공표]하다** → p139

Each member of the club will be *issued* with a membership card.
The post office *issued* a special stamp to mark the event.
In the latest *issue* of Time Magazine, there is an interesting article.

어원 밖으로 나가다(go out)의 뜻에서 유래
- (증명서 · 출판물 등을 밖으로) 1. 내주다
- (밖으로 나와 논쟁이 되고 있는) 2. 문제, 쟁점
- (선언 · 명령 · 경고 등을 밖으로) 3. 공표하다

25 **concede**
[kənsíːd]

1. (마지못해 남에게) 동 **(권리 · 특권 등을) 내주다, 허용하다**
2. (무엇을 인정하긴 싫지만) 동 **(명백해서 마지못해) 인정하다** → p152

They refused to *concede* power to the opposition after losing the elections.

파생 concession [kənséʃən] 명 양보, 양해; 인정

어원 con(강조) + cede(yield:양보하다) → (다) 양보하다 → 1. 내주다 2. 인정하다

23 그녀는 미국인 남편과 결혼한 2010년에 미국 시민권을 받았다. 24 클럽의 각 회원에게는 멤버십 카드가 발급된다. / 우체국은 그 행사를 기념하기 위해 특별 우표를 발행했다. / 타임 잡지의 최신호에는 흥미로운 기사가 하나 있다.
25 그들은 선거 패배 후 야당에 권력을 내주기를 거부했다.

26 spare
[spεər]

1. (쉽지 않은 상황에서 남에게) 동 (돈 · 시간 등을) 내주다, 할애하다

2. (미리 갖추어 놓았거나 지금은 쓰지 않아서 남은): 형 예비[여분, 여가]의
명 예비[준비, 비상용]품 → p454
(보통 부정문에서) 동 (비용 · 노력 등을) 아끼다, 아껴서 안 쓰다

3. (피해 · 수고 · 어려움 등의) 동 (좋지 않은 일을) 모면하게[당하지 않게] 하다

Could you spare me a few minutes after lunch today?

27 confer
[kənfə́:r]

1. (뛰어난 업적, 잘한 일에 대해) 동 칭호[명예, 학위, 특권]를 수여하다

2. (격식 차린 말, 무엇을 해결 · 결정하기 위해) 동 (남과) 상의[의논]하다

An honorary doctor's degree was *conferred* on him by Harvard University in 2011.

파생 conference [kɑ́nfərəns] 명 회의

어원 con(together) + fer(carry:나르다) ┬ (모두 함께 날라서 공식적으로) 1. 수여하다
└ (문제를 함께 나르며) 2. 의논[상의]하다

28 submit
[səbmít]

1. (검토 · 결정할 수 있도록) 동 (서류 · 제안서 등을) 제출하다

2. (우월한) 동 (상대의 힘 · 권위에) 굴복[복종]하다 [to] → p240

You must *submit* your application by February 15, 2012.

파생 submission [səbmíʃən] 명 제출; 굴복, 복종
submissive [səbmísiv] 형 복종[순종]하는

어원 sub(under:아래) + mit(send:보내다) → (남의 통제) 아래로 보내다 → 굴복[제출]하다

29 donate
[dóuneit]

(돈 · 물품을 자선단체 등에) 동 (남을 돕기 위해) 기부[기증]하다

Many wealthy people *donate* significant time and money to charities.

파생 donation [dounéiʃən] 명 기부(금), 기증(물)
donor [dóunər] 명 기부자, 기증자

어원 don(give:주다) + ate → 기부[기증]하다

---

26 오늘 점심 식사 후에 내게 몇 분만 시간을 내주시겠습니까? 27 2001년 하버드 대학에서 그에게 명예 박사 학위가 수여되었다. 28 2012년 2월 15일까지 지원서를 제출해야 합니다. 29 많은 부유한 사람들이 상당한 시간과 돈을 자선 단체에 기부한다.

30 **contribute**
[kəntríbju:t]

1. (돈·물품·지식 등을 어떤) 동 **(일이 잘되도록 돕기 위해) 기부[기여]하다** [to]
2. (신문·잡지·출판사 등에) 동 **(글·기사 등을) 기고하다** [to] → p263
3. (무엇이 어떤 일이 발생하게 된 여러 원인 중) 동 **(~의) 한 원인이 되다** [to] → p231

We would like to thank everyone who has *contributed* to the success of this event.

파생 contribution [kὰntrəbjú:ʃən] 명 기부(금), 기여; 기고(문)
contributor [kəntríbjutər] 명 기부자; 기고가

어원 con(together) + tribute(grant:주다) ─ (함께 하는 일에) 돈·물품을 주다 → 1. 기부하다
├ (함께 만드는 신문 등에) 글을 주다 → 2. 기고하다
└ (함께 하는 원인 중) 3. 한 원인을 제공하다

31 **reward**
[riwɔ́:rd]

(선행·호의·노력에 대해 고마움·칭찬의 뜻으로 주는) 명 **보상[포상, 사례](금)**
동 **보상[보답]하다, 포상을 주다**

Don't forget to *reward* good behavior just as you would punish bad behavior.

파생 rewarding [riwɔ́:rdiŋ] 형 보람[보답]이 있는, 가치가 있는

어원 re(강조) + ward(look:보다) → (주의 깊게) 보다 → <의미의 변화> → 보상[보답]하다

32 **supply**
[səplái]

(필요·부족한 것을 장기간) 동 **(정기적으로 대량) 공급[제공]하다** [with sth, to sb]
명 **공급(량);** (-ies) **보급품**

The river *supplies* drinking water to millions of people.

파생 supplier [səpláiər] 명 공급자

어원 sup(up from below) + ply(fill:채우다) → (아래에서 위로) 채워 넣다 → 공급하다

33 **provide**
[prəváid]

(필요한 것을) 동 **(미리 준비해 두고) 제공[공급]하다** [with sth, for sb]

The hotel provides 24-hour room service to its guests.

파생 provision [prəvíʒən] 명 제공, 공급; 대비, 준비
provider [prəváidər] 명 공급자

어원 pro(ahead:앞에) + vide(see:보다) → (앞을 내다보고 미리 알아서) 제공하다

30 우리는 이 행사의 성공에 기여해 주신 모든 분께 감사 드리고 싶습니다. 31 나쁜 행동에 대해서 벌을 주는 것처럼 좋은 행동에 대해서 보답하는 것을 잊지 마십시오. 32 그 강은 수백만 명의 사람들에게 식수를 제공한다. 33 그 호텔은 투숙객들에게 24시간 룸 서비스를 제공한다.

34 furnish

[fə́:rniʃ]

1. (물건·돈·정보 등의) 동 (필요하거나 유용한 것을) 제공[공급]하다 [with]

2. (집·방에) 동 (가구 등을) 비치하다, 갖추어 놓다 [with] → p58

They *furnished* him with all the necessary information.

파생 furnished [fə́:rniʃt] 형 가구가 비치된

어원 furniture와 같은 어원 ┌ (필요한 것을) 1. 제공[공급]하다
└ (가구 등을) 2. 비치하다

35 render

[réndər]

1. (남에게) 동 (도움·서비스 등을) 주다, 제공하다

2. (주로 부정적인 뜻의 보어를 수반하여) 동 ~을 ~상태가 되게 만들다 → p482

3. (무엇을 특정한 방식으로 또는 자신의 해석에 따라)
동 표현[묘사]하다, 연기[연주]하다; (다른 언어로) 번역하다 → p176

He is under obligations to pay them for services *rendered* by them.

어원 뜻의 어원적 연결 불분명 → 주다, 되게 만들다, 표현하다 3가지의 주요 뜻으로 암기

36 equip

[ikwíp]

(특정 목적에 필요한) 동 (장비·기능·기술 등을) 갖추다, 갖추어 주다 [with]

All the classrooms are *equipped* with networked computer systems.

파생 equipment [ikwípmənt] 명 장비, 용품; 장비 설치, 설비

37 distribute

[distríbju:t]

(일정한 계획에 따라 여러 사람에게) 동 나누어 주다, 배분[배급]하다
(판매할 상품을) 동 (상점·판매업체에) 유통시키다, 공급하다

The school newspaper is *distributed* free to all students.
The products are *distributed* through a worldwide network of dealers.

파생 distribution [dìstrəbjú:ʃən] 명 배분, 배급
distributor [distríbjutər] 명 배급[유통]업자

어원 dis(apart:떨어져) + tribute(assign:할당하다) → (떨어진 곳에) 할당하다 → 배분[공급]하다

34 그들은 그에게 모든 필요한 정보를 제공했다. 35 그는 그들에 의해 제공된 서비스에 대해 그들에게 지불할 의무가 있다. 36 모든 교실은 네트워크에 연결된 컴퓨터 시스템을 갖추고 있다. 37 그 학교 신문은 모든 학생들에게 무료로 배포된다. / 그 제품들은 전 세계 대리점 망을 통해 유통된다.

Day 22

38 **assign**
[əsáin]

(각자의 몫으로 나누어 정한 것을) 동 **(권한으로) 할당[배정, 부과]하다**

Have you completed the task I *assigned* you?

파생 assignment [əsáinmənt] 명 할당, 할당된 일[임무]; 숙제, 연구 과제

어원 ad(to) + sign(표시하다) → (해야 할 몫에) 표시를 하고 내주다 → 할당하다

39 **allocate**
[ǽləkèit]

(일정한 몫을 떼어 특정 사람·목적에) 동 **(공식적으로) 할당[배분]하다**

A total of $3 million has been *allocated* for the project.

파생 allocation [æləkéiʃən] 명 할당

어원 al(to) + locate(위치시키다) → (특정 사람·목적에) 위치시키다 → 할당하다

40 **allot**
[əlάt]

(전체 시간·돈·업무 중) 동 **(한정된 일부를) 할당[배당]하다**

The work must be completed within the time *allotted*.

파생 allotment [əlάtmənt] 명 할당, 배당

어원 al(to:~에게) + lot(share:몫) → (~에게 몫으로) 할당[배당]하다

41 **obtain**
[əbtéin]

(원하는 것을 구하거나 찾으려는) 동 **(노력의 결과로) 얻다, 입수[획득]하다**

It is not easy to *obtain* accurate information on this question.

파생 obtainable [əbtéinəbl] 형 입수할 수 있는

어원 ob(강조) + tain(hold:쥐다) → (손에) 꽉 쥐다 → 입수[획득]하다

42 **acquire**
[əkwáiər]

(사거나 받아서 자기 것으로) 동 **(재산·권리 등을) 취득[획득]하다**
(자신의 노력·능력으로) 동 **(지식·기술·명성 등을) 얻다, 습득하다**

The company has recently *acquired* a new factory building.
These workers have spent years *acquiring* their skills.

파생 acquisition [ækwizíʃən] 명 취득(물); 습득

어원 ac(extra:추가의) + quire(seek:구하다) → (무엇을) 구해서 추가로 얻다 → 획득[습득]하다

38 내가 맡긴 일을 다 끝냈습니까? 39 총 삼백만 달러가 그 프로젝트에 할당되었다. 40 그 일은 할당된 시간 내에 완료되어야 한다. 41 이 문제와 관련된 정확한 정보를 입수하기가 쉽지 않다. 42 회사는 최근 새로운 공장 건물을 취득했다. / 이 근로자들은 그들의 기술을 습득하는 데 여러 해를 보냈다.

43 **secure**
[sikjúər]

1. (원하는 것을) 동 **(애써서 힘들게) 얻어내다, 획득[확보]하다**
2. (위험을 방지하는 보호·보장·보안이 되어 있어서) 형 **안전한, 안정된, 확실한**
동 **안전하게 하다, 단단히 지키다** → p220

The company *secured* a $5 million contract to build a new office building.

파생 security [sikjúərəti] 명 안전, 보안, 보장; 담보(물); (-ies) 유가 증권
⊖ insecure [ìnsikjúər] 형 안전하지 않은

어원 se(without) + cure(care:걱정) → (걱정이) 없는 → 2. 안전한 → (안전하게) 1. 확보하다

44 **derive**
[diráiv]

(근원이 되는 다른 것) 동 **(~에서) ~을 얻다** [from]
(근원이 되는 다른 것) 동 **(~에서) ~이 나오다, 유래[비롯, 파생]되다** [from]

The teacher *derived* great pleasure from seeing his students develop.
The word 'sonata' is *derived* from a Latin word meaning 'sound'.

파생 derivative [dirívətiv] 명 파생물[어] 형 파생된, 모방한
derivation [dèrəvéiʃən] 명 (단어의) 어원

어원 de(away:분리) + rive(stream:시내) → (물을) 시내에서 끌어오다 → 유래되다, ~을 얻다

45 **deprive**
[dipráiv]

(남에게서 꼭 필요하거나 중요한) 동 **(물건·재산·권리 등을) 빼앗다, 박탈하다** [of]

They were routinely abused and *deprived* of their basic rights.

파생 deprivation [dèprəvéiʃən] 명 박탈

어원 de(강조) + prive(separate:분리시키다) → (완전히) 분리시키다 → 빼앗다

46 **lease**
[li:s]

(토지·건물·기계·설비 등의 정식) 명 **임대차 계약, 리스** 동 **임차[임대]하다**

Under the terms of the *lease*, you are to pay a yearly rental of $12000.

---

43 그 회사는 새로운 사무실용 건물을 짓는 5백만 달러짜리 계약을 따냈다. 44 그 선생님은 자신의 학생들이 발전하는 것을 보는 것에서 큰 기쁨을 얻었다. / sonata라는 낱말은 sound(소리)를 의미하는 라틴어 낱말에서 유래되었다. 45 그들은 일상적으로 학대를 받았고 기본적인 인권을 박탈당했다. 46 임대차 계약 조건에 의하면 당신은 연 12000달러의 임대료를 지불해야 한다.

Day 22 Review Test

[1-30] 영어를 우리말로 바꾸세요.

1. commerce	16. donate
2. transaction	17. contribute
3. commodity	18. reward
4. merchandise	19. supply
5. merchant	20. provide
6. patron	21. furnish
7. purchase	22. render
8. wholesale	23. distribute
9. retail	24. assign
10. quote	25. allocate
11. grant	26. allot
12. issue	27. obtain
13. concede	28. acquire
14. confer	29. derive
15. submit	30. deprive

[31-35] 각 문장의 문맥에 맞는 적절한 단어를 찾아 넣으세요.

① purchase ② allocate ③ donate ④ reward ⑤ acquire

31. An additional $40,000 was _____d for the project.
32. He refused to _____ a single cent to charity.
33. The company has recently _____d a new building.
34. He _____d the building for $2 million.
35. They want to get some _____s for their hard work.

정답 31. ② 32. ③ 33. ⑤ 34. ① 35. ④

Day 23 재무·금융

money & finance

재무, 은행

≫ 테마 기본 어휘	money · cash · bill(지폐) · coin · check(수표) · finance(재무) · fund(기금, 자금) · fortune(재산) resource(자원) · stock(주식) · insurance(보험) · owe(빚지고 있다) · debt · earn · income(소득) spend · cost · pay · credit(외상 거래) · bill(계산서) · check(계산서) · receipt · tax · profit(이익) margin(마진) · bank · loan · interest(이자) · save(저축하다) · account(예금계좌)

01 **currency**

[kə́:rənsi]

1. (한 나라 안에서 통용되고 있는) 명 **화폐, 통화**

2. (일반적으로 두루 쓰이거나 받아들여짐): 명 **통용**

In 1999, the European Union introduced the euro, a single European *currency*.

파생 current [kə́:rənt] 형 통용되는; 현재의 명 흐름; 전류

어원 curr(run:흐르다) + ency ┬ (사람들 사이로) 흐르면서 사용되는 돈 → 1. 화폐, 통화
└ (두루) 흐르면서 사용됨 → 2. 통용

02 **monetary**

[mάnətèri]

(한 나라 안에서 유통되고 있는 화폐와 관련된): 형 **화폐[통화]의**

To overcome the financial crisis, Korea had to go to the International *Monetary* Fund (IMF).

어원 moneta(money:돈) + ry → 화폐의

03 **grant**

[grænt]

1. (특정 목적에 쓰도록 지급하는) 명 **(정부나 단체의) 보조금**

2. (금전·권리 등의) 동 **(요청 받은 것을) 정식으로 주다, 승인[허가]하다** → p277

Dr. Russell has been awarded a research *grant* by the Department of Education.

01 1999년 유럽연합은 유럽 단일 통화인 유로를 도입했다. 02 금융 위기를 극복하기 위해 대한민국은 국제 통화 기금에게로 가야만 했다. 03 러셀 박사는 교육부로부터 연구비를 지급 받았다.

[04] capital
[kǽpətl]

1. (사업의 밑천으로 투자한) 명 **자본(금)** 형 **자본의**

2. (한 나라의 통치기관이 있는 도시): 명 **수도** → p394

3. (A, B 등과 같이 큰 체로 된) 명 **대문자** 형 **대문자의** → p132

The government in recent decades has tried to attract foreign *capital*.

파생 capitalism [kǽpətəlìzm] 명 자본주의
capitalist [kǽpitlist] 명 자본주의자, 자본가

어원 capit(head:머리, 으뜸) + al
- 사업의 으뜸(기본)이 되는 돈 → 1. 자본(금)
- (한 나라의 으뜸) 도시 → 2. 수도
- (문장의 앞머리) 글자 → 3. 대문자

[05] property
[prάpərti]

1. (개인 · 단체가 소유한) 명 **(경제적 가치를 지닌) 재산**
(토지와 그것에 정착된 건물): 명 **부동산**

2. (과학 · 기술 용어로, 사물이 가진) 명 **(고유한) 속성, 특성** → p437

The notice said: This is private property, No Parking.
Property prices have been rising sharply since 2007.

어원 proper(one's own:자기 자신의) + ty → (자기 자신이) 소유한 것 → 1. 재산 2. 속성

[06] estate
[istéit]

(시골에 위치한, 대저택이 있는) 명 **(대규모) 사유지, 토지**
(한 개인이 사망 후 남긴) 명 **(사망자의) 재산, 유산**

He left his entire *estate* to his two children in equal portions
He has a large house in town and an *estate* in the country.

파생 real estate 부동산

어원 e + state(상태) → (사후 남긴 재산의) 상태 → 재산, 유산 → 부동산 재산 → 사유지

[07] treasure
[tréʒər]

(집합적으로, 귀금속 · 보석 등의 가치가 매우 높은) 명 **보물 (같은 것)**

He had the map that showed where the *treasure* was buried.

---

04 정부는 최근 수십 년간 외국 자본을 끌어들이려고 노력해왔다. **05** 안내판에는 '이곳은 개인 재산입니다. 주차하지 마세요.' 라고 적혀 있었다. / 부동산 가격이 2007년 이후 급격히 올랐다. **06** 그는 도시에는 큰 집을 시골에는 넓은 땅을 가지고 있다. / 그는 그의 전 재산을 두 자식에게 동등하게 남겼다. **07** 그는 보물이 어디에 묻혀있는지를 보여주는 지도를 가지고 있었다.

08 **asset**

[ǽset]

(경제적 가치가 있는 돈·건물·토지 등의 재산): 명 **자산**

The total value of the company's *assets* is $20 million.

어원 as(to) + set(enough:충분한) → (빚을 갚기에) 충분한 전 재산 → **자산**

09 **invest**

[invést]

(이익을 얻기 위해 부동산·주식·사업 등에) 동 **투자하다**

The company will *invest* 6 million dollars in the project.

파생 investment [invéstmənt] 명 투자
investor [invéstər] 명 투자가

10 **speculate**

[spékjulèit]

1. (상품·유가증권 등에) 동 **(큰 이익 노리고) 투기하다** [in/on]
2. (확실한 정보 없이) 동 **(깊이 생각해 보고) 추측[추론]하다** [on] → p159

He *speculated* in stocks and lost all he had.

파생 speculation [spèkjuléiʃən] 명 투기; 추측, 사색
speculative [spékjulèitiv] 형 투기적인; 추론적인
speculator [spékjulèitər] 명 투기꾼

어원 spec(look) + ulate → (유심히 살펴보고) 1. **추측하다** → (추측하여) 2. **투기하다**

11 **bond**

[band]

1. (국가·단체·기업이 발행하는) 명 **(필요 자금 차입을 위한) 채권**
2. (사람들을 정신적으로 하나로 묶어주는) 명 **(사람들간의) 유대, 결속**
동 **유대감을[이] 형성하다[되다]** → p492

You can sell your *bond* to someone else in the *bond* market.

12 **revenue**

[révənjù:]

(일정 기간 사업을 통해 벌어들인) 명 **(업체·단체의) 수익, 수입**
(국민에게서 세금으로 거두어들인) 명 **(정부의) 세입**

In 2011, the company's annual *revenues* reached $8 million.
Taxes that we pay are most of the government's *revenue*.

어원 re(back:뒤로) + ven(come:오다) → (사업 등을 통해) 되돌아오는 돈 → **수익; 세입**

08 그 회사의 자산의 총 가치는 2천만 달러이다. **09** 회사는 프로젝트에 6백만 달러를 투자할 것이다. **10** 그는 주식에 투기를 해서 그가 가진 모든 것을 잃었다. **11** 채권 시장에서는 채권을 다른 사람에게 팔 수 있다. **12** 2011년 그 회사의 연간 수익은 8백만 달러에 달했다. / 우리가 내는 세금이 정부 세입의 대부분이다.

[13] **expense**
[ikspéns]

(어떤 일이나 목적을 위해 지출한 돈): 명 **비용**

We must increase our income and cut down on our *expenses*.

파생 expend [ikspénd] 동 (금전을) 지출하다; (많은 돈·시간 등을) 쓴다, 들이다
expenditure [ikspéndiʧər] 명 지출(액)

어원 ex(out:밖) + pense(pay:지불하다) → (밖으로) 지불하는 돈 → 비용

[14] **bankrupt**
[bǽŋkrʌpt]

(채무를 갚을 수 없는 상태에 놓여) 형 **파산한, 지불 능력이 없는**
명 **파산자** 동 **파산시키다**

The company *went bankrupt* due to poor management.

파생 bankruptcy [bǽŋkrəptsi] 명 파산

어원 bank(bench) + rupt(break) ─ a broken bench(부서진 탁자)
└ (금융 업무용 탁자를 부숴놓아) 파산을 알린 것에서 유래

[15] **budget**
[bʌdʒit]

(필요한 비용을 미리 셈하여 정해 놓은) 명 **예산(안)** 동 **예산을 짜다**

Most of the *budget* was spent on television advertising.

파생 budgetary [bʌdʒitèri] 형 예산의[에 관한]

[16] **accounting**
[əkáuntiŋ]

(수입 지출 및 재산 등을 계산·기록·관리하는) 명 **회계 (업무)**

It is often said that *accounting* is the language of business.

파생 account [əkáunt] 명 (-s) (회계) 장부; 예금계좌; 설명, 기술, 보고
동 (~ for) (~의 이유를) 설명하다, (~의 원인이) 설명이 되다
accountant [əkáuntənt] 명 회계사

[17] **refund**
[rifʌnd]

(품질 불만 등의 이유로 이미 지불한 돈을) 동 **환불하다** 명 **환불(금)**

He took the camera back to the store and asked for a *refund*.

어원 re(back) + fund(pour:붓다) → (받은 것을) 도로 쏟아 부어 내놓다 → 환불하다

13 우리는 수입은 늘리고 비용은 줄여야 한다. 14 그 회사는 부실한 경영으로 인해 파산했다. 15 그 예산의 대부분은 텔레비전 광고에 쓰였다. 16 회계는 상업의 언어라고 흔히들 말한다. 17 그는 카메라를 상점으로 다시 가져가서 환불을 요구했다.

18 **compensate**

[kɑ́mpənsèit]

(다른 것으로 대신 채워서) 동 **(손해·결점 등을) 보상[벌충]하다**
(금전적으로) 동 **(남이 입은 상해·손해에 대해) 보상금을 주다, 변상하다**

Nothing can *compensate* for the loss of one's health.
The victims will be *compensated* for their property losses.

파생 compensation [kɑ̀mpənséiʃən] 명 보상(금)
compensatory [kəmpénsətɔ̀:ri] 형 보상의

어원 com(with) + pens(weigh:무게를 재다) → (무게를 재서 손해를 본 쪽에) 보상[변상]하다

19 **afford**

[əfɔ́:rd]

(금전적·시간적으로 또는 자격·입장·형편상) 동 (can ~) **~을 할[살] 여유가 있다**

I wish I could buy that car, but I can't *afford* to buy it. It's 200000 dollars!

파생 affordable [əfɔ́:rdəbl] 형 감당할 수 있는, (가격이) 알맞은

어원 a + ford(further:더 나아가서) → 더 나아갈 수 있다 → ~을 할[살] 여유가 있다

20 **principal**

[prínsəpəl]

1. (이자를 제외한) 명 **(빌린 돈의) 원금**
2. (학교의 최고 책임자): 명 **(학교의) 교장** → p188
3. (중요도의 순서에 있어서) 형 **제일의, 주된, 주요한** → p450

The monthly payments for *principal* and interest on the loan will be $250.

어원 prin(first:첫째의) +cip(take:차지하다)
- (이자가 붙기 전) 처음의 금액 → 1. 원금
- (학교의) 첫 번째 직위 → 2. 교장
- (중요도의) 첫 번째를 차지하는 → 3. 제일의

21 **deposit**

[dipɑ́zit]

1. (은행 등의 금융 기관에) 동 **(돈을) 예금[예치]하다** 명 **예금**
2. (전체 대금의 일부로 맨 처음 지급하는) 명 **보증금, 착수금**
동 **보증금[착수금]을 지불하다**

He *deposited* twenty thousand dollars into his business account at City Bank.

어원 de(away) + posit(put) → put away → (따로 놓아 둔) 돈 → 1. 예금 2. 보증금

18 건강을 잃는 것은 그 무엇으로도 보상할 수 없다. / 피해자들은 그들의 재산 손실에 대해 보상금을 받을 것이다. 19 저 차를 살 수 있으면 좋을 텐데, 살 여유가 없어요. 그건 200000 달러예요! 20 대출금에 대한 원금과 이자의 월 지불액은 250달러가 될 것이다. 21 그는 이만 달러를 시티뱅크에 있는 그의 사업용 계좌에 예금했다.

22 withdraw [wiðdrɔ́:]

1. (은행에서) 동 **(예금을) 인출하다**
2. (참가를 중단하고) 동 **(조직·활동·경기 등에서) 탈퇴[기권]하다[시키다]** → p501
3. (이미) 동 **(했거나 하기로 한 것을) 철회하다, 도로 거둬들이다** → p390
4. (있던 곳에서) 동 **(뒤로) 물러나다[빼내다]; (군대가) 철수하다[시키다]** → p347

I'd like to *withdraw* two hundred dollars from my account, please.

파생 withdrawal [wiðdrɔ́:əl] 명 **인출; 탈퇴, 기권; 철수; 철회**

어원 with(back:뒤) + draw(끌어당기다) → (뒤로) 끌어당기다 → **철회[철수, 인출]하다**

23 surplus [sə́:rplʌs]

(수입이 지출을 초과하여 이익이 생긴) 명 **흑자**
(필요한 양보다 많아 남는) 명 **과잉, 잉여**

The country recorded a trade *surplus* of twelve million dollars in 2010.

There is a *surplus* of food in Europe, and starvation in the Third World.

어원 sur(over:위에) + plus(more:더 많은) → (위로) 더 많이 있는 상태 → **흑자, 과잉**

24 deficit [défəsit]

(지출이 수입을 초과하여 손실이 생긴) 명 **적자**
(필요한 양보다 적어 모자라는) 명 **부족(액), 결손**

The government's budget has been in *deficit* for the past six years.

The country has a huge *deficit* in wheat but a sizable surplus in rice.

어원 de(down:아래로) + fic(do:하다) → (한 일의 결과가) 아래에 있는 것 → **부족, 적자**

동의어 레슨

소득, 수입	
earnings	(일·사업·투자 등의 대가로 벌어들인) **소득, 사업[투자] 소득**
income	(경제활동을 통해 얻는 정기적인) **소득, 수입**
revenue	(업체·단체가 일정 기간 사업을 통해 벌어들인) **수익, 수입** (정부가 국민에게서 세금으로 거두어들인) **세입**

22 내 계좌에서 200달러를 인출하고 싶습니다. 23 그 나라는 2010년에 천이백만 달러의 무역 흑자를 기록했다. / 유럽에는 식량 과잉이 있고 제삼세계에는 기아가 있다. 24 지난 6년 동안 정부의 예산은 적자를 보여 왔다. / 그 나라는 밀은 크게 부족하나 쌀은 상당한 잉여가 있다.

재산, 소유

≫ 테마 기본 어휘	rich · millionaire · poor · beggar · have · own(소유하다) · belong(~의 것이다) · bear(지니다) · private(사유의) · public(공공의) · keep(보유하다) · store(저장하다) · remove(제거하다) · delete · erase(지우다) · use · consume(소비하다) · save(절약하다) · waste(낭비하다)

25 **wealthy**
[wélθi]

(rich와 유사한 의미, 특히 출신·배경이 좋아 원래부터) 형 **부유한, 부자인**

He was from a *wealthy* family and had everything he needed.

파생 wealth [welθ] 명 부

26 **poverty**
[pávərti]

(물질적으로 부족하여 생활이 어려운 상태): 명 **가난, 빈곤**

Nearly half of the region's population lives in extreme *poverty*.

어원 pover(poor:가난한) + ty → 가난, 빈곤

27 **charity**
[ʧǽrəti]

(가난하거나 어려움에 처한 사람을 도와주는) 명 **자선 (단체)**

He became a millionaire and left his entire fortune to *charity* when he died.

파생 charitable [ʧǽritəbl] 형 자선(사업)의; 자선을 베푸는

어원 char(dear:소중한) + ity → (가난한 사람을) 소중히 여기는 곳 → 자선 (단체)

28 **possess**
[pəzés]

(격식 차린 말, 돈·토지·물건 등을) 동 **(재산·소유물로서) 소유[소지, 보유]하다**
(특별하거나 특이한) 동 **(능력·성질·자질 등을) 지니다, 갖추고 있다**

If you want to rent a car, you must *possess* a valid driver's license.
She *possesses* beauty, brains and a sense of humor.

파생 possession [pəzéʃən] 명 소유; (-s) 소유물, 소지품
possessive [pəzésiv] 형 소유욕이 강한
possessor [pəzésər] 명 소유자, 주인

어원 poss(be able) + ess(sit:앉다) → (자리를 차지하고) 앉을 권한이 있다 → 소유하다

25 그는 부유한 가정 출신으로 그가 필요로 하는 모든 것을 가지고 있었다. 26 그 지역 인구의 거의 반이 극빈 상태에서 산다. 27 그는 백만장자가 되었고 그는 죽으면서 그의 전 재산을 자선 단체에 남겼다. 28 자동차를 렌트하려면 유효한 운전 면허증을 가지고 있어야 합니다. / 그녀는 미모와 두뇌, 유머 감각을 지니고 있다.

29 retain

[ritéin]

(잃거나 빼앗기지 않고, 현재의) 동 **(상태·지위·권리 등을) (계속) 유지[보유]하다**

He *retained* his championship title seven times before a defeat in 2011.

파생 retention [riténʃən] 명 보유, 유지

어원 re(back) + tain(hold) → hold back → (잃거나 빼앗기는 것을) 저지하다 → **유지하다**

30 cherish

[ʧériʃ]

1. (오래도록, 소중한) 동 **(감정·추억·희망 등을) 마음속에 간직하다**
2. (누구 또는 무엇을) 동 **(몹시 좋아해서) 소중히 여기다, 아끼다** → p243

I will always *cherish* the memories of the time we spent together.

어원 cher(dear:소중한) + ish → 2. 소중히 여기다 → (소중한 것을) 1. 마음속에 간직하다

31 reserve

[rizə́ːrv]

1. (특정한 목적·용도로) 동 **(나중에 쓰기 위해) 남겨[떼어]두다** 명 **비축[예비]품[금]**
2. (좌석·방·표 등을 미리) 동 **예약하다** → p258

The front row of seats is *reserved* for special guests.

파생 reservation [rèzərvéiʃən] 명 예약

어원 re(back:뒤) + serve(keep:보관하다) → (뒤에) 보관하다 → 1. 남겨두다 2. 예약하다

32 stock

[stak]

1. (팔거나 사용하기 위해 갖추어 놓은 물량): 명 **재고[비축, 저장](품)**
동 **(상점에) 상품을 갖추어 놓다**
2. (주식회사의 자본을 구성하는 단위): 명 **주식; (회사의) 주식 자본** → p284

The camera you have ordered is not currently in *stock*.

33 warehouse

[wέərhàus]

(물건을 저장·보관하는 건물): 명 **창고, 저장소**

After manufacturing, products are stored in the *warehouse*.

어원 ware(물품) + house(집) → (물품을) 보관하는 집 → **창고**

29 그는 2011년 패배 전까지 일곱 차례 챔피언 타이틀을 지켜냈다. 30 나는 우리가 함께 보낸 시간의 추억을 항상 마음속에 간직할 것이다. 31 앞 열의 좌석은 특별 손님들을 위해 따로 마련된 것이다. 32 주문하신 카메라는 현재 재고가 없습니다. 33 제조 후 제품들은 창고에 보관된다.

34 eliminate

[ilímənèit]

(원치 않는 것, 불필요한 것을) 통 **(완전히) 없애다, 제거[삭제]하다**

A smartphone *eliminates* the need to carry a laptop everywhere you go.

파생 elimination [ilìmənéiʃən] 명 제거

어원 e(out:밖) + limin(threshold:문지방) → (문 밖으로) 내보내다 → **없애다**

35 extract

[ikstrǽkt]

(박힌 것, 속에 들어 있는 것을 힘들게) 통 **(밖으로) 뽑아내다, 추출[발췌]하다**

He had a tooth *extracted*, which was much decayed.

파생 extraction [ikstrǽkʃən] 명 뽑아냄, 추출

어원 ex(out:밖) + tract(draw:끌다) → (밖으로) 끌어내다 → **뽑아내다**

36 discard

[diskɑ́:rd]

(필요 없게 된 것을) 통 **버리다, 폐기하다**

They started a campaign to collect used or *discarded* paper for recycling.

어원 dis(away:분리) + card(카드) → (카드 게임에서 필요 없는) 카드를 던지다 → **버리다**

37 dispose

[dispóuz]

(불필요한 것, 골치거리 등을 성공적으로) 통 (~ of) **처분[처리]하다**

The problem of *disposing* of nuclear waste has not yet been adequately solved.

파생 disposal [dispóuzəl] 명 처분
disposable [dispóuzəbl] 형 처분할 수 있는

어원 dis(apart:떨어져) + pose(put:놓다) → (멀리) 떨어뜨려 놓다 → **처분하다**

38 dump

[dʌmp]

(불필요한 것, 못 쓰게 된 것 등을) 통 **(부적절한 곳에) 내버리다**
(무엇을 되는 대로) 통 **(아무렇게나) 털썩 내려놓다[떨어뜨리다]**

The industry waste was illegally *dumped* in the ocean.
He came in with two big bags and *dumped* them on the table.

파생 dumping [dʌ́mpiŋ] 명 내버리기

34 스마트폰은 가는 곳마다 휴대용 컴퓨터를 가지고 다녀야 하는 필요를 없애준다. 35 그는 많이 썩은 이빨을 뽑았다. 36 그들은 재활용을 위해 사용되거나 버려진 종이를 모으는 캠페인을 시작했다. 37 핵 폐기물의 처리 문제는 아직까지 적절하게 해결되지 않았다. 38 산업 폐기물이 불법적으로 바다에 내버려졌다. / 그는 두 개의 큰 가방을 가지고 들어와서는 그것을 테이블 위에 털썩 내려놓다.

39 **consume**

[kənsúːm]

(특히 많은 양의) 동 **(연료·에너지·시간 등을) 소비[소모]하다**

The United States alone *consumes* 25 percent of the world's resources.

파생 consumption [kənsʌ́mpʃən] 명 소비
consumer [kənsúːmər] 명 소비자
consumable [kənsúːməbl] 명형 소비재[소모품](의)

어원 con(강조) + sume(take:취하다) → (모두 취해서) 다 써버리다 → 소비하다

40 **exhaust**

[igzɔ́ːst]

1. (비축된) 동 **(힘·자원을) 다 써 버리다, 고갈시키다**
2. (기운을 다 빼앗아) 동 **(몸을) 기진맥진하게 만들다** → p84

The world's oil supply is likely to be *exhausted* within a few generations.

파생 exhaustion [igzɔ́ːstʃən] 명 고갈; 기진맥진
exhausted [igzɔ́ːstid] 형 고갈된; 기진맥진한

어원 ex(off) + haust(draw) → draw off(물을 다 빼내다) ┌ 1. 고갈시키다
└ 2. 기진맥진하게 만들다

41 **recycle**

[riːsáikl]

(다 쓰거나 버리게 된 물건을) 동 **재활용[재생]하다**

Glass, paper, metal and plastic can all be *recycled.*

파생 recycling [riːsáikliŋ] 명 재활용
recyclable [riːsáikləbl] 형 재생 이용 가능한

어원 re(again:다시) + cycle(순환하다) → (다시) 순환하다 → 재활용[재생]하다

42 **economize**

[ikάnəmàiz]

(낭비를 피하고 경제적·효율적으로 사용하여) 동 **절약하다, 아끼다** [on]

They live together to *economize* on living costs.

파생 economy [ikάnəmi] 명 절약, 검약; 경제
economical [èkənάmikəl] 형 절약이 되는

어원 eco(household:집안) + nom(manage:관리하다) → (집안 살림을) 잘 관리하다 → 절약하다

39 미국은 혼자서 세계 자원의 25퍼센트를 소비한다. 40 세계의 석유 비축량은 몇 세대 안에 고갈될 가능성이 있다. 41 유리, 금속, 플라스틱은 모두 재활용될 수 있다. 42 그들은 생활비를 절약하기 위해 함께 산다.

43 **thrifty**
[θrífti]

(신중하고 실속 있게 써서) 형 **(낭비하지 않고) 절약[검약]하는** (= frugal)

Although his family was wealthy, he lived a *thrifty* life.

파생 thrift [θrift] 명 검약, 검소

어원 thrive(번영하다)에서 유래 → (번영하려면) 검소해야 함 → 검약하는

44 **frugal**
[frúːgəl]

(분량·비용을 최소화하여) 형 **(꼭 필요한 만큼만 써서) 절약[검약]하는** (= thrifty)

As a child, I was always taught to be *frugal* and save for a rainy day.

파생 frugality [fruːgǽləti] 명 검약

어원 frug(fruit:결실) + al → (성공의 결실을 위해) 절약[검약]하는

45 **miser**
[máizər]

(돈을 쓰는 데에 몹시 인색한 사람): 명 **구두쇠, 수전노**

There lived a rich *miser* who spent most of his time in counting his money.

파생 miserly [máizərli] 형 인색한

46 **extravagant**
[ikstrǽvəgənt]

(분수에 넘치게, 또는 필요 이상으로 지나치게) 형 **낭비하는, 사치스러운**

He lived a very *extravagant* lifestyle. He lived like a king.

파생 extravagance [ikstrǽvəgəns] 명 낭비, 사치

어원 extra(outside) + vag(wander:떠돌아다니다) → (돈이 밖으로) 떠돌아다니는 → 낭비하는

동의어 레슨

가지다, 소유하다	
have	(가장 일반적인 말): **가지다, 지니다, 소유[보유]하다**
possess	(격식 차린 말, 돈·토지·물건 등을) **소유[소지, 보유]하다** (특별하거나 특이한 능력·성질·자질 등을) **지니다, 갖추고 있다**
own	(무엇을 법적인 자신의 재산으로) **소유하다**
belong to	(무엇이 어떤 사람의) ~ **소유[것]이다**

43 그의 가족은 부유했지만 그는 검소한 생활을 했다. 44 어렸을 때 나는 절약하고 만일을 위해 아껴 놓으라고 항상 교육을 받았다. 45 대부분의 시간을 돈을 세는 데 보내는 한 부유한 수전노가 살고 있었다. 46 그는 낭비가 심한 생활 방식으로 살았다. 그는 왕처럼 살았다.

Day 23 Review Test

[1-30] 영어를 우리말로 바꾸세요.

1. monetary	16. deficit
2. grant	17. poverty
3. property	18. charity
4. estate	19. possess
5. asset	20. retain
6. invest	21. cherish
7. speculate	22. eliminate
8. revenue	23. extract
9. bankrupt	24. discard
10. accounting	25. dispose
11. refund	26. dump
12. compensate	27. exhaust
13. principal	28. thrifty
14. deposit	29. frugal
15. withdraw	30. extravagant

[31-35] 각 문장의 문맥에 맞는 적절한 단어를 찾아 넣으세요.

① deficit ② retain ③ withdraw ④ asset ⑤ eliminate

31. The net _____ value of the company has been reduced to $50 million.
32. I'd like to _____ $200 from my account.
33. The country's trade _____ widened slightly last year.
34. He wants to _____ control of his company.
35. I believe that all guns should be _____d from our society.

정답 31. ④ 32. ③ 33. ① 34. ② 35. ⑤

Day 24

노동·생산활동 I

labor & production I

일, 노동

≫ 테마 기본 어휘	labor · work · job · task · mission(임무) · matter(일, 문제) · act · action · do · fail(~하지 않다) miss(하지 못하다) · skip(거르다) · effort · try · will(의지) · accident(우연) · chance(우연) · unexpected(뜻밖의) happen(우연히 ~하다) · lucky · fortunate(운이 좋은)

01 **chore**
[ʧɔːr]

(청소와 같이 반복되는 일상의) 명 **허드렛일, (가정의) 잡일**

Wives spend more time doing household *chores* than their husbands.

02 **errand**
[érənd]

(남이 시키거나 부탁한 일을 대신 해 주는) 명 **심부름**

I sent her on an *errand* to look for an open store and buy some milk.

03 **affair**
[əféər]

(세계·국가·사회와 관련된 중요한) 명 (-s) **(공적인) 일[문제, 사건]**
(개인의 생활이나 일과 관련된) 명 **(사적인) 일[문제, 업무]**
(어떤 내용을 가진 대상·상황·활동 등을 언급하여) 명 **(막연하게) 일, 문제, 사건**

He is widely regarded as an expert on foreign *affairs* and national defense.
She didn't like talking about her private *affairs*.
By about four o'clock this evening the whole *affair* was over.

04 **deed**
[diːd]

(행한 일, 특히 매우 훌륭하거나 매우 나쁜) 명 **행위, 행동**

It is true that many terrible and evil *deeds* are done in the name of religion.

01 부인들은 남편들보다 자질구레한 집안 일에 더 많은 시간을 보낸다. 02 나는 그녀에게 열린 가게를 찾아 우유를 사오라고 심부름을 보냈다. 03 그는 외무와 국방의 전문가로 널리 여겨지고 있다. / 그녀는 자신의 개인적인 일에 대해서 말하고 싶어하지 않았다. / 오늘 오후 대략 네시쯤에 모든 일이 끝났다. 04 많은 끔찍하고 사악한 행위들이 종교의 이름으로 자행되고 있는 것이 사실이다.

05 **perform**

[pərfɔ́ːrm]

1. (숙련·노력·주의를 요하는) 동 **(일·임무 등을) 수행[실행]하다**
2. (많은 사람 앞에서) 동 **(연극·음악 등을) 공연[연기, 연주]하다** → p250

Using a desktop computer, users can *perform* a huge variety of tasks.

파생 performance [pərfɔ́ːrməns] 명 성과, 실적, 성능; 공연, 연기, 연주; 수행, 이행
performer [pərfɔ́ːrmər] 명 수행[이행]자; 연기[연주]자

어원 per(completely)+ form(provide:제공하다)
- (임무 등을) 완전히 제공하다 → 1. 수행하다
- (공연·연주를) 제공하다 → 2. 공연[연주]하다

Day 24

06 **conduct**

동 [kəndʌ́kt]
명 [kɑ́ndʌkt]

1. (특정한 일·활동을) 동 **(조직적으로) 수행[처리]하다** 명 **수행, 처리**
2. (누군가의) 명 **(도덕·윤리적 측면의) 행위[행실, 품행]** 동 **행동(처신)하다** → p96
3. (오케스트라·합창단 등을) 동 **지휘하다** → p265

They are *conducting* a survey to find out exactly what consumers want.

파생 ⊖ misconduct [mìskɑ́ndʌkt] 명 비행
conductor [kəndʌ́ktər] 명 지휘자

어원 con(together) + duct(lead:이끌다)
- (함께 이끌어 일을) 1. 수행하다
- (이끄는 결과가 도덕적인지의 관점의) 2. 행실
- (오케스트라를) 이끌다 → 3. 지휘하다

07 **implement**

[ímpləmənt]

1. (공식적인 결정·계획·약속 등을) 동 **(실제로) 실행[이행]하다**
2. (특히 손으로 사용하는) 명 **(간단한 야외 작업용) 도구[기구]** → p314

The government took the necessary steps to *implement* the plans.

파생 implementation [ìmpləməntéiʃən] 명 실행[이행]

어원 im(in:안) + ple(fill:채우다)
- (안을) 채워 넣다 → 1. 실행[이행]하다
- (어떤 일을 실행하기 위한) 2. 도구

05 데스크톱 컴퓨터를 이용해서 사용자는 엄청나게 다양한 일을 수행해낼 수 있다. 06 그들은 소비자들이 정확히 무엇을 원하는지 알기 위해 조사하고 있다. 07 정부는 그 계획을 시행하기 위한 필요한 조치를 취했다.

08 **fulfill**
[fulfíl]

(모자람이 없이) 동 **(요구·필요·약속 등을) 충족시키다, 이행하다**
(자신의) 동 **(꿈·희망·목표 등을) 실현[성취]하다**

He promised to repair them, but failed to *fulfill* his promise.
He *fulfilled* a childhood dream of becoming a teacher.

파생 fulfillment [fulfílmənt] 명 이행, 완수; 충족; 실현

어원 full(가득한) + fill(채우다) → (가득) 채우다 → 충족시키다, 실현하다

09 **execute**
[éksikjù:t]

1. (주어진 계획·결정·명령에 따라) 동 **(있는 그대로) 집행[실행]하다**
2. (형벌로서) 동 **(범죄인을) 사형[처형]하다**

The works have been *executed* as originally designed.

파생 execution [èksikjú:ʃən] 명 집행; 사형

어원 ex(out) + ecute(follow) → follow out(지시를 따르다) ┌ (지시에 따라) 1. 집행하다
└ (지시대로) 2. 사형하다

10 **practice**
[prǽktis]

1. (이론·생각이 아니라) 명 **(실지로 하는) 실행, 실천** 동 **실행[실천]하다**
2. (기능이나 기술 등을 향상시키기 위해) 동 **연습하다** 명 **연습** → p186
3. (평상시 늘 함으로써) 명 **(일상화된) 관례, 관행** 동 **늘[습관적으로] 행하다** → p194

Don't wait. Put your ideas into *practice* immediately!

파생 practical [prǽktikəl] 형 실용적인, 실제[현실]적인
practicable [prǽktikəbl] 형 실행[실현] 가능한

어원 행하다(do)의 뜻에서 유래 ┌ (실지로) 행하다 → 1. 실행[실천[하다
├ (되풀이하여) 행하다 → 2. 연습하다
└ (늘) 행해온 것 → 3. 관례, 관행

11 **seek**
[si:k]

1. (무엇을) 동 **(이루거나 얻으려고) 노력[시도]하다, 하려고 하다**
2. (일자리·도움 등의) 동 **(필요로 하는 것을) 찾다, 구하다** → p171

The company is seeking to reduce its costs by about 15%.

08 그는 그것들을 수리하겠다고 약속했으나 그 약속을 이행하지 않았다. / 그는 교사가 되겠다는 어린 시절의 꿈을 이루었다. 09 그 일들은 원래 의도한 대로 집행되었다. 10 기다리지 마세요. 당신의 생각을 즉시 실행에 옮기세요! 11 그 회사는 약 15%의 비용을 줄이려고 노력하고 있다.

12 **attempt**

[ətémpt]

(특히) 동 **(힘들거나 위험한 일을) 시도[기도]하다** 명 **시도**

They finally reached the top of the mountain on the fifth *attempt*.

어원 at(to) + tempt(try:시도하다) → 시도하다

13 **strive**

[straiv]

(어려운 일을 이루어 내려고 매우 애써) 동 **(끈질기게) 노력[분투]하다**

He is *striving* to find a solution to his financial difficulties.

14 **exert**

[igzə́:rt]

1. (육체적 · 정신적으로) 동 (~ oneself) **(있는 힘을 다해) 노력하다**

2. (어떤 일이 일어나도록) 동 **(권력 · 영향력 · 압력 등을) 쓰다, 행사하다** → p316

He *exerted* himself to the limit of his capacity.

파생 exertion [igzə́:rʃən] 명 노력, 분투; (권력 · 영향력 등의) 행사

어원 ex(out:밖) + ert(join:합치다) ┌ (모든 힘을) 합쳐 밖으로 내놓다 → 1. 열심히 노력하다
└ (권력 등을 밖으로) 2. 행사하다

15 **struggle**

[strʌgl]

1. (무엇을 이루기 위해) 동 **(어려운 상황에서) 분투[고투]하다** 명 **분투, 고투**

2. (달아나거나 벗어나려고 서로) 동 **(치고받고) 싸우다, 격투하다** 명 **격투** → p235

He *struggled* to control his anger at his daughter's disobedience.

16 **pursue**

[pərsú:]

1. (오랜 기간 부단히) 동 **(어떤 일을) 밀고 나가다, (목적을) 추구하다**

2. (도망하는 사람 · 동물을 붙잡으려고) 동 **(계속 뒤를 밟아) 추적하다, 뒤쫓다** → p341

She is now *pursuing* her childhood dream of becoming a writer.

파생 pursuit [pərsú:t] 명 추구; 추적

어원 pur(forward) + sue(follow:따라가다) → (앞으로) 따라가다 → 1. 추구하다 2. 추적하다

12 그들은 다섯 번째 시도에서 마침내 산 정상에 올랐다. 13 그는 그의 재정적 어려움의 해법을 찾기 위해 분투하고 있다. 14 그는 자신의 능력의 한계까지 있는 힘껏 노력했다. 15 그는 딸의 반항에 분노를 참으려고 애썼다. 16 그녀는 작가가 되겠다는 어린 시절의 꿈을 지금도 추구하고 있다.

[17] chase

[ʧeis]

1. (애를 쓰면서) 동 (부·성공·명예 등을) 좇다, 추구하다 명 추구

2. (달아나는 사람·동물을 붙잡으려고) 동 (급히) 뒤쫓다, 추격하다 명 추적, 추격 → p341

Too many workers are *chasing* too few high-paying jobs.

[18] intend

[inténd]

(무엇을 하려는 생각·계획을 마음속에 품다): 동 의도[작정]하다

We stayed longer there than we had *intended*.

파생 intention [inténʃən] 명 의도
intentional [inténʃənl] 형 의도적인
intent [intént] 형 몰두[열중]하는; 작정한 명 의도

어원 in(toward:방향) + tend(stretch:뻗다) → (~ 방향으로) 마음을 뻗다 → 의도하다

[19] deliberate

형 [dilíbərət]
동 [dilíbərèit]

1. (우연이 아니라 목적·계획을 갖고 하는): 형 의도적인, 고의적인

2. (생각·말·행동이) 형 (서두르지 않고) 신중한, 사려 깊은, 느긋한 → p228

3. (신중히) 동 (결정을 내리기 전에) 숙고[심의]하다 [on/about] → p158

He thought it was a *deliberate* attempt to embarrass him.

파생 deliberation [dilìbəréiʃən] 명 숙고; 신중함

어원 de + liber(저울질하다) → (저울질하듯) 3. 신중한 2. 의도적인 → (신중히) 1. 숙고하다

[20] random

[rǽndəm]

(분명한 목적·의도 없이 우연에 맡겨) 형 되는 대로의, 무작위의

In Table 1 are shown data from *random* samples.

파생 randomize [rǽndəmàiz] 동 임의[무작위] 추출하다

[21] spontaneous

[spantéiniəs]

(행동·현상 등이 의도하거나 시키지 않았는데) 형 저절로 일어나는, 자발적인

Thank you so much for your *spontaneous* offer of help.

파생 spontaneity [spɑ̀ntəníːəti] 명 자발성

어원 spont(willingly:자진해서) + aneous → 저절로 일어나는

17 너무 많은 노동자들이 너무 적은 수의 보수가 높은 일자리를 좇고 있다. 18 우리는 의도했던 것보다 더 오래 그곳에 머물렀다. 19 그는 그것이 그를 당혹스럽게 만들려는 고의적인 시도였다고 생각했다. 20 테이블1에서는 무작위 샘플에서 뽑은 데이터를 보여주고 있다. 21 자발적인 도움의 제의에 정말 감사 드립니다.

성공, 근면

≫ 테마 기본 어휘	succeed · realize(실현하다) · manage(간신히 해내다) · effective · work(잘 되어가다) · possible(가능한) · promising(전도유망한) · fail(실패하다) · hard(열심히) · hard-working(근면한) active(적극적인) · dynamic(역동적인) · lazy · idle(게으른) · passive(수동적인) · busy · free(한가한) available(시간이 있는) leisure(여가)

22 **achieve**
[ətʃíːv]

(노력 끝에, 무엇을) 동 **성취[달성]하다** (= accomplish)

He eventually *achieved* his dream of becoming a great pianist.

파생 achievement [ətʃíːvmənt] 명 성취, 달성; 업적, 성취한 것

어원 a(to:방향) + chieve(end:끝) → (목적의) 끝에 이르다 → **성취하다**

23 **accomplish**
[əkámpliʃ]

(노력 끝에, 무엇을) 동 **성취[달성]하다** (= achieve); **(일·의무를) 완수하다**

They *accomplished* the task in less than twenty-four hours.

파생 accomplishment [əkámpliʃmənt] 명 성취, 완수; 업적, 공적

어원 ac(to) + compl(fill up:가득 채우다) → (무엇을) 완전히 채우다 → **성취[완수]하다**

24 **attain**
[ətéin]

(끈질긴 노력 끝에) 동 **(어려운 일을) 이루다, 달성하다; (특정 수준·상태에) 이르다**

He has *attained* the highest score on the examination.

파생 attainment [ətéinmənt] 명 달성
attainable [ətéinəbl] 형 달성할 수 있는

어원 at(to) + tain(touch:닿다) → (목적에) 닿다 → **달성하다**

25 **prosper**
[práspər]

(물질적으로 큰 성공을 거두어서) 동 **(사람·사업 등이) 번창[번영]하다**

The economy *prospered*, growing at an annual rate of 7%.

파생 prosperous [práspərəs] 형 번영하는, 부유한
prosperity [praspérəti] 명 번창, 번영

어원 pro(forward:앞으로) + sper(hope:희망) → (희망한 대로 앞으로) 나아가다 → **번창하다**

22 그는 위대한 피아니스트가 된다는 꿈을 결국 이루었다. 23 그들은 24시간 이내에 그 일을 해냈다. 24 그는 시험에서 최고점을 받았다. 25 경제는 연 7% 성장하면서 번창했다.

26 thrive
[θraiv]

(크게 성공·발전·성장해서) 동 **(사람·사업이) 번창[번영]하다; (동식물이) 잘 자라다**

Despite his young age, the business *thrived* under his leadership.

파생 thriving [θráiviŋ] 형 번영[번성]하는

27 flourish
[flə́:riʃ]

(절정을 이루어) 동 **(사업이) 번창하다; (문화·학문이) 꽃피다; (동식물이) 잘 자라다**

Online businesses are *flourishing* globally with competitive prices.

파생 flourishing [flə́:riʃiŋ] 형 번영[번성]하는

어원 flour(flower:꽃) + ish → (꽃이 활짝 피듯) 번창[번성]하다

28 efficient
[ifíʃənt]

(낭비 없이 들인 노력에 비하여 얻는 결과가 큰): 형 **능률[효율]적인**

It is very *efficient* and you can save a lot of time by using it.

파생 efficiency [ifíʃənsi] 명 능률, 효율
⊖ inefficient [ìnifíʃənt] 형 비능률[비효율]적인

어원 ef(out:밖) + fic(make:만들다) → (좋은 결과가) 만들어져 밖으로 나오는 → 효율적인

29 feat
[fi:t]

(뛰어난 능력·기술·용기 등으로) 명 **(이루어낸) 위업, 공적**

This 300-meter-high tower is an incredible *feat* of engineering.

30 vain
[vein]

1. (원하는 결과를 얻지 못하고) 형 **(노력·수고에도 불구하고) 헛된, 소용없는**
2. (자신의) 형 **(외모·능력·지위 등을) 몹시 뽐내는, 자만[허영]심이 강한** → p100

He lost his life in a *vain* attempt to save his drowning daughter.

파생 vanity [vǽnəti] 명 허영심

어원 빈(empty)의 뜻에서 유래 → 1. 헛된 → (헛된 것을) 쫓는 → 2. 허영심이 강한

26 그의 어린 나이에도 불구하고 그 사업은 그의 지도력 하에 번창했다. 27 온라인 사업이 경쟁력 있는 가격으로 세계적으로 번성하고 있다. 28 그것은 매우 능률적이어서 그것을 사용하면 많은 시간을 절약할 수 있습니다. 29 이 300 미터 높이의 타워는 엔지니어링의 믿기 힘든 위업이다. 30 그는 물에 빠진 딸을 구하려는 헛된 시도를 하다가 목숨을 잃었다.

31 futile [fjú:tl]

(시도나 노력이 성공) 형 **(가망이 없어서) 쓸데없는, 헛된**

He tried again and again, but all his efforts proved *futile*.

파생 futility [fju:tíləti] 명 무용, 무익

어원 fut(pour out:흘러나오다) + ile → (채워 넣어도 금새 흘러나와서) **쓸데없는**

32 industrious [indʌstriəs]

(성격적으로 일을 열심히 하는): 형 **(성격상) 근면한, 부지런한**

His father was an *industrious* worker all his life.

파생 industry [índəstri] 명 근면; 산업

어원 indu(in:안) + str(build:짓다) → (안에 부지런히) 무엇을 짓는 → **근면한**

33 diligent [dílədʒənt]

(세세한 부분까지) 형 **(철저하게) 근면한 성실한**

He was very active and *diligent* in his work.

파생 diligence [dílidʒəns] 명 근면

어원 di(apart:분리) + lig(choose:선택하다) → (특별히 선정한) 노력을 기울이는 → **근면한**

34 passive [pǽsiv]

(태도가 적극성이나 자발성이 없이) 형 **수동적인, 소극적인**

He lacks self-confidence and is very *passive*.

파생 passivity [pæsívəti] 명 수동성

어원 pass(suffer:고통을 받다) + ive → (저항하지 않고) 고통을 받는 → **수동적인**

35 dedicate [dédikèit]

(특정 대상에) 동 **(노력·시간 등을) 다 바치다, 헌신[전념]하다** [to] (= devote)

He *dedicated* his life to fighting for India's independence from Britain.

파생 dedication [dèdikéiʃən] 명 전념, 헌신
dedicated [dédikèitid] 형 전념하는, 헌신적인

어원 de(away: 떨어져) + dic(proclaim:선언하다) ┌ (다른 것과는 떨어져) 있겠다고 선언하다
└ (오직 한 가지 일에) **전념[헌신]하다**

31 그는 여러 번 시도를 했으나 그의 모든 노력은 헛된 것임이 드러났다. 32 그의 아버지는 평생 근면한 노동자이었다. 33 그는 자신의 일에 매우 적극적이고 성실했다. 34 그는 자신감이 부족하고 매우 수동적이다. 35 그는 인도의 영국으로부터의 독립을 위해 싸우는 데 평생을 바쳤다.

36 **devote**

[divóut]

(특정 대상에) 동 **(노력·시간 등을) 다 바치다, 헌신[전념]하다 [to]** (= dedicate)

He *devoted* his life to helping the poor and sick.

파생 devotion [divóuʃən] 명 헌신
devoted [divóutid] 형 헌신적인

어원 de(formally) + vote(vow:맹세하다) → (다 바칠 것을) 정식으로 맹세하다 → **헌신하다**

37 **commit**

[kəmít]

1. (오직) 동 **(한 가지 일·대상에만) 전념[헌신]하다** [to]
2. (어떤 일을 틀림없이 하겠다고) 동 **(진심으로) 약속하다** [to] → p153
3. (옳지 못한) 동 **(나쁜 일·범죄 등을) 저지르다[범하다]** → p206

He remained a *committed* member of the party until his death.

파생 commitment [kəmítmənt] 명 약속; 전념, 헌신

어원 com(together) + mit(send:보내다) ┌ 모두 맡기다(보내다) → (자신을 맡겨) 1. 2. **약속[전념]하다**
└ (나쁜 일에 자신을 맡겨) 3. **저지르다, 범하다**

동의어 레슨

효과[효율]적인	
effective	(원하거나 의도한 결과를 낳는): **효과적인, 유효한**
efficient	(낭비 없이 들인 노력에 비하여 얻는 결과가 큰): **능률[효율]적인**

일의 인수, 협조 (1)

≫ 테마 기본 어휘	leave(맡기다) · help · assist(보조하다) · serve(도움이 되다) · favor(호의) · support(지원)

38 **undertake**

[ʌndərtéik]

(어떤 일을 자기 책임으로 맡고 시작하다): 동 **(일을 맡고) 착수하다**

He *undertook* the project of building a new bridge across the river.

파생 undertaking [ʌndərtéikiŋ] 명 떠맡은 일

어원 under(아래) + take(취하다) → (아래로 내려오는 일을 취하여) **떠맡다** → (떠맡아) **착수하다**

36 그는 자신의 인생을 가난하고 병든 사람들을 위해 바쳤다. 36 그는 죽을 때까지 그 당의 헌신적인 당원이었다.
36 그는 강을 건너는 새로운 다리 건설 프로젝트를 맡았다.

39 **assume**

[əsú:m]

1. (책임 · 권한이 있는) 동 **(역할 · 직책 · 통제권 등을) (떠)맡다**

2. (확실한 근거는 없지만, 짐작으로) 동 **(일단 사실일 것으로) 추정[상정]하다** → p156

3. (실제나 속 마음과는 다른) 동 **(태도 · 표정 · 행동을) 취하다, ~인 체하다**

He will *assume* the role of president of the company.

파생 assumption [əsʌmpʃən] 명 인수, 떠맡기; 추정, 상정

어원 as(to:방향) + sume(take:취하다) ┬ (특정 방향으로 역할을 취해) 1. (떠)맡다
├ (특정 방향으로 짐작을 취해) 2. 추정하다
└ (특정 방향으로 태도를 취해) 3. ~인 체하다

Day 24

40 **entrust**

[intrʌst]

(남에게 책임지도록) 동 **(일을) 맡기다, 위임하다** [with sth, to sb]

They were *entrusted* with the task of preparing for the conference.

어원 en(in:안) + trust(신뢰하다) → (신뢰하여 안에) 맡기다, 위임하다

41 **delegate**

명 [déligət]
동 [déligèit]

(자기보다 낮은 직위의 사람에게) 동 **(권한 · 업무 등을) 위임하다**
(누구를 집단이나 단체의) 동 **대표[대리]자로 임명하다** 명 **대표자, 대리인**

Daily administrative tasks should be *delegated* to staff.
The meeting was attended by *delegates* from twenty European nations.

파생 delegation [dèligéiʃən] 명 위임

어원 de(away) + leg(depute:위임하다) → (위임하여) 보내다 → 위임하다, 대표자로 임명하다

42 **represent**

[rèprizént]

1. (외부의 일 · 활동 등에 대해) 동 **(어떤 개인 · 조직을) 대리[대표]하다**

2. (말 · 물건 · 모양 · 기호 등이) 동 **(다른 무엇을) 나타내다, 의미[상징]하다** → p133

The president has the authority to *represent* the company.

파생 representation [rèprizentéiʃən] 명 대표
representative [rèprizéntətiv] 명 대표자 형 대표하는

어원 re(강조) + present(place before:앞에 놓다) → (맨) 앞에 놓다 → 1. 대표하다 2. 나타내다

39 그가 회사의 사장직을 맡을 것이다. 40 그들에게는 회의를 준비하는 일이 맡겨졌다. 41 일상의 행정 업무는 직원들에게 위임 되어야 한다. / 그 회의에는 유럽 12개국의 대표들이 참석했다. 42 사장은 회사를 대표할 권한을 가지고 있다.

43 **behalf**

[bihǽf]

(다른 사람(들)) 명 (on ~ of , on one's ~) **~을 대신[대표]하여, ~을 위해**

As Mr. Wilson was away, his wife accepted the prize on his *behalf*.

어원 be(by) + half(side:옆) → (누구의) 옆에서 → ~을 대신하여, ~을 위해

44 **agent**

[éidʒənt]

(남을 위한 업무·권한 대행을 업으로 하는 사람): 명 **대리인, 중개인**

For further information, please contact our *agent* in New York.

파생 agency [éidʒənsi] 명 대행 회사, 대리점

어원 ag(do:하다) + ent → (대행) 해 주는 사람 → 대리인

45 **collaborate**

[kəlǽbərèit]

(다른 사람·단체와 힘을 합쳐) 동 **공동으로 일하다, 공동 연구하다**

The companies are *collaborating* on developing new network technologies.

파생 collaboration [kəlæbəréiʃən] 명 합작, 공동 연구
collaborative [kəlǽbərèitiv] 형 합작의, 공동 연구의
collaborator [kəlǽbərèitər] 명 합작자, 공동 연구자

어원 col(together:함께) + labor(work:일하다) → 공동으로 일하다

46 **cooperate**

[kouάpərèit]

(여럿이 힘을 합하여) 동 **(서로) 협력[협동]하다**
(도움이 되도록) 동 **(남에게) 협조하다**

Both sides agreed to *cooperate* with each other in sharing information.

If you refuse to *cooperate* with us, we cannot guarantee their safety.

파생 cooperation [kouὰpəréiʃən] 명 협력, 협동
cooperative [kouάpərətiv] 형 협조적인 명 협동조합

어원 co(together:함께) + operate(work:일하다) → (함께) 일하다 → 협력하다

43 윌슨씨가 부재 중이어서 부인이 대신 상을 받았다. 44 더 자세한 사항은 뉴욕의 우리 대리인에게 문의하십시오. 45 그 회사들은 새로운 네트워크 기술 개발을 공동으로 하고 있다. 46 양측은 정보를 공유하는 데 서로 협력을 하기로 합의했다. / 당신이 협조를 거부한다면 우리는 그들의 안전을 보장할 수 없다.

Day 24 Review Test

[1-30] 영어를 우리말로 바꾸세요.

1. chore	16. attain
2. errand	17. prosper
3. affair	18. thrive
4. deed	19. flourish
5. implement	20. feat
6. fulfill	21. vain
7. execute	22. futile
8. strive	23. industrious
9. exert	24. diligent
10. struggle	25. dedicate
11. pursue	26. undertake
12. chase	27. entrust
13. deliberate	28. delegate
14. random	29. represent
15. spontaneous	30. collaborate

[31-35] 각 문장의 문맥에 맞는 적절한 단어를 찾아 넣으세요.

① strive ② fulfill ③ delegate ④ diligent ⑤ thrive

31. She finally _____ed her goal of winning an Olympic medal.
32. He _____s hard to achieve his personal goals.
33. Online business continues to _____ despite the overall economic downturn.
34. He was a _____ worker who was enthusiastic about his job.
35. The company began to _____ more authority to its overseas offices.

정답 31. ② 32. ① 33. ⑤ 34. ④ 35. ③

Day 25

노동·생산활동 II

labor & production II

일의 인수, 협조 (2)

≫ 테마 기본 어휘	leave(맡기다) · help · assist(보조하다) · serve(도움이 되다) · favor(호의) · support(지원)

01 **aid**

[eid]

(일이 더 수월해지게) 동 **(부족·필요·유용한 것을 지원하여) 돕다**

(재해 등의 곤경에 처한 사람들이나 국가에) 동 **(물품·돈을) 원조하다**

명 **도움; 보조 기구; 원조**

This job cannot realistically be carried out without the *aid* of a computer.

Most of the countries depend heavily on foreign *aid* for their basic survival.

02 **welfare**

[wélfɛər]

1. (정부나 단체의 어려운 사람들을 돕기 위한) 명 **복지[후생] (사업)**

2. (한 개인이나 집단이 누리는 행복·건강·평안): 명 **안녕, 행복** → p110

The government provides many types of social *welfare* programs for the poor.

어원 wel(well:잘) + fare(get along:지내다) → (잘) 지내다 → 1. 복지 2. 안녕

03 **volunteer**

[vὰləntíər]

(요청·명령에 의하지 않고, 또는 아무런 대가 없이) 동 **자진[자원]하여 하다**

명 **자원 봉사자, 자원해서[자발적으로] 하는 사람**

A lot of young people have *volunteered* to help us.

파생 voluntary [vάləntèri] 형 자발적인, 자원한

involuntary [invάləntèri] 형 본의 아닌; 자기도 모르게 하는

어원 volunt(of free will:자유 의지의) + eer → (자유 의지에 따라) 자진하여 하다

01 이 일은 현실적으로 컴퓨터의 도움이 없으면 수행될 수 없다. / 그 나라들의 대부분은 그들의 기본적인 생존을 위해서 해외 원조에 심하게 의존하고 있다. 02 정부는 가난한 사람들을 위해 많은 종류의 사회 복지 프로그램을 제공한다. 03 많은 젊은이들이 우리를 돕겠다고 자원했다.

04 encourage
[inkə́:ridʒ]

(용기·자신감 등을 북돋우어) 동 **(힘을 내도록) 격려[고무]하다**
(희망·확신·분위기 등을 북돋우어) 동 **(무엇을 하도록) 권장[장려, 조장]하다**

My parents have always *encouraged* me to follow my dreams.
This program is designed to *encourage* people to quit smoking.

파생 encouragement [inkə́:ridʒmənt] 명 격려[고무](가 되는 것)
⊖ discourage [diskə́:ridʒ] 동 의욕를 꺾다, 단념시키다

어원 en(make:만들다) + courage(용기) → (용기를) 만들어 주다 → 격려[고무, 장려]하다

Day 25

05 inspire
[inspáiər]

1. (무엇을 꼭 이루고자 하는) 동 **(의지력·성취욕을 북돋워) 고무[격려]하다**
2. (무엇이) 동 **(창작·발명의) 영감을 주다** → p158
(누구에게 영향을 끼쳐) 동 **(특별한 감정·생각을) 품게 하다, 불어넣다** → p158

He *inspired* the team to play with confidence, enthusiasm, and pride.

파생 inspiration [ìnspəréiʃən] 명 고무, 고취; 영감, 영감을 주는 사람[것]
inspirational [ìnspəréiʃənl] 형 고무[격려]하는; 영감을 주는

어원 iin(안) + spire(breathe:숨) → (숨을) 들이마시다 → 1. 고무하다 2. 영감을 주다, 불어넣다

06 stimulate
[stímjulèit]

(활발해지도록) 동 **(활동·반응·흥미·흥분 등을) 자극하다[불러일으키다]**

The new government plans to reduce taxes in order to *stimulate* the economy.

파생 stimulation [stìmjuléiʃən] 명 자극[고무]하기
stimulus [stímjuləs] 명 자극
stimulant [stímjulənt] 명 자극[흥분]제

어원 stimul(prick:찌르다) + ate → (찔러서) 자극[고무]하다

07 spur
[spə:r]

(더 힘을 내거나 더 빨리 하도록) 동 **박차를 가하다, 자극하다** 명 **박차, 자극**

The coach *spurred* his team on to a better performance in the second half.

04 내 부모님은 내가 꿈을 향해 나아갈 수 있도록 격려해 주셨다. / 이 프로그램은 사람들에게 금연을 하도록 장려하기 위해 기획된 것이다. 05 그는 팀이 자신감과 열정, 자부심을 가지고 경기를 하도록 격려했다. 06 새 정부는 경제를 활성화하기 위해 세금을 감면할 계획이다. 07 코치는 후반전에 더 잘 하도록 그의 팀에 박차를 가했다.

08 promote

[prəmóut]

1. (성장·발달·판매 등을) 동 **(적극적인 활동을 펴서) 촉진[고취, 판촉]하다**

2. (더 높은 직위로) 동 **승진[진급]시키다** → p322

They launched an advertising campaign to *promote* their new product.

파생 promotion [prəmóuʃən] 명 촉진, 고취; 승진, 진급
⊖ demote [dimóut] 동 강등시키다

어원 pro(forward) + mote(move) → (앞으로) 움직이게 하다 → 1. 촉진하다 2. 승진시키다

09 motivate

[móutəvèit]

(어떤 일을 하고자 하는 의욕을 갖도록) 동 **동기를 부여하다**
(누구로 하여금 어떤 행동을 하게 한) 동 **(무엇이) 동기[이유]가 되다**

The teacher has a unique ability to *motivate* his students to study hard.
We don't know what *motivated* him to commit murder.

파생 motivation [mòutəvéiʃən] 명 동기 부여
motivational [mòutəvéiʃənl] 형 동기를 부여하는
motive [móutiv] 명 동기

어원 motive(동기) + ate → 동기를 부여하다

10 foster

[fɔ́:stər]

1. (어떤 것의) 동 **(성장·발달을) 촉진하다, 육성[조장]하다**

2. (일정 기간 맡아) 동 **(남의 자식을) 수양자식으로 기르다** 형 **수양-** → p26

We need to *foster* better relations with other countries.

어원 먹이다(feed)의 뜻에서 유래 ┌ (영양분을 먹여서) 1. 촉진[육성]하다
└ (데려다 먹이면서) 2. 수양자식으로 기르다

11 nurture

[nə́:rtʃər]

1. (어떤 것이 잘) 동 **(성장·발달·성공하도록) 육성[양성]하다** 명 **육성, 양성**

2. (잘 자라도록 보살펴) 동 **(아이·식물을) 기르다, 양육하다** 명 **양육** → p26

His parents recognized and *nurtured* his musical genius from early childhood.

어원 nurt(feed:먹이다) + ure → (영양분을) 먹이다 → 1. 육성하다 2. 기르다

08 그들은 새로운 제품을 판촉하기 위해 광고 캠페인을 시작했다. 09 그 선생님은 학생들에게 공부를 열심히 하도록 동기를 부여하는 특별한 능력이 있다. / 무엇이 그를 하여금 살인을 저지르게 한 동기가 되었는지 우리는 모른다. 10 우리는 다른 나라들과 좋은 관계를 조성할 필요가 있다. 11 그의 부모는 그의 음악적 천재성을 어릴 적부터 알아보고 육성했다.

12 discourage

[diskə́:ridʒ]

(나쁜 상황, 어려움, 반대 등이 하고자 하는) 동 **의욕을 꺾다, 단념시키다** [from]

Don't be *discouraged* by their refusal. Keep trying.

파생 discouragement [diskə́:ridʒmənt] 명 낙담, 만류
⊖ encourage [inkə́:ridʒ] 동 격려하다; 권장[장려]하다

어원 dis(away:박탈) + courage(용기) → (용기를) 박탈하다 → 단념시키다

13 frustrate

[frΛstreit]

(남의 계획·시도·노력 등을) 동 **(막아서) 좌절시키다, 실패하게 하다**
(하지 못하거나 이루지 못한 일이) 동 **좌절감을 주다, 실망시키다**

His mission was *frustrated* by unexpected difficulties.
He's *frustrated* about not being able to get a job.

파생 frustration [frʌstréiʃən] 명 좌절

어원 frustr(in vain:헛되게) + ate → (헛되게) 만들다 → 좌절시키다, 좌절감을 주다

동의어 레슨

	돕다
help	(남이 하는 일이 잘되도록) **돕다, 도움이 되다**
assist	(주된 일을 하는 담당자·책임자의 보조자로서) **돕다, 보조하다**
aid	(일이 수월해지도록 필요·유용한 것을 보태어줌으로써) **돕다** (재해 등의 곤경에 처한 사람들·국가에 물품·돈을) **원조하다**

기술, 생산

≫ 테마 기본 어휘	science · technology · technical · engineer · skill(기술) · craft(공예) · handy(손재주가 있는) · develop industry · make · produce · create · factory · machine · motor · robot · equipment(장비) tool · hammer · nail · screw · spade(삽) · start(시동을 걸다) run(작동하다) · work(작동하다) · operate(작동하다) · control · handle · automatic(자동의)

14 manufacture

[mæ̀njufǽktʃər]

(제품을) 동 **(기계를 써서 대량으로) 제조[생산]하다** 명 **제조, 생산**

GM *manufactures* about half of the cars sold in the US.

파생 manufacturer [mæ̀njufǽktʃərər] 명 제조업자

어원 manu(hand:손) + fac(make:만들다) → (손으로) 만들다 → (기계로) 제조하다

12 그들의 거절에 단념하지 마세요. 계속 시도하세요. 13 그의 임무는 예기치 않은 어려움으로 인해 좌절되었다. / 그는 직업을 구할 수 없는 것에 대해 좌절하고 있다. 14 GM은 미국에서 판매되는 자동차의 반 정도를 생산한다.

15 assemble

[əsémbl]

1. (하나의 구조물로) 동 (여러 부품을 짜맞추어) 조립하다

2. (여럿이 한곳에) 동 (어떤 목적을 위해) 모이다, 모으다, 집합하다[시키다] → p499

The plant *assembles* small cars for the US and Canadian markets.

파생 assembly [əsémbli] 명 조립; 집회
⊖ disassemble [dìsəsémbl] 동 분해[해체]하다; 흩어지다, 해산하다

어원 as(to) + semble(together:함께) → (함께) 2. 모으다 → (모아서) 1. 조립하다

16 generate

[dʒénərèit]

(전기·열 등의) 동 (에너지나 전에는 없던 것을) 발생시키다, 만들어 내다

The new power station is capable of *generating* enough electricity for the whole city.

파생 generation [dʒènəréiʃən] 명 (전기·열 등의) 발생; 세대
generator [dʒénərèitər] 명 발전기

어원 gener(birth:출생) + ate → 출생하다 → 발생시키다

17 yield

[ji:ld]

1. (투입된 자원·노력이) 동 (이익·결과·농작물 등을) 생산[산출]하다
명 산출[수확]량, 이익, 이윤

2. (자신의 뜻·주장을 굽히고) 동 (상대의 요구·압력·설득에) 양보[굴복]하다 [to] → p240

Last year the farm *yielded* a crop worth twenty eight million dollars.

18 manipulate

[mənípjulèit]

1. (솜씨 있게) 동 (기계·도구·정보 등을) 잘 다루다, 능숙하게 처리하다

2. (자신에게 유리하게) 동 (부정하고 교묘한 방법으로) 조종[조작]하다 → p212

Computers are very efficient at *manipulating* large amounts of data.

파생 manipulation [mənìpjuléiʃən] 명 솜씨 있는 취급[조종]; 교묘한 조종[조작]

어원 mani(hand:손) + pul(fill:채우다) → (손 안에 채워 넣고) 1. 잘 다루다 2. 조종하다

15 그 공장은 미국과 캐나다 시장을 위한 소형차를 조립하다. 16 새 발전소는 그 도시 전체에 공급할 충분한 전력을 생산할 능력이 있다. 17 작년 그 농장은 2천 8백만 달러 가치의 작물을 수확했다. 18 컴퓨터는 많은 양의 데이터를 처리하는 데 아주 효율적이다.

[19] manual

[mǽnjuəl]

1. (일·조작 등을 동력을 쓰지 않고 직접) 형 **손으로 하는, 수동의, 육체 노동의**

2. (기계·컴퓨터 등의 조작법을 설명해 놓은) 명 **설명[안내]서** → p260

People in *manual* jobs are more likely to be physically injured at work.

어원 manu(hand:손) + al ┬ 손으로 하는
└ (손으로 다루는 법을 소개한) 설명[안내]서

[20] plant

[plænt]

1. (대규모의 설비나 기계 장치를 갖춘) 명 **(제조) 공장, 생산 설비**

2. (흙에서 자라는 풀이나 나무): 명 **식물** 동 **(식물·씨앗을) 심다** → p412

The assembly *plant* produces more than 500 passenger cars a day.

[21] mechanic

[məkǽnik]

(기계나 차량 등을 수리·정비하는 일에 종사하는) 명 **기계공, 수리공**

My father is a *mechanic*. He repairs cars in his repair shop.

파생 mechanical [məkǽnikəl] 형 기계(상)의
mechanism [mékənìzm] 명 (기계) 장치, 연동장치; 방법, 메커니즘
mechanize [mékənàiz] 동 기계화하다

어원 mechan(machine:기계) + ic → 기계공

[22] device

[diváis]

(어떤 목적에 맞추어 고안된) 명 **(특정 목적의) 고안품[장치, 기구]**

This *device* enables four images to be viewed on one screen at the same time.

파생 devise [diváiz] 동 고안하다

[23] apparatus

[æpərǽtəs]

(여러 가지로 이루어진, 과학·의학·기술용의) 명 **(한 벌[세트]의) 기구[장치]**

Firemen wearing breathing *apparatus* entered the store which was filled with smoke.

어원 ap(to) + para(make ready:준비시키다) → (사용할 수 있게) 준비 된 것 → **기구, 장치**

---

19 육체노동 일을 하는 사람들은 일을 하다가 신체적으로 부상을 입을 가능성이 더 많다. 20 그 조립 공장은 하루에 500대 이상의 승용차를 생산한다. 21 내 아버지는 수리공이다. 그는 정비소에서 자동차를 고친다. 22 이 장치는 네 개의 이미지를 한 화면에서 동시에 볼 수 있게 한다. 23 산소 호흡기를 착용한 소방관들이 연기로 가득한 상점으로 들어갔다.

24 **instrument**

[ínstrəmənt]

1. (정밀함을 요하는 작업에 쓰이는) 명 **(과학·의학용의) (작은) 기구[도구]**

2. (음악을 연주하는 데 쓰는) 명 **악기** → p266

Surgical *instruments* are made in a vast number of types.

파생 instrumental [ìnstrəméntl] 형 악기의

어원 in(on:위) + struc(pile:쌓다) ┌ 작업(위에 쌓는 일)을 할 때 쓰는 것 → 1. 기구, 도구
└ (음악 연주) 기구 → 2. 악기

25 **implement**

[ímpləmənt]

1. (특히 손으로 사용하는) 명 **(간단한 야외 작업용) 도구[기구]**

2. (공식적인 결정·계획·약속 등을) 동 **(실제로) 실행[이행]하다** → p297

The farmers used only traditional agricultural *implements*.

파생 implementation [ìmpləməntéiʃən] 명 실행, 이행

어원 im(in:안) + ple(fill:채우다) → (안을) 채워 넣다 ┌ 2. 실행[이행]하다
└ (어떤 일을 실행하기 위한) 1. 도구

26 **invent**

[invént]

1. (전에 없던 새로운 것을) 동 **발명[고안]하다**

2. (사실이 아닌 것을 사실인 것처럼) 동 **날조[조작]하다**

The first motion picture was *invented* by Edison in 1889.

파생 invention [invénʃən] 명 발명(품); 날조
inventor [invéntər] 명 발명가

어원 in(on) + vent(come) ┌ come on(우연히 발견하다) → 1. 발명[고안]하다
└ (사실이 아닌 것을) 고안하다 → 2. 날조하다

27 **patent**

[pǽtnt]

(발명품이나 고안물을 독점적으로 이용할 수 있는) 명 **특허(권)**
형 **특허(권)의** 동 **~의 특허를 주다**

Legally a machine can be protected by *patent* for 20 years.

파생 patentee [pæ̀tntíː] 명 특허권 보유자

---

24 외과 수술 기구는 엄청나게 많은 종류로 만들어진다. **25** 그 농부들은 전통적인 농기구만을 사용했다. **26** 첫 번째 활동 사진은 1889년 에디슨에 의해 발명되었다. **27** 기계는 법적으로 20년 동안 특허권으로 보호를 받을 수 있다.

28 **pioneer**

[pàiəníər]

(새로운 땅이나 분야를 처음으로 열어 나가는) 명 **개척자, 선구자** 동 **개척하다**

Edison invented the light bulb and was a *pioneer* in the field of electricity.

어원 보병(foot solder)의 뜻에서 유래 → (최전선에서 싸우는) 보병 → 개척자, 선구자

동의어 레슨

공장	
factory	(물건을 만들어 내는 설비를 갖춘) **공장**
plant	(대규모의 설비나 기계 장치를 갖춘) **(제조) 공장, 생산 설비**

사용, 고장

≫ 테마 기본 어휘	use · apply(적용하다) · convenient · available(입수[이용]할 수 있는) · right(적절한) · suitable(알맞은) fit(적합한) · match(어울리다) · fix(수리하다)

29 **utilize**

[jú:təlàiz]

(목적에 맞는 효과를 얻을 수 있게 잘) 동 **활용[이용]하다**

We must consider how best to *utilize* limited resources to maximize profits.

파생 utilization [jù:təlizéiʃən] 명 이용
utilizable [jú:təlàizəbl] 형 이용할 수 있는
utility [ju:tíləti] 명 유용[유익](성); (-ies) 공익 설비[사업]

어원 util(useful:유용한) + ize → 유용하게 하다 → 활용하다

30 **adopt**

[ədɑ́pt]

1. (사용하지 않던) 동 **(새로운 것을) 채용[채택, 차용]하다**

2. (자신의 법적인 친자식으로) 동 **(남의 자식을) 입양하다** → p26

The English language has *adopted* words from many other languages.

파생 adoption [ədɑ́pʃən] 명 채용, 채택; 입양
adoptive [ədɑ́ptiv] 형 양자 관계의

어원 ad(to) + opt(choose:선택하다) ┌ (무엇을 선택하여) 1. 채용[채택]하다
└ (친자식으로 선택하여) 2. 입양하다

28 에디슨은 전구를 발명했으며 전기 분야의 선구자이었다. 29 우리는 이익 극대화를 위해 한정된 자원을 어떻게 가장 잘 활용할 것인가를 생각해야 한다. 30 영어는 많은 다른 언어에서 단어를 차용해왔다.

31 **abuse**
[əbjúːz]

1. (한도 · 권한 · 목적 등을 벗어나 함부로) 통 **남용하다** 명 **남용**
2. (몹시 괴롭히거나 가혹하게 대우하며) 통 **학대하다** 명 **학대** → p236

He has repeatedly *abused* his authority as mayor.

파생 abusive [əbjúːsiv] 형 학대[욕지거리]하는

어원 ab(away:벗어나) + use(사용하다) → (벗어나게) 사용하다 → 1. 2. 남용[학대]하다

32 **exert**
[igzə́ːrt]

1. (어떤 일이 일어나도록) 통 **(권력 · 영향력 · 압력 등을) 쓰다, 행사하다**
2. (육체적 · 정신적으로) 통 (~ oneself) **(있는 힘을 다해) 노력하다** → p299

He *exerted* all his authority to make them change their decision.

파생 exertion [igzə́ːrʃən] 명 (권력 · 영향력 등의) 행사; 노력, 분투

어원 e(out:밖) + xert(join:합치다) ┌ (권력 등을 밖으로) 1. 행사하다
└ (모든 힘을) 합쳐 밖으로 내놓다 → 2. 열심히 노력하다

33 **exercise**
[éksərsàiz]

1. (자신이 가진) 통 **(권력 · 권리 등을) 행사하다; (역량을) 발휘하다** 명 **행사; 발휘**
2. (건강 유지, 체력 단련을 위해 몸을 움직이는) 명 **운동** 통 **운동하다** → p253
3. (습득한 것을 숙달 · 강화하기 위한) 명 **연습 (문제), 훈련** → p185

He *exercised* his right as a voter by voting at the election.

어원 몰아내다(drive out)의 뜻에서 유래 ┌ (권력 · 역량 등을) 밖으로 몰다 → 1. 행사하다
└ (힘을 발산하는) 2. 운동 → 숙달 운동 → 3. 연습

34 **proper**
[prάpər]

(무엇이) 형 **(올바른 기준 · 방식에 맞아서) 제대로 된, 적절한**

After the party, please put everything back in its *proper* place.

파생 propriety [prəpráiəti] 명 적절성, 예의 바름
⊖ improper [imprάpər] 형 부적당한

어원 자기 자신(one's own)의 뜻에서 유래 → (무엇이) 자신에게 맞은 → 적절한, 예의 바른

31 그는 시장으로서의 권한을 반복적으로 남용해왔다. 32 그는 그들이 결정을 바꾸도록 하기 위해 그의 모든 권한을 행사했다. 33 그는 선거에서 투표를 함으로써 유권자로서의 권리를 행사했다. 34 파티가 끝난 후에 모든 것을 제자리에 돌려 놓으십시오.

35 decent
[dí:snt]

1. (품질·수준 등이) 형 **(사회적 기준에서) 적당한, 알맞은, 제대로 된**
2. (사회적 도덕 기준에서) 형 **(언행·태도·복장 등이) 예의 바른, 단정한** → p98

I haven't had a *decent* meal in nearly two days.

파생 decency [dí:snsi] 명 체면, 품위; 예절

어원 dec(fit:적합한) + ent → (사회적·도덕적 기준으로) 적합한 → **적당한; 예의 바른**

36 appropriate
[əpróupriət]

(무엇이) 형 **(특정 상황·조건에 맞아서) 적합[적절]한**

T-shirts and jeans are not appropriate for a wedding.

어원 ap(to) + propri(one's own:자기 자신의) → (자기 자신에 맞추어져) **적절한**

37 apt
[æpt]

1. (발언·묘사·선택 등이) 형 **(주어진 상황에) 적절한**
2. (사람·사물이) 형 **(선천적·본질적으로) ~하기 쉬운, ~하는 경향이 있는** → p98

That is a very *apt* description of the situation.

38 practical
[prǽktikəl]

1. (특정 목적·상황에 유용하거나 적합한): 형 **(실생활에서) 실용적인**
2. (실재하는 대상과 관련된): 형 **(관념적·이론적이 아닌) 실제[현실]적인** → p174

The boots she wore were *practical* rather than stylish.

파생 practicality [prӕktikǽləti] 명 실지적[실제적]임; 실용성
⊖ impractical [imprǽktikəl] 형 비현실적인; 비실용적인

어원 practice(do:행하다) + al → (실제로) 행할 수 있는 → **1. 실용적인 2. 실제적인**

39 constructive
[kənstrΛktiv]

(일을 유용하고 발전적인 방향으로 이끌어 가는): 형 **건설적인**

The meeting was very *constructive* and I got a lot of valuable information.

파생 construct [kənstrΛkt] 동 건설하다

어원 con(together:함께) + struct(build:세우다) → (무엇을) 함께 세우는 → **건설적인**

---

35 나는 거의 이틀 동안 제대로 된 식사를 하지 못했다. 36 티셔츠와 청바지는 결혼식장에는 적절하지 않다. 37 그것은 그 상황에 매우 적절한 묘사이다. 38 그녀가 신은 부츠는 유행을 따른 것이기 보다는 실용적인 것이었다. 39 회의는 매우 건설적이었고 나는 많은 귀중한 정보를 얻었다.

40 **malfunction**

[mælfʌ́ŋkʃən]

(기계나 몸의 장기 등이 제대로 기능하지 않는) 명 **고장, 기능 부전**
동 **제대로 기능[작동]하지 않다.**

An engine *malfunction* caused the plane to crash into the sea.

어원 mal(wrong:잘못된) + function(기능) → (잘못된) 기능 → 고장

41 **repair**

[ripέər]

(쓸 수 있게) 동 **(고장·파손 등을) 수리[수선]하다** (= mend) 명 **수리, 수선**

He had his car *repaired* in an auto repair shop.

파생 repairable [ripέərəbl] 형 수리 가능한
repairman [ripέərmæn] 명 수리공

어원 re(again:다시) + pair(prepare:준비하다) → (다시) 준비하다 → 수리하다

42 **mend**

[mend]

1. (영국식 영어, 쓸 수 있게) 동 **(고장·파손 등을) 수리[수선]하다** (= repair)
2. (찢어지거나 해진) 동 **(옷·신발 등을) 수선하다** 명 **수선한 부분** → p39

He climbed up a ladder to *mend* the roof of the house.

43 **renovate**

[rénəvèit]

(양호한 상태로) 동 **(낡은 건물·가구를) 보수[수리]하다**

We will have to *renovate* the building because it's in terrible condition.

파생 renovation [renəvéiʃən] 명 보수, 수리

어원 re(again:다시) + nov(new:새로운) → (다시) 새롭게 하다 → 보수하다

동의어 레슨

적절한, 알맞은	
right	(목적·기준 또는 원하는 바에) **가장 적절한, 꼭 맞는**
suitable	(무엇이 어떤 사람·상황·조건 등에) **적합한, 적절한, 알맞은**
fit	(요구되는 능력·자격·품질 등을 갖추고 있어서) **적합한, 알맞은**
appropriate	(특정한 상황에서 맞거나 받아들일 만한): **적절한, 적당한**
proper	(일상적·사회적·도덕적·법적인 기준에 맞아서) **적절한, 예의 바른**
decent	(품질·수준이 사회적 기준으로 볼 때) **적당한, 알맞은, 제대로 된**
apt	(발언·묘사·선택 등이 주어진 상황에서) **적절한**

40 엔진의 기능 장애로 인해 그 비행기는 바다로 추락했다. **41** 그는 한 자동차 정비소에 그의 차 수리를 맡겼다. **42** 그는 그 집의 지붕을 수선하기 위해 사다리를 올라갔다. **43** 건물 상태가 매우 안 좋기 때문에 우리는 건물을 수리해야 한다.

Day 25 Review Test

[1-30] 영어를 우리말로 바꾸세요.

1. aid	16. apparatus
2. welfare	17. implement
3. inspire	18. invent
4. stimulate	19. patent
5. spur	20. utilize
6. promote	21. adopt
7. foster	22. abuse
8. nurture	23. exert
9. discourage	24. proper
10. frustrate	25. decent
11. manufacture	26. apt
12. assemble	27. constructive
13. yield	28. malfunction
14. manipulate	29. mend
15. manual	30. renovate

[31-35] 각 문장의 문맥에 맞는 적절한 단어를 찾아 넣으세요.

① mend ② apparatus ③ stimulate ④ assemble ⑤ patent

31. I don't know what _____d him to do that.
32. The table is designed to be easy to _____.
33. Four firefighters equipped with breathing _____ entered the house.
34. Software technology can be protected by _____.
35. There is a tear in my shirt. Can you _____ it for me?

정답 31. ③ 32. ④ 33. ② 34. ⑤ 35. ①

Day 26

회사·업무수행

company & work

회사, 기업

≫ 테마 기본 어휘	company · branch(지사) · station(서(署), 국(局), 소(所)) · staff · position(직책) · boss · president(사장) · secretary · partner(공동 사업자) · run(경영하다) · operate(운영하다) · manage(관리하다) · direct(지휘[감독]하다) · strike(파업) · job · profession(전문직) · career(경력) amateur · work · serve(근무[봉사]하다) · office · quit(그만두다) · fire(해고하다) · pay(급료) salary(급료) · commission(수수료) · tip(팁)

01 **corporation** [kɔ̀:rpəréiʃən]

(자본이나 종업원 수 등의) 명 **(규모가 큰) (대)기업**
(법률상 권리와 의무의 주체가 되는 조직체): 명 **법인**

The company is a multinational *corporation* that operates in 21 countries.
A *corporation* is considered an individual in the eyes of the law.

파생 corporate [kɔ́:rpərət] 형 대기업의, 법인의
incorporate [inkɔ́:rpərèit] 동 (법인체를) 설립하다; (일부로) 포함하다
incorporated [inkɔ́:rpərèitid] 형 법인 조직의, 유한 책임의

어원 corpor(body:몸, 조직체) + ation → (하나의 조직체를) 이룬 것 → 기업, 법인

02 **enterprise** [éntərpràiz]

(업체의 성격·형태·종류를 나타내는 말과 함께) 명 **(복합어로 쓰여) 기업, 회사**
(어려움·위험 등이 따르는 규모가 큰) 명 **모험적인 사업[기획, 계획]**

Small and medium-sized *enterprises* are the backbone of the economy.
This is a joint *enterprise* with America and several European nations.

파생 enterprising [éntərpràiziŋ] 형 진취력[기획력]이 있는

어원 enter(between) + prise(take) ┌ (일을) 양손 사이에 움켜쥠 → (일을 적극적으로) 떠맡음
└ 모험적인 사업 → 기업

01 그 회사는 21개국에서 영업을 하는 다국적 기업이다. / 법인은 법률상으로는 하나의 개인으로 여겨진다. 02 중소기업은 경제의 근간이다. / 이것은 미국과 유럽의 여러 국가가 함께 하는 공동 사업이다.

03 **firm**

[fə:rm]

1. (법률·회계 등의 전문적인 서비스를 제공하는) 명 (소규모) 회사
2. (딱딱하진 않지만 모양이 쉽게 변하지 않는): 형 (형체·구조가) 단단한, 굳은 → p434
3. (흔들림 없이) 형 (토대·태도·신념 등이) 확고[확실]한

Despite her outstanding academic record, she could not get a job with a law *firm*.

04 **establish**

[istǽbliʃ]

(새로운) 동 (회사·조직체·제도 등을) 설립[제정]하다

In 1995, the World Trade Organization was *established* to promote free trade.

파생 establishment [istǽbliʃmənt] 명 설립, 제정; 기관, 회사, 시설
established [istǽbliʃt] 형 확립된, 인정받는

어원 e + stable(안정된) → (안정되게) 세우다 → 설립하다

Day 26

05 **found**

[faund]

(기관·단체·도시 등을) 동 (필요한 자금을 대서) 창설[설립]하다
(건물이나, 비유적으로 이론·계획 등) 동 ~의 기초[근거]를 (~에) 두다 [on]

The university was *founded* by the Roman Catholics in 1832.
The Australian legal system is *founded* on the British system.

파생 foundation [faundéiʃən] 명 창설, 설립; 기초, 근거
founder [fáundər] 명 창설[설립]자

06 **constitute**

[kɑ́nstətjù:t]

1. (법률·규정에 따라) 동 (어떤 권한을 가진 단체를) 설립[설치]하다
2. (어떤 것이) 동 (다른 것의 부분을) 구성하다[이루다] → p504

The Human Rights Committee was *constituted* in 2011 and meets monthly.

파생 constitution [kɑ̀nstətjú:ʃən] 명 구성, 구조; 설립, 설치; 헌법

어원 con(together:함께) + statute(set up:세우다) ┌ (함께 모여) 세우다 → 1. 설립하다
└ (함께 세워) 2. 구성하다

03 뛰어난 학업성적에도 불구하고 그녀는 법률사무소에서 일자리를 구할 수가 없었다. 04 세계 무역 기구는 자유 무역을 증진하기 위해 1995년에 설립되었다. 05 그 대학은 1832년 천주교 신자들에 의해 창립되었다. / 호주의 법률 제도는 영국의 제도를 기반으로 하고 있다. 06 그 인권 위원회는 2011년 설립되었고 매달 모임을 갖는다.

07 appoint

[əpɔ́int]

1. (누구를 일정한) 동 **(직위·임무를 맡도록) 임명[지명]하다** [as]

2. (모임·행사 등의) 동 **(시간·장소 등을) 정하다, 지정하다**

Mr. Johnson was *appointed* as chairman of the newly elected committee.

파생 appointment [əpɔ́intmənt] 명 임명, 지명; (만날) 약속
appointee [əpɔintí:] 명 임명된 사람

어원 ap(to:방향) + point(가리키다) — (지위를 맡길 사람을) 가리키다 → 1. 임명하다
— (만날 곳을) 가리키다 → (시간·장소를) 2. 정하다

08 promote

[prəmóut]

1. (더 높은 직위로) 동 **승진[진급]시키다**

2. (성장·발달·판매 등을) 동 **(적극적인 활동을 펴서) 촉진[고취, 판촉]하다** → p310

Two years later, she was *promoted* from assistant manager to manager.

파생 promotion [prəmóuʃən] 명 승진, 진급; 촉진, 고취
promotional [prəmóuʃənl] 형 홍보[판촉]의
⊖ demote [dimóut] 동 강등시키다

어원 pro(forward) + mote(move) → (앞으로) 움직이게 하다 → 1. 승진시키다 2. 촉진하다

09 subordinate

[səbɔ́:rdənət]

(직책상 자기보다 더 낮은 자리에 있는) 명 **부하, 하급자** 형 **부차[부수]적인; 종속된**

The manager usually consults with his *subordinates* before making decisions.

All other rules and regulations are *subordinate* to this principle.

어원 sub(under:아래) + ordin(order:순서) → (순서상) 아래 → 하급자

10 colleague

[kɑ́li:g]

(같은 직장에서 함께 일하는) 명 **(직업상의) 동료**

Harry and I work together in the same office. He is my *colleague*.

어원 col(with:함께) + league(depute:위임하다) → (한 직장에서 함께 일하도록 위임 받은) 동료

07 존슨씨가 새로 선출된 위원회의 회장으로 임명되었다. 08 2년 후 그녀는 대리에서 과장으로 승진했다. 09 그 관리자는 결정을 하기 전에 그의 하급자들과 대개 상의를 한다. / 다른 모든 규칙과 규정은 이 원칙에 비해 부차적이다. 10 해리와 나는 같은 사무실에서 함께 일한다. 그는 나의 동료이다.

11 **supervise**

[sú:pərvàiz]

(책임지고 있는 일·사람이) 동 **(잘못되지 않도록) 감독[관리]하다**

Her job was to *supervise* thirty-five employees, mostly women in their early twenties.

파생 supervision [sù:pərvíʒən] 명 감독
supervisor [sú:pərvàizər] 명 감독자

어원 super(over:위에서) + vise(see:보다) → (위에서) 살피면서 지켜보다 → 감독하다

12 **administer**

[ədmínistər]

1. (회사·단체·정부 등의) 동 **(사무·행정 관련 일을) 운영[관리, 집행]하다**
2. (의사·간호사가 환자에게) 동 **(약을) 투여[투약]하다**

The fund will be *administered* by a committee appointed by the management.

파생 administration [ədmìnistréiʃən] 명 관리, 행정, 집행; 행정부; 투여
administrative [ædmínəstrèitiv] 형 관리[행정]의
administrator [ədmínistrèitər] 명 운영[관리]자

어원 ad(to) + minister(serve:제공하다) ┬ (사무·행정 서비스를) 제공하다 → 1. 운영[관리]하다
└ (약을) 제공하다 → 2. 투여[투약]하다

13 **board**

[bɔ:rd]

1. (주요 업무에 관한 의사결정권을 가진) 명 **(회사·단체의) 이사회**
2. (나무를 판판하고 넓게 켠) 명 **널빤지, 판자, ~판[반, 대]** → p418
3. (출발하기 위해) 동 **(배·비행기·열차 등에) 타다, 탑승[승선]하다** → p357
4. (방세·식비를 내고) 동 **(남의 집에서) 하숙[기숙]하다** → p53
(학생들에게 숙식을 제공하는) 동 **학교 기숙사에서 살다**

The final budget was formally approved by the *board* of directors in December.

파생 boarding [bɔ́:rdiŋ] 명 승차, 승선, 탑승; 하숙, 기숙
boarder [bɔ́:rdər] 명 기숙사 거주 학생; 하숙인
aboard [əbɔ́:rd] 부 탈것 위에

어원 2. 널빤지(board) ┬ 회의탁자(널빤지)에서 하는 회의 → 1. 이사회
├ 배의 갑판(널빤지)에 오르다 → 3. 승선하다
└ 식탁(널빤지)에 모여 함께 식사하다 → 4.하숙[기숙]하다

11 그녀의 일은 대부분 20대 초반의 여성인 35명의 종업원들을 감독하는 것이었다. 12 그 기금은 경영진이 임명한 위원회에 의해 운영될 것이다. 13 최종 예산은 12월에 이사회에서 정식으로 승인되었다.

14 union

[jú:njən]

1. (노동자의 권리 보호, 지위 향상을 위해 조직된) 명 **노동조합**

2. (둘 이상이 합쳐서 하나가 되는 것): 명 **결합, 통합, 연합** → p488

In 2013, 55 percent of all new teachers joined the *union*, while in 2012 only 15 percent did.

파생 reunion [rì:jú:njən] 명 재결합

어원 uni(one:하나) + on ┌ (노동자들이 하나로 합친) **노동조합**
└ (합쳐서) 하나가 되는 것 → **통합**

15 occupation

[àkjupéiʃən]

1. (특히, 서류·양식 등에서 직업을 나타낼 때의 종사하는) 명 **직업(의 종류)**

2. (무력에 의한) 명 **(남의 영토·지역·건물 등의) 점령, 점거** → p52

3. (자신의 몫으로 차지하고 쓰는 일정한) 명 **(장소·공간·사물 등의) 사용, 거주** → p52

Please state your name, age, sex and *occupation* in the box below.

파생 occupational [àkjupéiʃənl] 형 직업의
occupy [ákjupài] 동 점령[점거]하다; 차지하다, 거주[사용, 점유]하다

어원 occup(occupy:차지[사용]하다) + ation ┌ 고용(사용)된 일자리 → **1. 직업**
└ **2. 점거 3. 사용**

16 vocation

[voukéiʃən]

(자신의) 명 **(성품과 사명에 맞는) 천직; 소명 (의식)**

He regards his work as a *vocation*, not just a job.

파생 vocational [voukéiʃənl] 형 직업(상)의, 직업 교육의

어원 voc(call:부르다) + ation → (신의 부르심에 응하여 갖게 된) **소명**

17 recruit

[rikrú:t]

(회사·단체·군대 등이) 동 **신입 사원[회원, 병사]을 모집하다**
명 **신입 사원[회원], 신병**

He is responsible for *recruiting* and training new staff.

파생 recruitment [rikrú:tmənt] 명 신규 모집

어원 re(again:다시) + cruit(grow:성장하다) → (인원을 늘려) 다시 성장하다 → **모집하다**

---

14 2012년에 모든 새 교사들의 15퍼센트만이 노조에 가입한 반면 2013년에는 55퍼센트가 가입했다. 15 당신의 성명, 나이, 성별, 직업을 아래의 박스에 기술하십시오. 16 그는 자신의 일을 단순한 직업이 아니라 천직으로 여긴다. 17 그는 새로운 직원을 모집하고 교육하는 일을 책임지고 있다.

18 apply

[əplái]

1. (서면으로) 동 (일자리·회사·대학 등에) 지원하다 [for/to]
   (관계 기관에) 동 (허가나 증명서 등을) 신청하다 [for]

2. (특정한 일·상황에 어떤) 동 (원리·지식·기술 등을) 적용[응용]하다 [to] → p315
3. (표면에) 동 (크림·연고·페인트 등을) 바르다

She's *applied* for a job with a small software company.
I have *applied* for a new passport but have not received it yet.

파생 application [æpləkéiʃən] 명 지원(서), 신청; 적용, 응용; 바르기
applicant [ǽplikənt] 명 지원[신청]자
applicable [ǽplikəbl] 형 적용[응용]할 수 있는

어원 ap(to) + ply(fold:포개다) ┌ (서로 접촉하도록) 포개놓다 → (접촉하여) 1. 지원[신청]하다
└ (접촉시켜 원리·지식을) 2. 적용하다 3. (표면에) 바르다

19 resume

1. [rézumèi]
2. [rizú:m]

1. (학업·직업 등의 경력을 적은) 명 이력서 (= résumé)

2. (중단하거나 중단된 일을) 동 다시 시작하다[되다], 재개하다[되다] → p391

He sent his *résumé* to 70 companies, but did not get a single interview.

파생 resumption [rizʌmpʃən] 명 재개

어원 ┌ résumé → 요약(summary)을 뜻하는 프랑스어에서 유래 → (경력을 요약한) 1. 이력서
└ re(again:다시) + sume(take:취하다) → (중단한 일을 취하여) 2. 다시 시작하다

20 employ

[implɔ́i]

(보수를 주고) 동 (일할 사람을) 고용하다 (= hire)

The company *employs* about 50,000 people in over 120 countries.

파생 employment [implɔ́imənt] 명 고용
employer [implɔ́iər] 명 고용주
employee [implɔ̀ii:] 명 고용인
unemployed [ʌnimplɔ́id] 형 실직한
unemployment [ʌnimplɔ́imənt] 명 실직, 실업자수

어원 em(in:안) + ploy(fold:접다) → (안으로) 접어서 감싸다 → (회사 안으로) 고용하다

18 그녀는 작은 소프트웨어 회사의 일자리에 지원했다. / 나는 새로운 여권을 신청했지만 아직 받지 못했다. 19 그는 70 군데의 회사에 이력서를 보냈지만 단 한 군데도 면접을 보지 못했다. 20 그 회사는 120 이상의 나라에 5만 명의 사람을 고용하고 있다.

21 **hire**
[haiər]

1. (보수를 주고) 동 **(일할 사람을) 고용하다** (= employ)
2. (단기간) 동 **(물품을) 빌리다, 임차하다;** (~ out) **(물품을) 빌려주다, 임대하다**
명 **(물품의) 임차, 빌림**

He *hired* a lawyer to defend him in court but lost the case.

22 **resign**
[rizáin]

(맡아보던 직무 · 직위를) 동 **(스스로) 사직[사임]하다**

He *resigned* from the company to start his own business.

파생 resignation [rèzignéiʃən] 명 사직

어원 re(back:뒤로) + sign(서명하다) → (서명을 하고) 뒤로 물러나다 → 사직하다

23 **retire**
[ritáiər]

(현직에서 물러나야 할) 동 **(정년이 되어) 퇴직[은퇴]하다**

He *retired* last month after 25 years with the company.

파생 retirement [ritáiərmənt] 명 퇴직, 은퇴
retiree [ritàiərí:] 명 퇴직[은퇴]자

어원 re(back:뒤로) + tire(draw:끌다) → (지친 몸을) 뒤로 끌고 가다 → 은퇴하다

24 **dismiss**
[dismís]

1. (고용주가 고용된 사람을) 동 **해고[해임]하다**
2. (일이 끝났거나 있게 할 필요가 없어서) 동 **물러가게 하다, 해산시키다** → p340
3. (고려나 거론할 가치가 없다고) 동 **묵살[일축]하다; (생각 등을) 버리다** → p151

He claimed that he had been unfairly *dismissed* from his post.

파생 dismissal [dismísəl] 명 해고, 해임; 물러가게 함, 해산; 묵살, 일축

어원 dis(apart:떨어져) + miss(send:보내다) → (떨어뜨려) 내보내다 → 해고[해산, 묵살]하다

25 **wage**
[weidʒ]

(시간급 · 일급 · 주급 등으로 지급되는) 명 **(육체 노동에 대한) 임금**

The workers are fighting for higher *wages* and better working conditions.

21 그는 자신을 법정에서 변호해줄 변호사를 고용했으나 소송에서 패했다. 22 그는 자신의 사업을 시작하기 위해 회사를 사직했다. 23 그는 그 회사와 함께 25년을 보낸 후 지난 달 퇴직했다. 24 그는 자신의 직위에서 부당하게 해고당했다고 주장했다. 25 그 노동자들은 임금 인상과 근로 조건 개선을 요구하며 싸우고 있다.

동의어 레슨

사직[퇴직]하다	
resign	(맡아보던 직무·직위를 스스로 내놓고) **사직[사임]하다**
retire	(현직에서 물러나야 할 정년이 되어) **퇴직[은퇴]하다**
해고하다	
dismiss	(고용주가 고용된 사람을) **해고[해임]하다**
fire	(고용주의 일방적 의사에 의해 강제로) **해고[파면]하다**

업무 수행

≫ 테마 기본 어휘	plan · project(프로젝트) · schedule · program · prepare · set(맞추다, 조정하다) · ready · structure(구조) · frame(틀) · system · network · goal · target · objective(목표) · end(목적) vision(비전) · way(방법, 수단) · manner(방법) · mode(방식) · means(수단) · technique · style

Day 26

26 **purpose**
[pə́ːrpəs]

(이루려고 하는 일, 또는 무엇을 하려는 이유): 명 **목적; 의도**

The *purpose* of this meeting is to discuss ways in which we can increase sales.

파생 purposeful [pə́ːrpəsfəl] 형 목적이 있는
purposeless [pə́ːrpəslis] 형 목적이 없는

어원 pur(forth:앞) + pose(place:놓다) → (맨 앞에) 놓은 것 → 목적

27 **aim**
[eim]

1. (달성해야 할 결과로서 겨냥하고 있는) 명 **(구체적인) 목표** 동 **목표로 삼다**
2. (목표물을 향하여) 동 **(총·칼·활 등을) 겨누다[겨냥하다]** 명 **겨냥, 조준** → p238

Her main *aim* in life was to find the right guy with enough money to keep her happy.

파생 aimless [éimlis] 형 목표 없는

28 **sake**
[seik]

(어떤 일의 목적이나 이유가) 명 (for the ~ of …/ for …'s ~) **~을 위하여**

The doctor advised him to stop smoking for the *sake* of his health.

It was a great sacrifice for me but I did it for his *sake*.

26 이 회의의 목적은 우리가 판매를 늘릴 수 있는 방법을 논의하는 데 있다. 27 그녀의 인생의 목표는 자신을 행복하게 해줄 충분한 돈을 가진 괜찮은 남자를 찾는 것이다. 28 의사는 그에게 건강을 위해서 담배를 끊으라고 조언했다. / 그것은 나에게는 커다란 희생이었으나 나는 그것을 그를 위해서 했다.

29 scheme
[ski:m]

(어떤 목적을 위한) 명 (치밀한) 계획[기획, 안] 동 계획[입안]하다
(나쁜 일을 하기 위해 꾸민) 명 (치밀한) 음모[계략] 동 음모를 꾸미다

This *scheme* is designed to encourage growth and development in the region.
Big corporations are using increasingly complicated *schemes* to avoid paying taxes.

30 strategy
[strǽtədʒi]

(목적 달성을 위한 전반적이고 종합적인 계획): 명 전략

A company's business *strategy* is critical to its success.

파생 strategic [strətí:dʒik] 형 전략의
strategist [strǽtədʒist] 명 전략자

어원 strateg(군대의 장군) + y → (장군의) 계획 → 전략

31 plot
[plat]

1. (여러 사람이 모여 몰래 꾸민) 명 (집단적인) 음모[계략] 동 음모하다
2. (중심 내용을 이루는) 명 (책·영화 등의) 줄거리 동 줄거리를 세우다 → p262

The *plot* was discovered before it could be carried out.

어원 2. 줄거리(plot) → (나쁜 일을 하기 위해 꾸민) 줄거리 → 1. 계략, 음모

32 function
[fʌŋkʃən]

1. (사람·사물이 갖고 있는 고유한 구실이나 작용): 명 기능 동 (제대로) 기능하다
2. (수학의) 명 함수

This new MP3 player has more *functions* than the old one.

파생 functional [fʌŋkʃənl] 형 기능의

어원 funct(perform:수행하다) + ion → (수행하는) 일 → 1. 기능 (수학의) 2. 함수

33 role
[roul]

(어떤 상황·관계·활동 내에서 맡아서 하는) 명 역할
(배우의) 명 (극 중의) 역[배역]

Universities play an important *role* in the development of science and technology.
He played the *role* of a young teacher in the movie.

29 이 계획은 그 지역의 성장과 발정을 촉진하기 위해 만들어졌다. / 대기업은 납세를 회피하기 위해 점점 더 복잡한 계략을 쓰고 있다. 30 한 회사의 사업 전략은 그것의 성공에 대단히 중요하다. 31 그 음모는 실행도 되기 전에 발각되었다. 32 이 새로운 MP3플레이어는 이전 것보다 더 많은 기능을 가지고 있다. 33 대학은 과학과 기술의 발전에 중요한 역할을 한다. / 그는 영화에서 한 젊은 교사의 배역을 했다.

34 **method**

[méθəd]

(절차와 논리가 정연한) 명 (조직적인) 방법

You can save a lot of time by using this *method*.

어원 met(after:~의 뒤를 쫓아) + hod(way:길) → (뒤를 쫓아서) 따라가는 길 → 방법

35 **approach**

[əpróutʃ]

1. (어떤 문제를 다루거나 해결하기 위한 특별한 방법): 명 접근[처리] 방법
동 (일·문제 등에) 접근[착수]하다

2. (장소·사람 쪽으로 가까이) 동 접근하다, 다가가다 명 접근 → p338

We need to take a more scientific *approach* to the problem.

어원 ap(to) + proach(come nearer:더 가까이 오다) → 2. 접근 → (해결을 위한) 1. 접근 방법

36 **tactic**

[tǽktik]

(목적 달성을 위해 수행되는 개개의 수단·방법): 명 전술; (-s) 전법, 병법

It is a change of *tactics* rather than strategy.

파생 tactical [tǽktikəl] 형 전술적인
tactician [tæktíʃən] 명 전술가

어원 tac(arrange:배열하다) + tic → (전투를 위한 군대의) 배열 방식 → 전술; 전법

37 **procedure**

[prəsíːdʒər]

(일을 치르는 데 거쳐야 하는 올바른) 명 절차, 순서

You can do it alone, if you know the correct *procedure*.

파생 procedural [prəsíːdʒərəl] 형 절차(상)의

어원 pro(forward:앞으로) + ced(go) → (앞으로 나아가는) 절차, 순서

38 **process**

[prɑ́ses]

1. (일을 해 나아가거나 일·현상이 되어 가는 일련의) 명 과정

2. (절차에 따라) 동 (공문서나 요청 사항 등을) 처리하다 → p220
(더 높은 질이나 새로운 물건으로) 동 (원자재·식품 등을) 가공하다 명 공정 → p220

Writing a book such as this is a long and difficult *process*.

어원 pro(forward:앞으로) + cess (go) ┬ (앞으로 나아가는) 1. 과정
└ (과정을 거쳐) 2. 처리[가공]하다

34 이 방법을 사용하면 많은 시간을 절약할 수 있습니다. 35 우리는 그 문제에 대해 좀 더 과학적인 접근법을 취할 필요가 있다. 36 그것은 전략이라기보다는 전술의 변화이다. 37 올바른 절차를 안다면 그것을 혼자서도 할 수 있습니다. 38 이러한 책을 집필하는 것은 길고 어려운 과정이다.

39 **arrange**
[əréindʒ]

1. (회의·파티·여행 등에 필요한 것을) 동 **(미리) 마련[주선, 준비]해 놓다**
2. (일정한 차례나 간격으로) 동 **(가지런히) 배열[정돈]하다** → p334

The next meeting has been *arranged* for Thursday, February 14th.

파생 arrangement [əréindʒmənt] 명 준비, 마련, 주선; 배열, 정돈

어원 ar(to) + range(line:줄) → (한 줄로) 세우다 → 2. 배열하다 → (배열·정돈하여) 1. 준비하다

40 **willing**
[wíliŋ]

(필요하다면 하기를 마다하지 않는): 형 **기꺼이 ~하는, 자발적인**

I'm *willing* to help you with whatever you need. Just tell me what you need.

파생 ⊖ unwilling [ʌnwíliŋ] 형 마음이 내키지 않는

어원 will(의지) + ing → (의지를) 가지고 있는 → 기꺼이 ~하는

41 **organize**
[ɔ́:rgənàiz]

(여러 요소를 모아 일정한) 동 **(체계를 갖추도록) 조직[정리]하다, 체계화하다**
(중요한) 동 **(행사·모임·여행 등을) 준비[조직]하다**

Computers can *organize* and store vast amounts of information.
She's *organized* lots of fun activities for the children.

파생 organization [ɔ̀rgənizéiʃən] 명 조직[체계]화; 조직(체), 단체
organizer [ɔ́:rgənàizər] 명 조직자

어원 organ(기관) + ize → (인체의 기관처럼) 조직화하다 → (조직해서) 준비하다

42 **coordinate**
[kouɔ́:rdənət]

(여러 부분이 전체적으로 서로) 동 **(조화를 이루게) 조직화하다, 잘 조화되다**

Because of the importance of the matter, we need someone to *coordinate* the whole project.

파생 coordination [kouɔ̀:rdənéiʃən] 명 조직(화); 조화
coordinator [kouɔ́:rdənèitər] 명 조정자

어원 co(together:함께) + ordin(order:질서) → (함께 질서를) 이루게 하다 → 조직화하다

---

39 다음 회의는 2월14일 목요일에 하기로 정해졌다. 40 필요하신 것은 무엇이든지 기꺼이 도와드리겠습니다. 필요한 것을 말씀만 해 주세요. 41 컴퓨터는 엄청난 양의 정보를 체계화하고 저장할 수 있다. / 그녀는 아이들을 위하여 많은 즐거운 놀이를 준비했다. 42 그 일의 중요성 때문에 우리는 전체 프로젝트를 조직화할 사람이 필요하다.

Day 26 Review Test

[1-30] 영어를 우리말로 바꾸세요.

1. enterprise	16. retire
2. firm	17. dismiss
3. establish	18. wage
4. constitute	19. aim
5. appoint	20. sake
6. subordinate	21. scheme
7. colleague	22. strategy
8. supervise	23. plot
9. administer	24. function
10. occupation	25. method
11. vocation	26. approach
12. recruit	27. tactic
13. resume	28. procedure
14. hire	29. willing
15. resign	30. coordinate

[31-35] 각 문장의 문맥에 맞는 적절한 단어를 찾아 넣으세요.

① procedure ② found ③ resume ④ strategy ⑤ retire

31. The college was _____ed in 1964 and has about 3,000 students.
32. If interested, send your _____ and salary requirements.
33. He had to _____ because of poor health.
34. They have a clear _____ to achieve this goal.
35. What's the _____ for placing a special order?

정답 31. ② 32. ③ 33. ⑤ 34. ④ 35. ①

Day 27 장소·이동 I

place & movement I

장소, 위치

≫ 테마 기본 어휘	place · location(위치) · position · point(지점) · area · zone(지역) · local(현지의) · put · place(놓다) set(놓다) · hang(걸다) · cover · space · room(빈 공간) · hole · gap(간격) · inside · inner(내부의) indoor(실내의) · interior(실내) · outside · outer(외부의) · outdoor(옥외의) · upper(더 위쪽의) · top · lower(더 낮은 쪽의) · bottom · base(맨 아래 부분) · front · ahead · back · behind · side · beside opposite(반대편의) · other · face(향하다) · middle · center · halfway · corner · edge(가장자리, 모서리) · margin(여백) · end · point(뾰족한 끝)

01 **spot**
[spat]

1. (특징적이거나 어떤 일이 있었던) 명 **(특정한) 장소[지점]**
2. (잘 보이지 않아) 동 **(찾기 힘든 것을) 찾아내다[발견하다]** → p67
3. (주변과 색깔이 다른) 명 **(작고 둥근) 점, 반점; (피부의) 발진** → p30
   (더러워진) 명 **(흙탕물·잉크 등의) 얼룩[더럼]** → p30

Many species of birds return to the same *spot* year after year.

02 **site**
[sait]

(중요하거나 특별한) 명 **(일·사건이 있었던) 장소; 유적; (사건의) 현장**
(특별한 용도로 쓰이는) 명 **(특정 용도의) 장소; (건축용) 부지**
동 **특정 장소에 위치시키다**

The museum was built on the *site* of a 17th-century palace.
This *site* has been chosen for the new international airport.

03 **district**
[dístrikt]

(한 국가의) 명 **(행정·선거 등의 목적으로 구분된) 구역, 지구, 지역**
(주변 지역과 구분되는) 명 **(특징이 있는) 지구, 지역, 구역**

District 4 is one of the poorest school *districts* in the city.
The company's main office is located in the heart of the business *district*.

어원 di(apart:분리) + strict(bind:묶다) → (따로 묶어) 분리시켜 놓은 곳 → **구역**

01 많은 종의 새들은 해마다 같은 장소로 되돌아온다. 02 그 박물관은 17세기 궁전이 있던 자리에 지어졌다. / 이 부지는 새로운 국제 공항 부지로 선정되었다. 03 4 구역은 그 도시에서 가장 가난한 학군 중의 하나이다. / 그 회사의 본사는 상업 지구 중심에 위치해 있다.

04 region
[ríːdʒən]

(문화·사회·지리적으로 구분한) 명 (명확한 경계가 없는) (넓은) 지역, 지방

The *region* produces over 40% of the country's rice.

파생 regional [ríːdʒənl] 형 지방[지역, 지대]의

어원 reg(rule:다스리다) + ion → '다스리는 곳'의 뜻에서 유래 → 지방, 지역, 지대

05 territory
[térətɔ̀ːri]

(한 국가·개인·단체의) 명 (통치권·소유권·세력 등이 미치는) 영토, 영역

Hong Kong officially became Chinese *territory* again in 1997.

파생 territorial [tèrətɔ́ːriəl] 형 영토[영역]의

어원 terri(land:땅) + tory → (통치권이 미치는) 땅 → 영토, 영역

06 province
[prάvins]

(한 나라의) 명 (광역 행정 단위): 주, 성, 현
(한 나라의) 명 (수도 이외의) 지방

Quebec is Canada's largest *province* in area, and the second in population.
The company extended its operations from London to the *provinces*.

파생 provincial [prəvínʃəl] 형 주[성, 현]의; 지방의

어원 pro(before:앞에) + vince(conquer:정복하다) → (로마) 앞에 정복된 땅 → 지방; 주

07 block
[blak]

1. (도시의) 명 (도로로 둘러싸인) 한 구획, 블록
(여러 구역으로 나누어져 있는) 명 한 채의 큰 건물
2. (지나가거나 통하지 못하게) 동 (길·통로 등을) 막다, 봉쇄하다
명 장애[방해](물) → p212
3. (돌·나무·금속 등의) 명 (네모 모양의) 덩어리, 블록 → p430

Our office is two *blocks* down on the left across from Dunkin Donuts.
Many people in Korean cities live in apartment *blocks*.

파생 blockage [blάkidʒ] 명 차단물, 막혀 있는 것

04 그 지역은 그 나라 쌀의 40% 이상을 생산한다. **05** 홍콩은 1997년 공식적으로 다시 중국의 영토가 되었다. **06** 퀘벡은 캐나다에서 면적은 가장 크고 인구는 두 번째로 큰 주이다. / 그 회사는 사업을 런던에서 지방으로 확대했다. **07** 우리 사무실은 두 블록 내려가서 던킨도넛츠 건너편 왼쪽에 있어요. / 한국 도시의 많은 사람들은 아파트 건물에 산다.

08 locate

[lóukeit]

1. (무엇을 어디에) 동 **위치시키다, ~에 차리다[두다]** (= situate)

2. (무엇이 있는 정확한) 동 **위치[소재, 장소]를 알아내다**

Our office is *located* in downtown San Francisco.

파생 location [loukéiʃən] 명 소재, 위치

어원 loc(place:장소) + ate → 1. 위치시키다 2. 장소를 알아내다

09 situate

[sítʃuèit]

(locate의 격식 차린 말): 동 **위치시키다, ~에 차리다[두다]** (= locate)

The hotel is *situated* three miles south of downtown.

어원 situ(site:장소) + ate → (어떤 장소에) 위치시키다

10 lay

[lei]

1. (바닥과 수평이 되게) 동 **눕히다, (눕히듯이) 두다[놓다]**

2. (새·곤충 등이) 동 **알을 낳다** → p409

She *laid* the baby gently down on the bed.

11 arrange

[əréindʒ]

1. (일정한 차례나 간격으로) 동 **(가지런히) 배열[정돈]하다**

2. (회의·파티·여행 등에 필요한 것을) 동 **(미리) 마련[주선, 준비]해 놓다** → p330

The files were *arranged* in alphabetical order by file title.

파생 arrangement [əréindʒmənt] 명 배열, 정돈; 준비, 마련, 주선

어원 ar(to) + range(line:줄) → (한 줄로) 세우다 → 1. 배열하다 → (배열·정돈하여) 2. 준비하다

12 install

[instɔ́:l]

(쓸 수 있도록 있어야 할 자리에) 동 **(장치·가구 등을) 설치하다**

My computer doesn't have enough memory to *install* the software.

파생 installation [ìnstəléiʃən] 명 설치

어원 in + stall(place:장소) → (어떤 장소에) 놓다 → 설치하다

---

08 우리 사무실은 샌프란시스코 시내에 위치해 있다. **09** 그 호텔은 시내에서 3마일 남쪽에 위치해 있다. **10** 그녀는 아기를 부드럽게 내려 침대에 눕혔다. **11** 그 파일들은 파일 제목에 따라 알파벳 순서로 배열되어 있었다. **12** 내 컴퓨터는 그 소프트웨어를 설치할 만큼 메모리 용량이 충분하지 않다.

13 **lean**
[liːn]

1. (몸 · 물건을 비스듬히) 동 (다른 것에) 기대다, 의지하다, 기대어 놓다
2. (건물 · 나무 등이) 동 (똑바르지 않고) 기울다, 기울이다 → p436
(똑바른 자세에서) 동 (특정 방향으로) 몸을 굽히다[숙이다, 젖히다] → p436
3. (건강해 보이게) 형 (군살이 없이) 마른, 호리호리한 → p60

A man stood *leaning* against the wall and the other sat in the chair.

14 **rest**
[rest]

1. (지탱이 되도록) 동 (무엇을 다른 것) (~ 위에) 놓(이)다, (~에) 기대(어 있)다
2. (일하지 않으면서 기력 · 안정을 되찾기 위한) 명 휴식 동 쉬다, 휴식하다 → p84
3. (전체에서 일정 부분 이외의) 명 나머지, 잔여 → p494

She sat next to him and *rested* her head on his shoulder.

파생 restful [réstfəl] 형 휴식[평안]을 주는
restless [réstlis] 형 가만히 있지 못하는, 불안한

어원 re(back:뒤) + st(stand:서다) → (뒤에) 서 있다
- (뒤로) 기대고 서다 → 1. 놓다, 기대다
- (뒤에 서서) 2. 휴식하다
- (남겨져서) 뒤에 서 있는 것 → 3. 나머지

15 **pile**
[pail]

(물건을) 명 (겹겹이 포개어) 쌓아 올린 더미 동 쌓아 올리다

Dirty dishes were *piled* high in the sink when he entered the kitchen.

16 **stack**
[stæk]

(차곡차곡) 명 (가지런히) 쌓아 올린 더미 동 쌓다, 쌓이다

There were *stacks* of books and papers on every desk.

17 **layer**
[léiər]

(표면 위를 덮고 있거나 두 면 사이를 채우고 있는 물질 · 물체의) 명 층, 켜, 막
동 층지게 하다, 층으로 놓다

The old book was covered with a thick *layer* of dust.

어원 lay(놓다) + er → (놓여진) 것 → 층

13 한 남자는 벽에 기대어 서 있었고 다른 사람은 의자에 앉아 있었다. 14 그녀는 그의 옆에 앉아 그녀의 머리를 그의 어깨에 기댔다. 15 그가 부엌에 들어가자 더러운 접시들이 싱크대에 높이 쌓여 있었다. 16 모든 책상 위에는 책과 서류를 쌓아 올린 더미가 있었다. 17 그 낡은 책은 두꺼운 먼지 층으로 덮여 있었다.

18 wrap

[ræp]

(장식·보호용으로 물건을) 동 (종이·천 등으로) 싸다, 포장하다
명 랩, 싸는 물건[종이]

My boyfriend handed me a beautifully *wrapped* birthday present.

파생 ⊖ unwrap [ʌnrǽp] 동 포장을 끄르다

19 suspend

[səspénd]

1. (윗부분이 높은 곳에 고정되어) 동 (공중에 떠있게) 매달다, 걸다
2. (공식적으로) 동 (일의 진행·실행을) (일시) 중지[유예]하다, 연기[유보]하다 → p389
   (일정 기간 등교나 출근을 못하게) 동 (처벌로서) 정학[정직]시키다 → p389

Various colored balloons were *suspended* from the ceiling.

파생 suspension [səspénʃən] 명 연기, 보류, 유예; 정직, 정학
suspense [səspéns] 명 서스펜스, 긴장감

어원 sus(under:아래) + pend(hang:매달다)
- (공중에 떠있게) 1. 매달다,
- (진행·실행 되지 않게) 2. 중지[유보]하다
- (등교나 출근을 못하게) 2. 정학[정직]시키다

20 insert

동 [insə́:rt]
명 [ínsə:rt]

(다른 것 속에 또는 틈·구멍 사이에) 동 끼워[집어] 넣다, 삽입하다 명 삽입물

He *inserted* a coin in the vending machine and pressed a button.

파생 insertion [insə́:rʃən] 명 삽입

어원 in(안) + sert(join:합치다) → (안으로) 합치다 → 삽입하다

21 tip

[tip]

1. (길고 가느다란 물체의) 명 (뾰족한) 끝, 첨단
2. (시중든 사람에게 감사의 뜻으로 주는) 명 팁, 사례금 동 팁을 주다 → p320
3. (무슨 일을 하는 데 유용한) 명 (간단한) 조언, 정보, 비결 → p140
4. (다른 쪽보다) 동 (한쪽이 높아져서) 기울어지다, 기울이다

She stood on the *tips* of her toes to reach the top shelf.

어원 tip → 팁, 끝, 조언, 기울어지다 4가지 주요 뜻으로 암기 (각각 다른 어원에서 유래)

---

18 내 남자친구가 내게 아름답게 포장된 생일 선물을 건네주었다. 19 다양한 색깔의 풍선이 천장에 매달려 있었다.
20 그는 자동판매기에 동전을 집어 넣고 버튼을 눌렀다. 21 그녀는 맨 위의 선반에 닿으려고 발가락 끝으로 섰다.

22 internal

[intə́:rnl]

(외부에 대하여) 형 내부의, 체내의, 내면의

The economic crisis facing the country was caused by *internal* factors.

파생 ⊖ external [ikstə́:rnl] 형 외부의, (단체) 외부의, 국외의, 외면의

어원 intern(inward:내부로) + al → 내부의

23 overhead

[óuvərhed]

(무엇의 위치가) 부 머리 위에, 하늘 높이 형 머리 위의, 머리 위를 지나는

The crowd cheered wildly as a plane flew *overhead*.

어원 over(위에) + head(머리) → 머리 위에

24 rear

[riər]

1. (어떤 것) 명 (특히 차량·건물 등의) 뒷부분

2. (다 자랄 때까지 보살펴서) 동 (어린 아이나 동물을) 기르다

He sat in an empty seat in the *rear* of the bus.

25 vacuum

[vǽkjuəm]

(공기 등의 물질이 전혀 없는) 명 진공; 진공 청소기 (= vacuum cleaner)
동 진공청소기로 청소하다

My husband *vacuumed* all the rooms and the halls.

어원 vac(empty:빈) + uum → (완전히) 비어 있는 곳 → 진공

Day27

동의어 레슨

지역, 구역	
area	(표면·공간·지리상의 한 부분): 지역, 구역, 부분
zone	(특징·용도가 주변 지역과 뚜렷이 구분되는 특정) 지역, 지대, 구역
district	(행정·선거 등의 목적에 따라 경계를 지어 나눈) 구역, 지구, 지역 (어떤 특징이나 특색이 있는) 지구, 지역, 구역
region	(명확한 한계 없이 문화·사회·지리적으로 구분한 넓은) 지방, 지역
기대다, 기대어 놓다	
lean	(몸·물건을 다른 것에 비스듬히) 기대다, 의지하다, 기대어 놓다
rest	(어떤 것을 다른 것에 의해 지탱이 되도록) 놓(이)다, 기대(어 있)다

22 그 나라가 직면하고 있는 경제 위기는 내부 요인에 의해 일어났다. 23 비행기가 머리 위로 날아가자 관중들은 열광적으로 환호성을 질렀다. 24 그는 버스 뒷부분의 빈자리에 앉았다. 25 내 남편은 모든 방과 복도를 진공청소기로 청소했다.

왕래발착

≫ 테마 기본 어휘	come · arrive · get(도착하다) · reach(도달하다) · call(불러내다) · go · head(향하여 가다) · return·pass· cross · leave(떠나다) · start(길을 나서다) · stay · remain · leave(남겨 놓다) · wait · await(기다리다) · lead(인도하다) · follow

26 **bound**
[baund]

1. (배·기차·여행자 등이) 형 **~로 가는 (도중인), ~행(行)인** [for]
2. (이전에 늘 그러했기 때문에) 형 **~임[할 것]이 틀림없는**
3. (법적·도덕적으로, 또는 의무상) 형 **~ 해야 하는, 속박[구속]된**
4. (무엇이 허용되는) 명 (-s) **(사회적·법적인) 한계, 경계**
동 **~의 경계를 짓다[나타내다]**
5. (힘차게) 동 **(신이 나서) 껑충껑충 달리다[뛰어가다]** 명 **껑충 뛰기** → p81

This train is *bound* for Boston via New York City.

파생 bind [baind] 동 묶다, 동여매다; 의무를 지우다, 구속하다; 결속시키다
boundless [báundlis] 형 한[끝]이 없는

27 **via**
[váiə]

(중간에 어디를 거쳐서, 또는 무엇을 매개로 하여): 전 **~을 경유하여[통하여]**

The event will be broadcast live *via* satellite to 9 countries.

28 **approach**
[əpróuʧ]

1. (장소·사람 쪽으로 가까이) 동 **접근하다, 다가가다** 명 **접근**
2. (어떤 문제를 다루거나 해결하기 위한 특별한 방법): 명 **접근[처리] 방법** → p329
동 **(일·문제 등에) 접근[착수]하다**

A tourist *approached* me and asked the way to the museum.

어원 ap(to) + proach(come nearer:더 가까이 오다) → 1. 접근 → (해결을 위한) 2. 접근 방법

29 **access**
[ǽkses]

(장소·사람·물건에) 명 **접근[입장, 접촉, 이용]할 수 있는 방법[권리, 기회]**
동 **(컴퓨터 정보에) 접속하다**

We can *access* all kinds of information on the Internet.

파생 accessible [æksésəbl] 형 접근하기 쉬운

어원 ac(to:방향) + cess(go:가다) → (향하여) 가기 → 접근

26 이 기차는 뉴욕시를 경유하는 보스턴행 기차이다. 27 그 행사는 위성을 통해 9개국에 생방송된다. 28 한 관광객이 내게 접근을 해서 박물관으로 가는 길을 물었다. 29 우리는 인터넷 상에서 온갖 종류의 정보에 접속할 수 있다.

30 **accompany**

[əkʌmpəni]

(그 사람이 가는 곳으로) 동 **(누군가와) 함께 가다, 동행하다**
(어떤 것에 다른) 동 **(일·현상 등이) 동반되다, 함께 일어나다**

Children under eight should be *accompanied* by a parent.
The disease is almost always *accompanied* by a high fever.

어원 ac(to:방향) + company(함께 있음) → (어디로) 함께 가다 → **동행하다**

31 **escort**

명 [éskɔ:rt]
동 [iskɔ́:rt]

(보호·안내를 하려고) 동 **호위[호송, 에스코트]하다** 명 **호위[호송]자[대]**

After delivering a short speech, he was *escorted* by body guards to his car.

어원 es(out:밖) + cort(correct:올바른) → (올바른 길로) 밖으로 인도하다 → **호위하다**

32 **summon**

[sʌmən]

(어느 곳으로 오라고) 동 **(명령을 해서) 호출[소환, 소집]하다**
명 **호출, 소환, 소집**

The President immediately *summoned* an emergency meeting to deal with the crisis.

어원 sum(under) + mon(remind:알리다) → (알려서) 오게 하다 → **호출[소환]하다**

Day27

33 **depart**

[dipɑ́:rt]

(사람·열차·비행기 등이) 동 **(여행을 시작하기 위해) 출발하다, 떠나다**

This flight *departs* at 11:00 am and arrives in Chicago at 4:30 pm.

파생 departure [dipɑ́:rtʃər] 명 출발, 떠남

34 **discharge**

[distʃɑ́:rdʒ]

1. (병원·군대·교도소 등에서) 동 **퇴원[제대, 석방]시키다; (직장에서) 해고하다**
명 **내보냄; 퇴원, 제대, 석방**

2. (밖으로) 동 **(기체·액체·전기 등을) 방출[배출]하다** 명 **방출[배출](물)** → p500

He was *discharged* from the hospital thirteen days after the operation.

어원 dis(opposite:반대) + charge(짐을 싣다) → (짐을) 내리다 → 내보내다 → **1. 내보냄 2. 방출**

30 여덟 살 미만의 어린이들은 부모와 동행해야 한다. / 그 병은 거의 항상 고열이 동반된다. 31 짧은 연설은 한 후 그는 보디가드들의 호위를 받으며 그의 차로 갔다. 32 대통령은 그 위기를 다룰 긴급 회의를 즉시 소집했다. 33 이 항공편은 오전 11시에 출발하여 시카고에 오후 4시30분에 도착합니다. 34 그는 수술을 받고 13일 후에 병원에서 퇴원했다.

35 dismiss
[dismís]

1. (일이 끝났거나 있게 할 필요가 없어서) 통 **물러가게 하다, 해산시키다**
2. (고용주가 고용된 사람을) 통 **해고[해임]하다** → p326
3. (고려나 거론할 가치가 없다고) 통 **묵살[일축]하다; (생각 등을) 버리다** → p151

Today the class was *dismissed* earlier than usual.

파생 dismissal [dismísəl] 명 물러가게 함, 해산; 해고, 해임; 묵살, 일축

어원 dis(apart:떨어져) + miss(send:보내다) → (떨어뜨려) 내보내다 → **해산[해고, 묵살]하다**

36 expel
[ikspél]

(조직·나라 밖으로) 통 **(부적격자를) 쫓아내다, 제명[퇴학, 추방]시키다**

Anyone who breaks this rule will immediately be *expelled* from camp.

파생 expulsion [ikspʌ́lʃən] 명 제명, 퇴학, 추방

어원 ex(out:밖) + pel(drive:몰다) → (밖으로) 몰아내다 → **쫓아내다**

37 banish
[bǽniʃ]

(특정 장소나 나라 밖으로 돌아오지 못하게) 통 **(처벌로서) 추방하다, 내쫓다**

He was found guilty and *banished* to Africa for ten years.

파생 banishment [bǽniʃmənt] 명 추방

38 exile
[égzail]

(정치적 이유로 다른 나라로 쫓겨난 상태): 명 **망명(자), 추방[유배](된 사람)**
통 **망명을 가게 만들다; 유배[추방]하다**

He is now living in *exile* in London with his wife.

어원 ex(away:떨어져) + ile(wander:떠돌아다니다) → (떨어져서) 떠돌아다니는 상태 → **망명**

39 overtake
[òuvərtéik]

(앞에 가는) 통 **(사람·차 등을) 뒤따라 앞지르다, 추월하다**
(상대를) 통 **(크기·수준·능력 등에서) 앞지르다, 추월[능가]하다**

He changed gear to *overtake* a car ahead of him.
Smartphones will soon *overtake* personal computers in sales.

어원 over(넘어서) + take(잡다) → (무엇을 붙잡은 후) 그것을 넘어가다 → **추월[능가]하다**

35 오늘은 수업이 보통 때보다 일찍 끝났다. 36 이 규칙을 어기는 사람은 누구라도 즉시 캠프에서 쫓겨날 것이다. 37 그는 유죄 판결을 받고 10년 동안 아프리카로 추방되었다. 38 그는 현재 런던에서 부인과 함께 망명 생활을 하고 있다. 39 그는 앞에 있는 차를 추월하기 위해 기어를 바꾸었다. / 스마트폰은 판매에 있어서 곧 개인용 컴퓨터를 능가할 것이다.

40 chase
[ʧeis]

1. (달아나는 사람·동물을 붙잡으려고) 동 (급히) 뒤쫓다, 추격하다 명 추적, 추격
2. (애를 쓰면서) 동 (부·성공·명예 등을) 좇다, 추구하다 명 추구 → p300

The children were playing and *chasing* each other.

41 pursue
[pərsúː]

1. (도망하는 사람·동물을 붙잡으려고) 동 (계속 뒤를 밟아) 추적하다, 뒤쫓다
2. (오랜 기간 부단히) 동 (어떤 일을) 밀고 나가다, (목적을) 추구하다 → p299

The police officers *pursued* him, yelling at him to stop.

파생 pursuit [pərsúːt] 명 추적; 추구

어원 pur(forward:앞으로) + sue(follow:따라가다) → (앞으로) 따라가다 → 추적[추구]하다

42 trail
[treil]

1. (남기고 간) 동 (자취·행적 등을 쫓아서) 추적하다, 뒤쫓다 (= track)
2. (남아 있는) 명 (동물·사람 등의) 자취, (길게 늘어진) 자국, 흔적 → p432
3. (무엇을) 동 (바닥에 댄 채 뒤로) 끌다, 끌리다 → p365
4. (사람·짐승이 밟고 다녀서 생긴) 명 (들판·산중의) 오솔길

Police *trailed* the suspect for six months prior to his arrest.

파생 trailer [tréilər] 명 트레일러

어원 끌다(draw)의 뜻에서 유래 → 3. (질질) 끌다
┌ (끌고 간) 2. 자국, 흔적 4. 오솔길
└ (끈 자국을 쫓아) 1. 뒤쫓다

43 track
[træk]

1. (남기고 간) 동 (자취·행적 등을 쫓아서) 추적하다, 뒤쫓다 (= trail)
2. (지나간 후에 남은) 명 (-s) (사람·짐승·차량의) (잇따른) 자국[자취] → p432
3. (사람·짐승이 밟고 다녀서 생긴) 명 (표면이 거친) 작은 길 → p538
(이동하는 길): 명 (기차의) 철도 선로; (육상 등의) 경주로, 트랙 → p538

The hunters *tracked* bears with specially trained dogs.

어원 끌다(draw)의 뜻에서 유래
┌ (끌고 간) 2. 자국, 흔적 → (끈 자국을 쫓아) 1. 뒤쫓다
└ (끌려서) 생긴 길 → 3. 오솔길; 철도; 경주로

40 아이들은 장난을 치면서 서로의 뒤를 쫓았다. 41 그 경찰관들은 그에게 멈추라고 소리를 지르며 그를 뒤쫓았다. 42 경찰은 체포하기 전까지 6개월 동안 용의자를 추적했다. 43 사냥꾼들은 특별히 훈련받은 개들과 함께 곰들을 추적했다.

이동, 움직임 (1)

≫ 테마 기본 어휘	move · motion(운동, 동작) · mobile(이동식의) · enter · exit(출구) · rise(오르다) · climb · fall · drop · turn(돌다) · shake

44 **shift**

[ʃift]

(이것에서 저것으로) 동 (장소·위치·방향 등을) 바꾸다, 바뀌다, 이동[변경]하다[되다]
명 이동, 변화, 전환; 교대 근무 (시간), 교대조

He *shifted* from first gear to second and then to third quickly.

45 **transfer**

동 [trænsfə́:r]
명 [trǽnsfər]

(장소·직장·학교·교통수단·소유권 등을 바꾸어 다른 곳이나 대상으로)
동 옮기다, 옮기게 하다, 이동[전근, 이전, 전학, 환승, 양도]하다[시키다]
명 이동, 전근, 이전, 전학, 환승, 양도

The company's head office was *transferred* from London to Manchester.
The next year he *transferred* to another school and I didn't hear from him again.

파생 transferable [trænsfə́:rəbl] 형 이동[양도]할 수 있는

어원 trans(across:횡단) + fer(carry:옮기다) → (건너서 다른 곳으로) 옮기다

46 **migrate**

[máigreit]

(일자리를 찾아 또는 살기 위해 다른 곳으로) 동 (사람들이) 이주하다
(철을 따라 주기적으로 이리저리) 동 (새·물고기·동물이) 이동[이주]하다

Many workers *migrate* in search of better jobs and higher wages.
Those birds *migrate* south in winter and return north in the spring.

파생 migration [maigréiʃən] 명 이주, 이동
migrant [máigrənt] 명 이주자, 이동하는 동물
immigrate [ímәgrèit] 동 (다른 나라에서) 이주해 오다
immigrant [ímigrənt] 명 이주민
emigrate [émigrèit] 동 (다른 나라로) 이주해 가다
emigrant [émigrənt] 명 이주민

어원 migr(move:이동하다) + ate → 이주[이동]하다

44 그는 기어를 1단에서 2단 그리고 3단으로 신속하게 변경했다. 45 그 회사의 본사는 런던에서 맨체스터로 이전했다. / 그 다음 해에 그는 다른 학교로 전학을 갔고 다시는 그에게서 소식을 듣지 못했다. 46 많은 노동자들이 더 좋은 일자리와 더 높은 임금을 찾아 이주한다. / 저 새들은 겨울에는 남쪽으로 이동했다가 봄에 북쪽으로 돌아온다.

Day 27 Review Test

[1-30] 영어를 우리말로 바꾸세요.

1. spot	16. vacuum
2. district	17. approach
3. territory	18. access
4. province	19. accompany
5. locate	20. summon
6. situate	21. depart
7. lay	22. discharge
8. install	23. dismiss
9. lean	24. expel
10. rest	25. banish
11. pile	26. exile
12. stack	27. pursue
13. layer	28. trail
14. suspend	29. track
15. rear	30. migrate

[31-35] 각 문장의 문맥에 맞는 적절한 단어를 찾아 넣으세요.

① summon ② district ③ migrate ④ locate ⑤ pile

31. The speed limit in most residential _____s is 25 miles per hour.
32. The opera house is _____d next to the city hall.
33. There was a _____ of books on the desk.
34. He has been _____ed to appear in court.
35. Thousands of foreign workers _____ into the country each year.

정답 31. ② 32. ④ 33. ⑤ 34. ① 35. ③

Day 28 장소·이동 II

place & movement II

이동, 움직임 (2)

≫ 테마 기본 어휘	move · motion(운동, 동작) · mobile(이동식의) · enter · exit(출구) · rise(오르다) · climb · fall · drop · turn(돌다) · shake

01 **portable**
[pɔ́ːrtəbl]

(가지고 다니기에 알맞게 만들어진): 형 **휴대용의, 운반에 편리한**

A notebook computer is a small and lightweight *portable* computer.

파생 portability [pɔ̀ːrtəbíləti] 명 휴대할 수 있음

어원 port(carry:가지고 다니다) + able → 가지고 다닐 수 있는 → 휴대용의

02 **still**
[stil]

1. (움직이지 않고 같은 상태로) 형 **가만히 있는, 정지한, 고요한**
2. (그때까지 전과 다름 없이 계속해서) 부 **여전히, 아직(도)** → p368

Why can't you sit *still*? You're jumping about all over the place.

03 **jam**
[dʒæm]

1. (무엇에 걸려서) 동 **(문·기계 등이) 움직이지 못하게 되다[하다]** 명 **걸림, 고장**
2. (많은 사람·물건을) 동 **(좁은 공간에) 잔뜩 밀어[쑤셔] 넣다** 명 **꽉 들어참, 혼잡**
3. (빵·과자 등에 발라 먹는) 명 **잼** → p40

The copy machine keeps *jamming*, and my computer keeps crashing.

파생 jammed [dʒæmd] 형 움직일 수 없는; 빽빽이 찬, 몹시 붐비는

01 노트북 컴퓨터는 작고 무게가 가벼운 휴대용 컴퓨터이다. 02 왜 가만히 앉아있지 못하니? 넌 온 데를 다 뛰어다니는구나. 03 복사기는 종이가 자꾸 걸리고 내 컴퓨터는 계속 갑자기 서 버린다.

04 **stick**
[stik]

1. (어디에) 동 (갇혀[빠져, 끼여]서) 꼼짝하지 않다[꼼짝 못하게 하다]
2. (가늘고 기다란 모양의) 명 나무토막, 막대기, 채 → p418
3. (무엇을 다른 것에) 동 (풀 등으로) 붙이다, 붙다 → p490
4. (속으로) 동 (끝이 뾰족한 것을) 찌르다, 찔리다, 꽂다, 꽂히다

Our car was *stuck* in the mud in the middle of heavy rain.

파생 sticky [stíki] 형 끈적거리는

어원 2. 막대기 → (막대기로) 4. 찌르다, 꽂다 ┬ (꽂아서) 3. 붙이다
└ (붙여서) 1. 꼼짝 못하게 하다

05 **admit**
[ædmít]

1. (극장·공연장·경기장 등의) 동 (공공장소로의) 입장을 허락하다
(누구를) 동 (조직·모임·학교 등의) 입회[입학]를 허락하다
2. (마지못해 무엇이 옳다고 혹은 그렇다고) 동 인정하다 → p147
3. (환자를) 동 (병원에) 입원시키다

Greece was *admitted* to the European Community in 1981.

파생 admission [ædmíʃən] 명 입장[입학, 입회] (허가), 입장료; 인정; 입원
admittance [ædmítns] 명 입장 (허가)

어원 ad(to) + mit(send:보내다) → (~에) 들여 보내다 → 입장을 허락하다, 입원시키다, 인정하다

06 **squeeze**
[skwi:z]

1. (여유가 없는) 동 (좁은 곳에) (억지로) 쑤셔 넣다, 비집고 들어가다
2. (힘 있게) 동 (손가락을 오므려) 꽉 쥐다[죄다] 명 꽉 쥐기 → p364
(누르거나 비틀어서 속에 든) 동 (물기·즙 등을) 짜다, 짜내다 명 짜내기 → p364

The six men managed to *squeeze* into the car.

07 **penetrate**
[pénətrèit]

(물체나 장소) 동 (속으로) 뚫고 들어가다[나가다], 꽂히다, 관통[침투]하다

The arrow *penetrated* the tree right above his head.

파생 penetration [pènətréiʃən] 명 관통, 침투

어원 pene(within:안에) + tr(enter:들어가다) → (안으로) 들어가다 → 뚫고 들어가다, 관통하다

04 우리 차는 큰비가 오는 가운데 진창에 빠져 꼼짝 하지 않는다. **05** 그리스는 1981년에 유럽 공동체 가입이 허락되었다. **06** 6명의 남자들은 용케 비집고 들어가 차에 탔다. **07** 화살은 그의 머리 바로 위의 나무를 뚫고 들어갔다.

[08] progress

명 [prɑ́gres]
동 [prəgrés]

1. (서서히) 동 (앞으로) 나아가다, 전진하다; (시간이) 경과하다 명 전진
2. (더 나은 단계로 점차) 동 (일이) 진척되다, 진전을 보이다 명 진척, 진전 → p485

A police car was *progressing* carefully down the road.

파생 progressive [prəgrésiv] 형 꾸준히 진행되는, 점진적인; 진보적인 명 진보주의자

어원 pro(forward:앞으로) + gress(go:가다) → (앞으로) 1. 나아가다 2. 진행되다

[09] proceed

[prəsíːd]

1. (서 있다가) 동 (특정 방향으로) 나아가다, 향하여 가다
2. (이미) 동 (시작·계획된 일을) 계속 진행하다[되다] [with] → p391
   (다른 일을 먼저 하거나 잠깐 멈춘 후) 동 계속해서[이어서] ~을 하다 → p391

Will all passengers on flight FEA132 to Heathrow London, please *proceed* to gate 10.

어원 pro(forward:앞으로) + ceed(go) → (앞으로) 가다 → (앞으로) 1. 나아가다 2. 계속 진행하다

[10] advance

[ædvǽns]

1. (적을 공격하기 위해) 동 (군대가) 전진[진격]하다 명 전진, 진격
2. (더 나은 단계로) 동 (실력·수준·기술 등이) 향상[진보]되다[시키다]
   명 향상, 진보 → p485
3. (어떤 일이 있기 이전에) 형 미리[앞서서] 하는, 사전의 명 선금, 선불 → p380

The army *advanced* deep into the enemy's territory.

파생 advancement [ædvǽnsmənt] 명 발달, 진보
advanced [ædvǽnst] 형 선진의, 고급[상급]의

어원 adv(from) + ance(before:앞)
- (~로부터 앞으로) 나아가다 → 1. 전진하다 2. 향상되다
- (현재로부터) 더 앞선 시간의 → 3. 사전의, 미리 하는

[11] recede

[risíːd]

(있던 자리에서) 동 (서서히) 물러나다, 멀어지다; 약해[희미해]지다

The door closed and the footsteps *receded* into the distance.

파생 recession [riséʃən] 명 물러남, 후퇴; 경기 후퇴, 불경기

어원 re(back:뒤로) + cede(go:가다) → (뒤로) 가다 → 물러나다; 약해지다

---

08 경찰차 한 대가 도로를 따라 조심스럽게 앞으로 나아가고 있었다. 09 히드로 런던행 FEA132 항공편의 모든 승객들은 게이트 10으로 이동해 주십시오. 10 군대는 적 진영 깊숙이 진격했다. 11 문이 닫히고 발소리가 차츰 멀어져 갔다.

12 withdraw

[wiðdrɔ́:]

1. (있던 곳에서) 동 (뒤로) 물러나다[빼내다]; (군대가) 철수하다[시키다]
2. (이미) 동 (했거나 하기로 한 것을) 철회하다, 도로 거둬들이다 → p390
3. (참가를 중단하고) 동 (조직·활동·경기 등에서) 탈퇴[기권]하다[시키다] → p501
4. (은행에서) 동 (예금을) 인출하다 → p289

The United States *withdrew* its troops from Vietnam in 1973.

파생 withdrawal [wiðdrɔ́:əl] 명 철수; 철회; 탈퇴, 기권; 인출

어원 with(back:뒤) + draw(끌어당기다) → (뒤로) 끌어당기다 → 철회[철수, 인출]하다

13 retreat

[ritrí:t]

(안전·조용한 곳으로) 동 (전투에 패해) 후퇴하다; (위험·어려움을 피해) 도피하다 명 후퇴; 도피; 조용한 곳

The army was heavily attacked and forced to *retreat*.

어원 re(back:뒤) + treat(draw:끌다) → (뒤로) 끌다 → 물러나다

14 ascend

[əsénd]

(낮은 곳에서) 동 (높은 곳이나 공중으로) 올라가다, 오르다

Slowly she *ascended* the steep, narrow stairs.

파생 ascent [əsént] 명 올라감; 상승, 향상; 오르막(길)

어원 a(to:방향) + scend(climb:오르다) → 올라가다

15 descend

[disénd]

(높은 곳에서) 동 (낮은 곳으로) 내려가다[오다]

Our plane began to *descend* toward the airport.

파생 descent [disént] 명 내려감; 내리막; 가계, 혈통

어원 de(down:아래) + scend(climb:오르다) → (아래로) 내려가다

16 dip

[dip]

1. (아래로) 동 (위치·수준 등이) 내려가다[게 하다], 떨어지다[뜨리다] 명 하락, 감소
2. (잠깐 넣었다가 곧바로 빼내다): 동 (액체 속에) 살짝 담그다 명 살짝 담그기 → p423

The sun *dipped* below the horizon and the sky grew dark.

12 미국은 1973년 베트남에서 군대를 철수시켰다. 13 그 군대는 심하게 공격을 받고 후퇴해야만 했다. 14 그녀는 가파르고 좁은 계단을 천천히 올라갔다. 15 우리의 비행기가 공항 쪽으로 하강하기 시작했다. 16 태양은 지평선 아래로 지고 하늘을 어두워졌다.

17 tumble
[tʌmbl]

1. (데굴데굴 돌면서) 동 굴러 떨어지다 명 굴러 떨어지기
2. (급속히) 동 (수량·가치 등이) 폭락[급락]하다 (= plummet, plunge) 명 폭락 → p460

She lost her balance and *tumbled* down the stairs.

18 plummet
[plʌmit]

1. (아주 높은 데서 급속히) 동 수직으로 떨어지다
2. (급속히) 동 (수량·가치 등이) 폭락[급락]하다 (= tumble, plunge) → p460

Suddenly the plane *plummeted*, and exploded once it hit the ground.

19 plunge
[plʌndʒ]

1. (갑자기) 동 (아래/앞/속으로) 떨어지다[뜨리다], 내던(져)지다, 뛰어들다
명 (갑자기) 떨어짐, 추락, 뛰어듦
2. (급속히) 동 (수량·가치 등이) 폭락[급락]하다 (= tumble, plummet) 명 폭락 → p461

He lost his balance and *plunged* into the river.

20 rotate
[róuteit]

(물체 자체가 또는 그 주변을) 동 (축을 중심으로) 회전하다[시키다] (= revolve)
(일·사람·사물 등이) 동 (주기적으로 서로 바뀌도록) 교대[순환]하다[시키다]

The train's wheels began to *rotate* slowly.
The chairmanship of the committee *rotates* among the members.

파생 rotation [routéiʃən] 명 회전
rotary [róutəri] 형 회전하는

어원 rot(wheel:바퀴) + ate → (바퀴와 같이) 회전하다

21 revolve
[rivɑ́lv]

(물체 자체가 또는 그 주변을) 동 (축을 중심으로) 회전하다[시키다] (= rotate)

The earth rotates on its axis and *revolves* around the sun.

파생 revolution [rèvəlú:ʃən] 명 회전; (천체의) 공전; 혁명

어원 re(again:다시) + volve(roll:돌다) → (계속해서) 돌다 → 회전하다

17 그녀는 몸의 균형을 잃고 계단에서 굴러 떨어졌다. 18 갑자기 비행기는 수직으로 떨어졌고 땅에 추락하자 폭발했다. 19 그는 몸의 균형을 잃고 강 속으로 떨어졌다. 20 기차의 바퀴들이 서서히 회전하기 시작했다. / 위원회의 의장직은 회원들이 돌아가면서 맡는다. 21 지구는 축을 중심으로 자전하고 태양의 둘레를 공전한다.

22 **spin**

[spin]

(아주 빠르고 안정되게) 동 **(물체 자체가) 빙빙 돌다[돌리다]** 명 **회전**

The engine was started and the propellers instantly began to *spin*.

23 **swirl**

[swə:rl]

(물·바람·먼지 등이) 동 **소용돌이치다[게 하다], (휘감으며) 빙빙 돌다[게 하다]**
명 **소용돌이(치는 모양)**

The water *swirled* down the drain of the sink.

24 **circulate**

[sə́:rkjulèit]

1. (주기적으로 되풀이하여 돌면서) 동 **(공기·혈액 등이) 순환하다[시키다]**

2. (널리 퍼지면서) 동 **(정보·소문·물품 등이) 유포[유통]되다[시키다]** → p500

Blood *circulates* throughout the whole body.

파생 circulation [sə̀:rkjuléiʃən] 명 유포, 유통; 순환

어원 circul(around:둘레에) + ate → (둘레를) 돌게 하다 → 순환[유통]시키다

25 **roll**

[roul]

1. (바닥에서 돌면서) 동 **(둥근 물건이) 구르다, 굴러가다, 굴리다**
(넓적한 물건을 원통·공 모양으로) 동 **(둥글게) 말다[감다]**
명 **구르기, 굴리기; 둥글게 만 것, 통, 두루마리**

2. (파도·기류의 영향으로) 동 **(배·비행기가) 좌우로 흔들리다[흔들리게 하다]**
명 **(배·비행기의 좌우) 흔들림**

The ball *rolled* slowly toward third base and stopped.
He *rolled* up his sleeves and washed the dishes.

어원 작은 바퀴(little wheel)의 뜻에서 유래
- (바퀴처럼) 1. 구르다, 굴리다
- (바퀴를 굴려서 넓적한 물건을) 1. 말다, 감다
- (바퀴 위에 있듯이) 2. 좌우로 흔들리다

26 **overturn**

[òuvətə́:rn]

(사물의) 동 **(위아래가) 뒤집히다, 뒤집다, 전복되다[시키다]**

The car hit the truck and then *overturned*.

어원 over(뒤집어) + turn(돌다) → 뒤집히다, 뒤집다

Day 28

22 엔진에 시동을 걸자 프로펠러가 즉시 돌기 시작했다. 23 물이 소용돌이치며 싱크대의 배수구로 빠져나갔다. 24 피는 몸 전체를 다 순환한다. 25 공이 3루 쪽으로 천천히 굴러가다가 멈추었다. / 그는 소매를 말아 올리고 설거지를 했다. 26 자동차가 트럭에 부딪쳐 전복되었다.

[27] **invert**
[invə́ːrt]

(순서·위치가 거꾸로/반대로 되게) 동 **앞뒤를 바꾸다; (위아래를) 뒤집다**

The symbol looked like an *inverted* triangle.

파생 inverse [invə́ːrs] 형 (위치·순서 따위가) 반대의, 역의
inversion [invə́ːrʒən] 명 전도, 도치

어원 in(안) + vert(turn:바꾸다) → (바깥이 안으로) 되게 바꾸다 → 거꾸로 하다

[28] **surround**
[səráund]

(어떤 대상의 둘레를 빙) 동 **둘러[에워]싸다, 포위하다**

He was always *surrounded* by beautiful women.

파생 surrounding [səráundiŋ] 형 주위의, 주변의 명 (-s) 주위(의 상황), 환경

어원 surr(over) + ound(flow:흐르다) ┌ (위로) 넘쳐 흐르다
└ (round의 철자 영향으로) 뜻 변형 → 둘러싸다

[29] **enclose**
[inklóuz]

1. (일정한 공간을 막기 위하여) 동 **(울타리·담·벽 등으로) 둘러[에워]싸다**
2. (다른 물건을 같이) 동 **(편지 봉투나 소포 속에) 동봉하다** → p147

The prison was *enclosed* by a high stone wall.

파생 enclosure [inklóuʒər] 명 둘러쌈, 둘러싼 땅; 동봉된 것

어원 en(in:안) + close(닫다) ┌ (안에 넣고) 닫다 → 1. 둘러싸다
└ (안에 다른 것을 같이 넣고) 닫다 → 2. 동봉하다

[30] **wind**
1. [waind]
2. [wind]

1. (무엇의 둘레에 길고 가는) 동 **(실·끈 등을) 감다**
(이리저리 굽거나 휘면서) 동 **(도로·강 등이) 구불구불하다**
2. (기압의 변화로 일어나는 공기의 움직임): 명 **바람** → p403

He put on his coat and *wound* a scarf around his neck.

파생 ⊖ unwind [ʌnwáind] 동 (감긴 것을) 풀다; 긴장을 풀다

[31] **twist**
[twist]

(방향이 꼬이게 돌리거나 구부려서) 동 **비틀다, 꼬다** 명 **비틀기, 꼬기**

Twist your body to the left as far as possible.

27 그 상징은 역삼각형처럼 보였다. 28 그는 항상 아름다운 여성들에 둘러싸여 있었다. 29 그 교도소는 높은 돌담으로 둘러싸여 있었다. 30 그는 겨울 코트를 입고 목 둘레에 스카프를 감았다. 31 몸을 최대한 왼쪽으로 비트십시오.

32 **swing**

[swiŋ]

(매달리거나 고정된) 동 **(한 점을 축으로) 흔들리다, 흔들다, 빙 돌다[돌리다]**
(사람·물건을 치려고) 동 **(주먹을 / 손에 쥔 물건을) 휘두르다, 겨누어 치다**
명 **흔들기; 그네; 휘두르기, 스윙**

The kitchen door *swung* open and closed as waiters passed in and out.

He *swung* his bat and hit the ball high into the air towards the left field.

33 **rock**

[rak]

1. (규칙적으로) 동 **(전후·좌우로 부드럽게) 흔들리다, 흔들다** (= sway)
(엄청난 위력으로) 동 **(지진·폭발 / 충격·공포 등이) 뒤흔들다, 뒤흔들리다**
2. (지각을 구성하고 있는 크고 단단한 물질, 또는 그 조각): 명 **바위, 암석** → p399

The young mother gently *rocked* her baby back and forth in her arms.

The city was *rocked* by an earthquake that lasted for three minutes.

파생 rocky [rάki] 형 바위 투성이인

34 **sway**

[swei]

(규칙적으로) 동 **(전후·좌우로 천천히) 흔들리다, 흔들다** (= rock) 명 **흔들림**

Her entire body *swayed* like a tree as the wind blew against her.

35 **wag**

[wæg]

(개가) 동 **(꼬리를) 흔들다, 흔들리다**
(불만의 표시로) 동 **(손가락·고개를) 흔들다** 명 **(꼬리·손가락 등을) 흔들기**

The dog *wagged* its tail and licked her face with a rough tongue.

36 **vibrate**

[váibreit]

(규칙적으로) 동 **(가늘고 빠르게) 떨다, 떨게 하다, 진동하다[시키다]**

The dance floor was *vibrating* to the steady beat of the drums.

파생 vibration [vaibréiʃən] 명 (가는) 떨림, 진동

32 웨이터들이 들락날락할 때 부엌문이 문이 빙 돌며 열렸다 닫혔다 했다. / 그는 배트를 휘둘러 공을 좌익 쪽 공중으로 높이 쳤다. 33 그 젊은 엄마는 아기를 팔 안에 안고 앞뒤로 살살 흔들었다. / 그 도시는 3분간 지속된 지진으로 마구 뒤흔들렸다. 34 바람이 그녀를 향해 불자 그녀의 몸 전체가 나무같이 흔들렸다. 35 그 개는 꼬리를 흔들고 거친 혀로 그녀의 얼굴을 핥았다. 36 댄스 플로어는 계속 이어지는 드럼의 리듬에 맞추어 진동하고 있었다.

37 tremble

[trémbl]

(공포·추위 등으로) 동 **(몸을) 떨다** 명 **떪, 떨림** (= shiver, shudder)

Her whole body started to *tremble* with fear.

38 shiver

[ʃívər]

(추위·공포 등으로) 동 **(몸을) 떨다** 명 **떪, 떨림** (= tremble, shudder)

His clothes were wet from the rain and he was *shivering* with cold.

파생 shivery [ʃívəri] 형 몸을 떠는

39 shudder

[ʃʌdər]

(공포·추위·불쾌감 등으로) 동 **(몸을) 떨다** (= tremble, shudder); **(싫어서) 몸서리치다** 명 **떪, 떨림; 몸서리**

I *shuddered* at the thought that I could possibly lose all of this.

동의어 레슨

물러나다	
withdraw	(있던 곳에서) **(뒤로) 물러나다; (군대가) 철수하다[시키다]**
recede	(있던 자리에서 서서히 멀어지면서) **물러나다, 멀어지다; 약해지다**
retreat	(전투·위험·어려움 등을 피해) **물러나다, 퇴각[후퇴]하다, 도피하다**

거리, 방향, 속도

≫ 테마 기본 어휘	far · distant(멀리 있는) · remote(외진) · near · nearby(인근의) · close(가까운) · direction(방향) way(방향) · forward · backward · upward · downward · inward · outward · right · left · east west · south · north · speed · fast · quick · sudden(갑자기) · slow · hurry(서두르다) · rush(급히 하다)

40 oriental

[ɔ̀:riéntl]

(유럽 대륙의 동쪽 지역, 특히 동아시아 지역): 형 **동양(인)의**

Oriental civilization is more spiritual than Western civilization.

파생 orient [ɔ́:riənt] 명 (the O-) 동양 동 지향하게 하다, (~에) 맞추다

어원 ori(rise:떠오르다) + ental → (태양이) 뜨는 곳의 → **동양의**

37 두려움에 그녀의 몸 전체가 떨리기 시작했다. 38 그의 옷은 비를 맞아 젖었고 그는 추위에 떨고 있었다. 39 나는 이 모든 것을 잃을 수도 있다는 생각에 몸서리를 쳤다. 40 동양의 문명은 서양 문명보다 더 정신적이다.

41 **rapid**

[rǽpid]

(변화 · 진행 · 동작 등의 일이) 형 **(이루어지는 속도가) 빠른, 급격한** (= swift)

Crime is growing at a *rapid* rate and is becoming organized.

파생 rapidity [rəpídəti] 명 빠르기 급속

42 **swift**

[swift]

(움직임 · 진행 · 처리 등이) 형 **(거침없이) 빠른, 재빠른, 신속한** (= rapid)

Thank you so much for your *swift* reply to my letter.

43 **prompt**

[prampt]

1. (행동 · 반응 등이) 형 **(지체 없이) 즉각적인**
(사람이 늦는 일이 없이) 형 **시간을 엄수하는, 신속한** 부 **정각에, 정확히 (~시에)**

2. (어떤 것이 무엇을 하도록/무엇이 일어나도록) 동 **자극[촉발]하다, 부추기다** → p231

The situation was serious and *prompt* action was necessary.

Please be *prompt*. The meeting will start on time.

어원 pro(forward) + mpt(take:가져가다) ┌ (지체 없이) 앞으로 가져온 → 1. 즉각적인; 신속한
└ (앞으로 가져가도록) 2. 자극하다, 부추기다

44 **express**

[iksprés]

1. (열차 · 버스 또는 우편 등의) 형 **(운행 · 배달 등이) 급행의, 속달편의**

2. (언어 · 몸짓 · 표정 등으로 드러내어) 동 **(의견 · 감정 등을) 표현하다** → p171

I'd like to send this letter by *express* mail, please.

파생 expression [ikspréʃən] 명 표현; 표정

어원 ex(out) + press(압력을 가하다) ┌ (압력을 가해) 밖으로 급히 밀어내는 → 1. 급행의
└ (압력을 가해) 밖으로 밀어내다 → 2. 표현하다

45 **gradual**

[grǽdʒuəl]

(시간의 흐름에 따라 조금씩 서서히 진행하는): 형 **점진적인, 차츰 ~하는**

The development of new technology is a *gradual* process that takes time.

어원 grad(step:발걸음) + ual → (한 걸음씩) 천천히 → 점진적인

41 범죄가 빠른 속도로 늘어나고 조직화 되어가고 있다. 42 제 편지에 대한 빠른 답장에 정말 감사합니다. 43 상황이 심각해서 즉각적인 조치가 필요했다. / 시간을 엄수하세요. 회의는 정시에 시작할 겁니다. 44 나는 이 편지를 속달로 보내고 싶습니다. 45 새로운 기술의 개발은 시간이 요구되는 점진적 과정이다.

46 **abrupt**

[əbrʌpt]

1. (뜻밖에 갑자기 일어난): 형 **(불쾌하거나 놀라운 일이) 갑작스러운, 돌연한**

2. (친절하거나 공손하지 않고) 형 **(말씨·행동이) 퉁명스러운**

An *abrupt* change of plan was announced without prior warning.

어원 ab(away:분리) + rupt(break:깨지다) ┌ (갑자기) 깨져서 분리된 → 1. 갑작스러운
└ (말·행동을 갑자기) 불쑥 하는 → 2. 퉁명스러운

47 **haste**

[heist]

(시간이 충분치 않아서) 명 **서두름, 급함**

In his *haste* to leave, he forgot to take his umbrella with him.

파생 hasten [héisn] 동 서둘러 하다, 재촉하다
hasty [héisti] 형 서두르는, 성급한

48 **accelerate**

[æksélərèit]

(움직임·활동·작용 등의) 동 **속도를 높이다, 속도가 늘다, 가속화하다[되다]**

The driver *accelerated* to pass a slow-moving truck.

파생 acceleration [æksèləréiʃən] 명 가속
accelerator [əksélərèitər] 명 (자동차의) 가속 장치
⊖ decelerate [di:sélərèit] 동 속도가 줄어들다, 속도를 줄이다

어원 ac(강조) + celer(quicken:빨라지다) → (더) 빨라지게 하다 → 속도를 높이다

동의어 레슨

	빠른, 신속한
fast	(사람·사물의 일정 시간 연속되는 움직임이) **빠른**
quick	(동작·행동·반응 등이 아주 짧은 동안 이루어지는): **빠른, 신속한**
rapid	(동작·경과·변화 등의 속도가 놀라울 정도로 매우) **빠른, 급격한**
swift	(움직임, 일의 진행·처리 등이 막힘이나 걸림이 없이) **(재)빠른**
prompt	(행동·반응 등이 조금의 지체도 없이) **즉각적인**
	느린
slow	(움직임, 일의 진행 등이 빠르지 못하고) **느린, 더딘**
gradual	(시간의 흐름에 따라 조금씩 서서히 진행하는): **점진적인**

46 사전 경고 없이 갑작스러운 계획 변경이 발표되었다. 47 떠나려고 서두르다가 그는 우산을 가져가는 것을 잊었다.
48 그 운전자는 천천히 가는 트럭을 추월하기 위해 속도를 높였다.

Day 28 Review Test

[1-30] 영어를 우리말로 바꾸세요.

1. portable	16. rotate
2. stick	17. revolve
3. admit	18. swirl
4. squeeze	19. invert
5. penetrate	20. enclose
6. progress	21. swing
7. proceed	22. sway
8. advance	23. wag
9. recede	24. vibrate
10. withdraw	25. tremble
11. retreat	26. shudder
12. dip	27. swift
13. tumble	28. prompt
14. plummet	29. abrupt
15. plunge	30. haste

[31-35] 각 문장의 문맥에 맞는 적절한 단어를 찾아 넣으세요.

① recede ② rapid ③ rotate ④ plummet ⑤ vibrate

31. The _____ growth of computers has changed the world.
32. The water _____d five days after the flood.
33. The Earth _____s on its axis once every 23 hours 56 minutes.
34. The engine noise _____d the whole building.
35. The plane _____ed to the ground and exploded in flames.

정답 31. ② 32. ① 33. ③ 34. ⑤ 35. ④

Day 29 교통수단·운송

means of transportation

교통수단

≫ 테마 기본 어휘	drive · park(주차하다) · take(타다) · get(타다) · catch(타다) · ride(타다, 타고 가다) · miss(놓치다) traffic · accident · bicycle · motorcycle · car · automobile · van(밴) · truck · taxi · cab(택시) bus · train · subway · passenger(승객) · ticket · run(운행하다) · stop(정류장) · station(역) · railroad(철도) · engine · wheel(바퀴, 핸들) · tire · gasoline(휘발유) · way(길) · course · shortcut(지름길) · direct(길을 가리켜 주다) · guide(안내하다) · road · street · corner · bridge tunnel · aircraft(항공기) · airplane · plane · helicopter · captain(기장) · pilot(조종사) · fly · land(착륙하다) · airport · terminal · passport(여권) · boat · ship · sail(항해하다) · swim · dive

01 **vehicle** [víːikl]

(땅 위에서 사람·짐을 실어 나르는) 명 **차량, 탈것; (무엇의) 매개체[수단]**

Many *vehicles* were parked on both sides of the street.

어원 veh(carry:나르다) + icle → (사람·짐을) 실어 나르는 것 → **차량, 탈것**

02 **shuttle** [ʃʌtl]

(두 지점 사이를 운행하는) 명 **정기 왕복 버스[열차, 비행기]**
동 **(정기) 왕복하다, 왕복편으로 수송하다**

The hotel offers a free *shuttle* service to and from the airport.

03 **congestion** [kəndʒéstʃən]

(너무 많은 차량·사람으로 붐비는) 명 **(교통·장소 등의) 혼잡**

Traffic *congestion* is getting worse throughout the country.

파생 congested [kəndʒéstid] 형 교통이 혼잡한

어원 con(together:함께) + ges(carry:나르다) → (다 함께 날라서) 붐비는 상태 → **혼잡**

04 **steer** [stiər]

(차·배의 방향 조정 장치인) 동 **(핸들·키를) 조종하다, (어떤 방향으로) 나아가다**

She steered the car with both hands firmly on the *steering* wheel.

01 많은 차량이 길 양쪽에 주차되어 있었다. 02 그 호텔은 공항을 오가는 무료 정기 왕복 버스를 제공한다. 03 교통 혼잡이 전국적으로 점점 심해지고 있다. 04 그녀는 양 손으로 핸들을 단단히 잡고 차를 몰았다.

05 board

[bɔ:rd]

1. (출발하기 위해) 동 **(배 · 비행기 · 열차 등에) 타다, 탑승[승선]하다**
2. (나무를 판판하고 넓게 켠) 명 **널빤지, 판자, ~판[반, 대]** → p418
3. (주요 업무에 관한 의사결정권을 가진) 명 **(회사 · 단체의) 이사회** → p323
4. (방세 · 식비를 내고) 동 **(남의 집에서) 하숙[기숙]하다** → p53
   (학생들에게 숙식을 제공하는) 동 **학교 기숙사에서 살다**

Flight BA 901 to Boston is now *boarding* at Gate 15.

파생 boarding [bɔ́:rdiŋ] 명 승차[승선, 탑승]
aboard [əbɔ́:rd] 부 탈것 위에

어원 2. 널빤지(board) ┬ 배의 갑판(널빤지)에 오르다 → 1. 승선하다
├ 회의탁자(널빤지)에서 하는 회의 → 3. 이사회
└ 식탁(널빤지)에 모여 함께 식사하다 → 4. 하숙[기숙]하다

06 route

[ru:t]

(가기 위해 거쳐야 하는) 명 **(한 곳에서 다른 곳까지의) 길, 루트**
(일정한 두 지점을 정기적으로 오가는) 명 **(대중 교통수단의) 노선**
동 **특정 노선편으로 보내다**

We went by the shortest *route*, across the fields.

07 stray

[strei]

(무심결에 제 길 · 장소 · 일행 등을) 동 **벗어나다, 옆길로 새다, 길을 잃다**
형 **길을 잃은, 빗나간**

One day he lost his way and *strayed* into that forest.

파생 astray [əstréi] 부 길을 잃어

08 path

[pæθ]

(다닐 수 있게) 명 **(만들어 놓거나 밟고 다녀서 생긴) 작은 길**
(사람 · 사물이 따라서) 명 **(앞으로 나아가는) 진로, 통로, 궤도**

He followed the *path* through the woods to the road.
He stepped in front of her and blocked her *path*.

09 alley

[æli]

(건물들 사이로 나 있는 좁은) 명 **골목(길)**

There was a narrow *alley* between the two buildings.

05 보스턴행 BA 901편 항공기가 현재 15번 게이트에서 탑승 실시 중 있습니다. 06 우리는 들판을 가로지르는 최단 경로로 갔다. 07 하루는 그는 길을 잃고 옆길로 새서 저 숲으로 들어갔다. 08 그는 숲 속에 나 있는 오솔길을 따라 도로쪽으로 갔다. / 그는 그녀 앞으로 발걸음을 옮겨 그녀의 길을 막아섰다. 09 두 건물 사이에는 좁은 골목길이 있었다.

10 **track** [træk]

1. (사람·짐승이 밟고 다녀서 생긴) 명 **(표면이 거친) 작은 길**
(이동하는 길): 명 **(기차의) 철도 선로; (육상 등의) 경주로, 트랙**
2. (지나간 후에 남은) 명 (-s) **(사람·짐승·차량의) (잇따른) 자국, 자취** → p432
3. (남기고 간) 동 **(자취·행적 등을 쫓아서) 추적하다, 뒤쫓다** (= trail) → p341

The *track* led through a jungle up to the lake.
The railroad *track* was damaged by the floods.

어원 끌다(draw)의 뜻에서 유래 ┌ 끌려서 생긴 길 → 1. 오솔길; 철도; 경주로
└ (끌고 간) 2. 자국, 흔적 → (끈 자국을 쫓아) 3. 뒤쫓다

11 **landmark** [lǽndmɑ̀:rk]

(위치 파악에 도움이 되는 주변의) 명 **주요 지형지물, 랜드마크**
(새로운 시기를 열어 놓을 만큼 두드러진) 명 **획기적인 사건[발견, 변화]**

The Eiffel Tower is one of Paris' most famous *landmarks*.
This discovery was a *landmark* in the history of chemistry.

어원 land(땅) + mark(표시) → (땅의) 경계 표시 → 주요 지형지물 → (두드러진) 획기적 사건

12 **avenue** [ǽvənjù:]

(길을 따라 가로수가 줄지어 있는) 명 **큰 길, 대로; (도시의) 거리, -가**

We followed the tree-lined *avenue* for about five minutes.

어원 a(to:~로) + ven(come:오다) → (~로 접근하여 오는) 큰 길, 대로

13 **lane** [lein]

(차량이 다닐 수 있는 너비로 그어 놓은) 명 **(도로의) 차선**
(시골의 울타리·산울타리 사이에 나있는) 명 **(시골의) 좁은 길, 시골길**

The driver changed *lanes* unnecessarily to the left or to the right.
We drove along the narrow country *lanes*.

14 **intersection** [ìntərsékʃən]

(둘 이상의 도로나 선이 서로 엇갈리는) 명 **교차로, 교차점**

Go straight and turn right at the first *intersection*.

파생 intersect [ìntərsékt] 동 교차하다

어원 inter(between) + sec(cut:자르다) → (서로 엇갈리면서) 사이를 자르는 길 → 교차로

10 그 길은 밀림을 지나 호수까지 이어져 있었다. / 철도 선로가 홍수로 훼손되었다. 11 에펠탑은 파리의 가장 유명한 랜드마크 중 하나이다. / 이 발견은 화학 역사에 있어서 획기적인 사건이었다. 12 우리는 가로수 길을 약 5분 정도 따라갔다. 13 운전사는 불필요하게 차선을 오른쪽이나 왼쪽으로 바꾸었다. / 우리는 좁은 시골길을 따라 운전해 갔다. 14 똑바로 가다가 첫 번째 교차로에서 우회전하십시오.

15 **sidewalk**

[sáidwɔ̀:k]

(도로의 양편으로 보행자가 다니는) 명 **인도, 보도** (= pavement)

The *sidewalk* was so icy she slipped again when she tried to stand.

어원 side(옆) + walk(걷다) → (도로) 옆에 걸어 다닐 수 있게 만들어 놓은 길 → **인도**

16 **crosswalk**

[krɔ́:swɔ̀:k]

(차도 위로 사람이 가로 건너다닐 수 있게 한) 명 **횡단보도**

Children walking to school should cross only at the *crosswalks*.

어원 cross(건너다) + walk(걷다) → (걸어서) 건너는 길 → **횡단보도**

17 **pedestrian**

[pədéstriən]

(차를 타지 않고 길거리를) 명 **(걸어 다니는) 보행자**

Last night a *pedestrian* was hit by a car while crossing a street.

어원 pedestr(going on foot:걸어서 가기) + ian → (걸어서 가는) 사람 → **보행자**

18 **passer-by**

[pæsərbái]

(무슨 일이 일어날 때 그곳을 우연히) 명 **(지나가는) 행인, 통행인**

He stopped his car and asked a *passer-by* the way to the nearest hotel.

어원 pass(지나가다) + er(사람) + by(옆) → (옆을) 지나가는 사람 → **행인**

19 **spacecraft**

[spéiskræ̀ft]

(우주 공간을 비행하도록 만든) 명 **우주선, 우주 비행체**

Landing a *spacecraft* on the moon was a great achievement for mankind.

어원 space(우주) + craft(비행기) → (우주로 가는) 비행기 → **우주선**

20 **crew**

[kru:]

(직무를 맡아서 일을 보는) 명 **(비행기·배 등의) 승무원 (전원)**

Fortunately, none of the passengers and *crew* on board were hurt.

Day 29

15 인도가 너무 얼음으로 뒤덮여서 그녀는 일어서려고 하다가 다시 미끄러졌다. 16 학교를 걸어서 오는 아이들은 횡단보도에서만 길을 건너야 한다. 17 어젯밤 한 보행자가 거리를 건너다가 차에 치었다. 18 그는 차를 세우고 행인에게 가장 가까운 호텔로 가는 길을 물었다. 19 우주선을 달에 착륙시킨 것은 인류의 위대한 업적이다. 20 다행히도 탑승한 승객과 승무원은 아무도 다치지 않았다.

21 **astronaut**

[ǽstrənɔ̀ːt]

(우주 비행을 위하여 특수 훈련을 받은) 명 **우주 비행사**

Neil Armstrong was the first *astronaut* to walk on the surface of the moon.

어원 astro(star:별) + naut(sailor:항해사) → (별) 항해사 → 우주인

22 **soar**

[sɔːr]

1. (공중으로 높이 빠르게) 동 **(새·비행기 등이) 날아오르다, 치솟다**
2. (큰 폭으로 빠르게) 동 **(물가·온도·수준 등이) 급등[급증, 급상승]하다**

The bird spread its wings and *soared* into the sky and joined the flock.

23 **vessel**

[vésəl]

(격식 차린 말로, 규모가 큰) 명 **(대형) 배, 선박**

The *vessel* changed course and headed for the shore.

24 **ferry**

[féri]

(여객·화물·차량 등을 실어 나르는 단거리) 명 **연락선, 페리**

This *ferry* carries passengers and vehicles to the other side of the lake.

25 **submarine**

[sʌbməríːn]

1. (물밑으로 다닐 수 있게 만든) 명 **잠수함**
2. (무엇이 바다 속과 관련된): 형 **해저의, 바다 속의** → p402

Nuclear *submarines* can stay under water for months without having to surface.

어원 sub(under:아래) + marine(바다) → 1. 바다 속의 → 2. 잠수함

26 **raft**

[ræft]

(통나무를 가지런히 엮어서 만든) 명 **뗏목; 고무 보트**

For three days and nights they had floated in a *raft* in the Pacific Ocean.

파생 rafting [rǽftiŋ] 명 래프팅, 뗏목타기

21 닐 암스트롱은 달 표면 위를 걸은 최초의 우주비행사이었다. 22 그 새는 날개를 펴고 하늘 높이 솟구쳐 올라가서 새 무리에 합류했다. 23 그 배는 진로를 바꾸어 해안을 향해서 갔다. 24 이 연락선은 호수 반대편으로 승객과 차량을 수송한다. 25 핵잠수함은 수면으로 올라오지 않고 여러 달을 물 속에 머무를 수 있다. 26 그들은 3일 밤낮을 뗏목에서 태평양을 떠다녔다.

27 **deck**

[dek]

(큰 배 위의 넓고 평평한 바닥): 명 **갑판**

We went up on *deck* to watch the stars come out over the quiet sea.

28 **mast**

[mæst]

(돛을 매달기 위해 세운 기둥): 명 **돛대**

Until the 1400s, most ships in Europe had one *mast* and one big, square sail.

29 **navigate**

[nǽvəgèit]

(지도·나침반 등으로) 동 **(길을 찾으면서) 항해[비행]하다**

At night, the Vikings *navigated* by the stars.

파생 navigation [nævəgéiʃən] 명 항해, 비행
navigator [nǽvəgèitər] 명 항해[항법]사

어원 nav(ship:배) + igate(drive:운전하다) → (배를) 운전하다 → 항해하다

30 **drift**

[drift]

(조류·기류 등에 따라) 동 **(물 위나 공중을) 떠다니다, 떠돌다** 명 **떠다니기**

The empty boat *drifted* out to sea in the strong winds.

31 **launch**

[lɔːntʃ]

1. (새로 만든) 동 **(배를) 진수시키다, (보트 등을) 물에 띄우다** 명 **진수**
(하늘·우주로) 동 **(로켓·우주선 등을) 발사하다, 쏘아 올리다** 명 **발사**

2. (정식으로) 동 **(중요한 일·활동 등을) 시작[개시, 착수]하다** 명 **개시, 착수** → p386
(새로운) 동 **(상품·책 등을) 시장에 내다, 출시[출간]하다** 명 **출시** → p386

The shipbuilder *launches* a new ship approximately every five days.

They have successfully *launched* a communications satellite into orbit.

32 **anchor**

[ǽŋkər]

(배를 한곳에 멈추어 있게 하기 위한 갈고리 모양의) 명 **닻** 동 **닻을 내리다, 정박하다**

The ship dropped *anchor* when it reached the port.

27 우리는 고요한 바다 위로 별들이 나오는 것을 보려고 갑판으로 올라갔다. 28 1400대까지 유럽의 대부분의 배는 한 개의 돛대와 한 개의 커다란 사각형 돛을 갖고 있었다. 29 바이킹들은 밤에 별을 보고 방향을 읽어 항해를 했다. 30 그 빈 배는 강한 바람에 바다로 떠내려갔다. 31 그 조선소는 대략 5일마다 새로운 배를 한 척씩 진수시킨다. / 그들은 성공적으로 통신위성을 궤도에 쏘아 올렸다. 32 그 배는 항구에 도착했을 때 닻을 내렸다.

33 **row**

[rou]

1. (노로) 동 **배를 젓다, 저어 가다** 명 **노젓기**

2. (사람·물건이 옆으로 죽 벌여 늘어선) 명 **열, 줄** → p430

They *rowed* across the lake to the opposite shore.

파생 rowing [róuiŋ] 명 조정

34 **float**

[flout]

(가라앉거나 땅에 떨어지지 않고) 동 **(물 위나 공중에) 뜨다, 띄우다, 떠다니다**
명 **뜨는 것, 부유물**

Dead leaves and little sticks *floated* on the surface of the water.

35 **sink**

[siŋk]

1. (물체·배 등이) 동 **(물 속으로 / 밑바닥으로) 가라앉다, 침몰하다**
(사물이 위에서) 동 **(아래로 점차) 내려가다[낮아지다], (해·달이) 지다**

2. (부엌에서 먹거리를 씻거나 설거지를 하는) 명 **싱크대** → p56
(손·얼굴을 씻는) 명 **세면대** → p56

The ship was severely damaged and *sank* within minutes.
The evening sun was *sinking* behind the mountains.

36 **port**

[pɔːrt]

(바닷가에) 명 **(정박·하역 시설을 갖춘) 항구**

Singapore is one of the major *ports* in Southeast Asia.

37 **harbor**

[hɑ́ːrbər]

(바닷가가 굽어 들어가서) 명 **(배가 안전하게 머물 수 있는) 항만, 항구**

The boat entered a small *harbor* to escape the violent storm.

동의어 레슨

항해하다, 떠다니다	
sail	(배가 물위나 바다를) **항해[항행]하다**
navigate	(지도·나침반 등을 써서 바른 길을 찾으면서) **항해[비행]하다**
drift	(물 위나 공중을 조류·기류 등에 따라) **떠다니다, 떠돌다**

33 그들은 호수를 가로질러 반대편 기슭으로 노를 저어 갔다. 34 낙엽과 작은 나뭇가지들이 물의 표면 위를 떠다녔다. 35 그 배는 심하게 파손되어 몇 분 내에 침몰했다. / 석양이 산 뒤로 지고 있었다. 36 싱가포르는 동남아시아의 주요 항구 중의 하나이다. 37 그 배는 맹렬한 폭풍우를 피해 작은 항구로 들어갔다.

운반, 운송

≫ 테마 기본 어휘	bring · get(가서 가져오다) · take(가지고 가다) · carry · lift(들다) · raise(올리다) · lower(내리다) · push · press · pull · pack(짐을 꾸리다)

38 **fetch**
[fetʃ]

(다른 곳에 있는 사물·사람을) 동 **(가서) 가지고[데리고, 불러] 오다**

She has gone to *fetch* the children from school.

39 **deliver**
[dilívər]

(받을 사람·장소에) 동 **(편지·물품 등을) 배달하다**

Your order will be *delivered* within 5 working days after you place your order.

파생 delivery [dilívəri] 명 배달

어원 de(away:떨어져) + liver(free:자유로운) → (자유롭게 떨어져) 나가게 하다 → 배달하다

40 **convey**
[kənvéi]

1. (한 곳에서 다른 곳으로) 동 **(물품·승객·소식 등을) 나르다, 운반[전달]하다**
2. (말·몸짓·태도·사물 등으로) 명 **(생각·감정·의미 등을) 전달하다, 알리다** → p177

Pipelines *convey* oil and natural gas to various parts of the region.

파생 conveyance [kənvéiəns] 명 운반; 전달
conveyor [kənvéiər] 명 운반 장치, 운반인

어원 con(together:함께) + vey(way:길) → (~와 함께) 길을 가다 ┌ 1. 나르다
└ (날라서) 2. 전달하다

41 **transport**
[trænspɔ́ːrt]

(사람·물건을 실어) 동 **(차·선박·비행기 등으로) 수송[운송]하다** 명 **수송, 운송**

Such heavy items are expensive to *transport* by air.

파생 transportation [trænspərtéiʃən] 명 수송, 운송 (= transport)
transporter [trænspɔ́ːrtər] 명 수송[운송]자
transportable [trænspɔ́ːrtəbl] 형 수송[운반] 가능한

어원 trans(across:횡단) + port(carry:나르다) → (건너편으로) 실어 나르다 → 수송하다

38 그녀는 학교에 아이들을 데리러 갔다. 39 주문품은 주문 후 5 영업일 이내에 배달됩니다. 40 수송관이 석유와 천연가스를 그 지역의 여러 부분으로 실어 나른다. 41 그런 무거운 물건들을 항공으로 운송하는 데는 돈이 많이 든다.

42 transit

[trǽnsit]

(운송수단을 이용한) 명 **(사람·화물의) 운송, 수송, 운반**

Goods damaged in transit are generally the responsibility of the *transit* company.

어원 trans(across:건너서) + it(go:가다) → (물건이 다른 데로) 건너서 가는 것 → 운송

43 transmit

[trænsmít]

(전류·전파를 이용하여) 동 **(통신·방송 등을) 전송[송신, 방송]하다**
(사람간에) 동 **(질병·생각·감정 등을) 옮기다, 전염시키다**

The ceremony will be *transmitted* live by satellite to over thirty countries.
There is no evidence that the virus can be *transmitted* to humans.

파생 transmission [trænsmíʃən] 명 전송, 송신; 전염, 전파

어원 trans(across:건너서) + mit(send:보내다) → (건너서) 보내다 → 전송[방송]하다

44 relay

[ríːlei]

(정보·전언·방송 등을) 동 **(중간에서) 전달[중계]하다**
명 **교대[조, 반]; 릴레이 경주**

He heard a report on the radio and immediately *relayed* the news to the others.

어원 '사냥에서 교대용 개'의 뜻에서 유래 → 교대[조, 반] → 중계하다

45 thrust

[θrʌst]

(특정 방향으로 갑자기) 동 **(거칠게) 밀다, 밀치다, 밀어 넣다** 명 **밀침**

He *thrust* his hands deep into his pockets and stood motionless for a long time.

46 squeeze

[skwiːz]

1. (힘 있게) 동 **(손가락을 오므려) 꽉 쥐다[죄다]** 명 **꽉 쥐기**
(누르거나 비틀어서 속에 든) 동 **(물기·즙 등을) 짜다, 짜내다** 명 **짜내기**
2. (여유가 없는) 동 **(좁은 곳에) (억지로) 쑤셔 넣다, 비집고 들어가다** → p345

Her father *squeezed* her hand and smiled affectionately.
She *squeezed* lemon juice onto the raw fish.

42 운송 중 파손된 상품은 일반적으로 운송회사의 책임이다. 43 그 의식은 30여 개국에 위성으로 생방송될 예정이다. / 그 바이러스가 인간에게 전염될 수 있다는 증거는 없다. 44 그는 라디오에서 보도를 듣고 즉시 다른 사람들에게 그 소식을 전달했다. 45 그는 호주머니 속으로 그의 손을 깊숙이 밀어 넣고 한참 동안 움직이지 않고 서 있었다. 46 그녀의 아버지는 그녀의 손을 꼭 쥐면서 애정 어린 미소를 지었다. / 그녀는 회 위에 레몬 주스를 짜서 넣었다.

47 **draw**

[drɔ:]

1. (특정 방향으로 일정한 속도로) 동 **(부드럽게) 당기다, 끌다**
2. (펜·연필 등을 써서) 동 **(선으로) 그림을 그리다** → p260
3. (이기고 짐이 없이 비긴) 명 **무승부** 동 **비기다**

He got out of bed and *drew* the curtains over the windows.

파생 drawing [drɔ́:iŋ] 명 그림, 선묘

어원 1. 끌다, 당기다 ┌ (펜을 끌어) 2. 그림을 그리다
└ (서로 당기는 힘이) 같은 것 → 3. 무승부

48 **tug**

[tʌg]

(한 번 또는 그 이상) 동 **(빠르고 세게) 홱 잡아당기다** 명 **홱 잡아당기기**

I *tugged* at his arm to make him look at me.

49 **drag**

[dræg]

(힘겹게) 동 **(무거운 것을) (질질) 끌다**

She managed to *drag* her luggage up to the second floor.

50 **trail**

[treil]

1. (무엇을) 동 **(바닥에 댄 채 뒤로) 끌다, 끌리다**
2. (남기고 간) 동 **(자취·행적 등을 쫓아서) 추적하다, 뒤쫓다** (= track) → p341
3. (남아 있는) 명 **(동물·사람 등의) 자취, (길게 늘어진) 자국, 흔적** → p432
4. (사람·짐승이 밟고 다녀서 생긴) 명 **(들판·산중의) 오솔길**

Her long white dress *trailed* a little behind her.

파생 trailer [tréilər] 명 트레일러

어원 끌다(draw)의 뜻에서 유래 → 1. (질질) 끌다 ┌ (끌고 간) 3. 자국, 흔적 4. 오솔길
└ (끈 자국을 쫓아) 2. 뒤쫓다

51 **load**

[loud]

(사람·동물·차량 등에 많은) 동 **짐을 싣다[지다]; (탄환·필름 등을) 끼워 넣다**
명 **짐, 화물; (사람·기계에 할당된) 작업[업무]량**

They *loaded* the truck with the boxes, and drove away.

파생 ⊖ unload [ʌnlóud] 동 짐을 내리다

47 그는 침대에서 빠져 나와 창문에 커튼을 쳤다. 48 나는 그가 나를 보게 하려고 그의 팔을 홱 잡아당겼다. 49 그녀는 짐을 이층까지 겨우 끌고 올라갔다. 50 그녀의 긴 흰 드레스가 약간 뒤로 끌렸다. 51 그들은 트럭에 상자를 싣고 차를 몰고 갔다.

52 **laden**
[léidn]

(사람·동물·탈것 등에) 형 **(가득) 짐을 실은** [with]

The truck was heavily *laden* with bottles of beer.

어원 lade(싣다)의 과거분사형 → **짐을 실은**

53 **burden**
[bə́ːrdn]

(운반이 힘든) 명 **(무거운) 짐** 동 **무거운 짐을 싣다**
(책임감·의무감 등으로 인한) 명 **(정신적인) 짐, 부담** 동 **정신적인 짐을 지우다**

He carried a heavy *burden* of responsibility as team leader.

파생 burdensome [bə́ːrdnsəm] 형 짐[부담]이 되는

54 **baggage**
[bǽgidʒ]

(미국식 영어, 여행객이 손수 운반하는 가방·상자 등의) 명 **수하물** (= luggage)

I don't have much *baggage* – just two small bags.

어원 bag(bundle:꾸러미) + age → (짐) 꾸러미 → **수하물**

55 **luggage**
[lʌ́gidʒ]

(영국식 영어, 여행객이 손수 운반하는 가방·상자 등의) 명 **수하물** (= baggage)

Several empty taxis passed us when they saw our *luggage*.

어원 lug(drag:끌다) + age → (끌고 다니는) 짐 → **수하물**

56 **freight**
[freit]

(배·항공기·기차·트럭 등의) 명 **(운송) 화물; 화물 운송** 동 **화물을 운송하다**

Such urgent orders will normally be sent by air *freight*.

동의어 레슨

나르다, 운반[수송]하다	
carry	(물건을 한 곳에서 다른 곳으로) **나르다, 운반하다** (어떤 물건을 몸에 항상) **지니고 다니다, 휴대[소지]하다**
convey	(물건·승객 또는 물·전기·가스 등을) **나르다, 운반[수송]하다**
transport	(차·선박·비행기 등으로 사람·물건을 실어) **수송[운송]하다**

52 그 트럭은 맥주 병을 잔뜩 싣고 있었다. 53 그는 팀장으로서 책임감이라는 무거운 짐을 지고 있었다. 54 나는 수하물이 많지 않습니다. 2개의 작은 가방뿐입니다. 55 여러 대의 택시가 우리의 수화물을 보자 우리를 지나쳤다. 56 그런 긴급 주문은 보통 항공 화물로 보내진다.

Day 29 Review Test

[1-30] 영어를 우리말로 바꾸세요.

1. congestion	16. float
2. steer	17. sink
3. stray	18. harbor
4. alley	19. fetch
5. landmark	20. convey
6. lane	21. transport
7. intersection	22. transit
8. pedestrian	23. transmit
9. spacecraft	24. relay
10. vessel	25. thrust
11. raft	26. squeeze
12. mast	27. tug
13. navigate	28. drag
14. drift	29. laden
15. row	30. freight

[31-35] 각 문장의 문맥에 맞는 적절한 단어를 찾아 넣으세요.

① congestion ② thrust ③ row ④ transmit ⑤ astronaut

31. He _____ his hands deep into the pockets of his pants.
32. The event will be _____ted live via satellite to over sixty countries.
33. He _____ed the boat out to the lake.
34. Neil Armstrong was the first _____ to step on the moon.
35. Traffic _____ is getting worse year after year.

정답 31. ② 32. ④ 33. ③ 34. ⑤ 35. ①

PART 3

자연과 환경

과학적 · 체계적인 신개념의 영단어 학습법

개념원리 VOCA

|수|능|필|수|편|

Day 30 시간 I

time & period I

시간

≫ 테마 기본 어휘	time · hour · minute · second · o'clock · a.m.(오전) · p.m.(오후) · sunrise(일출) · noon · midday(정오) · afternoon · sunset(일몰) · evening · midnight(자정) · night · overnight(밤사이에) tonight · date · day · today · yesterday · tomorrow · week · weekday · weekend · month year · season · spring · summer · autumn · fall · winter · watch(시계) · clock · calendar · moment(순간) · then(그때) · sometime(언젠가) · still · yet · now · just(방금) · once(한 때) · history · future · soon

01 **dawn**
[dɔːn]

(날이 밝을 무렵): 명 **새벽, 동틀 녘**

They start work at *dawn* and work until the sun goes down in the evening.

02 **twilight**
[twáilàit]

(해가 막 져서 어둑어둑한 때): 명 **황혼, 땅거미** (= dusk); **쇠퇴[황혼]기**

She loves walking along the beach at *twilight*.

어원 twi(two:둘) + light(빛) → (낮과 밤, 둘 사이의) 햇빛 → **황혼**

03 **dusk**
[dʌsk]

(해가 막 져서 어둑어둑할 때): 명 **황혼, 땅거미** (= twilight)

They worked hard from dawn to *dusk* and sometimes till late in the night.

04 **annual**
[ǽnjuəl]

(무엇이 한 해 동안과 관련된, 또는 해마다 있는): 형 **연간의; 매년의**

The club charges an *annual* membership fee of $800.

파생 biannual [baiǽnjuəl] 형 연 2회의

어원 ann(year:1년) + ual → 1년의

01 그들은 새벽에 일을 시작해서 저녁에 해가 질 때까지 일을 한다. 02 그녀는 황혼 무렵에 해변을 따라 걷는 것을 정말 좋아한다. 03 그들은 새벽부터 해질 때까지 그리고 때때로 밤 늦게까지 열심히 일했다. 04 그 클럽은 800달러의 연회비를 받는다.

05 decade

[dékeid]

(10년의 기간): 명 십 년(간)

Women's roles have changed dramatically over the *decades*.

어원 dec(ten:십) + ade → 십 년(간)

06 century

[séntʃəri]

(100년의 기간): 명 백 년(간), 세기

We are now living in the twenty-first *century*.

어원 cent(hundred:백) + ury → 백 년(간), 세기

07 millennium

[miléniəm]

(1000년의 기간): 명 천 년(간)

For *millennia*, people have used fire for heating.

파생 millennia [miléniə] 명 millennium의 복수형

어원 mill(thousand:천) + ennium → 천 년(간)

08 occasion

[əkéiʒən]

1. (어떤 일이나 현상이 일어나는) 명 (특정한) 때, 경우
2. (특별하거나 중요한) 명 (행사·축제·축하연 등의) 특별한 일, 중요한 행사 → p251

While he was in the hospital, she visited him on several *occasions*.

파생 occasional [əkéiʒənəl] 형 가끔의, 때때로의

어원 oc(down) + cas(fall:떨어지다) → (천체가 떨어지는 일 같은) 2. 특별한 일 (특정한) 1. 때

09 current

[kə́:rənt]

1. (곧 바뀌지만 일시적으로) 형 현재[지금]의 (= present)
2. (일정한 방향성을 가진) 명 (물·공기·전기 등의) 흐름, 해류, 기류, 전류 → p421

The *current* economic situation is worse than it was a year ago.

어원 curr(run:흐르다) + ent ┬ (현재 흘러가고 있는) 이 시점의 → 1. 현재의
└ (흐르는) 것 → 2. 해류, 기류, 전류

05 여성의 역할은 수십 년간에 걸쳐 급격하게 변화했다. 06 우리는 지금 21세기에 살고 있다. . 07 수천 년 동안 사람들은 난방을 위해 불을 사용해 왔다. 08 그가 병원에 있는 동안 그녀는 여러 차례 그를 방문했다. 09 현재의 경제 상황은 1년 전보다 더 나쁘다.

10 **present**

형명 [préznt]
동 [prizént]

1. (지금 이 시간): 명 현재 형 현재의 (= current)
2. (사람·사물이 어떤 곳에) 형 있는, 존재하는, 출석[참석]한 → p499
3. (인사·축하·고마움의 뜻으로 남에게 주는) 명 선물 (= gift) → p277
4. (공적인 자리나 절차를 통해) 동 (선물·상 등을 정식으로) 주다, 수여하다 → p277
5. (검사·고려·승인 하도록) 동 (증명서·문서·계획 등을) 제시[제출, 발표]하다 → p171
6. (지위가 높은 사람에게 누구를) 동 (정식으로) 소개하다 → p20

We have to forget the past and live in the *present*.

파생 presentation [prèzəntéiʃən] 명 수여, 증정; 제시, 제출; 프레젠테이션

presence [prézns] 명 있음, 출석, 참석

어원 pre(before) + sent(be:있다) ┬ (앞에) 2. 있는, 출석한 → (앞에 있는) 시간 → 1. 현재
├ (앞에 놓고) 4. 수여하다 5. 제시[발표]하다 6. 소개하다
└ (주려고 앞에 놓은) 3. 선물

11 **nowadays**

[náuədèiz]

(과거의 일과 대비하여) 부 요즈음[오늘날]에는

Nowadays, most people have several credit cards.

어원 now(지금) + a + days(날들) → (지금의) 날들 → 요즈음

12 **modern**

[mάdərn]

(무엇이) 형 (과거·전통 대비) 현대[근대]의, 현대적인, 최신의

Now cell phones are an essential part of *modern* life.

파생 modernize [mάdərnàiz] 동 현대화하다
modernism [mάdərnìzm] 명 현대적 사상[방식], 모더니즘

어원 mod(just now:바로 지금) + ern → (바로 지금) 이 시대의 → 현대의

13 **contemporary**

[kəntémpərèri]

(무엇이) 형 (속하는 시대가) 현대[당대]의
(무엇이 언급된 것과 같은 시대에 속하는): 형 동시대[시기]의 [with]
명 (~와) 같은 시대[나이]의 사람, 동시대인, 동년배

I like classical music as well as *contemporary* music.
Shakespeare was *contemporary* with Galileo in Italy.

어원 con(with:함께) + tempor(time:시간) ┬ (지금 시대와) 함께 하는 → 현대의
└ (시대를) 함께하는 → 동시대의

10 우리는 과거는 잊고 현재를 살아야만 한다. 11 요즘 대부분의 사람들은 여러 개의 신용카드를 갖고 있다. 12 이제 휴대폰은 현대 생활의 필수적인 요소이다. 13 나는 현대 음악뿐만 아니라 고전 음악도 좋아한다. / 셰익스피어는 이태리의 갈릴레오와 동시대인이었다.

[14] past
[pæst]

(이미 지나간 때): 명 과거 형 과거의, (갓) 지나간
전 (시간이) ~을 지나서, (위치·정도·단계가) ~을 지나서[넘어서서]

He never spoke about his *past* and got really angry when someone asked him about it.
She just walked *past* me without even saying a word.

[15] recent
[rí:snt]

(얼마 지나지 않은) 형 최근의

The *recent* changes in the Earth's climate are beginning to worry scientists.

[16] lately
[léitli]

(얼마 지나지 않은) 부 최근에

You look like you've been under a lot of stress *lately*. I can see it in your eyes.

어원 late(늦은) + ly → (가장) 늦은 시기에 → 최근에

[17] primitive
[prímətiv]

(인류 문명이 발달되기 이전의) 형 원시의, 원시적인

Many *primitive* people believed that disease was caused by evil spirits.

어원 prim(first:최초의) + itive → 원시의

[18] ancient
[éinʃənt]

(역사상 원시와 중세 사이의 시대의): 형 고대의, 먼 옛날의

The original Olympic Games began in *ancient* Greece in 776 BC.

어원 anci(before:이전의) + ent → (먼) 이전 시대의 → 고대의

[19] medieval
[mì:dií:vəl]

(역사상 고대와 근대 사이의 시대의): 형 중세의

This beautiful castle is a perfect example of *medieval* architecture.

어원 medi(middle:중간) + ev(age:시대) → (고대와 근대의) 중간 시대의 → 중세의

Day 30

14 그는 자신의 과거에 대해 전혀 말을 하지 않았으며 누군가가 그것에 대해 물어보면 정말 화를 냈다. / 그녀는 한마디 말조차도 없이 나를 그냥 지나갔다. 15 최근의 지구의 기후 변화는 과학자들을 걱정시키기 시작하고 있다. 16 당신은 최근 스트레스를 많이 받은 것처럼 보입니다. 눈빛으로 알 수가 있어요. 17 많은 원시인들은 병이 사악한 영혼에 의해 일어난다고 믿었다. 18 원래의 올림픽 경기는 BC 776년 고대 그리스에서 시작되었다. 19 이 아름다운 성은 중세시대 건축 양식의 완벽한 예이다.

20 **chronicle**
[krάnikl]

(역사나 사건 등을 연대나 발생의 순서에 따라 적은) 명 **연대기**
동 **연대순으로[발생 순서대로] 기록하다**

His latest novel is a *chronicle* of a black family in Chicago.

파생 chronological [krὰnəlάdʒikəl] 형 연대순의, 발생[시간] 순서대로 된

어원 chron(time:시간) + icle → (시간대별로) 적은 것 → 연대기

21 **archaeology**
[ὰ:rkiάlədʒi]

(유적·유물을 통해 옛 인류의 생활·문화를 연구하는) 명 **고고학**

Archaeology is the study of human cultures in the past.

파생 archaeological [ὰ:rkiəlάdʒikəl] 형 고고학의
archaeologist [ὰ:rkiάlədʒist] 명 고고학자

어원 archaeo(ancient:먼 옛날의) + logy(study:학문) → (먼 옛날을) 연구하는 학문 → 고고학

22 **imminent**
[ímənənt]

(특히 좋지 않은 일이) 형 **금방이라도 닥칠 듯한, 임박한** (= impending)

Tensions between the parties grew so severe that civil war seemed *imminent*.

파생 imminence [ímənəns] 명 임박, 위급, 절박

어원 im(on:위) + min(project:돌출되다) → (터질 듯이) 위로 돌출된 → 임박한

23 **impending**
[impéndiŋ]

(특히 좋지 않은 일이) 형 **금방이라도 닥칠 듯한, 임박한** (= imminent)

Thunder is a sign of an *impending* storm.

어원 im(over:위에) + pend(hang:걸리다) → hang over → (머리 위에) 걸려있는 → 임박한

동의어 레슨

현재의	
present	(지금 이 시간의): **현재의**
current	(무엇이 일시적이지만 바로 지금 진행·존재·통용 중인): **현재의**
임박한	
imminent	(위험·재해 등의 몹시 위급한 일이) **금방이라도 닥칠 듯한**
impending	(불쾌한 일이나 원치 않는 일이 불안하게) **곧 일어날 듯한**

20 그의 최근 소설은 시카고의 한 흑인 가족을 연대기적으로 그린 작품이다. 21 고고학은 과거의 인간의 문화를 연구하는 학문이다. 22 두 당간의 긴장이 너무 극심해져서 내전이 임박한 것처럼 보였다. 23 번개는 곧 닥칠 폭풍우의 징조이다.

기간, 빈도

≫ 테마 기본 어휘	during · until · forever · age(시대) · pass(경과하다) · spend(보내다) · new · fresh · update(업데이트하다) · old · old-fashioned(구식의) · always · often · sometimes · never · repeat(반복하다) · again · regular(규칙적인)

24 **period**
[pí:əriəd]

(두 시점 사이의 동안): 명 **기간**

The country achieved great economic success in a short *period* of time.

파생 periodic [pìəriάdik] 형 주기적인 (= periodical)
periodical [pìəriάdikəl] 형 주기적인 (= periodic) 명 정기 간행물

25 **term**
[tə:rm]

1. (어느 때까지라고) 명 **(미리 정해 놓은) 기간, 기한, 임기, 학기, 형기**
2. (정해 놓은) 명 (-s) **(계약서·약정서 등의) 조건, 조항**
3. (특정 분야에서 주로 쓰는 말): 명 **용어** → p135

The President of the Republic of Korea is elected for a *term* of five years.

어원 limit(한계, 제한)의 뜻에서 유래
- (제한된) 기간 → 1. 기간, 기한, 임기
- (계약서상의) 제한적 사항 → 2. 조건, 조항
- (한계를 지어) 정의해 놓은 말 → 3. 용어

26 **interval**
[íntərvəl]

(두 가지 일·활동·사건 사이의) 명 **(시간적) 간격, 사이**

The buses run at 20 minute *intervals* from 6 am to 11 pm.

어원 inter(between:사이) + val(wall:벽) → (두 개의 벽 사이의) 공간 → 간격, 사이

27 **meanwhile**
[mí:nwàil]

(다른 일이 일어나고 있는 사이 또는 두 가지 일·사건의 사이): 부 **그 동안에**

He's starting college in September. *Meanwhile*, he's doing volunteer work.

파생 meantime [mí:ntàim] 부 (meanwhile의 구어): 그 동안에

어원 mean(middle:중간의) + while(동안) → 그 동안에

24 그 나라는 짧은 기간 동안에 대단한 경제적 성공을 이루었다. 25 대한민국의 대통령은 5년의 임기로 선출된다. 26 버스는 오전 6시부터 오후 11시까지 20분 간격으로 운행된다. 27 그는 9월에 대학생활을 시작한다. 그 동안에 그는 자원봉사를 하고 있다.

28 **era**

[íərə]

(역사상) 명 (뚜렷한 특징이 있는) 시대

The industrial revolution marked the opening of a new *era* in the history of mankind.

29 **epoch**

[épək]

(역사상) 명 (새로운 특징이 시작되는) 시대

The space age is the beginning of a new *epoch* for humankind.

30 **prolong**

[prəlɔ́:ŋ]

(어떤 상태가 더 오래 계속되도록) 동 (의도적으로) 시간을 늘리다, 연장하다

The doctors said the operation could *prolong* the patient's life by up to five years.

파생 prolongation [pròulɔ:ŋgéiʃən] 명 연장

어원 pro(forward:앞으로) + long(긴) → (시간을 앞으로 길게) 늘리다, 연장하다

31 **linger**

[líŋgər]

(무엇이 사라지거나 끝나지 않고) 동 (예상보다 오래) 지속되다, 남아 있다
(어떤 곳을) 동 (떠나기 싫어서) 더 오래 머물다, 오래 끌다

The strong rotten smell still *lingered* days later.
She *lingered* for a few minutes to talk to me after the others had gone.

어원 ling(long:오래) + er → 오래 끌다, 지속되다

32 **intensive**

[inténsiv]

(단기간에 많은 일·노력·주의가 한곳에 집중되는): 형 집중적인, 집약적인

At the entry level they are given six weeks of *intensive* training.

어원 in(toward:방향) + tend(stretch:뻗다) → (노력이) 한곳으로 뻗어있는 → 집중적인

33 **temporary**

[témpərèri]

(영구·영속적인 것과 대비하여 곧 변하거나 끝나는): 형 일시적인, 임시의

I'm staying at a friend's house, but it's only *temporary*.

어원 tempor(time) + ary → (짧은) 시간의 → 일시적인

28 산업혁명은 인류 역사의 새로운 시대의 개막을 특징 지웠다. 29 우주 시대는 인류에게 새로운 시대의 시작이다. 30 의사들은 수술은 환자의 생명을 5년까지 연장시킬 수 있다고 말했다. 31 그 강한 썩은 냄새는 며칠 후에도 여전히 남아 있었다. / 그녀는 다른 사람들이 간 후에도 나에게 이야기를 하려고 몇 분간 더 오래 머물다. 32 입문 단계에서 그들은 6주간의 집중 훈련을 받는다. 33 나는 친구 집에 거처하고 있지만 임시로 있는 것일 뿐이다.

[34] lengthy
[léŋkθi]

(지루하고 불필요하게) 형 (시간이) 너무 긴, (말·연설 등이) 장황한

He gave a *lengthy* explanation of the reasons on which he based this opinion.

어원 length(긴 시간) + y → (시간이) 너무 긴

[35] eternal
[itə́:rnəl]

(시간을 초월하여 끝없이) 형 영원한 (= everlasting)

Eternal life in heaven is offered to those who believe in Jesus.

파생 eternity [itə́:rnəti] 명 영원

어원 etern(lasting:지속되는) + al → (끝없이) 지속되는 → 영원한

[36] everlasting
[èvərlǽstiŋ]

(변하거나 없어지지 않고) 형 영원한 (= eternal)

Is there such a thing as *everlasting* love? Can love last forever?

어원 ever(항상) + lasting(지속되는) → (항상) 지속되는 → 영원한

[37] permanent
[pə́:rmənənt]

(오래 또는 영원히 지속되는): 형 (일시적 대비) 영구[영속]적인

The car accident left him with *permanent* back and shoulder injuries.

어원 per(through:계속해서) + man(stay:남아 있다) → (계속해서) 남아 있는 → 영구적인

[38] renew
[rinjú:]

1. (낡거나 손상된 것을) 동 (같은 종류의) 새것으로 바꾸다, 새롭게 하다
2. (한동안) 동 (중단되었던 일을) 다시 시작하다, 재개하다 → p391
(계약이나 법적 문서 등의) 동 (만료된 것의) 기한을 연장하다, 갱신하다 → p391

The hotel is well positioned but the overall structure is very old and need to be *renewed*.

파생 renewal [rinjú:əl] 명 회복, 개선; 재개; 갱신

어원 re(again:다시) + new(새로운) → (다시) 1. 새롭게 하다 → 2. 재개[갱신]하다

---

34 그는 자신이 이 의견에 바탕을 두고 있는 근거에 대해 장황한 설명을 했다. 35 천국에서의 영원한 삶은 예수를 믿는 사람들에게 주어진다. 36 영원한 사랑 같은 것이 있을까? 사랑은 영원히 지속될 수 있을까? 37 그 자동차 사고는 등과 어깨에 영구적인 부상을 그에게 남겼다. 38 그 호텔은 위치가 좋지만 전체적인 구조물이 매우 낡아서 새롭게 할 필요가 있다.

39 innovate

[ínəvèit]

(새로운 방식·기술·제도 등을 도입하여 낡은 것을) 동 **혁신[쇄신]하다**

To remain competitive in today's marketplace, companies must constantly *innovate*.

파생 innovation [ìnəvéiʃən] 명 혁신
innovative [ínəvèitiv] 형 혁신적인
innovator [ínəvèitər] 명 혁신자

어원 in(into:방향) + nov(new:새로운) → 새롭게 하다 → 혁신하다

40 novel

[nάvəl]

1. (이전에 본 어떤 것과도 달라서) 형 **새로운, 참신한**

2. (글로 쓴 긴 허구의 이야기): 명 **소설** → p260

It was a *novel* idea at the time but quickly became an industry standard.

파생 novelty [nάvəlti] 명 새로움, 참신함
novelist [nάvəlist] 명 소설가
novelistic [nὰvəlístik] 형 소설적인, 소설풍의

어원 nov(new:새로운) + el → 1. 참신한 → (새로운) 이야기 → 2. 소설

41 antique

[æntíːk]

(오래되고 귀한 옛 물품): 명 **골동품** 형 **골동품의**

This table, though it looks worthless, is actually a valuable *antique*.

파생 antiquity [æntíkwəti] 명 아주 오래됨; 고대; (고대) 유물

어원 ant(before:이전) + ique → (이전의) 옛 물품 → 골동품

42 routine

[ruːtíːn]

(특별한 것이 아닌 늘 있는) 형 **일상적인** 명 **정례적인 일, 관례**
(똑같은 일이 정해진 대로 늘 반복되는): 형 **틀에 박힌, 지루한** 명 **틀에 박힌 일**

They spend too much time doing *routine* paperwork.
His job is so *routine* and boring that he wants to quit.

어원 route(길) + ine → (항상 습관적으로 가는) 길 → 일상적인, 틀에 박힌

---

39 오늘날 시장에서 경쟁력을 유지하려면 회사들은 끊임없이 혁신해야 한다. 40 그것은 그 당시에는 새로운 생각이었으나 빠르게 산업 표준이 되었다. 41 이 테이블은 가치가 없어 보이지만 실제로는 가치가 높은 골동품이다. 42 그들은 너무나 많은 시간을 일상적인 서류작업을 하면서 보낸다. / 그의 일은 너무 틀에 박히고 지루해서 그는 그만두기를 원한다.

43 frequent

[fríːkwənt]

(거듭되는 간격이 매우 짧게) 형 **자주 일어나는, 빈번한** 동 **(특정 장소에) 자주 다니다**

As time went by, his visits became less *frequent*.

파생 frequency [fríːkwənsi] 명 빈도, 자주 일어남
⊖ infrequent [infríːkwənt] 형 드물게 일어나는

44 recur

[rikə́ːr]

(특히) 동 **(좋지 않은 일이) 다시 일어나다, 재발하다**

Consult your doctor if the pain *recurs* frequently.

파생 recurrence [rikə́ːrəns] 명 재발
recurrent [rikə́ːrənt] 형 재발하는

어원 re(again:다시) + cur(run:달리다) → (다시) 달려오다 → 재발하다

45 alternate

동 [ɔ́ːltərnèit]
형 [ɔ́ːltərnət]

(두 가지가 계속 하나씩) 동 **번갈아 일어나다[하다]** 형 **번갈아 일어나는[하는]**

His mood *alternated* between extreme optimism and deep depression.

파생 alternation [ɔ̀ːltərnéiʃən] 명 교대, 교체

어원 alter(other:다른) + nate → (차례를 바꾸어 계속) 다른 것을 하다 → 번갈아 하다

동의어 레슨

기간	
period	(두 시점 사이의 동안): **기간**
term	(미리 어느 때까지라고 정해 놓은) **기간, 기한, 임기, 학기, 형기**
새로운	
new	(전에는 없었거나 이전 것과는 달라서) **새로운, 새**
fresh	(최근에 발생·발견·공급·입수된 것이어서) **새로운, 최신의**
novel	(이전에 본 어떤 것과도 달라서) **새로운, 참신한**

이전, 이후(1)

≫ 테마 기본 어휘	before · ago · already · after · afterward · since · follow(~의 뒤에 일어나다) · early · late · right(곧, 바로) · immediate(즉시의) · straight(곧장)

43 시간이 지나면서 그의 방문은 덜 잦아졌다. 44 통증이 자주 재발하면 의사와 상담하세요. 45 그의 기분은 극단적인 낙관과 깊은 우울 사이를 오갔다.

[46] **previous**

[príːviəs]

(시간·순서상) 형 (지금 이야기하고 있는 대상보다) 이전의, 앞의

He has no *previous* experience of managing a large organization.

어원 pre(before:앞에) + vi(way:길) → (앞선 길에) 존재·발생한 → 이전의

[47] **prior**

[práiər]

(시간·순서상) 형 (비교 대상이나 특정 시간보다) 이전의, 사전의
(중요도·권리 등에서) 형 (~보다) 우선하는[중요한]

All the records *prior* to 2001 were lost some years ago.
The question of Being is *prior* to all other areas of philosophy.

파생 priority [praiɔ́ːrəti] 명 우선 사항, 우선(권)

어원 pri(before:전) + or(비교급) → 이전의, 우선하는

[48] **former**

[fɔ́ːrmər]

(바뀌거나 달라진) 형 (현재의 상태·직위 등과 대비) 이전의, 과거의, 전임의
(언급한 두 가지 가운데) 형 전자의 명 전자

Former President Bush made a surprise visit to the White House.
Of the two, I prefer the *former* to the latter, but they're both pretty good.

어원 form(first:첫 번째) + er(비교급) → 더 이전(첫 번째)의 → 전의, 이전의

[49] **advance**

[ædvǽns]

1. (어떤 일이 있기 이전에) 형 미리[앞서서] 하는, 사전의 명 선금, 선불
2. (더 나은 단계로) 동 (실력·수준·기술 등이) 향상[진보]되다[시키다] 명 향상, 진보 → p485
3. (적을 공격하기 위해) 동 (군대가) 전진[진격]하다 명 전진, 진격 → p346

I'll give you *advance* notice of any changes and post updates to the class web page.

파생 advancement [ædvǽnsmənt] 명 발달, 진보
advanced [ædvǽnst] 형 선진의, 고급[상급]의

어원 adv(from) + ance(before:앞) ┌ (현재로부터) 더 앞선 시간의 → 1. 사전의, 미리 하는
└ (~로부터 앞으로) 나아가다 → 3. 전진하다 2. 향상되다

46 그는 이전에 큰 조직을 관리해 본 경험이 없다. 47 몇 년 전에 2001년 이전의 모든 기록은 분실되었다. / 존재에 대한 문제는 다른 모든 철학의 분야보다 우선한다. 48 부쉬 전 대통령이 백악관을 깜짝 방문했다. / 나는 둘 중 후자의 디자인보다 전자의 것이 낫다, 하지만 둘 다 상당히 좋다. 49 어떤 변경이 있을 시에는 사전 통고를 하고 최신 정보를 반 웹페이지에 게시하겠습니다.

Day 30 Review Test

[1-30] 영어를 우리말로 바꾸세요.

1. dusk	16. prolong
2. decade	17. linger
3. occasion	18. intensive
4. current	19. temporary
5. contemporary	20. eternal
6. primitive	21. everlasting
7. ancient	22. permanent
8. medieval	23. renew
9. chronicle	24. innovate
10. archaeology	25. novel
11. imminent	26. frequent
12. impending	27. recur
13. meanwhile	28. alternate
14. era	29. prior
15. epoch	30. advance

[31-35] 각 문장의 문맥에 맞는 적절한 단어를 찾아 넣으세요.

① epoch ② contemporary ③ permanent ④ advance ⑤ innovate

31. He is among the best of _____ writers.
32. Places are limited and _____ booking is essential.
33. This is the beginning of a new _____ in science.
34. They are looking for a _____ place to stay.
35. All companies must _____ to survive.

정답 31. ② 32. ④ 33. ① 34. ③ 35. ⑤

Day 31

시간 II

time & period II

이전, 이후 (2)

≫ 테마 기본 어휘	before · ago · already · after · afterward · since · follow(~의 뒤에 일어나다) · early · late · right(곧, 바로) · immediate(즉시의) · straight(곧장)

01 beforehand

[bifɔ́:rhænd]

(어떤 일 이전에) 부 **미리, 사전에, 전부터**

You should have told me *beforehand* and I would have considered it.

어원 before(이전에) + hand(손) → (이전에 미리) 손을 써서 → **미리, 사전에**

02 preliminary

[prilímənèri]

(무엇이 더 중요한 일의 준비 과정으로 미리 하는 것인): 형 **예비[준비]의**
명 **예비 행위[단계], 서두, (스포츠의) 예선전**

The *preliminary* rounds of the competition will take place on Friday.

어원 pre(before:전) + limin(threshold:문지방) → (본선의) 문지방 전 → **예비의, 예선전**

03 precede

[prisí:d]

(어떤 것이 다른 것에) 동 **(시간·순서·위치상) 앞서다, 선행하다, 앞서 가다**

The 2-day event will be *preceded* by an orientation for new students.
See the *preceding* chapter for further details.

파생 precedence [présədəns] 명 앞섬, 우선(함)
precedent [présədənt] 명 선례, 전례
unprecedented [ʌnprésidəntid] 형 전례[선례]가 없는
predecessor [prédəsèsər] 명 전임자, (이)전의 것

어원 pre(before:앞) + cede(go:가다) → (다른 것에) 앞서 가다 → **선행하다**

01 미리 말씀해 주시지 그랬어요. 그러면 그것을 고려해 보았을 텐데요. 02 대회 예선전은 금요일에 치러질 예정이다.
03 그 이틀간의 행사에 앞서 새로운 학생들에 대한 오리엔테이션이 있을 예정이다. / 좀 더 상세한 내용은 앞에 나온 장을 보세요.

04 **premature**

[prìːmətʃúər]

(정상적이거나 적절한 때보다) 형 **너무 이른, 시기상조의, 조급한**

Let's not make any *premature* conclusion at this stage.

어원 pre(before:미리) + mature(ripe:익은) → (아직 때가 이르게) 미리 익은 → **시기상조의**

05 **belated**

[biléitid]

(정해진 시간이나 알맞은 때를 지나서) 형 **뒤늦은, 때늦은**

A few days later I had coffee with her and she gave me a *belated* birthday present.

어원 be(make) + late(늦은) → (때가) 늦추어진 → **뒤늦은**

06 **postpone**

[poustpóun]

(시간·날짜 등을 뒤로 바꾸어) 동 **(예정된 일·행사 등을) 연기하다**

Because of the rain, the game was *postponed* until tomorrow.

파생 postponement [poustpóunmənt] 명 연기

어원 post(after:뒤에) + pone(put:놓다) → (뒤에) 놓다 → **연기하다**

07 **delay**

[diléi]

(할 일을) 동 **(지금 하지 않고) 뒤로 미루다, 연기하다** 명 **미룸·연기**
(늦어지거나 더뎌지게) 동 **(진행·도착 등을) 지연[지체]시키다** 명 **지연, 지체**

The plane was *delayed* for five hours because of bad weather.

어원 de(away) + lay(leave:놓아두다) → (시간을) 떨어져 있게 놓아두다 → **연기; 지연**

08 **synchronize**

[síŋkrənàiz]

(둘 이상이) 동 **(정확히 같은 시간에) 동시에 발생하다[하게 하다]**

The dancers' motions were perfectly *synchronized* with each other.

파생 synchronization [sìŋkrənizéiʃən] 명 동시에 하기
synchronicity [sìnkranísəti] 명 동시 발생

어원 syn(together:함께) + chron(time:시간) → (같은 시간에 함께) **동시에 발생하다**

---

04 이 단계에서는 어떤 너무 이른 결론도 내리지 맙시다. 05 며칠 후 나는 그녀와 커피를 마셨는데 그녀는 내게 뒤늦은 생일 선물을 주었다. 06 비 때문에 경기가 내일로 연기되었다. 07 비행기가 악천후로 인해 다섯 시간 지체되었다. 08 무용수들의 동작은 완벽하게 서로 동시에 이루어 졌다.

09 coincide

[kòuinsáid]

1. (둘 이상의 일이) 동 (우연히) 동시에 일어나다 [with]

2. (두 사람의) 동 (생각·의견 등이) 일치하다 [with] → p473

The demonstration was planned to *coincide* with the president's arrival.

파생 coincidence [kouínsidəns] 명 동시 발생; (우연의) 일치
coincident [kouínsidənt] 형 동시에 일어나는; 일치하는
coincidental [kouìnsidéntl] 형 (우연히) 일치한

어원 co(together) + incide(fall on) → (한꺼번에) 떨어지다 → 1. 동시에 일어나다 2. 일치하다

10 simultaneous

[sàiməltéiniəs]

(둘 이상이 정확히) 형 동시에 일어나는[존재하는], 동시의

The meeting was conducted in French with *simultaneous* translation into English.

어원 simul(at the same time:동시에) + taneous → 동시의

11 instant

[ínstənt]

(거의 동시일 정도로) 형 즉각적인; (식품이) 인스턴트의 명 순간, 아주 짧은 동안

The book was an *instant* success when it was published.

어원 in(안) + sta(stand:서다) → (가까이 바로) 안에 서 있는 → 즉각적인

12 punctual

[pʌŋktʃuəl]

(예정대로, 또는 약속대로 정확히) 형 시간을 지키는[엄수하는]

He was always very *punctual* for appointments.

파생 punctuality [pʌŋktʃuǽləti] 명 시간 엄수

어원 punct(point:점) + ual → (바른 위치에 정확히) 점을 찍는 → 시간을 엄수하는

13 deadline

[dédlàin]

(더 이상은 넘어갈 수 없는 정해진 기한의 끝): 명 최종 기한, 마감 시간

The submission *deadline* for applications is Monday, March 28, 2011.

어원 dead(죽은) + line(선) → (넘으면 죽는) 넘어서는 안 되는 선 → 마감 시간

09 시위는 대통령의 도착과 동시에 일어나도록 계획되었다. 10 회의는 영어로 동시 통역 되면서 프랑스어로 진행되었다. 11 그 책은 출간되었을 때 즉각 성공을 거두었다. 12 그는 항상 그의 약속시간을 매우 잘 지켰다. 13 신청서 제출 마감일은 2011년 3월28일 월요일이다.

순서, 시작, 종료

≫ 테마 기본 어휘	order(순서) · turn(차례) · next · then(그 다음에) · series(시리즈) · first · second · third · original(원래의) · last · final · begin · start · introduce(도입하다) · source(근원) · end · close(마감하다) · finish · complete(완료하다) · stop(중단하다) · cancel(취소하다) · continue · keep(계속하다, 유지하다) last(계속되다) leave(그대로 두다) · stay(변함없이 ~이다) · remain(변함없이 ~이다)

14 **sequence**
[sí:kwəns]

(진행 · 발생 · 배열 등이) 명 **(연속적인 일 · 사건 · 행동 등의) 순서[차례]**
(특정한 순서에 따라 이어지는) 명 **(일련의) 연속적인 일[행동]**

The arrows show the *sequence* in which the tasks must be performed.
The *sequence* of events leading up to this decision remains unclear.

파생 sequential [sikwénʃəl] 형 순차적인

어원 sequ(follow:따르다) + ence → (차례대로) 뒤따르는 것 → 순서, 연속적인 일

15 **subsequent**
[sʌbsikwənt]

(시간 · 순서상 다른 일이 있고 난 후) 형 **그 다음[이후]의, 차후의** [to]

Details of these techniques will be dealt with in a *subsequent* chapter.

어원 sub(under) + sequ(follow:따르다) → 뒤에(아래에) 따르는 → 차후의

16 **succeed**
[səksí:d]

1. (전임자인) 동 **(~의 자리 · 지위 등의) 뒤를 잇다; (무엇이) (앞선) ~을 뒤따르다**
2. (목적을 달성하거나 바라던 결과를 얻어) 동 **성공하다** [in] → p301

He *succeeded* his father as president of the company, when he was just 26.

파생 success [səksés] 명 성공
successful [səksésfəl] 형 성공적인
succession [səkséʃən] 명 연속, 계승
successive [səksésiv] 형 연속적인
successor [səksésər] 명 후임자, 계승자

어원 suc(after:뒤에, under:아래) + ceed(가다) ┬ (뒤를) 이어 가다 → 1. 뒤를 잇다, 이어받다
└ (아래에서) 위로 올라가다 → 2. 성공하다

14 화살표는 그 일이 수행되어야 하는 순서를 보여준다. / 이러한 결정을 야기한 일련의 연속적인 사건들은 불분명한 채로 남아있다. 15 이 기술의 세부 사항은 이 이후의 장에서 다루어질 것이다. 16 그가 단지 26세였을 때 그는 회사의 사장으로 아버지의 뒤를 이었다.

17 **consecutive**
[kənsékjutiv]

(숫자나 기간 등이 중간에 간격 없이) 형 **연이은, 연속적인**

He failed the college entrance exam for two *consecutive* years.

어원 con(together:함께) + secut(follow:뒤를 잇다) → (서로) 뒤를 잇는 → 연이은, 연속적인

18 **initial**
[iníʃəl]

(과정상 맨 처음에 발생하는): 형 **(과정상) 처음의[초기의]** 명 **(이름의) 머리글자**

The project requires an *initial* investment of at least two million dollars.

어원 in(into:안으로) + it(go:가다) → (안으로 막 들어간) 시기 → 초기의

19 **ultimate**
[ʌltəmət]

(도달할 수 있는 막다른 끝): 형 **(더 나아갈 수 없는) 궁극[최종]의** 명 **궁극의 것**

His *ultimate* goal was to become President of the United States.

어원 ultim(last:마지막) + ate → (마지막에) 다다른 → 궁극[최종]의

20 **eventual**
[ivéntʃuəl]

(무엇이) 형 **(힘든 긴 과정 끝에) 최종[최후]의**

It is probably too early to predict what the *eventual* outcome will be.

파생 eventuality [ivèntʃuǽləti] 명 만일의 사태

어원 e(out:밖) + vent(come:오다) → (밖으로 나온) 결과(outcome)인 → 최종의

21 **launch**
[lɔːntʃ]

1. (중요한 일·활동 등을) 동 **(정식으로) 시작[개시, 착수]하다** 명 **개시, 착수**
(새로운) 동 **(상품·책 등을) 시장에 내다, 출시[출간]하다** 명 **출시**
2. (새로 만든) 동 **(배를) 진수시키다, (보트 등을) 물에 띄우다** 명 **진수** → p361
(하늘·우주로) 동 **(로켓·우주선 등을) 발사하다, 쏘아 올리다** 명 **발사** → p361

The company *launched* an advertising campaign to promote its new product.
The company is planning to *launch* a new product later this year.

17 그는 2년 연속 대학 입학 시험에 떨어졌다. 18 그 프로젝트는 적어도 이백만 달러의 초기 투자가 필요하다. 19 그의 궁극적인 목표는 미국 대통령이 되는 것이었다. 20 최종 결과가 어떻게 될지 예견하기에는 아마 너무 이르다. 21 그 회사는 새로운 제품을 홍보하기 위한 광고 캠페인을 시작했다. / 그 회사는 올 연말에 새로운 제품을 출시할 계획이다.

22 **initiate**
[iníʃièit]

(사업·개혁·계획 등을) 동 **(처음으로 / 남보다 앞서) 시작[개시, 착수]하다**

The newly elected government has *initiated* a program of educational reform.

파생 initiation [inìʃiéiʃən] 명 시작, 개시
initiative [iníʃiətiv] 명 주도(권); 진취성, 결단력
initiator [iníʃièitər] 명 개시인, 발기인

어원 in(into:안으로) + it(go:가다) → (일 안으로 먼저 들어가) 시작[착수]하다

23 **cradle**
[kréidl]

(역사적으로 중요한 일이 처음으로 시작된) 명 **발상지, 요람지**
(유아용 흔들 침대): 명 **요람**

Greece is often regarded as the *cradle* of Western civilization.
My baby is sleeping in the *cradle* at the side of my bed.

24 **advent**
[ǽdvent]

(중요한 인물·시대·발명품 등이 처음으로 오거나 생기는 시기): 명 **도래, 출현**

With the *advent* of the Internet, consumers are much more powerful than ever.

어원 ad(to:~로) + vent(come:오다) → (처음으로) ~로 오는 것 → 도래, 출현

25 **terminate**
[tə́:rmənèit]

(end의 격식 차린 말): 동 **끝나다, 끝내다, 종료되다[하다]**

The present contract *terminates* at the end of this year.

파생 termination [tə̀:rmənéiʃən] 명 종료

어원 termin(end:끝) + ate → 종료되다[하다]

26 **expire**
[ikspáiər]

(기한이 있는) 동 **(공문서·계약·자격증 등이) 만료되다, 만기가 되다**

My driver's license *expired* and I did not realize it.

파생 expiration [èkspəréiʃən] 명 만료, 만기

어원 ex(out:밖) + spire(breathe:숨쉬다) → (마지막) 숨을 내쉬다 → 죽다 → 만료되다

22 새로 선출된 정부는 교육 개혁 프로그램에 착수했다. 23 그리스는 흔히 서구 문명의 발상지로 여겨진다. / 내 아기는 내 침대 옆에 요람에서 자고 있다. 24 인터넷의 출현으로 소비자들의 힘이 그 어느 때보다 훨씬 더 세다. 25 현재의 계약은 올해 말에 종료된다. 26 내 운전면허증이 만료되었으나 나는 알지 못했다.

27 **conclude**
[kənklúːd]

1. (결론이나 결과물을 내고) 동 (하던 일을) 결말짓다, 종결하다

2. (신중한 검토·판단·추론을 통해) 동 (어떤 문제에 대해) 결론을 내리다 → p162

He *concluded* the speech by thanking everyone for coming.

파생 conclusion [kənklúːʒən] 명 결론; 결말
conclusive [kənklúːsiv] 형 결정적인, 확정적인

어원 con(together:함께) + clude(shut:닫다) → (결론을 내리고) 함께 논의를 닫다 → **결론짓다**

28 **abolish**
[əbάliʃ]

(공식적으로) 동 (제도·법률·조직 등을) 폐지하다, 없애다

In 1865, slavery was *abolished* in the United States.

파생 abolition [æbəlíʃən] 명 폐지

어원 ab(away:멀리) + ol(grow:자라다) → (더 자라지 못하게) 멀리 치우다 → **폐지하다**

29 **dissolve**
[dizάlv]

1. (없어지게) 동 (의회·단체 등을) 해산하다
(공식적으로) 동 (결혼 생활, 사업 합의 등을) 끝내다, 무효화하다

2. (섞여서) 동 (고체가 액체 속에서) 녹다, 녹이다, 용해되다[시키다] → p421

In France, the President has the power to *dissolve* Parliament.
Their marriage was *dissolved* by divorce in 2012.

파생 dissolution [dìsəlúːʃən] 명 용해; 해산, 해소, 해약

어원 dis(apart:떨어져) + solve(loosen:풀다)
- (풀려서) 떨어져 나가다 → (단체가) 1. **해산하다**
- (구속을 풀어) 1. **무효화하다**
- (풀려서) 떨어지다 → (고체가) 2. **녹다**

30 **quit**
[kwit]

1. (더 이상 하지 않고) 동 (나쁜 행동, 싫은 일 등을) (완전히) 그만두다[하다]

2. (도중에) 동 (직장·학교 등을) (완전히) 그만두다, 떠나다 → p320

He followed the doctor's advice and *quit* smoking.

27 모든 사람들에게 참석해 주어서 고맙다는 말로 연설을 마쳤다. 28 1865년에 노예제도는 미국에서 폐지되었다.
29 프랑스에서는 대통령이 국회를 해산시킬 권한을 가지고 있다. / 그들의 결혼 생활은 2012년에 이혼으로 끝났다.
30 그는 의사의 조언을 받아들여 담배를 끊었다.

31 **cease**

[siːs]

(계속되던 일 · 상태 등이) 동 **(끝이 나면서) 중단되다[시키다], 끝나다, 끝내다**

The captain ordered his soldiers to *cease* fire, but they continued to shoot.

파생 ceaseless [síːslis] 형 끊임없는

32 **halt**

[hɔːlt]

(행동 · 활동 · 진행 등이) 동 **(완전히) 멈추다[게 하다], 정지하다[시키다]** 명 **멈춤, 정지**

All of the sudden, someone yelled "*Halt!* Don't move!"

33 **pause**

[pɔːz]

(하고 있던 말 · 행동 등을 다시 시작하기 전에) 동 **잠시 멈추다** 명 **잠시 멈춤**

He *paused* and thought for a moment before he answered.

34 **hesitate**

[hézətèit]

(무엇을 하기 전에 확신이 서지 않거나 긴장하여) 동 **망설이다, 주저하다**

Please don't *hesitate* to contact us if you need help.

파생 hesitation [hèzətéiʃən] 명 망설임, 주저
hesitant [hézətənt] 형 망설이는, 주저하는

어원 hes(hold fast:꽉 붙잡다) + it → (하기 전에) 꽉 붙잡다 → 망설이다

35 **suspend**

[səspénd]

1. (공식적으로) 동 **(일의 진행 · 실행을) (일시) 중지[유예]하다, 연기[유보]하다**
(일정 기간 등교나 출근을 못하게) 동 **(처벌로서) 정학[정직]시키다**

2. (윗부분이 높은 곳에 고정되어) 동 **(공중에 떠있게) 매달다, 걸다** → p336

Your driver's license will be *suspended* until the fine is paid.
He was *suspended* from school for three days for fighting.

파생 suspension [səspénʃən] 명 연기, 보류, 유예; 정직, 정학
suspense [səspéns] 명 서스펜스, 긴장감

어원 sus(under:아래) + pend(hang:매달다) ─ (진행하지 못하게 매달아) 1. 중지[유보]하다
─ (등교하지 못하게 매달아) 1. 정학[정직]시키다
─ (공중에 떠있게) 2. 매달다

31 지휘관은 군인들에게 사격을 중지하라고 명령했지만, 그들은 계속해서 총을 쏘았다. 32 갑자기 누군가가 소리쳤다 "정지! 움직이지마!" 33 그는 대답을 하기 전에 잠시 멈추고 생각을 했다. 34 도움이 필요하시면 주저 말고 우리에게 연락하십시오. 35 당신의 운전면허증은 벌금을 지불할 때까지 정지될 것이다. / 그는 싸움을 해서 3일 동안 정학을 당했다.

36 abandon

[əbǽndən]

1. (문제가 너무 많아 진행이 불가능해서) 동 **(도중에) 포기[단념]하다**
   (갖고 있던) 동 **(생각·믿음·주의 등을) 버리다, 포기하다**
2. (자신이) 동 **(책임져야 할 사람을) 버리다, 유기하다** → p244
   (위험하거나 있기가 불가능해서) 동 **(물건·장소를) 버리고 떠나다** → p244

We wanted to climb to the summit, but we soon *abandoned* this idea.

I *abandoned* all hope of finding a job and becoming a success.

파생 abandonment [əbǽndənmənt] 명 유기, 버림; 포기, 단념

어원 a(to:방향) + bandon(power:권한) → (권한을) 남에게 넘기다 → 1. 포기하다 2. 버리다

37 withdraw

[wiðdrɔ́ː]

1. (이미) 동 **(했거나 하기로 한 것을) 철회하다, 도로 거둬들이다**
2. (은행에서) 동 **(예금을) 인출하다** → p289
3. (참가를 중단하고) 동 **(조직·활동·경기 등에서) 탈퇴[기권]하다[시키다]** → p501
4. (있던 곳에서) 동 **(뒤로) 물러나다[빼내다]; (군대가) 철수하다[시키다]** → p347

The Labor Party *withdrew* its support for the government at the last minute.

I agreed to *withdraw* my resignation and continue my job.

파생 withdrawal [wiðdrɔ́ːəl] 명 인출; 탈퇴, 기권; 철수; 철회

어원 with(back:뒤) + draw(끌어당기다) → (뒤로) 끌어당기다 → 철회[철수, 인출]하다

38 persist

[pərsíst]

(비이성적으로 보일 정도로) 동 **집요하게[고집스럽게, 끈질기게] 계속하다**
(오랫동안 없어지지 않고) 동 **(좋지 않은 것이) 계속[지속]되다**

He *persisted* in his refusal to answer, and again requested permission to see his attorney.

If the pain *persists* consult your doctor and get your throat fully examined.

파생 persistent [pərsístənt] 형 끈질긴, 집요한; 끊임없이 지속[반복]되는
persistence [pərsístəns] 명 고집, 끈덕짐; 지속, 존속

어원 per(through:내내) + sist(stand:서다) → (내내) 서 있다 → 끈질기게 계속하다

36 우리는 산 정상으로 오르고 싶었으나 곧 이 생각을 포기했다. / 나는 직업을 구해 성공한 사람이 된다는 모든 희망을 버렸다. 37 노동당은 마지막 순간에 정부에 대한 지지를 철회했다. / 나는 사직을 철회하고 나의 일을 계속하기로 동의했다. 38 그는 답변을 집요하게 계속해서 거부하고 그의 변호사를 볼 수 있도록 허가를 요청했다. / 통증이 지속되면 의사와 상의를 하고 목구멍을 철저하게 검사 받으세요.

39 **proceed**

[prəsíːd]

1. (이미) 동 **(시작·계획된 일을) 계속 진행하다[되다]** [with]
(다른 일을 먼저 하거나 잠깐 멈춘 후) 동 **계속해서[이어서] ~을 하다**

2. (서 있다가) 동 **(특정 방향으로) 나아가다, 향하여 가다** → p346

Everything seems to be *proceeding* according to plan.
He went back to his hotel room and *proceeded* to take a shower.

어원 pro(forward:앞으로) + ceed(go) → (앞으로) 가다 → (앞으로) 2. 나아가다 1. 계속 진행하다

40 **resume**

1. [rizúːm]
2. [rézumèi]

1. (중단하거나 중단된 일을) 명 **다시 시작하다[되다], 재개하다[되다]**

2. (학업·직업 등의 경력을 적은) 명 **이력서** (= résumé) → p325

The two sides have agreed to *resume* peace talks in the near future.

파생 resumption [rizʌ́mpʃən] 명 재개

어원 ┌ re(again:다시) + sume(take:취하다) → (중단한 일을 취하여) 1. 다시 시작하다
└ résumé → 요약(summary)을 뜻하는 프랑스어에서 유래 → (경력을 요약한) 2. 이력서

41 **renew**

[rinjúː]

1. (한동안) 동 **(중단되었던 일을) 다시 시작하다, 재개하다**
(계약이나 법적 문서 등의) 동 **(만료된 것의) 기한을 연장하다, 갱신하다**

2. (낡거나 손상된 것을) 동 **(같은 종류의) 새것으로 바꾸다, 새롭게 하다** → p377

Ten days later the German army *renewed* its attack on Moscow.
Her driver's license expired and she hasn't *renewed* it.

파생 renewal [rinjúːəl] 명 재개; 갱신; 회복, 개선

어원 re(again:다시) + new(새로운) → (다시) 2. 새롭게 하다 → 1. 재개[갱신]하다

42 **perpetual**

[pərpétʃuəl]

(멈추거나 변하지 않고) 형 **끊임없이 계속되는** (= constant, incessant)

Today people live in *perpetual* fear of losing their jobs.

파생 perpetuate [pərpétʃuèit] 동 영속시키다, 영구화하다

39 모든 것이 계획대로 진행되고 있는 것처럼 보인다. / 나는 호텔방으로 돌아간 다음 이어서 샤워를 했다. 40 양측은 가까운 장래에 평화 회담을 재개하기로 합의했다. 41 열흘 후 독일 군대는 모스크바에 대한 공격을 재개했다. / 그녀의 운전면허증이 만료되었으나 아직 갱신하지 않았다. 42 오늘날 사람들은 실업에 대한 끊임없는 공포 속에 산다.

43 constant

[kάnstənt]

1. (멈추거나 변하지 않고) 형 **끊임없이 계속되는** (= perpetual, incessant)

2. (무엇이) 형 **(특정한 상태 · 수준에서) 변하지 않는, 불변의** 명 **(수학의) 상수** → p483

Sheep are the most helpless animals and need *constant* care and attention.

파생 constancy [kάnstənsi] 명 불변(성)
⊖ inconstant [inkάnstənt] 형 일정치 않은, 변덕스러운

어원 con(together) + sta(stand:서다) → (항상) 함께 서 있는 → 1. 끊임없는 2. 불변의

44 incessant

[insésnt]

(멈추거나 변하지 않고) 형 **끊임없이 계속되는** (= perpetual, constant)

We have had *incessant* rain for the past 2 weeks and little sunlight.

어원 in(not) + cess(cease:그치다) → (그치지) 않는 → 끊임없는

45 steady

[stédi]

1. (일정하게 계속 이어지는): 형 **(발전 · 성장 · 전개 등이) 꾸준한**

2. (무엇이) 형 **(변화 · 변동 · 흔들림 없이) 고정적인, 한결 같은, 안정된** → p484
동 **안정[고정, 진정]되다[시키다]** → p484

This book has been a *steady* seller for nearly thirty years.

파생 ⊖ unsteady [ʌnstédi] 형 불규칙한, 일정하지 않은; 불안정한, 흔들거리는

어원 st(stand: 서다) + ead + y → (단단히) 서 있는 → 꾸준한, 한결 같은

동의어 레슨

끝나다, 끝내다	
end	(계속되던 것이 더 계속되지 않고) **끝나다, 끝내다**
terminate	(end의 격식 차린 말): **끝나다, 끝내다, 종료되다[하다]**
close	(일을 예정대로, 또는 어떤 식의 마무리를 하고) **끝내다, 마감하다**
finish	(하던 일이나 과정 · 절차 등을 완전히 마무리하고) **끝내다, 끝나다**
complete	(어떤 일을 빠짐없이 완전하게) **끝마치다, 완료하다**

43 양은 가장 무력한 동물이어서 끊임없는 보살핌과 관심이 필요하다. 44 지난 2주 동안 햇빛은 거의 없이 끊임없이 비가 왔다. 45 이 책은 거의 30년 동안 꾸준히 잘 팔렸다.

Day 31 Review Test

[1-30] 영어를 우리말로 바꾸세요.

1. preliminary	16. expire
2. precede	17. abolish
3. belated	18. dissolve
4. postpone	19. cease
5. delay	20. halt
6. synchronize	21. pause
7. coincide	22. suspend
8. simultaneous	23. abandon
9. sequence	24. withdraw
10. subsequent	25. persist
11. consecutive	26. proceed
12. ultimate	27. perpetual
13. initiate	28. constant
14. advent	29. incessant
15. terminate	30. steady

[31-35] 각 문장의 문맥에 맞는 적절한 단어를 찾아 넣으세요.

① precede ② initial ③ incessant ④ cease ⑤ expire

31. The disease has no symptoms in the _____ stages.
32. The decision was _____d by a long debate.
33. Your driver's license _____d six months ago.
34. Everybody was tired of her _____ complaints.
35. The company has decided to _____ its European operations.

정답 31. ② 32. ① 33. ⑤ 34. ③ 35. ④

Day 32 자연환경·동식물 I

nature & animals & plants I

자연, 세계, 우주

≫ 테마 기본 어휘	nature(자연) · environment(환경) · wild(야생의) · world · global · map · town · city · downtown(도심지에[로]) · capital(수도) · park(공원) · square(광장) · country(시골) · countryside · village · universe(우주) · space(우주) · sky · air(공중) · star · sun · moon · earth(지구) · rise(해 · 달이 뜨다) · set(해 · 달이 지다)

01 **ecology**
[ikάlədʒi]

(생물간, 생물과 환경간의 상호 관계, 또는 그 학문): 명 **생태(계), 생태학**

Mankind should preserve the natural *ecology* of the earth for future generations.

파생 ecological [èkəlάdʒikəl] 형 생태(학)의
ecologist [ikάlədʒist] 명 생태학자
ecosystem [ékousìstəm] 명 생태계

어원 eco(house:서식지) + logy(study:학문) → (생물 서식지의 환경에 관한) 학문 → 생태학

02 **habitat**
[hǽbitæt]

(특정 동식물이 터전으로 삼아 깃들여 사는) 명 **(동식물의) 서식지**

When the natural *habitats* of the animals are destroyed, many of them will die.

어원 habit(dwell:살다) + at → (사는) 곳 → 서식지

03 **geography**
[dʒiάgrəfi]

(어떤 장소나 지역의 지형 · 길 등의 상태): 명 **지리(학)**

He is very familiar with the *geography* of the area.

파생 geographical [dʒì:əgrǽfikəl] 형 지리(학)의
geographer [dʒiάgrəfər] 명 지리학자

어원 geo(earth:지구) + graphy(description:서술) → 지구(표면)에 대한 서술 → 지리(학)

01 인류는 미래의 세대를 위해 지구의 자연 생태계를 보존해야 한다. 02 동물의 자연 서식지가 파괴될 때 그들 대다수는 죽게 될 것이다. 03 그는 그 지역의 지리를 매우 잘 안다.

04 **arctic**
[ɑ́:rktik]

(지구의 북쪽 끝 지역): 명 (the A-) 북극 형 북극의

The climate of the *Arctic* is characterized by long, cold winters and short, cool summers.

파생 ⊖ antarctic [æntɑ́:rktik] 명 (the A-) 남극 형 남극의

어원 arct(bear:곰) + ic → (북두칠성이 포함된 별자리인) 큰곰자리가 위치한 곳 → 북극

05 **equator**
[ikwéitər]

(남·북극으로부터 같은 거리의 지구 중심을 지나는 선): 명 적도

Kenya is a wonderful country that lies on the *equator* in East Africa.

파생 equatorial [ì:kwətɔ́:riəl] 형 적도의

어원 equate(같게 하다) + or → (북극·남극으로부터의) 길이가 같은 지점 → 적도

06 **hemisphere**
[hémisfìər]

(지구를 반으로 나눈 것의 한쪽): 명 (지구의) 반구

More than two thirds of the land surface is in the northern *hemisphere*.

어원 hemi(half:반) + sphere(구체) → 반구

07 **metropolis**
[mitrɑ́pəlis]

(한 나라나 지방의 중심지로서 규모가 매우 큰) 명 거대 도시

Tokyo is a *metropolis* where twenty-two million people live together.

파생 metropolitan [mètrəpɑ́litən] 형 거대 도시의

어원 metro(mother) + polis(city) → (어머니와 같은) 중심지의 역할을 하는 도시 → 거대 도시

08 **urban**
[ə́:rbən]

(도시와 관련된): 형 도시의

Nearly 35 percent of the French *urban* population is living in Paris.

파생 urbanize [ə́:rbənàiz] 동 도시화하다

어원 urb(city:도시) + an → 도시의

04 북극의 기후는 길고 추운 겨울과 짧고 선선한 여름으로 특징지어 진다. 05 케냐는 동아프리카의 적도 위에 놓여있는 아주 멋진 나라이다. 06 육지면의 3분의 2이상이 북반구에 있다. 07 도쿄는 천이백만 명이 함께 사는 거대도시이다. 08 프랑스 도시 인구의 거의 35퍼센트가 파리에 살고 있다.

09 **suburb**

[sʌbəːrb]

(도심지에 인접한 주택 지역): 명 교외 (주택지)

My office is in downtown Boston, but I live in the *suburbs*.

파생 suburban [səbə́ːrbən] 형 교외의

어원 sub(near:근처) + urb(city:도시) → (도시의) 근처 → 교외

10 **outskirts**

[áutskəːrts]

(도심에서 가장 먼 도시 경계 지역): 명 (도시의) 변두리

The university is located on the *outskirts* of the western part of the city.

어원 out(밖) + skirt(border:경계) → (도시의) 바깥쪽 경계 지역 → 변두리

11 **mayor**

[méiər]

(시 행정의 최고 책임자): 명 시장

He was the first African American to be elected *mayor* of New York City.

어원 may(great:영향력이 큰) + or(비교급) → (시에서) 영향력이 더 큰 사람 → 시장

12 **rural**

[rúərəl]

(도시에 대하여) 형 시골의, 전원의

They want to live a traditional *rural* lifestyle without modern conveniences.

어원 rur(country:시골) + al → 시골의

13 **cosmos**

[kɑ́zməs]

(질서가 있는 하나의 통일체로서의) 명 우주

The *cosmos* is a direct expression of God's own being.

파생 cosmic [kɑ́zmik] 형 우주의

14 **planet**

[plǽnit]

(태양이나 중심 별의 둘레를 도는) 명 행성

It is highly likely that intelligent life exists on other *planets*.

어원 plan(wander:떠돌아다니다) + et → (떠돌아다니는) 별 → 행성

09 내 사무실은 보스턴 시내에 있지만 나는 교외에 산다. 10 그 대학교는 그 도시 서부의 변두리에 위치해 있다. 11 그는 뉴욕시의 시장으로 선출된 최초의 아프리카계 미국인이었다. 12 그들은 현대의 편리함 없이 전통적인 시골 생활방식으로 살기를 원했다. 13 우주는 하나님 자신의 존재의 직접적인 표현이다. 14 다른 행성에 지능을 가진 생명체가 존재할 가능성이 꽤 크다.

15 **atmosphere** [ǽtməsfìər]

1\. (지구를 둘러싸고 있는 기체): 명 (지구의) 대기; (특정 장소의) 공기

2\. (느껴지는) 명 (어떤 대상과 그 주변의) 분위기

Burning coal pollutes the *atmosphere* creates acid rain and leads to climate change.

파생 atmospheric [ætməsférik] 형 대기(중)의; 분위기의[를 내는]

어원 atmos(vapor:증기) + sphere(globe:지구) ┬ (지구를 둘러싼) 증기 → 1. 대기
└ (주변을 둘러싼) 2. 분위기

16 **satellite** [sǽtəlàit]

(행성의 둘레를 도는) 명 위성
(사람이 하늘에 쏘아 올린) 명 인공위성, 위성(장치)

The Moon is a *satellite* of Earth, the planet we live on.
The championship was broadcast live by *satellite* around the world.

어원 수행원(attendant)의 뜻에서 유래 → (수행하듯 행성 주위를 도는) (인공) 위성

17 **comet** [kάmit]

(긴 꼬리를 달고 태양을 중심으로 움직이는) 명 혜성

A bright *comet* with a long tail appeared in the night sky.

어원 긴 머리카락을 가진(long-haired)의 뜻에서 유래 → 긴 꼬리(머리카락)를 가진 별 → 혜성

18 **galaxy** [gǽləksi]

(수많은 천체의 무리): 명 은하(수); (the G-) (태양계가 속한) 은하계

The solar system belongs to the *galaxy* called the Milky Way.

어원 gala(milk:우유) + xy → (우유가) 흩뿌려진 것 같은 별 무리 → 은하

19 **orbit** [ɔ́:rbit]

(천체가 다른 천체의 둘레를 돌 때 그리는) 명 궤도 동 궤도를 그리며 돌다

The satellite went into *orbit* as planned, 25 minutes after launch.

파생 orbital [ɔ́:rbitl] 형 궤도의

15 석탄을 태우는 것은 환경을 오염시키고 산성비를 만들어내고 기후 변화로 이어진다. 16 달은 우리가 사는 행성인 지구의 위성이다. / 선수권 대회는 인공위성을 통해 전세계에 생방송되었다. 17 긴 꼬리가 달린 밝은 혜성이 밤 하늘에 나타났다. 18 태양계는 은하계라고 불리는 은하에 속해있다. 19 인공위성은 발사 후 25분에 계획대로 궤도에 진입했다.

20 **gravity**

[grǽvəti]

1. (지구가 지표 근처의 물체를, 또는 천체가 서로를 잡아당기는 힘): 명 **중력**

2. (심각한 일이 있는 듯한) 명 **(태도·행동의) 엄숙함[진지함]** → p439
(몹시 우려스러울 정도의) 명 **(상황의) 심각함[중대함]** → p439

The apple falls from the tree to the earth because of the force of *gravity*.

파생 grave [greiv] 형 심각한 명 무덤

어원 grave(heavy:무거운) + ity ┬ (무거운) 힘 → 1. 중력
└ (태도나 상황의) 무거움 → 2. 엄숙함, 진지함

21 **solar**

[sóulər]

(태양이나 태양 에너지와 관련된): 형 **태양의, 태양 광선[열]을 이용한**

The *solar* system has nine planets, including Earth.

어원 sol(sun:태양) + ar → 태양의

22 **lunar**

[lú:nər]

(달과 관련된): 형 **달의**

Even today, the *Lunar* New Year's Day is still a major holiday in Korea.

어원 luna(moon:달) + ar → 달의

23 **astronomy**

[əstrάnəmi]

(우주와 여러 천체에 관한 연구를 하는) 명 **천문학**

Astronomy deals with the motion and character of heavenly bodies.

파생 astronomical [æstrənάmikəl] 형 천문학의
astronomer [əstrάnəmər] 명 천문학자

어원 astro(star:별) + nomy(study:학문) → (별을 연구하는) 학문 → 천문학

동의어 레슨

교외, 변두리	
suburb	(도심지에 인접한 주택 지역): **교외 (주택지)**
outskirts	(도심에서 가장 먼 도시 경계 지역): **(도시의) 변두리**

20 중력으로 인해 사과가 나무에서 땅으로 떨어진다. 21 태양계에는 지구를 포함하여 9개의 행성이 있다. 22 오늘날까지도 음력설은 한국에서 여전히 중요한 명절이다. 23 천문학은 천체의 운동과 특징을 다룬다.

육지

≫ 테마 기본 어휘	land · earth(땅) · ground · underground(지하의) · earthquake(지진) · earth(흙) · mud(진흙) · sand(모래) · stone · rock · brick(벽돌) · mountain · volcano(화산) · hill · slope(비탈) · peak(산봉우리) · valley(계곡) · river · stream(시내) · waterfall(폭포) · lake · pond(연못) · pool(웅덩이, 수영장) · savanna(사바나) · forest · jungle(밀림) · desert(사막) · oasis(오아시스)

Day 32

24 **geology**
[dʒiɑ́lədʒi]

(지층이나 땅의 성질·상태): 명 **지질(학)**

Geology is the study of the formation and composition of the earth.

파생 geological [dʒìːəlɑ́dʒikəl] 형 지질학의 (= geologic)
geologist [dʒiɑ́lədʒist] 명 지질학자

어원 geo(earth:땅) + logy(science:학문) → (땅을 연구하는) 학문 → **지질학**

25 **earthquake**
[ə́ːrθkwèik]

(땅이 흔들리거나 갈라지는 현상): 명 **지진**

The *earthquake* destroyed most of the buildings in the downtown area.

어원 earth(땅) + quake(마구 흔들리다) → (땅이 마구 흔들리는) 현상 → **지진**

26 **continent**
[kɑ́ntənənt]

(지구 표면에 펼쳐진 광대한 면적의 육지): 명 **대륙**

Asia is the largest *continent* on earth and has the largest population.

파생 continental [kɑ̀ntənéntl] 형 대륙의

어원 con(together:함께) + tin(hold:붙잡다) → (땅이 함께 붙잡고 이어지는) 넓은 육지 → **대륙**

27 **soil**
[sɔil]

(지표 상층의 식물을 자라게 하는) 명 **흙, 토양**

This plant does not grow well in dry *soil* or direct sunlight.

28 **marble**
[mɑ́ːrbl]

(주로 흰빛을 띠고 조각·건축에 많이 쓰이는) 명 **대리석**

The *marble* has a smooth and shiny surface.

24 지질학은 지구의 형성과 구성을 연구하는 학문이다. 25 지진은 도심 지역 건물의 대부분을 파괴했다. 26 아시아는 지구상에서 가장 큰 대륙이고 가장 많은 인구를 가지고 있다. 27 이 식물은 메마른 토양이나 직사 일광에서는 잘 자라지 않는다. 28 그 대리석은 매끄럽고 반짝이는 표면을 갖고 있다.

29 **erode**

[iróud]

(조금씩 깎이면서) 동 (비·바람 등에 땅·바위가) 침식[풍화]되다[하다]

The rocks have *eroded* away over millions of years.

파생 erosion [iróuʒən] 명 침식 (작용)

어원 e(away:떨어져) + rode(gnaw:갉아먹다) → (갉아먹어) 떨어져 나가다 → 침식되다

30 **cave**

[keiv]

(땅·바위 속으로 자연적으로 패어 들어간 깊고 넓은 큰) 명 굴, 동굴

Thousands of years ago, people used to live in *caves*.

31 **ditch**

[ditʃ]

(들이나 도로 가의 좁은 물길): 명 수로, 도랑

She slipped and fell into a *ditch* by the side of the road.

32 **dig**

[dig]

(도구·손 등으로 땅에) 동 (구멍을) 파다, (묻힌 것을) 파내다

He *dug* a hole in the ground and buried the money.

파생 digger [dígər] 명 파는 기계

33 **bury**

[béri]

1. (물건을) 동 (땅 속에) 묻다, 묻어서 숨기다
2. (무덤에) 동 (시체·유골을) 묻다[매장하다] → p27

Many pipes and cables are *buried* beneath the surface of the ground.

파생 burial [bériəl] 명 매장

34 **erupt**

[irʌpt]

(화산의 분출구에서 화산재·용암 등을) 동 (화산이) 분출[분화]하다

The city was destroyed when the volcano *erupted* in 1610.

파생 eruption [irʌpʃən] 명 (화산의) 폭발, 분화

어원 e(out:밖) + rupt(break:깨지다) → (깨져서) 밖으로 나오다 → 분출하다

29 그 암석들은 수백만 년에 걸쳐 풍화되었다. 30 수천 년 전에 사람들은 동굴에서 살았다. 31 그녀는 미끄러져서 도로 변의 도랑에 빠졌다. 32 그는 땅에 구멍을 파고 돈을 묻었다. 33 많은 파이프와 케이블이 땅 표면 아래 묻혀있다. 34 그 도시는 1610년 화산이 폭발하여 파괴되었다.

35 **summit**

[sʌmit]

(산의 맨 꼭대기): 명 **(산의) 정상**

They finally reached the *summit* of Mount Everest.

어원 sum(highest:가장 높은) + it → (가장 높은) 곳 → **(산의) 정상**

36 **avalanche**

[ǽvəlæntʃ]

(산비탈에 쌓인 눈이 한꺼번에 무너져 내리는) 명 **눈사태**

They were killed in an *avalanche* while skiing in the Alps.

37 **reservoir**

[rézərvwὰ:r]

(물을 모아 두기 위해 만든 인공 못): 명 **저수지, 급수장**

The *reservoir* dried up completely during the drought.

어원 reserve(비축[예약]하다)와 같은 어원 → (물을) 비축해 두는 곳 → **저수지**

38 **plain**

[plein]

1. (넓고 평평한 들판): 명 **평원, 평지**
2. (복잡·난해하지 않고) 형 **(단순·평이해서) 분명한, 명료한**
3. (꾸미거나 더해진 것이 없이) 형 **소박[수수]한, 꾸미지 않은** → p446
   (전혀 특별하거나 매력적이지 않고) 형 **평범한, (여성이) 아름답지 않은** → p446

The *plains* spread north and south as far as the eye could reach.

어원 평평한 땅(level ground) → 1. 평원 ─ (막힌 데가 없어서) 2. 분명한
　　　　　　　　　　　　　　　　　　└ (굴곡이 없이 단순해서) 3. 평범한, 소박한

39 **wilderness**

[wíldərnis]

(개간이나 경작을 하지 않고 내버려 둔 거친) 명 **황무지, 황야**

In a few short years, the fruitful area became a *wilderness*.

어원 wilder(wild animal:거친 짐승) + ness → (거친 짐승들이) 사는 곳 → **황무지, 황야**

바다

≫ 테마 기본 어휘	ocean · sea · wave(파도) · coast(해안) · beach · cliff(절벽) · island

35 그들은 마침내 에베레스트 산 정상에 도착했다. 36 그들은 알프스에서 스키를 타다가 눈사태로 죽었다. 37 그 저수지는 가뭄 동안 완전히 말라 버렸다. 38 그 평원은 남북으로 끝이 보이지 않게 펼쳐져 있다. 39 몇 년의 짧은 기간이 지나서 그 비옥한 땅은 황무지가 되었다.

40 marine

[mərí:n]

(무엇이 바다와 관련된): 형 **바다[해양, 해운]의**

It is home to a huge variety of *marine* life including seals and whales.

파생 submarine [sʌbmərí:n] 형 바다 속의 명 잠수함

41 horizon

[həráizn]

(땅이나 바다가 하늘과 맞닿아 보이는 선): 명 **지평[수평]선**

The sky gradually grew light as the sun slowly rose above the *horizon*.

파생 horizontal [hɔ̀:rəzántl] 형 수평의 명 수평(선, 면)

어원 horiz(boundary:경계) + on → (땅이나 바다의) 경계를 이루는 곳 → 지평[수평]선

42 mediterranean

[mèdətəréiniən]

(남유럽, 북아프리카, 중동에 둘러싸인 바다): 명 (M-) **지중해** 형 **지중해의**

Italy is located at the heart of the *Mediterranean* Sea.

어원 medi(middle:중간) + terra(land:땅) → (땅의 중간에 있는) 바다 → 지중해

43 tide

[taid]

(바닷물이 주기적으로 들어왔다 나가는 현상): 명 **조수, 조류**

When the *tide* is out, you can walk across to the island.

파생 tidal [táidl] 형 조수의

44 shore

[ʃɔ:r]

(물 쪽에서 본, 바다·강·호수 등의 가장자리와 접한 땅): 명 **물가, 기슭**

She sat on the *shore* and looked at the ocean.

파생 ashore [əʃɔ́:r] 부 물가에[로]

45 peninsula

[pənínsjulə]

(한 면은 육지에 이어지고 삼면이 바다로 둘러싸인) 명 **반도**

The Korean *Peninsula* is surrounded by sea except for the northern part.

어원 pen(almost:거의) + insula(island:섬) → (거의) 섬과 같은 곳 → 반도

40 이 곳은 물개와 고래를 포함한 엄청나게 다양한 해양 생물의 서식지이다. 41 태양이 지평선 위로 서서히 뜸에 따라 하늘이 점차 밝아졌다. 42 이태리는 지중해의 중심부에 위치해 있다. 43 썰물이 될 때는 그 섬으로 걸어서 건너갈 수 있다. 44 그녀는 해변에 앉아 바다를 바라보았다. 45 한반도는 북쪽 부분을 제외하고 바다로 둘러싸여있다.

46 **bay**
[bei]

(바다가 육지로 쑥 들어간 곳으로) 명 (규모가 작은) 만

They sailed into a *bay* to escape a terrible storm.

47 **gulf**
[gʌlf]

(바다가 육지로 쑥 들어간 곳으로) 명 (규모가 큰) 만

The *Gulf* of Mexico is a major source of oil and natural gas.

48 **canal**
[kənǽl]

(인공적으로 육지를 파서 만든 물길): 명 운하, 수로

The Panama *Canal* joins the Pacific and Atlantic Oceans.

날씨 (1)

≫ 테마 기본 어휘	weather · cloud · fog(안개) · temperature(온도) · heat · degree(~도) · hot · warm · cold cool · rain · shower(소나기) · rainbow(무지개) · umbrella(우산) · snow · ice · freeze(얼다) melt(녹다) · wind · blow(바람이 불다) · storm(폭풍우) · thunder(천둥) · lightning(번개)

49 **climate**
[kláimit]

(어느 지역의 평균적인 기상 상태): 명 기후

The region has a hot and humid *climate* in the summer.

파생 climatic [klaimǽtik] 형 기후의
climatology [klàimətɑ́lədʒi] 명 기후학

50 **thermometer**
[θərmɑ́mətər]

(물체 · 공기 · 몸의 온도를 재는) 명 온도계, 체온계

Last night the *thermometer* registered fifteen degrees below zero.

어원 thermo(heat:열) + meter(measure:재다) → (열을 재는) 기구 → 온도계

51 **humid**
[hjú:mid]

(날씨 · 공기가 덥고 물기가 많아 불쾌감이 들 정도로) 형 습한, 눅눅한

The country is very hot and *humid* in the summer.

파생 humidity [hju:mídəti] 명 습기, 습도

46 그들은 심한 폭풍우를 피해 만으로 항해해 들어갔다. 47 멕시코만은 석유와 천연가스의 주요한 공급원이다. 48 파나마 운하는 태평양과 대서양을 연결한다. 49 그 지역은 여름에 덥고 습한 기후를 가지고 있다. 50 어젯밤 온도계가 영하 15도를 기록했다. 51 그 나라는 여름이 매우 덥고 습하다.

52 tropical
[trάpikəl]

(기온이 매우 높은 적도 부근의) 형 **열대 지방의, 열대(성)의**

Tropical rain forests are being destroyed at an alarming rate.

파생 tropic [trάpik] 명 (-s) 열대

어원 tropic(열대) + al → 열대 지방의, 열대(성)의

53 temperate
[témpərət]

1. (몹시 춥거나 덥지 않고) 형 **(기후·지역이) 온화한, 온대성의**
2. (도를 넘지 않고) 형 **(행동·감정·욕구 등이) 절제된, 차분한** → p118

Sydney has a *temperate* climate with warm summers and mild winters.

파생 temperance [témpərəns] 명 절제

⊖ intemperate [intémpərət] 형 무절제한

어원 temper(mix properly:적절히 섞다) + ate → 적절히 섞인 ┌ (기후·지역이) 1. 온대성의
└ (행동이) 2. 절제된

54 chilly
[ʧíli]

(날씨가 몸에 찬 기운이 느껴질 정도로) 명 **쌀쌀한**

It is warm during the daytime, but it gets *chilly* in the early morning and evening.

파생 chill [ʧil] 명 쌀쌀함 동 차지다, 춥게 하다, 오싹하게 하다

55 flood
[flʌd]

(많은 비로 강의 물이 범람하여 땅이 물에 잠기는) 명 **홍수**
동 **침수되다[시키다], 범람하다[시키다]**

In the wet season the town is *flooded* whenever it rains heavily.

56 drought
[draut]

(오랫동안 비가 오지 않아 메마른 상태): 명 **가뭄**

That year, a severe *drought* ruined all the crops on the farm.

52 열대우림이 급속도로 파괴되고 있다. 53 시드니는 따뜻한 여름과 온화한 겨울을 가진 온대성 기후이다. 54 낮 동안은 따뜻하지만 이른 아침과 저녁에는 쌀쌀해진다. 55 우기에 그 도시는 비가 심하게 올 때마다 홍수가 난다. 56 그 해에 극심한 가뭄이 농장의 모든 농작물을 망쳐놓았다.

Day 32 Review Test

[1-30] 영어를 우리말로 바꾸세요.

1. ecology	16. erode
2. habitat	17. ditch
3. arctic	18. erupt
4. equator	19. summit
5. suburb	20. avalanche
6. outskirts	21. reservoir
7. rural	22. plain
8. cosmos	23. wilderness
9. atmosphere	24. horizon
10. comet	25. shore
11. orbit	26. canal
12. gravity	27. humid
13. astronomy	28. tropical
14. geology	29. temperate
15. soil	30. drought

[31-35] 각 문장의 문맥에 맞는 적절한 단어를 찾아 넣으세요.

① thermometer ② shore ③ continent ④ tropical ⑤ rural

31. He was a quiet man who loved _____ life.
32. Egypt and Libya are located in the African _____.
33. The boat sank two miles off _____.
34. _____ rain forests are located near the equator.
35. The _____ registered three degrees below zero.

정답 31. ⑤ 32. ③ 33. ② 34. ④ 35. ①

Day 33

자연환경·동식물 II

nature & animals & plants II

날씨 (2)

≫ 테마 기본 어휘	weather · cloud · fog(안개) · temperature(온도) · heat · degree(~도) · hot · warm · cold · cool rain · shower(소나기) · rainbow(무지개) · umbrella(우산) · snow · ice · freeze(얼다) · melt(녹다) · wind · blow(바람이 불다) · storm(폭풍우) · thunder(천둥) · lightning(번개)

01 **breeze** [bri:z]

(약하고 보드랍게 부는) 명 **산들바람, 미풍**

Her long hair was blowing in the *breeze* coming from the sea.

파생 breezy [brí:zi] 형 산들바람이 부는

02 **blizzard** [blízərd]

(세찬 바람이 불어 눈이 휘몰아치는) 명 **눈보라**

They got stuck in a *blizzard* and had to be rescued.

03 **mist** [mist]

(fog보다 농도가 낮은) 명 **엷은 안개, 박무**

Through the *mist* I could just see the outline of something huge.

파생 misty [místi] 형 (엷은) 안개가 낀

04 **frost** [frɔ:st]

(공기 중의 수증기가 물체 표면에 하얗게 얼어붙은) 명 **서리**

It was a very cold morning and the ground was covered with *frost*.

파생 frosty [frɔ́:sti] 형 서리가 내리는

01 그녀의 긴 머리가 바다에서 불어오는 산들바람에 날렸다. 02 그들은 눈보라에 갇혀서 구조를 받아야 했다. 03 안개를 통해 어떤 거대한 것의 윤곽만을 볼 수 있을 뿐이었다. 04 그 때는 매우 추운 아침이어서 땅이 서리로 덮여 있었다.

05 **glacier**
[gléiʃər]

(낮은 곳으로 흘러내리는 거대한 얼음덩어리): 명 **빙하**

Glaciers are formed where more snow falls than melts each year.

파생 glacial [gléiʃəl] 형 빙하의, 빙하의 작용에 의한

어원 glac(ice:얼음) + ier → (얼음) 덩어리 → 빙하

Day 33

생물, 동물

≫ 테마 기본 어휘	life(생명체) · egg · nest(둥지) · hunt · cage(우리, 새장) · animal · pet(애완동물) · zoo(동물원) · bird · dragon(용) · fish · shellfish(조개) · tail(꼬리) · wing(날개) · web(거미줄)

06 **creature**
[kríːʧər]

(신에 의해 또는 상상 속에서 만들어진) 명 **창조물, 피조물, 가공의 생물체**
(생명을 가지고 스스로 움직이는) 명 **(식물 이외의) 생물, 동물**

Blue Whales are the largest *creatures* on earth even larger than the dinosaurs.
The Dragon is an ancient mythical *creature* which exists in many of the world's cultures.

어원 create(창조하다) + ure → (창조된) 것 → 창조물

07 **species**
[spíːʃiːz]

(생물 분류의 기초 단위): 명 **(생물의) 종**

Many countries today have laws designed to protect endangered *species*.

어원 spec(look:보다) + ies → (생물의) 보이는 겉모습 → 종

08 **organism**
[ɔ́ːrgənìzm]

(동식물처럼 그 자체로 독립된 생명과 생활기능을 가진) 명 **유기체**

Single-celled *organisms* such as bacteria have only one cell.

파생 organic [ɔːrgǽnik] 형 유기체의; 유기농법의; 기관[장기]의
organ [ɔ́ːrgən] 명 기관, 장기; 오르간

어원 organ(생물의 기관) + ism → (기관이 있는) 생명체 → 유기체

05 빙하는 매년 녹는 것보다 더 많은 눈이 오는 곳에 형성된다. **06** 흰긴수염고래는 공룡보다도 훨씬 더 큰 지구 상의 가장 큰 동물이다. / 용은 세계의 많은 문화에 존재하는 고대의 신화 속 가공의 생물체이다. **07** 오늘날 많은 나라들은 멸종 위기의 종을 보호를 목적으로 하는 법을 가지고 있다. **08** 박테리아와 같은 단세포 유기체는 단 한 개의 세포만을 가지고 있다.

09 fossil
[fάsəl]

(지질시대 동식물의 유해나 돌에 남아 있는 흔적): 명 화석

Tiger *fossils* two million years old have been found in China.

파생 fossilize [fάsəlàiz] 동 화석화되다[시키다]

10 biology
[baiάlədʒi]

(생물을 연구하는 학문): 명 생물학

Biology is the study of living things, both plants and animals.

파생 biological [bàiəlάdʒikəl] 형 생물학(상)의
biologist [baiάlədʒist] 명 생물학자

어원 bio(life:생물) + logy(science:학문) → (생물을) 연구하는 학문 → 생물학

11 evolution
[èvəlú:ʃən]

(생물이 환경에 적응하여 변화·발전해 가는) 명 (생물의) 진화(론)
(일·상황·사물 등의) 명 (점진적인) 발전[진전, 진화]

The theory of *evolution* was quickly accepted by almost all of the younger scientists.
They are conservative, and prefer *evolution* to revolution.

파생 evolve [ivάlv] 동 진화하다[시키다]
evolutionary [èvəlú:ʃənèri] 형 진화의, 진화(론)적인

어원 e(out:밖) + vol(roll:말다) → (말린 것이 밖으로) 펼쳐짐 → 진화; 발전, 진전

12 reproduce
[rì:prədjú:s]

1. (같은 종류의 새로운 생물을) 동 (생물이) 번식[생식]하다
2. (원래의 것과) 동 (똑같은 것을) 다시 만들어 내다, 재생[재현]하다 → p475
(인쇄·사진·복사·녹화 등의 방식으로) 동 (미술품·저작물 등을) 복제하다 → p475

With some exceptions, most insects *reproduce* by laying eggs.

파생 reproduction [rì:prədΛkʃən] 명 생식, 번식; 재생, 재현; 복제(품)
reproductive [rì:prədΛktiv] 형 번식[생식]의

어원 re(again) + produce(만들다) → (다시) 만들다 → 재생[복제, 번식]하다

09 이백만 년 된 호랑이의 화석이 중국에서 발견되었다. 10 생물학은 생물체 식물, 동물 둘 다를 연구하는 학문이다. 11 진화론은 거의 모든 젊은 과학자들에 의해 빠르게 받아들여 졌다. / 그들은 보수적이어서 혁명보다 점진적인 발전을 선호한다. 12 약간의 예외는 있지만 대부분의 곤충은 알을 낳아 번식한다. .

13 **lay**
[lei]

1. (새·곤충 등이) 동 **알을 낳다**
2. (바닥과 수평이 되게) 동 **눕히다, (눕히듯이) 두다[놓다]** → p334

The fish *lay* hundreds of eggs at one time.

14 **hatch**
[hætʃ]

(동물의 알 속에서 새끼가) 동 **(껍질을 깨고) 부화하다[시키다]**

When the crocodile eggs *hatch*, the mother carries her young to the water.

파생 hatchery [hǽtʃəri] 명 부화장

15 **trap**
[træp]

(설치하거나 파놓은) 명 **(짐승을 잡기 위한) 덫, 함정; (남을 속이는) 덫, 함정**
동 **덫으로 잡다, 함정에 빠뜨리다**

The hunter set a *trap* and caught the tiger which had killed many villagers.
They set a *trap* for the enemy and awaited an attack.

16 **bait**
[beit]

(동물을 유인하기 위한 먹이): 명 **미끼, 유인물** 동 **미끼를 달다**

Sometimes they use pieces of bread as a *bait* to catch fish.

17 **predator**
[prédətər]

(다른 동물을 먹이로 하는) 명 **포식 동물, 포식자**

A grown lion is Africa's strongest *predator* and fears no other animal.

파생 predatory [prédətɔ̀:ri] 형 포식성의
predation [pridéiʃən] 명 포식

어원 preda(rob:강탈하다) + tor(행위자) → (강탈하는) 자 → 포식자

18 **prey**
[prei]

(다른 동물을 잡아먹는) 명 **(육식 동물의) 먹이** 동 (~ on) **~을 잡아먹다**

A cheetah can run extremely quickly to catch its *prey*.

13 그 물고기는 한번에 수백 개의 알을 낳는다. 14 악어 알이 부화를 하면 엄마는 새끼를 물로 옮긴다. 15 사냥꾼은 많은 마을 사람을 죽인 호랑이를 덫을 놓아 잡았다. / 그들은 적이 걸려들게 덫을 만들어 놓고 공격을 기다렸다. 16 때때로 그들은 빵 조각을 물고기를 잡기 위한 미끼로 사용한다. 17 성장한 사자는 아프리카의 가장 힘센 포식자이고 다른 어떤 동물도 두려워하지 않는다. 18 치타는 먹이를 잡기 위해 엄청나게 빨리 달릴 수 있다.

19 **graze**
[greiz]

(들판에서) 동 (가축이) 풀을 뜯어먹다[먹게 하다]

Horses, cattle and sheep were *grazing* on the hillsides.

20 **beast**
[biːst]

(몸집이 크고 사납고 포악한) 명 (네발) 짐승

Fantastic *beasts* such as dragons and unicorns are common in legend.

21 **livestock**
[láivstàk]

(소·돼지·닭 등의) 명 (사육장에서 기르는) 가축

Lions are dangerous animals that kill people and *livestock*.

어원 live(살아 있는) + stock(비축물, 가축) → (살아 있는) 비축물 → 가축

22 **herd**
[həːrd]

(함께 지내는 소·돼지 등의) 명 (몸집이 큰 짐승의) 떼 동 떼를 이루어 가다

Two cowboys on horseback were driving a *herd* of cattle toward the west.

23 **flock**
[flak]

(특히) 명 (양·염소·새 등의) 떼 동 떼를 짓다, 떼를 지어서 가다[오다]

A *flock* of birds was flying high in the sky.

24 **swarm**
[swɔːrm]

(큰 무리를 지어 이동하는) 명 (곤충·사람의) 떼, 군중 동 떼지어 이동하다

A *swarm* of bees attacked him after he hit the beehive with a stick.

25 **mammal**
[mǽməl]

(새끼에게 젖을 먹여 키우는) 명 포유동물

Our ability to think and speak separates humans from other *mammals*.

파생 mammalian [məméiliən] 형 포유류의

어원 mamma(breast:젖) + l → (젖을) 먹는 동물 → 포유동물

19 말과 소와 양들이 산비탈 위에서 풀을 뜯고 있었다. 20 용과 유니콘과 같은 환상의 짐승은 전설에서는 흔하다. 21 사자는 사람들과 가축을 죽이는 위험한 동물이다. 22 말 등에 탄 두 명의 카우보이가 소 떼를 서쪽으로 몰아가고 있었다. 23 새 때가 하늘 높이 날고 있었다. 24 그가 벌집을 막대기로 치자 벌떼가 그를 공격했다. 25 우리의 생각하고 말하는 능력이 인간을 다른 포유동물들과 구분 짓게 한다.

26 **reptile**

[réptil]

(뱀·악어·거북 같은) 명 파충류

Dinosaurs were huge *reptiles* that ruled the earth for millions of years.

파생 reptilian [reptíliən] 형 파충류의

어원 rept(creep:기다) + ile → (기어서 다니는) 동물 → 파충류

27 **dinosaur**

[dáinəsɔ̀:r]

(아주 오래 전에 지구 위에 살다가 멸종한 거대한) 명 공룡

Dinosaurs died out about 65 million years ago.

어원 dino(fearful:무서운) + saur(lizard:도마뱀) → (무서운) 도마뱀 → 공룡

28 **insect**

[ínsekt]

(개미·나비·벌·파리 등과 같은 작은 동물): 명 곤충

The larger, brighter, sweeter flowers attract more *insects*.

어원 in(안) + sect(cut:자르다) → (곤충이) 안으로 잘려진 듯한 마디로 이루어진 것에서 유래

29 **worm**

[wə:rm]

(몸이 가늘고 길며 꿈틀꿈틀) 명 (기어 다니는) 벌레, 기생충, 애벌레

A small, yellowish *worm* was crawling over his head.

30 **fur**

[fə:r]

(개·고양이·토끼 등의 부드러운) 명 털; 모피, 털가죽

A cat has soft *fur* and a long tail.

파생 furry [fə́:ri] 형 털로 덮인

31 **feather**

[féðər]

(새의 몸을 덮고 있는) 명 깃털

The little girl was as light as a *feather* - no weight at all.

32 **beak**

[bi:k]

(뾰족하고 딱딱한 새의 주둥이): 명 부리

Many birds use their *beaks* to build homes called nests.

26 공룡은 수백만 년 동안 지구를 지배한 거대한 파충류이었다. 27 공룡은 약 6천5백만 년 전에 멸종했다. 28 더 크고, 더 밝고, 더 달콤한 꽃은 더 많은 곤충을 끌어들인다. 29 작고 누르스름한 벌레가 그의 머리 위를 기어가고 있었다. 30 고양이는 부드러운 털과 긴 꼬리를 가지고 있다. 31 그 어린 소녀는 무게가 전혀 나가지 않고 깃털만큼 가벼웠다. 32 많은 새들은 둥지라고 부르는 집을 지을 때 부리를 사용한다.

33 bark
[baːrk]

1. (소리를 크게 내며) 동 개가 짖다 명 개 짖는 소리
2. (나무의 줄기·가지를 덮고 있는) 명 나무껍질

Suddenly I could hear a dog *barking* in the distance.

34 flap
[flæp]

(빠르게) 동 (날개·깃발·돛 등이) 퍼덕[펄럭]이다[거리다] 명 펄럭[퍼덕]거림

The flag was *flapping* in the wind as if to welcome me.

35 breed
[briːd]

1. (특정 동식물·품종을) 동 (번식을 목적으로) 사육[재배]하다 명 (동식물의) 품종
2. (동물이 교미를 하고) 동 (새끼를) 낳다, (알을) 까다, 번식하다

These dogs were originally *bred* in Finland to hunt brown bears.

36 tame
[teim]

(사람에게 익숙하도록) 형 (짐승이) 길들여진 동 길들이다

The bird became so *tame* that it refused to return to the wild.

37 dairy
[dέəri]

(젖소 및 우유를 가공한 제품과 관련된): 형 낙농(업)의, 유제품의
명 우유 가공소, 유제품 판매소[회사]

Dairy products such as milk and cheese supply calcium as well as protein.

식물

≫ 테마 기본 어휘	plant(식물) · tree · flower · vase(꽃병) · grass(풀) · lawn(잔디밭) · leaf · branch(나뭇가지) · root(뿌리) farm · field(들판) · greenhouse(온실) · grow(기르다, 재배하다)

38 bloom
[bluːm]

(특히) 명 (관상용 식물의) 꽃

In spring, red and yellow tulips are in full *bloom*.

33 갑자기 멀리서 개가 짖는 소리가 들렸다. 34 그 깃발은 나를 환영하는 듯 바람에 펄럭이고 있었다. 35 이 개들은 원래 핀란드에서 불곰을 사냥하기 위해 사육되었다. 36 그 새는 너무 길들여져서 야생으로 돌아가기를 거부했다. 37 우유와 치즈 같은 유제품은 단백질뿐만 아니라 칼슘도 공급한다. 38 봄에는 빨간색과 노란색 튤립이 만개한다.

39 **blossom**

[blɑ́səm]

(특히) 명 **(과일나무나 관목의) 꽃** 동 **(나무 · 관목이) 꽃이 피다**

The apple trees were in *blossom* and the birds singing.

40 **bush**

[buʃ]

(밑동에서 가지를 많이 쳐서 덤불을 이루는 나무): 명 **관목, 덤불**

He hid in the *bushes* so they wouldn't see him.

41 **weed**

[wi:d]

(농작물에 해가 되는 저절로 나서 자라는) 명 **잡초** 동 **잡초를 뽑다**

He spent the afternoon pulling up the *weeds* in the flowerbeds.

파생 weedy [wí:di] 형 잡초가 우거진

42 **wither**

[wíðər]

(물기가 줄어 생기가 없어지면서) 동 **(식물이) 시들다, 시들게 하다**

Since you didn't water the plants, they have *withered*.

43 **petal**

[pétəl]

(꽃의 송이를 이루는 낱낱의) 명 **꽃잎**

The flower has six white *petals* and only grows in the summer.

44 **stem**

[stem]

1. (식물의 중심이 되는 대): 명 **(식물의) 줄기**

2. (원치 않는 것의) 동 **(흐름 · 확산 · 증가 등을) 막다, 저지하다**

The *stem* of the flower is thick, straight and tall.

45 **trunk**

[trʌŋk]

1. (나무의 중심을 이루는) 명 **(나무) 줄기; (사람의) 몸통**

2. (쇠 · 나무로 만든) 명 **(상자 모양의) 큰 여행용 가방, 트렁크; (자동차) 트렁크** → p36

He was leaning against the *trunk* of a large oak tree.

39 사과나무에는 꽃이 피고 새들은 노래하고 있었다. 40 그는 그들이 그를 보지 못하게 덤불 속에 숨었다. 41 그는 오후를 화단의 잡초를 뽑으면서 보냈다. 42 당신이 식물에 물을 주지 않아서 시들어 버렸다. 43 그 꽃은 6개의 흰색 꽃잎을 가지고 있으며 여름에만 자란다. 44 그 꽃의 줄기는 두껍고 곧고, 키가 크다. 45 그는 커다란 오크나무 줄기에 기대고 있었다.

46 peel

[piːl]

(겉을 싸고 있는) 명 (과일·채소의) 껍질 동 껍질을 벗기다[깎다]

She quickly *peeled* the potatoes and cut them in small pieces.

47 bud

[bʌd]

(씨·줄기·뿌리 등에서 처음 돋아나는) 명 싹, 눈, 꽃봉오리 동 싹을 틔우다

It was April, and the trees were in *bud* and the meadows a lovely green.

48 seed

[siːd]

(새로운 개체로 자라나는 열매 속의) 명 씨, 씨앗, 종자

This small *seed* will grow into a tall tree with many fruits.

49 agriculture

[ǽgrəkʌltʃər]

(작물 재배, 가축 사육 등으로 생산물을 얻어내는 활동): 명 농업

Agriculture is still the main industry in the north of the county.

파생 agricultural [æɡrikʌltʃərəl] 형 농업의

어원 agri(field:밭) + culture(cultivation:경작) → (밭에서) 경작하는 일 → 농업

50 peasant

[péznt]

(작은 농지에 소규모 농사를 짓는) 명 (가난한) 영세 농민, 소작인

He was a *peasant* farmer who had to struggle to make a living.

51 orchard

[ɔ́ːrtʃərd]

(과실나무를 재배하는) 명 과수원

There were more than two hundred apple trees in the *orchard*.

52 barn

[baːrn]

(곡식을 넣어 두거나 가축을 넣어 기르는 큰 건물): 명 헛간, 외양간

The *barn* was full of wheat, oats, and other grain.

46 그녀는 신속히 감자의 껍질을 벗기고 작은 조각으로 잘랐다. 47 그때는 4월이었고 나무에는 싹이 나고 목초지는 사랑스럽게 푸르렀다. 48 이 작은 씨앗은 많은 열매가 달린 큰 나무로 자랄 것이다. 49 농업이 그 나라의 북부에서는 여전히 주요한 산업이다. 50 그는 생계를 꾸리기 위해 발버둥을 쳐야만 하는 영세 농민이었다. 51 그 과수원에는 200그루 이상의 사과나무가 있다. 52 헛간은 밀, 귀리와 다른 곡물로 가득했다.

53 cultivate
[kʌltəvèit]

1. (농사를 지을 수 있게) 동 (땅을) 일구다, 경작하다; (식물·작물을) 재배하다
2. (성장·발전하도록) 동 (자질·품성·관계 등을) 기르다, 함양[계발]하다 → p485

In their fields they *cultivate* mainly barley, wheat and beans.

파생 cultivation [kʌltəvéiʃən] 명 경작; 함양, 계발

어원 cult(till:땅을 갈다) + ivate → 1. 경작하다 → (경작하듯 자질·품성을) 2. 기르다

54 plow
[plau]

(논밭을 가는 농기구): 명 쟁기 동 쟁기로 갈다

Because of dry weather the ground was too hard to *plow*.

55 sow
[sou]

(땅에) 동 씨를 뿌리다[심다]

Make sure you *sow* the seeds about 3 cm deep in the soil.

56 fertile
[fə́:rtl]

(영양 상태가 좋아서) 형 (땅·토양이) 기름진, 비옥한
(새로운 개체를 만들어낼) 형 (사람·동식물이) 생식[번식]력이 있는, 가임의

A *fertile* piece of land, if left to itself, will very soon become a wilderness.
Both men and women get less *fertile* as they get older.

파생 fertility [fərtíləti] 명 비옥
fertilize [fə́:rtəlàiz] 동 비료를 주다; 수정시키다
fertilizer [fə́:rtəlàizər] 명 비료
⊖ infertile [infə́:rtəl] 형 불모의, 생식[번식]력이 없는 (= barren)

어원 fert(bear:아이[열매]를 낳다[맺다]) + ile → 기름진, 생식[번식]력이 있는

57 barren
[bǽrən]

(식물이 자라지 못할 정도로) 형 (땅·토양이) 메마른, 불모의
(새로운 개체를 만들어낼) 형 (사람·동식물이) 생식[번식]력이 없는, 불임의

Once-fertile farmland is gradually becoming a *barren* desert.
His wife was a *barren* woman who could not have children.

53 그들은 밭에서 주로 보리와 밀, 콩을 재배한다. **54** 건조한 날씨 때문에 땅이 쟁기로 갈기에는 너무 단단했다. **55** 반드시 흙 속에 대략 3cm 깊이로 씨앗을 심으십시오. **56** 비옥한 땅은 방치해 두면 금세 황무지가 된다. / 남성과 여성 모두 나이가 들수록 생식력이 떨어진다. **57** 한때는 비옥했던 농지가 점점 메마른 사막으로 되어가고 있다. / 그녀의 아내는 아이를 가질 수 없는 불임 여성이었다

58 **organic**

[ɔːrgǽnik]

1. (화학비료·농약 등을 사용하지 않는) 형 **(식품·농법 등이) 유기농(법)의**

2. (동식물처럼 그 자체로 독립된 생명과 생활기능을 가진) 형 **유기(체)의** → p407

3. (일정한 형태·기능을 지닌 몸의 각 부분): 형 **(몸의) 기관[장기]의** → p62

Consumers are willing to pay more for *organic* food.

파생 organ [ɔ́ːrgən] 명 기관, 장기; 오르간
organism [ɔ́ːrgənìzm] 명 유기체
⊖ inorganic [ìnɔːrgǽnik] 형 무기[물]의

어원 organ(생물의 기관) + ic → 3. 기관[장기]의 ┌ (기관을 가진) 2. 유기체의
└ (유기물을 이용하는) 1. 유기농법의

59 **ripe**

[raip]

(다 자라서) 형 **(과일·곡물 등이) 익은, 여문**

Don't pick those apples – they're not *ripe* yet.

파생 ripen [ráipən] 동 익다, 익히다

60 **reap**

[riːp]

(자신이 한 행위·노력의 결과로) 동 **(좋은 결과를) 거두다; (농작물을) 수확하다**

Bear in mind you *reap* what you sow, you receive what you give.

61 **crop**

[krap]

(논밭에 심어 가꾸는) 명 **(곡식·채소·과일 등의) (농)작물**
(한 철에 거두어들인) 명 **(농작물의) 수확량** 동 **(농작물이) (잘) 되다**

The main *crops* grown in the area are cotton, wheat and rice.

This year's wheat *crop* is slightly above the previous five-year average.

62 **harvest**

[hάːrvist]

(익은 농작물을 거두어들이는 것, 또는 그 시기): 명 **(농작물의) 수확[추수](기)**
(거두어들인 농산물, 또는 그 분량): 명 **(농작물의) 수확물[량]** 동 **수확하다**

The *harvest* was late this year because of the cold weather.

The farmers are expecting a good *harvest* this year.

58 소비자들은 유기농 식품에 대해서는 기꺼이 더 많은 돈을 지불한다. 59 그 사과들은 따지 마세요, 아직 익지 않았습니다. 60 뿌린 대로 거둔다는 것을 명심하세요. 당신은 당신이 준 만큼 받게 됩니다. 61 그 지역에서 경작되는 주요 작물은 목화와 밀, 쌀이다. / 올해의 밀 수확량은 지난 5년 평균보다 약간 더 많다. 62 올해는 수확이 추운 날씨 때문에 늦었다. / 농부들은 올해 풍작을 기대하고 있다.

Day 33 Review Test

[1-30] 영어를 우리말로 바꾸세요.

1. breeze	16. mammal
2. blizzard	17. reptile
3. glacier	18. flap
4. species	19. breed
5. fossil	20. tame
6. evolution	21. blossom
7. reproduce	22. wither
8. hatch	23. petal
9. bait	24. agriculture
10. predator	25. peasant
11. prey	26. orchard
12. graze	27. cultivate
13. livestock	28. fertile
14. herd	29. barren
15. swarm	30. harvest

[31-35] 각 문장의 문맥에 맞는 적절한 단어를 찾아 넣으세요.

① cultivate ② herd ③ ripe ④ plant ⑤ wither

31. There's a _____ of cows on that hill over there.
32. We _____ed an orange tree in the backyard.
33. The leaves _____ed and turned brown.
34. The farm _____s mainly rice and wheat.
35. The peaches are _____ and ready to eat.

정답 31. ② 32. ④ 33. ⑤ 34. ① 35. ③

Day 34

물질·에너지

matter & energy

물질, 물체

≫ 테마 기본 어휘	matter(물질) · object(물체) · material(재료, 소재) · thing · item(물품, 항목, 사항) · powder(가루) water · gas(기체) · air · bubble(거품) · boil(끓다) · steam(증기) · flow(흐르다) · run(흐르다) · pour(붓다, 따르다) · spill(엎지르다) · wet(젖은) · dry(마른) · mineral(광물) · metal(금속) · iron(철) steel(강철) · gold · silver · diamond · glass · wood(재목) · carpenter(목수) · stick(막대기) · pole(장대) · post(기둥, 말뚝) · board(판자) · panel(판, 패널) · net(망) · plastic

01 **substance**
[sʌbstəns]

(고유한 성질을 가진 특정 종류의 고체·액체·기체): 명 물질
(실제를 이루는 바탕의 내용): 명 (형식·외형이 아니라) 실체, 실질, 본질

Even small amounts of these *substances* can be dangerous for children.
As a matter of fact, there is no *substance* to that rumor.

어원 sub(under) + sta(stand) → (아래에) 서 있는 것 → (바탕을 이루는) 1. 실체 → 2. 물질

02 **stuff**
[stʌf]

1. (특정 대상(들)을 지칭하여) 명 (구체적인 이름 대신) 것(들), 물건, 물질
2. (빈틈이 없이) 동 (가방·상자 등의 속에) 빽빽이 채워 넣다 [with]
(작은 공간에) 동 (재빨리 / 아무렇게나) 쑤셔 넣다[박다]

I have too much *stuff* to do and not enough time.

03 **article**
[ά:rtikl]

1. (같은 종류이거나 한 곳에 있는 여러 물건들 중) 명 (하나의) 물품[물건]
2. (어떤 사실을 보도·논평한) 명 (신문·잡지의) 기사 → p248
3. (낱낱의) 명 (법률·계약서 등의) 조항

Most of our wedding gifts are household *articles*.

어원 arti(joint:이음매) + cle → (전체로) 이어진 작은 하나
- (하나의) 1. 물품
- (여러 기사들 중 하나의) 2. 기사
- (낱낱의) 3. 조항

01 이 물질들의 적은 양 조차도 아이들에게 위험할 수 있다. / 사실, 그 소문에는 실체가 없다. 02 나는 할 일은 너무나 많은데 충분한 시간이 없다. 03 우리가 받은 결혼 선물의 대부분은 가정 용품이다

04 **physical**
[fízikəl]

1. (관념 · 추상적인 것과 대비) 형 물질[자연](계)의
(자연의 법칙을 연구하는) 형 물리학의, 물리적인

2. (마음 · 정신과 대비하여) 형 몸의, 육체의 → p60

We live in a *physical* world, but only experience it indirectly through our imperfect senses.
Physical science is simply the study of the *physical* world around us.

파생 physics [fíziks] 명 물리학
physicist [fízisist] 명 물리학자

어원 physic(nature:자연) + al ┌ 1. 자연[물질]의; 물리적인
└ (마음 · 정신이 아니라 물질인) 2. 육체의

05 **chemical**
[kémikəl]

(물질의 성질, 구조, 물질 간의 반응 등과 관련된): 형 화학의 명 화학 물질

Always be careful when handling *chemicals* like ammonia.

파생 chemistry [kéməstri] 명 화학
chemist [kémist] 명 화학자

어원 chemic(alchemy:연금술) + al → (비금속으로 귀금속을 제조하는) 연금술의 → 화학의

06 **atom**
[ǽtəm]

(물질을 이루는 최소의 미립자): 명 원자

Two hydrogen atoms and one oxygen *atom* combine to form water.

파생 atomic [ətάmik] 형 원자(력)의

어원 a(not) + tom(cut:자르다) → (더 이상 자를 수 없는) 최소의 미립자 → 원자

07 **molecule**
[mάləkjù:l]

(물질의 화학적 성질을 잃지 않고 존재하는 최소 입자): 명 분자

A *molecule* of water is made up of one atom of oxygen and two atoms of hydrogen.

파생 molecular [məlékjulər] 형 분자의

어원 mole(mass:덩어리) + cule → (원자가 모여) 덩어리를 이룬 것 → 분자

04 우리는 물질 세계에 살지만 우리의 불완전한 감각을 통해서만 간접적으로 그것을 경험할 뿐이다. / 물리 과학은 우리 주변의 물질 세계를 연구하는 학문이다. 05 암모니아와 같은 화학 물질을 다룰 때는 항상 조심하십시오. 06 두 개의 수소 원자와 한 개의 산소 원자가 결합하여 물을 생성하다. 07 한 개의 물 분자는 한 개의 산소 원자와 두 개의 수소 원자로 이루어져 있다.

08 particle
[pɑ́:rtikl]

(물질의 미세한 알갱이, 또는 무엇의 아주 적은 분량): 명 **입자; 극소량**

There's not a *particle* of evidence to connect him with this murder.

어원 part(부분) + icle → (아주 작은) 부분 → 입자; 극소량

09 solid
[sɑ́lid]

1. (일정한 모양과 부피를 가진) 명 **고체** 형 **고체[고형]의, 단단한**
2. (속이 빈 데가 없이) 형 **속이 꽉 찬, 견고한, 확실한** → p434

Water changes from *solid* to liquid at 0°C and from liquid to gas at 100°C.

파생 solidity [səlídəti] 명 견고함, 탄탄함, 확실함
solidify [səlídəfài] 동 굳어지다, 굳히다, 응고하다[시키다]

어원 라틴어 solidus(단단한)에서 유래 → 단단한 물체 → 1. 고체 → (고체처럼) 2. 속이 꽉 찬

10 liquid
[líkwid]

(일정한 부피는 있으나 일정한 모양이 없는) 명 **액체** 형 **액체 상태의**

Get a lot of rest and drink plenty of *liquids*.

파생 liquidity [likwídəti] 명 액체 상태; (자산의) 유동성

어원 liqu(be fluid:유동적이다) + id → (일정한 모양이 없이) 유동적인 것 → 액체

11 fluid
[flú:id]

(흐르는 성질이 있는) 명 **(액체·기체 등) 유체, 유동체** 형 **유동[가변]적인**

In hot weather, drink plenty of *fluids* especially if you're walking.

파생 fluidity [flu:ídəti] 명 유동성, 가변성

어원 flu(flow:흐르다) + id → (흐르는) 물체 → 유동체

12 foam
[foum]

(액체 표면에 bubble들이 모여 덩어리를 이룬) 명 **거품 (덩어리)**
동 **거품을 일으키다**

He wiped the shaving *foam* off his face with the towel.

08 그를 이 살인 사건과 연관시킬 수 있는 증거는 티끌만큼도 없다. 09 물은 섭씨 0도에서 고체에서 액체로 섭씨 100도에서 액체에서 기체로 변한다. 10 많은 휴식을 취하고 물 종류를 많이 마시십시오. 11 더운 날씨에 특히 걸을 때는 물 같은 것을 충분히 마시십시오. 12 그는 수건으로 얼굴에서 면도용 거품 크림을 닦았다.

13 **dissolve**
[dizάlv]

1. (섞여서) 동 (고체가 액체 속에서) 녹다, 녹이다, 용해되다[시키다]
2. (없어지게) 동 (의회 · 단체 등을) 해산하다 → p388
(공식적으로) 동 (결혼 생활, 사업 합의 등을) 끝내다, 무효화하다 → p388

Add the sugar and stir until it *dissolves*.

파생 dissolution [dìsəlú:ʃən] 명 용해; 해산, 해소, 해약

어원 dis(apart:떨어져) + solve(loosen:풀다)
- (풀려서) 떨어지다 → (고체가) 1. 녹다
- (풀려서) 떨어져 나가다 → (단체가) 2. 해산하다
- (구속을 풀어) 2. 무효화하다

14 **evaporate**
[ivǽpərèit]

(액체 상태의 물질이 기체 상태로) 동 (액체가 기체로) 증발하다[시키다]

Water *evaporates* quickly in a hot, dry climate or where it is windy.

파생 evaporation [ivæ̀pəréiʃən] 명 증발
vapor [véipər] 명 수증기, 증기

어원 e(out:밖) + vapor(steam:증기) → (증기가) 밖으로 나가다 → 증발하다

15 **condense**
[kəndéns]

1. (물질이) 동 (기체가 액체로) 응축되다[시키다]; (액체가 진하게) 농축되다[시키다]
2. (짧게 줄여) 동 (말 · 글을) 간략하게 하다, 요약하다 → p137

The water vapor is cooled and *condenses* into water.

파생 condensation [kɑ̀ndenséiʃən] 명 응축[농축](된 물질); 간략화

어원 con(강조) + dense(조밀한) → (더) 조밀하게 하다 → 응축[요약]하다

16 **current**
[kə́:rənt]

1. (일정한 방향성을 가진) 명 (물 · 공기 · 전기 등의) 흐름, 해류, 기류, 전류
2. (곧 바뀌지만 일시적으로) 형 현재[지금]의 → p371

We sailed up the Nile against a strong *current*.

어원 curr(run:흐르다) + ent
- (흐르는) 것 → 1. 해류, 기류, 전류
- (현재 흘러가고 있는) 이 시점의 → 2. 현재의

13 설탕을 넣고 녹을 때까지 저어주십시오. 14 덥고 건조한 기후나 바람이 많은 곳에서는 물이 빨리 증발한다. 15 수증기는 식으면 응결되어 물이 된다. 16 우리는 나일강을 강한 물살을 헤치며 항해해 올라갔다.

Day 34

[17] **pour**

[pɔːr]

(그릇을 기울여 담겨 있는) 동 (액체·가루 등을) 붓다, 따르다
(무엇의 많은 양이) 동 (세차게) 흘러나오다, 쏟아지다, (비가) 퍼붓다

She *poured* some wine into a glass and handed it to him.
The rain continued to *pour* down for five days before the weather finally began to clear.

[18] **drip**

[drip]

(한 방울씩) 동 (액체가) 똑똑 떨어지다[떨어뜨리다] 명 (떨어지는) 물방울

Water was *dripping* through the ceiling from the apartment above.

[19] **splash**

[splæʃ]

(물체 표면에) 동 (물·흙탕물 등이) 튀다, 튀기다, 끼얹다, 철벅 떨어지다
명 튀기는 소리, 튄 얼룩

He *splashed* his face with cold water from the bathroom sink.

[20] **spill**

[spil]

(실수로 용기 밖으로) 동 (액체를) 엎지르다, 엎질러지다 명 유출, 엎지름

Oh, my god! I've *spilled* coffee all over my new suit.

[21] **absorb**

[æbsɔ́ːrb]

(외부에 있는 것을) 동 (내부로) 흡수하다, 빨아들이다, 받아들이다

Plants *absorb* water from the soil through their roots.

파생 absorption [æbsɔ́ːrpʃən] 명 흡수
absorbent [æbsɔ́ːrbənt] 형 흡수성의

어원 ab(from) + sorb(suck in:빨아들이다) → (외부로부터) 빨아들이다

[22] **drain**

[drein]

(담겨 있거나 고여 있던) 동 (물·액체를) 빼내다, 빠지다, 배수하다[되다] 명 배수(관)

They *drained* the pool and filled it with fresh water.

파생 drainage [dréinidʒ] 명 배수 설비

17 그녀는 와인을 잔에 따라서 그에게 건네주었다. / 날씨가 마침내 맑아지기 시작하기 전까지 비가 5일 동안 계속해서 퍼부었다. 18 위층 아파트로부터 천장을 통해 물이 똑똑 떨어졌다. 19 그는 목욕탕 싱크대의 찬물을 그의 얼굴에 끼얹었다. 20 이런, 맙소사! 새 양복에 온통 커피를 엎질렀구먼. 21 식물은 뿌리를 통해 흙에서 물을 흡수한다. 22 그들은 수영장의 물을 빼내고 새로운 물로 채웠다.

[23]**leak**

[li:k]

1. (밖으로) 동 (기체·액체 등이) 새다 새게 하다 명 새는 곳, 누출
2. (외부로) 동 (비밀 정보가) 누설되다[하다] 명 (비밀의) 누설 → p176

Water *leaking* from the pipe flooded the floor.

파생 leakage [líːkidʒ] 명 누출, 새어나옴

[24]**inflate**

[infléit]

(부피가 커지게 풍선·타이어 등을) 동 (공기·가스 등으로) 부풀리다[부풀다]

He jumped into the water, and *inflated* the life jacket.

파생 inflation [infléiʃən] 명 부풀리기; 인플레이션

어원 in(into:속으로) + flate(blow:불다) → (속으로 불어넣어) 부풀리다

[25]**damp**

[dæmp]

(약간의 물기·습기 등이) 형 (불쾌하게) 축축한 명 물기 동 축축하게 하다

The grass beneath his feet was *damp* with morning dew.

파생 dampen [dǽmpən] 동 축축하게 하다 (= damp)

[26]**moist**

[mɔist]

(물기가 적당히 있어서) 형 (기분 좋게) 촉촉한

They grow well in *moist* soil, but do not need a lot of water.

파생 moisture [mɔ́istʃər] 명 습기
moisten [mɔ́isn] 동 촉촉해지다[하게 하다]

[27]**dip**

[dip]

1. (잠깐 넣었다가 곧바로 빼내다): 동 (액체 속에) 살짝 담그다 명 살짝 담그기
2. (아래로) 동 (위치·수준 등이) 내려가다[게 하다], 떨어지다[뜨리다] 명 하락, 감소 → p347

He *dipped* his hand into the water to see how cold it was.

[28]**soak**

[souk]

(잠기도록 액체 속에) 동 (완전히) 담그다, 담기다; 흠뻑 적시다

Let the pans *soak* in hot soapy water for some time.

23 파이프에서 새어 나온 물이 바닥을 물바다로 만들었다. 24 그는 물 속으로 뛰어들었고 구명조끼를 부풀렸다. 25 그의 발 아래의 잔디는 아침 이슬로 축축했다. 26 그것들은 촉촉한 토양에서 잘 자라지만 많은 물이 필요하지는 않다. 27 그는 얼마나 차가운지를 보기 위해 물 속에 손을 살짝 담갔다. 28 그 냄비들을 뜨거운 비눗물에 잠시 담가 놓으십시오.

29 **mine**

[main]

(광물을 캐내는) 명 광산 동 갱도를 파다, 채굴하다

Three miners were killed in a gas explosion in a coal *mine*.

파생 mining [máiniŋ] 명 채굴, 채광; 광(산)업
miner [máinər] 명 광부

30 **copper**

[kápər]

(금속의 일종): 명 구리

Copper conducts electricity better than any other metal.

31 **tin**

[tin]

(금속의 일종): 명 주석
(안팎에 주석을 입힌) 명 양철(통, 용기), 통조림

He ate a *tin* of baked beans and a couple of cookies.

32 **bronze**

[branz]

(구리와 주석의 합금): 명 청동

She won a *bronze* medal in the two-hundred-meter freestyle.

33 **coal**

[koul]

(연료로 쓰이는 검은 광물): 명 석탄

He opened the top of the stove and put in more *coal*.

34 **rust**

[rʌst]

(산화 작용으로 금속 표면에 생기는 적갈색의) 명 녹 동 녹슬다, 녹이 슬게 하다

The car was very old and covered with *rust*, but the engine ran well.

파생 rusty [rʌsti] 형 녹슨, 녹투성이의

35 **rubber**

[rʌbər]

(고무나무의 수액으로 만든 탄력이 큰) 명 고무 (제품); 지우개

Tires are made of *rubber* and various other materials.

어원 rub(문지르다) + er(행위자) → (문질러서 지우는) 지우개 → 고무 (제품)

29 탄광에서의 가스 폭발로 세 명의 광부가 사망했다. 30 구리는 다른 어떤 금속보다도 더 잘 전기를 전도하다. 31 그는 구운 콩 통조림 한 통과 두서너 개의 쿠키를 먹었다. 32 그녀는 200미터 자유형에서 동메달을 획득했다. 33 그는 난로의 뚜껑을 열고 석탄을 더 집어넣었다. 34 그 자동차는 매우 낡고 녹으로 뒤덮여 있었지만 엔진은 잘 작동되었다. 35 타이어는 고무와 여러 가지의 다른 재료들로 만들어진다.

에너지, 빛, 불

≫ 테마 기본 어휘	energy · power · force(힘) · oil(석유) · gas(가스) · electricity(전기) · battery · electronic(전자의) · plug · switch · light · sunshine(햇볕) · ray(광선) · lamp · flashlight(손전등) · candle(양초) · shine · bright · brilliant(아주 밝은) · dark · shade(그늘) · shadow · fire · burn · smoke · firefighter(소방관)

36 **radiation**

[rèidiéiʃən]

(방사성 원소가 붕괴될 때 방출되는 전자파): 명 **방사선**
(물체로부터 사방으로 방출되는) 명 **(열·빛 등의) 복사**

Radiation leaks from a nuclear power station in Japan after the recent earthquake.
Overexposure to ultraviolet *radiation* can cause skin cancer.

파생 radiate [réidièit] 동 내뿜다, 방출하다
radiant [réidiənt] 형 복사의; 빛나는, 환한

어원 radi(ray:광선) +ate → (광선을) 발하는 것 → 방사선

37 **friction**

[fríkʃən]

(서로 닿아 비벼져서 생기는) 명 **(물체간의) 마찰**
(서로 간의 입장 차이로 인한) 명 **(사람간의) 마찰, 알력**

The issue has caused *friction* between the two nations.
Oil protects the engine against wear and reduces *friction*.

파생 frictional [fríkʃənl] 형 마찰의

어원 frict(rub:비비다) + ion → (서로 닿아) 비벼지는 것 → 마찰

38 **fuel**

[fjú:əl]

(태워서 열·빛·동력 등의 에너지를 얻을 수 있는 물질): 명 **연료** 동 **연료를 공급하다**

If the fuel price increases, people will buy new cars that consume less *fuel*.

39 **beam**

[bi:m]

1. (밝은 물체에서 곧게 뻗어 나오는) 명 **광선, 빛살** 동 **(빛을) 발하다, 비추다**
2. (매우 행복한 표정으로) 동 **환하게 미소 짓다** → p108

In the *beam* of the headlights, I could see a man crossing the road.

36 최근의 지진 후 일본의 한 핵발전소에서 방사능이 새어 나오고 있다. / 자외선에의 과다 노출은 피부암을 일으킬 수 있다. 37 그 문제는 두 나라 사이에 마찰을 일으켰다. / 오일은 엔진을 마모로부터 보호하고 마찰을 줄여 준다. 38 연료비가 올라가면 사람들은 연료를 덜 소모하는 새 차를 살 것이다. 39 헤드라이트의 빛 줄기 속에서 나는 한 남자가 도로를 건너는 것을 볼 수 있었다.

40 torch

[tɔːrtʃ]

(한쪽 끝에 불을 놓은 기다란 막대): 명 횃불

(flashlight의 영국식 영어): 명 손전등 (= flashlight)

Over 400 runners carried the Olympic *torch* to the stadium.

She lifted the lid and shined the *torch* into it.

41 flash

[flæʃ]

(강렬하게) 동 (순간적으로) 번쩍 비치다[비추다] 명 번쩍임, 섬광

A *flash* of lightning made the room almost as bright as day.

42 glow

[glou]

(불길 없이) 동 (가열된 물체가) 계속 은은한 빛을 내다 명 은은한 불빛

She watched the snow fall in the soft *glow* of the streetlights.

43 glare

[glɛər]

1. (빛이 눈이 부실 정도로) 동 (불쾌하게) 환히 비치다 명 (불쾌하게) 환한 빛

2. (상대를 매섭게) 동 (미운 감정으로) 노려보다, 쏘아보다 명 노려봄 → p67

It was a very hot day and the sun was *glaring* in his eyes.

44 glitter

[glítər]

(불꽃을 튀기듯 빛을 내며) 동 (보석처럼) 반짝반짝 빛나다 명 반짝반짝 하는 빛

People sometimes say, "All that *glitters* is not gold."

45 twinkle

[twíŋkl]

(어둠 속에서 잠깐 빛났다가 사라졌다 하며) 동 (불빛·별빛 등이) 반짝반짝 빛나다 명 반짝거림

Above, thousands of stars *twinkled* in the night sky.

어원 twink(wink:윙크) + le → (윙크 하듯이) 반짝반짝 빛나다

46 flicker

[flíkər]

(순간적으로 어두워졌다 비쳤다 하며) 동 (불빛이) 깜박이다 명 깜박임

Suddenly, the candle *flickered* and went out.

40 400명 이상의 주자들이 성화를 경기장으로 옮겼다. / 그녀는 뚜껑을 들어 올리고 그 속으로 손전등을 비쳤다. 41 번개의 번쩍임이 방을 낮과 같이 밝게 만들었다. 42 그녀는 은은한 가로등 불빛 속에서 눈이 떨어지는 것을 지켜보았다. 43 그 날은 매우 더운 날이었고 태양이 그의 눈으로 눈부시게 비쳤다. 44 사람들은 "번쩍인다고 다 금은 아니다"라고 때때로 말을 한다. 45 위에는 수천 개의 별이 밤 하늘에 반짝반짝 빛났다. 46 갑자기 촛불이 깜박거리다가 꺼졌다.

47 **reflect**
[riflékt]

1. (물체에 부딪쳐서) 동 (빛·소리·열 등이) 반사되다[하다]
(반사하여) 동 (거울·유리 등이) 상을 비추다
2. (어떤 것이) 동 (다른 것의 모습·상태·상황을) 나타내다, 반영하다 → p178
3. (일이나 상황을) 동 (이해하려고) 곰곰이 생각하다, 숙고하다 → p157

She looked at the full moon *reflected* in the water.

파생 reflection [riflékʃən] 명 반사; 반영; 숙고
reflective [rifléktiv] 형 반사하는; 반영하는; 숙고하는

어원 re(back:뒤) + flect(bend:굽다) ┬ (방향이 뒤로 굽어져) 1. 2. 반사[반영]하다
└ (뒤로 구부려 과거 일을) 3. 숙고하다

48 **illuminate**
[ilú:mənèit]

1. (밝게 보이게 하려고) 동 (물건·장소에) 불을 비추다, 조명하다
2. (이해하기 힘든 것을) 동 (분명하게) 밝혀 주다 → p164

At night the fountain is *illuminated* with colorful lights.

파생 illumination [ilù:mənéiʃən] 명 조명; 해명

어원 il(in:안) + lumin(light:빛) + ate → (안으로) 빛을 비추다 → 1. 조명하다 2. 밝혀 주다

49 **dim**
[dim]

(불빛이 희미해서) 형 (물건이) 잘 보이지 않는, (장소가) 어둠침침한
동 흐려지다, 흐리게 하다

Reading in *dim* light for long hours causes pain in the eye.

50 **flame**
[fleim]

(타는 불에서 일어나는 뜨겁고 붉은 기체): 명 불길, 불꽃 동 타오르다

The building was already in *flames* when firefighters arrived.

51 **blaze**
[bleiz]

(위험성이 있는 거세게) 명 (활활 타오르는) 불길, 화염 동 활활 타다

It took three hours for firefighters to control the *blaze*.

파생 ablaze [əbléiz] 부 불길에 휩싸인

47 그녀는 물에 비친 보름달을 바라보았다. 48 밤에 그 분수는 형형색색의 전등으로 조명된다. 49 희미한 불빛에서 장시간 책을 읽으면 눈에 통증을 유발한다. 50 소방관들이 도착했을 때 건물은 이미 화염 속에 있었다. 51 소방관들이 불길을 잡는데 3시간이 걸렸다.

[52] **spark**
[spa:rk]

(물체가 타거나 금속·돌이 부딪칠 때 튀어 오르는) 명 (아주 작은) 불꽃, 불똥
동 불꽃[불똥]을 일으키다; 발단이 되어 ~을 야기[유발]하다

Sparks from the fire flew into the air and disappeared.

파생 sparkle [spάːrkl] 동 반짝[번쩍]이다 명 반짝거림

[53] **fume**
[fjuːm]

(자극적인 불쾌한 냄새가 나는) 명 (-s) (유독) 가스[연기]

Exhaust *fumes* from motor vehicles are a major cause of air pollution.

[54] **ash**
[æʃ]

(불에 타고 남은 가루 모양의 물질): 명 재; (-es) (화재 뒤의) 잿더미

My entire house burned to *ashes* and I lost everything at once.

[55] **extinguish**
[ikstíŋgwiʃ]

(타거나 비치고 있는) 동 불을 끄다, 진화하다

After arriving, the firefighters quickly *extinguished* the fire.

파생 extinguisher [ikstíŋgwiʃər] 명 소화기

어원 ex(completely:완전히) + sting(quench:불을 끄다) → (완전히) 불을 끄다

동의어 레슨

빛나다, 비추다	
shine	(물체가 빛을 발하여, 또는 빛이 반사되어) **빛나다, 반짝이다** (특정 장소나 방향으로 빛을 보내어) **비추다**
flash	(순간적으로 강렬하게) **번쩍 비치다[비추다]**
glow	(불길 없이 가열된 물체가) **계속 은은한 빛을 내다**
glare	(빛이 눈이 부실 정도로) **(불쾌하게) 환히 비치다**
sparkle	(보석 등이 불꽃을 튀기듯 빛을 내며) **반짝[번쩍]이다**
glitter	(sparkle과 유사한 의미이나 특히 반사 광선이) **반짝반짝 빛나다**
twinkle	(어둠 속에서 잠깐 빛났다가 사라졌다 하며) **반짝반짝 빛나다**

52 불에서 나온 불꽃이 공중을 날다가 사라졌다. 53 자동차 배기가스가 대기 오염의 주요한 원인이다. 54 내 집 전체가 불타서 재가 되어 나는 바로 모든 것을 잃었다. 55 도착 후 소방수들은 신속하게 화재를 진화했다.

Day 34 Review Test

[1-30] 영어를 우리말로 바꾸세요.

1. substance	16. radiation
2. atom	17. friction
3. molecule	18. beam
4. particle	19. torch
5. solid	20. glow
6. fluid	21. glare
7. dissolve	22. glitter
8. evaporate	23. twinkle
9. condense	24. flicker
10. drip	25. illuminate
11. drain	26. dim
12. damp	27. flame
13. dip	28. blaze
14. soak	29. fume
15. rust	30. extinguish

[31-35] 각 문장의 문맥에 맞는 적절한 단어를 찾아 넣으세요.

① flicker ② leak ③ molecule ④ extinguish ⑤ illuminate

31. A _____ of water consists of three atoms.
32. Our roof used to _____ whenever it rained.
33. The bridge is beautifully _____d at night.
34. It took about an hour for firefighters to _____ the fire.
35. The candle _____ed in the wind.

정답 31. ③ 32. ② 33. ⑤ 34. ④ 35. ①

Day 35

사물의 형상과 특성 I

shape & characteristic I

모양, 형상

≫ 테마 기본 어휘	shape · form · appearance(외관) · outline · design · format(형식) · pattern · square(정사각형) · block(블록) · triangle · cross · circle · round · dot(점) · line · row(열, 줄) · angle(각도) · surface(표면) · sign · mark · symbol · signal · code · flag

01 **figure**
[fígjər]

1. (선·면 등이 모여서 일정한 꼴을 이룬) 명 도형; (책 속의) 도표
2. (수를 나타내는 0부터 9까지의 글자): 명 (아라비아) 숫자 → p454
(공식적인 정보로서 제시된) 명 (-s) (자료·통계상의) 수치 → p454
3. (어떤 외모·특징을 가진) 명 (멀리서 / 어렴풋하게 보이는) 사람의 모습
(몸의 생김새) 명 (특히 여성의) 몸매
(수식어와 함께, 그런 유형의) 명 (특히 중요하거나 유명한) 인물
4. (무엇을) 동 (~ out) (깊이 생각한 끝에) 이해[해결]하다, 알아내다

A pentagon is a five-sided *figure*, and a hexagon a six-sided figure.

Figure 2 shows the average age of male employees from 1975 to 2010.

어원 형상(form)
- (수학적·기하학적) 형상 → 2. 숫자, 1. 도표
- 3. 사람의 모습 → (여성의) 3. 몸매 → (유명해서 형상화 되는) 3. 인물
- (형상이) 머릿속으로 그려지다 → 4. 이해하다

02 **rectangle**
[réktæŋgl]

(내각이 모두 직각이고 가로·세로의 길이가 다른) 명 직사각형

The length of the *rectangle* is 2 centimeters more than its width.

파생 rectangular [rektǽŋgjulər] 형 직사각형의

어원 rect(right) + angle(각도) → right angle(직각) → (내각이 모두) 직각인 도형 → 직사각형

01 오각형은 5면체 도형이고 육각형은 6면체 도형이다. / 도표 2은 1975부터 2010년까지의 남성 고용인들의 평균 나이를 보여주고 있다. 02 그 직사각형의 길이는 너비보다 2센티미터가 더 길다.

03 **sphere**

[sfiər]

(공처럼 둥글게 생긴) 명 (공 모양의) 구, 구체

Today, with the help of photographs from space, we know the earth is a *sphere*.

파생 spherical [sférikəl] 형 구 모양의, 구체의
hemisphere [hémisfiər] 명 반구(체)

04 **diameter**

[daiǽmətər]

(원이나 구 위의 두 점을 중심을 지나도록 이은 직선): 명 지름

Targets are 16 centimeters in *diameter* and are positioned 18 meters from the shooter.

어원 dia(across) + meter(measure:측정하다) → (중심을 가로지르는 선을) 측정한 것 → 지름

05 **vertical**

[və́:rtikəl]

(지면·평면과 직각을 이룬) 형 수직의 명 수직(선, 면)

We had to climb a hill which was so steep it was almost *vertical*.

어원 vertic(highest point:꼭대기) + al → (장대의 꼭대기가) 바로 머리 위에 있는 → 수직의

06 **horizontal**

[hɔ̀:rəzɑ́ntl]

(지면·평면과 평형을 이룬) 형 수평의 명 수평(선, 면)

Take a large sheet of paper and draw a *horizontal* line across it from left to right.

파생 horizon [həráizn] 명 지평[수평]선

어원 horizont(horizon:수평선) + al → (바다 위의 수평선과 같이) 수평의

07 **parallel**

[pǽrəlèl]

1. (서로 만나지 않고) 동 (둘 이상의 선[면]이) 평행한 나란한
2. (비슷한 방식으로 또는 동시에 발생·존재하는) 형 (사건·상황 등이) 서로 유사한 → p471
명 아주 유사한 사람[것], 유사점 동 유사[필적]하다 → p471

If the two lines are *parallel* to each other, they will never intersect.

어원 para(alongside:나란히) + allel(one another:서로) → (서로) 나란히 있는 → 평행한; 유사한

03 오늘날, 우리는 우주로부터의 사진의 도움으로 지구가 구체라는 것을 알고 있다. 04 타깃은 지름이 16센티미터이고 사수로부터 18미터 떨어져 위치해 있다. 05 우리는 너무 가팔라서 거의 수직인 언덕을 올라가야만 했다. 06 큰 종이 한 장을 집어서 그것을 가로지르는 수평선을 왼쪽에서 오른쪽으로 그리십시오. 07 두 선이 서로 평행하면 그것들은 절대로 교차하지 않는다.

08 superficial

[sùːpərfíʃəl]

(실제·실상이 아니고 겉으로 나타난) 형 **표면(상)의, 피상적인**

His knowledge of Russian history was very *superficial* and very basic.

파생 superficiality [sùːpərfiʃiǽləti] 명 표면[피상]적임

어원 super(above:위에) + fic(face: 겉면) → (겉면) 위에 있는 → 표면의

09 trace

[treis]

1. (사람·사물·사건 등) 명 **(그곳에 있었던 것이 남긴) 흔적, 자취**
2. (소재·행방·유래·원인 등을) 동 **추적[탐색]해서 찾아[밝혀]내다**

She has mysteriously vanished without a *trace*.

어원 끌다(draw)의 뜻에서 유래 → (끌고 간) 1. 자국, 흔적 → (흔적을) 2. 추적해서 찾아내다

10 track

[træk]

1. (지나간 후에 남은) 명 (-s) **(사람·짐승·차량의) (잇따른) 자국[자취]**
2. (남기고 간) 동 **(자취·행적 등을 쫓아서) 추적하다, 뒤쫓다** (= trail) → p341
3. (사람·짐승이 밟고 다녀서 생긴) 명 **(표면이 거친) 작은 길** → p358
   (이동하는 길): 명 **(기차의) 철도 선로; (육상 등의) 경주로, 트랙** → p358

They walked following the wolf's *tracks* in the snow.

어원 끌다(draw)의 뜻에서 유래 ┌ (끌고 간) 1. 자국, 흔적 → (끌린 자국을 쫓아) 2. 뒤쫓다
└ (끌려서 생긴) 길 → 3. 오솔길; 철도; 경주로

11 trail

[treil]

1. (남아 있는) 명 **(동물·사람 등의) 자취, (길게 늘어진) 자국, 흔적**
2. (남기고 간) 동 **(자취·행적 등을 쫓아서) 추적하다, 뒤쫓다** (= track) → p341
3. (무엇을) 동 **(바닥에 댄 채 뒤로) 끌다, 끌리다** → p365
4. (사람·짐승이 밟고 다녀서 생긴) 명 **(들판·산중의) 오솔길**

The typhoon left a *trail* of destruction across the northern Philippines.

파생 trailer [tréilər] 명 트레일러

어원 끌다(draw)의 뜻에서 유래 → 3. (질질) 끌다 ┌ (끌고 간) 1. 자국, 흔적 4. 오솔길
└ (끈 자국을 쫓아) 2. 뒤쫓다

---

08 러시아 역사에 대한 그의 지식은 매우 피상적이고 매우 초보적이었다. 09 그녀는 미스터리 하게도 흔적도 없이 사라졌다. 10 그들은 눈 속에 남아 있는 여우의 발자국을 따라 걸어갔다. 11 그 태풍은 북부 필리핀을 가로질러 파괴의 흔적을 남겼다.

12 seal
[si:l]

1. (개인·단체의 이름이나 문장·기호 등을 새긴) 명 **인장, 도장** 동 **도장을 찍다**
2. (여닫거나 드나들거나 새지 못하도록) 동 **(틈이 없이) 봉하다, 밀폐[봉쇄]하다** → p493
명 **봉, 밀폐, 봉쇄** → p493
3. (동물): 명 **바다표범, 물개**

The document carried the *seal* of the city council.

어원 sign의 축소형 → 작은 sign ┬ 1. 도장, 인장
└ (봉투의 밀봉한 자리에 찍힌) 도장 → 2. 봉하다, 밀폐하다

사물의 외형, 색깔

≫ 테마 기본 어휘	pretty · cute · handsome · beautiful · attractive(매력적인) · ugly · straight · upright(똑바로 선) · direct(곧장 가는, 직접의) · flat · bend(구부리다) · curve · soft · smooth · tender(연한) · rough(거친) · sharp · hard(단단한) · color · shade(색조) · light(밝은) · dark · dull(흐릿한)

13 splendid
[spléndid]

(빛이 날 정도로) 형 **매우 인상적인[아름다운]** (= magnificent)

The new restaurant has *splendid* views over open countryside.

파생 splendor [spléndər] 명 장관, 장려함

어원 splend(shine:빛나다) + id → (아름다움 등이) 빛이 나는 → 매우 인상적인[아름다운]

14 magnificent
[mægnífəsnt]

(감탄을 자아낼 만큼) 형 **매우 인상적인[아름다운]** (= splendid)

The view from the top of the mountain was *magnificent*.

파생 magnificence [mægnífəsns] 명 장엄, 화려, 훌륭함

어원 magn(great:엄청난) + ific → 극도로 인상적인

15 exquisite
[ikskwízit]

(세심하고 정밀하게 만들어져) 형 **(섬세하게) 매우 아름다운, 정교한**

Every bride would wish to wear an *exquisite* wedding dress on her big day.

어원 ex(out) + quisite(seek:찾다) → (여럿 중에서) 찾아낸 → (선택될 정도로) 매우 아름다운

12 그 문서에는 시의회의 직인이 찍혀 있었다. 13 새 레스토랑은 탁 트인 전원을 내려다보는 멋진 전망 가지고 있다. 14 산 꼭대기에서 보는 경치는 참으로 아름다웠다. 15 모든 신부는 결혼식 날에 아름다운 웨딩드레스를 입기를 바란다.

16 **gorgeous**
[gɔ́ːrdʒəs]

(시각적인 매력을 강조): 형 (특히 시각적으로) 매우 아름다운[매력적인, 멋진]

What a beautiful dress you're wearing! It's really *gorgeous*!

17 **elegant**
[éligənt]

(외모·행동이 아름다우면서 고상하고 기품이 있는): 형 우아한

The princess was wearing a simple but *elegant* dress, pale gray in color.

파생 elegance [éligəns] 명 우아함

어원 e(out:밖) + leg(choose:선택하다) → (고상해서) 밖으로 선택되는 → 우아한

18 **firm**
[fəːrm]

1. (딱딱하진 않지만 모양이 쉽게 변하지 않는): 형 (형체·구조가) 단단한, 굳은
2. (흔들림 없이) 형 (토대·태도·신념 등이) 확고[확실]한
3. (법률·회계 등의 전문적인 서비스를 제공하는) 명 (소규모) 회사 → p321

Doctors advise sleeping on a *firm* mattress to prevent backaches.

19 **solid**
[sάlid]

1. (속이 빈 데가 없이) 형 속이 꽉 찬, 견고한, 확실한
2. (일정한 모양과 부피를 가진) 명 고체 형 고체[고형]의, 단단한 → p420

It was frozen *solid* as a rock and hard to cut.

파생 solidity [səlídəti] 명 견고함, 탄탄함, 확실함
solidify [səlídəfài] 동 굳어지다, 굳히다, 응고하다[시키다]

어원 라틴어 solidus(단단한)에서 유래→ (단단한) 물체 → 2. 고체 → (고체처럼) 1. 속이 꽉 찬

20 **rigid**
[rídʒid]

1. (굳어서 잘 휘거나 구부러지지 않는) 형 (사물이) 뻣뻣한, 단단한 (= stiff)
2. (규칙·방법·사고방식 등이) 형 (융통성이 없이) 엄격한, 엄정한 → p102

The bridge is a *rigid* steel and concrete structure.

파생 rigidity [ridʒídəti] 명 단단함; 엄격

16 정말 아름다운 드레스를 입고 계시네요! 정말 아름답습니다! 17 공주는 단순하지만 우아한 옅은 회색의 드레스를 입고 있었다. 18 의사들은 요통을 예방하려면 딱딱한 매트리스에서 잘 것을 조언하다. 19 그것은 바위처럼 딱딱하게 얼어서 자르기가 힘들었다. 20 그 다리는 단단한 강철과 콘크리트 구조물이다.

21 **stiff**

[stif]

(잘 구부러지거나 움직이지 않고) 형 (사물이) 뻣뻣한 (= rigid); (근육이) 뻐근한

He was wearing a white shirt with a *stiff* collar.

파생 stiffen [stífən] 동 뻣뻣해지다

22 **erect**

[irékt]

(매우 꼿꼿하고 단단하게 수직으로) 형 똑바로 선, 직립한 동 똑바로 세우다

The patient should be walking with his head *erect* and his back straight.

파생 erection [irékʃən] 명 직립 (상태)

어원 e(up:위) + rect(keep straight:똑바르게 유지하다) → 똑바로 선

23 **flexible**

[fléksəbl]

(물체가 부드럽고 연한 성질이 있어서) 형 구부리기 쉬운, 유연한
(새로운 상황에 따라) 형 (사람·계획·제도 등이) 신축성[융통성]이 있는

Rubber is a *flexible* material and could be bent easily.
The company offers very *flexible* working hours.

파생 flexibility [flèksəbíləti] 명 구부리기 쉬움
⊖ inflexible [infléksəbl] 형 구부러지지 않는, 융통성이 없는

어원 flex(bend:구부리다) + ible(할 수 있는) → 구부릴 수 있는 → 유연한, 융통성이 있는

24 **elastic**

[ilǽstik]

(구부리거나 늘였을 때 본래 형태로 돌아가려고 하는) 형 탄력[신축성] 있는
명 고무 끈, 고무줄이 든 천

These pants have a soft *elastic* waistband.

파생 elasticity [ilæstísəti] 명 탄력[신축]성

어원 elast(ductile:잡아 늘일 수 있는) + ic → 신축성 있는

25 **steep**

[sti:p]

(기울어진 상태나 정도가 완만하지 않고 매우) 형 가파른, 비탈진, 급격한

This hill is very *steep*, so be careful you don't fall.

파생 steepen [stí:pən] 동 가파르게 되다[만들다]

21 그는 깃이 빳빳한 흰색 셔츠를 입고 있었다. 22 그 환자는 고개를 똑바로 들고 등을 곧게 펴고 걸어야 한다. 23 고무는 유연한 물질이어서 쉽게 구부릴 수 있다. / 그 회사는 탄력적인 근무 시간제를 시행한다. 24 이 바지는 부드럽고 신축성이 있는 허리끈을 가지고 있다. 25 이 언덕은 매우 가파르니 떨어지지 않도록 조심하십시오.

26 **lean**
[liːn]

1. (건물 · 나무 등이) 동 (똑바르지 않고) 기울다, 기울이다
(똑바른 자세에서) 동 (특정 방향으로) 몸을 굽히다[숙이다, 젖히다]
2. (비스듬히) 동 (몸 · 물건을 다른 것에) 기대다, 의지하다, 기대어 놓다 → p335
3. (건강해 보이게) 형 (군살이 없이) 마른, 호리호리한 → p60

The *Leaning* Tower of Pisa is *leaning* a little more each year.
She *leaned* forward and smelled the flowers.

27 **blunt**
[blʌnt]

1. (날카롭지 않고) 형 (끝이나 날이) 무딘, 뭉툭한
동 둔화[약화]시키다, (끝을) 무디게 하다
2. (상대방의 감정에 개의치 않고) 형 (무례할 정도로) 솔직한, 직설적인

This pencil is *blunt*. I cannot write with it.

28 **dye**
[dai]

(염료를 써서 천 따위를 다른 색깔로) 동 염색하다 명 염료

It's hard to guess her age because she *dyes* her hair.

29 **fade**
[feid]

1. (본래보다) 동 (빛깔 · 밝기 등이) 바래다[게 하다], 희미해지다[게 하다]
2. (본래의) 동 (모습 · 소리 · 기운 · 기억 등이) 서서히 사라지다, 점점 희미해지다 → p70

He was dressed in *faded* blue jeans and a T-shirt.

동의어 레슨

단단한, 굳은	
hard	(어떤 힘에도 쉽게 모양이 변하거나 부서지지 않고) 단단한, 굳은
firm	(딱딱하지는 않지만 압력에 형체가 쉽게 변하지 않는): 굳은, 단단한
solid	(속이 빈 데가 없이) 속이 꽉 찬, 견고한, 확실한

사물의 특성, 속성 (1)

≫ 테마 기본 어휘	character(성격, 특징) · nature(본질, 본성) · quality(질) · condition(상태) · state(상태) · standard(표준) · good · nice · pleasant(유쾌한) · well · fine · positive(긍정적인) · great · excellent(뛰어난) · awesome(굉장한) · bad · poor · negative · terrible · awful(끔찍한) · horrible(몹시 불쾌한) · serious · superior(더 나은) · inferior(더 나쁜)

26 피사의 사탑은 매년 조금씩 더 기울어지고 있다. / 그녀는 몸을 앞으로 숙이고 꽃 향기를 맡았다. 27 이 연필은 뭉툭해. 나는 그것으로 글씨를 쓸 수가 없어. 28 그녀는 머리를 염색하기 때문에 그녀의 나이를 짐작하기가 힘들다. 29 그는 색이 바랜 청바지와 티셔츠를 입고 있었다.

30 feature

[fíːtʃər]

1. (어떤 것의 한 부분으로) **명** (눈에 띄는) 특징, 특색
동 (~의) 특징을 이루다, ~을 특색으로 삼다

2. (눈·코·귀·입·턱 등의) **명** 얼굴의 어느 한 부분 → p64

The latest version of this software has several new *features* and is faster.

파생 featureless [fíːtʃər] **형** 특색이 없는

어원 feat(make:만들다) + ure ─ (눈에 띄게) 만들어진 것 → 1. 특징, 특색
└ (얼굴 위에) 만들어진 것 → 2. 얼굴의 어느 한 부분

Day 35

31 property

[prάpərti]

1. (과학·기술 용어로, 사물이 가진) **명** (고유한) 속성, 특성

2. (개인·단체가 소유한) **명** (경제적 가치를 지닌) 재산 → p285
(토지와 그것에 정착된 건물): **명** 부동산 → p285

One of the *properties* of light is that it travels in the form of waves.

어원 proper(one's own:자기 자신의) + ty → (자신이) 소유한 것 → 2. 재산 (사물의) 1. 속성

32 attribute

[ətríbjuːt]

1. (어떤 사람·사물이 가진) **명** (특히 좋거나 유용한) 자질, 속성

2. (어떤 일이 누구 또는 무엇) **동** ~의 탓[덕분]으로 돌리다 [to] → p231

Experience is one of the most important *attributes* in any business.

어원 at(to) + tribute(assign:할당하다) ─ (그 사람·사물에 할당된) 특징 → 1. 자질, 속성
└ (원인을) ~에 할당하다 → 2. ~의 탓[덕분]으로 돌리다

33 criterion

[kraitíəriən]

(무엇을 판단·평가·측정 하기 위한 근거가 되는) **명** 기준

What *criteria* are used for selecting candidates?

파생 criteria [kraitíəriə] **명** criterion의 복수형

어원 cri(judge:판단하다) + terion → (판단의) 기준

---

30 이 소프트웨어의 최신 버전은 여러 가지 새로운 특징을 가지고 있고 더 빠르다. 31 빛의 속성 중의 하나는 그것이 파동의 형태로 이동 한다는 것이다. 32 경험은 어떤 사업에 있어서도 가장 중요한 자질 중의 하나이다. 33 후보자를 선정하는 기준은 무엇입니까?

34 **outstanding**
[àutstǽndiŋ]

(다른 것에 비해) 형 (눈에 띄게) 뛰어난, 걸출한, 두드러진

The area is well known for its *outstanding* natural beauty.

어원 out(밖) + stand(서다) → (드러나게) 밖으로 쑥 나와서 서있는 → 두드러진

35 **terrific**
[tərífik]

(깜짝 놀랄 만큼) 형 훌륭한, 아주 멋진, 굉장한

He has done a *terrific* job. I couldn't be more proud of him.

어원 terri(frighten:놀라게 만들다) + fic → (놀랄 정도로) 심한, 지독한

36 **striking**
[stráikiŋ]

(많은 이목을 끌만큼) 형 (눈에 띄게) 인상적인[독특한]; 굉장한

The most *striking* feature of the house is its design.

어원 strike(인상을 주다) + ing → 인상적인, 눈에 띄는

37 **spectacular**
[spektǽkjulər]

(굉장하여 볼 만한): 형 (광경·경관이) 장관인, 구경거리의

The festival ended with a *spectacular* fireworks display.

파생 spectacle [spéktəkl] 명 장관; 구경거리; (-s) 안경

어원 specta(look:보다) + cle → (경관이) 볼 만한 → 장관인

38 **majestic**
[mədʒéstik]

(위엄에 압도될 만큼) 형 (규모·화려함이) 장엄한, 웅대한

The Grand Canyon is the most *majestic* sight I've ever seen.

파생 majesty [mǽdʒəsti] 명 장엄함; 폐하

어원 majest(greater:더 큰) + ic → (규모·화려함이) 더 큰 → 장엄함, 웅대함

39 **superb**
[supə́:rb]

(훌륭함·뛰어남을 강조하는 비격식어): 형 최고[최상]의, 대단히 훌륭한

The food was absolutely *superb*, especially the steak.

어원 super(above:위에) + b(be:있다) → (다른 것보다) 위에 있는 → 최고[최상]의

34 그 지역은 뛰어난 자연의 아름다움으로 잘 알려져 있다. 35 그는 일을 훌륭하게 해냈다. 나는 그가 자랑스럽기 그지없다. 36 그 집의 가장 눈에 띄는 특징은 그것의 디자인이다. 37 그 축제는 장관을 이루는 불꽃놀이로 끝이 났다. 38 그랜드 캐년은 내가 본 가장 장엄한 광경이다. 39 음식 특히 스테이크는 그야말로 최고였다.

40 supreme

[səpríːm]

(더 이상은 없는) 형 (지위·권력 등이) 최고(위)의; (정도·중요성 등이) 최고[최대]의

A captain has *supreme* authority and ultimate responsibility on a ship.

파생 supremacy [səpréməsi] 명 최고, 최상, 최고위

어원 super(above:위에)의 최상급 → (가장 위에) 위치한 → 최고[최대]의, 최고위의

41 prime

[praim]

(무엇의) 형 (품질·등급 등이) 최상[최고](급)의; (중요성이) 첫 번째의, 주된
명 한창때, 전성기

Prime beef is sold primarily to the best restaurants.
The burning of fossil fuels is the *prime* cause of global warming.

어원 라틴어 primus(first: 첫 번째)에서 유래 → 첫 번째의; 최상(급)의

42 grave

[greiv]

1. (예사롭지 않게) 형 (문제·상황 등이) 심각한, 중대한; (표정 등이) 심각한
2. (시신이나 유골을 묻은 곳): 명 무덤, 묘(지) → p27

The report expressed *grave* concern over the present economic situation.

파생 graveyard [gréivjɑ̀ːrd] 명 묘지
gravestone [gréivstòun] 명 묘비

어원
- heavy(무거운)의 뜻에서 유래 → 1. 심각한
- dig(파다)의 뜻에서 유래 → 2. 무덤

43 severe

[sivíər]

1. (겪고 있는) 형 (문제·어려움·질병 등이) (몹시) 심각한, 격심한, 중한
2. (기준·원칙·처벌 등이) 형 (가혹할 정도로) 엄한, 엄격한, 모진, 가혹한

The earthquake caused *severe* damage to numerous wooden houses.

파생 severity [səvérəti] 명 심각함, 격심함; 엄함, 가혹함

어원 se(without) + vere(kindness:친절함) → (친절함이) 없는 → 2. 엄한, 가혹한 1. 심각한

---

40 배 위에서는 선장이 최고의 권위를 갖고 궁극적인 책임을 진다. 41 최상등급 쇠고기는 주로 최고급 레스토랑에 판매된다. / 화석 연료를 태우는 것이 지구 온난화의 주된 원인이다. 42 보고서는 현재의 경제 상황에 대하여 심각한 우려를 표했다. 43 그 지진은 수많은 목재 건물에 심각한 피해를 입혔다.

44 **nasty**
[nǽsti]

(몹시 나쁘거나 더럽거나 불쾌해서) 형 **형편없는, 끔찍한, 추잡한, 고약한**

He had a *nasty* accident on his bike and was hospitalized yesterday.

45 **outdo**
[àutdú:]

(상대적으로) 동 **(어떤 일에서) ~보다 뛰어나다 ~를 능가하다**

In a competitive market, companies are constantly trying to *outdo* one another.

어원 out(better than:~보다 더 잘) + do(하다) → (다른 사람)보다 뛰어나다

46 **surpass**
[sərpǽs]

(비교 대상을) 동 **(양·정도·크기·능력 등에서) 능가하다, 뛰어넘다**

The project was a huge success and *surpassed* all expectations.

어원 sur(beyond:넘어) + pass(지나가다) → (~을 넘어) 지나가다 → 능가하다

47 **advantage**
[ædvǽntidʒ]

(다른 사람들에 비해 상대적으로) 명 **유리한 점, 이점, 강점**

This system has two *advantages*: first it is quicker and second it is cheaper.

파생 advantageous [ædvəntéidʒəs] 형 유리한, 이로운
⊖ disadvantage [dìsədvǽntidʒ] 명 불리

어원 adv(from:~부터) + ant(before:앞) → 다른 사람들보다(~로부터) 앞서는 것 → 유리한 점

48 **benefit**
[bénəfit]

(어떤 대상으로부터 얻는) 명 **혜택, 이익** 동 **이익을 얻다[주다]**

New technological advances have brought many *benefits* to society.

파생 beneficial [bènəfíʃəl] 형 유익한, 이로운
beneficiary [bènəfíʃièri] 명 수혜자
beneficent [bənéfəsənt] 형 도움을 주는, 선을 베푸는; 친절한

어원 bene(good:좋은) + fit(do:하다) → (이롭게) 해 주는 것 → 이익, 혜택

44 그는 자전거를 타다가 끔찍한 사고를 당해서 어제 병원에 입원했다. 45 경쟁 시장에서 회사들은 끊임없이 서로를 능가 하려고 노력한다. 46 그 프로젝트는 엄청난 성공이었고 모든 기대를 뛰어넘었다. 47 이 시스템은 두 가지의 이점이 있다. 첫째 더 빠르고 둘째 더 싸다. 48 새로운 기술의 발달은 사회에 많은 혜택을 가져다 주었다.

Day 35 Review Test

[1-30] 영어를 우리말로 바꾸세요.

1. figure	16. fade
2. sphere	17. feature
3. diameter	18. property
4. vertical	19. attribute
5. parallel	20. criterion
6. superficial	21. terrific
7. trace	22. striking
8. trail	23. majestic
9. splendid	24. superb
10. magnificent	25. supreme
11. exquisite	26. grave
12. rigid	27. nasty
13. erect	28. outdo
14. elastic	29. surpass
15. blunt	30. benefit

[31-35] 각 문장의 문맥에 맞는 적절한 단어를 찾아 넣으세요.

① surpass	② parallel	③ superficial	④ elastic	⑤ advantage

31. These two lines are _____ to each other.
32. These pants have a soft _____ waistband.
33. You seem to have only a _____ knowledge of the issue.
34. They _____ed all expectations and won the title.
35. This product has many _____s over its competitors.

정답 31. ② 32. ④ 33. ③ 34. ① 35. ⑤

Day 36 사물의 형상과 특성 II

shape & characteristic II

사물의 특성, 속성 (2)

≫ 테마 기본 어휘	perfect · ideal(이상적인) · fault(잘못) · improve(개선하다) · upgrade(개선하다) · strong · hard(세게, 힘껏) · tough(강인한) · weak · mild·hard(어려운) · difficult(어려운) · tough(힘든) · challenge(도전 해 볼 만한 과제) · easy · simple · basic · elementary(초보의)

01 **merit**
[mérit]

(훌륭하거나 뛰어나서 칭찬을 받을 만한 점): 명 **장점, 우수성, 뛰어남**
동 **(칭찬·관심 등을) 받을 만하다**

He produced a number of films of outstanding artistic *merit*.
This is an important subject which *merits* attention.

파생 meritorious [mèritɔ́:riəs] 형 칭찬할 만한, 가치 있는
⊖ demerit [dimérit] 명 단점

02 **defect**
[dí:fekt]

(물건을 잘못 만들어서 생긴) 명 **(기능상의) 결함**

Every electrical appliance is tested for *defects* before it leaves the factory.

파생 defective [diféktiv] 형 결함이 있는

어원 de(away:벗어난) + fect(make:만들다) → (본래에서) 벗어나게 만들어진 것 → **결함**

03 **flaw**
[flɔ:]

(부분이지만 전체 가치를 손상시키는) 명 **(부분적인) (사물의) 흠; (사람의) 결점**

I would agree up to a point, but there is a serious *flaw* in this argument.

파생 flawed [flɔ:d] 형 흠이 있는
flawless [flɔ́:lis] 형 흠이 없는

01 그는 예술적 가치가 뛰어난 많은 영화를 만들었다. / 이것은 주목할 만한 중요한 주제이다. **02** 모든 전기 기구는 공장을 나가기 전에 결함이 있는지 검사를 받는다. **03** 나는 어느 정도는 동의하지만 이 주장에는 심각한 결함이 있다.

04 shortcoming
[ʃɔ́:rtkʌmiŋ]

(특정한) 명 (기준에 못 미치는) 결점, 불충분한 점

Despite a number of *shortcomings*, this model continues to be widely used.

어원 short(짧은, 부족한) + come(오다) → (못 미치는) 점 → 결점, 불충분한 점

05 drawback
[drɔ́:bæk]

(상황·계획·제품 등의 부정적인 면): 명 (이롭지 못한) 결점, 문제점, 불리한 점

The only *drawback* to these products is that they are expensive.

어원 draw(끌다) + back(뒤로) → (뒤로) 끄는 것 → 결점

06 enrich
[inrítʃ]

(원래의 것에) 동 (새로운 것을 추가하여) 질을 높이다, 풍성하게 하다
(경제적으로) 동 (사람·나라 등을) 부유하게 하다, 부자가 되게 하다

Our lives are *enriched* by education. Our future depends upon it.
The discovery of oil in the mid-1990s has *enriched* the country.

파생 enrichment [inrítʃmənt] 명 풍부[부유]하게 하기

어원 en(make:만들다) + rich(부유한, 풍부한) → 부유[풍부]하게 하다

07 refine
[rifáin]

1. (더 좋아지거나 정교해지게) 동 (작은 변화를 주어) 개선하다, 세련되게 하다
2. (불순물을 제거하여 물질을) 동 (순수해지게) 정제하다 → p489

The company is constantly *refining* its product design.
Overall it's an excellent theory but I think it needs a little *refining*.

파생 refinement [rifáinmənt] 명 개선, 개량; 교양, 세련; 정제
refined [rifáind] 형 교양 있는, 세련된; 정제된
refinery [rifáinəri] 명 정제[제련, 정유] 공장
⊖ unrefined [ʌnrifáind] 형 세련되지 못한, 교양 없는; 정제되지 않은

어원 re(강조) + fine(좋은, 순수한) ┌ (더 좋게) 1. 개선하다
└ (더 순수하게) 2. 정제하다

04 많은 단점에도 불구하고 이 모델은 지속적으로 널리 사용되고 있다. 05 이 제품들의 유일한 결점은 비싸다는 것이다. 06 우리의 삶은 교육에 의해 풍요로워진다. 우리의 미래는 그것에 달려있다. / 1990년대 중반의 석유 발견은 그 나라를 부유하게 만들었다. 07 그 회사는 제품 디자인을 끊임없이 개선하고 있다. / 전체적으로 그것은 뛰어난 이론이지만 나는 그것이 약간의 개선이 필요하다고 생각한다.

08 enhance
[inhǽns]

(좋은 질·가치·능력 등을) 동 (더욱 좋아지게) 향상시키다, 높이다

This is a good opportunity to *enhance* the company's reputation.

파생 enhancement [inhǽnsmənt] 명 향상

어원 en(강조) + hance(high:높은) → (더) 높이다 → 향상시키다

09 reform
[rifɔ́:rm]

(완전히 새롭게) 동 (정치·사회·제도 등을) 개혁[혁신]하다 명 개혁, 혁신

The government has begun to take steps to *reform* the education system.

파생 reformist [rifɔ́:rmist] 형 개혁적인 명 개혁주의자
reformer [rifɔ́:rmər] 명 개혁가

어원 re(again) + form(형태) → (형태를) 다시 바꾸다 → 개혁하다

10 deteriorate
[ditíəriərèit]

(이미 좋지 않았던 것이) 동 더 나빠지다, 악화되다

On the third hospital day, the patient's condition suddenly *deteriorated*.

파생 deterioration [ditìəriəréiʃən] 명 악화

어원 deterior(worse:더 나쁜) + ate → 더 나빠지다

11 mighty
[máiti]

(대단히 크고 엄청난 힘이 있는): 형 (몸집·크기·세력 등이) 강력한, 힘센, 거대한

Napoleon, in June, 1812, invaded the Russian territory with a *mighty* force.

파생 might [mait] 명 힘, 권력
almighty [ɔ:lmáiti] 형 전능한, 엄청난

12 sturdy
[stə́:rdi]

(쉽게 망가지거나 다치지 않고) 형 (물건이) 튼튼한, 견고한; (몸이) 건장한

The chair is very *sturdy* and well made and it is very easy to assemble.

08 이것은 회사의 명성을 높을 수 있는 좋은 기회이다. 09 정부는 교육 제도를 개혁하기 위해 조치를 취하기 시작했다. 10 입원 3일째에 그 환자의 건강 상태는 갑자기 악화되었다. 11 나폴레옹은 1812년 6월 강력한 기세로 러시아 영토를 침략했다. 12 그 의자는 매우 튼튼하게 잘 만들어졌고 조립하기가 매우 쉽다.

13 **profound**

[prəfáund]

(무엇으로부터 받은) 형 **(느낌·영향·경험 등이) 강렬한, 매우 깊은**
(지적으로) 형 **(학식·사상·통찰력 등이) 깊이가 있는, 심오한**

The experience had a very *profound* effect on me.
He had *profound* insights into the nature of life and existence.

파생 profundity [prəfʌ́ndəti] 명 심오, 깊음

어원 pro(forth:앞으로) + found(bottom:바닥) → (바닥을 향해) 앞으로 가는 → 깊은, 심오한

14 **intense**

[inténs]

(매우 강하고 센): 형 **(기세·기운·감정 등이) 강렬한, 치열한, 열정적인**

We must introduce new products in order to survive *intense* competition.

파생 intensity [inténsəti] 명 강렬함, 세기, 강도
intensify [inténsəfài] 동 강해[격렬해]지다, 강하게[격렬하게] 하다
intensive [inténsiv] 형 집중적인; 철두철미한; 집약적인

어원 in(toward:방향) + tend(stretch:뻗다) → (기세가) ~ 쪽으로 뻗어있는 → 강렬한

15 **fragile**

[frǽdʒəl]

(튼튼하지 않아서) 형 **(사물이) 부서지기[손상되기] 쉬운, 취약한**

Crystal vases are very beautiful but *fragile*.

어원 frag(break:부서지다) + ile → 부서지기 쉬운

16 **feeble**

[fí:bl]

(불쌍할 정도로) 형 **(심하게) 허약한, 연약한**

The old man was too *feeble* to stand on his own.

17 **delicate**

[délikət]

(조심스럽게 다루어야 할 만큼) 형 **연약한, 여린, 부서지기 쉬운**
(취급에 세심한 주의가 필요할 만큼) 형 **섬세한, 정교한, 미묘한, 까다로운**

She has very *delicate* skin that's easily damaged.
The problem is so *delicate* that it needs to be handled carefully.

파생 delicacy [délikəsi] 명 여림, 연약함; 섬세, 정교, 미묘

Day 36

13 그 경험은 내게 매우 깊은 영향을 주었다. / 그는 삶과 존재의 본질에 대한 깊은 통찰력을 가지고 있었다. 14 우리는 치열한 경쟁에서 살아남기 위해 새로운 제품을 도입해야 한다. 15 크리스털 꽃병은 매우 아름답지만 쉽게 깨진다. 16 그 노인은 너무 허약해서 혼자 일어설 수가 없었다. 17 그녀는 쉽게 손상되는 매우 연약한 피부를 갖고 있다. / 그 문제는 너무 미묘해서 조심스럽게 다루어질 필요가 있다.

18 plain

[plein]

1. (꾸미거나 더해진 것이 없이) 형 소박[수수]한, 꾸미지 않은
(전혀 특별하거나 매력적이지 않고) 형 평범한; (여성이) 아름답지 않은

2. (복잡·난해하지 않고) 형 (단순·평이해서) 분명한, 명료한
3. (넓고 평평한 들판): 명 평원, 평지 → p401

The interior of the house was *plain* and simple, but elegant.
She is a *plain* woman, but is said to have a very fine mind.

어원 평평한 땅(level ground) → 3. 평원 ┌ (굴곡이 없이 단순해서) 1. 평범한, 소박한
└ (막힌 데가 없어서) 2. 분명한

19 crude

[kru:d]

(완성·가공하지 않고) 형 (물건 등을) 대충 만든; (원료 등이) 천연 그대로의
(순화되지 않고) 형 (태도·언행 등이) 막된, 상스러운

Crude oil prices hit their highest level in a decade.
Don't be so *crude*! Where did you learn such bad language?

20 complex

형 [kəmpléks, kάmpleks]
명 [kάmpleks]

1. (여러 가지가 겹치고 뒤얽혀) 형 복잡한

2. (서로 관련된 여러 부분으로 이루어진) 명 복합 건물, (건물) 단지 → p55
3. (떨쳐 버리지 못하는 욕망·공포·열등감 등의) 명 강박관념, 콤플렉스 → p113

For every *complex* problem there is a simple solution.

파생 complexity [kəmpléksəti] 명 복잡함

어원 com(with) + plex(weave:엮다) ┌ (서로) 엮여있는 → 2. 복잡한 → 1. 복합 건물
└ (어떤 대상에) 엮여있는 생각 → 3. 강박관념

21 complicate

[kάmpləkèit]

(무엇이) 동 (일·문제·상황 등을) 복잡하게[뒤얽히게] 만들다

Don't *complicate* the situation by adding your own poor judgment to it.

파생 complicated [kάmpləkèitid] 형 복잡한
complication [kὰmpləkéiʃən] 명 복잡(화)

어원 com(together) + plic(fold:접다) → (마구 꼬이게) 한꺼번에 접다 → 복잡하게 만들다

18 그 집의 내부는 꾸밈없고 간소했으나 우아했다. / 그녀는 아름답지는 않지만 매우 좋은 마음씨를 가졌다는 말을 듣는다. 19 원유 가격이 십 년 만에 가장 높은 수준으로 올랐다. / 상스럽게 굴지마! 어디서 그런 나쁜 말을 배웠니? 20 모든 복잡한 문제에는 간단한 해결법이 있다. 21 당신 자신의 잘못된 판단을 그것에 더함으로써 상황을 복잡하게 하지 마십시오.

22 sophisticated

[səfístəkèitid]

1. (고도로 정밀한 기술로 만들어져) 형 (기계·시스템·방법 등이) 정교한, 복잡한

2. (세상 경험이 많고 물정에 밝아서) 형 (사람·스타일 등이) 세련된, 교양이 있는 → p173

Computer-based systems are becoming more and more *sophisticated*.

파생 sophistication [səfìstəkéiʃən] 명 정교함; 세련됨
⊖ unsophisticated [ʌnsəfístəkèitid] 형 정교하지 않은; 세련되지 못한

어원 sophist(고대 그리스의 철학·수사학 교사)에서 유래 ┌ (고도의 지식을 이용해서) 1. 정교한
└ (세상일에 밝아) 2. 세련된

23 elaborate

형 [ilǽbərət]
동 [ilǽbərèit]

1. (세세한 부분으로 복잡하게 구성된): 형 (모양·구조 등이) 정교한
(세세한 부분까지) 형 (일·계획·준비 등에) 정성[공]을 들인
동 정교하게 만들어 내다

2. (무엇에 대해서) 동 아주 자세히 설명[묘사]하다 [on] → p137

The floor had *elaborate* designs created from mosaic tiles.
They prepared a very *elaborate* wedding for their only daughter.

어원 e(out) + labor(work:일하다) ┌ (열심히) 일을 해서 나온 → 1. 정성을 들인; 정교한
└ (정성을 들여) 2. 자세히 설명하다

사물의 가치

≫ 테마 기본 어휘	value(가치) · grade(등급) · basic · important · serious · matter(문제가 되다, 중요하다) · main(주된) · major(대다수의, 주요한) · core(핵심) · minor(중요하지 않은, 가벼운) · need · necessary(필요한) · depend

24 worth

[wə:rθ]

(값어치나 유용성 면에서) 형 ~의 가치가 있는, ~할 가치가 있는 명 가치

The stolen diamond ring is reported to be *worth* two million dollars.

파생 worthy [wə́:rði] 형 (~을 받을) 가치[자격]가 있는
worthwhile [wə́:rθhwáil] 형 시간·노력을 들일 만한, 가치[보람] 있는
⊖ worthless [wə́:rθlis] 형 가치 없는

22 컴퓨터 기반의 시스템이 점점 더 정교해지고 있다. 23 바닥은 모자이크 타일로 만든 정교한 디자인을 가지고 있었다. / 그들은 외동딸을 위해 매우 정성을 들인 결혼식을 준비했다. 24 도난 당한 다이아몬드 반지는 이백만 달러의 가치가 있는 것으로 보도되고 있다.

25 **evaluate**
[ivǽljuèit]

(무엇의) 동 **(가치·수준·자질 등의 정도를) 평가하다**

We need to *evaluate* how well our products are meeting customer needs.

파생 evaluation [ivæljuéiʃən] 명 평가

어원 e(out:밖) + value(가치) → (가치를 밖으로) 이끌어 내다 → **평가하다**

26 **assess**
[əsés]

(무엇의) 동 **(가치·비용 등을 계산하여) 평가[산정]하다**
(무엇의) 동 **(특성·자질 등이 어떠한지를) 판단[평가]하다**

The market value of the land was *assessed* at two million dollars.
It's difficult to *assess* exactly how these chemicals affect human health.

파생 assessment [əsésmənt] 명 평가, 산정

27 **desirable**
[dizáiərəbl]

(무엇이 좋게 여길 만한 가치가 있는): 형 **바람직한, 호감이 가는**

It is *desirable* that the candidate should have a high level of fluency in English.

파생 desire [dizáiər] 동 바라다, 원하다 명 욕구, 갈망
⊖ undesirable [ʌndizáiərəbl] 형 바람직하지 않은

어원 desire(바라다) + able → (바랄 만한) 가치가 있는 → **바람직한**

28 **deserve**
[dizə́:rv]

(어떤 대상이 마땅히) 동 **~할 가치[자격, 권리]가 있다, ~을 받을[당할] 만하다**

Have a nice rest; after all that hard work, you *deserve* it!

어원 de(강조) + serve(알맞다) → (~에 꼭 알맞게) 들어맞다 → **~을 받을[당할] 만하다**

29 **precious**
[préʃəs]

(매우 귀하고 가치가 큰): 형 **귀중한, 값어치 있는**

There is no question that life is more *precious* than any other things.

어원 preci(price:값) + ous → (값어치가) 매우 큰 → **귀중한**

25 우리는 제품이 얼마나 잘 고객의 요구를 충족시키는지를 평가할 필요가 있다. 26 그 땅의 시장 가치는 이백만 달러로 평가되었다. / 이 화학 물질들이 인간의 건강에 정확히 어떻게 영향을 미칠지 판단하기는 어렵다. 27 후보자는 영어를 매우 유창하게 할 수 있어야 바람직하다. 28 푹 쉬세요. 그렇게 힘든 일을 했으니 당신은 그럴 자격이 있어요. 29 생명은 다른 어떤 것보다도 더 귀중하다는 것에는 의문의 여지가 없다.

30 appreciate

[əprí:ʃièit]

1. (점차적으로 어떤 것의) 통 가치가 오르다

2. (감사의 뜻을 정중하게 나타내는 말): 통 감사하게 생각한다 → p128

3. (무엇의 가치·본질·모습 등의) 통 진가를 이해하다, 올바르게 인식하다 → p163

The property has *appreciated* in value by 30% since that time.

파생 appreciation [əprì:ʃiéiʃən] 명 감사; 진가를 알기, 올바른 인식; 가치 상승
appreciative [əprí:ʃətiv] 형 감사하는; 감식력[안목]이 있는
⊖ depreciate [diprí:ʃièit] 통 가치가 떨어지다, 가치를 떨어뜨리다

어원 ap(to) + preci(price:가격) ─ (가격을) 높게 매기다 → 1. 가치가 오르다
─ (높게 평가하여) 3. 진가를 이해하다
─ (진가를 이해하여) 2. 감사하게 생각하다

31 essential

[isénʃəl]

(무엇의 본질을 이루고 있어서) 형 필수적인 (= vital, indispensable)
명 (-s) 필수적인 것

It's *essential* to study grammar if you want to speak the language correctly.

파생 essence [ésns] 명 본질, 정수

어원 essence(본질) + al → (본질과 관련된 것이어서) 필수적인

32 vital

[váitl]

(생명과 관련되어 있어서) 형 필수적인 (= essential, indispensable)

Effective communication is *vital* in a large organization.

어원 vit(life:생명) + al → (생명과) 관련된 → 절대 필요한

33 indispensable

[ìndispénsəbl]

(반드시 필요한 부분이어서) 형 없어서는 안 되는, 필수적인 (= essential, vital)

The internet has now become an *indispensable* part of our lives.

파생 ⊖ dispensable [dispénsəbl] 형 없어도 되는
dispense [dispéns] 통 나누어 주다; 베풀다

어원 in(not) + dispensable(없어도 되는) → 없어서는 안 되는

---

30 그 부동산은 그때 이후로 30% 가치가 올랐다. 31 그 언어를 정확하게 구사하려면 문법을 공부하는 것이 필수적이다.
32 효과적인 의사 소통은 큰 조직에서는 필수적이다. 33 인터넷은 이제 우리 생활에 없어서는 안 되는 부분이 되었다.

34 **fundamental**
[fʌndəméntl]

(사물의 바탕이 되는 것과 관련된): 형 근본[본질]적인 명 (-s) 근본

There's a *fundamental* difference between joy and happiness.

어원 fund(bottom:바닥) + ment → (바닥을) 이루는 → **근본적인**

35 **underlying**
[ʌndərlàiiŋ]

(밑바탕이 되는 부분이지만) 형 (겉으로 드러나지 않으면서) 근본[근원]적인

Unemployment is the *underlying* cause of poverty.

파생 underlie [ʌndərlái] 동 ~의 기저를 이루다

어원 under(아래) + lie(놓이다) → (~의 아래) 놓여있는 → **근본적인**

36 **inherent**
[inhíərənt]

(어떤 성질·속성 등이 본래부터 갖추어져 있는): 형 내재하는

Every investment strategy has its own *inherent* risks and limitations.

어원 in + here(stick:달라 붙다) → (~에) 달라 붙어있는 → **내재하는**

37 **significant**
[signífikənt]

(미치는 영향이나 의미가 매우 크고 뚜렷해서) 형 중요한, 의미 있는, 현저한

There has been a *significant* drop in my income recently.

파생 significance [signífikəns] 명 중요성, 의의
⊖ insignificant [ìnsignífikənt] 형 대수롭지 않은

어원 signify(의미하다) + cant → (의미하는 바가 커서) **중요한, 의미 있는**

38 **principal**
[prínsəpəl]

1. (중요도의 순서에 있어서) 형 제일의, 주된, 주요한 (= primary)
2. (학교의 최고 책임자): 명 (학교의) 교장 → p188
3. (이자를 제외한) 명 (빌린 돈의) 원금 → p288

His *principal* source of income was his salary.

어원 prin(first:첫째의) +cip(take:차지하다)
- (중요도의) 첫 번째를 차지하는 → **1. 제일의**
- (학교의) 첫 번째 직위 → **2. 교장**
- (이자가 붙기 전) 처음의 금액 → **3. 원금**

34 기쁨과 행복 사이에는 근본적인 차이가 있다. 35 실업이 빈곤의 근본적인 원인이다. 36 모든 투자 전략은 그 차체의 내재된 위험성과 한계를 가지고 있다. 37 최근 내 수입에 현저한 감소가 있었다. 38 그의 주 수입원은 그의 봉급이었다.

39 primary
[práimeri]

(다른 어떤 것보다 더 중요한): 형 제일의, 주된, 주요한 (= principal)

The *primary* purpose of insurance is the spreading of risks.

파생 prime [praim] 형 첫 번째의, 가장 중요한; 최상[최고](급)의 명 한창때

어원 prim(first:첫째의) + ary → 제일의, 주된

40 chief
[tʃi:f]

(특히) 형 (계급·직급·중요도 등이) 최고위의; 주된, 제일의
명 (조직·단체의) 장

He has been appointed *Chief* Executive Officer of the company.

41 crucial
[krú:ʃəl]

(결과에 따라 다른 모든 것에 영향을 미치기 때문에) 형 결정적인, 중대한

Their financial support was *crucial* to the success of the business.

어원 cruci(cross:교차하다) + al → 성패의 기로[교차점]에 있는 → 결정적인, 중대한

42 trivial
[tríviəl]

(중요성이나 가치가 극히 적은): 형 하찮은, 사소한

I don't really care about such *trivial* things.

파생 trivia [tríviə] 명 하찮은 것들
trivialize [tríviəlàiz] 동 하찮아 보이게 만들다

어원 tri(three:셋) + via(road:길) → (세 길이 만나는) 곳에 있는 → (어디서나 볼 수 있어) 하찮은

43 require
[rikwáiər]

(need의 격식 차린 말): 동 필요하다, 필요로 하다 (= need)
(무엇을 하거나 갖출 것을) 동 (법·규칙에 따라) 요구[요청]하다

This task *requires* a lot of practice, skill, and cooperation.
Some high schools *require* all students to wear school uniforms.

파생 requirement [rikwáiərmənt] 명 필요한 것, 요구되는 것

어원 re(repeatedly:거듭) + quire(seek:구하다) → (거듭해서) 구하다 → 필요로 하다, 요구하다

39 보험의 주된 목적은 위험의 분산이다. 40 그는 그 회사의 최고 경영자로 임명되었다. 41 그들의 재정적 지원은 사업 성공에 결정적이었다. 42 나는 그런 사소한 것은 정말로 신경 쓰지 않는다. 43 이 일은 많은 연습과 기술, 협력을 필요로 한다. / 일부의 고등학교는 모든 학생들이 교복을 입도록 요구하다.

44 **desperate**
[déspərət]

(무엇을) 형 (절박해서) 몹시 필요로 하는, 필사적인
(좋아질) 형 (가망이 없어서) 절망적인, 자포 자기의

Millions of people are living in poverty and in *desperate* need of help.
The situation grew increasingly *desperate* and there did not seem to be any hope left.

어원 desper(despair:절망) + ate → 절망적인, 자포 자기의 → (절박해서) 몹시 필요로 하는

45 **urgent**
[ə́:rdʒənt]

(사정이 지체할 겨를이 없이) 형 긴급한, 다급한

An estimated 2 million people are in *urgent* need of food aid.

파생 urgency [ə́:rdʒənsi] 명 긴급

어원 urge(재촉하다) + ent → (상황이) 재촉하는 → 긴급한

46 **rely**
[rilái]

1. (자신의 생계·문제 등을 남이나 다른 것에) 동 (~ on) 의존[의지]하다
2. (누구·무엇이 자신의 기대대로 하거나 될 것임을) 동 (~ on) 믿다, 신뢰하다 → p103

He can't take care of himself. He *relies* entirely on his mother.

파생 reliable [riláiəbl] 형 신뢰할 수 있는
unreliable [ʌnriláiəbl] 형 신뢰할 수 없는
reliability [rilàiəbíləti] 명 신뢰도
reliant [riláiənt] 형 의존적인
reliance [riláiəns] 명 의존

동의어 레슨

기초의, 초보의	
basic	(수준이 가장 낮은 단계인) **기초의, 기초적인**
elementary	(무엇을 배워가는 과정에서 그 처음 단계인): **초보[초등, 입문]의**
필수적인	
essential	(무엇의 본질을 이루는 핵심적인 요소이어서) **필수적인, 본질적인**
vital	(생명의 유지나 무엇의 성공에) **절대 필요한, 필수적인**
indispensable	(꼭 필요한 부분이거나 중요한 역할을 해서) **없어서는 안 되는**

44 수백만 명의 사람들이 빈곤 속에서 도움을 절실히 필요로 하며 살고 있다. / 상황은 갈수록 더 절망적이 되면서 어떠한 희망도 남아있는 것처럼 보이지 않았다. 46 아프리카의 2백만 명으로 추정되는 사람들이 긴급한 식량원조가 필요한 상태다. 47 그는 스스로를 돌볼 수 없다. 그는 엄마에게 완전히 의지하고 있다.

Day 36 Review Test

[1-30] 영어를 우리말로 바꾸세요.

1. merit	16. evaluate
2. defect	17. assess
3. flaw	18. deserve
4. drawback	19. appreciate
5. refine	20. vital
6. enhance	21. indispensable
7. deteriorate	22. fundamental
8. sturdy	23. inherent
9. profound	24. principal
10. fragile	25. primary
11. delicate	26. chief
12. feeble	27. crucial
13. crude	28. trivial
14. sophisticated	29. desperate
15. elaborate	30. urgent

[31-35] 각 문장의 문맥에 맞는 적절한 단어를 찾아 넣으세요.

① deserve ② defect ③ crucial ④ desperate ⑤ fragile

31. All products are tested for _____s before shipping.
32. Handle this vase with care. It's very _____.
33. This book _____s to be read several times.
34. Their support is _____ to the success of the program.
35. The situation looked _____ but they didn't give up hope.

정답 31. ② 32. ⑤ 33. ① 34. ③ 35. ④

Day 37

수량·크기·비교 I

amount & size & comparison I

숫자, 수량

≫ 테마 기본 어휘	number · digit(숫자) · plus · minus · half · quarter(4분의 1) · single · individual(각각의) · only once · twice · double · dual(둘의) · couple · pair · both · either · neither · triple(세 배의) · mathematics · count · amount · number · volume(양) · total · altogether · average(평균의) medium(중간의) · percentage · rate(비율) · lot(많음) · many · much · numerous(매우 많은) · more · most · maximum(최대) · some · any · few · little · several · none · less · minimum(최소) least · only(겨우) · just(단지) · enough · plenty(많음) · lack(부족) · short(부족한) · increase(증가) · rise(증가) · raise(올리다) · grow(늘어나다) · decrease(감소) · reduce(줄이다) · cut(줄이다) · fall · drop · add(더하다) · another(또 하나) · extra(가외의) · spare(여분의) · besides(~외에)

01 **figure**
[fígjər]

1. (수를 나타내는 0부터 9까지의 글자): 명 **(아라비아) 숫자**
(공식적인 정보로서 제시된) 명 (-s) **(자료·통계상의) 수치**

2. (선·면 등이 모여서 일정한 꼴을 이룬) 명 **도형; (책 속의) 도표** → p430

3. (어떤 외모·특징을 가진) 명 **(멀리서 / 어렴풋하게 보이는) 사람의 모습**
(몸의 생김새) 명 **(특히 여성의) 몸매**
(수식어와 함께, 그런 유형의) 명 **(특히 중요하거나 유명한) 인물**

4. (무엇을) 동 (~ out) **(깊이 생각한 끝에) 이해[해결]하다, 알아내다**

The amount should be written in both *figures* and words.
Sales *figures* continue to show a steady increase.

어원 형상(form) ┌ (수학적·기하학적) 형상 → 1. 숫자 2. 도표
├ 3. 사람의 모습 → (여성의) 3. 몸매 → (유명해서 형상화 되는) 3. 인물
└ (형상이) 머릿속으로 그려지다 → 4. 이해하다

02 **sole**
[soul]

1. (여럿이 아니라) 형 **단 하나의, 단 한 사람의, 유일한**
(다른 사람과 공유·분담하지 않고) 형 **독점적인, 단독의**

2. (발의 아래쪽의 평평한 부분): 명 **발바닥** → p78

She was the *sole* survivor of the airplane crash.
She is divorced and has *sole* responsibility for her children.

01 금액은 숫자와 문자 둘 다 써야 한다. / 판매 실적은 계속해서 꾸준한 증가를 보이고 있다. 02 그녀는 그 비행기 추락 사고의 유일한 생존자이었다. / 그녀는 이혼을 했고 그녀의 자식들을 단독으로 책임지고 있다.

03 **calculate**

[kǽlkjulèit]

(값을 구하기 위해 식을 연산하여) 동 **계산하다**

The total cost has been *calculated* at three million dollars.

파생 calculation [kælkjuléiʃən] 명 계산
calculator [kǽlkjulèitər] 명 계산기

어원 calcul(pebble:조약돌) + ate → (셈을 할 때 사용하던) 조약돌에서 유래 → 계산하다

04 **estimate**

동 [éstəmèit]
명 [éstəmət]

(정확한 계산 없이 대강) 동 **(수치나 값을) 어림잡다, 추산하다** 명 **추산; 견적서**

The project will cost an *estimated* total of $500 million.

파생 estimation [èstəméiʃən] 명 (가치, 자질의) 판단[평가]

어원 estim(value:가치) + ate → (가치를) 어림잡다

05 **sum**

[sʌm]

(두 개 이상의 수를 모두 더한) 명 **(수의) 합, 합계**
(돈이 얼마인지를 나타낸) 명 **(돈의) 액수, 금액**

This is such a large *sum* of money that few people can imagine the value.

06 **quantity**

[kwɑ́ntəti]

(수 또는 양의 많고 적은 정도): 명 **양, 수량, 분량**

It is much cheaper to buy in large rather than in small *quantities*.

파생 quantitative [kwɑ́ntətèitiv] 형 양적인

어원 quant(how much:얼마) + ity → (수량이 얼마만큼인지의) 정도 → 양, 수량, 분량

07 **geometry**

[dʒiɑ́mətri]

(도형 및 공간의 성질을 연구하는) 명 **기하학**

Geometry is the branch of mathematics that deals with shapes.

파생 geometric [dʒìːəmétrik] 형 기하학(상)의 (= geometrical)

어원 geo(earth:땅) + metr(measure:측정하다) → (땅을) 측정하는 학문 → 기하학

03 총 비용은 3백만 달러로 계산되었다. **04** 그 프로젝트 비용은 총 5억 달러가 들 것으로 추산된다. **05** 이것은 너무 큰 액수이어서 그 가치를 상상할 수 있는 사람은 거의 없다. **06** 소량보다는 대량으로 구입하는 것이 훨씬 싸다. **07** 기하학은 모양을 다루는 수학의 분야이다.

08 arithmetic
[əríθmətik]

(더하기 · 곱하기 등의 셈의 기초를 다루는) 명 산수 형 산수의

The standard *arithmetic* operators are addition, subtraction, multiplication and division.

파생 arithmetical [æriθmétikəl] 형 산수의 (= arithmetic)

어원 arithme(count:세다) + tic → (수를) 세는 것 → 산수

09 formula
[fɔ́:rmjulə]

(수학적 원리나 법칙을 문자 · 기호로 나타낸) 명 (수학) 공식, ~식
(어떤 일의) 명 (성취 · 해결의) 공식, 방식

This *formula* is used to calculate the area of a triangle.
The truth is that there is no magic *formula* for success.

파생 formulate [fɔ́:rmjulèit] 동 공식화하다, (계획 · 방법을) 조직적으로 세우다

어원 form(형식) + ula(diminutive:작은) → (작은) 형식 → 공식, 방식

10 moderate
[mɑ́dərət]

1. (넘치거나 모자라지 않고) 형 (정도 · 크기 등이) 적당한, 중간 정도의, 보통의
2. (극단적이거나 과격하지 않고) 형 (정치적으로) 온건한 명 온건주의자
동 누그러지다[뜨리다], 완화되다[하다]

Even *moderate* amounts of regular exercise will lower your risk of heart disease.

파생 moderation [mɑ̀dəréiʃən] 명 알맞음, 중용; 온건, 절제

어원 moder(measure:척도) + ate → 일정한 기준(척도)을 유지하는 → 적당한, 온건한

11 modest
[mɑ́dist]

1. (크기 · 수량 · 가격 등이) 형 (그다지) 크지[많지, 비싸지] 않은, 보통의
2. (사람이 자신을) 형 (과시하지 않고) 겸손한 → p101

Despite all these facilities, we charge a relatively *modest* fee.

파생 modesty [mɑ́dəsti] 명 적당함, 수수함; 겸손
⊖ immodest [imɑ́dist] 형 무례한, 뻔뻔스러운

어원 mod(measure:척도) + est → 일정한 기준(척도)을 유지하는 → 1. 겸손한, 2. 보통의

08 표준 산수 연산자는 덧셈, 뺄셈, 곱셈, 나눗셈이다. 09 이 공식은 삼각형의 면적을 계산하는 데 쓰인다. / 진실은 성공에는 비법이 없다는 것이다. 10 보통 정도의 양의 규칙적인 운동이라도 심장병의 위험성을 낮출 수 있다. 11 이 모든 시설에도 불구하고 우리는 비교적 적당한 요금을 부과합니다.

12 **intermediate**
[ìntərmí:diət]

(장소 · 상태 · 정도 등의) 형 (두 가지의) 중간의; (수준이) 중급의 명 중급자

This course is designed for students at the *intermediate* level and above.

어원 inter(between:사이) + medi(in the middle:가운데에) → (사이의) 가운데에 → 중간의

13 **proportion**
[prəpɔ́:rʃən]

1. (크기 · 수량 등의) 명 (전체나 다른 대상에 대한) 비, 비율
2. (바람직한 관계를 이룬) 명 (사물 간이나 전체와 부분 간의) 균형

In the city, a large *proportion* of old people live alone in their apartments.

파생 proportional [prəpɔ́:rʃənl] 형 비례하는 (= proportionate)
⊖ disproportion [dìsprəpɔ́:rʃən] 명 불균형

어원 pro(for:~에 대한) + port(part:부분) ┌ (전체나 다른 것에 대한 한 부분의) 1. 비율
└ (비율이) 바람직한 상태 → 2. 균형

Day 37

14 **ratio**
[réiʃou]

(두 개 숫자의 상대적 크기를 비교한) 명 (몇 대 몇 형식의) 비율, 비

The *ratio* of men to women at Harvard is approximately 2.5 to 1.

15 **multiple**
[mʌ́ltəpl]

(수가) 형 (하나 이상인) 다수[복수]의; 복합적인
(어떤 수의 몇 배가 되는 수): 명 배수

Her husband recently suffered *multiple* injuries in a car accident.

파생 multiply [mʌ́ltəplài] 동 곱하다; 증가[증식, 번식]하다[시키다]

어원 multi(many:많은) + ple(fold:~배) → (수가) 많이 거듭되는 → 많은; 배수

16 **multitude**
[mʌ́ltətjù:d]

(수가 대단히 많음): 명 (사람 · 사물의) 아주 많은 수, 수많음, 다수

I've never seen such a *multitude* of birds in my life.

어원 multi(many:많은) + tude → 다수, 수많음

12 이 과정은 중급 수준과 그 이상의 학생들을 위해 만들어진 것이다. 13 도시에서는 높은 비율의 노인들이 그들의 아파트에서 혼자 산다. 14 하버드 대학의 남녀 비율은 대략 2.5대 1이다. 15 그녀의 남편은 최근 자동차 사고로 복합 부상을 입었다. 16 나는 내 인생에서 그렇게 많은 새를 본 적이 없다.

17 **mass**

[mæs]

1. (대단히 큰): 형 (수량·범위 등이) 대량의, 대규모의, 대중적인
명 다수, 다량, 일반 대중

2. (정해진 형체가 없이) 명 (뭉쳐서 이루어진) 큰 덩어리[무리]; (물체의) 질량 → p498
동 떼 지어 모이다[모으다] → p498

There were *masses* of people in and around the station.

파생 massive [mǽsiv] 형 거대한, 엄청나게 큰

18 **mere**

[miər]

(크거나 중요하지 않고) 형 단지 ~에 불과한, 겨우 ~의, 단순한

He won the election by a *mere* few hundred votes.

19 **sufficient**

[səfíʃənt]

(enough와 유사한 의미의 격식 차린 말): 형 (여유 있게) 충분한

A few hours will not suffice; we need *sufficient* time to discuss it.

파생 sufficiency [səfíʃənsi] 명 충분
suffice [səfáis] 동 충분하다
⊖ insufficient [ìnsəfíʃənt] 형 불충분한

어원 suf(up to:~까지) + fic(make:만들다) → (일정한 기준까지) 만들어져 채워진 → 충분한

20 **adequate**

[ǽdikwət]

(특정 목적에) 형 (딱 알맞게) 충분한, 적절한

The room was smaller than expected but *adequate* for our needs.

파생 adequacy [ǽdikwəsi] 명 적당
⊖ inadequate [inǽdikwət] 형 부적당한

어원 ad(to) + equ(equal:같은) → (필요한 수량과) 같은 → 적절한, 충분한

21 **ample**

[ǽmpl]

(필요한 것 이상으로) 형 (남을 만큼) 충분한

There is *ample* evidence that the fire was deliberately started.

17 역의 안과 주변에는 많은 사람들이 있었다. 18 그는 겨우 몇 백 표의 차이로 선거에서 승리했다. 19 몇 시간으로는 충분하지 않다. 우리는 그것을 논의할 충분한 시간이 필요하다. 20 방은 기대했던 것보다는 작았으나 우리가 필요한 만큼 충분했다. 21 그 화재는 의도적으로 시작되었다는 충분한 증거가 있다.

22 **abundant**
[əbʌndənt]

(아주 많아서 남을 만큼) 형 풍부[풍족]한

Africa is a continent that is *abundant* in natural resources.

파생 abundance [əbʌndəns] 명 풍부, 풍족
abound [əbáund] 동 풍부[풍족]하다

어원 ab(off:벗어나) + und(wave:물결) → (물이 흘러 넘칠 정도로) 풍부한

23 **exceed**
[iksí:d]

(무엇이) 동 (특정 수량을) 넘다, 초과하다

Slow down, you are *exceeding* the speed limit.

파생 excess [iksés] 명 초과량[액], 과잉 형 초과한
excessive [iksésiv] 형 지나친, 과도한

어원 ex(beyond:넘어서) +ceed(go:가다) → (넘어서) 가다 → 초과하다

24 **scarce**
[skεərs]

(흔치 않아서 구하기 힘든 상태로) 형 (공급의 문제로) 부족한, 드문

Fresh vegetables are *scarce* at this time of year, so they're very expensive.

파생 scarcity [skέərsəti] 명 부족

Day 37

25 **deficient**
[difíʃənt]

(꼭 있어야 할) 형 (필수적인 것이) 부족한, 결핍된

Most pregnant women are *deficient* in vitamin D.

파생 deficiency [difíʃənsi] 명 부족, 결핍

어원 de(down:아래로) + fic(do:하다) → (무엇을 하기에) 부족한(아래에 있는) → 부족[결핍]한

26 **swell**
[swel]

(볼록하게) 동 (몸·사물의 일부가) 붓다, 부풀다, 부어 오르다
(크게) 동 (수량·크기·부피가) 증가[팽창]하다[시키다]
명 (특히 몸의) 불룩한 부분; 증가, 팽창

Her ankle was beginning to *swell* and she could no longer dance.
Within a few hours, the crowd *swelled* to over a thousand.

22 아프리카는 천연자원이 풍부한 대륙이다. 23 속도를 줄이세요. 제한 속도를 초과하고 있어요. 24 매년 이맘때에는 신선한 야채가 부족하다 그래서 매우 비싸다. 25 대부분의 산모는 비타민 D가 부족하다. 26 발목이 붓기 시작해서 그녀는 더 이상 춤을 출 수가 없었다. / 몇 시간 내에 군중 천명 이상으로 불어났다.

27 **multiply**
[mʌltəplài]

(수량이 급속히) 동 (기하급수적으로) 크게 증가[증식, 번식]하다[시키다]
(수학에서, 어떤 수를 다른 수만큼 곱절이 되게) 동 곱하다, 곱셈하다

When the weather gets hot, bacteria *multiply* much faster.
If you *multiply* 245 by 530, you get 129,850.

파생 multiplication [mʌltəplikéiʃən] 명 곱셈; 증가, 증식

어원 multi(many times:여러 번) + ply(fold:배) → (여러 번 배가 되게) 곱하다 → 증가하다

28 **diminish**
[dimíniʃ]

(수량·정도 등이) 동 (빼앗기거나 손상을 입어) 줄다, 줄이다, 약화되다[시키다]

Their political influence has *diminished* significantly since then.

파생 diminution [dìmənjú:ʃən] 명 감소, 축소

어원 di(completely) + minish(make small:작게 만들다) → 줄이다

29 **decline**
[dikláin]

1. (수량·가치·품질 등이) 동 (지속적으로) 줄어들다, 감소[축소]되다 명 감소, 축소
2. (예의를 갖추어) 동 (정중하게) 거절하다 → p151

The unemployment rate has gradually *declined* since then.

어원 de(down:아래로) + cline(bend:굽다) ┌ (아래로) 굽다 → 1. 감소하다
└ (머리를 아래로 굽혀 정중하게) 2. 거절하다

30 **tumble**
[tʌmbl]

1. (급속히) 동 (수량·가치 등이) 폭락[급락]하다 (= plummet, plunge) 명 폭락
2. (데굴데굴 돌면서) 동 굴러 떨어지다 명 굴러 떨어지기 → p348

Since December, gasoline prices have *tumbled* 16 percent.

31 **plummet**
[plʌmit]

1. (급속히) 동 (수량·가치 등이) 폭락[급락]하다 (= tumble, plunge)
2. (아주 높은 데서 급속히) 동 수직으로 떨어지다 → p348

House prices have *plummeted* by 15 percent this year.

27 날씨가 더워질 때 박테리아는 훨씬 더 빠르게 번식한다. / 245에 530을 곱하면 129,850을 얻는다. 28 그들의 정치적 영향력은 그때 이후로 상당히 약화되었다. 29 실업률은 그때 이후로 서서히 줄어들었다. 30 12월 이후 가솔린 가격이 16% 폭락했다. 31 주택 가격이 올해 15% 급락했다.

32 **plunge**

[plʌndʒ]

1. (급속히) 동 (수량·가치 등이) 폭락[급락]하다 (= tumble, plummet) 명 폭락
2. (갑자기) 동 (아래/앞/속으로) 떨어지다[뜨리다], 내던(져)지다, 뛰어들다 → p348
명 (갑자기) 떨어짐, 추락, 뛰어듦 → p348

The stock market *plunged* 608 points, the largest one-day decline in its history.

33 **subtract**

[səbtrǽkt]

(어떤 수에서 다른 수를) 동 빼다 [from]

If you *subtract* 90 from 150, you get 60.

파생 subtraction [səbtrǽkʃən] 명 빼기, 뺄셈

어원 sub(from under:아래에서) + tract(pull:당기다) → (아래에서 위로 잡아당겨서) 빼다

34 **complement**

[kɑ́mpləmənt]

(완전해지도록 어떤 것이 다른 것의) 동 (모자라는 부분을) 보완하다 명 보완물

We *complemented* each other well, despite our differences.

파생 complementary [kὰmpləméntəri] 형 상호 보완적인

어원 com(강조) + ple(fill:채우다) → (부족한 점을) 완전히 채우다 → 보완하다

35 **supplement**

[sʌ́pləmənt]

(뭔가를 덧붙여서, 원래 것이) 동 (더 좋아지도록) 보충[추가]하다 명 보충(물)

He *supplements* his income by selling books at a market.

파생 supplementation [sʌ̀pləməntéiʃən] 명 보충, 추가
supplementary [sʌ̀pləméntəri] 형 보충[추가]의

어원 sup(up from below) + ply(fill:채우다) → (부족한 것을) 채워 넣다 → 보충[추가]하다

동의어 레슨

평균의, 중간의	
average	(크기가 차이가 나는 몇 개의 수의 중간의 값인): 평균의
medium	(크기·정도·등급 등이 가운데쯤인) 중간의
moderate	(정도·크기 등이 넘치거나 모자라지 않고) 적당한, 중간 정도의
modest	(크기·수량·가격 등이) (그다지) 크지[많지, 비싸지] 않은, 보통의

32 주식 시장이 역사상 하루 동안의 가장 큰 하락인 608 포인트 폭락했다. 33 150에서 90을 배면 60이 된다. 34 우리는 서로 다름에도 불구하고 서로를 잘 보완했다. 35 그는 시장에서 책을 팔아서 수입을 보충한다.

크기, 규모, 정도 (1)

≫ 테마 기본 어휘	size · area(면적) · volume(부피, 용량) · big · large · great · huge(매우 큰) · small · little · tiny(아주 작은) · miniature(축소 모형) · long · short · brief(간단한) · high · low · wide · broad(넓은) · narrow thick · thin · deep · shallow(얕은) · weight(무게) · heavy · light(가벼운) · unit(단위)

36 **scale**

[skeil]

1. (사물·현상의 다른 것과의 상대적인 크기·범위): 명 규모
2. (물건의 무게를 다는) 명 저울
   (수량·크기·비율 등을 재기 위한) 명 눈금, (지도의) 축척, (측정용) 등급
3. (거죽을 덮고 있는) 명 (물고기·뱀 등의) 비늘

Production or import on a large *scale* reduces cost.

어원 stairs(계단)의 뜻에서 유래 ┌ (계단처럼) 층이 진 구조 → (물고기의) 3. 비늘
└ (눈금이 층이 진) 2. 저울; 눈금 → (저울로 잰) 1. 규모

37 **dimension**

[diménʃən]

(사물·공간의) 명 (길이·높이·두께 등의) 치수, 용적, 규모; (수학의) 차원
(사물을 바라보거나 생각하는 입장이나 수준): 명 차원, 관점

To plan a space, you need to measure the *dimensions* of the room first.

Mobile phones have added a new *dimension* to communications.

파생 dimensional [diménʃənl] 형 (복합어를 이루어) ~치수의, ~차원의

어원 di(apart:분리) + mens(measure:재다) → (분리된 공간을 잰) 치수

38 **enormous**

[inɔ́ːrməs]

(엄청나게 큰): 형 거대한, 막대한 (= gigantic, vast, immense)

They put an *enormous* amount of time into this project.

어원 e(out:밖) + norm(기준) → (크기가) 기준 밖으로 벗어난 → 거대한

39 **gigantic**

[dʒaigǽntik]

(엄청나게 큰): 형 거대한, 막대한 (= enormous, vast, immense)

In the very center of the square stood a *gigantic* statue.

어원 gigant(giant:거인) + ic → (거인처럼) 거대한, 막대한

36 대규모 생산이나 수입은 비용을 줄인다. 37 공간 계획을 세우기 위해서는 먼저 방의 치수를 잴 필요가 있다. / 휴대폰은 통신에 새로운 차원을 더해 주었다. 38 그들은 엄청난 시간을 이 프로젝트에 투여했다. 39 광장 한가운데는 거대한 조상이 서 있었다.

40 **immense**

[iméns]

(엄청나게 큰): 형 거대한, 막대한 (= enormous, gigantic, vast)

I have an *immense* amount of work to do and a lot of projects underway.

파생 immensity [iménsəti] 명 거대[막대]함

어원 im(not) + mense(measure:재다) → (잴 수 없을 정도로) 큰 → 거대한, 막대한

41 **vast**

[væst]

(엄청나게 큰): 형 거대한, 막대한 (= enormous, gigantic, immense)

Canada is *vast* and occupies 41% of the continent of North America.

42 **tremendous**

[triméndəs]

(두려울 정도로) 형 (크기·수량·힘 등이) 엄청나게 큰[많은, 센]
(구어로, 극도로 훌륭한): 형 굉장한, 대단한

Suddenly there was a *tremendous* explosion and the whole house shook.
It was a *tremendous* experience for us to play before a big crowd.

어원 trem(shake:떨다) + endous → (두려움에) 떨게 할 정도인 → 엄청나게 큰, 굉장한

43 **magnitude**

[mǽgnətjù:d]

(무엇의) 명 (엄청난) 크기[규모, 중요도]

I knew there was a problem, but I just didn't realize the *magnitude* of the problem.

어원 magni(great:엄청난) + tude → (엄청난) 크기, 규모

44 **infinite**

[ínfənət]

(수량·정도·공간·시간 등의 크기가 한계가 없는): 형 무한한

Many astronomers and physicists assume that the universe is *infinite*.

파생 infinity [infínəti 명 무한(성); 무한히 많음; 무한대
⊖ finite [fáinait] 형 유한의, 한정된

어원 in(not) + fin(end:끝) → (끝이) 없는 → 무한한

Day 37

40 나는 엄청난 양의 해야 할 일과 많은 진행 중인 프로젝트가 있다. 41 캐나다는 광대하고 북아메리카 대륙의 41%를 차지한다. 42 갑자기 엄청난 폭발이 있으면서 집 전체가 흔들렸다. / 우리가 대관중 앞에서 시합을 한 것은 굉장한 경험이었다. 43 나는 문제가 있다는 것을 알고 있었지만 그 문제의 규모를 깨닫지 못했다. 44 많은 천문학자들과 물리학자들은 우주가 무한하다고 추정한다.

45 **considerable**

[kənsídərəbl]

(크기·수량·정도 등이) 형 **상당한, 꽤 많은** (= substantial)

They spent a *considerable* amount of money on advertising.

파생 consider [kənsídər] 동 고려[배려]하다; 숙고하다; ~이라고 여기다

어원 consider(고려하다) + able → (크기가 고려해야 할 만큼) 상당한

46 **substantial**

[səbstǽnʃəl]

(크기·수량·정도 등이) 형 **상당한, 꽤 많은** (= considerable)

The government has invested a *substantial* amount of money in the project.

어원 substance(실체, 물질) + ial → (실체가) 있는 → (실질적인 내용이) 있는 → 상당한

47 **slight**

[slait]

(양·정도 등이 얼마 안 되는): 형 **조금[약간]의, 근소한**

That day she was in bed with a headache and a *slight* fever.

48 **compact**

[kəmpǽkt]

(작지만 좁은 공간에 효용성 있게 가지런히) 형 **꽉 들어찬, 조밀한, 소형의**
동 **꽉[빽빽이] 채우다**

The bathroom was *compact* but well-designed so that it did not feel small.

어원 com(together:함께) + pact(fasten:묶다) → (함께 묶여져) 꽉 들어찬

49 **minute**

1. [mainjú:t]
2. [mínit]

1. (더할 수 없이 극히 작은): 형 **극미한, 극히 작은**
2. (1시간의 1/60): 명 **분; 잠깐 (동안)** → p368

All water contains *minute* amounts of salt.

45 그들은 상당한 액수의 돈을 광고에 썼다. 46 정부는 상당한 금액을 그 프로젝트에 투자했다. 47 그날 그녀는 두통과 미열로 침대에 누워있었다. 48 욕실은 작았지만 잘 디자인이 되서 작다는 느낌이 들지 않았다. 49 모든 물은 극미량의 염분을 함유하고 있다.

Day 37 Review Test

[1-30] 영어를 우리말로 바꾸세요.

1. sole	16. deficient
2. estimate	17. swell
3. quantity	18. diminish
4. geometry	19. tumble
5. arithmetic	20. plummet
6. moderate	21. plunge
7. modest	22. subtract
8. proportion	23. complement
9. ratio	24. supplement
10. multitude	25. dimension
11. sufficient	26. tremendous
12. adequate	27. immense
13. ample	28. magnitude
14. abundant	29. substantial
15. scarce	30. compact

[31-35] 각 문장의 문맥에 맞는 적절한 단어를 찾아 넣으세요.

① intermediate ② decline ③ estimate ④ compact ⑤ sufficient

31. The _____d costs of the building project are well over $2 million.
32. This is a course for _____ students of English.
33. We need _____ time to make decisions.
34. The _____ in sales was due to the weak economy.
35. The hotel room was _____ but had everything that we needed.

정답 31. ③ 32. ① 33. ⑤ 34. ② 35. ④

Day 38 수량·크기·비교 II

amount & size & comparison II

크기, 규모, 정도 (2)

≫ 테마 기본 어휘	degree(정도) · level(수준) · fairly(상당히) · quite(상당히) · very · indeed(참으로, 사실) · even(~조차도) · almost · nearly · complete · total(완전한) · absolute(완전한) · such(너무나) · so(너무) too(너무나)

01 **altitude** [ǽltətjùːd]

(해수면에서부터 측정한 어떤 지점의 높이): 명 **(해발) 고도**

One feels difficulty in breathing at high *altitudes*.

어원 alti(high:높은) + tude → (해수면에서부터의) 높이 → **(해발) 고도**

02 **measure** [méʒər]

1. (사물의 치수·길이·양 등을) 동 **재다, 측정하다, 잰 수치가 ~이다**
명 **(도량의) 단위, 도량법**

2. (특정 문제의 해결을 위한) 명 **(공식적인) 조치, 대책**

This room *measures* 6 meters wide by 10 meters long.

파생 measurement [méʒərmənt] 명 치수, 측량

어원 1. 측정하다 → (상황을 잘 측정해서 나온) 해결책 → 2. 조치, 대책

03 **expand** [ikspǽnd]

(부피·크기·범위 등이) 동 **(부풀려져) 팽창[확장, 확대]되다[시키다]**

The company is hoping to *expand* their business abroad.

파생 expansion [ikspǽnʃən] 명 팽창, 확장
expanse [ikspǽns] 명 넓게 트인 지역
expansive [ikspǽnsiv] 형 광활한; 광범위한

어원 ex(out:밖) + pand(spread:퍼지다) → (밖으로) 퍼지다 → **팽창하다**

01 사람은 높은 고도에서 호흡에 곤란을 느낀다. 02 이 방은 폭이 6미터, 길이가 10미터이다. 03 그 회사는 사업을 해외로 확장하고 싶어한다.

04 enlarge
[inlɑ́:rdʒ]

(원래보다 더 크게) 동 (늘리거나 넓혀서) 확대[확장]하다[되다]

He had the picture *enlarged* because he was so proud of it.

파생 enlargement [inlɑ́:rdʒmənt] 명 확대, 확장

어원 en(make:만들다) + large(큰) → (더 크게) 만들다 → 확대하다

05 magnify
[mǽgnəfài]

(실물 크기보다 더 크게 보이게) 동 (렌즈 등으로) 확대하다

The microscope can *magnify* objects up to one thousand times their actual size.

파생 magnification [mæ̀gnəfikéiʃən] 명 확대

어원 magni(great:큰) + fy(make:만들다) → (크게) 만들다 → 확대하다

06 extend
[iksténd]

1. (길이·기간·범위 등을 본래의) 동 (기준·계획보다) 더 늘리다, 연장[확대]하다
(포함된) 동 (지역·거리·기간·범위 등이) (~에) 이르다[달하다, 계속되다]

2. (바깥쪽으로) 동 (팔·다리를) 뻗다[내밀다] → p77

They have agreed to *extend* the contract for another two years.

파생 extension [iksténʃən] 명 연장, 확대, 확장; 내선, 구내전화
extensive [iksténsiv] 형 아주 넓은, 광대한, 광범위한

어원 ex(out) + tend(stretch:뻗다) ┌ (길이를 밖으로 뻗게 하여) 1. 연장하다
└ (밖으로) 2. 뻗다 → (뻗어서) 1. (~에) 이르다

07 stretch
[stretʃ]

1. (길어지거나 넓어지도록) 동 (잡아당겨서) 늘이다, 늘어나다
(공간·시간이) 동 (어떤 지역·기간에 걸쳐) 뻗어있다, 이어지다
명 (길게 뻗은) 지역[구간], 일련의 기간

2. (곧게 쭉) 동 (팔다리 등을) 뻗다, 기지개를 켜다 명 뻗기, 기지개 → p74

The sweater has *stretched* and doesn't fit me anymore.
The farmland *stretched* out as far as the eye could see.

Day 38

04 그는 사진이 너무 자랑스러워 그것을 확대했다. 05 그 현미경은 사물을 실제 크기의 천 배까지 확대할 수 있다. 06 그들은 계약을 2년 더 연장하기로 합의했다. 07 그 스웨터는 늘어져서 더 이상 내게 맞지 않는다. / 농지는 끝이 안 보이게 펼쳐져 있었다.

08 **shrink**

[ʃriŋk]

(뜨거운 물에 작은 크기로) 동 **(옷이나 천이) 오그라들다, 오그라들게 하다**
(비유적으로) 동 **(규모·수량·가치 등이) 줄어들다, 줄어들게 하다**

The pants *shrunk* in the dryer, I can't even get into them.
Since then, costs have risen and profits have *shrunk* somewhat.

파생 shrinkage [ʃríŋkidʒ] 명 감소[량, 도], 수축

09 **contract**

동 [kəntrǽkt]
명 [kάntrækt]

1. (크기·범위·부피 등이) 동 **(전체적으로) 수축[축소]되다[시키다]**
2. (당사자간의 의무·권리에 대한 합의 내용을 담은) 명 **계약(서)** 동 **계약하다** → p153
3. (비교적 상태가) 동 **(심각한 병에) 걸리다** → p88

When you heat metal, it expands, and when it cools again, it *contracts*.

파생 contraction [kəntrǽkʃən] 명 수축, 축소
contractual [kəntrǽktʃuəl] 형 계약(상)의

어원 con(together:함께) + tract(draw:끌다)
- (속으로) 함께 끌어당기다 → 1. 수축되다
- (합의를) 함께 이끌다 → 2. 계약하다
- (병을) 끌어당기다 → 3. (병에) 걸리다

10 **compress**

[kəmprés]

(물체에 압력을 가하여) 동 **(부피가 줄어들게) 압축하다[되다]; 요약하다**

Compressed gas can be very dangerous and must be handled with care.

파생 compression [kəmpréʃən] 명 압축

어원 com(together:함께) + press(누르다) → (함께 눌러서) 압축하다

11 **extent**

[ikstént]

(영향·작용이 미치는 또는 사물·지역이 넓게 펼쳐진) 명 **정도, 규모, 크기**

We don't yet know the *extent* of the damage from this oil spill.

파생 extend [ikstend] 동 뻗다; 연장[확대]하다; (~에) 달하다

어원 ex(out:밖) + tend(stretch:뻗다) → (밖으로 뻗은) 정도, 규모

08 바지가 건조기에서 줄어들어서 나는 입을 수조차 없다. / 그때 이후로 비용은 늘고 이익은 다소 줄었다. 09 금속에 열을 가하면 팽창하고 다시 식으면 수축한다. 10 압축 가스는 매우 위험할 수 있어서 조심스럽게 다루어야 한다. 11 우리는 이 기름 유출로 인한 피해의 규모를 아직 모르고 있다.

12 **extreme**
[ikstríːm]

(더할 수 없이) 형 극도[극단]의, 극심한 명 극도, 극단

One out of every four people in the region lives in *extreme* poverty.

파생 extremism [ikstríːmizm] 명 극단주의
extremist [ikstríːmist] 명 극단주의자

어원 outer(바깥쪽의)의 최상급 → (가장) 바깥쪽의 → 극도[극단]의

13 **utmost**
[ʌtmòust]

(더할 수 없는 가장 큰 정도인): 형 최대[최고]의 명 최대, 최고

It seems to me that this is a matter of the *utmost* importance and urgency.

어원 ut(out:밖) + most(최상급) → (가장) 바깥쪽에 있는 → 최대의

14 **drastic**
[drǽstik]

(눈에 확 띌 정도로) 형 (행동·조치·변화 등이) 급격한, 과감한, 철저한

The situation is serious and we need to take *drastic* action immediately.

파생 drastically [drǽstikəli] 부 과감히, 철저히

15 **seldom**
[séldəm]

(전체에 가까울 정도로 부정하여): 부 좀처럼[거의] ~않는
(= hardly, scarcely, rarely, barely)

Although we speak on the phone, we *seldom* see each other.

16 **utter**
[ʌtər]

1. (강조를 하여) 형 (특히 나쁜 정도가) 전적인, 완전한
2. (말·소리·비명·한숨 등의) 동 (어떤 소리를) 입 밖으로 내다, 말을 하다 → p133

Oh, that's *utter* nonsense. Who says that?

파생 utterance [ʌtərəns] 명 입밖에 내기, 발음, 발언

어원 outer((가장) 바깥쪽)의 뜻에서 유래
┌ (나쁜 정도가) 가장 바깥쪽인 → 1. 전적인
└ (소리를) 2. 입 밖에 내다

12 그 지역의 4명 중 한 사람은 극도의 빈곤 속에서 산다. 13 내게는 이것이 최고로 중요하고 긴급한 문제인 것처럼 보인다. 14 상황이 심각해서 우리는 과감한 조치를 즉시 취할 필요가 있다. 15 우리는 전화 통화는 하지만 서로 거의 만나지 않는다. 16 아, 그건 완전히 헛소리입니다. 누가 그렇게 말합니까?

동의어 레슨

확대[확장]하다	
expand	(부피·크기·범위 등이 부풀려져) **팽창[확장, 확대]되다[시키다]**
enlarge	(늘리거나 넓혀서 원래보다 더 크게) **확대[확장]하다[되다]**
magnify	(렌즈 등을 써서 실물 크기보다 더 크게 보이게) **확대하다**
정도, 수준	
degree	(사물의 양적·질적인 분량이나 수준): **정도**
extent	(영향·작용이 미치는 또는 사물·지역이 펼쳐진) **정도, 규모, 크기**
level	(가치·등급·품질 등의 상대적인 높고 낮음의 정도): **수준**

비교, 대조

≫ 테마 기본 어휘	compare(비교하다) · relative(상대적인) · absolute(절대적인) · though(~이지만) · although(~에도 불구하고) · but · however · same · equal(같은) · similar(비슷한) · like(~과 같은) · alike(비슷한) such(그러한) · so(그렇게) · match(일치[대등]하다, 짝짓다) · according(~에 따라) · balance(균형) harmony(조화) · different · other(다른) · another(다른) · else(그 밖의) · opposite · irony(아이러니) · various(다양한) · copy · ordinary(평범한) · usual(일상의) · normal(정상적인) · general(일반적인) · special · particular(특별한, 특정한) · especially(특히) · strange · mystery(불가사의)

17 **distinguish**
[distíŋgwiʃ]

(서로간의) 동 **(차이점을) 구별[분간]하다, 구별 짓다**

Children of this age do not clearly *distinguish* between imagination and reality.

파생 distinguishable [distíŋgwiʃəbl] 형 구별[분간]할 수 있는
distinguished [distíŋgwiʃt] 형 유명한, 저명한

어원 di(apart:분리) + sting(prick:찌르다) → (날카로운 것으로 찔러) 표시를 해서 분리하다

18 **contrast**
동 [kəntrǽst]
명 [kάntræst]

(둘 사이의) 동 **(차이를 밝히기 위해) 대조하다, 대조[차이]를 보이다** [with]
명 **대조, 대비, 뚜렷한 차이**

These results *contrast* with those obtained in other studies.

어원 contra(against:맞서) + st(stand:서다) → (서로) 마주 서다 → **대조를 보이다**

19 **despite**
[dispáit]

(양보 부사구를 이끄는 전치사): 전 **~에도 불구하고** (= in spite of)

Despite his age, he is still full of strength and energy.

어원 de(down:아래로) + spite(look:보다) → (~을 아래로) 내려보며 → **~에도 불구하고**

17 이 나이의 아이들은 상상과 현실을 분명하게 구분하지 않는다. 18 이 결과는 다른 연구에서 얻은 것들과 대조를 보인다. 19 그의 나이에도 불구하고 그는 여전히 힘과 활력으로 넘쳐난다.

[20] **equivalent**

[ikwívələnt]

(서로 종류는 다르지만) 형 (가치·의미·역할 면에서) 동등한, 상당[대응]하는 [to]
명 상당[대응]하는 것, 등가물

If I'm not mistaken, eighty kilometers is *equivalent* to about fifty miles.

어원 equi(equal:같은) + val(worth:가치) → (가치가) 동등한

[21] **akin**

[əkín]

(서술적으로만 쓰이며, 서로) 형 (특질·특성 면에서) 유사한 [to]

At the present day the Rumanian language is closely *akin* to Latin.

어원 a(on:상태) + kin(친족) → (친족인) 상태 → 유사한

[22] **parallel**

[pǽrəlèl]

1. (비슷한 방식으로 또는 동시에 발생·존재하는) 형 (사건·상황 등이) 서로 유사한
명 아주 유사한 사람[것], 유사점 동 유사[필적]하다

2. (서로 만나지 않고) 형 (둘 이상의 선[면]이) 평행한 나란한 → p431

The crimes of Hitler's Germany are without *parallel* in human history.

어원 para(alongside:나란히) + allel(one another:서로) → 2. 평행한 → 1. 유사한

[23] **analogy**

[ənǽlədʒi]

(사물 간의 비슷한 특성 또는 그것을 찾는 과정): 명 유사(성); 유추

He drew an *analogy* between the human brain and a computer.

어원 ana(according to:~에 따른) + log(ration:비율) → (비율에 따른) 비슷함 → 유사성; 유추

[24] **resemble**

[rizémbl]

(서로) 동 (생김새나 공통점 등이) 닮다, 비슷하다

The two plants closely *resemble* each other in appearance and look alike.

파생 resemblance [rizémbləns] 명 닮음, 비슷함

어원 re(강조) + semble(be like:비슷하다) → (아주) 비슷하다 → 닮다

---

20 제가 틀리지 않다면, 80킬로미터는 약 60마일에 해당합니다. 21 오늘날 루마니아어는 라틴어와 상당히 유사하다. 22 히틀러 독일의 범죄는 인류 역사상 그 유례를 찾을 수 없는 것이다. 23 그는 인간의 뇌와 컴퓨터 사이의 유사점을 유추했다. 24 그 두 식물은 겉모습이 서로 꼭 닮아서 똑같이 보인다.

[25] identify
[aidéntəfài]

1. (어떤 대상을 다른 대상과 똑같은 것으로) 동 (~을 ~와) 동일시하다 [with]
2. (어떤 대상을 보고, 그것의) 동 (신원·정체 등을) 알아보다, 확인[식별]하다 → p173

Many people *identify* happiness with material possessions.

파생 identification [aidèntifəkéiʃən] 명 신분증(= ID), (신원) 확인; 동일시
identity [aidéntəti] 명 신원, 정체, 본인임
identical [aidéntikəl] 형 똑같은, 동일한

어원 identi(same:동일한) + fy → 1. 동일시하다 → (동일한지를) 2. 확인하다

[26] overlap
[òuvərlǽp]

(둘 이상이 서로) 동 (부분적으로) 겹치다, 겹치게 하다, 중복[공통]되다
명 겹침, 공통부분

There is considerable *overlap* between the two approaches.

어원 over(위에) + lap(겹치다) → (위에) 겹치다 → 중복[공통]되다

[27] consistent
[kənsístənt]

(서로 어긋남이 없이) 형 (비교 대상간에) 일치하는, 모순이 없는 [with]
(변함이 없이) 형 (주의·방침·언행 등이) 한결같은, 일관된, 거듭되는

These results are not *consistent* with what we expected.
Teachers should be *consistent* in applying the rules in the classroom.

파생 consistency [kənsístənsi] 명 일관성
⊖ inconsistent [ìnkənsístənt] 형 일관성이 없는, 일치되지 않는

어원 con(together) + sist(stand) → (어긋남·변함 없이) 함께 서 있는 → 일치하는; 일관된

[28] accord
[əkɔ́:rd]

(서로 다른 사실·의견·진술 간의 정확한) 명 일치, 부합; (국제간의) 협정
동 일치[부합]하다 [with]

Certainly his statement does not *accord* with the facts.

파생 accordance [əkɔ́:rdns] 명 (in ~ with) ~에 따라서, ~와 일치하여
according [əkɔ́:rdiŋ] 부 (~ to) ~에 따르면; ~에 따라
⊖ discord [dískɔ:rd] 명 불일치, 불화

어원 ac(to:방향) + cord(heart:마음) → (서로 마음이 통하여) 일치[부합]하다

25 많은 사람들은 행복을 물질적 부와 동일시한다. 26 그 두 가지 접근법 사이에는 공통되는 부분이 상당히 있다. 27 이 결과는 우리가 기대했던 것과 일치하지 않는다. / 교사는 교실에서 규칙을 적용할 때 일관성이 있어야 한다. 28 분명히 그의 진술은 사실과 일치하지 않는다.

29 **correspond**
[kɔ̀ːrəspάnd]

1. (어긋나지 않고) 동 **(서로) 일치[부합]하다** [with/to]
(서로 범위·조건이 일치하여) 동 **(어떤 것이 다른 것에) 해당[상응]하다** [to]

2. (어떤 사람과) 동 **서신을 주고받다, 교신하다** [with] → p147

Since your belief does not *correspond* with the actual situation, it is wrong.

The English public school *corresponds* to our private school.

파생 correspondence [kɔ̀ːrəspάndəns] 명 일치, 상응; 서신 왕래
correspondent [kɔ̀ːrəspάndənt] 명 특파원, 통신원

어원 cor(together:함께) + respond(응하다) ─ (서로 응하여 어긋나지 않고) 1. 일치[상응]하다
└ (서로의 편지에 응답하여) 2. 교신하다

30 **coincide**
[kòuinsáid]

1. (두 사람의) 동 **(생각·의견 등이) 일치하다** [with]

2. (둘 이상의 일이) 동 **(우연히) 동시에 일어나다** [with] → p384

Their advice *coincided* exactly with what he was thinking himself.

파생 coincidence [kouínsidəns] 명 (우연의) 일치; 동시 발생
coincident [kouínsidənt] 형 일치하는; 동시에 일어나는
coincidental [kouìnsidéntl] 형 (우연히) 일치한

어원 co(together) + incide(fall on) → (한꺼번에) 떨어지다 → 동시에 일어나다; 일치하다

31 **distinct**
[distíŋkt]

(성질·종류가 뚜렷하게) 형 **전혀 다른, 별개의** [from]
(쉽게 구분이 될 만큼) 형 **(차이가 커서) 뚜렷한, 분명한**

As I explained above, religion and spirituality are two entirely *distinct* concepts.

The footsteps got nearer and the conversation became more *distinct*.

파생 distinction [distíŋkʃən] 명 (뚜렷한) 차이, 구별, 차별; 뛰어남, 특별함
distinctive [distíŋktiv] 형 독특[특유]한

어원 di(apart) + stinct(prick:찌르다) → (날카로운 것으로 찔러) 표시를 해서 분리한 → 별개의

29 당신의 믿음은 실제의 상황에 부합하지 않기 때문에 그것은 잘못된 것이다. / 영국의 public school은 우리의 사립학교에 해당한다. 30 그들의 조언은 그가 혼자 생각하던 것과 정확하게 일치했다. 31 위에서 설명한 것처럼 종교와 영성은 두 개의 완전히 다른 별개의 개념이다. / 발소리가 가까워지면서 말소리가 더 분명해졌다.

32 **reverse**

[rivə́:rs]

(정반대로 뒤바뀌어) 형 (순서·방향·위치 등이) 거꾸로[역으로] 된
명 (정)반대, 역 동 뒤바꾸다, 뒤집다, 거꾸로 하다

At last the medal winners were announced in *reverse* order.

파생 reversal [rivə́:rsəl] 명 반전, 역전, 전도
reversion [rivə́:rʒən] 명 (원상태로의) 회귀[복귀]
reversible [rivə́:rsəbl] 형 원상태로 되돌릴 수 있는

어원 re(back:뒤) + verse(turn:바꾸다) → 뒤바뀌어진 → 거꾸로[역으로] 된

33 **contrary**

[kántreri]

(서로 대립하는) 형 (의견·입장 등이) 정반대되는, ~와는 다른[반대되는] [to]
명 반대되는 것

Contrary to popular belief, air travel is less dangerous than other forms of travel.

어원 contra(against:맞서서) + ary → (의견이) 서로 맞서는 → (정)반대되는

34 **converse**

명형 [kɔ́nvə:s]
동형 [kənvə́:rs]

1. (무엇이) 명 (어떤 사실이나 말의) 정반대, 역 형 정반대[역]의
2. (누군가와) 동 대화를 나누다, 담화하다

When interest rates rise, bond prices fall, and the *converse* is true.

파생 conversation [kὰnvərséiʃən] 명 대화

어원 con(강조, with) + verse(turn:바꾸다, 돌다) ┌ (방향이) 완전히 바뀐 → 1. 정반대
└ (서로 상대에게로 몸을 돌려) 2. 대화하다

35 **contradict**

[kὰntrədíkt]

1. (이치상 서로 상반되어 어떤 것이) 동 ~과 모순되다
2. (남의 말을 부정하고 그 반대가 옳다고) 동 반박하다, 반대 주장을 하다 → p150

Obviously these two stories *contradict* each other.

파생 contradiction [kὰntrədíkʃən] 명 반박, 모순
contradictory [kὰntrədíktəri] 형 모순되는

어원 contra(against:대항하여) + dict(say) → (서로 상반되게) 말하다 → 모순되다, 반박하다

32 드디어 메달 수상자들이 역순으로 발표되었다. 33 일반적인 믿음과는 반대로 비행기 여행은 다른 형태의 여행보다 덜 위험하다. 34 이자율이 올라갈 때 채권 가격이 떨어지는데 그 역도 마찬가지이다. 35 분명히 이 두 이야기는 서로 모순된다.

36 **paradox**
[pǽrədὰks]

(모순되어 보이나 실제로는 진실을 담고 있는 말): 명 **역설, 패러독스**

It's a *paradox* that such a rich country has so many poor people.

파생 paradoxical [pærədάksikəl] 형 역설의

어원 para(contrary to:~과 반대되는) + dox(opinion:의견) → (반대되는) 의견 → 역설

37 **diverse**
[divə́:rs]

(서로 확실히 다르고 뚜렷한 차이가 있는): 형 **다양한**

India is a culturally *diverse* country with 13 officially recognized languages.

파생 diversify [divə́:rsəfài] 동 다양화하다[시키다]
diversity [divə́:rsəti] 명 다양성

어원 di(apart:떨어져) + verse(turn:바꾸다) → (떨어져 나가) 여러 가지로 바뀐 → 다양한

38 **imitate**
[ímətèit]

(어떤 것을) 동 **(모범으로 삼아) 모방하다, 본뜨다, 본받다**
(사람들을 웃기려고) 동 **(남의 말·행동을) 흉내 내다** (= mimic)

His original style has been *imitated* by many other artists.
The monkey *imitated* her when she scratched her head.

파생 imitation [ìmətéiʃən] 명 모방(품)
imitative [ímətèitiv] 형 모방의

39 **reproduce**
[rì:prədjú:s]

1. (원래의 것과) 동 **(똑같은 것을) 다시 만들어 내다, 재생[재현]하다**
(인쇄·사진·복사·녹화 등의 방식으로) 동 **(미술품·저작물 등을) 복제하다**
2. (같은 종류의 새로운 생물을) 동 **(생물이) 번식[생식]하다** → p408

Other scientists have been unable to *reproduce* the results he reported.
These images cannot be *reproduced* without permission.

파생 reproduction [rì:prədʌkʃən] 명 생식, 번식; 재생, 재현; 복제(품)
reproductive [rì:prədʌktiv] 형 번식[생식]의

어원 re(again:다시) + produce(만들다) → (다시) 만들다 → 재생[복제, 번식]하다

Day 38

36 그렇게 부유한 나라에 수많은 가난한 사람들이 있다는 것은 역설적인 일이다. 37 인도는 13개의 공인된 언어가 있는 문화적으로 다양한 나라이다. 38 그의 독창적인 스타일은 많은 다른 화가들에 의해 모방되어 왔다. / 그녀가 머리를 긁자 원숭이는 그녀를 흉내 냈다. 39 다른 과학자들은 그가 보고한 결과를 재현할 수 없었다. / 이 이미지들은 허락 없이 복제할 수 없다.

[40] **duplicate**

형명 [djúːplikət]
동 [djúːpləkèit]

(원래의 것과) 명 (정확히 똑같이 만든) 사본, 복제물
형 똑같은, 사본[복제]의 동 복사[복제]하다, 사본을 만들다

It is uncertain whether this is a *duplicate* or the original.

파생 duplication [djùːplikéiʃən] 명 복제

어원 du(two:둘) + plic(fold:접다) → (접혀서) 두 부분이 겹쳐진 → 똑같은, 사본, 복사하다

[41] **mimic**

[mímik]

(사람들을 웃기려고) 동 (남의 말·행동을) 흉내 내다 (= imitate) 명 흉내쟁이

He's always *mimicking* her voice and gestures.

파생 mimicry [mímikri] 명 흉내

[42] **common**

[kάmən]

1. (귀하거나 특별하지 않고) 형 흔한, 보통의, 평범한
2. (여럿이 함께 하거나 관계를 가지는) 형 공동의, 공통의 명 공통(점) → p499

That's a *common* mistake so don't worry about it.

파생 ⊖ uncommon [ʌnkάmən] 형 흔하지 않은, 드문

어원 com(together:함께) + mon(duty:의무) ┬ (함께 나누는) 의무인 → 2. 공동의, 공통의
└ (공동의 것이어서) 1. 흔한, 보통의

[43] **commonplace**

[kάmənplèis]

(보통 있는 예사로운 것이라 전혀 특별하지 않고) 형 아주 흔한, 흔해빠진
명 흔한 일[것], 다반사; 진부한 말

Smartphones are now *commonplace*, even among the young.

어원 common(흔한) + place(장소) → (많은 장소에서) 흔히 볼 수 있는 → 아주 흔한

[44] **widespread**

[wáidspréd]

(많은 지역·사람에게 일반화되어) 형 널리 퍼진[보급된], 광범위한

The policy received *widespread* support throughout the country.

어원 wide(널리) + spread(퍼지다) → 널리 퍼진

40 이것이 그림의 사본인지 원본인지 확실하지 않다. 41 그는 항상 그녀의 목소리와 몸짓을 흉내낸다. 42 그것은 흔한 실수이니 걱정하지 마세요. 43 이제는 스마트폰이 젊은 사람들 사이에서 조차도 아주 흔하다. 44 그 정책은 그 나라 전역에서 폭넓은 지지를 받았다.

45 **unique**

[ju:ní:k]

(동일한 것이 없이) 형 **(오직 하나만 있어서) 유일한, 유일무이한**

Each person's fingerprints are *unique* and do not change over the course of a lifetime.

어원 uni(one:하나) + que → (하나밖에) 없는 → **유일한**

46 **peculiar**

[pikjú:ljər]

1. (다른 것에는 없고) 형 **(그것만이 갖추고 있어서) 독특[특유, 고유]한**

2. (다른 것에는 없는 묘한 독특함으로 인해) 형 **(불쾌하게) 이상한, 기이한**

They are not *peculiar* to this country, but exist in all countries of the world.

파생 peculiarity [pikjù:liǽrəti] 명 독특[특유]함; 기이한 특징[버릇]

어원 라틴어 peculiaris(one's own)에서 유래 → 자기 자신만의 ┌ 1. 독특한 └ (독특해서) 2. 이상한

47 **extraordinary**

[ikstrɔ́:rdənèri]

(무엇이) 형 **(평범하지 않고) 비범[비상]한, 놀라운, 기이한**

He was a man of *extraordinary* abilities as a businessman.

파생 ⊖ ordinary [ɔ́:rdənèri] 형 보통의, 일상적인, 평범한

어원 extra(밖) + ordinary(평범한) → (평범함의) 밖에 있는 → **비범한**

48 **remarkable**

[rimά:rkəbl]

(특별함·특이함이) 형 **(주목해야 할 만큼) 놀라운, 놀랄 만한, 주목할 만한**

Their success is a *remarkable* achievement considering the problems they have had.

어원 remark(note:주목하다) + able → **주목할 만한**

49 **rare**

[rɛər]

(무엇이) 형 **(흔하지 않고) 드문, 보기 힘든, 진귀한**

The disease is *rare* in developed countries but common in Africa.

파생 rarity [réərəti] 명 진귀한[희귀한] 사람[것], 희귀성

45 각 개인의 지문은 유일하며 일생의 과정 동안 바뀌지 않는다. 46 그것들은 이 나라에만 고유한 것이 아니라 세계의 모든 나라에 존재한다. 47 그는 사업가로서 비범한 능력을 가진 사람이었다. 48 그들의 성공은 겪어왔던 문제를 고려한다면 놀랄 만한 업적이다. 49 그 병은 선진국에서는 드물지만 아프리카에서는 흔하다.

50 **specific**

[spisífik]

(구체적으로) 형 (한 대상만을 지정하여) 특정한
(상세하고 정확해서) 형 (목적·설명 등이) 구체적인, 명확한
명 (-s) 세부 사항[내용]

The money will be kept separate and used for a *specific* purpose.
Could you be more *specific* about what you want to know?

파생 specify [spésəfài] 동 명기[상술]하다, 일일이 열거하다

어원 speci(kind:종류) + fic(made:~화 된) ─ (세세하게) 종류화된 → 구체적인
└ (한 종류에) 한정된 → 특정한

51 **odd**

[ad]

1. (정상적인 것과는 달라서) 형 (흥미롭게) 이상한, 특이한
2. (2로 완전히 나누어지지 않는) 형 홀수의

There's something *odd* about him though I can't pinpoint it.

파생 oddity [ádəti] 명 이상[특이]함, 이상[특이]한 사람[것]

52 **weird**

[wiərd]

(구어, 매우 이상하고 특이해서) 형 (이해·설명이 어렵게) 기이[기묘]한

A really *weird* thing happened to me yesterday.

53 **eccentric**

[ikséntrik]

(성격·언행 등이) 형 (정상을 벗어나서) 별난, 괴상한, 괴짜인

They didn't like him very much because of his *eccentric* behavior.

파생 eccentricity [èksəntrísəti] 명 별남, 기행, 기벽

어원 ec(out:벗어난) + centr(center:중심) → 중심(정상)에서 벗어난 → 괴상한

동의어 레슨

정반대[역]의	
opposite	(서로 대조적으로 완전히 다른): (정)반대의
reverse	(순서·방향·위치 등이 정반대로 뒤바뀌어) 거꾸로[역으로] 된
contrary	(의견·입장 등이 서로 대립하면서) 정반대되는, ~와는 다른
converse	(어떤 사실이나 말에 대해서 그것의) 정반대[역]의

50 그 돈은 별도로 보관되어 특정한 목적에만 사용될 것이다. / 당신 무엇을 알고 싶어 하는지 좀 더 구체적으로 말씀해 주시겠습니까? 51 꼭 집어서 말할 수는 없어도 그에게는 뭔가 특이한 데가 있다. 52 어제 내게 정말 기이한 일이 벌어졌다. 53 그들은 그의 별난 행동 때문에 그를 별로 좋아하지 않았다.

Day 38 Review Test

[1-30] 영어를 우리말로 바꾸세요.

1. altitude	16. consistent
2. expand	17. correspond
3. magnify	18. coincide
4. extend	19. reverse
5. shrink	20. contrary
6. compress	21. converse
7. extent	22. contradict
8. utmost	23. diverse
9. drastic	24. duplicate
10. utter	25. mimic
11. contrast	26. commonplace
12. equivalent	27. peculiar
13. akin	28. specific
14. parallel	29. odd
15. analogy	30. eccentric

[31-35] 각 문장의 문맥에 맞는 적절한 단어를 찾아 넣으세요.

① enlarge ② extent ③ imitate ④ reverse ⑤ coincide

31. I agree with you to a certain _____ but there are other factors to consider.
32. Reading is the best way to _____ your vocabulary.
33. They announced the standings in _____ order.
34. His story _____d exactly with hers.
35. His style has been _____d by many other photographers.

정답 31. ② 32. ① 33. ④ 34. ⑤ 35. ③

Day 39

변화·결합·분리 I

change & integration & division I

변화

≫ 테마 기본 어휘	become(되다) · change · exchange(교환하다) · switch(엇바꾸다) · replace(대체하다) · instead(~ 대신에) · develop(발전하다) · course(과정)

01 **alter**

[ɔ́:ltər]

(본질적인 변화가 아니고 세부적인 것이) 동 **(부분적으로) 변하다, 변경하다**

Over the course of the project we *altered* some of our original plans for the requirements.

파생 alteration [ɔ̀:ltəréiʃən] 명 변화, 변경, 고침

02 **transform**

[trænsfɔ́:rm]

(모양·형태·성질 등을) 동 **(더 좋아지게) 완전히 바꿔 놓다, 변형[변모]시키다**

The world is being *transformed* from an industrial economy to an information-based economy.

파생 transformation [trænsfɔ:rméiʃən] 명 변형, 변모
transformer [trænsfɔ́:rmər] 명 변압기, 트랜스

어원 trans(across:횡단) + form(형태) → (이것에서 저것으로) 형태를 바꾸다 → **변형시키다**

03 **convert**

[kənvə́:rt]

(전면적으로) 동 **(다른 용도·형태로) 전환[개조]되다[시키다]**
(다른 것으로) 동 **(종교·신념 등을) 개종[전향]하다[시키다]**

This was once a royal palace but now was *converted* into a hotel.

파생 conversion [kənvə́:rʒən] 명 전환, 개조
convertible [kənvə́:rtəbl] 형 전환[개조]할 수 있는
converter [kənvə́:rtər] 명 변환기

어원 con(강조) + vert(turn:바꾸다) → (완전히) 바꾸다 → **전환[개조]시키다**

01 프로젝트 동안 우리는 요구사항에 맞게 원래 계획의 일부를 바꾸었다. 02 세계는 산업 경제에서 정보 기반 경제로 변모하고 있다. 03 이것은 한때 왕궁이었으나 지금은 호텔로 개조되었다.

04 **vary**
[vέəri]

(하나의 사물이) 동 (상황에 따라) 달라지다, 다르다, 차이가 있다
(한 종류의 여러 물건이) 동 (크기·모양 등에서) 각기 다르다, 가지각색이다

The role of the central government *varies* from country to country.
Tickets *vary* in price from $25 to $40 depending on the type of seat.

파생 variation [vɛəriéiʃən] 명 변화, 차이; 변형
variance [vέəriəns] 명 변화[변동](량)
variable [vέəriəbl] 형 변동이 심한, 가변적인 명 변수
invariable [invέəriəbl] 형 변치 않는
variety [vəráiəti] 명 여러 가지, 각양각색, 다양성
varied [vέərid] 형 다양한, 다채로운

05 **transition**
[trænzíʃən]

(바뀌어 가는 시기·과정, 한 상태에서) 명 (다른 상태로의) 과도(기), 이행, 변천

The country successfully carried out its *transition* from dictatorship to democracy.

파생 transitional [trænzíʃənl] 형 변천하는, 과도기의

어원 trans(across:건너서) + it(go:가다) → (건너서 가는) 시기 → 과도기

06 **modify**
[mάdəfài]

(내용·모양 등을 특정) 동 (목적에 맞게) (일부) 수정[변경]하다

The program can easily be *modified* to fit new requirements.

파생 modification [mὰdəfikéiʃən] 명 수정, 변경

어원 modi(measure:척도) + fy → (척도에 맞도록) 수정하다

07 **revise**
[riváiz]

(새롭게 또는 바르게) 동 (책·인쇄물·계획을) 개정[수정, 변경]하다

He *revised* his manuscript and sent it off again to another publisher.

파생 revision [rivíʒən] 명 개정, 수정, 변경

어원 re(again:다시) + vise(see:보다) → (다시 살펴보고) 개정[수정]하다

04 중앙 정부의 역할은 나라마다 다르다. / 입장권은 가격이 좌석의 종류에 따라 25달러에서 40달러까지 다양하다. 05 그 나라는 독재 체제에서 민주주의 체제로의 이행을 성공적으로 수행했다. 06 프로그램은 새로운 요구조건에 맞게 쉽게 수정될 수 있다. 07 그는 원고를 수정하고 다시 다른 출판사에 그것을 보냈다.

08 **amend**

[əménd]

(약간) 동 (법·문서·진술 등의 내용을) 개정[수정]하다

The law was *amended* again in 2011 to include technical changes.

파생 amendment [əméndmənt] 명 개정, 수정

어원 a(out:밖) + mend(fault:잘못) → (잘못을 밖으로) 빼내다 → 개정[수정]하다

09 **distort**

[distɔ́ːrt]

(다르게 또는 그릇되게) 동 (사실 등을) 왜곡하다
(비뚤어지거나 망가지게) 동 (형상 등을) 뒤틀다, 일그러뜨리다

The President said his words had been *distorted* by the press.
Tears were running down her cheeks, and her face was *distorted* with anger.

파생 distortion [distɔ́ːrʃən] 명 왜곡; 일그러짐, 비틀림

어원 dis(completely:완전히) + tort(twist:비틀다) → (완전히) 비틀다 → 왜곡하다

10 **render**

[réndər]

1. (주로 부정적인 뜻의 보어를 수반하여) 동 ~을 ~상태가 되게 만들다
2. (남에게) 동 (도움·서비스 등을) 주다, 제공하다 → p280
3. (무엇을 특정한 방식으로 또는 자신의 해석에 따라)
동 표현[묘사]하다, 연기[연주]하다; (다른 언어로) 번역하다 → p176

Thousands of families were *rendered* homeless by the disaster.

어원 render → 뜻의 어원적 연결 불분명 → 주다, 되게 만들다, 표현하다 3가지 주요 뜻

11 **radical**

[rǽdikəl]

(변화나 변혁에 대한) 형 (주장·방식 등이) 과격한, 급진적인, 근본적인

A recent survey shows the need for *radical* changes in policies.

파생 radicalism [rǽdikəlìzm] 명 급진주의
radicalize [rǽdikəlàiz] 동 급진적이 되게[과격하게] 만들다

어원 radic(root:뿌리, 근본) + al → (변화나 변혁이) 근본적인 → 과격한, 급진적인

08 그 법은 기술적인 변화를 포함시키기 위해 2011년에 개정되었다. 09 대통령은 그의 말이 언론에 의해 왜곡되었다고 말했다. / 눈물이 그녀의 뺨에 흘러내리고 있었고 그녀의 얼굴은 분노로 일그러졌다. 10 수천 가정이 그 재난으로 집을 잃게 되었다. 11 최근의 조사는 급진적인 정책 변화의 필요성을 보여주고 있다.

12 **revolution**
[rèvəlú:ʃən]

1. (기존의 관습·제도·방식 등을 근본적으로 바꾸는) 명 **(사회적·문화적) 혁명**

2. (기존의 정치 체제·질서를 폭력으로 바꾸는) 명 **(정치적) 혁명** → p238

3. (물체 자체가 또는 그 주변을 도는) 명 **(축을 중심으로 한) 회전** → p348

The industrial *revolution* was one of the most important events in history.

파생 revolutionary [rèvəlú:ʃənèri] 형 혁명적인, 대변혁의
revolutionize [rèvəlú:ʃənàiz] 동 혁명[대변혁]을 일으키다
revolve [riválv] 동 회전하다[시키다]

어원 re(back, again) + volve(roll:돌다) ┌ (거꾸로) 돌아가는 것 → 1. 2. 혁명
└ (계속) 도는 것 → 3. 회전

13 **constant**
[kánstənt]

1. (무엇이) 형 (특정한 상태·수준에서) 변하지 않는, 불변의 명 (수학의) 상수

2. (멈추거나 변하지 않고) 형 (특정한 일·상태 등이) 끊임없이 계속되는[반복되는] → p392

True love is *constant*, for better or worse, in sickness and in health.

파생 constancy [kánstənsi] 명 불변(성)
⊖ inconstant [inkánstənt] 형 일정치 않은, 변덕스러운

어원 con(together) + sta(stand:서다) → (항상 함께) 서 있는 → 1. 불변의 2. 끊임없는

14 **stable**
[stéibl]

1. (쉽게 변하든가 흔들리지 않고) 형 **(자리나 균형이 잡혀서) 안정된, 안정적인**

2. (말을 기르는 집): 명 **마구간** 동 **(말을) 마구간에 넣다**

His health condition is now *stable* and he will be discharged tomorrow.

파생 stability [stəbíləti] 명 안정
stabilize [stéibəlàiz] 동 안정되다[시키다]
⊖ unstable [ʌnstéibl] 형 불안정한
instability [ìnstəbíləti] 명 불안정

어원 sta(stand:서다) + able ┌ (균형을 잡고) 서 있을 수 있는 → 1. 안정된
└ (말들이) 서 있는 곳 → 2. 마구간

12 산업 혁명은 역사상 가장 중요한 사건 중의 하나이었다. 13 진실한 사랑은 좋을 때나 궂을 때나, 아플 때나 건강할 때나 변함이 없다. 14 그의 건강 상태는 지금 안정적이어서 내일 퇴원할 예정이다.

Day 39

15 **steady**
[stédi]

1. (무엇이) 형 (변화·변동·흔들림 없이) 고정적인, 한결 같은, 안정된
동 안정[고정, 진정]되다[시키다]

2. (일정하게 계속 이어지는): 형 (발전·성장·전개 등이) 꾸준한 → p392

I'm now looking for a *steady* job with a solid company.

파생 ⊖ unsteady [ʌnstédi] 형 불안정한, 흔들거리는; 불규칙한, 일정하지 않은

어원 st(stand: 서다) + ead + y → (단단히) 서 있는 → 1. 한결 같은 2. 꾸준한

16 **conservative**
[kənsə́:rvətiv]

(정치적 성향, 취향, 스타일 등이) 형 보수적인, 보수주의의 명 보수주의자

Many Christians hold *conservative* views on social issues.

파생 conservatism [kənsə́:rvətìzm] 명 보수주의

어원 con(강조) + serve(지키다) → (원래 상태를) 그대로 지키는 → 보수적인

17 **barter**
[bɑ́:rtər]

(돈을 사용하지 않고 물건과 물건을 직접 바꾸다): 동 물물교환하다 명 물물교환

Before money was invented, people *bartered* for things they wanted or needed.

18 **substitute**
[sʌ́bstətjù:t]

(무엇 대신) 동 (비슷한 용도의 다른 것으로) 대용[대신, 대치]하다 명 대용품, 대리인

Wayne Rooney was *substituted* for Michael Owen in the second half.

파생 substitution [sʌ̀bstətjú:ʃən] 명 대용, 대리

어원 sub(in place of:~의 자리에) + stitute(set up:세우다) → (~의 자리에) 세우다 → 대용하다

19 **evolve**
[ivɑ́lv]

(보다 복잡하고 우수한 종류로 점차) 동 (생물·사물이) 진화[발달]하다[시키다]

Do you believe that humans *evolved* from monkeys?

파생 evolution [èvəlú:ʃən] 명 진화, 발전
evolutionary [èvəlú:ʃənèri] 형 진화[발전]의

어원 e(out:밖) + volve(roll:말다) → (말린 것이 밖으로) 펼쳐지다 → 진화하다

15 나는 지금 견실한 회사의 고정적인 직장을 찾고 있다. 16 많은 기독교인들은 사회 문제에 대해 보수적인 견해를 갖고 있다. 17 돈이 발명되기 전에 사람들은 원하거나 필요로 하는 것을 물물교환했다. 18 후반전에 웨인 루니는 마이클 오웬으로 교체되었다. 19 당신은 인간이 원숭이에서 진화했다고 믿습니까?

20 **progress**

명 [prάgres]
동 [prəgrés]

1. (더 나은 단계로 점차) 동 (일이) 진척되다, 진전을 보이다 명 진척, 진전
2. (서서히) 동 (앞으로) 나아가다, 전진하다; (시간이) 경과하다 명 전진 → p346

Things aren't perfect yet, but recently a lot of *progress* has been made.

파생 progressive [prəgrésiv] 형 꾸준히 진행되는, 점진적인; 진보적인 명 진보주의자

어원 pro(forward:앞으로) + gress(go:가다) → (앞으로) 1. 진행되다 2. 나아가다

21 **advance**

[ædvǽns]

1. (더 나은 단계로) 동 (실력·수준·기술 등이) 향상[진보]되다[시키다] 명 향상, 진보
2. (적을 공격하기 위해) 동 (군대가) 전진[진격]하다 명 전진, 진격 → p346
3. (어떤 일이 있기 이전에) 형 미리[앞서서] 하는, 사전의 명 선금, 선불 → p380

Digital technology has *advanced* at a tremendous rate.

파생 advancement [ædvǽnsmənt] 명 발달, 진보
advanced [ædvǽnst] 형 선진의, 고급[상급]의

어원 adv(from) + ance(before:앞) ┌ (~로부터 앞으로) 나아가다 → 1. 향상되다 2. 전진하다
└ (현재로부터) 더 앞선 시간의 → 3. 사전의, 미리 하는

22 **cultivate**

[kʌltəvèit]

1. (성장·발전하도록) 동 (자질·품성·관계 등을) 기르다, 함양[계발]하다
2. (농사를 지을 수 있게) 동 (땅을) 일구다, 경작하다; (식물·작물을) 재배하다 → p415

Try to *cultivate* a positive attitude and apply it to everything you do.

파생 cultivation [kʌltəvéiʃən] 명 경작; 함양, 계발

어원 cult(till:땅을 갈다) + ivate → 2. 경작하다 → (경작하듯 자질·품성을) 1. 기르다

동의어 레슨

수정[변경]하다	
modify	(특정 목적에 맞게 내용·모양 등을 부분적으로) **수정[변경]하다**
revise	(책·인쇄물·계획 등의 내용을 새롭게 또는 바르게) **개정[변경]하다**
amend	(법·문서·진술 등의 내용을 약간) **개정[수정]하다**

20 일이 아직 완벽하지는 않지만 최근 많은 진전이 있었다. **21** 디지털 기술은 엄청난 속도로 향상되어 왔다. **22** 긍정적인 태도를 길러서 당신이 하는 모든 일에 그것을 적용하도록 해라.

결합, 분리 (1)

≫ 테마 기본 어휘	join(연결하다) · link(연결하다) · mix(섞다) · pure(순수한) · filter(여과하다) · fix(고정시키다) · fast(단단히, 꽉) glue(접착제) · paste(풀) · tie · bind(묶다) · knot(매듭) · string(끈) · band(밴드) · rope · chain · tight loose(헐거운) · divide · open · spread(퍼지다) · close · shut · lock · key · fold(접다)

23 **association**

[əsòusiéiʃən]

1. (서로 관련하여 관계를 맺는 일): 명 **(사람 · 조직 간의) 연계[유대, 제휴]**
(특정 사람 · 사물과) 명 **(관련해서 떠오르는) 생각[기억], 연상, 연관(성)**

2. (회원 상호간의 협력을 목적으로 하는) 명 **협회, 조합** → p201

We have maintained a close *association* with the university ever since.
This place has all kinds of happy *associations* for me.

파생 associate [əsóuʃièit] 동 연상하다, 결부[연관]짓다 형 제휴한; 준[부]- 명 제휴자

어원 as(to) + soci(companion:동반자) ┬ (동반자가) 됨 → 1. 연계, 유대 2. 협회, 조합
└ (동반하여) 일어나는 생각 · 느낌 → 1. 연상, 연관(성)

24 **refer**

[rifə́:r]

1. (진술 · 정보 또는 기호 · 숫자 등이) 동 (~ to) **~와 관련 있다, ~을 나타내다**

2. (무엇에 대해 직접적으로 분명하게) 동 (~ to) **언급[거론]하다, 말하다** → p136

3. (정보를 얻으려고) 동 (~ to) **(책 등을) 참조하다, (누구)에게 문의하다** → p175
(도움 · 정보 등을 얻도록) 동 **~을 참조하게 하다, ~을 ~에게 알아보게 하다** [to] → p175

This letter *refers* to the conversation that we had on Aug. 2.

파생 reference [réfərəns] 명 언급; 참고, 참조, 문의; 추천서[인]

어원 re(back) + fer(carry:가져가다) ┬ (특정 주제 · 대상으로) 가져가다 → 1. 관련 있다
├ (말을 특정 대상으로 가져가서 그것을) 2. 언급하다
└ (어느 곳으로 가져가서) 3. 참조[문의]하다

25 **relevant**

[réləvənt]

(무엇이 직접적으로) 형 **(논의 주제나 당면 문제와) 관련된** [to]

This topic is not directly *relevant* to our discussion here.

파생 relevance [réləvəns] 명 관련(성)
⊖ irrelevant [iréləvənt] 형 관련이 없는

어원 re(again) + lev(raise:제기하다) → (논의 주제에 맞는 것을) 제기한 → 관련된

---

23 우리는 그 대학과 이후로 줄곧 긴밀한 유대를 지속해 왔다. / 이 장소에 내게 온갖 즐거운 추억들이 담겨 있다. 24 이 편지는 8월 2일 우리가 가졌던 대화와 관련된 것입니다. 25 이 주제는 이곳의 우리 토의와는 직접적인 관련성이 없다.

26 connect
[kənékt]

(중간에 매개 수단을 써서) 동 (선·관·도로 등으로) 연결하다[되다] [with/to]
(어떤 것과 다른 것을) 동 (서로) 관련[연결]시키다 [with/to]

Today most computers are *connected* to the Internet.

파생 connection [kənékʃən] 명 연결; 관련성
⊖ disconnect [dìskənékt] 동 연결을 끊다, 차단하다

어원 con(together:함께) + nect(tie:묶다) → (함께) 묶다 → 연결하다, 관련시키다

27 combine
[kəmbáin]

(둘 이상이 모여) 동 (하나로) 결합하다[되다]
(한 가지가) 동 (여러 가지 성질 등을) 겸비하다, (여러 가지 일을) 병행하다

Punishment is most effective when *combined* with rewards.
The hotel *combines* a comfortable atmosphere and good facilities.

파생 combination [kàmbənéiʃən] 명 결합(된 것), 조합, 짜맞추어진 것

어원 com(together:함께) + bine(two by two:쌍쌍이) → (쌍쌍이) 함께 묶다 → 결합[겸비]하다

28 unite
[juːnáit]

(서로 다른 사람·조직들이) 동 (공동의 목적을 위해) 연합[통합, 결속]하다[시키다]

All the main political parties *united* in opposition to the controversial plans.

파생 unity [júːnəti] 명 통합, 통일(성)
united [juːnáitid] 형 연합[결합]한

어원 uni(one:하나) +ite → (하나로) 만들다 → 연합하다

29 integrate
[íntəgrèit]

(전체로, 또는 전체의 일원으로) 동 (부분·요소를 한데 모아) 통합시키다[되다]

The plan should be *integrated* with other policies at national level.

파생 integration [ìntəgréiʃən] 명 통합
integrity [intégrəti] 명 완전(한 상태); 고결, 진실
⊖ disintegrate [disíntəgrèit] 동 해체[분해, 붕괴]되다

어원 integr(whole:전체) + ate(make) → (전체로) 만들다 → 통합하다

26 오늘날 대부분의 컴퓨터들은 인터넷과 연결되어 있다. 27 벌은 보상과 결합되었을 때 가장 효과적이다. / 그 호텔은 쾌적한 분위기와 좋은 시설을 겸비하고 있다. 28 모든 주요 정당들이 그 논란이 되고 있는 계획에 반대하기 위해 연합했다. 29 그 계획은 국가 차원에서 다른 정책들과 통합되어야 한다.

Day 39

30 **unify**
[jú:nəfài]

(완전한 하나로) 동 (분리·분열된 것들을) 통합[통일]하다

Napoleon was a great political leader with a vision of *unifying* Europe.

파생 unification [jù:nəfikéiʃən] 명 통합
reunify [ri:jú:nəfài] 동 (재)통일하다

어원 uni(one:하나) + fy(make:만들다) → (하나로) 만들다 → 통합하다

31 **assimilate**
[əsíməlèit]

(구성원으로) 동 (국가·사회·집단 등에) 동화되다[시키다]
(완전히 익혀) 동 (새로운 정보·지식 등을) 자기 것으로 흡수[소화]하다

The immigrants easily *assimilated* into American society.
Children need time to *assimilate* mathematical concepts.

파생 assimilation [əsìməléiʃən] 명 동화, 흡수

어원 as(to) + simil(like:비슷한) → (비슷하게) 만들다 → 동화시키다; 자기 것으로 흡수하다

32 **merge**
[mə:rdʒ]

(둘 이상의 사물이 하나로) 동 (특히 사업체·조직 등이) 합병[병합]하다

They signed an agreement to *merge* the two companies.

파생 merger [mə́:rdʒər] 명 합병

33 **union**
[jú:njən]

1. (둘 이상이 합쳐서 하나가 되는) 명 통합, 결합; (주·국가 등의) 연방, 연합
2. (노동자의 권리 보호, 지위 향상을 위해 조직된) 명 노동조합 → p324

The EU is a political *union* of 27 European countries.

파생 reunion [rì:jú:njən] 명 재결합

어원 uni(one:하나) + on ┌ (합쳐서) 하나가 되는 것 → 1. 통합
└ (노동자들이 하나로 합친) 2. 노동조합

34 **stir**
[stə:r]

(액체 등에 넣고 이리저리) 동 (스푼·막대 등으로) 휘젓다, 뒤섞다 명 휘젓기

He put sugar in his coffee and *stirred* it for a moment.

30 나폴레옹은 유럽 통합의 이상을 가진 위대한 정치 지도자이었다. 31 그 이민자들은 쉽게 미국 사회로 동화되었다. / 아이들은 수학적 개념을 소화하려면 시간이 필요하다. 32 그들은 두 회사를 합병하는 합의서에 서명했다. 33 유럽연합은 27개 유럽 국가의 정치적 연합체이다. 34 그는 커피에 설탕을 넣고 잠시 저었다.

35 **blend**
[blend]

(각각 특징을 유지하면서) 동 (잘 조화를 이루게) 섞다, 섞이다, 혼합하다[되다]
명 혼합물

Oil and water do not *blend* together naturally.

36 **compound**
명형 [kάmpaund]
동 [kəmpáund]

(두 가지 이상의 요소·성분이 하나로 합쳐진) 명 화합[합성, 혼합]물, 복합체
형 합성[혼합, 복합]의 동 합성[혼합, 복합]하다

Water is a *compound* of hydrogen and oxygen.

어원 com(together:함께) + pound(put:놓다) → (한데 합쳐) 놓은 것 → 화합[혼합]물

37 **fusion**
[fjú:ʒən]

(별개의 것들이 합쳐져 하나의 새로운 것을 만들어내는) 명 융합, 결합

The band music is a *fusion* of several musical genres.

파생 fuse [fju:z] 동 융합[결합]하다[시키다]

38 **refine**
[rifáin]

1. (불순물을 제거하여 물질을) 동 (순수해지게) 정제하다
2. (더 좋아지거나 정교해지게) 동 (작은 변화를 주어) 개선하다, 세련되게 하다 → p443

The process of *refining* oil produces many pollutants.

파생 refinement [rifáinmənt] 명 정제; 개선, 개량; 교양, 세련
refined [rifáind] 형 정제된; 교양 있는, 세련된
⊖ unrefined [ʌnrifáind] 형 정제되지 않은; 세련되지 못한, 교양 없는

어원 re(강조) + fine(순수한, 좋은) ┌ (더 순수하게) 1. 정제하다
└ (더 좋게) 2. 개선하다

39 **attach**
[ətǽtʃ]

(무엇을) 동 (그보다 큰 다른 것에) 붙이다, 달다, 첨부하다

Please fill in a form and then *attach* your photo to it.

파생 attachment [ətǽtʃmənt] 명 부착[부가](물)
⊖ detach [ditǽtʃ] 동 떼다, 떨어지다

어원 at(to) + tach(stake:말뚝) → (말뚝에) 묶다 → 붙이다

35 기름과 물은 자연스럽게 함께 섞이지 않는다. 36 물은 수소와 산소의 화합물이다. 37 그 밴드의 음악은 여러 음악 장르의 융합이다. 38 정유 과정은 많은 오염 물질을 만들어낸다. 39 양식을 작성하고 거기에 사진을 붙이십시오.

40 stick

[stik]

1. (무엇을 다른 것에) 동 (풀 등으로) 붙이다, 붙다
2. (속으로) 동 (끝이 뾰족한 것을) 찌르다, 찔리다, 꽂다, 꽂히다
3. (가늘고 기다란 모양의) 명 나무토막, 막대기, 채 → p418
4. (어디에) 동 (갇혀[빠져, 끼여]서) 꼼짝하지 않다[꼼짝 못하게 하다] → p345

She *stuck* a stamp on the envelope and dropped it into a mailbox.

파생 sticky [stíki] 형 끈적거리는
sticker [stíkər] 명 스티커

어원 3, 막대기 ─ (막대기로) 2. 찌르다, 꽂다 → (꽂아서) 1. 붙이다
└ (붙여서) 4. 꼼짝 못하게 하다

41 adhere

[ædhíər]

(바짝 붙거나 닿아서) 동 (단단히) 들러붙다, 부착되다 [to]
(굳게) 동 (~ to) (법·규칙·신념·약속 등을) 고수하다, 충실히 지키다

This tape does not *adhere* to dirty, wet, oily, or frozen surfaces.
We strictly *adhere* to the principles of democracy and justice.

파생 adhesion [ædhí:ʒən] 명 접착력
adhesive [ædhí:siv] 명 접착제
adherence [ædhí:ərəns] 명 고수, 견지
adherent [ædhí:ərənt] 명 지지자, 추종자 형 접착성의

어원 ad(to) + here(stick:붙다) → (~에) 붙다 → 들러붙다, 고수하다

42 fasten

[fǽsn]

1. (붙어있거나 매어있게) 동 (무엇을 다른 물건·장소에) 고정시키다[되다]
2. (양쪽이 닫혀지도록) 동 (코트·가방·문 등을) 채우다[잠그다, 걸다] → p37

He *fastened* the rope to a tree instead of holding it in his hands.

파생 fastener [fǽsnər] 명 (옷·가방·창문 등의) 잠금장치
⊖ unfasten [ʌnfǽsn] 동 풀다, 끄르다

어원 fast(단단히 고정된) + en(make) → (단단히) 1. 고정시키다 2. 채우다, 잠그다

40 그녀는 봉투에 우표를 붙이고 우편함에 넣었다. **41** 이 테이프는 더럽거나 젖었거나 기름기가 있거나 언 표면에는 부착되지 않는다. / 우리는 민주주의와 정의의 원칙을 엄격히 지킨다. **42** 그는 로프를 손으로 잡는 대신 나무에 고정시켰다.

Day 39 Review Test

[1-30] 영어를 우리말로 바꾸세요.

1. alter	16. advance
2. transform	17. cultivate
3. convert	18. relevant
4. vary	19. integrate
5. transition	20. unify
6. modify	21. assimilate
7. revise	22. merge
8. amend	23. blend
9. distort	24. compound
10. render	25. fusion
11. radical	26. refine
12. constant	27. attach
13. barter	28. stick
14. substitute	29. adhere
15. evolve	30. fasten

[31-35] 각 문장의 문맥에 맞는 적절한 단어를 찾아 넣으세요.

① steady ② revise ③ relevant ④ fasten ⑤ unify

31. He _____d his manuscript many times before it was published.
32. I haven't had a _____ job since last April.
33. Your information is not directly _____ to the issue.
34. A dream of unifying Europe is becoming a _____.
35. I made sure that the rope was firmly _____ed around his waist.

정답 31. ② 32. ① 33. ③ 34. ⑤ 35. ④

Day 40 변화·결합·분리 II

change & integration & division II

결합, 분리 (2)

≫ 테마 기본 어휘	join(연결하다) · link(연결하다) · mix(섞다) · pure(순수한) · filter(여과하다) · fix(고정시키다) · glue(접착제) paste(풀) · tie · bind(묶다) · knot(매듭) · string(끈) · band(밴드) · rope · chain · tight · loose(헐거운) divide · open · spread(퍼지다) · close · shut · lock · key · fold(접다)

01 **bond**

[band]

1. (사람들을 정신적으로 하나로 묶어주는) 명 **(사람들간의) 유대, 결속**
동 **유대감을[이] 형성하다[되다]**

2. (국가·단체·기업이 발행하는) 명 **(필요 자금 차입을 위한) 채권** → p286

Korea is still a society with strong family *bonds*.

어원 bind(묶다)에서 유래 → (서로를 묶어주는) 1. 결속 → (금전 관계로 묶는) 2. 채권

02 **separate**

동 [sépərèit]
형 [sépərət]

(서로 나누어) 동 **(함께 있던 것을) (따로) 떼어놓다[떨어지다], 분리하다[되다]**
형 **분리된, 따로 떨어진, 별개의**

In 1945, Germany was divided into two *separate* countries.

파생 separation [sèpəréiʃən] 명 분리, 구분

어원 se(apart:떨어져) + par(prepare:준비하다) → (따로 떨어뜨려) 준비해 놓다 → 분리하다

03 **split**

[split]

(장작·옷 등을) 동 **(일직선으로 길게) 쪼개다, 쪼개지다, 찢다, 찢어지다**
(사람들이) 동 **(견해 차이나 불화로) 분열되다[시키다]; 헤어지다, 결별하다**
(무엇을) 동 **(작은 부분·몫으로) 나누다, 나뉘다, 분할[분배]하다[되다]**
명 **쪼개진[찢어진] 금[틈]; 분열, 불화; 분할, 몫**

He *split* a board in half with his bare hands.
The party was *split* over the issue of nuclear energy.
This book is *split* into three main sections.

01 한국은 여전히 강한 가족간의 유대를 가진 사회이다. 02 1945년 독일은 두 개의 별개의 나라로 분단되었다. 03 그는 맨손으로 판자를 반으로 쪼갰다. / 그 당은 핵 에너지 논쟁으로 분열되었다. / 이 책은 세 개의 주요 부분으로 나뉘어져 있다.

04 isolate
[áisəlèit]

(다른 것들로부터) 동 (따로 떼어놓아) 격리[고립]시키다 [from]

The village has been *isolated* from the outside world for hundreds of years.

파생 isolation [àisəléiʃən] 명 격리, 고립

어원 isol(island:섬) + ate → (마치 섬과 같이) 고립시키다

05 slam
[slæm]

(세게 부딪쳐 소리를 내며) 동 (문 등이) 쾅 닫히다[닫다]
(단단한 표면 위에) 동 세게 부딪치다, 세게[거칠게] 내려놓다[밟다, 던지다]
명 탕 하고 닫기; 쾅 하는 소리

Maria forced him inside and *slammed* the door shut.
He *slammed* his fist on the desk in anger.

06 seal
[si:l]

1. (여닫거나 드나들거나 새지 못하도록) 동 (틈이 없이) 봉하다, 밀폐[봉쇄]하다
명 봉, 밀폐, 봉쇄
2. (개인·단체의 이름이나 문장·기호 등을 새긴) 명 인장, 도장 동 도장을 찍다 → p433
3. (동물): 명 바다표범, 물개

I double-checked everything before *sealing* the envelope.

어원 sign의 축소형 → 작은 sign ┬ 2. 도장, 인장
└ (봉투의 밀봉한 자리에 찍힌) 도장 → 1. 봉하다, 밀폐하다

동의어 레슨

결합[연합, 통합]하다	
combine	(둘 이상이 함께 존재하거나 하나로 합치다): 결합하다[되다] (둘 이상을 아울러 갖추거나 한꺼번에 행하다): 겸비[병행]하다
unite	(공동의 목적 달성을 위해 하나로) 연합[통합, 결속]하다[시키다]
integrate	(부분·요소를 모아 전체로, 또는 전체 일원으로) 통합시키다[되다]
unify	(분리·분열된 것들을 합쳐서 완전한 하나로) 통합[통일]하다
섞다, 혼합하다	
mix	(서로 분리될 수 없게 한데) 섞다, 섞이다, 혼합하다[되다]
blend	(서로 조화가 잘 이루어지게) 섞다, 섞이다, 혼합하다[되다]
stir	(스푼·막대 등을 액체 등에 넣고 이리저리) 휘젓다, 뒤섞다

04 그 마을은 수백 년 동안 외부 세계와 격리되어 있었다. **05** 마리아는 그를 억지고 안으로 밀어 넣고 문을 쾅 닫았다. / 그는 화가 나서 주먹으로 책상 위를 세게 내리쳤다. **06** 봉투를 봉하기 전에 나는 모든 것을 재확인했다.

전체, 부분

≫ 테마 기본 어휘	all · every · whole(전체의) · entire(전체의) · complete · full(완전한) · area(분야) · field(분야) boundary(경계선) · border(국경, 경계) · part · stage(단계) · step(단계) · unit(한 개, 일군) · piece · bit(소량) · rest(나머지) · type · kind · sort · category(카테고리, 범주) · example · model sample(샘플) · group · team · set(세트)

07 overall
[óuvərɔ̀ːl]

(어느 한 부분이 아니라) 형 (끝에서 끝까지) 전체에 걸친, 전반[종합]적인
부 전반[종합]적으로, 대체로 (보아)

He was not interested in details, just the *overall* picture.

어원 over(~에 걸쳐) + all(전체) → (전체에) 걸치는 → **전반[종합]적인**

08 comprehensive
[kɑ̀mprihénsiv]

(무엇이) 형 (관련된 것을) 다 포함하는, 포괄[종합]적인

This handbook is a *comprehensive* guide to London galleries.

어원 com(completely:완전히) + prehens(grasp:잡다) → (다) 잡고 있는 → **포괄적인**

09 thorough
[θə́ːrou]

(매우 조심하여 빈틈 없이) 형 (세세한 부분까지) 철저한, 완전한

The police did a *thorough* search of the house but found nothing.

어원 through(처음부터 끝까지 다)의 변형 → (세세한 부분까지) **철저한**

10 intact
[intǽkt]

(본디 그대로) 형 (전혀 손상되지 않고) 온전한, 고스란히 그대로 있는

It is the only building that survived *intact* the cruel destruction.

어원 in(not) + tact(touch:손을 대다) → (전혀 손을 대지) 않은 → **온전한**

11 range
[reindʒ]

1. (수량·가격·정도 등의) 명 (변화·변동의) 범위[폭]; (한 종류의 사물 내의) 다양성
(일정한 범위나 다양성이) 동 ~에서 ~까지 변동하다[다양하다]
2. (여러 산들이 길게 이어져 줄기를 이루고 있는) 명 산맥, 산줄기

The products come in a wide *range* of sizes and shapes.

07 그는 세부 사항이 아니라 단지 전반적인 그림에 대해서만 관심이 있었다. 08 이 안내서는 런던의 미술관에 관한 종합 안내서이다. 09 경찰은 그 집을 철저하게 수색했지만 아무것도 찾지 못했다. 10 이것은 잔인한 파괴에서 온전히 살아남은 유일한 건물이다. 11 그 제품들은 매우 다양한 크기와 모양으로 나온다.

12 **realm**

[relm]

(활동·관심·학문 등의) 명 (영향이 미치는) 영역, 범위
(왕이나 여왕이 다스리는) 명 왕국

He is a recognized expert in the *realm* of foreign affairs and national defense.
The defense of the *realm* was a key responsibility of the King.

13 **sector**

[séktər]

(일정한 기준에 따라 분류해 놓은) 명 (경제·산업 등을) 부문, 분야

The service industry has been the fastest growing *sector* in recent years.

어원 sect(cut:자르다) + or → (잘라서) 나누어 놓은 것 → **부문, 분야**

14 **frontier**

[frʌntíər]

(두 나라·지역을 나누는) 명 (나른 나라와) 국경 (지역); (미개척지와의) 변경

The biggest country on Earth, Russia has *frontiers* with 16 states.

어원 front(앞쪽) + ier → (다른 나라나 미개척지와 맞닿은) 맨 앞쪽 → **국경 (지역)**

15 **portion**

[pɔ́ːrʃən]

(전체를 나누어) 명 (전체 중의) 부분[일부]; (할당된) 몫; (음식의) 1인분
동 부분[몫]으로 나누다[분배하다]

They invested a large *portion* of the company's profit in new projects.

어원 port(part:부분) + ion → **부분, 몫**

16 **segment**

[ségmənt]

(전체에서) 명 (분리·독립된) 부분; (오렌지 등의) 조각[쪽] 동 나누다, 분할하다

They *segmented* the market into three groups based on annual consumption.

파생 segmentation [sègməntéiʃən] 명 분할, 분열
segmental [segméntl] 형 부분[분절]의

어원 seg(cut:자르다) + ment → (잘려져 나간) 것 → **부문, 조각**

12 그는 외교와 국방 영역에서 인정받는 전문가이다. / 왕국의 방위는 왕의 가장 중요한 책임이었다. 13 서비스 산업은 최근 몇 년간 가장 빠르게 성장하는 부문이었다. 14 지구상에서 가장 큰 나라인 러시아는 16개국과 국경을 맞대고 있다. 15 그들은 회사 이익의 큰 부분을 새로운 프로젝트에 투자했다. 16 그들은 시장을 연간 소비량을 근거로 세 개의 그룹으로 나누었다.

17 fraction

[frǽkʃən]

(전체에 대비하여) 명 **(전체의) 작은 부분, 아주 소량; (수학의) 분수**

They are only a small *fraction* of the total number of models available in the market.

A *fraction* is a number representing a part of the whole.

파생 fractional [frǽkʃənl] 형 아주 적은; 분수의

18 section

[sékʃən]

(여럿으로 나눈) 명 **(사물·장소의) 부분 구획; (책·신문 등의) 절, 난**
동 **절개[절단]하다**

The most popular *section* of the newspaper is the sports section.

파생 sectional [sékʃənl] 형 부분[분파]적인

어원 sect(cut:자르다) + ion → (잘라서) 나누어 놓은 것 → **부분, 구획**

19 aspect

[ǽspekt]

(특정 관점에서 바라본) 명 **(사물·현상의) 측면, 양상, 면**

Modern science affects almost every *aspect* of social and economic life.

어원 as(to:방향) + pect(look:보다) → (특정 위치에서 본) 한 부분 → **측면**

20 phase

[feiz]

(특징적인 면이나 모습을 보이는) 명 **(변화·발달 과정상) 단계, 국면**
동 **단계적으로 실행[계획]하다**

We are now entering a new *phase* in the development of technologies.

21 element

[éləmənt]

(어떤 사물을 구성하는) 명 **(기본적이고 중요한) 요소, 성분**
(화학에서, 모든 물질을 구성하는 기본적 요소): 명 **(화학의) 원소**

Investment in education is a key *element* in national development.

For example, hydrogen, oxygen, lead, gold, and iron are all *elements*.

파생 elementary [èləméntəri] 형 초보[초급]의, 기본적인

17 그것들은 시장에서 구입 가능한 총 모델 수의 극히 일부일 뿐이다. / 분수는 전체의 한 부분을 나타내는 숫자이다. 18 그 신문의 가장 인기 있는 난은 스포츠 난이다. 19 현대 과학은 사회와 경제 생활의 거의 모든 측면에 영향을 미친다. 20 우리는 지금 기술 발전의 새로운 국면으로 진입하고 있다. 21 교육 투자는 국가 발전의 핵심 요소이다. / 예를 들어 수소, 산소, 납, 금, 철은 모두 원소이다.

22 fragment
[frǽgmənt]

(물건이 깨어져) 명 (부서진) 조각, 파편 동 산산이 부수다[부서지다]

He began sweeping up the glass *fragments* from the broken window.

파생 fragmentation [frӕgməntéiʃən] 명 분열 (상태), 파쇄

어원 frag(break:깨지다) + ment → (깨진) 조각

23 remainder
[riméindər]

(제거·사용·처리 한 부분을) 명 (빼고 남은) 나머지; (뺄셈·나눗셈의) 나머지

The economic outlook for the *remainder* of this year is not very good.

파생 remain [riméin] 동 남아 있다; 여전히 ~이다; 머무르다 명 (-s) 남은 것; 유적

어원 re(back:뒤에) + main(stay:남아 있다) → (뒤에) 남는 것 → 나머지

24 specimen
[spésəmən]

(물질·생물 등의) 명 (시험·검사·분석용) 견본, 표본, 시료

The insect museum has rare insect *specimens* on display.

어원 speci(look:보다) + men → (볼 수 있도록) 만들어 놓은 것 → 견본

25 instance
[ínstəns]

(그 부류의 구체적인) 명 (실제의) 사례, 실례, 경우 동 ~을 예로 들다

There have been many *instances* of this type in American history.

어원 insta(instant:즉각적인) + ance → (즉각 들 수 있는) 예, 사례

26 illustration
[ìləstréiʃən]

(무엇을 분명하게) 명 (설명·증명해 주는) 예, 실례, 예증
(내용의 이해를 돕기 위한) 명 (책 속의) 삽화

This is a perfect *illustration* of what I want to talk about.
The book contains 100 *illustrations* by the famous artist.

파생 illustrate [íləstrèit] 동 예증하다; 삽화를 넣다
illustrator [íləstrèitər] 명 삽화가

어원 il(in:안) + lustr(brighten:밝히다) → (안을 분명하게) 밝혀 주는 것 → 예증; 삽화

22 그는 깨진 창문에서 나온 유리 조각을 쓸어 담기 시작했다. 23 올해 남은 기간 동안의 경제 전망은 매우 좋지 않다. 24 그 곤충 박물관은 희귀 곤충 표본을 전시하고 있다. 25 미국의 역사에는 많은 이러한 종류의 사례가 있었다. 26 이것은 내가 말하려고 하는 것의 완벽한 실례이다. / 그 책은 유명 미술가가 그린 100개의 삽화를 담고 있다.

27 classify

[klǽsəfài]

(사물을) 동 (종류별로) 분류[구분]하다

The documents in this file are *classified* as top secret.

파생 classification [klæ̀səfikéiʃən] 명 분류
classified [klǽsəfàid] 형 분류된; 기밀의

어원 class(division:나누기) + ify → 분류하다

28 mass

[mæs]

1. (정해진 형체가 없이) 명 (뭉쳐서 이루어진) 큰 덩어리[무리]; (물체의) 질량
동 떼 지어 모이다[모으다]

2. (대단히 큰): 형 (수량·범위 등이) 대량의, 대규모의, 대중적인
명 다수, 다량, 일반 대중 → p498

An avalanche is a large *mass* of snow falling down a mountain.

파생 massive [mǽsiv] 형 거대한, 엄청나게 큰

29 bundle

[bʌndl]

(운반·보관의 편의를 위해) 명 (한 덩어리로 묶은) 꾸러미, 묶음, 다발
동 다발 짓다 [up, together]

He tied up the old newspapers in *bundles* and kept them for recycling.

30 bunch

[bʌntʃ]

(가지런히) 명 (한데 묶이거나 달린) (꽃·열쇠 등의) 다발, (포도 등의) 송이
동 다발이 되다, 다발 짓다 [up, together]

He went down on one knee and gave her a *bunch* of flowers.

동의어 레슨

부분, 일부	
part	(전체를 이루는 한) **부분, 일부, (분리된) 한 조각**
portion	(전체에서 특정 사람·목적의 몫으로 할당된) **부분, 일부, 몫**
fraction	(전체에 비하여 매우) **작은 부분, 아주 소량; (수학의) 분수**
section	(사물·장소를 여럿으로 나눈 것 중의 한) **부분, 구획**
segment	(전체의 다른 부분과 분리·구분된 별개의 한) **부분, 조각, 쪽**

27 이 서류철의 문서들은 일급 비밀로 분류되어 있다. 28 눈사태는 산에서 떨어져 내리는 큰 눈덩이이다. 29 그는 헌 신문지들을 묶음으로 묶어 재활용을 위해 보관했다. 30 그는 한쪽 무릎을 꿇고 그녀에게 꽃다발을 주었다.

모임, 흩어짐

≫ 테마 기본 어휘	form(형성하다) · spread · alone · solo · each · together · common(공동의) · attend(참석하다) present(있는, 참석한) · join(가입하다) · enter(입회하다) · absent(없는, 결석한) · free(없는, 면제받고 있는) · cover(걸치다, 미치다) · except(~을 제외하고) · but(~을 제외하고) · content(내용물) · box · case · can(깡통) · bottle · pack(한 꾸러미) · basket · tube(튜브) · lid(뚜껑) · cap(뚜껑) · full · fill(가득 채우다) crowd(가득 메우다) · empty(비어 있는)

31 **gather** [gǽðər]

(여러 사람·사물을 한곳에) 동 (무리를 이루도록) 모으다, 모이다

They *gathered* around the television to watch the show.

파생 gathering [gǽðəriŋ] 명 모임

32 **collect** [kəlékt]

(목적에 맞는 것을) 명 (선별해서 / 취미로) 모으다, 수집하다

He's been *collecting* stamps since he was a little boy.

파생 collection [kəlékʃən] 명 수집(품), 수거, 찾아오기
collective [kəléktiv] 형 집단[공동]의 명 공동사업(체)
collector [kəléktər] 명 수집가, 징수원

어원 col(together:함께) + lect(gather:모으다) → 수집하다

33 **assemble** [əsémbl]

1. (여럿이 한곳에) 동 (어떤 목적을 위해) 모이다, 모으다, 집합하다[시키다]
2. (하나의 구조물로) 동 (여러 부품을 짜맞추어) 조립하다 → p312

They *assembled* in the meeting room to hear presentations.

파생 assembly [əsémbli] 명 집회; 조립
⊖ disassemble [dìsəsémbl] 동 흩어지다, 해산하다; 분해[해체]하다

어원 as(to) + semble(together:함께) → (함께) 1. 모으다 → (모아서) 2. 조립하다

34 **accumulate** [əkjú:mjulèit]

(돈·재산 등을) 동 (장기간에 걸쳐) (서서히) 모으다, 축적하다

They *accumulated* wealth by investing in real estate.

파생 accumulation [əkjù:mjuléiʃən] 명 축적

어원 ac(to:더하기) + cumul(heap:쌓다) → (더하여) 쌓다 → 축적하다

---

31 그들은 쇼를 보기 위해 텔레비전 주위에 모였다. 32 그는 어린 소년이었을 때부터 우표를 수집해 오고 있다. 33 그들은 프레젠테이션을 듣기 위해 회의실에 모였다. 34 그들은 부동산에 투자를 해서 부를 축척했다.

35 **disperse**
[dispə́:rs]

(제각기 이리저리) 동 **(모였던 사람·사물이) 흩어지다, 흩어지게 하다**

The police used force to *disperse* the peaceful demonstrators.

파생 dispersal [dispə́:rsəl] 명 해산, 분산, 확산
dispersion [dispə́:rʒən] 명 확산, 분산

어원 dis(apart:산산이) + perse(scatter:흩어지다) → (산산이) 흩어지다

36 **scatter**
[skǽtər]

(사방으로) 동 **(위험·두려움 등으로) 황급히 흩어지다[흩어지게 하다]**
(사방으로 던지거나 떨어뜨려 곳곳에) 동 **(흩어지도록) (흩)뿌리다**

Several shots were fired, and the crowd *scattered* in all directions.
Her backpack was wide open and her textbooks were *scattered* all over the floor.

37 **circulate**
[sə́:rkjulèit]

1. (널리 퍼지면서) 동 **(정보·소문·물품 등이) 유포[유통]되다[시키다]**
2. (주기적으로 되풀이하여 돌면서) 동 **(공기·혈액 등이) 순환하다[시키다]** → p349

Many rumors are *circulating* about what products the company will announce in 2013.

파생 circulation [sə̀:rkjuléiʃən] 명 유포, 유통; 순환
circulatory [sə́:rkjulətɔ̀:ri] 형 순환의, 순환성의
circular [sə́:rkjulər] 형 원의, 원형의; 순환적인

어원 circul(around:둘레에) + ate → (둘레를) 돌게 하다 → 순환[유통]시키다

38 **discharge**
[distʃɑ́:rdʒ]

1. (밖으로) 동 **(기체·액체·전기 등을) 방출[배출]하다** 명 **방출[배출](물)**
2. (병원·군대·교도소 등에서) 동 **퇴원[제대, 석방]시키다; (직장에서) 해고하다**
명 **내보냄; 퇴원, 제대, 석방** → p339

The waste water *discharged* by the factory polluted the water sources.

어원 dis(opposite:반대) + charge(짐을 싣다) → (짐을) 내리다 → 내보내다 → 1. 방출 2. 석방

35 경찰은 평화적인 시위자들을 해산시키기 위해 물리력을 사용했다. 36 몇 발이 발사되자 군중들은 사방으로 황급히 흩어졌다. / 그녀의 배낭은 활짝 열려 있었고 교과서들이 온 바닥에 흩어져 있었다. 37 그 회사가 2013년에 어떤 제품을 발표할 것인지에 대한 많은 소문이 나돌고 있다. 38 그 공장에서 배출되는 폐수가 수원을 오염시켰다.

39 **emit**
[imít]

(밖으로) 동 (빛·열·가스·소리 등을) 내다, 내뿜다, 발하다

The factory *emits* smoke which pollutes the environment.

파생 emission [imíʃən] 명 배출; 배기 가스

어원 e(out:밖) + mit(send:보내다) → (밖으로) 내다, 내뿜다

40 **participate**
[pa:rtísəpèit]

(어떤) 동 (일이나 활동에) 참가[참여]하다

He *participated* in the essay competition and won the first prize.

파생 participation [pa:rtìsəpéiʃən] 명 참가
participant [pa:rtísəpənt] 명 참가자

어원 parti(part:일부분) + cip(take:취하다) → (일부분을) 취하다 → 참가하다

41 **engage**
[ingéidʒ]

1. ('누구를 서약으로 시간·활동·관계 등에 묶어두다'라는 어원적 뜻에서):
동 (일·활동·업무 등에) 관여[참여, 종사]하다[시키다], 관계를 맺다
2. (무엇이) 동 (계속 생각이 나게) 주의[관심]을 사로잡다[끌다]

Despite his age, he is actively *engaged* in business.

파생 engagement [ingéidʒmənt] 명 관계함, 참여; 약속; 약혼

어원 en(make) + gage(pledge:서약) ─ (서약으로) 시간·활동·관계·주의를 묶어두다
└ 1. 관여[참여, 종사]시키다 2. 주의[관심]을 끌다

42 **withdraw**
[wiðdrɔ́:]

1. (참가를 중단하고) 동 (조직·활동·경기 등에서) 탈퇴[기권]하다[시키다]
2. (이미) 동 (했거나 하기로 한 것을) 철회하다, 도로 거둬들이다 → p390
3. (있던 곳에서) 동 (뒤로) 물러나다[빼내다]; (군대가) 철수하다[시키다] → p347
4. (은행에서) 동 (예금을) 인출하다 → p289

An ankle injury forced him to *withdraw* from the competition.

파생 withdrawal [wiðdrɔ́:əl] 명 탈퇴, 기권; 철회; 철수; 인출

어원 with(back:뒤) + draw(끌어당기다) → (뒤로) 끌어당기다 → 철회[철수, 인출]하다

39 그 공장은 환경을 오염시키는 연기를 내뿜는다. 40 그는 에세이 대회에 참가하여 일등 상을 받았다. 41 그의 나이에도 불구하고 그는 사업에 적극적으로 관여하고 있다. 42 발목 부상으로 그는 대회를 기권해야만 했다.

43 **include**

[inklúːd]

(무엇을 어떤 무리나 범위의) 동 (일부로) 포함하다[시키다]

Sales tax of 15% is *included* in the price of the goods.

파생 inclusion [inklúːʒən] 명 포함
inclusive [inklúːsiv] 형 모든 것을 포함한
⊖ exclude [iksklúːd] 동 제외[배제]하다

어원 in(안) + clude(shut:닫다) → (안에 넣고) 닫다 → 포함하다

44 **involve**

[invɑ́lv]

1. (무엇을) 동 (필수요소로 / 필연적으로) 수반[포함]하다
2. (사람·사물을) 동 (상황·사건·논쟁 등에) 휘말리게 하다, 연루[관련]시키다
(어떤 일·활동에) 동 (남을) 참여시키다

It is important to remember that any investment *involves* a certain amount of risk.

파생 involvement [invɑ́lvmənt] 명 관련, 연루; 몰두, 열중

어원 in(안) + volve(roll:말다) → (안에) 휘말리게 하다 → 1. 수반하다 2. 관련[참여]시키다

45 **contain**

[kəntéin]

1. (안에) 동 (용기·장소·책 등이) ~을 담고 있다, 함유하다, ~이 들어있다
2. (바람직하지 못한 것의) 동 (확산·악화를) 방지[억제]하다

This document *contains* very important information.

파생 container [kəntéinər] 명 용기, 그릇, (화물 수송용) 컨테이너
containment [kəntéinmənt] 명 방지, 억제

어원 con(together:함께) + tain(hold:잡다) ┌ (빠져나가지 않도록) 함께 잡다 → 1. 담고 있다
└ (확산되지 않도록) 함께 잡다 → 2. 방지하다

46 **omit**

[oumít]

(의도적으로, 또는 실수로 잊고) 동 (일부분을) 빼다, 빠뜨리다, 생략[누락]하다

His name was *omitted* from the list of voters.

파생 omission [oumíʃən] 명 생략, 누락

어원 o(강조) + mit(let go:가도록 놔두다) → 빼다, 빠뜨리다

43 15%의 판매세가 상품 가격에 포함되어 있다. 44 어떠한 투자도 어느 정도의 위험이 수반된다는 것을 기억하는 것이 중요하다. 45 이 문서는 매우 중요한 정보를 담고 있다. 46 그의 이름이 투표자 명부에서 누락되었다.

47 dense

[dens]

(한데 모여 있는) 형 **(사물간의 사이가) 빽빽한, 밀집[조밀]한, (안개 등이) 짙은**

Most of the area is covered by *dense* forest and surrounded by mountains.

파생 density [dénsəti] 명 밀도

48 vacant

[véikənt]

(사용되지 않고) 형 **(집·객실·좌석 등이) 비어 있는; (일자리가) 결원인**

Do you have any *vacant* rooms left in your hotel?

파생 vacancy [véikənsi] 명 (호텔 등의) 빈 방; 공석, 결원
vacate [véikeit] 동 비우다, 떠나다

어원 vac(empty:빈) + ant → 비어 있는; (일자리가) 결원인

49 blank

[blæŋk]

(표면이) 형 **(글자·그림·장식 등이 없이) 빈, 공백의** 명 **공백, 빈칸**

Read the following questions and fill in the *blanks* with the correct answers.

어원 고대 프랑스어 blanc(white:흰)에서 유래 → (흰색) 공간의 → 빈, 공백의

50 hollow

[hάlou]

(내부에 빈 공간이나 구멍이 있는): 형 **속이 빈, 움푹 들어간** 명 **움푹한 곳**

The man looked at me with tired, *hollow* eyes.

51 sparse

[spa:rs]

(적은 양이) 형 **(널리 퍼져 있어서) 드문드문한, 희박한**

Canada is a large country with a *sparse* population.

파생 sparsity [spά:rsəti] 명 희박, 성김

52 consist

[kənsíst]

(전체가) 동 (~ of) **(서술·열거된 부분·요소로) 구성되다** (= be composed of)

A car *consists* of many different parts, each having a different function.

어원 con(together:함께) + sist(stand:서다) → (부분·요소로) 함께 서 있다 → 구성되다

47 그 지역의 대부분은 울창한 숲으로 덮여있고 산으로 둘러싸여 있다. 48 당신 호텔에 남아있는 빈 방이 있나요? 49 다음 질문을 읽고 빈칸에 올바른 답을 채우시오. 50 그 남자는 지치고 쑥 들어간 눈으로 나를 바라보았다. 51 캐나다는 인구 밀도가 낮은 큰 나라이다. 52 자동차는 각각 다른 기능을 갖고 있는 많은 다양한 부품으로 이루어져 있다.

53 **compose**

[kəmpóuz]

1. (서술·열거된 부분·요소들이) 동 (전체인) ~을 구성하다
(전체가) 동 (be -d of) (서술·열거된 부분·요소로) 구성되다 (= consist of)

2. (창작을 하여) 동 (음악·글·시 등을) 짓다, 작곡[작문]하다 → p264

Eight members *compose* the finance committee.
The finance committee is *composed* of eight members.

파생 composition [kàmpəzíʃən] 명 작곡, 작문; 구성
composer [kəmpóuzər] 명 작곡가
component [kəmpóunənt] 명 구성 요소, 부품 형 구성하는

어원 com(with:함께) + pose(put:놓다) ┌ (여러 부분이 모여) 함께 놓이다 → 1. 구성하다
└ (음이나 글을) 함께 놓다 → 2. 작곡[작문]하다

54 **constitute**

[kάnstətjùːt]

1. (어떤 것이) 동 (다른 것의 부분을) 구성하다[이루다]

2. (법률·규정에 따라) 동 (어떤 권한을 가진 단체를) 설립[설치]하다 → p321

African Americans *constitute* the majority of the population in Washington.

파생 constitution [kὰnstətjúːʃən] 명 구성, 구조; 설립, 설치; 헌법

어원 con(together:함께) + statute(set up:세우다) ┌ (함께 세워) 1. 구성하다
└ (함께 모여) 세우다 → 2. 설립하다

55 **respective**

[rispéktiv]

(이미 언급한 여럿을 따로따로 떼어 놓은): 형 각자[각각]의

The *respective* roles of men and women can vary a great deal among cultures.

어원 respect(존중하다) + ive → (개개의 사람·사물을) 존중하는 → 각자[각각]의

56 **mutual**

[mjúːtʃuəl]

(서로간에 동일한 것을 갖거나 하거나 주는): 형 상호간의, 서로의; 공동의

Mutual respect and understanding is essential for effective teamwork.

어원 mut(exchange:교환하다) + ual → (서로) 교환하는 → 상호의, 공동의

53 여덟 명의 위원이 재정 위원회를 구성하고 있다. / 재정 위원회는 여덟 명의 위원으로 구성되어있다. 54 아프리카계 미국인이 워싱턴 인구의 대다수를 구성한다. 55 남성과 여성의 각각의 역할은 문화간에 서로 상당히 다를 수 있다. 56 상호 존중과 이해는 효과적인 팀워크에 필수적이다.

Day 40 Review Test

[1-30] 영어를 우리말로 바꾸세요.

1. isolate	16. bunch
2. slam	17. gather
3. seal	18. assemble
4. comprehensive	19. accumulate
5. intact	20. disperse
6. realm	21. scatter
7. frontier	22. discharge
8. segment	23. engage
9. section	24. withdraw
10. phase	25. omit
11. fragment	26. vacant
12. remainder	27. hollow
13. specimen	28. sparse
14. classify	29. respective
15. bundle	30. mutual

[31-35] 각 문장의 문맥에 맞는 적절한 단어를 찾아 넣으세요.

① thorough ② isolate ③ sparse ④ range ⑤ disperse

31. The sick cat was _____d from the other animals.
32. The age of the candidates _____d from 31 to 53.
33. The police are undertaking a _____ investigation.
34. Police used tear gas to _____ the crowds.
35. The country has a relatively _____ population.

정답 31. ② 32. ④ 33. ① 34. ⑤ 35. ③

색인

B

C

C D

E

D
E
F

F
G
H
I

T

R S T